핵심총정리

핵심기출 지문 총정리

편저 | 김주한 · 시대법학연구소

OX 진도별

법무사

| 헌법 |

SD에듀
(주)시대고시기획

법무사
헌법 핵지총[핵심 기출지문 총정리]

Always **with you**

사람의 인연은 길에서 우연하게 만나거나 함께 살아가는 것만을 의미하지는 않습니다.
책을 펴내는 출판사와 그 책을 읽는 독자의 만남도 소중한 인연입니다.
SD에듀는 항상 독자의 마음을 헤아리기 위해 노력하고 있습니다.
늘 독자와 함께하겠습니다.

법무사는 일반인에게 법률서비스 및 조언을 제공하는 인력으로, 타인의 위촉에 의하여 법원과 검찰청에 제출할 서류나 등기·등록과 관련된 서류를 작성하고, 등기·공탁사건의 신청을 대리합니다. 갈수록 심화되는 사회의 복잡성으로 인하여 소송 관련 법무는 끊임없이 늘어나고, 이에 따라 법무사의 필요성과 수요는 그 어느 때보다 증가하고 있으나, 방대한 시험범위와 장문의 지문, 높아져만 가는 난도 등으로 인한 수험생들의 부담감 역시 상당한 것이 현실입니다.

「법무사 1차 헌법 핵지총[핵심 기출지문 총정리]」는 법무사시험을 준비하는 수험생들에게 가장 확실한 합격의 길을 제시하기 위한 수험서로, 단 한 과목도 소홀히 할 수 없는 수험생 여러분을 위하여 최신 기출문제 및 상세해설, 조문을 한 권에 모두 수록하여 효율적인 시험준비에 도움이 되고자 하였습니다.

「SD에듀 법무사 1차 헌법 핵지총[핵심 기출지문 총정리]」의 특징

첫째 ▶ 법무사 6개년 기출지문을 단원별로 정리 수록하여 중요한 부분을 놓치지 않고 학습할 수 있도록 하였습니다.

둘째 ▶ 반복되는 지문을 모아 배치함으로써 효율적으로 학습할 수 있도록 하였습니다.

셋째 ▶ 법무사 시험 이외에도 법원행정처에서 주관하는 법원행시, 법원직 9급 등 시험의 3개년 기출문제를 수록하여 최신 출제경향을 파악하여 법무사 시험에 만반을 준비할 수 있도록 하였습니다.

넷째 ▶ 해당 파트에 중요 조문을 별도로 수록하여 기출지문과 연계하여 학습할 수 있도록 하였습니다.

본서가 법무사시험에 도전하는 수험생들에게 합격의 길잡이가 될 것을 확신하며, 본서로 학습하는 모든 수험생 여러분에게 합격의 영광이 함께하기를 기원합니다

대표 편저자 씀

구성과 특징

1 진도별 기출지문

▲ 2022년 ~ 2017년의 법무사 6개년 기출지문이 빠짐없이 진도별로 수록되어 자주 출제되는 부분을 확인할 수 있으며, 유사지문을 함께 배열함으로써 학습의 효율성을 높였습니다.

▲ 2023~2021년의 법원행시 기출지문과 2022~2020년의 법원직 9급 기출지문을 추가로 수록함으로써 법원행정처 주관 시험의 최신 출제경향을 파악하여 법무사시험에 대비할 수 있도록 하였습니다.

2 체크박스

▲ 각 문항별로 3회독을 할 수 있는 회독수 체크박스와 지문별 O.X 체크박스를 삽입하여 O.X를 직접 쓰지 않고도 빠르게 학습을 할 수 있도록 하였습니다.

3 법령박스

▲ 여러 차례 기출되었거나 중요한 조문을 별도로 수록하여 기출지문과 연결하여 마지막 정리를 효율적으로 할 수 있도록 하였습니다.

▲ 해당 조문의 키워드는 빈칸 넣기를 할 수 있도록 하여, 눈으로 한번 보고 다시 손으로 써봄으로써 학습효과를 높이고자 하였습니다.

4 상세해설

▲ 최신 법령·판례에 근거하여, 필요한 경우 법조문을 삽입하여 자세하게 해설하였습니다.

자격시험 소개

⚖ 법무사란?

일반인에게 법률서비스 및 조언을 제공하는 인력으로, 타인의 위촉에 의하여 법원과 검찰청에 제출할 서류나 등기 · 등록과 관련된 서류를 작성하고, 등기 · 공탁사건의 신청을 대리하는 자

⚖ 주요업무

❶ 법무사의 업무는 다른 사람이 위임한 다음 각 호의 사무로 한다.

> [1] 법원과 검찰청에 제출하는 서류의 작성
> [2] 법원과 검찰청의 업무에 관련된 서류의 작성
> [3] 등기나 그 밖에 등록신청에 필요한 서류의 작성
> [4] 등기 · 공탁사건신청의 대리
> [5] 「민사집행법」에 따른 경매사건과 「국세징수법」이나 그 밖의 법령에 따른 공매사건에서의 재산취득에 관한 상담, 매수신청 또는 입찰신청의 대리
> [6] 「채무자 회생 및 파산에 관한 법률」에 따른 개인의 파산사건 및 개인회생사건신청의 대리. 다만, 각종 기일에서의 진술의 대리는 제외한다.
> [7] [1]부터 [3]까지의 규정에 따라 작성된 서류의 제출대행
> [8] [1]부터 [7]까지의 사무를 처리하기 위하여 필요한 상담 · 자문 등 부수되는 사무

❷ 법무사는 [1]~[3]까지의 서류라고 하더라도 다른 법률에 따라 제한되어 있는 것은 작성할 수 없다.

⚖ 응시자격

❶ 법무사법 제6조 각 호의 결격사유에 해당하지 아니하는 자

> 다음 각 호의 어느 하나에 해당하는 자는 법무사가 될 수 없다.
> [1] 피성년후견인 또는 피한정후견인
> [2] 파산선고를 받은 자로서 복권되지 아니한 자
> [3] 금고 이상의 실형을 선고받고 그 집행이 종료(집행이 종료된 것으로 보는 경우를 포함한다)되거나 집행이 면제된 날부터 5년이 경과되지 아니한 자
> [4] 금고 이상의 형의 집행유예를 선고받고 그 유예기간이 만료된 날부터 2년이 경과되지 아니한 자
> [5] 금고 이상의 형의 선고유예를 받고 그 유예기간 중에 있는 자
> [6] 공무원으로서 징계처분에 따라 파면된 후 5년이 경과되지 아니하거나 해임된 후 3년이 경과되지 아니한 자
> [7] 이 법에 따라 제명된 후 5년이 경과되지 아니한 자

❷ 2차시험은 당해 연도 1차시험 합격자 및 면제자(법무사법 제5조의2) 또는 전년도 1차시험 합격자

시험과목

구 분	1차시험(객관식)	2차시험(주관식)
1과목	• 헌법(40) • 상법(60)	• 민법(100)
2과목	• 민법(80) • 가족관계의 등록 등에 관한 법률(20)	• 형법(50) • 형사소송법(50)
3과목	• 민사집행법(70) • 상업등기법 및 비송사건절차법(30)	• 민사소송법(70) • 민사사건 관련 서류의 작성(30)
4과목	• 부동산등기법(60) • 공탁법(40)	• 부동산등기법(70) • 등기신청서류의 작성(30)

※ 괄호 안의 숫자는 각 과목별 배점비율입니다.

시험일정

구 분	1차시험	2차시험	최종합격자 발표
2023년 제29회	2023.09.02	2023.11.03~11.04	2024.02.01

※ 선발예정인원 및 시험일정은 시행처의 사정에 따라 변경될 수 있으니, 2023년 시험일정은 반드시 대한민국 법원 시험정보 홈페이지(exam.scourt.go.kr)에서 확인하시기 바랍니다.

합격기준

구 분	합격자 결정
1차시험	매 과목 100점을 만점으로 하여 매 과목 40점 이상을 득점한 자 중에서 시험성적과 응시자수를 참작하여 전 과목 총득점의 고득점자순으로 합격자를 결정
2차시험	매 과목 100점을 만점으로 하여 매 과목 40점 이상을 득점한 자 중 선발예정인원(1 · 2차시험 일부면제자는 포함하지 아니한다)의 범위 안에서 전 과목 총득점의 고득점자순으로 합격자를 결정
일부면제자	매 과목 100점을 만점으로 하여 매 과목 40점 이상을 득점한 자 중 최종순위합격자의 합격점수(2차시험 일부면제자에 대하여는 과목별 난이도를 반영하여 일정 산식에 따라 산출되는 응시과목들의 평균점수를 합격점수로 한다) 이상 득점한 자를 합격자로 결정

※ 동점자로 인하여 선발예정인원을 초과하는 경우에는 해당 동점자 모두를 합격자로 합니다. 이 경우 동점자의 점수는 소수점 이하 둘째자리까지 계산합니다.

헌 법

핵심 기출지문 총정리

제 1 편 헌법총론

제1장 | 헌법과 헌법학

001 관습헌법의 성립요건으로 관행의 존재, 관행의 반복·계속성, 항상성이 필요하고, 관행이 명
□□□ 료해야 하지만, 국민이 그 관습헌법이 강제력을 가진다고 믿고 있을 필요는 없다. **┃법행 23**

○ ×

관습헌법이 성립하기 위하여서는 관습법의 성립에서 요구되는 일반적 성립 요건이 충족되어야 한다. 첫째, 기본적
헌법사항에 관하여 어떠한 관행 내지 관례가 존재하고, 둘째, 그 관행은 국민이 그 존재를 인식하고 사라지지
않을 관행이라고 인정할 만큼 충분한 기간 동안 반복 내지 계속되어야 하며(반복·계속성), 셋째, 관행은 지속성을
가져야 하는 것으로서 그 중간에 반대되는 관행이 이루어져서는 아니 되고(항상성), 넷째, 관행은 여러 가지 해석이
가능할 정도로 모호한 것이 아닌 명확한 내용을 가진 것이어야 한다(명료성). 또한 다섯째, 이러한 관행이 헌법관습
으로서 국민들의 승인 내지 확신 또는 폭넓은 컨센서스를 얻어 국민이 강제력을 가진다고 믿고 있어야 한다(국민적
합의)(헌재 2004.10.21. 2004헌마554). **답** ×

002 관습헌법은 주권자인 국민의 헌법적 결단의 의사의 표현이지만 성문헌법과 동등한 효력을
□□□ 가지는 것은 아니다. **┃법행 23**

○ ×

헌법 제1조 제2항은 '대한민국의 주권은 국민에게 있고, 모든 권력은 국민으로부터 나온다.'고 규정한다. 이와
같이 국민이 대한민국의 주권자이며, 국민은 최고의 헌법제정권력이기 때문에 성문헌법의 제·개정에 참여할
뿐만 아니라 헌법전에 포함되지 아니한 헌법사항을 필요에 따라 관습의 형태로 직접 형성할 수 있다. 그렇다면
관습헌법도 성문헌법과 마찬가지로 주권자인 국민의 헌법적 결단의 의사의 표현이며 성문헌법과 동등한 효력을
가진다고 보아야 한다. 국민주권주의는 성문이든 관습이든 실정법 전체의 정립에의 국민의 참여를 요구한다고
할 것이며, 국민에 의하여 정립된 관습헌법은 입법권자를 구속하며 헌법으로서의 효력을 가진다(헌재 2004.10.21.
2004헌마554). **답** ×

003 관습헌법은 헌법 제130조에 의거한 헌법개정의 방법에 의하지 않는 한, 그것을 지탱하고 있는
□□□ 국민적 합의성을 상실하였다는 사정만으로 법적 효력을 상실할 수 없다. ▎법행 23 ○ ×

관습헌법도 헌법의 일부로서 성문헌법의 경우와 동일한 효력을 가지기 때문에 그 법규범은 최소한 헌법 제130조에
의거한 헌법개정의 방법에 의하여만 개정될 수 있다. 따라서 재적의원 3분의 2 이상의 찬성에 의한 국회의 의결을
얻은 다음(헌법 제130조 제1항) 국민투표에 붙여 국회의원 선거권자 과반수의 투표와 투표자 과반수의 찬성을
얻어야 한다(헌법 제130조 제3항). 다만 이 경우 관습헌법규범은 헌법전에 그에 상반하는 법규범을 첨가함에
의하여 폐지하게 되는 점에서, 헌법전으로부터 관계되는 헌법조항을 삭제함으로써 폐지되는 성문헌법규범과는
구분된다. 한편 이러한 형식적인 헌법개정 외에도, 관습헌법은 그것을 지탱하고 있는 국민적 합의성을 상실함에
의하여 법적 효력을 상실할 수 있다. 관습헌법은 주권자인 국민에 의하여 유효한 헌법규범으로 인정되는 동안에만
존속하는 것이며, 관습법의 존속요건의 하나인 국민적 합의성이 소멸되면 관습헌법으로서의 법적 효력도 상실하게
된다. 관습헌법의 요건들은 그 성립의 요건일 뿐만 아니라 효력 유지의 요건이다(헌재 2004.10.21. 2004헌마554).
답 ×

004 입법기관의 직무소재지라는 것은 수도로서의 성격의 중요한 요소의 하나이지만, 정부 각 부처
□□□ 의 소재지 및 헌법재판권을 포함한 사법권이 행사되는 장소는 수도를 결정하는 데 있어서
별도로 결정적인 요소가 된다고 볼 필요는 없다. ▎법행 23 ○ ×

헌재 2004.10.21. 2004헌마554 **답** ○

005 특정의 법률이 반드시 헌법전에서 규율하여야 할 기본적인 헌법사항을 헌법을 대신하여 규율
□□□ 하는 경우에도 곧바로 경성헌법의 체계에 위반하여 헌법위반에 해당한다고 보아서는 안 되며,
그 내용이 상위의 헌법규범에 배치되는지 여부를 따져보아 위헌성을 가려야 한다. ▎법행 23
○ ×

특정의 법률이 반드시 헌법전에서 규율하여야 할 기본적인 헌법사항을 헌법을 대신하여 규율하는 경우에는 그
내용이 상위의 헌법규범에 배치되는지 여부와 관계없이 경성헌법의 체계에 위반하여 헌법위반에 해당하는 것이다
(헌재 2004.10.21. 2004헌마554). **답** ×

제2절 **헌법의 해석**

006 법률의 합헌적 해석은 헌법의 최고규범성에서 나오는 법질서의 통일성에 바탕을 두고, 법률이
□□□ 헌법에 조화하여 해석될 수 있는 경우에는 위헌으로 판단하여서는 아니 된다는 것을 뜻하는
것으로서 권력분립과 입법권을 존중하는 정신에 그 뿌리를 두고 있다. ▎법무사 19 ○ ×

헌재 1989.7.14. 88헌가5 **답** ○

007 어떤 법률의 개념이 다의적이고 그 어의의 테두리 안에서 여러 가지 해석이 가능할 때 헌법을
□□□ 그 최고 법규로 하는 통일적인 법질서의 형성을 위하여 헌법에 합치되는 해석, 즉 합헌적인
해석을 택하여야 하며, 이에 의하여 위헌적인 결과가 될 해석을 배제하면서 합헌적이고 긍정적
인 면은 살려야 한다는 것이 헌법의 일반법리이다. **▮법무사 19**   ○ ×

헌재 1990.4.2. 89헌가113 등   **답** ○

008 법률의 조항은 원칙적으로 가능한 범위 안에서 합헌적으로 해석함이 마땅하나, 법률의 조항의
□□□ 문구가 간직하고 있는 말의 뜻을 넘어서 말의 뜻이 완전히 다른 의미로 변질되지 아니하는
범위 내이어야 한다는 문의적 한계와 입법권자가 그 법률의 제정으로써 추구하고자 하는 입법
자의 명백한 의지와 입법의 목적을 헛되게 하는 내용으로 해석할 수 없다는 법목적에 따른
한계가 있다. **▮법무사 19**   ○ ×

헌재 1989.7.14. 88헌가5   **답** ○

009 구체적 사건에서의 법률의 해석·적용권한은 사법권의 본질적 내용을 이루는 것으로서, 합헌
□□□ 적 법률해석은 대법원을 정점으로 하는 일반법원이 하여야 하는 임무이고, 법률의 위헌심사를
맡는 헌법재판소의 임무는 아니다. **▮법무사 19**   ○ ×

일반적으로 민사·형사·행정재판 등 구체적 법적 분쟁사건을 재판함에 있어 재판의 전제가 되는 법률 또는
법률조항에 대한 해석과 적용권한은 사법권의 본질적 내용으로서 대법원을 최고법원으로 하는 법원의 권한에
속하는 것이다. 그러나 다른 한편 헌법과 헌법재판소법은 구체적 규범통제로서의 위헌법률심판권과 '법' 제68조
제2항의 헌법소원심판권을 헌법재판소에 전속적으로 부여하고 있다. 그리고 헌법재판소가 이러한 전속적 권한인
위헌법률심판권 등을 행사하기 위해서는 당해 사건에서 재판의 전제가 되는 법률조항이 헌법에 위반되는지의
여부를 심판하여야 하는 것이고, 이때에는 필수적으로 통제규범인 헌법에 대한 해석·적용과 아울러 심사대상인
법률조항에 대한 해석·적용을 심사하지 않을 수 없는 것이다. 그러므로 일반적인 재판절차에서와는 달리, 구체적
규범통제절차에서의 법률조항에 대한 해석과 적용권한은 (대)법원이 아니라 헌법재판소의 고유권한인 것이다(헌
재 2012.12.27. 2011헌바117).   **답** ×

010 합헌적인 한정축소해석은 위헌적인 해석가능성과 그에 따른 법적용을 소극적으로 배제한 것이
□□□ 고, 적용범위의 축소에 의한 한정위헌결정은 위헌적인 법적용영역과 그에 상응하는 해석가능
성을 적극적으로 배제한다는 뜻에서 차이가 있을 뿐, 본질적으로는 같은 방법이다.
▮법무사 19   ○ ×

헌재 1997.12.24. 96헌마172   **답** ○

헌법 제89조　다음 사항은 국무회의의 심의를 거쳐야 한다.
　3. (헌법개정안)·국민투표안·조약안·법률안 및 대통령령안

헌법 제128조　① 헌법개정은 (국회재적의원 과반수) 또는 (대통령)의 발의로 제안된다.
② 대통령의 임기연장 또는 중임변경을 위한 헌법개정은 그 헌법개정 제안 당시의 대통령에 대하여는 효력이 없다.

헌법 제129조　제안된 헌법개정안은 대통령이 (20일 이상)의 기간 이를 (공고)하여야 한다.

헌법 제130조　① 국회는 헌법개정안이 공고된 날로부터 (60일 이내)에 (의결)하여야 하며, 국회의 의결은 (재적의원 3분의 2 이상)의 찬성을 얻어야 한다.
② 헌법개정안은 국회가 의결한 후 (30일 이내)에 국민투표에 붙여 (국회의원선거권자 과반수의 투표)와 (투표자 과반수의 찬성)을 얻어야 한다.
③ 헌법개정안이 제2항의 찬성을 얻은 때에는 헌법개정은 확정되며, 대통령은 즉시 이를 공포하여야 한다.

011
□□□
헌법개정절차에 국민투표가 처음 도입된 것은 제5차 개정헌법이다. ▮법행 22　　○ ×

....

1962년 제5차 개정헌법에 헌법개정안에 대한 국민투표제가 처음 도입되었다.　**답** ○

012
□□□
▸ 우리나라 헌법은 9차례 개정되었는데, 그중 국회의 의결과 국민투표를 모두 거쳐 개정된 헌법은 제6차 및 제9차 개정헌법이다. ▮법행 22　　○ ×

▸ 국회의 의결과 국민투표를 모두 거쳐 확정된 것은 제헌헌법, 1969년 개정헌법(제6차 개헌), 1987년 현행헌법이다. ▮법행 21　　○ ×

....

국회의 의결과 국민투표를 모두 거쳐 확정된 것은 1969년 개정헌법(제6차 개헌), 1987년 현행헌법 뿐이다. <u>제헌헌법은 국민투표 없이 국회의 의결만으로 제정되었다.</u>　**답** ○ / ×

013
□□□
현행 헌법은 제9차 개정헌법으로 국회의 의결을 거친 다음 국민투표에 의하여 확정되었고, 대통령이 즉시 이를 공포함으로써 그 효력이 발생하였다. ▮법행 22　　○ ×

....

유구한 역사와 전통에 빛나는 우리 대한국민은 …(중략)… 1948년 7월 12일에 제정되고 8차에 걸쳐 개정된 헌법을 이제 국회의 의결을 거쳐 국민투표에 의하여 개정한다(헌법 전문). <u>이 헌법은 1988년 2월 25일부터 시행한다.</u> 다만, 이 헌법을 시행하기 위하여 필요한 <u>법률의 제정·개정</u>과 이 헌법에 의한 대통령 및 국회의원의 선거 기타 이 헌법시행에 관한 준비는 이 헌법시행 전에 할 수 있다(부칙 제1조). 즉, 현행 헌법은 부칙에서 발효시기를 확정하였다.　**답** ×

014 ▸ 헌법개정은 국회재적의원 과반수 또는 대통령의 발의로 제안된다. ┃법무사 22, 법원직9급 20
□□□ ○ ×

▸ 헌법상 대통령에게도 헌법개정에 대한 발의권이 있다. ┃법행 21 ○ ×

....

헌법 제128조 제1항 [답] ○ / ○

015 대통령이 발의하는 헌법개정안에 대하여는 국무회의의 심의를 거쳐야 한다. ┃법무사 22
□□□ ○ ×

....

헌법 제89조 제3호 [답] ○

016 헌법개정은 국회재적의원 과반수 또는 대통령의 발의로 제안되고, 헌법개정안에 대한 국회의
□□□ 의결은 국회의원 재적의원 3분의 2 이상의 찬성을 얻어야 한다. ┃법행 22 ○ ×

....

헌법 제128조 제1항, 제130조 제1항 [답] ○

017 헌법개정안은 국회에서 무기명투표로 표결한다. ┃법원직9급 20 ○ ×
□□□
....

헌법개정안은 <u>기명투표로</u> 표결한다(국회법 제112조 제4항). [답] ×

018 헌법개정은 국회재적의원 과반수 또는 대통령의 발의로 제안되고, 제안된 헌법개정안은 대통
□□□ 령이 30일 이상의 기간 이를 공고하여야 한다. ┃법무사 18 ○ ×

....

헌법개정은 <u>국회재적의원 과반수 또는 대통령의 발의로 제안</u>된다(헌법 제128조 제1항). 제안된 헌법개정안은
대통령이 <u>20일 이상</u>의 기간 이를 <u>공고</u>하여야 한다(헌법 제129조). [답] ×

019 제안된 헌법개정안은 대통령이 20일 이상의 기간 이를 공고하여야 하고, 국회는 헌법개정안이
□□□ 공고된 날로부터 60일 이내에 의결하여야 한다. ┃법무사 22 ○ ×

....

헌법 제129조, 제130조 제1항 [답] ○

020 국회는 헌법개정 시 공고된 날로부터 60일 이내에 의결하여야 하며, 국회의 의결은 재적의원
□□□ 3분의 2 이상의 찬성을 얻어야 한다. ┃기출 18 ○ ×

....

헌법 제130조 제1항 [답] ○

021
□□□ 헌법개정안은 국회가 의결한 후 30일 이내에 국민투표에 붙여 국회의원선거권자 과반수의 투표와 투표자 과반수의 찬성을 얻어야 한다. **▌법무사 18, 법행 22** ○ ×

....

헌법 제130조 제2항 **답** ○

022
□□□ 헌법개정안이 국민투표에서 찬성을 얻은 때에는 헌법개정은 확정되며, 대통령은 즉시 이를 공포하여야 한다. **▌법무사 18** ○ ×

....

헌법 제130조 제3항 **답** ○

023
□□□ ▶ 헌법개정안에 대한 국회의 의결은 재적의원 3분의 2 이상의 찬성을 얻어 확정되고, 대통령은 국회의 의결을 거친 즉시 이를 공포하여야 한다. **▌법무사 22** ○ ×

▶ 헌법개정안이 국회 재적의원 2/3 이상의 찬성을 얻고, 국회의원선거권자 과반수의 투표와 투표자 과반수의 찬성을 얻어, 대통령이 공포함으로써 확정된다. **▌법원직9급 20** ○ ×

헌법개정안은 국회의 의결 후 국민투표에 붙여 국회의원선거권자 과반수의 투표와 투표자 과반수의 찬성을 얻은 때에는 헌법개정은 확정되며, 대통령은 즉시 이를 공포하여야 한다(헌법 제130조 제2항, 제3항 참조).

답 × / ×

024
□□□ 대통령의 임기를 연장하거나 중임변경을 위한 헌법개정은 그 헌법개정 제안 당시의 대통령에 대하여는 효력이 없다. **▌법무사 18 · 22** ○ ×

....

헌법 제128조 제2항 **답** ○

025
□□□ 헌법개정에 관한 국민투표의 효력에 관하여 이의가 있는 투표인은 투표인 10만인 이상의 찬성을 얻어 중앙선거관리위원회에 이의를 제기할 수 있다. **▌법원직9급 20** ○ ×

....

국민투표의 효력에 관하여 이의가 있는 투표인은 투표인 10만인 이상의 찬성을 얻어 중앙선거관리위원회위원장을 피고로 하여 투표일로부터 20일 이내에 대법원에 제소할 수 있다(국민투표법 제92조). **답** ×

026 저항권은 고대 그리스 도시국가에서 참주에 대한 국외추방제도나 고대 중국의 사상가인 맹자
□□□ (孟子)의 역성혁명론에서 그 사상적 기원을 찾을 수 있다. ┃법무사 17 ○ ×

⋯⋯

권력자의 불법적인 권력행사에 대하여 저항할 수 있는 권리인 저항권은, 독재자의 출현을 막기 위한 고대 그리스의
도편추방제나, 민심과 천명을 어긴 군주를 교체할 수 있다는 맹자(孟子)의 역성혁명론에서 그 사상적 기원을
찾을 수 있다. 답 ○

027 저항권은 자연권으로 발전되었고, 영국의 대헌장, 미국의 독립선언서, 프랑스의 1789년 인권
□□□ 선언에서 실정화되었으나, 대한민국의 헌법에는 저항권이 명문으로 규정되어 있지는 않다.
┃법무사 17 ○ ×

⋯⋯

자연법사상에 의하여 근대적 저항권이론이 체계화되었고, 영국의 대헌장, 미국의 독립선언서 및 프랑스의 1789년
인권선언 등은 실정법적으로 저항권을 규정하였으나, 대한민국 헌법상 저항권에 대한 직접적인 규정은 없다.
답 ○

028 저항권은 공권력의 행사자가 민주적 기본질서를 침해하거나 파괴하려는 경우 이를 회복하기
□□□ 위하여 국민이 공권력에 대하여 폭력·비폭력, 적극적·소극적으로 저항할 수 있는 국민의
권리이자 헌법수호제도를 의미한다. ┃법무사 17 ○ ×

⋯⋯

헌재 2014.12.19. 2013헌다1 답 ○

029 저항권은 공권력의 행사에 대한 실력적 저항이어서 그 본질상 질서교란의 위험이 수반되므로,
□□□ 저항권의 행사에는 개별 헌법조항에 대한 단순한 위반이 아닌 민주적 기본질서라는 전체적
질서에 대한 중대한 침해가 있거나 이를 파괴하려는 시도가 있어야 하고, 이미 유효한 구제수단
이 남아 있지 않아야 한다는 보충성의 요건이 적용된다. ┃법무사 17 ○ ×

⋯⋯

저항권은 공권력의 행사자가 민주적 기본질서를 침해하거나 파괴하려는 경우 이를 회복하기 위하여 국민이 공권력
에 대하여 폭력·비폭력, 적극적·소극적으로 저항할 수 있다는 국민의 권리이자 헌법수호제도를 의미한다. 하지
만 저항권은 공권력의 행사에 대한 '실력적' 저항이어서 그 본질상 질서교란의 위험이 수반되므로, 저항권의 행사에
는 개별 헌법조항에 대한 단순한 위반이 아닌 민주적 기본질서라는 전체적 질서에 대한 중대한 침해가 있거나
이를 파괴하려는 시도가 있어야 하고, 이미 유효한 구제수단이 남아 있지 않아야 한다는 보충성의 요건이 적용된다.
또한 그 행사는 민주적 기본질서의 유지, 회복이라는 소극적인 목적에 그쳐야 하고 정치적, 사회적, 경제적 체제를
개혁하기 위한 수단으로 이용될 수 없다(헌재 2014.12.19. 2013헌다1). 답 ○

030
☐☐☐ 저항권은 민주적 기본질서의 유지, 회복을 목적으로 저항할 수 있을 뿐, 기존의 위헌적인 정권을 물러나게 하기 위한 목적으로는 행사할 수 없다. ▮법무사 17 ○ ✕

....

저항권은 민주적 기본질서의 유지, 회복에 있는 것이지 집권이라는 적극적인 목적을 위해서는 사용될 수 없으므로, 이 부분은 저항권 행사가 폭력수단에 의한 집권을 의미하는 것은 아닌지 의심된다. 물론 이러한 주장을 헌법상 인정될 수 있는 이른바 저항권적 상황에서 저항권의 행사에 의하여 기존의 위헌적인 정권을 물러나게 함으로써 민주적 기본질서를 회복하고 그 이후에 민주적인 방법에 의한 집권을 하겠다는 취지로 해석할 여지가 없지는 않다(헌재 2014.12.19. 2013헌다1). 🅐 ✕

제2장 ┃ 대한민국헌법 총설

제1절 대한민국 헌정사

031
☐☐☐ 1948년 제헌헌법은 대통령과 부통령을 국회에서 각각 선거하도록 하고 1차에 한하여 중임하도록 하였으며, 국무총리는 대통령이 임명하고 국회의 승인을 얻도록 규정하였다. ▮법행 21 ○ ✕

....

제헌헌법에서는 대통령과 부통령을 4년 임기(1차에 한하여 중임)로 국회에서 간접선거로 선출하고 국무총리는 대통령이 임명하고 국회의 승인을 얻도록 하였다. 🅐 ○

032
☐☐☐ 1952년 개정헌법(제1차 개헌)의 주요 개정 내용은 대통령과 부통령의 직선제, 양원제 국회, 국회의 국무원 불신임제, 국무위원 임명에 대한 국무총리의 제청권이다. ▮법행 21 ○ ✕

....

1952년 개정헌법(제1차 개헌)은 대통령과 부통령의 직선제를 규정하였고, 헌법에서 최초로 양원제 국회를 규정하였다. 그 외에도 국회의 국무원불신임제, 국무위원 임명에 있어서 국무총리의 제청권을 규정하였다. 🅐 ○

033
☐☐☐ 1960년 개정헌법(제3차 개헌)은 법관의 자격이 있는 자로 조직되는 선거인단이 대법원장과 대법관을 선거하고 대통령이 확인하도록 하였다. ▮법행 21 ○ ✕

....

1960년 개정헌법(제3차 개헌)은 대법원장과 대법관의 선거제, 지방자치단체장의 선거제를 채택하고, 중앙선거관리위원회를 헌법기관으로 하였다. 🅐 ○

034 1948년 제헌헌법에 규정된 국회의 국정감사권은 1972년 개정헌법(제7차 개헌)과 1980년 개정헌법(제8차 개헌)에서 폐지되었으나, 1987년 현행헌법에서 다시 부활하였다. ┃법행 21

□□□ ○ ×

┄┄

헌정사에서 국회의 국정감사권이 폐지된 경우는 1972년 개정헌법(제7차 개헌)과 1980년 개정헌법(제8차 개헌)에서였다. **답** ○

035 현행헌법인 1987년 제9차 개정헌법에서 범죄피해자구조청구권제도가 처음 규정되었다.

□□□ ┃법무사 19 ○ ×

┄┄

현행헌법에 신설된 규정은 범죄피해자구조청구권제도, 적법절차, 형사피해자의 재판절차진술권, 최저임금제, 쾌적한 주거생활권, 국가의 재해예방노력의무, 모성보호규정 및 국군의 정치적 중립성 준수 등이다. **답** ○

036 현행헌법인 1987년 제9차 개정헌법에서 대한민국 임시정부의 법통계승이 처음 규정되었다.

□□□ ┃법무사 19 ○ ×

┄┄

현행헌법 전문에 대한민국 임시정부의 법통계승이 추가되었다. **답** ○

037 현행헌법인 1987년 제9차 개정헌법에서 현대적 인권인 환경권이 처음 규정되었다.

□□□ ┃법무사 19 ○ ×

┄┄

환경권은 1980년 제8차 개정헌법에 신설되었다. **답** ×

038 1987년 제9차 개정헌법에서 언론·출판에 대한 허가나 검열과 집회·결사에 대한 허가는 인정되지 않는다는 조항이 부활되었다. ┃법무사 19

□□□ ○ ×

┄┄

언론·출판·집회·결사에 대한 허가·검열제의 금지조항은 1960년 제3차 개정헌법에 규정되었다가, 1972년 제7차 개정 시 삭제되었고, 현행헌법에 다시 규정되었다. **답** ○

039 헌법재판제도는 현행헌법에 최초로 규정된 것이 아니다. ┃법무사 19 ○ ×

□□□ ┄┄

위헌법률심판에 관한 제도는 제헌 당시부터 규정되어 있었고, 헌법재판소는 1960년 제3차 개정헌법에 최초로 신설되었다. **답** ○

제2절 대한민국의 국가형태와 구성요소

제1관 대한민국의 국가형태

헌법 제1조 ① 대한민국은 (민주공화국)이다.
② 대한민국의 주권은 (국민)에게 있고, 모든 권력은 (국민)으로부터 나온다.

제2관 국 민

1 대한민국 국민의 요건

헌법 제2조 ① 대한민국의 국민이 되는 요건은 (법률)로 정한다.

040 현행헌법은 입법자에게 대한민국의 국민이 되는 요건을 법률로 정할 것을 위임하고 있다.
☐☐☐ ┃법무사 22   ○ ×

대한민국의 국민이 되는 요건은 법률로 정한다(헌법 제2조 제1항).   **답** ○

041 헌법 제2조 제1항은 대한민국 국적의 '취득'뿐만 아니라 국적의 유지, 상실을 둘러싼 전반적인
☐☐☐ 법률관계를 법률에 규정하도록 위임하고 있는 것으로 풀이할 수 있다. ┃법행 23   ○ ×

국적에 관한 사항은 국가의 주권자의 범위를 확정하는 고도의 정치적 속성을 가지고 있어서 당해 국가가 역사적
전통과 정치·경제·사회·문화 등 제반사정을 고려하여 결정할 문제이다. 헌법 제2조 제1항은 "대한민국의 국민
이 되는 요건은 법률로 정한다"고 하여 기본권의 주체인 국민에 관한 내용을 입법자가 형성하도록 하고 있다.
이는 대한민국 국적의 '취득'뿐만 아니라 국적의 유지, 상실을 둘러싼 전반적인 법률관계를 법률에 규정하도록
위임하고 있는 것으로 풀이할 수 있다(헌재 2014.6.26. 2011헌마502).   **답** ○

042 국적은 성문의 법령을 통해서가 아니라 국가의 생성과 더불어 존재하는 것이므로, 헌법의
☐☐☐ 위임에 따라 국적법이 제정되나 그 내용은 국가의 구성요소인 국민의 범위를 구체화, 현실화하
는 헌법사항을 규율하고 있는 것이다. ┃법무사 17   ○ ×

헌재 2000.8.31. 97헌가12   **답** ○

043 우리나라의 국적법은 종래 부계혈통주의를 채택한 적이 있다. Ⅰ법무사 22　　○ ×

□□□ ....

출생에 의한 국적취득에 있어 부계혈통주의를 규정한 '국적법' 제2조 제1항 제1호는 출생한 당시의 자녀의 국적을 부의 국적에만 맞추고 모의 국적은 단지 보충적인 의미만을 부여하는 차별을 하고 있다. 이렇게 한국인 부와 외국인 모 사이의 자녀와 한국인 모와 외국인 부 사이의 자녀를 차별취급하는 것은 모가 한국인인 자녀와 그 모에게 불리한 영향을 끼치므로 헌법 제11조 제1항의 남녀평등원칙에 어긋난다(헌재 2000.8.31. 97헌가12).

답 ○

044 ▸ 대한민국 영토에서 출생한 자는 원칙적으로 대한민국 국민이 된다. Ⅰ법행 22　　○ ×

□□□

▸ 현행 국적법은 부모양계혈통주의에 기초한 속인주의를 원칙으로 하면서 예외적으로 속지주의를 채택하고 있다. Ⅰ법행 21　　○ ×

▸ 국적법은 부모양계혈통주의를 원칙으로 하고 출생지주의를 예외적으로 인정하고 있다.
Ⅰ법원직9급 22　　○ ×

....

국적의 선천적 취득원인은 출생으로 우리나라는 부모양계혈통주의, 속인주의 원칙에 속지주의를 가미하고 있다 (국적법 제2조 참조).

답 × / ○ / ○

> **국적법 제2조(출생에 의한 국적 취득)**　① 다음 각 호의 어느 하나에 해당하는 자는 출생과 동시에 대한민국 국적(國籍)을 취득한다.
> 1. 출생 당시에 부(父)또는 모(母)가 대한민국의 국민인 자
> 2. 출생하기 전에 부가 사망한 경우에는 그 사망 당시에 부가 대한민국의 국민이었던 자
> 3. 부모가 모두 분명하지 아니한 경우나 국적이 없는 경우에는 대한민국에서 출생한 자

045 대한민국에 특별한 공로가 있는 외국인으로서 대한민국에 주소가 있는 사람은 자신의 자산이 나 기능에 의하거나 생계를 같이하는 가족에 의존하여 생계를 유지할 능력이 없더라도 귀화허 가를 받을 수 있다. Ⅰ법행 21　　○ ×

□□□ ....

국적법 제5조 제4호, 제7조 제1항 제2호

답 ○

> **국적법 제5조(일반귀화 요건)**　외국인이 귀화허가를 받기 위해서는 제6조(간이귀화)나 제7조(특 별귀화)에 해당하는 경우 외에는 다음 각 호의 요건을 갖추어야 한다.
> 1. 5년 이상 계속하여 대한민국에 주소가 있을 것
> 1의2. 대한민국에서 영주할 수 있는 체류자격을 가지고 있을 것
> 2. 대한민국의 「민법」상 성년일 것
> 3. 법령을 준수하는 등 법무부령으로 정하는 품행 단정의 요건을 갖출 것
> 4. 자신의 자산(資産)이나 기능(技能)에 의하거나 생계를 같이하는 가족에 의존하여 생계를 유 지할 능력이 있을 것

5. 국어능력과 대한민국의 풍습에 대한 이해 등 대한민국 국민으로서의 기본 소양(素養)을 갖추고 있을 것
6. 귀화를 허가하는 것이 국가안전보장·질서유지 또는 공공복리를 해치지 아니한다고 법무부장관이 인정할 것

국적법 제7조(특별귀화 요건)   ① 다음 각 호의 어느 하나에 해당하는 외국인으로서 대한민국에 주소가 있는 사람은 제5조 제1호·제1호의2·제2호 또는 제4호의 요건을 갖추지 아니하여도 귀화허가를 받을 수 있다.
1. 부 또는 모가 대한민국의 국민인 사람. 다만, 양자로서 대한민국의 「민법」상 성년이 된 후에 입양된 사람은 제외한다.
2. 대한민국에 특별한 공로가 있는 사람
3. 과학·경제·문화·체육 등 특정 분야에서 매우 우수한 능력을 보유한 사람으로서 대한민국의 국익에 기여할 것으로 인정되는 사람

---

046 대한민국 국민의 양자로서 입양 당시 대한민국의 민법상 성년이었던 외국인은 대한민국에 □□□ 3년 이상 계속하여 주소가 있는 경우 귀화허가를 받을 수 있다. **ㅣ법행 21**   ○ ✕

국적법 제6조 제1항 제3호   **답** ○

국적법 제6조(간이귀화 요건)   ① 다음 각 호의 어느 하나에 해당하는 외국인으로서 대한민국에 3년 이상 계속하여 주소가 있는 사람은 제5조 제1호 및 제1호의2의 요건을 갖추지 아니하여도 귀화허가를 받을 수 있다.
1. 부 또는 모가 대한민국의 국민이었던 사람
2. 대한민국에서 출생한 사람으로서 부 또는 모가 대한민국에서 출생한 사람
3. 대한민국 국민의 양자(養子)로서 입양 당시 대한민국의 「민법」상 성년이었던 사람

---

047 외국인이 대한민국 국민과 혼인하면 자동으로 대한민국 국적을 취득한다. **ㅣ법무사 22**   ○ ✕
□□□
대한민국 국민과 혼인한 외국인은 귀화허가를 받아 대한민국 국적을 취득할 수 있다(국적법 제6조 참조). 과거에는 처의 수반취득이 인정되었으나 1997년 개정 국적법에서 폐지되었다.   **답** ○

국적법 제6조(간이귀화 요건)   ② 배우자가 대한민국의 국민인 외국인으로서 다음 각 호의 어느 하나에 해당하는 사람은 제5조 제1호 및 제1호의2의 요건을 갖추지 아니하여도 **귀화허가**를 받을 수 있다.
1. 그 배우자와 혼인한 상태로 대한민국에 2년 이상 계속하여 주소가 있는 사람
2. 그 배우자와 혼인한 후 3년이 지나고 혼인한 상태로 대한민국에 1년 이상 계속하여 주소가 있는 사람

3. 제1호나 제2호의 기간을 채우지 못하였으나, 그 배우자와 혼인한 상태로 대한민국에 주소를 두고 있던 중 그 배우자의 사망이나 실종 또는 그 밖에 자신에게 책임이 없는 사유로 정상적인 혼인 생활을 할 수 없었던 사람으로서 제1호나 제2호의 잔여기간을 채웠고 법무부장관이 상당(相當)하다고 인정하는 사람

4. 제1호나 제2호의 요건을 충족하지 못하였으나, 그 배우자와의 혼인에 따라 출생한 미성년의 자(子)를 양육하고 있거나 양육하여야 할 사람으로서 제1호나 제2호의 기간을 채웠고 법무부장관이 상당하다고 인정하는 사람

048 대한민국 국적을 취득한 외국인으로서 외국 국적을 가지고 있는 자는 대한민국 국적을 취득한 □□□ 날로부터 1년 내에 그 외국 국적을 포기하여야 하고 이를 이행하지 아니한 자는 대한민국 국적을 상실하며 이후 대한민국 국적을 재취득할 수 없다. **┃법행 21** ○ ×

국적법 제10조 제1항·제3항, 제11조 제1항 **답** ×

국적법 제10조(국적 취득자의 외국 국적 포기 의무) ① 대한민국 국적을 취득한 외국인으로서 외국 국적을 가지고 있는 자는 대한민국 국적을 취득한 날부터 1년 내에 그 외국 국적을 포기하여야 한다.
③ 제1항 또는 제2항을 이행하지 아니한 자는 그 기간이 지난 때에 대한민국 국적을 상실(喪失)한다.

국적법 제11조(국적의 재취득) ① 제10조 제3항에 따라 대한민국 국적을 상실한 자가 그 후 1년 내에 그 외국 국적을 포기하면 법무부장관에게 신고함으로써 대한민국 국적을 **재취득할 수 있다.**

049 주된 생활의 근거를 외국에 두고 있는 복수국적자가 병역준비역에 편입된 때부터 대한민국 □□□ 국적으로부터 이탈한다는 뜻을 신고하지 않고 3개월이 지난 경우 병역의무 해소 전에는 예외 없이 대한민국 국적에서 이탈할 수 없도록 제한하는 국적법 조항은 국적이탈의 자유를 침해한 다. **┃법원직9급 22** ○ ×

병역준비역에 편입된 복수국적자의 국적선택 기간이 지났다고 하더라도, 그 기간 내에 국적이탈 신고를 하지 못한 데 대하여 사회통념상 그에게 책임을 묻기 어려운 사정, 즉 정당한 사유가 존재하고, 또한 병역의무 이행의 공평성 확보라는 입법목적을 훼손하지 않음이 객관적으로 인정되는 경우라면, 병역준비역에 편입된 복수국적자에게 국적선택 기간이 경과하였다고 하여 일률적으로 국적이탈을 할 수 없다고 할 것이 아니라, 예외적으로 국적이탈을 허가하는 방안을 마련할 여지가 있다. 이처럼 '병역의무의 공평성 확보'라는 입법목적을 훼손하지 않으면서도 기본권을 덜 침해하는 방법이 있는데도 심판대상 법률조항은 그러한 예외를 전혀 두지 않고 일률적으로 병역의무 해소 전에는 국적이탈을 할 수 없도록 하는바, 이는 피해의 최소성 원칙에 위배된다. …(중략)… 이상의 사정을 종합하면, 심판대상 법률조항은 과잉금지원칙에 위배되어 청구인의 국적이탈의 자유를 침해한다(헌재 2020.9.24. 2016헌마889). **답** ○

050
☐☐☐ 대한민국의 국민으로서 외국 국적을 취득하여 대한민국 국적을 상실하게 된 자의 배우자나 미성년의 자로서 그 외국의 법률에 따라 함께 그 외국 국적을 취득하게 된 자는 그 외국 국적을 취득한 때부터 6개월 내에 법무부장관에게 대한민국 국적을 보유할 의사가 있다는 뜻을 신고하지 아니하면 그 외국 국적을 취득한 때로 소급하여 대한민국 국적을 상실한 것으로 본다.

▮법행 21   ○ ✕

국적법 제15조 제2항 제4호   ○

> **국적법 제15조(외국 국적 취득에 따른 국적 상실)** ② 대한민국의 국민으로서 다음 각 호의 어느 하나에 해당하는 자는 그 외국 국적을 취득한 때부터 6개월 내에 법무부장관에게 대한민국 국적을 보유할 의사가 있다는 뜻을 신고하지 아니하면 그 외국 국적을 취득한 때로 소급(遡及)하여 대한민국 국적을 상실한 것으로 본다.
> 1. 외국인과의 혼인으로 그 배우자의 국적을 취득하게 된 자
> 2. 외국인에게 입양되어 그 양부 또는 양모의 국적을 취득하게 된 자
> 3. 외국인인 부 또는 모에게 인지되어 그 부 또는 모의 국적을 취득하게 된 자
> 4. 외국 국적을 취득하여 대한민국 국적을 상실하게 된 자의 배우자나 미성년의 자(子)로서 그 외국의 법률에 따라 함께 그 외국 국적을 취득하게 된 자

051
☐☐☐ 대한민국 국민이었던 외국인은 법무부장관의 국적회복허가를 받아 대한민국 국적을 취득할 수 있는데, 병역을 기피할 목적으로 대한민국 국적을 상실하였거나 이탈하였던 사람은 제외된다.

▮법무사 22   ○ ✕

국적법 제9조 제1항·제2항 제3호   ○

> **국적법 제9조(국적회복에 의한 국적 취득)** ① 대한민국의 국민이었던 외국인은 법무부장관의 국적회복허가를 받아 대한민국 국적을 취득할 수 있다.
> ② 법무부장관은 국적회복허가 신청을 받으면 심사한 후 다음 각 호의 어느 하나에 해당하는 사람에게는 **국적회복을 허가하지 아니한다.**
> 1. 국가나 사회에 위해(危害)를 끼친 사실이 있는 사람
> 2. 품행이 단정하지 못한 사람
> 3. **병역을 기피할 목적으로 대한민국 국적을 상실하였거나 이탈하였던 사람**
> 4. 국가안전보장·질서유지 또는 공공복리를 위하여 법무부장관이 국적회복을 허가하는 것이 적당하지 아니하다고 인정하는 사람

052 국적법 제5조 제3항에서 외국인이 귀화허가를 받기 위해서는 '품행이 단정할 것'의 요건을 □□□ 갖추도록 한 부분은 명확성원칙에 위배되지 아니한다. ▎법행 22·23 ○ ✕

심판대상조항은 외국인에게 대한민국 국적을 부여하는 '귀화'의 요건을 정한 것인데, '품행', '단정' 등 용어의 사전적 의미가 명백하고, 심판대상조항의 입법취지와 용어의 사전적 의미 및 법원의 일반적인 해석 등을 종합해 보면, '품행이 단정할 것'은 '귀화신청자를 대한민국의 새로운 구성원으로서 받아들이는 데 지장이 없을 만한 품성과 행실을 갖춘 것'을 의미하고, 구체적으로 이는 귀화신청자의 성별, 연령, 직업, 가족, 경력, 전과관계 등 여러 사정을 종합적으로 고려하여 판단될 것임을 예측할 수 있다. 따라서 심판대상조항은 명확성원칙에 위배되지 아니한다(헌재 2016.7.28. 2014헌바421). 답 ○

053 ▶ 법무부장관으로 하여금 거짓이나 그 밖에 부정한 방법으로 귀화허가를 받은 자에 대하여 □□□ 그 허가를 취소할 수 있도록 규정하면서도 그 취소권의 행사기간을 따로 정하고 있지 아니한 국적법 제21조는 침해의 최소성원칙에 위배되지 아니한다. ▎법행 23 ○ ✕

▶ 기간의 제한 없이 귀화허가를 취소할 수 있도록 규정한 국적법 제21조는 과잉금지원칙에 위반하여 청구인의 거주·이전의 자유를 침해한다. ▎법행 21 ○ ✕

법무부장관으로 하여금 거짓이나 그 밖의 부정한 방법으로 귀화허가를 받은 자에 대하여 그 허가를 취소할 수 있도록 규정하면서도 그 취소권의 행사기간을 따로 정하고 있지 아니한 국적법 제21조 중 귀화허가취소에 관한 부분은 국가의 근본요소 중 하나인 국민을 결정하는 기준이 되는 국적의 중요성을 고려하여, 귀화허가신청자의 진실성을 담보하고, 국적 관련 행정의 적법성을 확보하기 위한 것으로서 입법목적은 정당하고, 거짓이나 그 밖의 부정한 방법에 의해 귀화허가를 받은 경우 그 허가를 취소하는 것은 입법목적 달성을 위해 적절한 방법이다. …(중략)… 이 사건 법률조항의 위임을 받은 시행령은 귀화허가취소사유를 구체적이고 한정적으로 규정하고 있을 뿐 아니라, 법무부장관의 재량으로 위법의 정도, 귀화허가 후 형성된 생활관계, 귀화허가취소시 받게 될 당사자의 불이익 등은 물론 귀화허가시부터 취소시까지의 시간의 경과 정도 등을 고려하여 취소권 행사 여부를 결정하도록 하고 있으며, 귀화허가가 취소된다고 하더라도 외국인으로서 체류허가를 받아 계속 체류하거나 종전의 하자를 치유하여 다시 귀화허가를 받을 수 있으므로, 이 사건 법률조항이 귀화허가취소권의 행사기간을 제한하지 않았다고 하더라도 침해의 최소성원칙에 위배되지 아니한다. 한편, 귀화허가가 취소되는 경우 국적을 상실하게 됨에 따른 불이익을 받을 수 있으나, 국적 관련 행정의 적법성 확보라는 공익이 훨씬 더 크므로 법익균형성의 원칙에도 위배되지 아니한다. 따라서 이 사건 법률조항은 거주·이전의 자유 및 행복추구권을 침해하지 아니한다(헌재 2015.9.24. 2015헌바26). 답 ○ / ✕

054 거주·이전의 자유는 국가의 간섭 없이 자유롭게 거주와 체류지를 정할 수 있는 자유로서 □□□ 정치·경제·사회·문화 등 모든 생활영역에서 개성신장을 촉진함으로써 헌법상 보장되고 있는 다른 기본권들의 실효성을 증대시켜 주는 기능을 하며, 국내에서 체류지와 거주지를 자유롭게 정할 수 있는 자유영역뿐 아니라 나아가 국외에서 체류지와 거주지를 자유롭게 정할 수 있는 '해외여행 및 해외이주의 자유'를 포함하고 덧붙여 대한민국의 국적을 이탈할 수 있는 '국적변경의 자유'도 포함한다. ▎법무사 17 ○ ✕

헌재 2004.10.28. 2003헌가18 답 ○

055 1948년 세계인권선언 제15조 제2항이 '누구를 막론하고 불법하게 그 국적을 박탈당하지 아니
☐☐☐ 하여야 하며 그 국적변경의 권리가 거부되어서는 아니 된다'는 규정을 두고 있으나, '이중국적
자의 국적선택권'이라는 개념은 별론으로 하더라도, 일반적으로 외국인인 개인이 특정한 국가
의 국적을 선택할 권리가 자연권으로서 또는 우리 헌법상 당연히 인정된다고는 할 수 없다.
┃법무사 17   ○ ✕

┈┈┈

헌재 2006.3.30. 2003헌마806   답 ○

056 재산권 및 행복추구권은 외국인도 그 주체가 될 수 있으나, 외국인이 복수국적을 누릴 자유는
☐☐☐ 우리 헌법상 행복추구권에 의하여 보호되는 기본권이 아니다. ┃법행 23   ○ ✕

재산권 및 행복추구권은 외국인도 그 주체가 될 수 있으나, 외국인이 대한민국 국적을 취득하면서 자신의 외국
국적을 포기한다 하더라도 이로 인하여 재산권 행사가 직접 제한되지 않고, 일반적으로 외국인이 특정한 국가의
국적을 선택할 권리가 자연권으로서 또는 우리 헌법상 당연히 인정될 수는 없는 것이어서 외국인이 복수국적을
누릴 자유가 우리 헌법상 행복추구권에 의하여 보호되는 기본권이라고 보기 어렵다(헌재 2014.6.26. 2011헌마
502).   답 ○

---

2 재외국민의 보호

┌───┐
│ **헌법 제2조**   ② 국가는 법률이 정하는 바에 의하여 (재외국민)을 보호할 의무를 진다. │
└───┘

057 국가의 재외국민 보호의무는 재외국민이 조약 기타 일반적으로 승인된 국제법규와 거류국의
☐☐☐ 법령에 의하여 누릴 수 있는 모든 분야에서 정당한 대우를 받도록 거류국과의 관계에서 국가가
외교적 보호를 행하는 것과 국외 거주 국민에 대하여 정치적인 고려에서 특별히 법률로써
정하여 베푸는 법률·문화·교육 기타 제반영역에서의 지원을 의미한다. ┃법원직9급 22
                                                                                              ○ ✕

┈┈┈

헌법 제2조 제2항에서 규정한 재외국민을 보호할 국가의 의무에 의하여 재외국민이 거류국에 있는 동안 받는
보호는 조약 기타 일반적으로 승인된 국제법규와 당해 거류국의 법령에 의하여 누릴 수 있는 모든 분야에서의
정당한 대우를 받도록 거류국과의 관계에서 국가가 하는 외교적 보호와 국외거주 국민에 대하여 정치적인 고려에
서 특별히 법률로써 정하여 베푸는 법률·문화·교육 기타 제반영역에서의 지원을 뜻하는 것이다(헌재 2011.8.30.
2008헌마648).   답 ○

058 여행금지국가로 고시된 사정을 알면서도 외교부장관으로부터 예외적 여권사용 등의 허가를
☐☐☐ 받지 않고 여행금지국가를 방문하는 등의 행위를 형사처벌하는 여권법 규정은 국가의 재외국
민 보호의무를 이행하기 위하여 법률에 구체화된 것으로서 그 목적의 정당성은 인정되나,
과도한 처벌 규정으로 인하여 거주·이전의 자유를 침해한다. ┃법원직9급 22   ○ ✕

여행금지국가로 고시된 사정을 알면서도 외교부장관으로부터 예외적 여권사용 등의 허가를 받지 않고 여행금지국가를 방문하는 등의 행위를 형사처벌하는 여권법 조항의 입법목적은 국외 위난상황으로부터 국민의 생명·신체나 재산을 보호하고 국외 위난상황으로 인해 국가·사회에 미칠 수 있는 파급 효과를 사전에 예방하는 것이다. 이와 같은 이 사건 처벌조항의 입법목적은 정당하고, 이 사건 처벌조항은 이에 적합한 수단이다. …(중략)… 형벌 외의 방법으로는 이 사건 처벌조항과 동일한 수준의 입법목적을 달성하기 어렵다. 외교부장관으로부터 허가를 받은 경우에는 이 사건 처벌조항으로 형사처벌되지 않도록 가벌성이 제한되어 있고, 이를 위반한 경우에도 처벌수준이 비교적 경미하다. 따라서 이 사건 처벌조항은 침해의 최소성원칙에 반하지 않는다. 국외 위난상황이 우리나라의 국민 개인이나 국가·사회에 미칠 수 있는 피해는 매우 중대한 반면, 이 사건 처벌조항으로 인한 불이익은 완화되어 있으므로, 이 사건 처벌조항은 법익의 균형성원칙에도 반하지 않는다. 그러므로 이 사건 처벌조항은 과잉금지원칙에 반하여 청구인의 거주·이전의 자유를 침해하지 않는다(헌재 2020.2.27. 2016헌마945). 답 ×

059 헌법 제2조 제2항의 재외국민보호조항으로부터 재외국민은 외교통상부장관에게 미성년자보
☐☐☐ 호협약에의 가입 등을 청구할 수 있다고 인정되지 않으므로, 이에 대하여 아무런 조치를 취하지
않더라도 위헌적인 공권력의 불행사에 해당한다고 할 수 없다. Ⅰ법행 23 ○ ×

행정권력 내지 사법행정권의 부작위에 대한 헌법소원은 공권력의 주체에게 헌법에서 유래하는 작위의무가 특별히 구체적으로 규정되어 있어 이에 의거하여 기본권의 주체가 행정행위등 공권력의 행사를 청구할 수 있음에도 공권력의 주체가 그 의무를 해태하는 경우에 허용되는 것인데, 헌법 제2조 제2항은 "국가는 법률이 정하는 바에 의하여 재외국민을 보호할 의무를 진다"고 규정하고 있으나, 위 규정이나 다른 헌법규정으로부터도 청구인이 외교통상부장관이나 법원행정처장에게 청구인 주장과 같은 우리나라 정부가 미성년자보호협약에 가입, 수정가입, 일부가입 또는 독일과의 별도조약을 체결할 공권력의 행사를 청구할 수 있다고는 인정되지 아니하므로 이 사건 헌법소원심판청구는 부적법하다(헌재 1998.5.28. 97헌마282). 답 ○

제3관 **영 토**

헌법 제3조 대한민국의 영토는 한반도와 그 부속도서로 한다.

헌법 제4조 대한민국은 통일을 지향하며, (자유민주적 기본질서)에 입각한 (평화적 통일정책)을 수립하고 이를 추진한다.

060 헌법상 영토조항에 따라 북한지역도 대한민국의 영토에 속하는 한반도의 일부를 이루는 것이
☐☐☐ 어서 대한민국의 주권이 미치고, 북한주민도 대한민국 국적을 취득·유지하는 데 아무런 영향
이 없다. Ⅰ법무사 17 ○ ×

헌재 2000.8.31. 97헌가12 답 ○

061
□□□
북한주민 역시 일반적으로 대한민국 국민에 포함된다. ▎법무사 22　　　　　　○ ×

우리 헌법이 대한민국의 영토는 한반도와 그 부속도서로 한다는 영토조항을 두고 있는 이상 대한민국 헌법은 북한 지역을 포함한 한반도 전체에 효력이 미치므로 북한 지역도 당연히 대한민국의 영토가 되고, 북한주민 역시 일반적으로 대한민국 국민에 포함된다(대판 2016.1.28. 2011두24675).　　　　　　답 ○

062
□□□
▶ 우리 헌법이 '대한민국의 영토는 한반도와 그 부속도서로 한다'는 영토조항을 두고 있는 이상 북한지역은 당연히 대한민국의 영토가 되며, 개별법률의 적용에서 북한지역을 외국에 준하는 지역으로, 북한의 주민 또는 법인 등을 외국인에 준하는 지위에 있는 자로 규정하는 것은 헌법상 영토조항에 위반되어 허용될 수 없다. ▎법무사 17　　　　　　○ ×

▶ 헌법 제3조는 "대한민국의 영토는 한반도와 그 부속도서로 한다."라고 규정하고 있으므로 북한지역은 당연히 대한민국의 영토가 되지만, 입법자는 남북한의 특수관계적 성격을 고려하여 북한지역을 외국에 준하는 지역으로 규정할 수 있다. ▎법행 22　　　　　　○ ×

우리 헌법이 "대한민국의 영토는 한반도와 그 부속도서로 한다"는 영토조항(제3조)을 두고 있는 이상 대한민국의 헌법은 북한지역을 포함한 한반도 전체에 그 효력이 미치고 따라서 북한지역은 당연히 대한민국의 영토가 되므로, 북한을 법 소정의 "외국"으로, 북한의 주민 또는 법인 등을 "비거주자"로 바로 인정하기는 어렵지만, 개별법률의 적용 내지 준용에 있어서는 남북한의 특수관계적 성격을 고려하여 북한지역을 외국에 준하는 지역으로, 북한주민 등을 외국인에 준하는 지위에 있는 자로 규정할 수 있다고 할 것이다(헌재 2005.6.30. 2003헌바114).　　　　　　답 × / ○

063
□□□
헌법상 영토조항만을 근거로 국민의 구체적 기본권이 도출된다고 할 수는 없으므로 영토에 관한 권리를 이른바 '영토권'이라 구성하여 헌법소원으로 그 구제를 청구하는 것은 불가능하다. ▎법행 22　　　　　　○ ×

국민의 개별적 기본권이 아니라 할지라도 기본권보장의 실질화를 위하여서는, 영토조항만을 근거로 하여 독자적으로는 헌법소원을 청구할 수 없다 할지라도, 모든 국가권능의 정당성의 근원인 국민의 기본권 침해에 대한 권리구제를 위하여 그 전제조건으로서 영토에 관한 권리를, 이를테면 영토권이라 구성하여, 이를 헌법소원의 대상인 기본권의 하나로 간주하는 것은 가능한 것으로 판단된다(헌재 2001.3.21. 99헌마139).　　　　　　답 ×

064
□□□
헌법상 통일 관련 조항의 해석으로 국민의 통일에 대한 기본권이 도출된다. ▎법행 22　　　　　　○ ×

헌법상의 여러 통일관련 조항들은 국가의 통일의무를 선언한 것이기는 하지만, 그로부터 국민 개개인의 통일에 대한 기본권, 특히 국가기관에 대하여 통일과 관련된 구체적인 행동을 요구하거나 일정한 행동을 할 수 있는 권리가 도출된다고 볼 수 없다(헌재 2000.7.20. 98헌바63).　　　　　　답 ×

065 북한은 국제연합에도 가입한 국제법상의 국가이므로 북한과 체결한 '남북 사이의 화해와 불가
□□□ 침 및 교류·협력에 관한 합의서'는 국가 간의 '조약'으로서 국내법과 동일한 효력을 갖는다.
┃법행 22   ○ ×

남·북한이 유엔(U.N)에 동시가입하였다고 하더라도, 이는 "유엔헌장"이라는 다변조약에의 가입을 의미하는 것으
로서 유엔헌장 제4조 제1항의 해석상 신규가맹국이 "유엔(U.N)"이라는 국제기구에 의하여 국가로 승인받는 효과가
발생하는 것은 별론으로 하고, 그것만으로 곧 다른 가맹국과의 관계에 있어서도 당연히 상호간에 국가승인이
있었다고는 볼 수 없다는 것이 현실 국제정치상의 관례이고 국제법상의 통설적인 입장이다. 또 소위 남북합의서는
남북관계를 "나라와 나라 사이의 관계가 아닌 통일을 지향하는 과정에서 잠정적으로 형성되는 특수관계"(전문
참조)임을 전제로 하여 이루어진 합의문서인바, 이는 한민족공동체 내부의 특수관계를 바탕으로 한 당국간의
합의로서 남북당국의 성의있는 이행을 상호 약속하는 <u>일종의 공동성명 또는 신사협정에 준하는 성격을 가짐에</u>
<u>불과하다</u>(헌재 1997.1.16. 92헌바6).   답 ×

제3절 헌법 전문

> **헌법 전문**   유구한 역사와 전통에 빛나는 우리 대한국민은 (3·1운동)으로 건립된 (대한민국임시정부의
> 법통)과 불의에 항거한 (4·19민주이념)을 계승하고, (조국의 민주개혁)과 (평화적 통일)의 사명에
> 입각하여 정의·인도와 동포애로써 민족의 단결을 공고히 하고, 모든 사회적 폐습과 불의를 타파하며,
> 자율과 조화를 바탕으로 (자유민주적 기본질서)를 더욱 확고히 하여 정치·경제·사회·문화의 모든
> 영역에 있어서 각인의 (기회를 균등)히 하고, 능력을 최고도로 발휘하게 하며, (자유와 권리)에 따르는
> (책임과 의무)를 완수하게 하여, 안으로는 (국민생활의 균등한 향상)을 기하고 밖으로는 항구적인
> (세계평화와 인류공영)에 이바지함으로써 우리들과 우리들의 자손의 안전과 자유와 행복을 영원히
> 확보할 것을 다짐하면서 (1948년 7월 12일에 제정)되고 (8차)에 걸쳐 개정된 헌법을 이제 (국회의
> 의결)을 거쳐 (국민투표)에 의하여 개정한다.

---

066 현행 대한민국헌법의 전문에서는 국회의 의결을 거쳐 국민투표에 의하여 개정함을 명백히
□□□ 밝히고 있다. ┃법무사 22   ○ ×

1948년 7월 12일에 제정되고 8차에 걸쳐 개정된 헌법을 이제 국회의 의결을 거쳐 국민투표에 의하여 개정한다(헌법
전문).   답 ○

---

067 헌법 전문에서 말하는 전통이란 역사성과 시대성을 띤 개념이므로 오늘날의 의미로 포착하여
□□□ 야 한다. ┃법무사 22   ○ ×

헌법 전문과 헌법 제9조에서 말하는 "전통", "전통문화"란 역사성과 시대성을 띤 개념으로서 헌법의 가치질서,
인류의 보편가치, 정의와 인도정신 등을 고려하여 오늘날의 의미로 포착하여야 한다(헌재 2005.2.3. 2001헌가9).
                                                                                      답 ○

068 3·1정신은 우리나라 헌법의 연혁적·이념적 기초로서 헌법이나 법률해석에서의 해석기준으로 작용할 수 있지만, 그에 기초하여 곧바로 국민의 개별적 기본권성을 도출해낼 수는 없다.
┃법무사 22   ○ ✕

"헌법 전문에 기재된 3.1정신"은 우리나라 헌법의 연혁적·이념적 기초로서 헌법이나 법률해석에서의 해석기준으로 작용한다고 할 수 있지만, 그에 기하여 곧바로 국민의 개별적 기본권성을 도출해낼 수는 없다고 할 것이므로, 헌법소원의 대상인 "헌법상 보장된 기본권"에 해당하지 아니한다(헌재 2001.3.21. 99헌마139). 답 ○

069 3·1운동으로 건립된 대한민국임시정부의 법통을 계승한다고 선언한 헌법 전문으로부터 국가의 독립유공자와 그 유족에 대한 예우를 하여야 할 헌법적 의무가 도출될 수 있다.
┃법무사 22   ○ ✕

헌법은 국가유공자 인정에 관하여 명문 규정을 두고 있지 않으나 전문(前文)에서 "3.1운동으로 건립된 대한민국임시정부의 법통을 계승"한다고 선언하고 있다. 이는 대한민국이 일제에 항거한 독립운동가의 공헌과 희생을 바탕으로 이룩된 것임을 선언한 것이고, 그렇다면 국가는 일제로부터 조국의 자주독립을 위하여 공헌한 독립유공자와 그 유족에 대하여는 응분의 예우를 하여야 할 헌법적 의무를 지닌다(헌재 2005.6.30. 2004헌마859). 답 ○

070 3·1운동의 정신과 4·19민주이념이 헌법 전문에 함께 규정되어 있는 점을 감안하여 보면, 4·19혁명공로자에 대한 보훈 수준은 애국지사와 동일하게 설정되어야 한다. ┃법무사 22
○ ✕

국가유공자나 그 가족에 대한 보상은 국가유공자의 희생과 공헌의 정도에 따른다. 4·19혁명공로자와 건국포장을 받은 애국지사는 활동기간의 장단(長短), 활동 당시의 시대적 상황, 국권이 침탈되었는지 여부, 인신의 자유 제약 정도, 입은 피해의 정도, 기회비용 면에서 차이가 있다. 이와 같은 점을 고려하면, 입법자가 4·19혁명공로자의 희생과 공헌의 정도를 건국포장을 받은 애국지사와 달리 평가하여 이 사건 법률조항에서 4·19혁명공로자에 대한 보훈급여의 종류를 수당으로 정하고, 이 사건 시행령조항에서 보훈급여의 지급금액을 애국지사보다 적게 규정한 것이 합리적인 이유 없는 차별이라 할 수 없다(헌재 2022.2.24. 2019헌마883). 답 ✕

제4절 헌법의 기본원리

제1관 의 의

071 헌법의 기본원리는 헌법의 이념적 기초인 동시에 헌법을 지배하는 지도원리로서, 입법이나
□□□ 정책결정의 방향을 제시하며 공무원을 비롯한 모든 국민·국가기관이 헌법을 존중하고 수호하
도록 하는 지침이 되며, 구체적 기본권을 도출하는 근거가 될 수 있다. ▮법무사 17   ○ ×

....

헌법의 기본원리는 헌법의 이념적 기초인 동시에 헌법을 지배하는 지도원리로서 입법이나 정책결정의 방향을
제시하며 공무원을 비롯한 모든 국민·국가기관이 헌법을 존중하고 수호하도록 하는 지침이 되며, <u>구체적 기본권</u>
<u>을 도출하는 근거로 될 수는 없으나 기본권의 해석 및 기본권제한입법의 합헌성 심사에 있어 해석기준의 하나로서</u>
<u>작용한다</u>(헌재 1996.4.25. 92헌바47).   📖 ×

제2관 법치국가의 원리

1 법률유보의 원칙

072 법치국가의 원리는 국가작용이 법에 의해 이루어져야 한다는 것을 의미한다. ▮법무사 17
□□□   ○ ×

....

법치국가의 형식적 요소인 법치주의는 국가작용이 법에 의하여 이루어져야 함을 의미한다.   📖 ○

2 명확성의 원칙

073 법치국가원리의 한 표현인 명확성의 원칙은 기본적으로 모든 기본권 제한입법에 대하여 요구
□□□ 된다. ▮법무사 18·20   ○ ×

....

법치국가원리의 한 표현인 명확성의 원칙은 기본적으로 모든 기본권 제한입법에 대하여 요구된다. 규범의 의미내
용으로부터 무엇이 금지되는 행위이고 무엇이 허용되는 행위인지를 수범자가 알 수 없다면 법적 안정성과 예측가
능성은 확보될 수 없게 될 것이고, 또한 법집행 당국에 의한 자의적 집행을 가능하게 할 것이기 때문이다(헌재
1998.4.30. 95헌가16).   📖 ○

074 실정법이 규율하고자 하는 내용이 명확하여 다의적으로 해석·적용되어서는 안 된다는 명확성
□□□ 의 원칙은 법치국가의 원리에서 파생된 원칙이다. ▮법무사 17   ○ ×

....

법치국가의 원리에서 파생되는 명확성의 원칙은 국민의 자유와 권리를 제한하는 법령의 경우 그 구성요건을
명확하게 규정하여야 한다는 것을 의미한다(대판 2020.6.25. 2019두39048).   📖 ○

075
□□□

▶ 모든 법규범의 문언을 순수하게 기술적 개념만으로 구성하는 것은 입법기술적으로 불가능하고 또 바람직하지도 않기 때문에 어느 정도 가치개념을 포함한 일반적, 규범적 개념을 사용하지 않을 수 없으므로, 명확성의 원칙이란 기본적으로 최대한이 아닌 최소한의 명확성을 요구하는 것이다. ▮법무사 18　　　　　　　　　　　　　　　　○ ✕

▶ 법문언이 법관의 해석을 통해서 그 의미내용을 확인해 낼 수 있고, 그러한 해석이 해석자의 개인적인 취향에 따라 좌우될 가능성이 없다면 명확성의 원칙에 반한다고 할 수 없다. ▮법무사 18　　　　　　　　　　　　　　　　○ ✕

▶ 모든 법규범의 문언을 순수하게 기술적 개념만으로 구성하는 것은 입법적으로 불가능하고 바람직하지도 않기 때문에 입법자는 어느 정도 가치개념을 포함한 일반적, 규범적 개념을 사용할 수 있다. ▮법행 22　　　　　　　　　　　　　　　　○ ✕

▶ 명확성의 원칙은 기본적으로 최대한의 명확성을 요구한다. 만일 법 해석·적용단계에서 법관의 보충적인 가치판단을 통해서 비로소 그 의미내용을 확인해 낼 수 있다면, 이는 곧바로 명확성 원칙에 위반된다. ▮법행 22　　　　　　　　　　　　　　　　○ ✕

모든 법규범의 문언을 순수하게 기술적 개념만으로 구성하는 것은 입법기술적으로 불가능하고 또 바람직하지도 않기 때문에 어느 정도 가치개념을 포함한 일반적, 규범적 개념을 사용하지 않을 수 없다. 따라서 명확성의 원칙이란 기본적으로 최대한이 아닌 <u>최소한의 명확성을 요구하는 것</u>이다. 그러므로 법문언이 해석을 통해서, 즉 <u>법관의 보충적인 가치판단을 통해서</u> 그 의미내용을 확인해낼 수 있고, 그러한 보충적 해석이 해석자의 개인적인 취향에 따라 좌우될 가능성이 없다면 <u>명확성의 원칙에 반한다고 할 수 없다</u> 할 것이다(헌재 1998.4.30. 95헌가16).

답 ○ / ○ / ○ / ✕

076
□□□

명확성의 원칙은 모든 법률에 있어서 동일한 정도로 요구되는 것은 아니고 개개의 법률이나 법조항의 성격에 따라 요구되는 정도에 차이가 있을 수 있으며 각각의 구성요건의 특수성과 그러한 법률이 제정되게 된 배경이나 상황에 따라 달라질 수 있다. ▮법무사 20　　○ ✕

헌재 2002.7.18. 2000헌바57　　　　　　　　　　　　　　　　**답** ○

077
□□□

일반론으로는 어떠한 규정이 부담적 성격을 가지는 경우에는 수익적 성격을 가지는 경우에 비하여 명확성의 원칙이 더욱 엄격하게 요구되고, 죄형법정주의가 지배하는 형사 관련 법률에서는 명확성의 정도가 강화되어 더 엄격한 기준이 적용되지만, 일반적인 법률에서는 명확성의 정도가 그리 강하게 요구되지 않기 때문에 상대적으로 완화된 기준이 적용된다. ▮법무사 20

○ ✕

헌재 2002.7.18. 2000헌바57　　　　　　　　　　　　　　　　**답** ○

078 민주사회에서 표현의 자유가 수행하는 역할과 기능에 비추어 볼 때, 불명확한 규범에 의한
□□□ 표현의 자유의 규제는 헌법상 보호받는 표현에 대한 위축적 효과를 수반하기 때문에, 표현의
자유를 규제하는 입법에 있어서 명확성의 원칙은 특별히 중요한 의미를 지닌다. **Ⅰ법무사 18**

○ ✕

법치국가원리의 한 표현인 명확성의 원칙은 기본적으로 모든 기본권제한입법에 대하여 요구된다. 규범의 의미내용
으로부터 무엇이 금지되는 행위이고 무엇이 허용되는 행위인지를 수범자가 알 수 없다면 법적 안정성과 예측가능
성은 확보될 수 없게 될 것이고, 또한 법집행 당국에 의한 자의적 집행을 가능하게 할 것이기 때문이다. 표현의
자유를 규제하는 입법에 있어서 이러한 명확성의 원칙은 특별히 중요한 의미를 지닌다. 민주사회에서 표현의
자유가 수행하는 역할과 기능에 비추어 볼 때, 불명확한 규범에 의한 표현의 자유의 규제는 헌법상 보호받는
표현에 대한 위축적 효과를 수반하기 때문이다(헌재 1998.4.30. 95헌가16). **답** ○

079 처벌법규나 조세법규와 같이 국민의 기본권을 직접적으로 제한하거나 침해할 소지가 있는
□□□ 법규에 대해서는 명확성의 원칙이 적용되지만, 국민에게 수익적인 급부행정 영역이나 규율대
상이 지극히 다양하거나 수시로 변화하는 성질의 것일 때에는 명확성 원칙이 적용되지 않는다.
Ⅰ법무사 18

○ ✕

위임의 구체성·명확성의 요구 정도는 그 규율대상의 종류와 성격에 따라 달라질 것이지만 특히 처벌법규나
조세법규와 같이 국민의 기본권을 직접적으로 제한하거나 침해할 소지가 있는 법규에서는 구체성·명확성의
요구가 강화되어 그 위임의 요건과 범위가 일반적인 급부행정의 경우보다 더 엄격하게 제한적으로 규정되어야
하는 반면에, 규율대상이 지극히 다양하거나 수시로 변화하는 성질의 것일 때에는 <u>위임의 구체성·명확성의 요건
이 완화되어야 할 것이다</u>(헌재 1997.10.30. 96헌바92). **답** ✕

080 법률에서 저속한 간행물을 출간한 출판사에 대하여 등록취소를 할 수 있는 것으로 규정한
□□□ 경우, 이때 '저속'은 다소 불명확하기는 하지만, 명확성의 원칙에 위반되지는 않는다.
Ⅰ법행 22

○ ✕

"음란"의 개념과는 달리 <u>"저속"의 개념</u>은 그 적용범위가 매우 광범위할 뿐만 아니라 법관의 보충적인 해석에 의한다
하더라도 그 의미내용을 확정하기 어려울 정도로 매우 추상적이다. 이 "저속"의 개념에는 출판사등록이 취소되는
성적 표현의 하한이 열려 있을 뿐만 아니라 폭력성이나 잔인성 및 천한 정도도 그 하한이 모두 열려 있기 때문에
출판을 하고자 하는 자는 어느 정도로 자신의 표현내용을 조절해야 되는지를 도저히 알 수 없도록 되어 있어
<u>명확성의 원칙 및 과도한 광범성의 원칙에 반한다</u>(헌재 1998.4.30. 95헌가16). **답** ✕

081 구 아동·청소년의 성보호에 관한 법률 제8조 제2항 및 제4항 중 아동·청소년이용음란물
□□□ 가운데 "아동·청소년으로 인식될 수 있는 사람이나 표현물이 등장하여 그 밖의 성적 행위를
하는 내용을 표현하는 것"에 관한 부분은 명확성의 원칙에 위배되지 않는다. **Ⅰ법행 23**

○ ✕

아동청소년성보호법의 입법목적, 가상의 아동·청소년이용음란물의 규제 배경, 법정형의 수준 등을 고려할 때, "아동·청소년으로 인식될 수 있는 사람"은 일반인의 입장에서 실제 아동·청소년으로 오인하기에 충분할 정도의 사람이 등장하는 경우를 의미함을 알 수 있고 "아동·청소년으로 인식될 수 있는 표현물" 부분도 아동·청소년을 상대로 한 비정상적 성적 충동을 일으키기에 충분한 행위를 담고 있어 아동·청소년을 대상으로 한 성범죄를 유발할 우려가 있는 수준의 것에 한정된다고 볼 수 있으며, 기타 법관의 양식이나 조리에 따른 보충적인 해석에 의하여 판단 기준이 구체화되어 해결될 수 있으므로, 위 부분이 불명확하다고 할 수 없다. "그 밖의 성적 행위" 부분도 아동청소년성보호법 제2조 제4호에서 예시하고 있는 "성교 행위, 유사 성교 행위, 신체의 전부 또는 일부를 접촉·노출하는 행위로서 일반인의 성적 수치심이나 혐오감을 일으키는 행위, 자위 행위"와 같은 수준으로 일반인으로 하여금 성적 수치심이나 혐오감을 일으키기에 충분한 행위, 즉 음란한 행위를 의미함을 알 수 있고, 무엇이 아동·청소년을 대상으로 한 음란한 행위인지 법에서 일률적으로 정해놓는 것은 곤란하므로 포괄적 규정형식을 택한 불가피한 측면이 있다. 따라서 심판대상조항은 죄형법정주의 명확성원칙에 위배되지 아니한다(헌재 2015.6.25. 2013헌가17). 답 ○

082 공중도덕상 유해한 업무에 취업시킬 목적으로 근로자를 파견한 사람을 형사처벌하도록 규정한 □□□ 구 파견근로자보호 등에 관한 법률의 조항 중 "공중도덕상 유해한 업무" 부분은 그 내용을 명확히 알 수 없어 명확성의 원칙에 위배된다. ▮법행 23 ○ ×

'공중도덕(公衆道德)'은 시대상황, 사회가 추구하는 가치 및 관습 등 시간적·공간적 배경에 따라 그 내용이 얼마든지 변할 수 있는 규범적 개념이므로, 그것만으로는 구체적으로 무엇을 의미하는지 설명하기 어렵다. …(중략)… 심판대상조항과 관련하여 파견법이 제공하고 있는 정보는 파견사업주가 '공중도덕상 유해한 업무'에 취업시킬 목적으로 근로자를 파견한 경우 불법파견에 해당하여 처벌된다는 것뿐이다. 파견법 전반에 걸쳐 심판대상조항과 유의미한 상호관계에 있는 다른 조항을 발견할 수 없고, 파견법 제5조, 제16조 등 일부 관련성이 인정되는 규정은 심판대상조항 해석기준으로 활용하기 어렵다. 결국, 심판대상조항의 입법목적, 파견법의 체계, 관련조항 등을 모두 종합하여 보더라도 '공중도덕상 유해한 업무'의 내용을 명확히 알 수 없다. 아울러 심판대상조항에 관한 이해관계기관의 확립된 해석기준이 마련되어 있다거나, 법관의 보충적 가치판단을 통한 법문 해석으로 심판대상조항의 의미내용을 확인할 수 있다는 사정을 발견하기도 어렵다. 심판대상조항은 건전한 상식과 통상적 법감정을 가진 사람으로 하여금 자신의 행위를 결정해 나가기에 충분한 기준이 될 정도의 의미내용을 가지고 있다고 볼 수 없으므로 죄형법정주의의 명확성원칙에 위배된다(헌재 2016.11.24. 2015헌가23). 답 ○

083 인터넷언론사는 선거운동기간 중 당해 홈페이지 게시판 등에 정당·후보자에 대한 지지·반대 □□□ 등의 정보를 게시하는 경우 실명을 확인받는 기술적 조치를 하도록 하는 조항에서 '인터넷언론사' 부분 및 정당 후보자에 대한 '지지·반대' 부분은 명확성 원칙에 위배되지 않는다. ▮법원직9급 22 ○ ×

공직선거법 및 관련 법령이 구체적으로 '인터넷언론사'의 범위를 정하고 있고, 중앙선거관리위원회가 설치·운영하는 인터넷선거보도심의위원회가 심의대상인 인터넷언론사를 결정하여 공개하는 점 등을 종합하면 '인터넷언론사'는 불명확하다고 볼 수 없으며, '지지·반대'의 사전적 의미와 심판대상조항의 입법목적, 공직선거법 관련 조항의 규율내용을 종합하면, 건전한 상식과 통상적인 법 감정을 가진 사람이면 자신의 글이 정당·후보자에 대한 '지지·반대'의 정보를 게시하는 행위인지 충분히 알 수 있으므로, 실명확인 조항 중 '인터넷언론사' 및 '지지·반대' 부분은 명확성 원칙에 반하지 않는다(헌재 2021.1.28. 2018헌마456). 답 ○

084 방송편성에 관하여 간섭을 금지하는 조항의 '간섭'에 관한 부분은 명확성의 원칙에 위배되지 않는다. **∎법원직9급 22** ○ ✕

□□□

금지조항은 방송편성의 자유와 독립을 보장하기 위하여, 방송사 외부에 있는 자가 방송편성에 관계된 자에게 방송편성에 관해 특정한 요구를 하는 등의 방법으로, 방송편성에 관한 자유롭고 독립적인 의사결정에 영향을 미칠 수 있는 행위 일체를 금지한다는 의미임을 충분히 알 수 있다. 따라서 금지조항은 죄형법정주의의 명확성원칙에 위반되지 아니한다(헌재 2021.8.31. 2019헌바439). **답** ○

085 상법 제635조 제1항에 규정된 자, 그 외의 회사의 회계업무를 담당하는 자, 감사인 등으로 하여금 감사보고서에 기재하여야 할 사항을 기재하지 아니하거나 허위의 기재를 한 때를 처벌하는 조항은 명확성의 원칙에 위배되지 않는다. **∎법원직9급 22** ○ ✕

□□□

[1] 이 사건 법률조항은 '감사보고서에 기재하여야 할 사항'을 기재하지 아니하는 행위를 범죄의 구성요건으로 정하고 있다. 그런데 동 법률이나 상법 등 관련 법률들은 '감사보고서에 기재하여야 할 사항'이 어떠한 내용과 범위의 것을 의미하는지에 관하여는 별도로 아무런 규정을 두고 있지 않다. …(중략)… 따라서 이 사건 법률조항 중 '감사보고서에 기재하여야 할 사항' 부분은 그 의미가 법률로서 확정되어 있지 아니하고, 법률 문언의 전체적, 유기적인 구조와 구성요건의 특수성, 규제의 여건 등을 종합하여 고려하여 보더라도 수범자가 자신의 행위를 충분히 결정할 수 있을 정도로 내용이 명확하지 아니하여 동 조항부분은 죄형법정주의에서 요구하는 명확성의 원칙에 위배된다. [2] '감사보고서에 기재하여야 할 사항'이 어느 범위에 이르는지 여부에 관하여는 헌법상 요구되는 명확성이 인정된다고 할 수 없으나, 이러한 불명확성은 '감사보고서에 허위의 기재를 한 행위'의 내용을 정하는 데 있어서는 영향을 미칠 수 없으므로 이를 이유로 동 개념이 불명확하여진다고 할 수 없다. 따라서 이 사건 법률조항 중 '감사보고서에 허위의 기재를 한 때'라고 한 부분은 그것이 형사처벌의 구성요건을 이루는 개념으로서 수범자가 법률의 규정만으로 충분히 그 내용의 대강을 파악할 만큼 명확한 것이라고 할 것이므로 죄형법정주의의 한 내용인 형벌법규의 명확성의 원칙에 반한다고 할 수 없다(헌재 2004.1.29. 2002헌가20). **답** ✕

086 헌법 제75조에서 규정된 포괄위임 금지의 원칙은 법률의 명확성의 원칙이 행정입법에 관하여 구체화된 특별규정이다. **∎법무사 17** ○ ✕

□□□

헌법 제75조는 "대통령은 법률에서 구체적으로 범위를 정하여 위임받은 사항에 관하여 대통령령을 발할 수 있다"고 규정하여 위임입법의 헌법상 근거를 마련함과 동시에 위임은 구체적으로 범위를 정하여 하도록 하여 그 한계를 제시하고 있다. 이는 행정부에 입법을 위임하는 수권법률의 명확성원칙에 관한 것으로서 법률의 명확성원칙이 행정입법에 관하여 구체화된 특별규정이다. 따라서 이 사건 법률조항의 명확성원칙 위배 여부는 헌법 제75조의 포괄위임 금지의 원칙의 위반 여부에 대한 심사로써 충족된다(헌재 2007.4.26. 2004헌가29). **답** ○

087
□□□
'소급입법'은 신법이 이미 종료된 사실관계나 법률관계에 적용되는지, 아니면 현재 진행 중인 사실관계나 법률관계에 적용되는지에 따라 '진정소급입법'과 '부진정소급입법'으로 구분되고, 전자는 헌법상 원칙적으로 허용되지 않고 특단의 사정이 있는 경우에만 예외적으로 허용되는 반면, 후자는 원칙적으로 허용되지만 소급효를 요구하는 공익상의 사유와 신뢰보호 요청 사이의 비교형량 과정에서 신뢰보호의 관점이 입법자의 입법형성권에 일정한 제한을 가하게 된다. ▮법무사 22 ○ ×

··

헌재 2001.4.26. 99헌바55 📋 ○

088
□□□
▶ 헌법 제13조 제2항이 금하고 있는 소급입법은, 이미 과거에 완성된 사실·법률관계를 규율의 대상으로 하는 이른바 진정소급효의 입법과 이미 과거에 시작하였으나 아직 완성되지 아니하고 진행과정에 있는 사실·법률관계를 규율의 대상으로 하는 이른바 부진정소급효의 입법을 모두 의미한다. ▮법원직9급 20 ○ ×

▶ 부진정소급입법은 소급효를 요구하는 공익상의 사유와 신뢰보호요청 사이의 교량과정에서 신뢰보호의 관점이 입법자의 형성권에 제한을 가하게 된다. ▮법원직9급 20 ○ ×

··

과거의 사실관계 또는 법률관계를 규율하기 위한 소급입법의 태양에는 이미 과거에 완성된 사실·법률관계를 규율의 대상으로 하는 이른바 진정소급효의 입법과 이미 과거에 시작하였으나 아직 완성되지 아니하고 진행과정에 있는 사실·법률관계를 규율의 대상으로 하는 이른바 부진정소급효의 입법이 있다. 헌법 제13조 제2항이 금하고 있는 소급입법은 전자, 즉 진정소급효를 가지는 법률만을 의미하는 것으로서, 이에 반하여 후자, 즉 부진정소급효의 입법은 원칙적으로 허용되는 것이다. 다만 이 경우에 있어서도 소급효를 요구하는 공익상의 사유와 신뢰보호의 요청 사이의 비교형량 과정에서, 신뢰보호의 관점이 입법자의 형성권에 제한을 가하게 된다(헌재 1999.4.29. 94헌바37). 📋 × / ○

089
□□□
진정소급입법은 국민이 소급입법을 예상할 수 있었거나, 법적 상태가 불확실하고 혼란스러웠거나 하여 보호할 만한 신뢰의 이익이 적은 경우와 소급입법에 의한 당사자의 손실이 없거나 아주 경미한 경우, 신뢰보호의 요청에 우선하는 심히 중대한 공익상의 사유가 소급입법을 정당화하는 경우에는 예외적으로 허용될 수 있다. ▮법원직9급 20 ○ ×

··

기존의 법에 의하여 형성되어 이미 굳어진 개인의 법적 지위를 사후입법을 통하여 박탈하는 것 등을 내용으로 하는 진정소급입법은 개인의 신뢰보호와 법적안정성을 내용을 하는 법치국가원리에 의하여 특단의 사정이 없는 한 헌법적으로 허용되지 아니하는 것이 원칙이며, 진정소급입법이 허용되는 예외적인 경우로는 일반적으로 국민이 소급입법을 예상할 수 있었거나 법적상태가 불확실하고 혼란스러웠거나 하여 보호할만한 신뢰의 이익이 적은 경우와 소급입법에 의한 당사자의 손실이 없거나 아주 경미한 경우, 그리고 신뢰보호의 요청에 우선하는 심히 중대한 공익상의 사유가 소급입법을 정당화하는 경우 등을 들 수 있다(헌재 1998.9.30. 97헌바38). 📋 ○

090 신뢰보호의 원칙은 법치국가의 원칙으로부터 도출되는 것으로, 그 위반 여부는 침해받은 이익
□□□ 의 보호가치, 침해의 중한 정도, 신뢰가 손상된 정도, 신뢰침해의 방법, 새로운 입법을 통해
실현하고자 하는 공익적 목적을 종합적으로 비교·형량하여 판단하여야 한다. ▎법행 21

        ○ ✕

헌법상의 신뢰보호원칙은 법치국가의 원칙으로부터 도출되는 것으로서 이 원칙에 의하면, 새로운 입법으로 말미암
아 기존의 법질서에 대한 당사자의 합리적이고도 정당한 신뢰가 무너져 당사자가 큰 손해를 입는 경우에 새로운
입법이 목적으로 하는 공익이 당사자가 입는 손해를 정당화할 수 없다면 그러한 새 입법은 허용될 수 없는 것이지만
과연 새로운 입법이 신뢰보호의 원칙을 위배한 것인지 여부를 판단하기 위하여는 침해받은 이익의 보호가치,
침해의 정도, 신뢰의 손상 정도, 신뢰침해의 방법 등을 새 입법이 목적으로 하는 공익과 종합적으로 비교·형량하여
야 한다(헌재 2001.2.22. 98헌바19).   **답** ○

091 법령에 따른 개인의 행위가 국가에 의해서 일정 방향으로 유인된 신뢰의 행사라고 볼 수 있어
□□□ 특별히 보호가치가 있는 신뢰이익이 인정된다면, 아무리 법적 상태의 변화에 대한 개인의
예측가능성이 있더라도 그 개인의 신뢰는 언제나 보호되어야 한다. ▎법무사 17

        ○ ✕

개인의 신뢰이익에 대한 보호가치는 ① 법령에 따른 개인의 행위가 국가에 의하여 일정 방향으로 유인된 신뢰의
행사인지, ② 아니면 단지 법률이 부여한 기회를 활용한 것으로서 원칙적으로 사적 위험부담의 범위에 속하는
것인지 여부에 따라 달라진다. 만일 법률에 따른 개인의 행위가 단지 법률이 반사적으로 부여하는 기회의 활용을
넘어서 국가에 의하여 일정 방향으로 유인된 것이라면 특별히 보호가치가 있는 신뢰이익이 인정될 수 있고, 원칙적
으로 개인의 신뢰보호가 국가의 법률개정이익에 우선된다고 볼 여지가 있다. … 그러나, <u>법적 상태의 존속에
대한 개인의 신뢰는 그가 어느 정도로 법적 상태의 변화를 예측할 수 있는지, 혹은 예측하였어야 하는지 여부에
따라서도 영향을 받을 수 있는데,</u> 청구인들과 같이 사법시험을 준비하는 자로서는 사회의 변화에 따라 시험과목이
달라질 수 있음을 받아들여야 할 것이고, 자신이 공부해 오던 과목으로 계속하여 응시할 수 있다는 기대와 신뢰가
절대적인 것이라고 볼 수는 없다(헌재 2007.4.26. 2003헌마947).   **답** ✕

092 과거에 완성된 사실 또는 법률관계를 규율하는 진정소급입법은 특단의 사정이 없는 한 구법에
□□□ 서 이미 얻은 자격 또는 권리를 존중해야 하나, 이미 과거에 시작되었으나 아직 완성되지
아니하고 진행과정에 있는 사실관계 또는 법률관계를 규율하는 부진정소급입법의 경우에는
특단의 사정이 없는 한 구법관계 내지 구법상의 기대이익을 존중하여야 할 입법의무가 없다.
▎법무사 17

        ○ ✕

헌재 2008.7.31. 2005헌가16   **답** ○

093 신법이 피적용자에게 유리한 경우에는 이른바 시혜적인 소급입법이 가능하지만, 그러한 소급
□□□ 입법을 할 것인지 여부는 그 일차적인 판단이 입법기관에 맡겨져 있으므로 입법자는 입법목적,
사회실정, 법률의 개정 이유나 경위 등을 참작하여 결정할 수 있고, 그 판단이 합리적 재량의
범위를 벗어나 현저하게 불합리하고 불공정한 것이 아닌 한 헌법에 위반된다고 할 수는 없다.
▎법무사 22

        ○ ✕

094 친일재산을 그 취득·증여 등 원인행위시에 국가의 소유로 하도록 규정한 친일반민족행위자
□□□ 재산의 국가귀속에 관한 특별법 조항은 진정소급입법에 해당하나 헌법 제13조 제2항에 반하지
않는다. ┃법원직9급 20　　　　　　　　　　　　　　　　　　　　　　　　　　　○ ×

친일재산을 그 취득·증여 등 원인행위시에 국가의 소유로 하도록 규정한 친일재산귀속법 조항은 진정소급입법에
해당하지만, 진정소급입법이라 할지라도 예외적으로 국민이 소급입법을 예상할 수 있었던 경우와 같이 소급입법이
정당화되는 경우에는 허용될 수 있다. 친일재산의 취득 경위에 내포된 민족배반적 성격, 대한민국임시정부의
법통 계승을 선언한 헌법 전문 등에 비추어 친일반민족행위자측으로서는 친일재산의 소급적 박탈을 충분히 예상할
수 있었고, 친일재산 환수 문제는 그 시대적 배경에 비추어 역사적으로 매우 이례적인 공동체적 과업이므로 이러한
소급입법의 합헌성을 인정한다고 하더라도 이를 계기로 진정소급입법이 빈번하게 발생할 것이라는 우려는 충분히
불식될 수 있다. 따라서 이 사건 귀속조항은 진정소급입법에 해당하나 헌법 제13조 제2항에 반하지 않는다(헌재
2011.3.31. 2008헌바141).　　　　　　　　　　　　　　　　　　　　　　　　답 ○

095 공소시효제도는 행위의 가벌성이 아닌 소추가능성에만 연관된 것이기는 하나, 소추가능성은
□□□ 행위의 가벌성을 전제로 하므로, 원칙적으로 형벌불소급의 원칙이 적용된다. ┃법무사 22
　　　　　　　　　　　　　　　　　　　　　　　　　　　　　　　　　　　○ ×

형벌불소급의 원칙에 관한 헌법의 규정은 '행위의 가벌성'에 관한 것이기 때문에, <u>소추가능성에만 연관될 뿐 가벌성</u>
<u>에는 영향을 미치지 않는 공소시효규정은 원칙적으로 그 효력범위에 포함되지 않는다</u>(헌재 1996.2.16. 96헌가2).
　　　　　　　　　　　　　　　　　　　　　　　　　　　　　　　　답 ×

096 형벌불소급원칙에서 의미하는 '처벌'은 형법에 규정되어 있는 형식적 의미의 형벌 유형에 국한
□□□ 되지 않으며, 범죄행위에 따른 제재의 내용이나 실제적 효과가 형벌적 성격이 강하여 신체의
자유를 박탈하거나 이에 준하는 정도로 신체의 자유를 제한하는 경우에는 형벌불소급원칙이
적용되어야 한다. ┃법무사 22　　　　　　　　　　　　　　　　　　　　　　　○ ×

헌재 2017.10.26. 2015헌바239　　　　　　　　　　　　　　　　　　　　답 ○

097 행위 당시의 판례에 의하면 처벌대상이 되지 아니하는 것으로 해석되었던 행위를 판례의 변경
□□□ 에 따라 확인된 내용의 형법 조항에 근거하여 처벌한다고 하여 그것이 형벌불소급원칙에 위반
된다고 할 수 없다. ┃법행 23　　　　　　　　　　　　　　　　　　　　　　　○ ×

형사처벌의 근거가 되는 것은 법률이지 판례가 아니고, 형법 조항에 관한 판례의 변경은 그 법률조항의 내용을
확인하는 것에 지나지 아니하여 이로써 그 법률조항 자체가 변경된 것이라고 볼 수는 없으므로, 행위 당시의
판례에 의하면 처벌대상이 되지 아니하는 것으로 해석되었던 행위를 판례의 변경에 따라 확인된 내용의 형법
조항에 근거하여 처벌한다고 하여 그것이 헌법상 평등의 원칙과 형벌불소급의 원칙에 반한다고 할 수는 없다(대판
1999.9.17. 97도3349).　　　　　　　　　　　　　　　　　　　　　　　　답 ○

098 ▸ 특정 범죄자에 대한 위치추적 전자장치 부착 등에 관한 법률에 의한 전자장치 부착명령은
□□□ 형벌과 구별되는 비형벌적 보안처분으로서 소급효금지원칙이 적용되지 아니한다.

┃법무사 22   ○ ✕

▸ 전자장치 부착명령은 범죄행위를 한 사람에 대한 응보를 주된 목적으로 그 책임을 추궁하는
사후적 처분인 형벌과 구별되는 비형벌적 보안처분으로서 소급효금지원칙이 적용되지 아니
한다. ┃법원직9급 20   ○ ✕

전자장치 부착명령은 전통적 의미의 형벌이 아닐 뿐 아니라, 성폭력범죄자의 성행교정과 재범방지를 도모하고
국민을 성폭력범죄로부터 보호한다고 하는 공익을 목적으로 하며, 전자장치의 부착을 통해서 피부착자의 행동
자체를 통제하는 것도 아니라는 점에서 이 사건 부칙조항이 적용되었을 때 처벌적인 효과를 나타낸다고 보기
어렵다. 그러므로 이 사건 부착명령은 범죄행위를 한 사람에 대한 응보를 주된 목적으로 그 책임을 추궁하는
사후적 처분인 형벌과 구별되는 비형벌적 보안처분으로서 소급효금지원칙이 적용되지 아니한다(헌재 2012.12.27.
2010헌가82).   답 ○ / ○

099 변리사 제1, 2차 시험을 종전의 '상대평가제'에서 '절대평가제'로 전환하는 내용의 변리사법
□□□ 시행령 조항을 즉시 시행함으로 인한 수험생들의 신뢰이익 침해는 공익적 목적을 고려하더라
도 정당화될 수 없을 정도로 과도하므로, 위 조항을 즉시 2002년의 변리사 제1차 시험에 대하여
시행하도록 그 시행시기를 정한 개정 시행령 부칙 부분은 헌법에 위반되어 무효이다.

┃법원직9급 20   ○ ✕

이전 수년간 상대평가제에 의하여 시행된 제1차 시험의 합격점수, 개정 전 시행령의 공포 후 유예기간, 그 후
제1차 시험을 '절대평가제'에서 '상대평가제'로 환원하는 내용의 2002.3.25. 대통령령 제17551호로 개정된 변리사
법 시행령(이하 '개정 시행령'이라 한다)의 입법예고와 개정·공포 및 그에 따른 시험공고 등에 관한 일련의 사실관
계에 비추어 보면, 합리적이고 정당한 신뢰에 기하여 절대평가제가 요구하는 합격기준에 맞추어 시험준비를 한
수험생들은 제1차 시험 실시를 불과 2개월밖에 남겨놓지 않은 시점에서 개정 시행령의 즉시 시행으로 합격기준이
변경됨으로 인하여 시험준비에 막대한 차질을 입게 되어 위 신뢰가 크게 손상되었고, 특히 절대평가제에 의한
합격기준인 매 과목 40점 및 전과목 평균 60점 이상을 득점하고도 불합격처분을 받은 수험생들의 신뢰이익은
그 침해된 정도가 극심하며, 그 반면 개정 시행령에 의하여 상대평가제를 도입함으로써 거둘 수 있는 공익적
목적은 개정 시행령을 즉시 시행하여 바로 임박해 있는 2002년의 변리사 제1차 시험에 적용하면서까지 이를
실현하여야 할 합리적인 이유가 있다고 보기 어려우므로, 결국 개정 시행령의 즉시 시행으로 인한 수험생들의
신뢰이익 침해는 개정 시행령의 즉시 시행에 의하여 달성하려는 공익적 목적을 고려하더라도 정당화될 수 없을
정도로 과도하다. 나아가 개정 시행령에 따른 시험준비 방법과 기간의 조정이 2002년의 변리사 제1차 시험에
응한 수험생들에게 일률적으로 적용되었다는 이유로 위와 같은 수험생들의 신뢰이익의 침해를 정당화할 수 없으
며, 또한 수험생들이 개정 시행령의 내용에 따라 공고된 2002년의 제1차 시험에 응하였다고 하더라도 사회통념상
그것만으로는 개정 전 시행령의 존속에 대한 일체의 신뢰이익을 포기한 것이라고 볼 수도 없다. 따라서 변리사
제1차 시험의 상대평가제를 규정한 개정 시행령 제4조 제1항을 2002년의 제1차 시험에 시행하는 것은 헌법상
신뢰보호의 원칙에 비추어 허용될 수 없으므로, 개정 시행령 부칙 중 제4조 제1항을 즉시 2002년의 변리사 제1차
시험에 대하여 시행하도록 그 시행시기를 정한 부분은 헌법에 위반되어 무효이다(대판[전합] 2006.11.16. 2003두
1289).   답 ✕

100 자기책임의 원리는 인간의 자유와 유책성, 그리고 인간의 존엄성을 진지하게 반영한 원리로서
□□□ 그것이 비단 민사법이나 형사법에 국한된 원리가 아니라 근대법의 기본이념으로서 법치주의에
당연히 내재하는 원리이며, 이에 반하는 제재는 그 자체로 헌법위반을 구성한다. ▮법무사 17

○ ×

··

헌재 2004.6.24. 2002헌가27 　　　　　　　　　　　　　　　　　　　　　　　　　　 **답** ○

101 노동조합 및 노동관계조정법 제94조는 양벌규정으로서 "법인 또는 단체의 대표자, 법인·단체
□□□ 또는 개인의 대리인·사용인 기타의 종업원이 그 법인·단체 또는 개인의 업무에 관하여 제88
조 내지 제93조의 위반행위를 한 때에는 행위자를 벌하는 외에 그 법인·단체 또는 개인에
대하여도 각 해당 조의 벌금형을 과한다"라고 규정하고 있는데, 위 규정 중 '법인의 대리인·사
용인 기타의 종업원' 관련 부분은 책임주의 원칙에 위배되지만, '법인의 대표자' 관련 부분은
책임주의 원칙에 위배되지 않는다. ▮법무사 21

○ ×

··

<u>심판대상조항 중 법인의 종업원 관련 부분은 종업원 등의 범죄행위에 관하여 비난할 근거가 되는 법인의 의사결정
및 행위구조, 즉 종업원 등이 저지른 행위의 결과에 대한 법인의 독자적인 책임에 관하여 전혀 규정하지 않은
채, 단순히 법인이 고용한 종업원 등이 업무에 관하여 범죄행위를 하였다는 이유만으로 법인에 대하여 형벌을
부과하도록 정하고 있는바, 이는 다른 사람의 범죄에 대하여 그 책임 유무를 묻지 않고 형사처벌하는 것이므로
헌법상 법치국가원리로부터 도출되는 책임주의원칙에 위배된다.</u> 법인은 기관을 통하여 행위하므로 법인이 대표자
를 선임한 이상 그의 행위로 인한 법률효과는 법인에게 귀속되어야 하고, <u>법인 대표자의 범죄행위에 대하여는
법인이 자신의 행위에 대한 책임을 부담하는 것이다.</u> 법인 대표자의 법규위반행위에 대한 법인의 책임은 법인
자신의 법규위반행위로 평가될 수 있는 행위에 대한 법인의 직접책임이므로, 대표자의 고의에 의한 위반행위에
대하여는 법인이 고의 책임을, 대표자의 과실에 의한 위반행위에 대하여는 법인이 과실 책임을 부담한다. 따라서
<u>심판대상조항 중 법인의 대표자 관련 부분은 법인의 직접책임을 근거로 하여 법인을 처벌하므로 책임주의원칙에
위배되지 않는다</u>(헌재 2020.4.23. 2019헌가25). 　　　　　　　　　　　　　　 **답** ○

102 개인이 고용한 종업원 등의 무면허의료행위 사실이 인정되면 종업원 등의 범죄행위에 대한
□□□ 영업주의 가담 여부나 종업원 등의 행위를 감독할 주의의무의 위반 여부 등을 전혀 묻지 않고
곧바로 영업주인 개인을 종업원 등과 같이 처벌하는 법률규정은 형벌에 관한 책임주의에 반하
므로 헌법에 위반된다. ▮법행 23

○ ×

··

이 사건 법률조항은 개인이 고용한 종업원 등의 무면허의료행위 사실이 인정되면 종업원 등의 범죄행위에 대한
영업주의 가담 여부나 종업원 등의 행위를 감독할 주의의무의 위반 여부 등을 전혀 묻지 않고 곧바로 영업주인
개인을 종업원 등과 같이 처벌하도록 규정하고 있는바, 이는 아무런 비난받을 만한 행위를 한 바 없는 자에 대해서
까지 다른 사람의 범죄행위를 이유로 처벌하는 것으로서 형벌에 관한 책임주의에 반하므로 헌법에 위반된다(헌재
2009.10.29. 2009헌가6). 　　　　　　　　　　　　　　　　　　　　　　　 **답** ○

103 우리 헌법은 사회국가원리를 명문으로 규정하고 있지는 않지만, 구체화된 여러 표현을 통하여
□□□　사회국가원리를 수용한 것으로 평가할 수 있다.　**Ⅰ법무사 21**　　　○ ✕

　　　우리 헌법은 사회국가원리를 명문으로 규정하고 있지는 않지만, 헌법의 전문, 사회적 기본권의 보장(헌법 제31조
　　　내지 제36조), 경제영역에서 적극적으로 계획하고 유도하고 재분배하여야 할 국가의 의무를 규정하는 경제에
　　　관한 조항(헌법 제119조 제2항 이하) 등과 같이 사회국가원리의 구체화된 여러 표현을 통하여 사회국가원리를
　　　수용하였다(헌재 2002.12.18. 2002헌마52).　　　**답** ○

104 사회국가란 사회정의의 이념을 헌법에 수용한 국가, 사회현상에 대하여 방관적인 국가가 아니
□□□　라 경제 · 사회 · 문화의 모든 영역에서 정의로운 사회질서의 형성을 위하여 사회현상에 관여하
　　　고 간섭하고 분배하고 조정하는 국가이며, 궁극적으로는 국민 각자가 실제로 자유를 행사할
　　　수 있는 그 실질적 조건을 마련해 줄 의무가 있는 국가이다.　**Ⅰ법무사 21**　　　○ ✕

　　　헌재 2002.12.18. 2002헌마52　　　**답** ○

105 문화의 개방성 내지 다원성과 연결되는 문화국가원리의 특성으로 인하여 국가의 문화육성의
□□□　대상에는 엘리트문화뿐만 아니라 서민문화, 대중문화도 포함되어야 한다.　**Ⅰ법무사 17**　○ ✕

　　　오늘날 문화국가에서의 문화정책은 그 초점이 문화 그 자체에 있는 것이 아니라 문화가 생겨날 수 있는 문화풍토를
　　　조성하는 데 두어야 한다. 문화국가원리의 이러한 특성은 문화의 개방성 내지 다원성의 표지와 연결되는데, 국가의
　　　문화육성의 대상에는 원칙적으로 모든 사람에게 문화창조의 기회를 부여한다는 의미에서 모든 문화가 포함된다.
　　　따라서 엘리트문화뿐만 아니라 서민문화, 대중문화도 그 가치를 인정하고 정책적인 배려의 대상으로 하여야 한다
　　　(헌재 2004.5.27. 2003헌가1 등).　　　**답** ○

제5절　　헌법의 기본질서

제1관　　민주적 기본질서

> **헌법 전문**　　… 자율과 조화를 바탕으로 (자유민주적 기본질서)를 더욱 확고히 하여 …
>
> **헌법 제4조**　　대한민국은 통일을 지향하며, (자유민주적 기본질서)에 입각한 평화적 통일 정책을 수립하고
> 　이를 추진한다.
>
> **헌법 제8조**　　④ 정당의 (목적이나 활동)이 (민주적 기본질서)에 위배될 때에는 (정부)는 헌법재판소에
> 　그 해산을 제소할 수 있고, 정당은 헌법재판소의 심판에 의하여 해산된다.

106 ▸ 우리 헌법상의 자유민주적 기본질서의 내용은 기본적 인권의 존중, 권력분립, 의회제도, 복수정당제도, 선거제도, 사유재산과 시장경제를 골간으로 한 경제질서 및 사법권의 독립 등을 의미한다. ▎법무사 17　　　　　　　　　　　　　　　　　　　　　　　　　○ ×

▸ 자유민주적 기본질서란 모든 폭력적 지배와 자의적 지배, 즉 반국가단체의 일인독재 내지 일당독재를 배제하고 다수의 의사에 의한 국민의 자치, 자유·평등의 기본원칙에 의한 법치주의적 통치질서를 말한다. 구체적으로는 기본적 인권의 존중, 권력분립, 의회제도, 복수정당제도, 선거제도, 사유재산과 시장경제를 골간으로 한 경제질서 및 사법권의 독립 등을 의미한다. ▎법무사 21　　　　　　　　　　　　　　　○ ×

자유민주적 기본질서란 모든 폭력적 지배와 자의적 지배, 즉 반국가단체의 일인독재 내지 일당독재를 배제하고 다수의 의사에 의한 국민의 자치, 자유·평등의 기본원칙에 의한 법치주의적 통치질서를 말한다. 구체적으로는 기본적 인권의 존중, 권력분립, 의회제도, 복수정당제도, 선거제도, 사유재산과 시장경제를 골간으로 한 경제질서 및 사법권의 독립 등을 의미한다(헌재 2008.5.29. 2005헌마1173). **답** ○ / ○

제2관　경제적 기본질서

헌법 제119조　① 대한민국의 경제질서는 개인과 기업의 경제상의 자유와 창의를 존중함을 기본으로 한다.
② 국가는 (균형있는 국민경제의 성장 및 안정)과 (적정한 소득의 분배)를 유지하고, (시장의 지배)와 (경제력의 남용)을 (방지)하며, 경제주체 간의 조화를 통한 (경제의 민주화)를 위하여 경제에 관한 (규제와 조정)을 할 수 있다.

헌법 제120조　① (광물) 기타 중요한 (지하자원)·(수산자원)·(수력)과 (경제상 이용할 수 있는 자연력)은 법률이 정하는 바에 의하여 일정한 기간 그 채취·개발 또는 이용을 (특허)할 수 있다.
② 국토와 자원은 국가의 보호를 받으며, 국가는 그 균형있는 개발과 이용을 위하여 필요한 계획을 수립한다.

헌법 제122조　국가는 국민 모두의 생산 및 생활의 기반이 되는 국토의 효율적이고 균형 있는 이용·개발과 보전을 위하여 법률이 정하는 바에 의하여 그에 관한 필요한 제한과 의무를 과할 수 있다.

헌법 제126조　국방상 또는 국민경제상 긴절한 필요로 인하여 (법률)이 정하는 경우를 제외하고는, 사영기업을 (국유) 또는 (공유)로 이전하거나 그 경영을 (통제) 또는 (관리)할 수 없다.

107 우리 헌법상의 경제질서는 사유재산제를 바탕으로 하고 자유경쟁을 존중하는 자유시장경제질서를 기본으로 하면서도 이에 수반되는 갖가지 모순을 제거하고 사회복지·사회정의를 실현하기 위하여 국가적 규제와 조정을 용인하는 사회적 시장경제질서로서의 성격을 띠고 있다. ▎법무사 17·21　　　　　　　　　　　　　　　　　　　　○ ×

헌재 2001.6.28. 2001헌마132　　　　　　　　　　　　　　　　　　　　　**답** ○

108
□□□ 국가는 균형있는 국민경제의 성장 및 안정과 적정한 소득의 분배를 유지하고, 시장의 지배와 경제력의 남용을 방지하며, 경제주체 간의 조화를 통한 경제의 민주화를 위하여 경제에 관한 규제와 조정을 할 수 있다. **ㅣ법원직9급 21** ○ ✕

헌법 제119조 제2항 **답** ○

109
□□□ 우리 헌법은 제119조 제1항에서 "대한민국의 경제질서는 개인과 기업의 경제상의 자유와 창의를 존중함을 기본으로 한다."라고 규정하여 자유경쟁을 존중하는 시장경제를 기본으로 하면서도, 같은 조 제2항에서 "국가는 균형있는 국민경제의 성장 및 안정과 적정한 소득의 분배를 유지하고, 시장의 지배와 경제력의 남용을 방지하며, 경제주체 간의 조화를 통한 경제의 민주화를 위하여 경제에 관한 규제와 조정을 할 수 있다."라고 규정함으로써 우리 헌법의 경제질서가 사회정의, 공정한 경쟁질서, 경제민주화 등을 실현하기 위한 국가의 규제와 조정을 허용하는 사회적 시장경제임을 밝히고 있다. **ㅣ법행 22** ○ ✕

헌재 2018.6.28. 2016헌바77 **답** ○

110
□□□ 헌법 전문에서 천명하고 있는 '경제 영역에 있어서 각인의 기회를 균등히 하고, 능력을 최고도로 발휘하게 하는 것'은 시장에서의 자유경쟁이 공정한 경쟁질서를 토대로 할 때 비로소 가능하고, 다양한 경제주체들의 공존을 전제로 하는 경제의 민주화가 이루어져야만 경제활동에 관한 의사결정이 한 곳에 집중되지 아니하고 분산됨으로써 경제주체 간의 견제와 균형을 통해 시장 기능의 정상적 작동이 가능하게 된다. **ㅣ법행 22** ○ ✕

헌재 2018.6.28. 2016헌바77 **답** ○

111
□□□ 입법자는 경제현실의 역사와 미래에 대한 전망, 목적달성에 소요되는 경제적·사회적 비용, 당해 경제문제에 관한 국민 내지 이해관계인의 인식 등 제반 사정을 두루 감안하여 시장의 지배와 경제력의 남용 방지, 경제의 민주화 달성 등의 경제영역에서의 국가목표를 이루기 위하여 가능한 여러 정책 중 필요하다고 판단되는 경제정책을 선택할 수 있고, 입법자의 그러한 정책판단과 선택은 그것이 현저히 합리성을 결여한 것이라고 볼 수 없는 한 경제에 관한 국가적 규제·조정권한의 행사로서 존중되어야 한다. **ㅣ법행 22** ○ ✕

헌재 2018.6.28. 2016헌바77 **답** ○

112
□□□ 우리 헌법은 경제주체의 경제상의 자유와 창의를 존중함을 기본으로 하므로 국민경제상 긴절한 필요가 있어 법률로 규정하더라도 사영기업을 국유 또는 공유로 이전하는 것은 인정되지 않는다. **ㅣ법무사 18** ○ ✕

국방상 또는 국민경제상 긴절한 필요로 인하여 법률이 정하는 경우를 제외하고는, 사영기업을 국유 또는 공유로 이전하거나 그 경영을 통제 또는 관리할 수 없다(헌법 제126조 제1항). **답** ✕

113 국민연금제도는 상호부조의 원리에 입각한 사회연대성에 기초하여 소득재분배의 기능을 함으로써 사회적 시장경제질서에 부합하는 제도이므로, 국민연금에 가입을 강제하는 법률조항은 헌법의 시장경제질서에 위배되지 않는다. **| 법무사 18** ○ ×

헌재 2001.2.22. 99헌마365 **답** ○

---

114 헌법 제119조 제2항에 규정된 '경제주체 간의 조화를 통한 경제민주화'의 이념은 경제영역에서 정의로운 사회질서를 형성하기 위하여 추구할 수 있는 국가목표로서 개인의 기본권을 제한하는 국가행위를 정당화하는 헌법규범이다. **| 법무사 18, 법원직9급 20** ○ ×

헌재 2003.11.27. 2001헌바35 **답** ○

---

115 헌법 제119조 제2항은 독과점규제라는 경제정책적 목표를 개인의 경제적 자유를 제한할 수 있는 정당한 공익의 하나로 명문화하고 있다. 독과점규제의 목적이 경쟁의 회복에 있다면 이 목적을 실현하는 수단 또한 자유롭고 공정한 경쟁을 가능하게 하는 방법이어야 한다. **| 법원직9급 20** ○ ×

헌법 제119조 제2항은 독과점규제라는 경제정책적 목표를 개인의 경제적 자유를 제한할 수 있는 정당한 공익의 하나로 명문화하고 있다. 독과점규제의 목적이 경쟁의 회복에 있다면 이 목적을 실현하는 수단 또한 자유롭고 공정한 경쟁을 가능하게 하는 방법이어야 한다. 그러나 주세법의 구입명령제도는 전국적으로 자유경쟁을 배제한 채 지역할거주의로 자리잡게 되고 그로써 지역 독과점현상의 고착화를 초래하므로, 독과점규제란 공익을 달성하기에 적정한 조치로 보기 어렵다(헌재 1996.12.26. 96헌가18). **답** ○

---

116 경제적 기본권의 제한을 정당화하는 공익이 헌법에 명시적으로 규정된 목표에만 제한되는 것은 아니고, 헌법은 단지 국가가 실현하려고 의도하는 전형적인 경제목표를 예시적으로 구체화하고 있을 뿐이므로 기본권의 침해를 정당화할 수 있는 모든 공익을 아울러 고려하여 법률의 합헌성 여부를 심사하여야 한다. **| 법원직9급 20** ○ ×

헌재 1996.12.26. 96헌가18 **답** ○

---

117 헌법 제119조 제2항은 국가가 경제영역에서 실현하여야 할 목표의 하나로서 '적정한 소득의 분배'를 들고 있지만, 이로부터 반드시 소득에 대하여 누진세율에 따른 종합과세를 시행하여야 할 구체적인 헌법적 의무가 조세입법자에게 부과되는 것이라고 할 수 없다. **| 법원직9급 20** ○ ×

헌재 1999.11.25. 98헌마55 **답** ○

118 가맹본부가 가맹점사업자에 대하여 가지는 계약상 지위의 우월성을 형식적인 자유시장의 논리 또는 계약의 자유를 강조하여 가맹본부가 상품의 공급에 관여하면서 이로부터 과도한 이득을 얻을 수 있도록 방임한다면, 자영업자가 많은 우리의 현실에서 대다수가 중소상인인 가맹점사업자들의 생존을 위협하여 국민생활의 균등한 향상 등 경제영역에서의 사회정의가 훼손될 수 있는바, 이는 우리 헌법이 지향하는 사회적 시장경제질서에 부합하지 않으므로, 국가는 헌법 제119조 제2항에 따라 가맹본부가 우월적 지위를 남용하는 것을 방지하고, 가맹본부와 가맹점사업자 간의 부조화를 시정하거나 공존과 상생을 도모하기 위해 규제와 조정을 할 수 있다. ▮법행 22 ○ ✕

헌재 2021.10.28. 2019헌마288 **답** ○

119 대형마트 등과 지역 전통시장이나 중소유통업자들의 경쟁을 형식적 자유시장 논리에 따라 그대로 방임한다면, 유통시장은 소수 대형유통업체 등의 시장지배로 인해 공정한 경쟁질서가 깨어지고, 유통시장에서의 의사결정이 소수 대형유통업체 등에 집중됨으로써 다양한 경제주체 간의 견제와 균형을 통한 시장기능의 정상적 작동이 저해되며, 중소상인들의 생존 위협으로 국민생활의 균등한 향상 등 경제영역에서의 사회정의가 훼손될 수 있는바, 이러한 결과는 우리 헌법이 지향하는 사회적 시장경제질서에 부합하지 않는다. ▮법행 22 ○ ✕

자본력 등에 차이가 있는 대형마트 등과 지역 전통시장이나 중소유통업자들의 경쟁을 형식적 자유시장 논리에 따라 그대로 방임한다면, 결국 대기업이 운영주체인 대형마트 등만 시장을 장악하여 유통시장을 독과점하는 한편, 지역 전통시장과 중소유통업자들은 현저히 위축되거나 도태될 개연성이 매우 높다. 이에 따라 유통시장은 소수 대형유통업체 등의 시장지배로 인해 공정한 경쟁질서가 깨어지고, 유통시장에서의 의사결정이 소수 대형유통업체 등에 집중됨으로써 다양한 경제주체 간의 견제와 균형을 통한 시장기능의 정상적 작동이 저해되며, 중소상인들의 생존 위협으로 국민생활의 균등한 향상 등 경제영역에서의 사회정의가 훼손될 수 있다. 이러한 결과는 앞서 본 바와 같이 우리 헌법이 지향하는 사회적 시장경제질서에 부합하지 않으므로, 국가는 헌법 제119조 제2항에 따라 대형마트 등이 유통시장을 지배하고 경제력을 남용하는 것을 방지하고, 대형마트 등과 중소유통업체 등의 관련 경제주체 간의 부조화를 시정하거나 공존·상생을 도모하기 위해 규제와 조정을 할 수 있다(헌재 2018.6.28. 2016헌바77). **답** ○

120 자경농지의 양도소득세 면제대상자를 '농지소재지에 거주하는 거주자'로 제한하는 것은 외지인의 농지투기를 방지하고 조세부담을 덜어 주어 농업과 농촌을 활성화하기 위한 것이므로 경자유전의 원칙에 위배되지 않는다. ▮법무사 18 ○ ✕

헌재 2003.11.27. 2003헌바2 **답** ○

121 수력(水力)은 법률이 정하는 바에 의하여 일정한 기간 그 이용을 특허할 수 있다. ▮법무사 18 ○ ✕

광물 기타 중요한 지하자원·수산자원·수력과 경제상 이용할 수 있는 자연력은 법률이 정하는 바에 의하여 일정한 기간 그 채취·개발 또는 이용을 특허할 수 있다(헌법 제120조 제1항). **답** ○

헌법 제6조 ① 헌법에 의하여 체결·공포된 (조약)과 (일반적으로 승인된 국제법규)는 국내법과 같은 효력을 가진다.

헌법 제60조 ① 국회는 상호원조 또는 안전보장에 관한 조약, 중요한 국제조직에 관한 조약, 우호통상항해조약, 주권의 제약에 관한 조약, 강화조약, 국가나 국민에게 중대한 재정적 부담을 지우는 조약 또는 입법사항에 관한 조약의 체결·비준에 대한 동의권을 가진다.

헌법 제73조 대통령은 조약을 (체결·비준)하고, 외교사절을 (신임·접수 또는 파견)하며, (선전포고)와 (강화)를 한다.

헌법 제89조 다음 사항은 국무회의 심의를 거쳐야 한다.
3. 헌법개정안·국민투표안·(조약안)·법률안 및 대통령령안

122 조약의 체결권한은 대통령에게 있고, 비준권은 국회에 속한다. ▮법무사 17　　○ ✕

□□□
．．
대통령은 조약을 체결·비준하고, 외교사절을 신임·접수 또는 파견하며, 선전포고와 강화를 한다(헌법 제73조).
답 ✕

123 중요한 국제조직에 관한 조약, 우호통상항해조약의 체결 및 비준에 대해서는 국회가 동의권을

□□□ 가진다. ▮법무사 17　　○ ✕
．．
국회는 상호원조 또는 안전보장에 관한 조약, 중요한 국제조직에 관한 조약, 우호통상항해조약, 주권의 제약에 관한 조약, 강화조약, 국가나 국민에게 중대한 재정적 부담을 지우는 조약 또는 입법사항에 관한 조약의 체결·비준에 대한 동의권을 가진다(헌법 제60조 제1항).
답 ○

124 ▸ '대한민국과 일본국 간의 어업에 관한 협정'은 한일 간 행정협정에 불과하여 국내법과 같은

□□□ 효력을 가지는 조약에 해당되지 않는다. ▮법무사 17　　○ ✕

▸ '대한민국과 일본국 간의 어업에 관한 협정'은 우리나라 정부가 일본 정부와의 사이에서 어업에 관해 체결·공포한 조약으로, 그 체결행위는 '공권력의 행사'에 해당한다. ▮법행 23

　　○ ✕
．．
대한민국과 일본국 간의 어업에 관한 협정은 우리나라 정부가 일본 정부와의 사이에서 어업에 관해 체결·공포한 조약으로서 헌법 제6조 제1항에 의하여 국내법과 같은 효력을 가지므로, 그 체결행위는 고권적 행위로서 '공권력의 행사'에 해당한다(헌재 2001.3.21. 99헌마139).
답 ✕ / ○

125 ▸ 국내법의 개정 없이 마라케쉬협정에 의하여 관세법위반자의 처벌이 가중되는 것은 죄형법정
□□□ 주의원칙에 위배된다. ▌법무사 17 ○ ×

▸ 마라케쉬협정에 의하여 관세법위반자의 처벌이 가중된다고 하더라도, 위 협정은 국내법과
같은 효력을 가지므로, 법률에 의하지 아니한 처벌이라고 할 수 없다. ▌법행 23 ○ ×

....

마라케쉬협정도 적법하게 체결되어 공포된 조약이므로 국내법과 같은 효력을 갖는 것이어서 그로 인하여 새로운
범죄를 구성하거나 범죄자에 대한 처벌이 가중된다고 하더라도 이것은 국내법에 의하여 형사처벌을 가중한 것과
같은 효력을 갖게 되는 것이다. 따라서 마라케쉬협정에 의하여 관세법위반자의 처벌이 가중된다고 하더라도 이를
들어 법률에 의하지 아니한 형사처벌이라거나 행위 시의 법률에 의하지 아니한 형사처벌이라고 할 수 없다(헌재
1998.11.26. 97헌바65). 🔒 × / ○

126 한미주둔군지위협정(SOFA)은 미군의 국내 주둔을 위한 물적 기반으로서의 시설과 구역의
□□□ 사용을 둘러싼 문제, 출입국, 통관과 관세, 과세에 관한 문제, 노무관련문제 등을 그 내용으로
하는 행정협정의 일종에 불과하고, 국회의 동의를 요하는 조약에 해당하지 않는다. ▌법행 23
○ ×

....

대한민국과 아메리카합중국 간의 상호방위조약 제4조에 의한 시설과 구역 및 대한민국에서의 합중국군대의 지위
에 관한 협정은 그 명칭이 "협정"으로 되어 있어 국회의 관여없이 체결되는 행정협정처럼 보이기도 하나 우리나라의
입장에서 볼 때에는 외국군대의 지위에 관한 것이고, 국가에게 재정적 부담을 지우는 내용과 입법사항을 포함하고
있으므로 국회의 동의를 요하는 조약으로 취급되어야 한다(헌재 1999.4.29. 97헌가14). 🔒 ×

127 1992.2.19. 발효된 '남북사이의 화해와 불가침 및 교류 협력에 관한 합의서'는 일종의 공동성명
□□□ 또는 신사협정에 준하는 성격을 가지는 것에 불과하고, 국회의 동의를 요하는 조약에 해당하지
않는다. ▌법행 23 ○ ×

....

헌재 2000.7.20. 98헌바63 🔒 ○

128 '시민적 및 정치적 권리에 관한 국제규약'은 헌법에 의하여 체결·공포된 조약이므로 그 조약상
□□□ 기구인 자유권규약위원회의 견해에 따라 우리 입법자는 기존에 유죄판결을 받은 양심적 병역
거부자에 대해 전과기록 말소 등의 구제조치를 할 입법의무가 있다. ▌법행 21 ○ ×

....

'시민적 및 정치적 권리에 관한 국제규약(이하 '자유권규약'이라 한다)의 조약상 기구인 자유권규약위원회의 견해
는 규약을 해석함에 있어 중요한 참고기준이 되고, 규약 당사국은 그 견해를 존중하여야 한다. …(중략)… 다만,
자유권규약위원회의 심리가 서면으로 비공개로 진행되는 점 등을 고려하면, 개인통보에 대한 자유권규약위원회의
견해(Views)에 사법적인 판결이나 결정과 같은 법적 구속력이 인정된다고 단정하기는 어렵다. …(중략)… 나아가
기존에 유죄판결을 받은 양심적 병역거부자에 대해 전과기록 말소 등의 구제조치를 할 것인지에 대하여는 입법자
에게 광범위한 입법재량이 부여되어 있다고 보아야 한다. 따라서 우리나라가 자유권규약의 당사국으로서 자유권규
약위원회의 견해를 존중하고 고려하여야 한다는 점을 감안하더라도, 피청구인에게 이 사건 견해에 언급된 구제조
치를 그대로 이행하는 법률을 제정할 구체적인 입법의무가 발생하였다고 보기는 어려우므로, 이 사건 심판청구는
헌법소원심판의 대상이 될 수 없는 입법부작위를 대상으로 한 것으로서 부적법하다(헌재 2018.7.26. 2011헌마
306). 🔒 ×

129 국제노동기구 산하 '결사의 자유위원회'의 권고는 일반적으로 승인된 국제법규에 해당하지
☐☐☐ 않는다. **l법행 21 · 23**　　　　　　　　　　　　　　　　　　　　　　　○ ×

....

국제노동기구 산하 '결사의 자유위원회'의 권고는 국내법과 같은 효력이 있거나 일반적으로 승인된 국제법규라고
볼 수 없다(헌재 2014.5.29. 2010헌마606).　　　　　　　　　　　　　　　　　　　**답** ○

제6절　헌법의 기본제도

제1관　정당제도

헌법 제8조　① 정당의 (설립)은 자유이며, (복수정당제)는 보장된다.
② 정당은 그 (목적 · 조직과 활동)이 민주적이어야 하며, 국민의 정치적 의사형성에 참여하는데 필요한 조직
　을 가져야 한다.
③ 정당은 법률이 정하는 바에 의하여 국가의 보호를 받으며, 국가는 법률이 정하는 바에 의하여 (정당운영에
　필요한 자금)을 보조할 수 있다.
④ 정당의 목적이나 활동이 (민주적 기본질서)에 위배될 때에는 (정부)는 헌법재판소에 그 해산을 제소할
　수 있고, 정당은 (헌법재판소의 심판)에 의하여 해산된다.

---

130 복수정당제가 우리 헌법상 반드시 보장되는 것은 아니다. **l법무사 21**　　　　○ ×
☐☐☐
....

헌법 제8조는 제1항에서 "정당의 설립은 자유이며, 복수정당제는 보장된다"고 규정하여 국민 누구나 원칙적으로
국가의 간섭을 받지 아니하고 정당을 설립할 권리를 국민의 기본권으로서 보장하면서, 아울러 정당설립의 자유를
보장한 것의 당연한 법적 산물인 복수정당제를 제도적으로 보장하고 있다(헌재 1999.12.23. 99헌마135).
　　　　　　　　　　　　　　　　　　　　　　　　　　　　　　　　답 ×

131 정당은 그 목적 · 조직과 활동이 민주적이어야 하며, 국민의 정치적 의사형성에 참여하는 데
☐☐☐ 필요한 조직을 가져야 한다. **l법무사 18**　　　　　　　　　　　　　　○ ×

....

헌법 제8조 제2항　　　　　　　　　　　　　　　　　　　　　　　　　　　**답** ○

132 중앙선거관리위원회가 2020.1.13. '비례○○당'의 명칭은 정당법 제41조 제3항에 위반되어
☐☐☐ 정당의 명칭으로 사용할 수 없다고 결정 · 공표한 행위는 헌법소원의 대상이 되는 '공권력의
행사'에 해당한다. **l법행 23**　　　　　　　　　　　　　　　　　　○ ×

....

중앙선거관리위원회가 2020.1.13. '비례○○당'의 명칭은 정당법 제41조 제3항에 위반되어 정당의 명칭으로 사용
할 수 없다고 결정 · 공표한 행위는 정당등록 사무를 관장하는 피청구인이 그 사무에 관하여 정당법 제41조 제3항의
구체적인 해석 · 적용을 어떻게 할 것인지에 관하여 이루어진 내부적인 판단 및 그 공표행위에 불과하여 청구인의
법적 지위에 어떠한 영향을 미친다고 보기 어려우므로, 헌법소원의 대상이 되는 '공권력의 행사'에 해당하지 않는다
(헌재 2021.3.25. 2020헌마94).　　　　　　　　　　　　　　　　　　**답** ×

133 자유민주적 기본질서를 부정하고 이를 적극적으로 제거하려는 조직도, 국민의 정치적 의사형성에 참여하는 한 정당의 자유의 보호를 받는 정당이다. **┃법행 23**　　　○ ×

□□□

헌법은 정당의 금지를 민주적 정치과정의 개방성에 대한 중대한 침해로서 이해하여 오로지 제8조 제4항의 엄격한 요건하에서만 정당설립의 자유에 대한 예외를 허용하고 있다. 이에 따라 자유민주적 기본질서를 부정하고 이를 적극적으로 제거하려는 조직도, 국민의 정치적 의사형성에 참여하는 한, '정당의 자유'의 보호를 받는 정당에 해당하며, 오로지 헌법재판소가 그의 위헌성을 확인한 경우에만 정당은 정치생활의 영역으로부터 축출될 수 있다(헌재 1999.12.23. 99헌마135).　　　**답** ○

134 헌법 제8조 제1항 전단에 규정된 정당설립의 자유에는 정당존속의 자유와 정당활동의 자유가 당연히 포함된다. **┃법무사 22**　　　○ ×

□□□

헌법 제8조 제1항 전단은 단지 정당설립의 자유만을 명시적으로 규정하고 있지만, 정당의 설립만이 보장될 뿐 설립된 정당이 언제든지 해산될 수 있거나 정당의 활동이 임의로 제한될 수 있다면 정당설립의 자유는 사실상 아무런 의미가 없게 되므로, 정당설립의 자유는 당연히 정당존속의 자유와 정당활동의 자유를 포함하는 것이다(헌재 2014.1.28. 2012헌마431).　　　**답** ○

135 우리 헌법은 정당을 일반적인 결사의 자유로부터 분리하여 제8조에 독자적으로 규율함으로써, 정당의 특별한 지위를 강조하고 있다. **┃법무사 21**　　　○ ×

□□□

헌재 1999.12.23. 99헌마135　　　**답** ○

136 헌법 제8조 제1항은 정당설립의 자유만을 명시적으로 규정하고 있으므로, 정당활동의 자유는 헌법상 기본권으로 보호되지 않는다. **┃법무사 20**　　　○ ×

□□□

헌법 제8조 제1항이 명시하는 정당설립의 자유는 설립할 정당의 조직형태를 어떠한 내용으로 할 것인가에 관한 정당조직 선택의 자유 및 그와 같이 선택된 조직을 결성할 자유를 포괄하는 '정당조직의 자유'를 포함한다. 정당조직의 자유는 정당설립의 자유에 개념적으로 포괄될 뿐만 아니라 정당조직의 자유가 완전히 배제되거나 임의적으로 제한될 수 있다면 정당설립의 자유가 실질적으로 무의미해지기 때문이다. 또 헌법 제8조 제1항은 정당활동의 자유도 보장하고 있기 때문에 위 조항은 결국 정당설립의 자유, 정당조직의 자유, 정당활동의 자유 등을 포괄하는 정당의 자유를 보장하고 있다(헌재 2004.12.16. 2004헌마456).　　　**답** ×

137 ▸ 정당설립의 자유는 자신들이 원하는 명칭을 사용하여 정당을 설립하거나 정당활동을 할 자유도 포함한다. **┃법무사 18**　　　○ ×

□□□

▸ 정당의 명칭은 그 정당의 정책과 정치적 신념을 나타내는 대표적인 표지에 해당하므로, 정당설립의 자유는 자신들이 원하는 명칭을 사용하여 정당을 설립하거나 정당활동을 할 자유도 포함한다. **┃법원직9급 20**　　　○ ×

정당의 명칭은 그 정당의 정책과 정치적 신념을 나타내는 대표적인 표지에 해당하므로, 정당설립의 자유는 자신들이 원하는 명칭을 사용하여 정당을 설립하거나 정당활동을 할 자유도 포함한다(헌재 2014.1.28. 2012헌마431).

답 ○ / ○

138 ▸ 헌법 제8조 제1항 전단의 정당설립의 자유는 정당설립의 자유만이 아니라 누구나 국가의
□□□   간섭을 받지 아니하고 자유롭게 정당에 가입하고 정당으로부터 탈퇴할 수 있는 자유를 함께
    보장한다. ▎법무사 21   ○ ✕

▸ 정당설립의 자유는 개인이 정당 일반 또는 특정 정당에 가입하지 아니할 자유, 가입했던
   정당으로부터 탈퇴할 자유 등 소극적 자유도 포함한다. ▎법무사 18   ○ ✕

헌법 제8조 제1항 전단의 정당설립의 자유는 정당설립의 자유만이 아니라 누구나 국가의 간섭을 받지 아니하고 자유롭게 정당에 가입하고 정당으로부터 탈퇴할 수 있는 자유를 함께 보장한다. 구체적으로 정당의 자유는 개개인의 자유로운 정당설립 및 정당가입의 자유, 조직형식 내지 법형식 선택의 자유를 포함한다. 또한 정당설립의 자유는 설립에 대응하는 정당해산의 자유, 합당의 자유, 분당의 자유도 포함한다. 뿐만 아니라 정당설립의 자유는 개인이 정당 일반 또는 특정 정당에 가입하지 아니할 자유, 가입했던 정당으로부터 탈퇴할 자유 등 소극적 자유도 포함한다(헌재 2006.3.30. 2004헌마246).

답 ○ / ○

139 정당설립의 자유는 그 성질상 등록된 정당에게만 인정되는 기본권의 성격을 가지며, 등록이
□□□ 취소된 정당에게는 인정되지 아니한다. ▎법행 23   ○ ✕

청구인(사회당)은 등록이 취소된 이후에도, 취소 전 사회당의 명칭을 사용하면서 대외적인 정치활동을 계속하고 있고, 대내외 조직 구성과 선거에 참여할 것을 전제로 하는 당헌과 대내적 최고의사결정기구로서 당대회와, 대표단 및 중앙위원회, 지역조직으로 시·도위원회를 두는 등 계속적인 조직을 구비하고 있는 사실 등에 비추어 보면, 청구인은 등록이 취소된 이후에도 '등록정당'에 준하는 '권리능력 없는 사단'으로서의 실질을 유지하고 있다고 볼 수 있으므로 이 사건 헌법소원의 청구인능력을 인정할 수 있다. 또한, 정당설립의 자유는 그 성질상 등록된 정당에게만 인정되는 기본권이 아니라 청구인과 같이 등록정당은 아니지만 권리능력 없는 사단의 실체를 가지고 있는 정당에게도 인정되는 기본권이라고 할 수 있고, 청구인이 등록정당으로서의 지위를 갖추지 못한 것은 결국 이 사건 법률조항 및 같은 내용의 현행 정당법(제17조, 제18조)의 정당등록요건규정 때문이고, 장래에도 이 사건 법률조항과 같은 내용의 현행 정당법 규정에 따라 기본권제한이 반복될 위험이 있으므로, 심판청구의 이익을 인정할 수 있다(헌재 2006.3.30. 2004헌마246).

답 ✕

140 정당은 법률이 정하는 바에 의하여 국가의 보호를 받으며, 국가는 법률이 정하는 바에 의하여
□□□ 정당운영에 필요한 자금을 보조할 수 있다. ▎법무사 20   ○ ✕

헌법 제8조 제3항   답 ○

141 정당이 당원 내지 후원자들로부터 정당의 목적에 따른 활동에 필요한 정치자금을 모금하는
□□□ 것은 정당활동의 자유의 내용에 당연히 포함된다. **▌법무사 22** ○ ×
....
정당이 국민 속에 뿌리를 내리고, 국민과 밀접한 접촉을 통하여 국민의 의사와 이익을 대변하고, 이를 국가와
연결하는 중개자로서의 역할을 수행하기 위해서 정당은 정치적으로뿐만 아니라 재정적으로도 국민의 동의와
지지에 의존하여야 하며, 정당 스스로 국민들로부터 그 재정을 충당하기 위해 노력해야 한다. 이러한 의미에서
정당이 당원 내지 후원자들로부터 정당의 목적에 따른 활동에 필요한 정치자금을 모금하는 것은 정당의 조직과
기능을 원활하게 수행하는 필수적인 요소이자 정당활동의 자유를 보장하기 위한 필수불가결한 전제로서, 정당활동
의 자유의 내용에 당연히 포함된다고 할 수 있다(헌재 2015.12.23. 2013헌바168). **답** ○

142 ▸ 정당에 대한 후원을 금지하고 위반시 형사처벌하는 구 정치자금법 제6조는 정당 후원회를
□□□ 금지함으로써 불법 정치자금 수수로 인한 정경유착을 막고 정당의 정치자금 조달의 투명성을
확보하여 정당 운영의 투명성과 도덕성을 제고하기 위한 것으로 목적의 정당성이 인정되므로
정당활동의 자유를 침해하지 않는다. **▌법행 23** ○ ×

▸ 정당 후원회를 금지한 법률조항은 불법 정치자금 수수로 인한 정경유착을 막고 정당의 정치
자금 조달의 투명성을 확보하여 정당 운영의 투명성과 도덕성을 제고하기 위한 것으로 입법
목적의 정당성이 인정되고, 정당 후원회를 금지하더라도 정당에 대하여 재정적 후원을 할
수 있는 다른 방법이 마련되어 있으므로, 정당 활동의 자유와 정치적 표현의 자유를 과도하게
제한한다고 볼 수는 없다. **▌법행 22** ○ ×
....
이 사건 법률조항은 정당 후원회를 금지함으로써 불법 정치자금 수수로 인한 정경유착을 막고 정당의 정치자금
조달의 투명성을 확보하여 정당 운영의 투명성과 도덕성을 제고하기 위한 것으로, 입법목적의 정당성은 인정된다.
그러나 정경유착의 문제는 일부 재벌기업과 부패한 정치세력에 국한된 것이고 대다수 유권자들과는 직접적인
관련이 없으므로 일반 국민의 정당에 대한 정치자금 기부를 원천적으로 봉쇄할 필요도 없고, 기부 및 모금한도액의
제한, 기부내역 공개 등의 방법으로 정치자금의 투명성을 충분히 확보할 수 있다. 정치자금 중 당비는 반드시
당원으로 가입해야만 납부할 수 있어 일반 국민으로서 자신이 지지하는 정당에 재정적 후원을 하기 위해 반드시
당원이 되어야 하므로, 정당법상 정당 가입이 금지되는 공무원 등의 경우에는 자신이 지지하는 정당에 재정적
후원을 할 수 있는 방법이 없다. 그리고 현행 기탁금 제도는 중앙선거관리위원회가 국고보조금의 배분비율에
따라 각 정당에 배분·지급하는 일반기탁금제도로서, 기부자가 자신이 지지하는 특정 정당에 재정적 후원을 하는
것과는 전혀 다른 제도이므로 이로써 정당 후원회를 대체할 수 있다고 보기도 어렵다. 나아가 정당제 민주주의
하에서 정당에 대한 재정적 후원이 전면적으로 금지됨으로써 정당이 스스로 재정을 충당하고자 하는 정당활동의
자유와 국민의 정치적 표현의 자유에 대한 제한이 매우 크다고 할 것이므로, 이 사건 법률조항은 정당의 정당활동의
자유와 국민의 정치적 표현의 자유를 침해한다(헌재 2015.12.23. 2013헌바168). **답** × / ×

143 정당이 비례대표국회의원선거 및 비례대표지방의회의원선거에 후보자를 추천하는 때에는 그 후보자 중 100분의 30 이상을 여성으로 추천하되, 그 후보자명부의 순위의 매 홀수에는 여성을 추천하여야 한다. ┃법무사 18 ○ ×

정당이 비례대표국회의원선거 및 비례대표지방의회의원선거에 후보자를 추천하는 때에는 그 후보자 중 <u>100분의 50 이상</u>을 여성으로 추천하되, 그 후보자명부의 순위의 매 홀수에는 여성을 추천하여야 한다(공직선거법 제47조 제3항). **답** ×

144 ▸ 등록신청을 받은 관할 선거관리위원회는 형식적 요건을 구비하는 한 이를 거부하지 못한다. ┃법원직9급 20 ○ ×

▸ 정당 등록신청을 받은 관할 선거관리위원회는 형식적 요건을 구비하는 한 이를 거부하지 못하나, 형식적 요건을 구비하지 못한 때에는 상당한 기간을 정하여 보완을 명하고, 2회 이상 보완을 명하여도 응하지 않는 경우에는 그 신청을 각하할 수 있다. ┃법원직9급 22 ○ ×

등록신청을 받은 관할 선거관리위원회는 형식적 요건을 구비하는 한 이를 거부하지 못한다. 다만, 형식적 요건을 구비하지 못한 때에는 상당한 기간을 정하여 그 보완을 명하고, 2회 이상 보완을 명하여도 응하지 아니할 때에는 그 신청을 각하할 수 있다(정당법 제15조). **답** ○ / ○

145 헌법재판소의 해산결정으로 해산되는 정당 소속 국회의원은 적법한 선거절차에 의하여 선출된 자이므로 그 의원직을 상실하지 않는다. ┃법행 23 ○ ×

헌법재판소의 해산결정으로 정당이 해산되는 경우에 그 정당 소속 국회의원이 의원직을 상실하는지에 대하여 명문의 규정은 없으나, 정당해산심판제도의 본질은 민주적 기본질서에 위배되는 정당을 정치적 의사형성과정에서 배제함으로써 국민을 보호하는 데에 있는데 해산정당 소속 국회의원의 의원직을 상실시키지 않는 경우 정당해산결정의 실효성을 확보할 수 없게 되므로, 이러한 정당해산제도의 취지 등에 비추어 볼 때 <u>헌법재판소의 정당해산결정이 있는 경우 그 정당 소속 국회의원의 의원직은 당선 방식을 불문하고 모두 상실되어야 한다</u>(헌재 2014.12.19. 2013헌다1). **답** ×

헌법 제24조	모든 국민은 (법률)이 정하는 바에 의하여 선거권을 가진다.
헌법 제41조	① 국회는 국민의 (보통 · 평등 · 직접 · 비밀)선거에 의하여 선출된 국회의원으로 구성한다.
헌법 제67조	① 대통령은 국민의 (보통 · 평등 · 직접 · 비밀)선거에 의하여 선출한다.
	④ 대통령으로 선거될 수 있는 자는 (국회의원의 피선거권)이 있고 선거일 현재 (40세)에 달하여야 한다.
헌법 제118조	② 지방의회의 (조직 · 권한 · 의원선거)와 (지방자치단체의 장의 선임방법) 기타 지방자치단체의 조직과 운영에 관한 사항은 법률로 정한다.

1 선거의 원칙

146
□□□
현행 헌법은 대통령선거에 관하여 국민의 보통·평등·직접·비밀선거의 원칙을 규정하고 있고, 국회의원선거에 관하여는 위 원칙들에 관한 규정이 없으나, 헌법해석상 당연히 적용되는 것으로 보아야 한다. ▌법원직9급 20　　　　　　　　　　　　　　　　　　○ ×

현행 헌법은 대통령선거에 관하여 국민의 보통·평등·직접·비밀선거의 원칙을 규정하고 있고, <u>국회의원선거에 관하여도 보통·평등·직접·비밀선거의 원칙을 규정하고 있다</u>(헌법 제41조, 제67조 참조). 🈲 ×

147
□□□
평등선거의 원칙은 평등의 원칙이 선거제도에 적용된 것으로서 투표의 수적(數的) 평등, 즉 복수투표제 등을 부인하고 모든 선거인에게 1인 1표(one man, one vote)를 인정함을 의미할 뿐, 투표의 성과가치의 평등까지 의미하는 것은 아니다. ▌법원직9급 20　　　　　　　○ ×

평등선거의 원칙은 평등의 원칙이 선거제도에 적용된 것으로서 투표의 수적(數的) 평등, 즉 복수투표제 등을 부인하고 모든 선거인에게 1인 1표(one man, one vote)를 인정함을 의미할 뿐만 아니라, <u>투표의 성과가치의 평등, 즉 1표의 투표가치가 대표자 선정이라는 선거의 결과에 대하여 기여한 정도에 있어서도 평등하여야 함(one vote, one value)을 의미한다</u>(헌재 1995.12.27. 95헌마224). 🈲 ×

148
□□□
비례대표제를 채택하는 경우 직접선거의 원칙은 의원의 선출뿐만 아니라 정당의 비례적인 의석확보도 선거권자의 투표에 의하여 직접 결정될 것을 요구하는바, 비례대표의원의 선거는 지역구의원의 선거와는 별도의 선거이므로 이에 관한 유권자의 별도의 의사표시, 즉 정당명부에 대한 별도의 투표가 있어야 한다. ▌법원직9급 20　　　　　　　　　　　　　○ ×

비례대표제를 채택하는 경우 직접선거의 원칙은 의원의 선출뿐만 아니라 정당의 비례적인 의석확보도 선거권자의 투표에 의하여 직접 결정될 것을 요구하는바, 비례대표의원의 선거는 지역구의원의 선거와는 별도의 선거이므로 이에 관한 유권자의 별도의 의사표시, 즉 정당명부에 대한 별도의 투표가 있어야 함에도 현행제도는 정당명부에 대한 투표가 따로 없으므로 결국 비례대표의원의 선출에 있어서는 정당의 명부작성행위가 최종적·결정적인

의의를 지니게 되고, 선거권자들의 투표행위로써 비례대표의원의 선출을 직접·결정적으로 좌우할 수 없으므로 직접선거의 원칙에 위배된다(헌재 2001.7.19. 2000헌마91). **답** ○

2 선거권과 피선거권

149 ▸ 헌법 제24조의 선거권은 지방자치단체장과 지방의회의원에 관한 선거권도 포함한다.
□□□ ┃법무사 17 ○ ×

▸ 지방자치단체의 장 선거권을 지방의회의원 선거권, 나아가 국회의원 선거권 및 대통령 선거권과 구별하여 하나는 법률상의 권리로, 나머지는 헌법상의 권리로 이원화하는 것은 허용될 수 없으므로 지방자치단체의 장 선거권 역시 다른 선거권과 마찬가지로 헌법 제24조에 의해 보호되는 기본권으로 인정된다. ┃법행 21 ○ ×

주민자치제를 본질로 하는 민주적 지방자치제도가 안정적으로 뿌리내린 현 시점에서 지방자치단체의 장 선거권을 지방의회의원선거권, 나아가 국회의원선거권 및 대통령선거권과 구별하여 하나는 법률상의 권리로, 나머지는 헌법상의 권리로 이원화하는 것은 허용될 수 없다. 그러므로 지방자치단체의 장 선거권 역시 다른 선거권과 마찬가지로 헌법 제24조에 의해 보호되는 기본권으로 인정하여야 한다(헌재 2016.10.27. 2014헌마797).
답 ○ / ○

150 외국인은 대통령선거 및 국회의원선거에서는 선거권이 없으나, 지방선거권이 조례에 의해서
□□□ 인정되고 있다. ┃법원직9급 20 ○ ×

외국인은 대통령선거 및 국회의원선거에서는 선거권이 없으나, 지방선거권은 공직선거법에 의해서 인정되고 있다(공직선거법 제15조 제2항 제3호 참조). **답** ×

> **공직선거법 제15조(선거권)** ① 18세 이상의 국민은 대통령 및 국회의원의 선거권이 있다. 다만, 지역구국회의원의 선거권은 18세 이상의 국민으로서 제37조 제1항에 따른 선거인명부작성기준일 현재 다음 각 호의 어느 하나에 해당하는 사람에 한하여 인정된다.
> ② 18세 이상으로서 제37조 제1항에 따른 선거인명부작성기준일 현재 다음 각 호의 어느 하나에 해당하는 사람은 그 구역에서 선거하는 지방자치단체의 의회의원 및 장의 선거권이 있다.
> 3. 「출입국관리법」 제10조에 따른 영주의 체류자격 취득일 후 3년이 경과한 외국인으로서 같은 법 제34조에 따라 해당 지방자치단체의 외국인등록대장에 올라 있는 사람

151 선거권은 권리이므로 어느 경우에나 선거투표 참여를 법률로 강제할 수 없다는 것에 이론(異
□□□ 論)이 없다. ┃법무사 17 ○ ×

우리 헌법은 선거의 원칙으로서 보통·평등·직접·비밀선거를 규정하고 있고, 자유선거는 당연한 것으로 보아 명시적으로 규정하고 있지 아니하다. 하지만 강제투표제도를 도입한 호주나 벨기에 등의 외국 입법례가 있다는 점을 고려하면, 이에 대하여 이론(異論)이 없다고는 할 수 없다. **답** ×

152 선거연령을 헌법으로 정하지 아니한 것은 그 자체로 위헌의 소지가 있다. **┃법무사 17** ○ ╳
□□□

선거권과 공무담임권의 연령을 어떻게 규정할 것인가는 입법자가 입법목적 달성을 위한 선택의 문제이고 입법자가 선택한 수단이 현저하게 불합리하고 불공정한 것이 아닌 한 재량에 속하는 것이다(헌재 1997.6.26. 96헌마89). **답** ╳

153 1년 이상의 징역 또는 금고의 형의 선고를 받고 그 집행이 종료되지 아니한 사람은 공직선거에
□□□ 관한 선거권이 없다. **┃법행 21** ○ ╳

공직선거법 제18조 제1항 제2호 **답** ○

> **공직선거법 제18조(선거권이 없는 자)** ① 선거일 현재 다음 각 호의 어느 하나에 해당하는 사람은 선거권이 없다.
> 1. 금치산선고를 받은 자
> 2. **1년 이상의 징역 또는 금고의 형의 선고를 받고 그 집행이 종료되지 아니하거나 그 집행을 받지 아니하기로 확정되지 아니한 사람.** 다만, 그 형의 집행유예를 선고받고 유예기간 중에 있는 사람은 제외한다.

154 ▶ 집행유예기간 중에 있는 자와 수형자의 선거권을 전면적으로 제한하는 것은 헌법에 위반되지
□□□ 않는다. **┃법무사 17** ○ ╳

▶ 헌법재판소는 집행유예기간 중인 자에 대한 선거권의 제한에 관하여는 단순위헌 결정을 하였으나, 수형자에 대한 선거권의 제한에 관하여는 입법시한까지 개선입법과 잠정적용을 명하는 헌법불합치결정을 하였다. **┃법행 22** ○ ╳

[1] 심판대상조항은 집행유예자와 수형자에 대하여 전면적·획일적으로 선거권을 제한하고 있다. 심판대상조항의 입법목적에 비추어 보더라도, 구체적인 범죄의 종류나 내용 및 불법성의 정도 등과 관계없이 일률적으로 선거권을 제한하여야 할 필요성이 있다고 보기는 어렵다. 범죄자가 저지른 범죄의 경중을 전혀 고려하지 않고 수형자와 집행유예자 모두의 선거권을 제한하는 것은 침해의 최소성원칙에 어긋난다. 특히 집행유예자는 집행유예선고가 실효되거나 취소되지 않는 한 교정시설에 구금되지 않고 일반인과 동일한 사회생활을 하고 있으므로, 그들의 선거권을 제한해야 할 필요성이 크지 않다. 따라서 심판대상조항은 청구인들의 선거권을 침해하고, 보통선거원칙에 위반하여 집행유예자와 수형자를 차별취급하는 것이므로 평등원칙에도 어긋난다. [2] 심판대상조항 중 수형자에 관한 부분의 위헌성은 지나치게 전면적·획일적으로 수형자의 선거권을 제한한다는 데 있다. 그런데 그 위헌성을 제거하고 수형자에게 헌법합치적으로 선거권을 부여하는 것은 입법자의 형성재량에 속하므로 심판대상조항 중 수형자에 관한 부분에 대하여 헌법불합치결정을 선고한다(헌재 2014.1.28. 2012헌마409). **답** ╳ / ○

155 재외국민의 선거권을 전면적으로 제한하는 것은 헌법에 위반된다. |법무사 17 ○ ×

단지 주민등록이 되어 있는지 여부에 따라 선거인명부에 오를 자격을 결정하여 그에 따라 선거권 행사 여부가 결정되도록 함으로써, 엄연히 대한민국의 국민임에도 불구하고 주민등록법상 주민등록을 할 수 없는 재외국민의 선거권 행사를 전면적으로 부정하고 있는바, 그와 같은 재외국민의 선거권 행사에 대한 전면적인 부정에 관해서는 위에서 살펴본 바와 같이 어떠한 정당한 목적도 찾기 어려우므로 법 제37조 제1항은 헌법 제37조 제2항에 위반하여 재외국민의 선거권과 평등권을 침해하고 헌법 제41조 제1항 및 제67조 제1항이 규정한 보통선거원칙에도 위반된다 (헌재 2007.6.28. 2004헌마644). 답 ○

156 재외투표기간 개시일에 임박하여 또는 재외투표기간 중에 재외선거사무 중지결정이 있었고 그에 대한 재개결정이 없었던 예외적인 상황에서 재외투표기간 개시일 이후에 귀국한 재외선거인 및 국외부재자신고인이 국내에서 선거일에 투표할 수 있도록 하는 절차를 마련하지 아니한 것은 선거권을 전면 부정하고 있지 않으므로 선거권을 침해한다고 볼 수 없다. |법행 23
○ ×

심판대상조항과 달리 재외투표기간이 종료된 후 선거일이 도래하기 전까지의 기간 내에 재외투표관리관이 재외선거인등 중 실제로 재외투표를 한 사람들의 명단을 중앙선거관리위원회에 보내거나 중앙선거관리위원회를 경유하여 관할 구·시·군선거관리위원회에 보내어 선거일 전까지 투표 여부에 관한 정보를 확인하는 방법을 상정할 수 있으며, 현재의 기술 수준으로도 이와 같은 방법이 충분히 실현가능한 것으로 보인다. 이로 인해 관계 공무원 등의 업무부담이 가중될 수 있을 것이나, 이는 인력 확충 및 효율적인 관리 등 국가의 노력으로 극복할 수 있는 어려움에 해당한다. 심판대상조항을 통해 달성하고자 하는 선거의 공정성은 매우 중요한 가치이다. 그러나 선거의 공정성도 결국에는 선거인의 선거권이 실질적으로 보장될 때 비로소 의미를 가진다. 심판대상조항의 불충분·불완전한 입법으로 인한 청구인의 선거권 제한을 결코 가볍다고 볼 수 없으며, 이는 심판대상조항으로 인해 달성되는 공익에 비해 작지 않다. 따라서 공직선거법 제218조의16 제3항 중 '재외투표기간 개시일 전에 귀국한 재외선거인등'에 관한 부분이 불완전·불충분하게 규정되어 있어 <u>재외투표기간 개시일에 임박하여 또는 재외투표기간 중에 재외선거사무 중지결정이 있었고 그에 대한 재개결정이 없었던 예외적인 상황에서 재외투표기간 개시일 이후에 귀국한 재외선거인 및 국외부재자신고인이 국내에서 선거일에 투표할 수 있도록 하는 절차를 마련하지 아니한 것은 과잉금지원칙에 위배되어 청구인의 선거권을 침해한다</u>(헌재 2022.1.27. 2020헌마895). 답 ×

157 사법인적인 성격을 지니는 지역농협의 조합장선거에서 조합장을 선출하거나 조합장으로 선출될 권리, 조합장선거에서 선거운동을 하는 것은 헌법에 의하여 보호되는 선거권의 범위에 포함되지 않는다. |법행 21 ○ ×

사법인적인 성격을 지니는 농협의 조합장선거에서 조합장을 선출하거나 선거운동을 하는 것은 헌법에 의하여 보호되는 선거권의 범위에 포함되지 않으며, 차기 조합장선거의 시기가 늦춰졌다고 하여 조합원들의 표현의 자유와 관련된 어떠한 법적 이익이 침해된다고 보기도 어려우므로, 이 사건 부칙조항이 청구인들의 선거권이나 표현의 자유를 제한한다고 할 수는 없다(헌재 2012.12.27. 2011헌마562). 답 ○

3 선거구와 선거운동

158 국회의원지역구의 공정한 획정을 위하여 임기만료에 따른 국회의원선거의 선거일 전 18개월부
□□□ 터 해당 국회의원선거에 적용되는 국회의원지역구의 명칭과 그 구역이 확정되어 효력을 발생
하는 날까지 국회의원선거구획정위원회를 설치·운영한다. **| 법행 21** ○ ✕

공직선거법 제24조 제1항 **답** ○

159 선거운동의 자유는 우리 헌법에 명시되어 있지 않다. **| 법무사 21** ○ ✕
□□□
선거운동의 자유는 우리 헌법에 명시되지 않았지만 국민주권원리, 의회민주주의원리 및 참정권에 관한 규정에
근거를 둔 자유선거원칙으로부터 도출되고, 헌법상 언론·출판·집회·결사의 자유보장규정에 의하여 보호되는
표현의 자유의 한 모습이기도 하다(헌재 2020.3.26. 2018헌바90). **답** ○

160 지방자치단체의 장선거 예비후보자가 정당의 공천심사에서 탈락한 후 후보자등록을 하지 않은
□□□ 경우를 기탁금 반환 사유로 규정하지 않은 공직선거법은 예비후보자의 무분별한 난립과 선거
운동의 과열·혼탁을 방지하고 그 성실성과 책임성을 담보하기 위한 것이므로 과잉금지의
원칙에 위반되지 않는다. **| 법행 23** ○ ✕

헌법재판소는 2018.1.25. 2016헌마541 결정에서 지역구국회의원선거 예비후보자가 정당의 공천심사에서 탈락한
후 후보자등록을 하지 않은 경우를 기탁금 반환 사유로 규정하지 않은 구 공직선거법 제57조 제1항 제1호 다목
중 '지역구국회의원선거'와 관련된 부분이 과잉금지원칙에 반하여 예비후보자의 재산권을 침해한다고 보아 헌법불
합치결정을 하였다. 지역구국회의원선거와 지방자치단체의 장선거는 헌법상 선거제도 규정 방식이나 선거대상의
지위와 성격, 기관의 직무 및 기능, 선거구 수 등에 있어 차이가 있을 뿐, 예비후보자의 무분별한 난립을 막고
책임성을 강화하며 그 성실성을 담보하고자 하는 기탁금제도의 취지 측면에서는 동일하므로, 헌법재판소의 2016
헌마541 결정에서의 판단은 이 사건에서도 타당하고, 그 견해를 변경할 사정이 있다고 보기 어려우므로, 지방자치
단체의 장선거에 있어 정당의 공천심사에서 탈락한 후 후보자등록을 하지 않은 경우를 기탁금 반환 사유로 규정하
지 않은 심판대상조항은 과잉금지원칙에 반하여 헌법에 위반된다(헌재 2020.9.24. 2018헌가15). **답** ✕

161 지방자치단체의 장의 선거운동을 금지하는 것은 지방자치단체의 장의 업무전념성, 지방자치단
□□□ 체의 장과 해당 지방자치단체 소속 공무원의 정치적 중립성, 선거의 공정성 등에 기여하는
바는 미미한 반면, 과잉금지원칙에 위배하여 지방자치단체의 장의 선거운동의 자유를 침해한다.
| 법행 21 ○ ✕

지방자치단체의 장의 선거운동을 금지하는 공직선거법 조항은, 지방자치단체의 장의 업무전념성, 지방자치단체의
장과 해당 지방자치단체 소속 공무원의 정치적 중립성, 선거의 공정성을 확보하기 위한 것으로 정당한 목적달성을
위한 적합한 수단에 해당한다. 지방자치단체의 장은 지방자치단체의 대표로서 그 사무를 총괄하고, 공직선거법상
일정한 선거사무를 맡고 있으며, 지역 내 광범위한 권한 행사와 관련하여 사인으로서의 활동과 직무상 활동이
구분되기 어려운 점 등을 고려할 때 심판대상조항이 입법목적 달성을 위하여 필요한 범위를 벗어난 제한이라
보기 어렵고, 심판대상조항에 의하여 보호되는 선거의 공정성 등 공익과 제한되는 사익 사이에 불균형이 있다고
보기도 어렵다. 따라서 심판대상조항은 과잉금지원칙에 위배하여 선거운동의 자유를 침해한다고 볼 수 없다(헌재
2020.3.26. 2018헌바90). **답** ✕

162 예비후보자로 등록한 사람은 선거운동기간 이전이라도 선거운동을 할 수 있다. **Ⅰ법무사 21**

☐☐☐ ○ ✕

··

선거운동은 선거기간 개시일부터 선거일 전일까지에 한하여 할 수 있다. 다만, 예비후보자 등이 선거운동을 하는 경우에는 그러하지 아니하다(공직선거법 제59조 제1호). **답** ○

> **공직선거법 제59조(선거운동기간)** 선거운동은 선거기간 개시일부터 선거일 전일까지에 한하여 할 수 있다. 다만, **다음 각 호의 어느 하나에 해당하는 경우에는 그러하지 아니하다.**
> 1. 제60조의3(예비후보자 등의 선거운동) 제1항 및 제2항의 규정에 따라 **예비후보자 등이 선거운동을 하는 경우**
> 2. **문자메시지를 전송하는 방법으로 선거운동을 하는 경우.** 이 경우 자동동보통신의 방법(동시수신대상자가 20명을 초과하거나 그 대상자가 20명 이하인 경우에도 프로그램을 이용하여 수신자를 자동으로 선택하여 전송하는 방식을 말한다)으로 전송할 수 있는 자는 후보자와 예비후보자에 한하되, 그 횟수는 8회(후보자의 경우 예비후보자로서 전송한 횟수를 포함한다)를 넘을 수 없으며, 중앙선거관리위원회규칙에 따라 신고한 1개의 전화번호만을 사용하여야 한다.
> 3. **인터넷 홈페이지 또는 그 게시판·대화방 등에 글이나 동영상 등을 게시하거나 전자우편**(컴퓨터이용자끼리 네트워크를 통하여 문자·음성·화상 또는 동영상 등의 정보를 주고받는 통신시스템을 말한다)**을 전송하는 방법으로 선거운동을 하는 경우.** 이 경우 전자우편 전송대행업체에 위탁하여 전자우편을 전송할 수 있는 사람은 후보자와 예비후보자에 한한다.
> 4. 선거일이 아닌 때에 전화(송·수화자 간 직접 통화하는 방식에 한정하며, 컴퓨터를 이용한 자동송신장치를 설치한 전화는 제외한다)를 이용하거나 말(확성장치를 사용하거나 옥외집회에서 다중을 대상으로 하는 경우를 제외한다)로 선거운동을 하는 경우
> 5. 후보자가 되려는 사람이 선거일 전 180일(대통령선거의 경우 선거일 전 240일을 말한다)부터 해당 선거의 예비후보자등록신청 전까지 제60조의3 제1항 제2호의 방법(같은 호 단서를 포함한다)으로 자신의 명함을 직접 주는 경우

163 선거운동기간 전에는 문자메시지를 전송하는 방법이나 인터넷 홈페이지 또는 그 게시판·대화

☐☐☐ 방 등에 글이나 동영상 등을 게시하거나 전자우편을 전송하는 방법으로 선거운동을 하는 것이 허용되지 않는다. **Ⅰ법무사 21** ○ ✕

··

선거운동은 선거기간 개시일부터 선거일 전일까지에 한하여 할 수 있다. 다만, <u>문자메시지를 전송하는 방법으로 선거운동을 하는 경우와 인터넷 홈페이지 또는 그 게시판·대화방 등에 글이나 동영상 등을 게시하거나 전자우편(컴퓨터이용자끼리 네트워크를 통하여 문자·음성·화상 또는 동영상 등의 정보를 주고받는 통신시스템을 말한다)을 전송하는 방법으로 선거운동을 하는 경우에는 그러하지 아니하다</u>(공직선거법 제59조 제2호·제3호).

답 ✕

164 사전선거운동 금지의 예외로서 예비후보자 홍보물의 발송을 허용하면서도 그 수량을 선거구 안에 있는 세대수 100분의 10에 해당하는 수 이내로 제한하는 것이 예비후보자의 선거운동 자유를 과도하게 제한함으로써 선거운동의 자유를 침해한다고 볼 수 없다. **∥법행 21** ○ ✕

만일 국회의원 지역구 내에 있는 모든 세대에 대하여 모든 예비후보자들이 선거일 전 120일부터 예비후보자홍보물을 작성·발송한다면, 비록 1회에 그치기는 하지만 선거의 조기과열 및 사회·경제적 손실을 초래할 수 있고, 예비후보자들 간의 경제력 차이에 따라 자신을 알릴 수 있는 기회를 불균등하게 할 수 있으므로, 그 수량을 그 세대수의 100분의 10 이내로 제한하는 것은 이 사건 법률조항의 입법목적을 달성하기 위한 적절한 수단이라고 할 것이다. 이 사건 홍보물을 대체할 수 있는 저렴한 홍보수단이 수량이나 횟수의 제한 없이 허용되고 있는 점, 예비후보자는 자신의 인지도가 취약하다고 판단되는 지역이나 연령층을 지정하여 예비후보자홍보물을 발송할 수 있는 점, 총 선거비용만을 규제하는 방법만으로는 후보자 등록이 불확실한 예비후보자 간의 경제력 차이에 따른 선거의 불공정을 방지하기 어려운 점, 예비후보자의 상당수가 후보자 등록을 하지 아니한 점 등을 고려하면, 이 사건 법률조항에 의한 제한은 그에 따른 피해를 최소화한 것으로서 필요하고도 합리적인 범위 내에 있다고 할 수 있다(헌재 2009.7.30. 2008헌마180). **답** ○

165 예비후보자로서 선거운동을 할 수 있는 기간을 제한하는 것 자체가 선거운동의 자유를 과도하게 제한하는 것이라고 할 수는 없고, 제한되는 기간을 어느 정도로 할 것인지 여부는 입법정책에 맡겨져 있다고 볼 수 있으며, 그 구체적인 기간이 선거운동의 자유를 형해화할 정도에 이르지 않았다면 이 역시 기본권을 침해하였다고 볼 수 없다. **∥법무사 21** ○ ✕

헌재 2020.11.26. 2018헌마260 **답** ○

166 군의 장 선거에서 예비후보자로서 선거기간개시일 전에 선거운동을 할 수 있는 기간을 최대 60일로 한정하도록 한 공직선거법 관련 조항은 예비후보자의 선거운동의 자유를 침해한다고 볼 수 없다. **∥법행 21** ○ ✕

예비후보자의 선거운동기간을 제한하지 않으면, 예비후보자 간의 경쟁이 격화될 수 있고 예비후보자 간 경제력 차이 등에 따른 폐해가 두드러질 우려가 있다. 군의 평균 선거인수는 시·자치구에 비해서도 적다는 점, 오늘날 대중정보매체가 광범위하게 보급되어 있다는 점, 과거에 비해 교통수단이 발달하였다는 점 등에 비추어보면, 군의 장의 선거에서 예비후보자로서 선거운동을 할 수 있는 기간이 최대 60일이라고 하더라도 그 기간이 지나치게 짧다고 보기 어렵다. 군의 장의 선거에 입후보하고자 하는 사람은 문자메시지, 인터넷 홈페이지 등을 이용하여 상시 선거운동을 할 수도 있다. 따라서 심판대상조항은 청구인의 선거운동의 자유를 침해하지 않는다(헌재 2020.11.26. 2018헌마260). **답** ○

167 특별시장·광역시장·특별자치시장·도지사·특별자치도지사 및 자치구의 지역구의회의원 선거의 예비후보자를 후원회지정권자에서 제외하고 있는 2021.1.5. 개정 전 정치자금법 관련 조항은 각 선거에서 후보로 출마하기 위하여 예비후보자로 등록한 사람의 평등권을 침해한다. **∥법행 21** ○ ✕

[1] 특별시장·광역시장·특별자치시장·도지사·특별자치도지사(이하 '광역자치단체장'이라 한다) 선거의 예비후보자를 후원회지정권자에서 제외하고 있는 정치자금법 제6조 제6호 부분은 청구인들 중 광역자치단체장선거의 예비후보자 및 이들 예비후보자에게 후원금을 기부하고자 하는 자의 평등권을 침해한다. [2] 자치구의 지역구의회의원(이하 '자치구의회의원'이라 한다) 선거의 예비후보자를 후원회지정권자에서 제외하고 있는 정치자금법 제6조 제6호 부분은 청구인들 중 자치구의회의원선거의 예비후보자 및 이들 예비후보자에게 후원금을 기부하고자 하는 자의 평등권을 침해한다고 볼 수 없다(헌재 2019.12.27. 2018헌마301). 답 ×

168 자신의 개인 소셜 네트워크 서비스 계정에 언론의 인터넷 기사나 타인의 게시글을 단순히 '공유하기'한 행위만으로는 특정 선거에서 특정 후보자의 당선 또는 낙선을 도모하려는 목적의 사가 명백히 드러났다고 단정할 수는 없다. ❙법행 21 ○ ×

공직선거법 제58조 제1항에 정한 '선거운동'은 특정 선거에서 특정 후보자의 당선 또는 낙선을 도모한다는 목적의 사가 객관적으로 인정될 수 있는 능동적이고 계획적인 행위를 말한다. 이에 해당하는지는 행위를 하는 주체의 의사가 아니라 외부에 표시된 행위를 대상으로 객관적으로 판단하여야 한다. 공직선거법상 선거운동을 할 수 없는 공립학교 교원이 '페이스북'과 같은 누리소통망(일명 '소셜 네트워크 서비스')을 통해 자신의 정치적 견해나 신념을 외부에 표출하였고, 그 내용이 선거와 관련성이 인정된다고 하더라도, 그 이유만으로 섣불리 선거운동에 해당한다고 속단해서는 아니 된다. 한편 타인의 페이스북 게시물을 공유하는 목적은 상당히 다양하고, '공유하기' 기능에는 정보확산의 측면과 단순 정보저장의 측면이 동시에 존재한다. 따라서 특별한 사정이 없는 한 언론의 인터넷 기사나 타인의 게시글을 단순히 '공유하기'한 행위만으로는 특정 선거에서 특정 후보자의 당선 또는 낙선을 도모하려는 목적의사가 명백히 드러났다고 단정할 수는 없다(헌재 2020.2.27. 2016헌마1071). 답 ○

169 공직선거법이 자치구·시의 장의 선거에서 예비후보자의 선거운동기간보다 군의 장의 선거에서 예비후보자의 선거운동기간을 단기간으로 정한 것은 합리적 이유 있는 차별로서 평등원칙에 위배되지 않는다. ❙법무사 21 ○ ×

헌재 2020.11.26. 2018헌마260 답 ○

170 선거일에 선거운동을 한 자를 처벌하는 구 공직선거법(1994.3.16. 법률 제4739호로 제정되고 2017.2.8. 법률 제14556호로 개정되기 전의 것)은 과잉금지의 원칙을 위반하여 정치적 표현의 자유를 침해하지 않는다. ❙법행 23 ○ ×

선거일의 선거운동을 금지하고 처벌하는 것은 무분별한 선거운동으로 선거 당일 유권자의 평온을 해치거나 자유롭고 합리적인 의사결정에 악영향을 미치는 것을 방지하기 위한 것이다. 문자메시지나 온라인을 통한 선거운동은 전파의 규모와 속도에 비추어 파급력이 작지 않고, 선거일은 유권자의 선택에 직접적으로 영향을 미칠 가능성이 큰 시점이어서 선거 당일에 무제한적 선거운동으로 후보자에 대한 비난이나 반박이 이어질 경우 혼란이 발생하기 쉬우므로, 이를 규제할 필요성이 인정된다. 또한 선거운동방법의 다양화로 포괄적인 규제조항을 두는 것이 불가피한 측면이 있다. 선거운동이 금지되는 기간은 선거일 0시부터 투표마감시각 전까지로 하루도 채 되지 않고, 선거일 전일까지 선거운동기간 동안 선거운동이 보장되는 등 사정을 고려하면, 이 사건 처벌조항으로 인해 제한되는 정치적 표현의 자유가 선거운동의 과열을 방지하고 유권자의 올바른 의사형성에 대한 방해를 방지하는 공익에 비해 더 크다고 보기 어렵다. 따라서 이 사건 처벌조항이 과잉금지원칙을 위반하여 정치적 표현의 자유를 침해한다고 할 수 없다(헌재 2021.12.23. 2018헌바152). 답 ○

171 당내경선에서 이루어지는 경선운동은 원칙적으로 공직선거에서의 당선 또는 낙선을 위한 행위인 선거운동에 해당하지 않으므로, 경선운동을 금지하는 조항이 과잉금지원칙에 반하는지 여부를 판단할 때에는 엄격한 심사기준이 적용되어야 한다. **l 법무사 22**   ○ ×

당내경선은 공직선거 자체와는 구별되는 정당 내부의 자발적인 의사결정에 해당하고, 경선운동은 원칙적으로 공직선거에서의 당선 또는 낙선을 위한 행위인 선거운동에 해당하지 않는다. 따라서 당내경선의 형평성과 공정성을 담보하기 위해서 국가가 개입하여야 하는 정도가 공직선거와 동등하다고 보기 어려우므로, 심판대상조항이 과잉금지원칙에 반하는지 여부를 판단할 때에는 엄격한 심사기준이 적용되어야 한다(헌재 2021.4.29. 2019헌가11).   **답** ○

172 부재자 투표시 투표 개시시간을 일과시간 이내인 오전 10시부터 오후 4시까지로 정한 것은 투표관리의 효율성을 도모하고 행정부담을 줄이기 위한 목적의 정당성이 인정되므로 헌법에 위반되지 않는다. **l 법행 23**   ○ ×

부재자투표시간을 오전 10시부터 오후 4시까지로 정하고 있는 공직선거법 투표시간조항이 투표개시시간을 일과시간 이내인 오전 10시부터로 정한 것은 투표시간을 줄인 만큼 투표관리의 효율성을 도모하고 행정부담을 줄이는 데 있고, 그 밖에 부재자투표의 인계·발송절차의 지연위험 등과는 관련이 없다. 이에 반해 일과시간에 학업이나 직장업무를 하여야 하는 부재자투표자는 이 사건 투표시간조항 중 투표개시시간 부분으로 인하여 일과시간 이전에 투표소에 가서 투표할 수 없게 되어 사실상 선거권을 행사할 수 없게 되는 중대한 제한을 받는다. 따라서 <u>이 사건 투표시간조항 중 투표개시시간 부분은 수단의 적정성, 법익균형성을 갖추지 못하므로 과잉금지원칙에 위배하여 청구인의 선거권과 평등권을 침해하는 것이다</u>(헌재 2012.2.23. 2010헌마601).   **답** ×

173 다른 일반범죄에 관한 공소시효의 기산점을 '범죄행위의 종료한 때로부터'로 정한 것과 달리 선거일 이전에 행하여진 범죄에 관하여 '해당 범죄행위 종료 시'가 아닌 '당해 선거일 후'를 기준으로 공소시효를 기산하는 것은 '선거일 이전에 행하여진 선거범죄'와 '선거일 후에 행하여진 선거범죄'를 합리적 이유 없이 차별하는 것으로 평등원칙에 위배된다. **l 법행 23**   ○ ×

심판대상조항은 '선거일 이전에 행하여진 선거범죄'의 공소시효 기산점을 '당해 선거일 후'로 정하여, 공직선거법 제268조 제1항에서 '선거일 후에 행하여진 선거범죄'의 공소시효 기산점을 '그 행위가 있는 날부터'로 정하고, 형사소송법 제252조 제1항에서 '다른 일반범죄'에 관한 공소시효의 기산점을 '범죄행위의 종료한 때로부터'로 정한 것과 달리 취급하고 있다. 그러나 <u>이는 선거로 인한 법적 불안정 상태를 신속히 해소하면서도 선거의 공정성을 보장함과 동시에 선거로 야기된 정국의 불안을 특정한 시기에 일률적으로 종료시키기 위한 입법자의 형사정책적 결단 등에서 비롯된 것이므로, 그 합리성을 인정할 수 있다. 따라서 심판대상조항은 평등원칙에 위반되지 않는다</u>(헌재 2020.3.26. 2019헌바71).   **답** ×

헌법 제7조   ① 공무원은 국민전체에 대한 봉사자이며, 국민에 대하여 책임을 진다.
② 공무원의 (신분과 정치적 중립성)은 (법률)이 정하는 바에 의하여 보장된다.

헌법 제25조   모든 국민은 법률이 정하는 바에 의하여 (공무담임권)을 가진다.

1 직업공무원제도의 의의 및 직업공무원의 범위

174
▸ 직업공무원제도는 헌법이 보장하는 제도적 보장의 하나이므로 '최대한 보장의 원칙'이 적용
□□□ 된다. ▌법무사 22   ○ ×

▸ 직업공무원제도는 헌법이 보장하는 제도적 보장 중의 하나이므로 입법자는 직업공무원제에
관하여 '최소한 보장'의 원칙의 한계 안에서 폭넓은 입법형성의 자유를 가진다. ▌법무사 18
                                                                          ○ ×

▸ 직업공무원제도는 헌법이 보장하는 제도적 보장 중의 하나임이 분명하므로 입법자는 직업공
무원제도에 관하여 '최대한 보장'의 원칙에 의하여 입법을 형성할 책무가 있다.
  ▌법원직9급 21   ○ ×

기본권 보장은 "최대한 보장의 원칙"이 적용됨에 반하여, 제도적 보장은 그 본질적 내용을 침해하지 아니하는
범위 안에서 입법자에게 제도의 구체적 내용과 형태의 형성권을 폭넓게 인정한다는 의미에서 "최소한 보장의
원칙"이 적용될 뿐이다. 직업공무원제도는 헌법이 보장하는 제도적 보장 중의 하나임이 분명하므로 입법자는
직업공무원제도에 관하여 '최소한 보장'의 원칙의 한계 안에서 폭넓은 입법형성의 자유를 가진다(헌재 1997.4.24.
95헌바48).   답 × / ○ / ×

175
우리나라는 직업공무원제도를 채택하고 있는데, 여기서 말하는 공무원은 국가 또는 공공단체
□□□ 와 근로관계를 맺고 이른바 공법상 특별권력관계 내지 특별행정법관계 아래 공무를 담당하는
것을 직업으로 하는 협의의 공무원을 말하며 정치적 공무원이라든가 임시적 공무원은 포함되
지 않는다. ▌법행 21   ○ ×

우리나라는 직업공무원제도를 채택하고 있는데, 이는 공무원이 집권세력의 논공행상의 제물이 되는 엽관제도(獵
官制度)를 지양하고 정권교체에 따른 국가작용의 중단과 혼란을 예방하고 일관성있는 공무수행의 독자성을 유지
하기 위하여 헌법과 법률에 의하여 공무원의 신분이 보장되는 공직구조에 관한 제도이다. 여기서 말하는 공무원은
국가 또는 공공단체와 근로관계를 맺고 이른바 공법상 특별권력관계 내지 특별행정법관계 아래 공무를 담당하는
것을 직업으로 하는 협의의 공무원을 말하며 정치적 공무원이라든가 임시적 공무원은 포함되지 않는 것이다(헌재
1989.12.18. 89헌마32).   답 ○

176 대통령은 국민 전체에 대한 봉사자로 헌법상 공무원에 해당한다. **┃법무사 18**   ○ ✗

헌법 제7조 제1항은 "공무원은 국민 전체에 대한 봉사자이며, 국민에 대하여 책임을 진다"고 하여, 공무원은 특정 정당이나 집단의 이익이 아니라 국민 전체의 복리를 위하여 직무를 행한다는 것을 규정하고 있다. 국민 전체에 대한 봉사자로서의 국가기관의 지위와 책임은 선거의 영역에서는 '선거에서의 국가기관의 중립의무'를 통하여 구체화된다. … 선거에 있어서의 정치적 중립성은 행정부와 사법부의 모든 공직자에게 해당하는 공무원의 기본적 의무이다. 더욱이, 대통령은 행정부의 수반으로서 공정한 선거가 실시될 수 있도록 총괄·감독해야 할 의무가 있으므로, 당연히 선거에서의 중립의무를 지는 공직자에 해당하는 것이고, 이로써 공선법 제9조의 '공무원'에 포함된다(헌재 2004.5.14. 2004헌나1).   **답** ○

177 고도의 정책결정업무를 담당하거나 이러한 업무를 보조하는 공무원으로서 법령에서 지정된 정무직공무원은 특수경력직공무원에 해당한다. **┃법무사 18**   ○ ✗

국가공무원법 제2조 제3항   **답** ○

> **국가공무원법 제2조(공무원의 구분)**   ③ "특수경력직공무원"이란 경력직공무원 외의 공무원을 말하며, 그 종류는 다음 각 호와 같다.
> 1. 정무직공무원
>   가. 선거로 취임하거나 임명할 때 국회의 동의가 필요한 공무원
>   나. 고도의 정책결정업무를 담당하거나 이러한 업무를 보조하는 공무원으로서 법률이나 대통령령(대통령비서실 및 국가안보실의 조직에 관한 대통령령만 해당한다)에서 정무직으로 지정하는 공무원
> 2. 별정직공무원 : 비서관·비서 등 보좌업무 등을 수행하거나 특정한 업무수행을 위하여 법령에서 별정직으로 지정하는 공무원

178 헌법 제7조 제1항에 의하여 국민전체에 대한 봉사자로서 국민에 대하여 책임을 지는 공무원과 같은 조 제2항에 의하여 신분과 정치적 중립성이 보장되는 공무원이 일치하지는 않는다.
┃법무사 22   ○ ✗

헌법 제7조 제1항의 국민 전체에 대한 봉사자로서의 공무원과 국민에 대하여 책임지는 공무원은 최광의의 공무원으로서 일반직공무원은 물론 특수경력직공무원도 포함되며, 공무를 위탁받아 담당하는 공무수탁사인도 포함된다. 반면에 헌법 제7조 제2항의 신분과 정치적 중립성이 보장되는 공무원인 직업공무원은 협의의 공무원, 즉 일반직·특정직공무원과 같은 경력직공무원만을 말하며, 정무직·별정직과 같은 특수경력직공무원은 포함되지 않는다.   **답** ○

179 헌법 제7조 제2항이 공무원의 신분과 정치적 중립성에 관하여 규정하고 있는 것은 정권교체에 따른 국가작용의 중단과 혼란을 예방하며, 일관성 있는 공무수행의 독자성과 영속성을 유지하기 위하여 공직구조에 관한 제도적 보장으로서의 직업공무원제도를 마련해야 함을 의미한다.
┃법행 22   ○ ✗

헌법 제7조 제2항은 공무원의 신분과 정치적 중립성을 법률로써 보장할 것을 규정하고 있다. 위 조항의 뜻은 공무원이 정치과정에서 승리한 정당원에 의하여 충원되는 엽관제를 지양하고, 정권교체에 따른 국가작용의 중단과 혼란을 예방하며 일관성 있는 공무수행의 독자성과 영속성을 유지하기 위하여 공직구조에 관한 제도적 보장으로서의 직업공무원제도를 마련해야 한다는 것이다(헌재 1997.4.24. 95헌바48).　**답** ○

2 공무담임권

180
□□□
모든 국민은 법률이 정하는 바에 의하여 공무담임권을 가진다.　┃법무사 20　○ ×

헌법 제25조는 "모든 국민은 법률이 정하는 바에 의하여 공무담임권을 가진다"고 하여 공무담임권을 기본권으로 보장하고 있다(헌재 2002.8.29. 2001헌마788).　**답** ○

181
□□□
헌법 제7조에서 보장하는 직업공무원제도의 기본적 요소에 능력주의가 포함되는 점에 비추어 헌법 제25조의 공무담임권 조항은 모든 국민이 누구나 그 능력과 적성에 따라 공직에 취임할 수 있는 균등한 기회를 보장함을 내용으로 한다.　┃법원직9급 21　○ ×

선거직공직과 달리 직업공무원에게는 정치적 중립성과 더불어 효율적으로 업무를 수행할 수 있는 능력이 요구되므로, 직업공무원으로의 공직취임권에 관하여 규율함에 있어서는 임용희망자의 능력·전문성·적성·품성을 기준으로 하는 이른바 능력주의 또는 성과주의를 바탕으로 하여야 한다. 헌법은 이 점을 명시적으로 밝히고 있지 아니하지만, 헌법 제7조에서 보장하는 직업공무원제도의 기본적 요소에 능력주의가 포함되는 점에 비추어 헌법 제25조의 공무담임권 조항은 모든 국민이 누구나 그 능력과 적성에 따라 공직에 취임할 수 있는 균등한 기회를 보장함을 내용으로 한다고 할 것이다(헌재 1999.12.23. 98헌마363).　**답** ○

182
□□□
▸ 공무담임권이란 입법부, 집행부, 사법부는 물론 지방자치단체 등 국가, 공공단체의 구성원으로서 그 직무를 담당할 수 있는 권리를 말한다. 여기서 직무를 담당한다는 것은 모든 국민이 현실적으로 그 직무를 담당할 수 있다고 하는 의미가 아니라, 국민이 공무담임에 관한 자의적이지 않고 평등한 기회를 보장받음을 의미한다.　┃법무사 20　○ ×

▸ (공무담임권이란) 국가, 공공단체의 구성원으로서 그 직무를 담당할 수 있는 권리로서, 여기서 직무를 담당한다는 것은 국민이 공무담임에 관한 자의적이지 않고 평등한 기회를 보장받음을 의미한다.　┃법행 21　○ ×

헌법 제25조가 보장하는 공무담임권이란 입법부, 집행부, 사법부는 물론 지방자치단체 등 국가, 공공단체의 구성원으로서 그 직무를 담당할 수 있는 권리를 말한다. 여기서 직무를 담당한다는 것은 모든 국민이 현실적으로 그 직무를 담당할 수 있다고 하는 의미가 아니라, 국민이 공무담임에 관한 자의적이지 않고 평등한 기회를 보장받음을 의미한다(헌재 2020.4.7. 2020헌마479).　**답** ○ / ○

183
☐☐☐

헌법 제25조의 공무담임권은 모든 국민이 현실적으로 국가나 공공단체의 직무를 담당할 수 있다고 하는 의미가 아니라, 국민이 공직취임의 기회를 자의적으로 배제당하지 않음을 의미한다.
Ⅰ 법행 23   ○ ×

공무담임권을 보장한다는 것은 모든 국민이 현실적으로 국가나 공공단체의 직무를 담당할 수 있다고 하는 의미가 아니라, 국민이 공무담임에 관한 자의적이지 않고 평등한 기회를 보장받는 것, 즉 공직취임의 기회를 자의적으로 배제당하지 않음을 의미한다(헌재 2004.11.25. 2002헌바8).   답 ○

184
☐☐☐

▸ 공무담임권의 보호영역에는 공직취임기회의 자의적인 배제뿐 아니라 공무원신분의 부당한 박탈이나 권한(직무)의 부당한 정지도 포함된다. Ⅰ 법무사 18 · 20   ○ ×

▸ 공무원 신분의 부당한 박탈을 방지하는 것은 공무담임권의 보호영역에 포함된다. Ⅰ 법행 22   ○ ×

헌법 제25조는 "모든 국민은 법률이 정하는 바에 의하여 공무담임권을 가진다"고 하여 공무담임권을 보장하고 있다. 공무담임권의 보호영역에는 공직취임의 기회의 자의적인 배제뿐 아니라, 공무원 신분의 부당한 박탈도 포함되는 것이다(헌재 2003.10.30. 2002헌마684).   답 ○ / ○

185
☐☐☐

'승진시험의 응시제한'은 공직신분의 유지나 업무 수행에는 영향을 주지 않는 단순한 내부 승진인사에 관한 문제에 불과하여 공무담임권의 보호영역에 포함된다고 보기는 어려우므로, 시험요구일 현재를 기준으로 승진임용이 제한된 자에 대하여 승진시험응시를 제한하도록 한 공무원임용시험령이 공무담임권을 침해하였다고 볼 수 없다. Ⅰ 법원직9급 22   ○ ×

공무담임권의 보호영역에는 일반적으로 공직취임의 기회보장, 신분박탈, 직무의 정지가 포함될 뿐이고 청구인이 주장하는 '승진시험의 응시제한'이나 이를 통한 승진기회의 보장 문제는 공직신분의 유지나 업무수행에는 영향을 주지 않는 단순한 내부 승진인사에 관한 문제에 불과하여 공무담임권의 보호영역에 포함된다고 보기는 어려우므로 결국 이 사건 심판대상 규정은 청구인의 공무담임권을 침해한다고 볼 수 없다(헌재 2007.6.28. 2005헌마179).   답 ○

186
☐☐☐

공무원의 신분과 정치적 중립성은 법률이 정하는 바에 의하여 보장되므로, 모든 공무원은 형의 선고, 징계처분 또는 법률에서 정하는 사유에 따르지 아니하고는 본인의 의사에 반하여 휴직 · 강임 또는 면직을 당하지 아니한다. Ⅰ 법행 22   ○ ×

공무원은 형의 선고, 징계처분 또는 이 법에서 정하는 사유에 따르지 아니하고는 본인의 의사에 반하여 휴직 · 강임 또는 면직을 당하지 아니한다. 다만, 1급 공무원과 제23조에 따라 배정된 직무등급이 가장 높은 등급의 직위에 임용된 고위공무원단에 속하는 공무원은 그러하지 아니하다(국가공무원법 제68조).   답 ×

187 공무담임권의 보호영역에는 공무원이 특정의 장소에서 근무하는 것 또는 특정의 보직을 받아 근무하는 것을 포함하는 일종의 공무수행의 자유까지 포함된다. **┃법무사 20, 법원직9급 21** ○ ×

공무담임권의 보호영역에는 일반적으로 공직 취임의 기회 보장, 신분 박탈, 직무의 정지가 포함되는 것일 뿐, 여기서 더 나아가 공무원이 특정의 장소에서 근무하는 것 또는 특정의 보직을 받아 근무하는 것을 포함하는 일종의 '공무수행의 자유'까지 그 보호영역에 포함된다고 보기는 어렵다(헌재 2008.6.26. 2005헌마1275).

답 ×

188 헌법 제25조의 공무담임권이 공무원의 재임 기간 동안 충실한 공무 수행을 담보하기 위하여 공무원의 퇴직급여 및 공무상 재해보상을 보장할 것까지 그 보호영역으로 하고 있다고 보기 어렵다. **┃법무사 20** ○ ×

헌법 제25조의 공무담임권이 공무원의 재임 기간 동안 충실한 공무 수행을 담보하기 위하여 공무원의 퇴직급여 및 공무상 재해보상을 보장할 것까지 그 보호영역으로 하고 있다고 보기 어렵고, 행복추구권은 행복을 추구하기 위하여 필요한 급부를 국가에 대하여 적극적으로 요구할 수 있음을 내용으로 하는 것이 아니므로, 심판대상조항으로 인한 공무담임권 및 행복추구권의 제한은 문제되지 않는다(헌재 2014.6.26. 2012헌마459).

답 ○

189 공직을 직업으로 선택하는 경우에 있어서 직업선택의 자유는 공무담임권을 통해서 그 기본권 보호를 받게 된다고 할 수 있으므로, 헌법재판소가 공무담임권을 침해하는지 여부를 심사하는 이상 이와 별도로 직업선택의 자유 침해 여부를 심사할 필요는 없다. **┃법행 23** ○ ×

공무담임권은 국가 등에게 능력주의를 존중하는 공정한 공직자선발을 요구할 수 있는 권리라는 점에서 직업선택의 자유보다는 그 기본권의 효과가 현실적·구체적이므로, 공직을 직업으로 선택하는 경우에 있어서 직업선택의 자유는 공무담임권을 통해서 그 기본권보호를 받게 된다고 할 수 있으므로 공무담임권을 침해하는지 여부를 심사하는 이상 이와 별도로 직업선택의 자유 침해 여부를 심사할 필요는 없다(헌재 2006.3.30. 2005헌마598).

답 ○

190 관련 자격증(변호사·공인회계사·세무사) 소지자에게 세무직 국가공무원 공개경쟁채용시험에서 일정한 가산점을 부여하는 구 공무원임용시험령은 과잉금지의 원칙에 위배되어 공무담임권을 침해한다. **┃법행 21·23** ○ ×

공무원 공개경쟁채용시험에서 자격증에 따른 가산점을 인정하는 목적은 공무원의 업무상 전문성을 강화하기 위함인바, 세무 영역에서 전문성을 갖춘 것으로 평가되는 자격증(변호사·공인회계사·세무사) 소지자들에게 세무직 국가공무원 공개경쟁채용시험에서 가산점을 부여하는 것은 그 목적의 정당성이 인정된다. 공인 자격증은 국가나 국가의 위탁을 받은 특수법인이 필기시험과 실기평가 등 소정의 검증절차를 거쳐 일정한 기준에 도달한 사람에게 부여하는 것이므로 자격증의 유무는 해당 분야에서 필요한 능력과 자질을 갖추고 있는지를 판단하는 객관적 기준이 될 수 있다. 변호사는 법률 전반에 관한 영역에서, 공인회계사와 세무사는 각종 세무 관련 영역에서 필요한 행위를 하거나 조력하는 전문가들이므로 그 자격증 소지자들의 선발은 세무행정의 전문성을 제고하는 데 기여하여 수단의 적합성이 인정된다. 위와 같은 가산점제도는 가산 대상 자격증의 소지를 응시자격으로 하는 것이 아니고 일정한 요건 하에 가산점을 부여하는 것이므로 자격증이 없는 자의 응시기회나 합격가능성을 원천적으로 제한하는 것으로 보기 어렵고, 가산점 여부가 시험 합격을 지나치게 좌우한다고 볼 근거도 충분치 아니하며,

채용 후 교육이나 경력자 채용으로는 적시에 충분한 전문인력을 확보할 수 있을 것으로 단정하기 어려우므로 <u>피해의 최소성도 인정된다.</u> 세무직 국가공무원의 업무상 전문성 강화라는 공익과 함께, 위와 같은 가산점 제도가 1993.12.31. 이후 유지되어 온 점, 자격증 없는 자들의 응시기회 자체가 박탈되거나 제한되는 것이 아닌 점, 가산점 부여를 위해서는 일정한 요건을 갖추도록 하고 있는 점 등을 고려하면 <u>법익균형성이 인정된다</u>(헌재 2020.6.25. 2017헌마1178). 🗂 ×

191 행정5급 일반임기제공무원에 관한 경력경쟁채용시험에서 변호사 직무 분야의 응시자격요건으
□□□ 로 '변호사 자격 등록'을 요구함으로써, 변호사 자격 등록을 하지 않은 사람으로 하여금 경력경
쟁채용시험에 응시할 수 없도록 하는 공고는 변호사 자격을 가졌으나 변호사 자격 등록을
하지 아니한 자의 공무담임권을 침해하지 않는다. ▮법행 23 ○ ×

피청구인 방위사업청장이 행정5급 일반임기제공무원을 채용하는 경력경쟁채용시험공고를 하면서, 그 응시자격요
건으로 '변호사 자격 등록'을 요구한 이 사건 공고는 대한변호사협회에 등록한 변호사로서 실제 변호사의 업무를
수행한 경력이 있는 사람을 우대하는 한편, 임용예정자에게 변호사등록 거부사유 등이 있는지를 대한변호사협회의
검증절차를 통하여 확인받도록 하는 데 목적이 있다. 이 사건 공고가 응시자격요건으로 변호사 자격 등록을 요구하
는 것은 이러한 목적, 그리고 지원자가 채용예정직위에서 수행할 업무 등에 비추어 합리적이다. 인사권자인 피청구
인은 경력경쟁채용시험을 실시하면서 응시자격요건을 구체적으로 어떻게 정할 것인지를 판단하고 결정하는 데
재량이 인정되는데, 이 사건 공고가 그 재량권을 현저히 일탈하였다고 볼 수 없다. 이 사건 공고는 청구인들의
공무담임권을 침해하지 않는다(헌재 2019.8.29. 2019헌마616). 🗂 ○

192 ▶ 미성년자에 대하여 성범죄를 범하여 형을 선고받아 확정된 자와 성인에 대한 성폭력범죄를
□□□ 범하여 벌금 100만원 이상의 형을 선고받아 확정된 사람을 초·중등교육법상의 교원에 임용
될 수 없도록 한 법률조항은 공무담임권을 침해하지 않는다. ▮법행 23 ○ ×

▶ 아동·청소년의 성보호에 관한 법률 제2조 제2호에 따른 아동·청소년대상 성범죄 행위로
형을 선고받아 확정된 사람은 초·중등교육법상의 교원에 임용될 수 없도록 한 법률 규정은
공무담임권을 침해하지 아니한다. ▮법행 21 ○ ×

아동·청소년과 상시적으로 접촉하고 밀접한 생활관계를 형성하여 이를 바탕으로 교육과 상담이 이루어지고
인성발달의 기초를 형성하는 데 지대한 영향을 미치는 초·중등학교 교원의 업무적인 특수성과 중요성을 고려해
본다면, 최소한 초·중등학교 교육현장에서 성범죄를 범한 자를 배제할 필요성은 어느 공직에서보다 높다고 할
것이고, 아동·청소년 대상 성범죄의 재범률까지 고려해 보면 미성년자에 대하여 성범죄를 범한 자는 교육현장에
서 원천적으로 차단할 필요성이 매우 크다. 성인에 대한 성폭력범죄의 경우 미성년자에 대하여 성범죄를 범한
것과 달리, 성폭력범죄 행위로 인하여 형을 선고받기만 하면 곧바로 교원임용이 제한되는 것이 아니고, 100만원
이상의 벌금형이나 그 이상의 형을 선고받고 그 형이 확정된 사람에 한하여 임용을 제한하고 있는바, 법원이
범죄의 모든 정황을 고려한 다음 벌금 100만원 이상의 형을 선고하여 그 판결이 확정되었다면, 이는 결코 가벼운
성폭력범죄 행위라고 볼 수 없다. 이처럼 이 사건 결격사유조항은 성범죄를 범하는 대상과 확정된 형의 정도에
따라 성범죄에 관한 교원으로서의 최소한의 자격기준을 설정하였다고 할 것이고, 같은 정도의 입법목적을 달성하
면서도 기본권을 덜 제한하는 수단이 명백히 존재한다고 볼 수도 없으므로, 이 사건 결격사유조항은 과잉금지원칙
에 반하여 청구인의 공무담임권을 침해하지 아니한다(헌재 2019.7.25. 2016헌마754). 🗂 ○ / ○

193 성인에 대한 성폭력범죄의 처벌 등에 관한 특례법 제2조에 따른 성폭력범죄 행위로 파면·해임
□□□ 되거나 100만원 이상의 벌금형이나 그 이상의 형 또는 치료감호를 선고받아 그 형 또는 치료감
호가 확정된 사람을 고등교육법상의 교원으로 임용할 수 없도록 한 법률 규정은 해당 학교의
교원이 되고자 하는 사람에 대한 과도한 제한으로서 공무담임권을 침해한다. | 법행 21
○ ×

고등교육법상의 교원은 학생의 입학, 수업, 시험출제, 성적평가에서 졸업 후 사회진출에 이르기까지 학생에 대하여
폭넓게 영향력을 행사할 수 있는 지위에 있는 점, 대학생활 전반에 관하여 지도와 상담을 하는 고등교육법상
교원이 학생을 상대로 성폭력범죄를 저지르는 경우 학생으로서는 이러한 교원의 부당한 행위에 저항하기 힘든
취약한 지위에 있게 되고, 따라서 일단 고등교육법상의 교원으로 임용되고 나면 성폭력범죄의 의도를 가진 행위를
차단하기가 극히 어려워지는 점 등에 비추어 보면, <u>심판대상조항이 성인에 대한 성폭력범죄 행위로 벌금 100만원
이상의 형을 선고받고 확정된 자에 한하여 고등교육법상의 교원으로 임용할 수 없도록 한 것은, 성폭력범죄를
범하는 대상과 형의 종류에 따라 성폭력범죄에 관한 교원으로서의 최소한의 자격기준을 설정하였다고 할 것이므
로, 과잉금지원칙에 반하여 청구인의 공무담임권을 침해한다고 할 수 없다</u>(헌재 2020.12.23. 2019헌마502).
답 ×

194 아동에 대한 성적 학대행위로 형을 선고받아 확정된 사람을 공직에 진입할 수 없도록 하는
□□□ 조항은 입법목적의 정당성이 인정된다. | 법행 23
○ ×

공무원은 국민 전체에 대한 봉사자로서 다른 직역과 달리 고도의 윤리성과 도덕성을 갖출 것이 요구된다. 심판대상
조항은 공직자에 대한 고도의 윤리성과 도덕성을 확보하여 공직에 대한 국민의 신뢰를 확보함으로써 공무수행을
원활하게 하고, 아동의 건강과 안전을 보호하기 위하여 아동에 대한 성적 학대행위로 형을 선고받아 그 형이
확정된 사람의 공직 진입을 엄격히 제한하고 있다. 이러한 심판대상조항은 그 입법목적의 정당성이 인정된다(헌재
2022.11.24. 2020헌마1181).
답 ○

195 아동에게 성적 수치심을 주는 성희롱 등의 성적 학대행위로 형을 선고받아 그 형이 확정된
□□□ 사람을 일반직공무원에 임용되는 것을 금지하는 법률조항은 공무담임권을 침해하지 않는다.
| 법행 23
○ ×

심판대상조항은 아동과 관련이 없는 직무를 포함하여 모든 일반직공무원 및 부사관에 임용될 수 없도록 하므로,
제한의 범위가 지나치게 넓고 포괄적이다. 또한, 심판대상조항은 영구적으로 임용을 제한하고, 결격사유가 해소될
수 있는 어떠한 가능성도 인정하지 않는다. 아동에 대한 성희롱 등의 성적 학대행위로 형을 선고받은 경우라고
하여도 범죄의 종류, 죄질 등은 다양하므로, <u>개별 범죄의 비난가능성 및 재범 위험성 등을 고려하여 상당한 기간
동안 임용을 제한하는 덜 침해적인 방법으로도 입법목적을 충분히 달성할 수 있다. 따라서 심판대상조항은 과잉금
지원칙에 위배되어 청구인의 공무담임권을 침해한다</u>(헌재 2022.11.24. 2020헌마1181).
답 ×

196 금고 이상의 형을 받고 그 집행이 종료되거나 집행을 받지 아니하기로 확정된 후 5년을 경과하지 아니한 자는 공무원에 임용될 수 없다고 규정한 법률조항은 공무담임권을 침해하지 않는다.
⬛⬛⬛
❚ 법행 23 ○ ✕

헌법재판소는 1997.11.27. 선고 95헌바14 등 결정에서 "금고 이상의 형을 받고 그 집행유예의 기간이 만료된 날로부터 2년을 경과하지 아니한 자는 공무원에 임용될 수 없다"고 규정한 국가공무원법 제33조 제1항 제4호에 대하여 합헌으로 판단한 바 있고, 일반적으로 실형인 경우 집행유예보다 공직에 대한 신뢰를 해하는 정도가 더 크고 그만큼 원활한 공무수행에 지장을 초래할 우려도 더 높은 점을 감안하면, "금고 이상의 형을 받고 그 집행이 종료되거나 집행을 받지 아니하기로 확정된 후 5년을 경과하지 아니한 자는 공무원에 임용될 수 없다"고 규정한 국가공무원법 조항이 위 선례의 경우보다 공무원 임용을 불합리하게 더 제한하고 있다고 할 수 없으므로 이 사건 법률조항 또한 공무담임권을 침해한다고 볼 수 없다(헌재 2007.7.26. 2006헌마764). **답** ○

197 금고 이상의 형의 선고유예를 받은 경우에는 군무원직에서 당연히 퇴직하는 것으로 규정한 구 군무원인사법 규정은 군무원의 공무담임권을 침해한다. ❚ 법행 23 ○ ✕
⬛⬛⬛

이 사건 법률조항은 군무원이 금고 이상의 형의 선고유예를 받게 되면 당연히 공직에서 퇴직하도록 하고 있다. 그런데 같은 금고 이상의 형의 선고유예를 받은 경우라고 하여도 범죄의 종류, 죄질, 내용이 지극히 다양하므로, 그에 따라 국민의 공직에 대한 신뢰 등에 미치는 영향도 큰 차이가 있다. 그렇다면 입법자로서는 국민의 공직에 대한 신뢰보호를 위하여 해당 군무원이 반드시 퇴직하여야 할 범죄의 유형, 내용 등으로 그 범위를 가급적 한정하여 규정하거나, 혹은 적어도 징계 등 별도의 제도로써도 입법목적을 충분히 달성할 수 있는 것으로 판단되는 경우를 당연퇴직 사유에서 제외시켜 규정하였음이 마땅하다. 그런데 이 사건 법률조항은 금고 이상의 형의 선고유예 판결을 받은 모든 범죄를 포괄하여 규정하고 있을 뿐 아니라, 심지어 오늘날 누구에게나 위험이 상존하는 교통사고 관련 범죄 등 과실범의 경우마저 당연퇴직 사유에서 제외하지 않고 있으므로 최소침해성의 원칙에 반한다. …(중략)… 헌법재판소는 구 지방공무원법 및 구 국가공무원법의 당연퇴직 사유 중 금고 이상의 형의 선고유예를 받은 경우 부분에 대하여 이미 위헌결정을 선고한 바 있다. 이 사건 법률조항은 그 규율 대상이 국가공무원 중 군무원에 한정된다는 점을 제외하고는 그 규율 내용은 위 각 선례의 심판대상인 구 지방공무원법 및 구 국가공무원법의 각 규정과 동일하고, 공직에서 당연히 배제시키는 사유를 법률로 정함에 있어 군무원과 일반 국가공무원 및 지방공무원을 달리 취급하여야 할 합리적 이유가 있다고 보이지 않으며, 달리 이 사건 법률조항에 대하여 위 각 결정들과 그 판단을 달리할 특별한 사정도 없다. 따라서 이 사건 법률조항 역시 과잉금지 원칙에 위배하여 공무담임권을 침해한다 할 것이다(헌재 2007.6.28. 2007헌가3). **답** ○

198 경찰공무원이 자격정지 이상의 형의 선고유예를 받은 경우 당연퇴직하도록 규정한 조항은 자격정지 이상의 선고유예 판결을 받은 모든 범죄를 포괄하여 규정하고 있을 뿐만 아니라 과실범의 경우마저 당연퇴직의 사유에서 제외하지 않고 있으므로 공무담임권을 침해한다.
⬛⬛⬛
❚ 법원직9급 22 ○ ✕

경찰공무원이 자격정지 이상의 형의 선고유예를 받은 경우 공무원직에서 당연퇴직하도록 규정하고 있는 이 사건 법률조항은 자격정지 이상의 선고유예 판결을 받은 모든 범죄를 포괄하여 규정하고 있을 뿐만 아니라 심지어 오늘날 누구에게나 위험이 상존하는 교통사고 관련범죄 등 과실범의 경우마저 당연퇴직의 사유에서 제외하지 않고 있으므로 최소침해성의 원칙에 반한다. …(중략)… 따라서 이 사건 법률조항은 헌법 제25조의 공무담임권을 침해한 위헌 법률이다(헌재 2004.9.23. 2004헌가12). **답** ○

199 허위사실공표금지 조항이 직접 선거권, 공무담임권을 제한하는 내용을 담고 있지 않더라도, 허위사실공표금지 조항으로 인하여 벌금 100만원 이상의 형을 선고받으면 공직선거법에 의하여 당선무효나 선거권 및 피선거권의 제한의 결과를 발생시킬 수 있다면, 허위사실공표금지 조항 역시 후보자의 공무담임권을 제한하는 조항에 해당한다. ┃법행 23　　　　　○ ✕

청구인은 이 사건 허위사실공표금지 조항으로 인해 국민의 선거권 및 공무담임권 또한 침해된다고 주장한다. 그러나 이 사건 허위사실공표금지 조항은 직접적으로 국민의 선거권, 공무담임권을 제한하는 내용을 담고 있지 않으며, 이 사건 허위사실공표금지 조항으로 인하여 벌금 100만원 이상의 형을 선고받으면 공직선거법 제264조에 의하여 당선자는 그 당선이 무효로 되고, 같은 법 제266조에 의하여 일정 기간 동안 일부 공직에 취임하거나 임용될 수 없으며, 같은 법 제18조 제1항 제3호 및 제19조 제1호에 의하여 일정 기간 동안 선거권 및 피선거권이 제한되지만, 이러한 기본권 제한은 이 사건 허위사실공표금지 조항의 직접적인 효과라기보다는 벌금 100만원 이상의 형을 선고받은 경우에 위 법률 조항이 적용되어 나타난 결과이므로, 이 사건 허위사실공표금지 조항에 의하여 선거권 및 공무담임권이 제한된다고 볼 수 없다(헌재 2021.2.25. 2018헌바223).　　🔲 ✕

200 청구인이 당선된 당해 선거에 관한 것인지를 묻지 않고, 선거에 관한 여론조사의 결과에 영향을 미치게 하기 위하여 둘 이상의 전화번호를 착신 전환 등의 조치를 하여 같은 사람이 두 차례 이상 응답하여 100만원 이상의 벌금형을 선고받은 자로 하여금 지방의회의원의 직에서 퇴직되도록 한 조항은 청구인의 공무담임권을 침해한다. ┃법원직9급 22　　　　　○ ✕

퇴직조항은 선거에 관한 여론조사의 결과에 부당한 영향을 미치는 행위를 방지하고 선거의 공정성을 담보하며 공직에 대한 국민 또는 주민의 신뢰를 제고한다는 목적을 달성하는 데 적합한 수단이다. 지방의회의원이 선거의 공정성을 해하는 범죄로 유죄판결이 확정되었다면 지방자치행정을 민주적이고 공정하게 수행할 것이라고 기대하기 어렵다. 오히려 그의 직을 유지시킨다면, 이는 공직 전체에 대한 신뢰 훼손으로 이어진다. 대상 범죄인 착신전환 등을 통한 중복 응답 등 범죄는 선거의 공정성을 직접 해하는 범죄로, 위 범죄로 형사처벌을 받은 사람이라면 지방자치행정을 민주적이고 공정하게 수행할 것이라 볼 수 없다. 입법자는 100만원 이상의 벌금형 요건으로 하여 위 범죄로 지방의회의원의 직에서 퇴직할 수 있도록 하는 강력한 제재를 선택한 동시에 퇴직 여부에 대하여 법원으로 하여금 구체적 사정을 고려하여 판단하게 하였다. 당선무효, 기탁금 등 반환, 피선거권 박탈만으로는 퇴직조항, 당선무효, 기탁금 등 반환, 피선거권 박탈이 동시에 적용되는 현 상황과 동일한 정도로 공직에 대한 신뢰를 제고하기 어렵다. 퇴직조항으로 인하여 지방의회의원의 직에서 퇴직하게 되는 사익의 침해에 비하여 선거에 관한 여론조사의 결과에 부당한 영향을 미치는 행위를 방지하고 선거의 공정성을 담보하며 공직에 대한 국민 또는 주민의 신뢰를 제고한다는 공익이 더욱 중대하다. 퇴직조항은 청구인들의 공무담임권을 침해하지 아니한다 (헌재 2022.3.31. 2019헌마986).　　🔲 ✕

201 시·도지사 후보자로 등록하려는 사람에게 5천만원의 기탁금을 납부하도록 한 공직선거법 조항은 공무담임권을 침해한다고 볼 수 없다. ┃법행 23　　　　　○ ✕

시·도지사선거에서 기탁금제도는 후보자 난립을 방지하고, 아울러 선거운동에서의 불법행위에 대한 과태료 및 행정대집행 비용을 사전에 확보하기 위한 것으로, 그 기탁금액이 지나치게 많지 않는 한 이를 위헌이라고 할 수는 없다. 시·도지사 후보자로 등록하려는 사람에게 5천만원의 기탁금을 납부하도록 한 이 사건 기탁금조항은 목적의 정당성 및 수단의 적합성이 인정된다. …(중략)… 헌법재판소는 과거 시·도지사 후보자 기탁금 5천만원에 대하여 공무담임권이나 평등권을 침해하지 않는다고 판단하였는데, 위 결정이 있은 이후의 화폐가치의 변화를 고려하면 시·도지사 후보자가 부담하여야 할 기탁금액의 실질적인 가치는 오히려 감소한 점 등을 종합하면,

이 사건 기탁금조항은 피해의 최소성 원칙에 위배되지 않는다. 그리고 이 사건 기탁금조항은 공무담임권을 영구히 박탈하는 것이 아니라 단지 후보자의 성실성 등을 담보하기 위하여 금전적 부담을 지우는 것일 뿐이고, 시·도지사 후보자는 자신이 선거에서 얻은 유효투표총수에 따라 기탁금액을 전액 또는 일부 반환받을 수 있으므로, 이 사건 기탁금조항으로 제한되는 사익의 정도가 이 사건 기탁금조항이 달성하고자 하는 공익의 정도보다 더 크다고 보기 어렵다. 이 사건 기탁금조항은 법익의 균형성 원칙에도 위배되지 않는다. 그렇다면 이 사건 기탁금조항은 과잉금지원칙에 위배되어 공무담임권을 침해하지 않는다(헌재 2019.9.26. 2018헌마128). 답 ○

202 지역구국회의원선거에 입후보하기 위한 요건으로서 기탁금 및 그 반환에 관한 규정은 입후보
□□□ 에 영향을 주므로 공무담임권을 제한하는 것이고, 이러한 공무담임권에 대한 제한은 과잉금지
원칙을 기준으로 하여 판단한다. ▮법원직9급 22 ○ ×

지역구국회의원선거에 입후보하기 위한 요건으로서의 기탁금 및 그 반환 요건에 관한 규정은 입후보에 영향을 주므로 공무담임권을 제한하는 것이고, …(중략)… 이하에서는 이러한 과잉금지원칙을 기준으로 하여 공무담임권 침해 여부를 판단하기로 한다(헌재 2016.12.29. 2015헌마1160 등). 답 ○

203 공립 또는 사립 초·중등학교 교원으로 하여금 공직선거 및 교육감선거 입후보 시 선거일
□□□ 전 90일까지 교원직을 그만두도록 하는 법률 규정은 교원의 공무담임권과 평등권을 침해한다.
▮법행 21 ○ ×

입후보자 사직조항은 교원이 그 신분을 지니는 한 계속적으로 직무에 전념할 수 있도록 하기 위해 선거에 입후보하고자 하는 경우 선거일 전 90일까지 그 직을 그만두도록 하는 것이므로, 입법목적의 정당성과 수단의 적합성이 인정된다. …(중략)… 입후보를 전제로 무급휴가나 일시휴직을 허용할 경우, 교육의 연속성이 저해되고, 학생들이 불안정한 교육환경에 방치되어 수학권을 효율적으로 보장받지 못할 우려가 있는 점, 공직선거법상 직무상 행위를 이용한 선거운동 등 금지규정만으로는 직무전념성 확보라는 목적을 충분히 달성할 수 없는 점, 선거운동기간과 예비후보자등록일 등을 종합적으로 고려할 때 선거일 전 90일을 사직 시점으로 둔 것이 불합리하다고 볼 수 없는 점, 학생들의 수학권이 침해될 우려가 있다는 점에서 교육감선거 역시 공직선거와 달리 볼 수 없는 점 등에 비추어 보면, 침해의 최소성에 반하지 않는다. 교원의 직을 그만두어야 하는 사익 제한의 정도는 교원의 직무전념성 확보라는 공익에 비하여 현저히 크다고 볼 수 없으므로 법익의 균형성도 갖추었으므로 과잉금지원칙에 위배하여 공무담임권을 침해한다고 볼 수 없다. 또한, 선거직의 특수성, 직업정치인과 교원의 업무 내용상 차이, 직무내용이나 직급에 따른 구별 가능성 등에 비추어, 국회의원, 지방자치단체 의회의원이나 장, 정부투자기관의 직원 등과 비교하여 교원이 불합리하게 차별받는다고 볼 수 없으며, 수업 내용 및 학생에 미치는 영향력 등을 고려할 때 대학 교원과의 사이에서도 불합리한 차별이 발생한다고 보기 어렵다. 현직 교육감의 경우 교육감선거 입후보 시 그 직을 그만두도록 하면 임기가 사실상 줄어들게 되어, 업무의 연속성과 효율성이 저해될 우려가 크다는 점 등을 고려할 때, 현직 교육감과 비교하더라도 교원인 청구인들의 평등권이 침해된다고 볼 수 없다(헌재 2019.11.28. 2018헌마222). 답 ×

204
□□□
국가공무원법 제65조 제1항에서 초·중등학교 교육공무원은 '정당의 결성에 관여하거나 이에
가입할 수 없다.'는 부분은 초·중등학교 교육공무원의 정당가입의 자유를 침해하지 않는다.

❚법행 21   ○ ×

헌법재판소는 2004.3.25. 2001헌마710 결정 및 2014.3.27. 2011헌바42 결정에서, 국가공무원이 정당의 발기인
및 당원이 될 수 없도록 규정한 구 정당법 및 구 국가공무원법 조항들이 헌법에 위반되지 않는다고 판단하였다.
그 요지는 '이 사건 정당가입 금지조항은 국가공무원이 정당에 가입하는 것을 금지함으로써 공무원이 국민 전체에
대한 봉사자로서 그 임무를 충실히 수행할 수 있도록 정치적 중립성을 보장하고, 초·중등학교 교원이 당파적
이해관계의 영향을 받지 않도록 교육의 중립성을 확보하기 위한 것이므로, 목적의 정당성 및 수단의 적합성이
인정된다. 공무원의 정치적 행위가 직무 내의 것인지 직무 외의 것인지 구분하기 어려운 경우가 많고, 공무원의
행위는 근무시간 내외를 불문하고 국민에게 중대한 영향을 미치므로, 직무 내의 정당 활동에 대한 규제만으로는
입법목적을 달성하기 어렵다. 또한 정당에 대한 지지를 선거와 무관하게 개인적인 자리에서 밝히거나 선거에서
투표를 하는 등 일정한 범위 내의 정당관련 활동은 공무원에게도 허용되므로 이 사건 정당가입 금지조항은 침해의
최소성 원칙에 반하지 않는다. 정치적 중립성, 초·중등학교 학생들에 대한 교육기본권 보장이라는 공익은 공무원
들이 제한받는 사익에 비해 중대하므로 법익의 균형성 또한 인정된다. 따라서 이 사건 정당가입 금지조항은 과잉금
지원칙에 위배되지 않는다. 이 사건 정당가입 금지조항이 초·중등학교 교원에 대해서는 정당가입의 자유를 금지
하면서 대학의 교원에게 이를 허용한다 하더라도, 이는 기초적인 지식전달, 연구기능 등 양자 간 직무의 본질과
내용, 근무 태양이 다른 점을 고려한 합리적인 차별이므로 평등원칙에 위배되지 않는다.'는 것이다. 위 선례의
판단을 변경할 만한 사정 변경이나 필요성이 인정되지 않고 위 선례의 취지는 이 사건에서도 그대로 타당하므로,
위 선례의 견해를 그대로 유지하기로 한다(헌재 2020.4.23. 2018헌마551).   답 ○

205
□□□
국가공무원법 제65조 제1항에서 초·중등학교의 교육공무원은 '그 밖의 정치단체의 결성에
관여하거나 이에 가입할 수 없다.'는 부분은 초·중등학교 교육공무원의 정치적 표현의 자유
및 결사의 자유를 침해하지 않는다. ❚법행 21   ○ ×

국가공무원법조항 중 '그 밖의 정치단체'에 관한 부분은, '그 밖의 정치단체'라는 불명확한 개념을 사용하고 있어,
표현의 자유를 규제하는 법률조항, 형벌의 구성요건을 규정하는 법률조항에 대하여 헌법이 요구하는 명확성원칙의
엄격한 기준을 충족하지 못하였다. 이에 대하여는, 아래 재판관 3인의 위헌의견 중 '명확성원칙 위배 여부' 부분과
의견을 모두 같이 한다. 덧붙여, 국가공무원법조항 중 '그 밖의 정치단체'에 관한 부분은 어떤 단체에 가입하는가에
관한 집단적 형태의 '표현의 내용'에 근거한 규제이므로, 더욱 규제되는 표현의 개념을 명확하게 규정할 것이
요구된다. 그럼에도 위 조항은 '그 밖의 정치단체'라는 불명확한 개념을 사용하여, 수범자에 대한 위축효과와
법 집행 공무원의 자의적 판단 위험을 야기하고 있다. <u>위 조항이 명확성원칙에 위배되어 나머지 청구인들의 정치적
표현의 자유, 결사의 자유를 침해하여 헌법에 위반되는</u> 점이 분명한 이상, 과잉금지원칙에 위배되는지 여부에
대하여는 더 나아가 판단하지 않는다(헌재 2020.4.23. 2018헌마551).   답 ×

206
□□□
공무원이 금고 이상의 형의 선고유예를 받은 경우 범죄의 유형과 내용에 관계없이 당연히
퇴직하도록 하는 것은 헌법에 위배되지 않는다. ❚법무사 22   ○ ×

공무원이 금고 이상의 형의 선고유예를 받은 경우에는 공무원직에서 당연히 퇴직하는 것으로 규정하고 있는
이 사건 법률조항은 금고 이상의 선고유예의 판결을 받은 모든 범죄를 포괄하여 규정하고 있을 뿐 아니라, 심지어
오늘날 누구에게나 위험이 상존하는 교통사고 관련 범죄 등 과실범의 경우마저 당연퇴직의 사유에서 제외하지
않고 있으므로 <u>최소침해성의 원칙에 반한다</u>(헌재 2002.8.29. 2001헌마788).   답 ×

207 공무원에게 직무의 내외를 불문하고 품위유지의무를 부과하고, 품위손상행위를 공무원에 대
□□□ 한 징계사유로 규정한 국가공무원법 조항은 명확성 원칙에 위배된다. **| 법무사 22** ○ ×

'품위' 등 용어의 사전적 의미가 명백하고, 대법원은 공무원이 유지하여야 할 품위에 관하여 '주권자인 국민의
수임자로서 직책을 맡아 수행해 나가기에 손색이 없는 인품'을 말한다고 판시하고 있는바, 위와 같은 입법취지,
용어의 사전적 의미 및 법원의 해석 등을 종합할 때 이 사건 법률조항이 공무원 징계사유로 규정한 품위손상행위는
'주권자인 국민으로부터 수임받은 공무를 수행함에 손색이 없는 인품에 어울리지 않는 행위를 함으로써 공무원
및 공직 전반에 대한 국민의 신뢰를 떨어뜨릴 우려가 있는 경우'를 일컫는 것으로 해석할 수 있고, 그 수범자인
평균적인 공무원은 이를 충분히 예측할 수 있다. 따라서 이 사건 법률조항은 <u>명확성원칙에 위배되지 아니한다</u>(헌재
2016.2.25. 2013헌바435). **답** ×

208 ▸ 공무원이 국가 또는 지방자치단체에 대하여 어느 수준의 보수를 청구할 수 있는 권리는
□□□ 헌법상 보장된 공무원의 재산권이다. **| 법무사 18** ○ ×

▸ 공무원이 국가 또는 지방자치단체에 대하여 어느 수준의 보수를 청구할 수 있는 권리는
헌법 제23조에 의하여 보장되는 재산권의 내용에 포함된다고 볼 수 없다. **| 법행 21** ○ ×

공무원의 보수청구권은, 법률 및 법률의 위임을 받은 하위법령에 의해 그 구체적 내용이 형성되면 재산적 가치가
있는 공법상의 권리가 되어 재산권의 내용에 포함되지만, 법령에 의하여 구체적 내용이 형성되기 전의 권리,
즉 <u>공무원이 국가 또는 지방자치단체에 대하여 어느 수준의 보수를 청구할 수 있는 권리는 단순한 기대이익에
불과하여 재산권의 내용에 포함된다고 볼 수 없다</u>(헌재 2008.12.26. 2007헌마444). **답** × / ○

209 모든 공무원은 단체행동권을 가질 수 없다. **| 법무사 22** ○ ×
□□□

헌법 제33조 제2항은 "공무원인 근로자는 법률이 정하는 자에 한하여 단결권·단체교섭권 및 단체행동권을 가진
다"고 규정하고 있다. 이에 따라 공무원의 노동조합 설립 및 운영 등에 관한 법률에 의해 일정한 공무원의 경우
단체행동권을 제외한 단결권과 단체교섭권이 보장되고, 국가공무원법 등에 의해 <u>사실상 노무에 종사하는 공무원의
경우에는 근로3권이 모두 인정된다.</u> **답** ×

210 퇴역연금수급권자가 정부 투자기관이나 재정지원기관에 재취업하여 급여를 지급받는 경우
□□□ 퇴역연금의 전부 또는 일부의 지급을 정지할 수 있도록 하면서 지급정지의 요건 및 내용을
대통령령으로 정하도록 위임하는 규정은 포괄위임금지원칙에 위반되지 않는다. **| 법행 23**
○ ×

퇴역연금 지급정지제도의 본질에 비추어 지급정지의 요건 및 내용을 규정함에 있어서는 소득의 유무뿐만 아니라
소득의 수준에 대한 고려 역시 필수적인 것임에도 불구하고 구 군인연금법 제21조 제3항 제2호 및 제3호는 <u>지급정
지와 소득수준의 상관관계에 관하여 아무런 정함이 없이 대통령령에 포괄적으로 위임함으로써 위 조항들만으로는
일정 수준 이상의 소득자만을 지급정지의 대상으로 할 것인지 여부 및 소득의 수준에 따라 지급정지율 내지
지급정지금액을 달리할 것인지 여부가 불분명할 뿐만 아니라 이와 관련한 일체의 규율을 행정부에 일임한 결과가
되어 아무리 적은 보수 또는 급여를 받는 경우에도 대통령령에서 연금지급을 정지할 수 있도록 정하거나 재취업
소득의 수준에 관계없이 지급정지율 내지 지급정지금액을 일률적으로 정하는 것이 가능하게 되었으므로, 위 조항
들은 포괄위임금지원칙에 위배된다</u>(헌재 2010.7.29. 2009헌가4). **답** ×

211 군인연금법상 퇴역연금 수급권자가 군인연금법·공무원연금법 및 사립학교교직원 연금법의 적용을 받는 군인·공무원 또는 사립학교교직원으로 임용된 경우 그 재직기간 중 해당 연금 전부의 지급을 정지하도록 하고 있는 구 군인연금법은 퇴역연금 수급권자의 재산권을 침해한다.
❚법행 23 ○ ✕

한정된 재원으로 보다 많은 군인의 경제적 생활안정과 복리향상을 도모하기 위해서는 연금지급이 필요하지 않은 경우에 그 지급을 정지할 필요성이 있으므로, 군인연금법상 퇴역연금 수급권자가 군인연금법·공무원연금법 및 사립학교교직원 연금법의 적용을 받는 군인·공무원 또는 사립학교교직원으로 임용된 경우 그 재직기간 중 해당 연금 전부의 지급을 정지하도록 하고 있는 구 군인연금법 조항은 그 입법목적이 정당하다. 군인연금·공무원연금과 사립학교교직원연금은 보험의 대상이 서로 달라 각각 독립하여 운영되고 있을 뿐 동일한 사회적 위험에 대비하기 위한 하나의 통일적인 제도이므로 퇴직한 군인으로서 퇴역연금 수급자가 직역연금법 적용기관에 재취업한 경우에는 퇴역연금 지급사유가 발생하지 않은 것으로 볼 수 있다. 또한 이 사건 법률조항으로 인해 퇴직수당 등 다른 급여의 지급이 정지되는 것은 아니고, 수급자의 선택에 따라 종전 재직기간을 연금 계산의 기초가 되는 재직기간에 합산할 수 있다. 특히, 군인연금의 경우 퇴직연금 지급개시연령을 두지 않고 있어 연금 수급을 위한 최소가입기간 요건만 충족하면 퇴직 후 바로 연금이 지급되고, 계급별 조기정년제로 인해 연금 혜택이 다른 직역연금에 비해 높은 점 등을 더하여 보면, 이 사건 법률조항은 퇴역연금 수급권자의 재산권을 침해하지 아니한다(헌재 2015.7.30. 2014헌바371). 답 ✕

212 선출직 공무원으로서 받게 되는 보수가 기존의 연금에 미치지 못하는 경우에도 연금 전액의 지급을 정지하도록 정한 구 공무원연금법은 과잉금지원칙에 위배되어 재산권을 침해한다.
❚법행 23 ○ ✕

선출직 공무원으로서 받게 되는 보수가 기존의 연금에 미치지 못하는 경우에도 연금 전액의 지급을 정지하도록 정한 공무원연금법 조항은 악화된 연금재정을 개선하여 공무원연금제도의 건실한 유지·존속을 도모하고 연금과 보수의 이중수혜를 방지하기 위한 것이다. 퇴직공무원의 적정한 생계 보장이라는 공무원연금제도의 취지에 비추어, 연금 지급을 정지하기 위해서는 '연금을 대체할 만한 소득'이 전제되어야 한다. 지방의회의원이 받는 의정비 중 의정활동비는 의정활동 경비 보전을 위한 것이므로, 연금을 대체할 만한 소득이 있는지 여부는 월정수당을 기준으로 판단하여야 하는데, 월정수당은 지방자치단체에 따라 편차가 크고 안정성이 낮음에도 불구하고 심판대상조항은 연금을 대체할 만한 적정한 소득이 있다고 할 수 없는 경우에도 일률적으로 연금전액의 지급을 정지하여 지급정지제도의 본질 및 취지와 어긋나는 결과를 초래한다. 심판대상조항과 같이 재취업소득액에 대한 고려 없이 퇴직연금 전액의 지급을 정지할 경우 재취업 유인을 제공하지 못하여 정책목적 달성에 실패할 가능성이 크다. 연금과 보수 중 일부를 감액하는 방식으로 선출직에 취임하여 보수를 받는 것이 생활보장에 더 유리하도록 하는 등 기본권을 덜 제한하면서 입법목적을 달성할 수 있는 다양한 방법이 있다. 따라서 심판대상조항은 과잉금지원칙에 위배되어 재산권을 침해한다(헌재 2022.1.27. 2019헌바161). 답 ○

213 구 공무원연금법에서 유족급여수급권의 대상을 19세 미만의 자녀로 한정한 것은 19세 이상 자녀들의 재산권과 평등권을 침해하지 않는다. ❚법행 23 ○ ✕

유족급여수급권이 헌법상 보장되는 재산권에 포함되더라도 수급권자인 유족의 범위는 유족급여수급권의 내용과 한계를 형성하는 영역에 있는 것으로서 법률에 의하여 구체적으로 형성되어야만 비로소 확정된다. 그런데 유족급여수급권은 공무원의 사망이라는 위험에 대비하여 그 유족의 생활안정과 복지향상을 도모하기 위한 사회보장적 급여의 성격을 가지므로 입법자는 구체적인 내용을 형성함에 있어서 국가의 재정능력과 전반적인 사회보장수준,

국민 전체의 소득 및 생활수준, 그 밖의 여러 가지 사회적·경제적 여건 등을 종합하여 합리적인 수준에서 결정할 수 있는 광범위한 형성의 자유를 가진다. 따라서 입법자가 연령과 장애 상태를 독자적 생계유지가능성의 판단기준으로 삼아 대통령령이 정하는 정도의 장애 상태에 있지 아니한 19세 이상의 자녀를 유족의 범위에서 제외하였음을 들어 유족급여수급권의 본질적 내용을 침해하였다거나 입법형성권의 범위를 벗어났다고 보기 어렵다. 또한 공무원 연금제도와 민법상 상속제도는 그 헌법적 기초와 제도적 취지를 달리하는 것이므로, 유족급여의 수급요건, 수급권 자의 범위를 민법상 상속제도와 다르게 형성하였다고 하여 합리적인 입법재량의 범위를 벗어났다고 볼 수도 없다. 한정된 재원으로 공무원 및 그 유족의 생활안정과 복리향상에 기여하여야 하는 공무원연금제도에 있어서, 유족급여를 받을 유족이 되는 자녀의 범위는 유족급여의 필요성과 중요성에 따라 일정하게 제한될 수 있다. 헌법재 판소는 2012헌마515 결정에서, 유족급여를 받을 수 있는 자녀의 연령기준을 18세 미만으로 정하고 있던 구 공무원 연금법 조항에 관하여, 최소한의 독자적인 생활능력을 갖추었는지를 기준으로 18세 이상의 자녀를 유족의 범위에 포함하지 아니한 것에는 합리적인 이유가 있으므로 위 규정은 평등권을 침해하지 아니한다고 판단하였고, 위 결정을 변경할 만한 사정이 없다(헌재 2019.11.28. 2018헌바335).　　　　　　　　　　　　　　답 ○

214 공무원이 재직 중의 사유로 금고 이상의 형을 받은 경우 퇴직금을 감액하도록 2009.12.31.
□□□ 개정된 감액조항을 2010.1.1.부터 적용하도록 한 구 공무원연금법 부칙은 소급입법금지의
원칙이나 신뢰보호의 원칙에 위반되지 않는다. ┃법행 23　　　　　　　　　　　○ ✕

공무원이 재직 중의 사유로 금고 이상의 형을 받은 경우 퇴직금을 감액하도록 2009.12.31. 개정된 감액조항을 2010.1.1.부터 적용하도록 한 구 공무원연금법 부칙조항은 이미 발생하여 이행기에 도달한 퇴직연금수급권의 내용을 변경함이 없이 이 사건 부칙조항의 시행 이후의 법률관계, 다시 말해 장래에 이행기가 도래하는 퇴직연금수 급권의 내용을 변경함에 불과하므로, 진정소급입법에는 해당하지 아니한다. 따라서 소급입법에 의한 재산권 침해 는 문제될 여지가 없다. 헌법재판소에서 구법조항에 대하여 공무원의 신분이나 직무상 의무와 관련이 없는 범죄의 경우에도 퇴직급여 등을 제한하는 것은 공무원범죄를 예방하고 공무원이 재직 중 성실히 근무하도록 유도하는 입법목적을 달성하는 데에 적합한 수단이라고 볼 수 없다는 이유로 헌법불합치결정을 하고 입법개선을 명함에 따라, 그 취지대로 개선입법이 이루어질 것을 충분히 예상할 수 있었으므로, 국회의 개선입법 지연으로 인하여 한시적인 입법의 공백상태가 발생함으로써 1년간 퇴직급여 전액을 지급받을 수 있었다고 하여, 향후 개선입법이 이루어진 이후에도 그 이전에 급여지급사유가 발생한 퇴직 공무원들에 대하여 개선입법 이후 비로소 이행기가 도래하는 퇴직연금 수급권에 대해서까지 급여제한처분이 없으리라는 청구인들의 신뢰가 정당한 것이라고 보기는 어려우므로, 이 사건 부칙조항은 신뢰보호원칙도 위반하지 않는다(헌재 2016.6.30. 2014헌바365).　　　답 ○

215 공무원연금제도가 공무원신분보장의 본질적 요소라고 하더라도 퇴직 후에 현 제도 그대로의
□□□ 연금을 받는다는 신뢰는 반드시 보호되어야 할 정도로 확고한 것이라고 볼 수 없다.
┃법행 22　　　　　　　　　　　　　　　　　　　　　　　　　　　　　　○ ✕

퇴직연금수급권의 성격상 그 급여의 구체적인 내용은 불변적인 것이 아니라, 국가의 재정, 다음 세대의 부담 정도, 사회적 여건의 변화 등에 따라 변경될 수 있는 것이고, 공무원연금제도가 공무원신분보장의 본질적 요소라고 하더라도 '퇴직 후에 현 제도 그대로의 연금을 받는다'는 신뢰는 반드시 보호되어야 할 정도로 확고한 것이라 보기 어렵다(헌재 2017.7.27. 2015헌마1052).　　　　　　　　　　　　　　　　답 ○

216 당연무효인 임용결격자에 대한 임용행위에 의하여서는 공무원 신분을 취득할 수 없으나, 임용
☐☐☐ 결격자가 공무원으로 임용되어 사실상 근무하여 왔고 공무원연금제도가 공무원의 재직 중의
성실한 복무에 대한 공로보상적 성격과 사회보장적 기능을 가지고 있는 이상, 적법한 공무원으
로서의 신분을 취득하지 못한 자라 하더라도 공무원연금법 소정의 퇴직연금을 청구할 수 있다.
┃법행 21   ○ ✕

....

공무원연금법이나 근로기준법에 의한 퇴직금은 적법한 공무원으로서의 신분취득 또는 근로고용관계가 성립되어
근무하다가 퇴직하는 경우에 지급되는 것이고, 당연무효인 임용결격자에 대한 임용행위에 의하여서는 공무원의
신분을 취득하거나 근로고용관계가 성립될 수 없는 것이므로 임용결격자가 공무원으로 임용되어 사실상 근무하여
왔다고 하더라도 그러한 피임용자는 위 법률소정의 퇴직금청구를 할 수 없다(대판 1987.4.14. 86누459).
                                                                                             답 ✕

제4관 지방자치제도

> **헌법 제117조**   ① 지방자치단체는 (주민의 복리)에 관한 사무를 처리하고 재산을 관리하며, (법령의 범위
> 안)에서 자치에 관한 규정을 제정할 수 있다.
> ② 지방자치단체의 종류는 (법률)로 정한다.
>
> **헌법 제118조**   ① 지방자치단체에 (의회)를 둔다.
> ② 지방의회의 (조직 · 권한) · (의원선거와 지방자치단체의 장의 선임방법) 기타 지방자치단체의 조직과 운영
> 에 관한 사항은 법률로 정한다.

1 지방자치제도의 의의

217 헌법은 지방자치단체의 존속과 조례 제정권 등의 권한, 지방의회의 존속만을 명시하고 그
☐☐☐ 밖의 지방자치에 관한 구체적 사항들은 법률에 위임함으로써, 지방자치제도의 보장에 관하여
그 본질적 내용을 침해하지 아니하는 범위 내에서 입법자에게 제도의 구체적인 내용과 형태에
대하여 광범위한 형성권을 인정하고 있다. ┃법행 21   ○ ✕

....

헌법 제117조 제1항은 "지방자치단체는 주민의 복리에 관한 사무를 처리하고 재산을 관리하며, 법령의 범위 안에서
자치에 관한 규정을 제정할 수 있다.", 제118조 제1항은 "지방자치단체에 의회를 둔다.", 제117조 제2항은 "지방자치
단체의 종류는 법률로 정한다.", 제118조 제2항은 "지방의회의 조직 · 권한 · 의원선거와 지방자치단체의 장의 선임
방법 기타 지방자치단체의 조직과 운영에 관한 사항은 법률로 정한다."고 규정하고 있다. 이와 같이 헌법은 지방자
치단체의 존속과 조례 제정권 등의 권한, 지방의회의 존속만을 명시하고 그 밖의 지방자치에 관한 구체적 사항들은
법률에 위임함으로써, 지방자치제도의 보장에 관하여 그 본질적 내용을 침해하지 아니하는 범위 내에서 입법자에
게 제도의 구체적인 내용과 형태에 대하여 광범위한 형성권을 인정하고 있다(헌재 2014.1.28. 2012헌바216).
                                                                                             답 ○

218
☐☐☐ 헌법 제8장의 지방자치제도는 제도보장을 의미하는 것으로 지방자치단체의 자치권의 범위나 내용은 지방자치제도의 본질을 침해하지 않는 범위 내에서 입법권자가 광범위한 입법형성권을 가진다. ▮법원직9급 22 ○ ✕

....

헌재 2009.5.28. 2006헌라6 **답** ○

219
☐☐☐ 헌법상 특정 지방자치단체의 존속이 보장되어야 하므로 법률로 지방자치단체를 폐치·분합하는 것은 허용되지 않는다. ▮법무사 21 ○ ✕

....

헌법 제117조 제2항은 지방자치단체의 종류를 법률로 정하도록 규정하고 있을 뿐 지방자치단체의 종류 및 구조를 명시하고 있지 않으므로 이에 관한 사항은 기본적으로 입법자에게 위임된 것으로 볼 수 있다. 따라서 헌법상 지방자치제도의 보장은 특정 지방자치단체의 존속을 보장하는 것이 아니며 지방자치단체의 폐치·분합은 헌법적으로 허용될 수 있다(헌재 2006.4.27. 2005헌마1190). **답** ✕

220
☐☐☐ ▸ 자치제도의 보장이 특정자치단체의 존속을 보장하는 것은 아니기 때문에, 지방자치단체로서 특별시·광역시 및 도와 함께 시·군 및 자치구를 계속하여 존속하도록 할지 여부는 입법자의 입법형성권의 범위에 들어간다. ▮법행 21 ○ ✕

▸ 지방자치단체의 중층구조를 존속할지 여부 역시 입법자의 입법형성권에 속한다.
▮법행 21 ○ ✕

▸ 행정혁신을 위해 현행 2단계(특별시, 광역시 등과 시, 군, 구)의 지방자치단체를 1단계로 조정하려면 헌법개정이 필수적이다. ▮법무사 18 ○ ✕

....

헌법 제117조 제2항은 지방자치단체의 종류를 법률로 정하도록 규정하고 있을 뿐 지방자치단체의 종류 및 구조를 명시하고 있지 않으므로 이에 관한 사항은 기본적으로 입법자에게 위임된 것으로 볼 수 있다. 헌법상 지방자치제도 보장의 핵심영역 내지 본질적 부분이 특정 지방자치단체의 존속을 보장하는 것이 아니며 지방자치단체에 의한 자치행정을 일반적으로 보장하는 것이므로, 현행법에 따른 지방자치단체의 중층구조 또는 지방자치단체로서 특별시·광역시 및 도와 함께 시·군 및 구를 계속하여 존속하도록 할지 여부는 결국 입법자의 입법형성권의 범위에 들어가는 것으로 보아야 한다. 같은 이유로 일정 구역에 한하여 당해 지역 내의 지방자치단체인 시·군을 모두 폐지하여 중층구조를 단층화하는 것 역시 입법자의 선택범위에 들어가는 것이다(헌재 2006.4.27. 2005헌마1190).
답 ○ / ○ / ✕

221
☐☐☐ 지방자치단체의 관할구역 경계변경은 법률로 정한다. ▮법무사 18 ○ ✕

....

지방자치단체의 구역변경 중 관할구역 경계변경과 지방자치단체의 한자 명칭의 변경은 대통령령으로 정한다. 이 경우 경계변경의 절차는 제6조에서 정한 절차에 따른다(지방자치법 제5조 제2항). **답** ✕

222 지방자치단체에는 반드시 지방의회를 두어야 한다. ▮법무사 21 ○ ✕
□□□

지방자치단체에 의회를 둔다(헌법 제118조 제1항). **답** ○

223 지방의회의 조직·권한·의원선거와 지방자치단체의 장의 선임방법 기타 지방자치단체의 조
□□□ 직과 운영에 관한 사항은 조례로 정한다. ▮법무사 18 ○ ✕

지방의회의 조직·권한·의원선거와 지방자치단체의 장의 선임방법 기타 지방자치단체의 조직과 운영에 관한
사항은 <u>법률로 정한다</u>(헌법 제118조 제2항). **답** ✕

224 지방자치단체의 장이 금고 이상의 형을 선고받고 그 형이 확정되지 아니한 경우 부단체장이
□□□ 그 권한을 대행하도록 하였더라도 지방자치단체의 장의 공무담임권을 침해한 것으로 볼 수
없다. ▮법원직9급 22 ○ ✕

자치단체장직에 대한 공직기강을 확립하고 주민의 복리와 자치단체행정의 원활한 운영에 초래될 수 있는 위험을
예방하기 위한 입법목적을 달성하기 위하여 자치단체장을 직무에서 배제하는 수단을 택하였다 하더라도, 금고
이상의 형을 선고받은 자치단체장을 다른 추가적 요건없이 직무에서 배제하는 것이 위 입법목적을 달성하기
위한 최선의 방안이라고 단정하기는 어렵고. 특히 이 사건 청구인의 경우처럼, 금고 이상의 형의 선고를 받은
이후 선거에 의하여 자치단체장으로 선출된 경우에는 '자치단체행정에 대한 주민의 신뢰유지'라는 입법목적은
자치단체장의 공무담임권을 제한할 적당한 논거가 되기 어렵다. 또한, 금고 이상의 형을 선고받았더라도 불구속상
태에 있는 이상 자치단체장이 직무를 수행하는 데는 아무런 지장이 없으므로 부단체장으로 하여금 그 권한을
대행시킬 직접적 필요가 없다는 점, ···(중략)··· 고의범인지 과실범인지 여부 등 해당 범죄의 유형과 죄질에 비추어
형이 확정되기 전이라도 미리 직무를 정지시켜야 할 이유가 명백한 범죄를 저질렀을 경우로만 한정할 필요도
있는 점 등에 비추어 볼 때, 이 사건 법률조항은 필요최소한의 범위를 넘어선 기본권제한에 해당할 뿐 아니라,
이 사건 법률조항으로 인하여 해당 자치단체장은 불확정한 기간 동안 직무를 정지당함은 물론 주민들에게 유죄가
확정된 범죄자라는 선입견까지 주게 되고, 더욱이 장차 무죄판결을 선고받게 되면 이미 침해된 공무담임권은
회복될 수도 없는 등의 심대한 불이익을 입게 되므로, 법익균형성 요건 또한 갖추지 못하였다. 따라서, 지방자치단
체의 장이 금고 이상의 형을 선고받고 그 형이 확정되지 아니한 경우 부단체장이 그 권한을 대행하도록 규정한
지방자치법 법률조항은 <u>자치단체장인 청구인의 공무담임권을 침해한다</u>(헌재 2010.9.2. 2010헌마418). **답** ✕

225 지방자치단체에게는 자신의 관할구역 내의 사람과 물건을 배타적으로 지배할 수 있는 권리가 부여되어 있다. ▎법무사 18　　○ ×
□□□

헌법 제117조, 제118조가 제도적으로 보장하고 있는 지방자치의 본질적 내용은 '자치단체의 보장, 자치기능의 보장 및 자치사무의 보장'이라고 할 것이나, 지방자치제도의 보장은 지방자치단체에 의한 자치행정을 일반적으로 보장한다는 것뿐이고 특정자치단체의 존속을 보장한다는 것은 아니므로, 마치 국가가 영토고권을 가지는 것과 마찬가지로, 지방자치단체에게 자신의 관할구역 내에 속하는 영토, 영해, 영공을 자유로이 관리하고 관할구역 내의 사람과 물건을 독점적, 배타적으로 지배할 수 있는 권리가 부여되어 있다고 할 수는 없다(헌재 2006.3.30. 2003헌라2). 🇦 ×

226 지방자치단체는 주민의 복리에 관한 사무를 처리하고 재산을 관리하며, 법령의 범위 안에서 자치에 관한 규정을 제정할 수 있다. ▎법무사 18 · 21　　○ ×
□□□

헌법 제117조 제1항 🇦 ○

227 헌법 제117조 제1항에서 "지방자치단체는 …(중략)… 법령의 범위 안에서 자치에 관한 규정을 제정할 수 있다."라고 규정하고 있는바, 여기서 말하는 '법령'에는 법규명령으로서 기능하는 행정규칙도 포함된다는 것이 헌법재판소의 판례이다. ▎법행 21　　○ ×
□□□

헌법 제117조 제1항에서 규정하고 있는 '법령'에 법률 이외에 헌법 제75조 및 제95조 등에 의거한 '대통령령', '총리령' 및 '부령'과 같은 법규명령이 포함되는 것은 물론이지만, 헌법재판소의 "법령의 직접적인 위임에 따라 수임행정기관이 그 법령을 시행하는데 필요한 구체적 사항을 정한 것이면, 그 제정형식은 비록 법규명령이 아닌 고시, 훈령, 예규 등과 같은 행정규칙이더라도, 그것이 상위법령의 위임한계를 벗어나지 아니하는 한, 상위법령과 결합하여 대외적인 구속력을 갖는 법규명령으로서 기능하게 된다고 보아야 한다"고 판시 한 바에 따라, 헌법 제117조 제1항에서 규정하는 '법령'에는 법규명령으로서 기능하는 행정규칙이 포함된다(헌재 2002.10.31. 2001헌라1). 🇦 ○

228 지방자치단체가 제정한 조례가 법령에 위반되는 경우에는 효력이 없다. ▎법무사 21　　○ ×
□□□

지방자치법 제15조 본문은 "지방자치단체는 법령의 범위 안에서 그 사무에 관하여 조례를 제정할 수 있다"고 규정하는바, 여기서 말하는 '법령의 범위 안에서'란 '법령에 위반되지 않는 범위 내에서'를 가리키므로 지방자치단체가 제정한 조례가 법령에 위반되는 경우에는 효력이 없다(대판 2002.4.26. 2002추23). 🇦 ○

229 구 지방자치법 제9조 제1항과 제15조 등의 관련 규정에 의하면 지방자치단체는 원칙적으로
□□□ 그 고유사무인 자치사무와 법령에 의하여 위임된 단체위임사무에 관하여 이른바 자치조례를
제정할 수 있는 외에, 개별법령에서 특별히 위임하고 있을 경우에는 그러한 사무에 속하지
아니하는 기관위임사무에 관하여도 그 위임의 범위 내에서 이른바 위임조례를 제정할 수 있다.
❚법무사 20   ○ ×
....
대판 2000.11.24. 2000추29   🔳 ○

230 조례가 규정하고 있는 사항이 자치사무나 단체위임사무에 관한 것이라면 이는 자치조례로서
□□□ 구 지방자치법 제15조가 규정하고 있는 '법령의 범위 안'이라는 사항적 한계가 적용될 뿐,
위임조례와 같이 국가법에 적용되는 일반적인 위임입법의 한계가 적용될 여지는 없다.
❚법무사 20   ○ ×
....
대판 2000.11.24. 2000추29   🔳 ○

231 구 지방자치법 제15조에서 말하는 '법령의 범위 안'이라는 의미는 '법령에 위반되지 아니하는
□□□ 범위 안'이라는 의미로 풀이되는 것으로서, 특정 사항에 관하여 국가 법령이 이미 존재할 경우
에도 그 규정의 취지가 반드시 전국에 걸쳐 일률적인 규율을 하려는 것이 아니라 각 지방자치단
체가 그 지방의 실정에 맞게 별도로 규율하는 것을 용인하고 있다고 해석될 때에는 조례가
국가 법령에서 정하지 아니하는 사항을 규정하고 있다고 하더라도 이를 들어 법령에 위반되는
것이라고 할 수가 없다. ❚법무사 20   ○ ×
....
대판 2000.11.24. 2000추29   🔳 ○

232 지방의회가 조례로 정한 특정한 사항에 관하여는 일정한 기간 내에 반드시 주민투표를 실시하
□□□ 도록 규정한 조례안은 지방자치단체의 장의 고유권한을 침해하는 규정이다. ❚법무사 20
                                                                                              ○ ×
....
대판 2002.4.26. 2002추23   🔳 ○

233 조례가 집행행위의 개입 없이도 그 자체로서 직접 국민의 구체적인 권리의무나 법적 이익에
□□□ 영향을 미치는 등의 법률상 효과를 발생하는 경우 그 조례는 항고소송의 대상이 되는 행정처분
에 해당하고, 이러한 조례에 대한 무효확인소송을 제기함에 있어서 피고적격이 있는 처분
등을 행한 행정청은 행정주체인 지방자치단체이다. ❚법무사 20   ○ ×

조례가 집행행위의 개입 없이도 그 자체로서 직접 국민의 구체적인 권리의무나 법적 이익에 영향을 미치는 등의 법률상 효과를 발생하는 경우 그 조례는 항고소송의 대상이 되는 행정처분에 해당하고, 이러한 조례에 대한 <u>무효확인소송을</u> 제기함에 있어서 행정소송법 제38조 제1항, 제13조에 의하여 <u>피고적격이 있는 처분 등을</u> 행한 행정청은, 행정주체인 지방자치단체 또는 지방자치단체의 내부적 의결기관으로서 지방자치단체의 의사를 외부에 표시한 권한이 없는 지방의회가 아니라, 구 지방자치법 제19조 제2항, 제92조에 의하여 지방자치단체의 집행기관으로서 조례로서의 효력을 발생시키는 공포권이 있는 <u>지방자치단체의 장이다</u>(대판 1996.9.20. 95누8003). 답 ×

234 지방자치단체 상호 간에 권한의 유무 또는 범위에 관하여 다툼이 있을 때에는 해당 지방자치단 □□□ 체는 헌법재판소에 권한쟁의심판을 청구할 수 있다. ▮법무사 21 ○ ×

국가기관 상호 간, 국가기관과 지방자치단체 간 및 지방자치단체 상호 간에 권한의 유무 또는 범위에 관하여 다툼이 있을 때에는 해당 국가기관 또는 지방자치단체는 헌법재판소에 권한쟁의심판을 청구할 수 있다(헌법재판소법 제61조 제1항). 답 ○

235 중앙행정기관이 지방자치단체의 자치사무에 대하여 포괄적·사전적 일반감사나 법령위반사 □□□ 항을 적발하기 위한 감사를 하는 것은 허용될 수 없다. ▮법원직9급 22 ○ ×

중앙행정기관이 구 지방자치법 제158조 단서 규정상의 감사에 착수하기 위해서는 자치사무에 관하여 특정한 법령위반행위가 확인되었거나 위법행위가 있었으리라는 합리적 의심이 가능한 경우이어야 하고, 또한 그 감사대상을 특정해야 한다. 따라서 전반기 또는 후반기 감사와 같은 포괄적·사전적 일반감사나 위법사항을 특정하지 않고 개시하는 감사 또는 법령 위반사항을 적발하기 위한 감사는 모두 허용될 수 없다(헌재 2009.5.28. 2006헌라6). 답 ○

4 주민의 권리

236 주민소환제란 지방자치단체의 특정한 공직에 있는 자가 주민의 신뢰에 반하는 행위를 하고 □□□ 있다고 생각될 때 임기종료 전에 주민이 직접 그 해직을 청구하는 제도로서, 주민에 의한 지방행정 통제의 가장 강력한 수단이며, 주민의 참정기회를 확대하고 주민대표의 정책이나 행정처리가 주민의사에 반하지 않도록 주민대표나 행정기관에 대한 통제와 주민에 대한 책임성을 확보하는 데 그 제도적 의의가 있다. ▮법무사 19 ○ ×

지방자치법은 "주민은 그 지방자치단체의 장 및 지방의회의원(비례대표 지방의회의원은 제외한다)을 소환할 권리를 가진다"라고 규정함으로써(제20조 제1항) 지방자치단체장과 지방의회의원에 한하여 주민소환제를 도입하였다. 주민소환제란 지방자치단체의 특정한 공직에 있는 자가 주민의 신뢰에 반하는 행위를 하고 있다고 생각될 때 임기종료 전에 주민이 직접 그 해직을 청구하는 제도로서, 주민에 의한 지방행정 통제의 가장 강력한 수단이며, 주민의 참정기회를 확대하고 주민대표의 정책이나 행정처리가 주민의사에 반하지 않도록 주민대표나 행정기관에 대한 통제와 주민에 대한 책임성을 확보하는 데 그 제도적 의의가 있다(헌재 2011.12.29. 2010헌바368). 답 ○

237 주민소환제는 주민의 참정기회를 확대하고 주민대표의 정책이나 행정처리가 주민의사에 반하지 않도록 통제하고 책임성을 확보하며 선거제도의 실패를 보완하는 긍정적 기능도 하지만, 선거패배나 이익단체 등에 의하여 정치적으로 악용·남용되거나, 민주적 정당성에 기반한 선출직공직자의 활동이 위축되는 등 지방행정의 효율성이 저해되는 결과가 발생될 소지도 없지 않다. ▮법무사 19 ○ ✕

헌재 2011.12.29. 2010헌바368 답 ○

238 주민소환제의 제도형성에 관해서는 입법자에게 광범위한 입법재량이 인정되지만, 주민소환제는 주민의 참여를 적극 보장하고 이로써 주민자치를 실현하여 지방자치에도 부합하므로, 주민소환제 자체는 지방자치의 본질적인 내용에 해당한다. ▮법무사 19 ○ ✕

<u>주민소환제 자체는 지방자치의 본질적인 내용이라고 할 수 없으므로</u> 이를 보장하지 않는 것이 위헌이라거나 어떤 특정한 내용의 주민소환제를 반드시 보장해야 한다는 헌법적인 요구가 있다고 볼 수는 없다. 다만 주민소환제는 주민의 참여를 적극 보장하고, 이로써 주민자치를 실현하여 지방자치에도 부합하므로, 이 점에서는 위헌의 문제가 발생할 소지가 없고, 제도적인 형성에 있어서도 입법자에게 광범위한 입법재량이 인정된다 할 것이나, 원칙으로서의 대의제의 본질적인 부분을 침해하여서는 아니 된다는 점이 그 입법형성권의 한계로 작용한다 할 것이다(헌재 2011.12.29. 2010헌바368). 답 ✕

239 주민소환권은 주민소환제에 부수하여 법률상 창설된 권리일 뿐, 헌법에서 열거되지 아니한 기본권으로 볼 수는 없다. ▮법무사 19 ○ ✕

주민소환제 자체는 지방자치의 본질적 내용이라고 할 수 없으므로 이를 보장하지 않는 것이 위헌이라거나 어떤 특정한 내용의 주민소환제를 반드시 보장해야 한다는 헌법적인 요구가 있다고 볼 수 없으므로, 주민소환제 및 그에 부수하여 법률상 창설되는 주민소환권이 지방자치의 본질적 내용에 해당하여 반드시 헌법적인 보장이 요구되는 제도라고 할 수도 없다. … 그렇다고 주민소환권의 권리내용 또는 보호영역이 비교적 명확하여 권리내용을 규범상대방에게 요구하거나 재판에 의하여 그 실현을 보장받을 수 있는 구체적 권리로서의 실질을 가지고 있다고 할 수도 없으므로, 헌법 제37조 제1항에서 말하는 '헌법에서 열거되지 아니한 기본권'으로 볼 수도 없다(헌재 2011.12.29. 2010헌바368). 답 ○

헌법 제36조 　① 혼인과 가족생활은 (개인의 존엄)과 (양성의 평등)을 기초로 성립되고 유지되어야 하며, 국가는 이를 보장한다.
② 국가는 (모성의 보호)를 위하여 노력하여야 한다.
③ 모든 국민은 (보건)에 관하여 국가의 보호를 받는다.

240 　헌법상 개인의 존엄과 양성의 평등에 기초한 혼인 및 가족제도에 관한 규정은 혼인과 가족생활을 스스로 결정하고 형성할 수 있는 자유를 함께 보장하고 있다. ❙법무사 19　○ ×
□□□

....

헌법 제36조 제1항은 "혼인과 가족생활은 개인의 존엄과 양성의 평등을 기초로 성립되고 유지되어야 하며, 국가는 이를 보장한다"라고 규정하고 있는데, 헌법 제36조 제1항은 혼인과 가족생활을 스스로 결정하고 형성할 수 있는 자유를 기본권으로서 보장하고, 혼인과 가족에 대한 제도를 보장한다(헌재 2002.8.29. 2001헌바82). 🅐 ○

241 　▸ 우리 헌법은 제정 당시부터 특별히 혼인의 남녀동권(男女同權)을 헌법적 혼인질서의 기초로 선언하였다. ❙법행 23　○ ×
□□□

　　▸ 헌법은 제정 당시부터 평등원칙과 남녀평등을 일반적으로 천명하는 것에 덧붙여 특별히 혼인의 남녀동권(男女同權)을 헌법적 혼인질서의 기초로 선언하였다. ❙법원직9급 22　○ ×

....

헌법 제36조 제1항의 연혁을 살펴보면, 제헌헌법 제20조에서 "혼인은 남녀동권(男女同權)을 기본으로 하며, 혼인의 순결과 가족의 건강은 국가의 특별한 보호를 받는다."고 규정한 것이 그 시초로서, 헌법제정 당시부터 평등원칙과 남녀평등을 일반적으로 천명하는 것(제헌 헌법 제8조)에 덧붙여 특별히 혼인의 남녀동권을 헌법적 혼인질서의 기초로 선언한 것은 우리 사회 전래의 혼인·가족제도는 인간의 존엄과 남녀평등을 기초로 하는 혼인·가족제도라고 보기 어렵다는 판단 하에 근대적·시민적 입헌국가를 건설하려는 마당에 종래의 가부장적인 봉건적 혼인질서를 더 이상 용인하지 않겠다는 헌법적 결단의 표현으로 보아야 할 것이다(헌재 2005.2.3. 2001헌가9).

🅐 ○ / ○

242 　혼인과 가족생활의 보호에 관한 헌법 제36조 제1항은 인간의 존엄과 양성의 평등이 가족생활에서도 보장되어야 한다는 기본권과 제도보장의 성격을 함께 갖는다. ❙법무사 19　○ ×
□□□

....

헌재 2011.2.24. 2009헌바89 🅐 ○

243 　헌법 제36조 제1항에서 규정하는 '혼인'이란 양성이 평등하고 존엄한 개인으로서 자유로운 의사의 합치에 의하여 생활공동체를 이루는 것으로서 법적으로 승인받은 것을 말하므로, 법적으로 승인되지 아니한 사실혼은 헌법 제36조 제1항의 보호범위에 포함된다고 보기 어렵다.
□□□ ❙법행 23, 법원직9급 22　○ ×

....

헌재 2014.8.28. 2013헌바119 🅐 ○

244
□□□
인간의 존엄과 양성평등의 가족생활의 보장, 나아가 혼인과 가족생활의 구체적인 제도보장인 일부일처제도의 공익적 이익에서 비롯된 중혼금지에 대하여 현행법상 그 어떤 예외도 인정되지 않는다. ▎법무사 19　　　　○ ×

판례는 "중혼을 금지하는 것은 인간의 존엄과 양성평등의 가족생활의 보장, 나아가 혼인과 가족생활의 구체적인 제도보장인 일부일처(一夫一妻)제도의 공익적 이익으로부터 비롯된 것으로 보고 있으나(헌재 2010.7.29. 2009헌가8), 우리 법제가 일부일처주의를 채택하여 중혼을 금지하는 규정을 두고 있다 하더라도 이를 위반한 때를 혼인무효의 사유로 규정하지 않고 단지 혼인 취소의 사유로만 규정하고 있는 까닭에(민법 제816조) 중혼에 해당하는 혼인이라도 취소되기 전까지는 유효하게 존속하는 것이고, 이는 중혼적 사실혼이라 하여 달리 볼 것이 아니다. 또한 비록 중혼적 사실혼관계일지라도 법률혼인 전 혼인이 사실상 이혼상태에 있다는 등의 특별한 사정이 있다면 법률혼에 준하는 보호를 할 필요가 있을 수 있다"고 하여 현행법상 일정한 예외를 인정하고 있다(대판 2009.12.24. 2009다64161). 　**답** ×

245
□□□
▸ 민법에서 중혼의 취소청구권자를 규정하면서 직계비속을 제외한 것은 합리적 사유 없이 직계비속을 차별하는 것이다. ▎법무사 19　　　　○ ×

▸ 중혼의 취소권자를 민법이 규정하면서 직계비속을 제외한 것은 합리적 이유 없이 직계존속에게는 중혼의 취소청구권을 부여하고 직계비속에게는 부여하지 않았다고 할 것이어서 평등원칙에 반한다. ▎법원직9급 22　　　　○ ×

중혼의 취소청구권자를 규정한 이 사건 법률조항은 그 취소청구권자로 직계존속과 4촌 이내의 방계혈족을 규정하면서도 직계비속을 제외하였는바, 직계비속을 제외하면서 직계존속만을 취소청구권자로 규정한 것은 가부장적·종법적인 사고에 바탕을 두고 있고, 직계비속이 상속권 등과 관련하여 중혼의 취소청구를 구할 법률적인 이해관계가 직계존속과 4촌 이내의 방계혈족 못지않게 크며, 그 취소청구권자의 하나로 규정된 검사에게 취소청구를 구한다고 하여도 검사로 하여금 직권발동을 촉구하는 것에 지나지 않은 점 등을 고려할 때, 합리적인 이유 없이 직계비속을 차별하고 있어, 평등원칙에 위반된다(헌재 2010.7.29. 2009헌가8). 　**답** ○ / ○

246
□□□
중혼 취소청구권의 소멸사유나 제척기간을 두지 않음으로 인해 후혼배우자가 처하게 되는 불안정한 신분상 지위가 문제되는 사건에서는 헌법 제36조 제1항 위반 여부가 직접적으로 문제된다고 보기 어렵다. ▎법행 23　　　　○ ×

중혼은 일부일처제에 반하는 상태로, 언제든지 중혼을 취소할 수 있게 하는 것은 헌법 제36조 제1항의 규정에 의하여 국가에 부과된, 개인의 존엄과 양성의 평등을 기초로 한 혼인과 가족생활의 유지·보장의무 이행에 부합한다. 그렇다면 중혼 취소청구권의 소멸사유나 제척기간을 두지 않음으로 인해 후혼배우자가 처하게 되는 불안정한 신분상 지위가 문제되는 이 사건에서 헌법 제36조 제1항 위반 여부는 직접적으로 문제된다고 보기 어렵다(헌재 2014.7.24. 2011헌바275). 　**답** ○

247 중혼취소청구권의 소멸사유나 제척기간을 두지 않고 언제든지 중혼을 취소할 수 있게 하는 것은 헌법 제36조 제1항의 규정에 의하여 국가에 부과된 개인의 존엄과 양성의 평등을 기초로 한 혼인과 가족생활의 유지·보장의무 이행과 직접적으로 관련되므로, 더 나아가 과잉금지원칙 위배 여부를 판단하여야 한다. ▌법원직9급 22　　　　　　　　　　　　○ ×

중혼을 금지하는 것은 일부일처제의 공익적 이익으로부터 비롯된 것이다. 그러나 한편으로 중혼이라 하더라도 유효하게 성립하면 또 하나의 실질적인 부부관계와 친자관계가 발생되고 그러한 신분관계는 비록 중혼이 취소되더라도 완전히 원상회복될 수 없는 한계가 존재하며, 특히 자(子)의 경우에는 그 신분관계를 보호할 사회적 이익도 인정된다. 그러므로 중혼을 무효사유로 볼 것인가, 아니면 취소사유로 볼 것인가, 취소사유로 보는 경우 어떠한 범위 내에서 취소청구권을 인정할 것인가 하는 문제는 중혼의 반사회성·반윤리성과 가족생활의 사실상 보호라는 공익과 사익을 어떻게 규율할 것인가의 문제로서 기본적으로 입법형성의 자유가 넓게 인정되는 영역이다. 따라서 <u>이 사건 법률조항의 위헌 여부는 중혼을 취소사유로 정하면서 그 취소 청구권에 제척기간 또는 권리소멸사유를 규정하지 않은 것이 입법형성의 한계를 벗어나 현저히 부당한 것인지 여부를 심사함으로써 결정해야 할 것이다</u>(헌재 2014.7.24. 2011헌바275). 답 ×

248 ▸ 가족제도는 자율영역이 보장되지만 부모가 자녀의 건강에 반하는 방향으로 자녀교육권을 행사할 경우에는 헌법 제31조에 따라 국가에게도 자녀의 교육에 대한 과제와 의무가 인정되므로 국가는 부모의 자녀교육권을 제한할 수 있다. ▌법무사 19　　　　　　　○ ×

▸ 부모는 자녀의 교육에 있어서 자녀의 정신적, 신체적 건강을 고려하여 교육의 목적과 그에 적합한 수단을 선택해야 할 것이고, 부모가 자녀의 건강에 반하는 방향으로 자녀교육권을 행사할 경우 국가는 부모의 자녀교육권을 제한할 수 있다. ▌법행 22　　　　　　○ ×

▸ 부모의 자녀교육권은 다른 기본권과는 달리, 기본권의 주체인 부모의 자기결정권이라는 의미에서 보장되는 자유가 아니라 자녀의 보호와 인격발현을 위하여 부여되는 기본권이다.
▌법원직9급 21　　　　　　　　　　　　　　　　　　　　　　　　　○ ×

부모의 자녀교육권은 다른 기본권과는 달리, 기본권의 주체인 부모의 자기결정권이라는 의미에서 보장되는 자유가 아니라, 자녀의 보호와 인격발현을 위하여 부여되는 기본권이다. 다시 말하면, 부모의 자녀교육권은 자녀의 행복이란 관점에서 보장되는 것이며, 자녀의 행복이 부모의 교육에 있어서 그 방향을 결정하는 지침이 된다. 따라서 부모는 자녀의 교육에 있어서 자녀의 정신적, 신체적 건강을 고려하여 교육의 목적과 그에 적합한 수단을 선택해야 할 것이고, 부모가 자녀의 건강에 반하는 방향으로 자녀교육권을 행사할 경우에는 헌법 제31조는 부모 외에도 국가에게 자녀의 교육에 대한 과제와 의무가 있다는 것을 규정하고 있으므로 국가는 부모의 자녀교육권을 제한할 수 있다(헌재 2009.10.29. 2008헌마454). 답 ○ / ○ / ○

249 부모가 자녀의 이름을 지을 자유는 혼인과 가족생활을 보장하는 헌법 제36조 제1항과 행복추구권을 보장하는 헌법 제10조에 의하여 보호받는다. ▌법행 23, 법원직9급 22　○ ×

부모가 자녀의 이름을 지어주는 것은 자녀의 양육과 가족생활을 위하여 필수적인 것이고, 가족생활의 핵심적 요소라 할 수 있으므로, '부모가 자녀의 이름을 지을 자유'는 혼인과 가족생활을 보장하는 헌법 제36조 제1항과 행복추구권을 보장하는 헌법 제10조에 의하여 보호받는다(헌재 2016.7.28. 2015헌마964). 답 ○

제**2**편 기본권론

제1장 총론

제1절 기본권의 주체

1 국민

001 초기배아는 수정이 된 배아라는 점에서 아직 모체에 착상되거나 원시선이 나타나지 않았다고
□□□ 하더라도 기본권의 주체가 될 수 있다. ▎법원직9급 21 ○ ✕

초기배아는 수정이 된 배아라는 점에서 형성 중인 생명의 첫걸음을 떼었다고 볼 여지가 있기는 하나 아직 모체에 착상되거나 원시선이 나타나지 않은 이상 현재의 자연과학적 인식 수준에서 독립된 인간과 배아 간의 개체적 연속성을 확정하기 어렵다고 봄이 일반적이라는 점, 배아의 경우 현재의 과학기술 수준에서 모태 속에서 수용될 때 비로소 독립적인 인간으로의 성장가능성을 기대할 수 있다는 점, 수정 후 착상 전의 배아가 인간으로 인식된다거나 그와 같이 취급하여야 할 필요성이 있다는 사회적 승인이 존재한다고 보기 어려운 점 등을 종합적으로 고려할 때, 기본권 주체성을 인정하기 어렵다(헌재 2010.5.27. 2005헌마346). 답 ✕

2 외국인의 기본권 주체성

002 외국인에게도 주체성이 인정되는 일정한 기본권에 관하여 불법체류 여부에 따라 그 인정 여부
□□□ 가 달라지는 것은 아니기 때문에, 불법체류 중인 외국인이라 하더라도 신체의 자유, 주거의
자유, 변호인의 조력을 받을 권리, 재판청구권 등에 관하여는 기본권 주체성이 인정된다.
▎법행 22 ○ ✕

헌법재판소법 제68조 제1항 소정의 헌법소원은 기본권의 주체이어야만 청구할 수 있는데, 단순히 '국민의 권리'가 아니라 '인간의 권리'로 볼 수 있는 기본권에 대해서는 외국인도 기본권의 주체가 될 수 있다. 나아가 청구인들이 불법체류 중인 외국인들이라 하더라도, 불법체류라는 것은 관련 법령에 의하여 체류자격이 인정되지 않는다는 것일 뿐이므로, '인간의 권리'로서 외국인에게도 주체성이 인정되는 일정한 기본권에 관하여 불법체류 여부에 따라 그 인정 여부가 달라지는 것은 아니다. 청구인들이 침해받았다고 주장하고 있는 신체의 자유, 주거의 자유, 변호인의 조력을 받을 권리, 재판청구권 등은 성질상 인간의 권리에 해당한다고 볼 수 있으므로, 위 기본권들에 관하여는 청구인들의 기본권 주체성이 인정된다(헌재 2012.8.23. 2008헌마430). 답 ○

003 강제퇴거명령을 받은 사람을 보호할 수 있도록 하면서 보호기간의 상한을 마련하지 아니한 출입국관리법 규정은 불법체류외국인 등의 신체의 자유를 침해한다. **|법행 22 기출수정** ○ ✕
□□□

심판대상조항은 강제퇴거대상자를 대한민국 밖으로 송환할 수 있을 때까지 보호시설에 인치·수용하여 강제퇴거 명령을 효율적으로 집행할 수 있도록 함으로써 외국인의 출입국과 체류를 적절하게 통제하고 조정하여 국가의 안전과 질서를 도모하고자 하는 것으로, 입법목적의 정당성과 수단의 적합성은 인정된다. 그러나 보호기간의 상한을 두지 아니함으로써 강제퇴거대상자를 무기한 보호하는 것을 가능하게 하는 것은 보호의 일시적·잠정적 강제조치로서의 한계를 벗어나는 것이라는 점, 보호기간의 상한을 법에 명시함으로써 보호기간의 비합리적인 장기화 내지 불확실성에서 야기되는 피해를 방지할 수 있어야 하는데, 단지 강제퇴거명령의 효율적 집행이라는 행정목적 때문에 기간의 제한이 없는 보호를 가능하게 하는 것은 행정의 편의성과 획일성만을 강조한 것으로 피보호자의 신체의 자유를 과도하게 제한하는 것인 점, 강제퇴거명령을 받은 사람을 보호함에 있어 그 기간의 상한을 두고 있는 국제적 기준이나 외국의 입법례에 비추어 볼 때 보호기간의 상한을 정하는 것이 불가능하다고 볼 수 없는 점, 강제퇴거명령의 집행 확보는 심판대상조항에 의한 보호 외에 주거지 제한이나 보고, 신원보증인의 지정, 적정한 보증금의 납부, 감독관 등을 통한 지속적인 관찰 등 다양한 수단으로도 가능한 점, 현행 보호일시해제 제도나 보호명령에 대한 이의신청, 보호기간 연장에 대한 법무부장관의 승인제도만으로는 보호기간의 상한을 두지 않은 문제가 보완된다고 보기 어려운 점 등을 고려하면, 심판대상조항은 침해의 최소성과 법익균형성을 충족하지 못한다. 따라서 심판대상조항은 과잉금지원칙을 위반하여 피보호자의 신체의 자유를 침해한다(헌재 2023.3.23. 2020헌가1). **답** ○

004 난민인정신청을 하였으나 난민인정심사불회부결정을 받고 인천국제공항 송환대기실에 약 5개 월째 수용된 외국인에게 변호인의 접견신청을 거부한 것은 헌법 제12조 제4항 본문에 의한 변호인의 조력을 받을 권리를 침해한 것이다. **|법행 22** ○ ✕
□□□

인천국제공항에서 난민인정신청을 하였으나 난민인정심사불회부결정을 받은 청구인을 인천국제공항 송환대기실에 약 5개월째 수용하고 청구인의 변호인의 접견신청을 거부한 행위는 현행법상 아무런 법률상 근거가 없이 청구인의 변호인의 조력을 받을 권리를 제한한 것이므로, 청구인의 변호인의 조력을 받을 권리를 침해한 것이다. 또한 청구인에게 변호인 접견신청을 허용한다고 하여 국가안전보장, 질서유지, 공공복리에 어떠한 장애가 생긴다고 보기는 어렵고, 필요한 최소한의 범위 내에서 접견 장소 등을 제한하는 방법을 취한다면 국가안전보장이나 환승구역의 질서유지 등에 별다른 지장을 주지 않으면서도 청구인의 변호인 접견권을 제대로 보장할 수 있다. 따라서 이 사건 변호인 접견신청 거부는 국가안전보장이나 질서유지, 공공복리를 위해 필요한 기본권 제한 조치로 볼 수도 없다(헌재 2018.5.31. 2014헌마346). **답** ○

3 법인의 기본권 주체성

005 우리 헌법은 법인의 기본권향유능력을 인정하는 명문의 규정을 두고 있지 않지만, 언론·출판 의 자유, 재산권의 보장 등과 같이 성질상 법인이 누릴 수 있는 기본권은 당연히 법인에게도 적용된다. **|법원직9급 21** ○ ✕
□□□

우리 헌법은 법인의 기본권향유능력을 인정하는 명문의 규정을 두고 있지 않지만, 본래 자연인에게 적용되는 기본권규정이라도 언론·출판의 자유, 재산권의 보장 등과 같이 성질상 법인이 누릴 수 있는 기본권을 당연히 법인에게도 적용하여야 한 것으로 본다. 따라서 법인도 사단법인·재단법인 또는 영리법인·비영리법인을 가리지 아니하고 위 한계 내에서는 헌법상 보장된 기본권이 침해되었음을 이유로 헌법소원심판을 청구할 수 있다(헌재 1991.6.3. 90헌마56). **답** ○

006 정당은 단순한 시민이나 국가기관이 아니고 국민의 정치적 의사를 형성하는 중개적 기관으로 □□□ 국민의 권리인 평등권의 주체가 될 수 없다. ▌법원직9급 21 　　　　　　　　　　○ ×

시·도의회의원선거에서 정당이 후보자의 추천과 후보자를 지원하는 선거운동을 통하여 소기의 목적을 추구하는 경우, 평등권 및 평등선거원칙으로부터 나오는 (선거에 있어서의) 기회균등의 원칙은 후보자는 물론 정당에 대해서도 보장되는 것이므로 정당추천의 후보자가 선거에서 차등대우를 받는 것은 정당이 선거에서 차등대우를 받는 것과 같은 결과가 된다. 지방의회의원선거법 제36조 제1항의 "시·도의회의원 후보자는 700만원의 기탁금" 부분은 너무 과다하여, 자연인의 경우는 헌법 제11조의 평등권, 제24조의 선거권, 제25조의 공무담임권 등을 침해하는 것이고, 정당의 경우는 선거에 있어서 기회균등의 보장을 받을 수 있는 헌법적 권리를 침해한 것이다(헌재 1991.3.11. 91헌마21). 　　　　　　　　　　답 ×

제2절 ▌ 기본권의 효력

007 ▸ 헌법상 기본권은 제1차적으로 개인의 자유로운 영역을 공권력의 침해로부터 보호하기 위한 □□□ 　방어적 권리이지만 다른 한편으로 헌법의 기본적인 결단인 객관적인 가치질서를 구체화한 　　것으로서, 사법(私法)을 포함한 모든 법 영역에 그 영향을 미치는 것이므로 사인 간의 사적인 　　법률관계도 헌법상의 기본권 규정에 적합하게 규율되어야 한다. ▌법행 22 　　　　○ ×

▸ 헌법상 기본권은 일반적으로 관련 법규범 또는 사법상의 일반원칙을 규정한 민법 제2조, 　제103조, 제750조 등의 내용을 형성하고 그 해석기준이 되어 간접적으로 사법관계에 효력을 　미친다. ▌법행 22 　　　　　　　　　　○ ×

▸ 사적 단체를 포함하여 사회공동체 내에서 개인이 성별에 따른 불합리한 차별을 받지 아니하 　고 자신의 희망과 소양에 따라 다양한 사회적·경제적 활동을 영위하는 것은 그 인격권 　실현의 본질적 부분에 해당하므로 평등권이라는 기본권의 침해도 민법 제750조의 일반규정 　을 통하여 사법상 보호되는 인격적 법익침해의 형태로 구체화되어 논하여질 수 있고, 그 　위법성 인정을 위하여 반드시 사인간의 평등권 보호에 관한 별개의 입법이 있어야만 하는 　것은 아니다. ▌법행 22 　　　　　　　　　　○ ×

헌법상의 기본권은 제1차적으로 개인의 자유로운 영역을 공권력의 침해로부터 보호하기 위한 방어적 권리이지만 다른 한편으로 헌법의 기본적인 결단인 객관적인 가치질서를 구체화한 것으로서, 사법을 포함한 모든 법 영역에 그 영향을 미치는 것이므로 사인 간의 사적인 법률관계도 헌법상의 기본권 규정에 적합하게 규율되어야 한다. 다만 기본권 규정은 그 성질상 사법관계에 직접 적용될 수 있는 예외적인 것을 제외하고는 사법상의 일반원칙을 규정한 민법 제2조, 제103조, 제750조, 제751조 등의 내용을 형성하고 그 해석 기준이 되어 간접적으로 사법관계에 효력을 미치게 된다. 헌법 제11조는 "모든 국민은 법 앞에 평등하다. 누구든지 성별·종교 또는 사회적 신분에 의하여 정치적·경제적·사회적·문화적 생활의 모든 영역에 있어서 차별을 받지 아니한다."라고 규정하여 평등의 원칙을 선언함과 동시에 모든 국민에게 평등권을 보장하고 있다. 따라서 사적 단체를 포함하여 사회공동체 내에서 개인이 성별에 따른 불합리한 차별을 받지 아니하고 자신의 희망과 소양에 따라 다양한 사회적·경제적 활동을 영위하는 것은 그 인격권 실현의 본질적 부분에 해당하므로 평등권이라는 기본권의 침해도 민법 제750조의 일반규정을 통하여 사법상 보호되는 인격적 법익침해의 형태로 구체화되어 논하여질 수 있고, 그 위법성 인정을 위하여 반드시 사인 간의 평등권 보호에 관한 별개의 입법이 있어야만 하는 것은 아니다(대판 2011.1.27. 2009다19864). 　　　　　　답 ○ / ○ / ○

008 기본권 규정은 성질상 사법관계에 직접 적용될 수 있는 경우에는 직접 적용되나, 헌법은 사인
□□□ 간에 직접 적용되는 기본권에 관하여 명시적으로 규정하고 있지 않다. ▮법행 22 ○ ×

....

현행헌법은 독일기본법과 같은 직접적 효력을 인정하는 명문규정을 두지 않았을 뿐만 아니라 기본권의 대사인적
효력을 부인하는 명문규정도 없다. 다만 다수설과 판례는 간접적용설을 원칙으로 하여 성질에 따라 사인 간에
직접 적용되는 기본권(근로3권, 언론·출판의 자유)과 적용될 수 없는 기본권(청구권적 기본권, 사법절차적 기본
권, 정치적 기본권)이 있다는 입장이다. ▮답 ○

제3절　기본권의 경합과 충돌

009 보호영역으로서 '직업'이 문제되는 경우 행복추구권과 직업의 자유는 서로 일반특별관계에
□□□ 있어 기본권의 내용상 특별성을 갖는 직업의 자유의 침해 여부가 우선하므로 행복추구권 관련
위헌 여부의 심사는 배제되어야 한다. ▮법행 21 ○ ×

....

행복추구권은 다른 기본권에 대한 보충적 기본권으로서의 성격을 지니고, 특히 어떠한 법령이 수범자의 직업의
자유와 행복추구권 양자를 제한하는 외관을 띠는 경우 두 기본권의 경합 문제가 발생하는데, 보호영역으로서
'직업'이 문제되는 경우 행복추구권과 직업의 자유는 서로 일반특별관계에 있어 기본권의 내용상 특별성을 갖는
직업의 자유의 침해 여부가 우선하여 행복추구권 관련 위헌 여부의 심사는 배제되어야 한다(헌재 2009.7.30.
2007헌마1037).

010 하나의 법률관계를 둘러싸고 사인 사이의 기본권이 충돌하는 경우에는 구체적인 사안에서의
□□□ 사정을 종합적으로 고려한 이익형량과 함께 양 기본권 사이의 실제적인 조화를 꾀하는 해석
등을 통하여 이를 해결하여야 하고, 그 결과에 따라 정해지는 양 기본권 행사의 한계 등을
감안하여 그 행위의 최종적인 위법성 여부를 판단하여야 한다. ▮법행 22 ○ ×

....

고등학교 평준화정책에 따른 학교 강제배정제도가 위헌이 아니라고 하더라도 여전히 종립학교(종교단체가 설립한
사립학교)가 가지는 종교교육의 자유 및 운영의 자유와 학생들이 가지는 소극적 종교행위의 자유 및 소극적 신앙고
백의 자유 사이에 충돌이 생기게 되는데, 이와 같이 하나의 법률관계를 둘러싸고 두 기본권이 충돌하는 경우에는
구체적인 사안에서의 사정을 종합적으로 고려한 이익형량과 함께 양 기본권 사이의 실제적인 조화를 꾀하는
해석 등을 통하여 이를 해결하여야 하고, 그 결과에 따라 정해지는 양 기본권 행사의 한계 등을 감안하여 그
행위의 최종적인 위법성 여부를 판단하여야 한다(대판[전합] 2010.4.22. 2008다38288). ▮답 ○

011 기업의 경영에 관한 의사결정의 자유 등 영업의 자유와 근로자들이 누리는 일반적 행동자유권 등이 '근로조건' 설정을 둘러싸고 충돌하는 경우에는, 근로조건과 인간의 존엄성 보장 사이의 헌법적 관련성을 염두에 두고 구체적인 사정을 종합적으로 고려한 이익형량과 함께 기본권들 사이의 실제적인 조화를 꾀하는 해석 등을 통하여 이를 해결하여야 하고, 그 결과에 따라 정해지는 두 기본권 행사의 한계 등을 감안하여 두 기본권의 침해 여부를 살피면서 근로조건의 최종적인 효력 유무 판단과 관련한 법령 조항을 해석·적용하여야 한다. ▮법행 22, 법원직9급 22

○ ✕

⋯⋯⋯⋯⋯⋯⋯⋯⋯⋯⋯⋯⋯⋯⋯⋯⋯⋯⋯⋯⋯⋯⋯⋯⋯⋯⋯⋯⋯⋯⋯⋯⋯⋯⋯

대판 2018.9.13. 2017두38560

답 ○

012 헌법재판소가 사업장에 종사하는 근로자의 3분의 2 이상을 대표하는 노동조합의 경우 단체협약을 매개로 조직강제를 용인하는 법률조항을 합헌으로 본 것은 노동조합의 적극적 단결권을 근로자 개인의 단결하지 않을 자유보다 중시한 것이다. ▮법무사 17

○ ✕

⋯⋯⋯⋯⋯⋯⋯⋯⋯⋯⋯⋯⋯⋯⋯⋯⋯⋯⋯⋯⋯⋯⋯⋯⋯⋯⋯⋯⋯⋯⋯⋯⋯⋯⋯

이 사건 법률조항은 노동조합의 조직 유지·강화를 위하여 당해 사업장에 종사하는 근로자의 3분의 2 이상을 대표하는 노동조합(이하 "지배적 노동조합"이라 한다)의 경우 단체협약을 매개로 한 조직강제[이른바 유니언숍(Union Shop)협정의 체결]를 용인하고 있다. 이 경우 근로자의 단결하지 아니할 자유와 노동조합의 적극적 단결권(조직강제권)이 충돌하게 되나, 근로자에게 보장되는 적극적 단결권이 단결하지 아니할 자유보다 특별한 의미를 갖고 있고, 노동조합의 조직강제권도 이른바 자유권을 수정하는 의미의 생존권(사회권)적 성격을 함께 가지는 만큼 근로자 개인의 자유권에 비하여 보다 특별한 가치로 보장되는 점 등을 고려하면, 노동조합의 적극적 단결권은 근로자 개인의 단결하지 않을 자유보다 중시된다고 할 것이고, 또 노동조합에게 위와 같은 조직강제권을 부여한다고 하여 이를 근로자의 단결하지 아니할 자유의 본질적인 내용을 침해하는 것으로 단정할 수는 없다(헌재 2005.11.24. 2002헌바95).

답 ○

013 학생의 학습권은 교원의 수업권에 대하여 우월한 지위에 있으므로 교원이 고의로 수업을 거부할 자유는 인정되지 아니한다. ▮법무사 17

○ ✕

⋯⋯⋯⋯⋯⋯⋯⋯⋯⋯⋯⋯⋯⋯⋯⋯⋯⋯⋯⋯⋯⋯⋯⋯⋯⋯⋯⋯⋯⋯⋯⋯⋯⋯⋯

학교교육에 있어서 교원의 가르치는 권리를 수업권이라고 한다면, 이것은 교원의 지위에서 생기는 학생에 대한 일차적인 교육상의 직무권한이지만 어디까지나 학생의 학습권 실현을 위하여 인정되는 것이므로, 학생의 학습권은 교원의 수업권에 대하여 우월한 지위에 있다. 따라서 학생의 학습권이 왜곡되지 않고 올바로 행사될 수 있도록 하기 위해서라면 교원의 수업권은 일정한 범위 내에서 제약을 받을 수밖에 없고, 학생의 학습권은 개개 교원들의 정상을 벗어난 행동으로부터 보호되어야 한다. 특히, 교원의 수업거부행위는 학생의 학습권과 정면으로 상충하는 것인바, 교육의 계속성 유지의 중요성과 교육의 공공성에 비추어 보거나 학생·학부모 등 다른 교육당사자들의 이익과 교량해 볼 때 교원이 고의로 수업을 거부할 자유는 어떠한 경우에도 인정되지 아니하며, 교원은 계획된 수업을 지속적으로 성실히 이행할 의무가 있다(대판 2007.9.20. 2005다25298).

답 ○

014 종교단체가 설립한 사립학교에서 특정종교의 교리를 전파하는 종교행사와 종교과목 수업을
□□□ 실시하면서 참가 거부가 사실상 불가능한 분위기를 조성하고 대체과목을 개설하지 않는 등
다른 신앙을 가진 학생의 기본권을 고려하지 않는 것은 학생의 종교에 관한 인격적 법익을
침해하는 위법행위이다. ▮법무사 17   ○ ×

....

종립학교가 고등학교 평준화정책에 따라 강제배정된 학생들을 상대로 특정 종교의 교리를 전파하는 종파적인
종교행사와 종교과목 수업을 실시하면서 참가 거부가 사실상 불가능한 분위기를 조성하고 대체과목을 개설하지
않는 등 신앙을 갖지 않거나 학교와 다른 신앙을 가진 학생의 기본권을 고려하지 않은 것은, 우리 사회의 건전한
상식과 법감정에 비추어 용인될 수 있는 한계를 벗어나 학생의 종교에 관한 인격적 법익을 침해하는 위법한
행위이고, 그로 인하여 인격적 법익을 침해받는 학생이 있을 것임이 충분히 예견가능하고 그 침해가 회피가능하므
로 과실 역시 인정된다(대판 [전합] 2010.4.22. 2008다38288).   **답** ○

015 ▸ 흡연권은 사생활의 자유를 실질적 핵으로 하는 것이고 혐연권은 사생활의 자유뿐만 아니라
□□□   생명권에까지 연결되는 것이므로 혐연권이 흡연권보다 상위의 기본권이다. ▮법무사 17
                                                                              ○ ×

▸ 흡연권과 혐연권의 관계처럼 상하의 위계질서가 있는 기본권끼리 충돌하는 경우 상위기본권
  우선의 원칙에 따라 하위기본권이 제한될 수 있으므로, 흡연권은 혐연권을 침해하지 않는
  한에서 인정되어야 한다. ▮법원직9급 22   ○ ×

....

흡연권은 사생활의 자유를 실질적 핵으로 하는 것이고 혐연권은 사생활의 자유뿐만 아니라 생명권에까지 연결되는
것이므로 혐연권이 흡연권보다 상위의 기본권이다. 상하의 위계질서가 있는 기본권끼리 충돌하는 경우에는 상위기
본권우선의 원칙에 따라 하위기본권이 제한될 수 있으므로, 흡연권은 혐연권을 침해하지 않는 한에서 인정되어야
한다(헌재 2004.8.26. 2003헌마457).   **답** ○ / ○

016 ▸ 헌법재판소가 채권자취소권을 합헌으로 본 것은 채권자의 재산권과 채무자의 일반적 행동의
□□□   자유권 중에서 채권자의 재산권이 상위의 기본권이라고 보았기 때문이다. ▮법무사 17
                                                                              ○ ×

▸ 채권자취소권에 관한 민법 규정으로 인하여 채권자의 재산권과 채무자 및 수익자의 일반적
  행동의 자유, 그리고 채권자의 재산권과 수익자의 재산권이 동일한 장에서 충돌한다. 따라서
  이러한 경우에는 상충하는 기본권 모두가 최대한으로 그 기능과 효력을 발휘할 수 있도록
  이른바 규범조화적 해석방법에 따라 심사하여야 한다. ▮법원직9급 22   ○ ×

....

이 사건 법률조항은 채권자에게 채권의 실효성 확보를 위한 수단으로서 채권자취소권을 인정함으로써, 채권자의
재산권과 채무자와 수익자의 일반적 행동의 자유 내지 계약의 자유 및 수익자의 재산권이 서로 충돌하게 되는바,
위와 같은 채권자와 채무자 및 수익자의 기본권들이 충돌하는 경우에 기본권의 서열이나 법익의 형량을 통하여
어느 한쪽의 기본권을 우선시키고 다른 쪽의 기본권을 후퇴시킬 수는 없다고 할 것이다. 사적자치의 원칙은 헌법
제10조의 행복추구권 속에 함축된 일반적 행동자유권에서 파생된 것으로서 헌법 제119조 제1항의 자유시장 경제질
서의 기초이자 우리 헌법상의 원리이고, 계약자유의 원칙은 사적자치권의 기본원칙으로서 이러한 사적자치의
원칙이 법률행위의 영역에서 나타난 것이므로, 채권자의 재산권과 채무자 및 수익자의 일반적 행동의 자유권

중 어느 하나를 상위기본권이라고 할 수는 없을 것이고, 채권자의 재산권과 수익자의 재산권 사이에서도 어느 쪽이 우월하다고 할 수는 없을 것이기 때문이다. 따라서 이러한 경우에는 헌법의 통일성을 유지하기 위하여 상충하는 기본권 모두가 최대한으로 그 기능과 효력을 발휘할 수 있도록 조화로운 방법을 모색하되(규범조화적 해석), 법익형량의 원리, 입법에 의한 선택적 재량 등을 종합적으로 참작하여 심사하여야 할 것이다(헌재 2007.10.25. 2005헌바96).　　　　　　　　　　　　　　　　　　　　　　　　　　　답 × / ○

017 시각장애인만 안마사 자격인정을 받을 수 있도록 하는 이른바 비맹제외기준을 설정하고 있는 □□□ 의료법 조항은, 시각장애인의 생계보장 등 공익이 비시각장애인들이 받게 되는 직업선택의 자유의 박탈보다 우월하다고 할 수 없어 헌법에 위반된다. ▮법행 21　　　　　　　　○ ×

이 사건 법률조항은 시각장애인에게 삶의 보람을 얻게 하고 인간다운 생활을 할 권리를 실현시키려는 데에 그 목적이 있으므로 입법목적이 정당하고, 다른 직종에 비해 공간이동과 기동성을 거의 요구하지 않을 뿐더러 촉각이 발달한 시각장애인이 영위하기에 용이한 안마업의 특성 등에 비추어 시각장애인에게 안마업을 독점시킴으로써 그들의 생계를 지원하고 직업활동에 참여할 수 있는 기회를 제공하는 이 사건 법률조항의 경우 이러한 입법목적을 달성하는 데 적절한 수단임을 인정할 수 있다. 나아가 시각장애인에 대한 복지정책이 미흡한 현실에서 안마사가 시각장애인이 선택할 수 있는 거의 유일한 직업이라는 점, 안마사 직역을 비시각장애인에게 허용할 경우 시각장애인의 생계를 보장하기 위한 다른 대안이 충분하지 않다는 점, 시각장애인은 역사적으로 교육, 고용 등 일상생활에서 차별을 받아온 소수자로서 실질적인 평등을 구현하기 위해서 이들을 우대하는 조치를 취할 필요가 있는 점 등에 비추어 최소침해성원칙에 반하지 아니하고, 이 사건 법률조항으로 인해 얻게 되는 시각장애인의 생존권 등 공익과 그로 인해 잃게 되는 일반국민의 직업선택의 자유 등 사익을 비교해 보더라도, 공익과 사익 사이에 법익 불균형이 발생한다고 단정할 수도 없다. 따라서 이 사건 법률조항이 헌법 제37조 제2항에서 정한 기본권제한입법의 한계를 벗어나서 비시각장애인의 직업선택의 자유를 침해하거나 평등권을 침해한다고 볼 수는 없다(헌재 2008.10.30. 2006헌마1098).　　　　　　　　　　　　　　　　　　　　　　　　　　　답 ×

제4절　기본권의 제한과 한계

> **헌법 제37조**　① 국민의 자유와 권리는 헌법에 열거되지 아니한 이유로 경시되지 아니한다.
> ② 국민의 모든 자유와 권리는 (국가안전보장·질서유지 또는 공공복리)를 위하여 (필요한 경우)에 한하여 (법률로써) 제한할 수 있으며, 제한하는 경우에도 자유와 권리의 (본질적인 내용)을 침해할 수 없다.

018 입법자가 형식적 법률로 스스로 규율하여야 하는 사항이 어떤 것인지는 일률적으로 획정되어 □□□ 야 한다. ▮법무사 21　　　　　　　　　　　　　　　　　　　　　　　　　　○ ×

입법자가 형식적 법률로 스스로 규율하여야 하는 사항이 어떤 것인가는 일률적으로 획정할 수 없고 구체적인 사례에서 관련된 이익 내지 가치의 중요성, 규제 내지 침해의 정도와 방법 등을 고려하여 개별적으로 결정할 수 있을 뿐이나 적어도 헌법상 보장된 국민의 자유나 권리를 제한한 때에는 그 제한의 본질적인 사항에 관한 한 입법자가 법률로써 스스로 규율하여야 할 것이다(헌재 2009.10.29. 2007헌바63).　　　　　　　답 ×

019 ▸ 법률이 국민의 기본권 실현과 관련된 영역에 있어서 본질적인 사항에 대하여 스스로 결정하지 않고 행정입법에 위임하였다고 하더라도, 법률유보원칙에 위반되는 것은 아니다.
▎법무사 21   ○ ×

▸ 법률유보원칙과 의회유보원칙은 서로 다른 별개의 원리로서 법률유보원칙이 의회유보원칙을 포함하는 것은 아니다. ▎법무사 21   ○ ×

오늘날의 법률유보 원칙은 단순히 행정작용이 법률에 근거를 두기만 하면 충분한 것이 아니라, 국가공동체와 그 구성원에게 기본적이고도 중요한 의미를 갖는 영역, 특히 국민의 기본권 실현에 관련된 영역에 있어서는 행정에 맡길 것이 아니라 국민의 대표자인 입법자 스스로 그 본질적 사항에 대하여 결정하여야 한다는 요구, 즉 의회유보 원칙까지 내포하는 것으로 이해되고 있다(헌재 2009.10.29. 2007헌바63). 🅰 × / ×

020 부당한 공동행위에 대한 자진신고자 또는 조사협조자에 대하여 과징금을 감경하거나 면제함에 있어서, 과징금이 감경 또는 면제되는 자의 범위와 과징금 감경 또는 면제의 기준·정도 등을 대통령령에 위임하고 있는 구 독점규제 및 공정거래에 관한 법률은 법률유보원칙에 위반되지 않는다. ▎법행 23   ○ ×

'독점규제 및 공정거래에 관한 법률'(이하 '공정거래법'이라 한다) 제22조 및 제22조의2의 규정에 비추어 볼 때, 사업자가 과징금을 감면받았을 경우 얻을 수 있었던 재산상 이익의 기대가 성취되지 않았다고 하더라도 그러한 단순한 재산상 이익의 기대는 헌법이 보호하는 재산권의 영역에 포함된다고 볼 수 없다. 또한, 공정거래법 제22조의2 제1항은 과징금 감면의 대상을 '부당한 공동행위 사실을 자진신고한 자'와 '증거제공 등의 방법으로 조사에 협조한 자'로 명시하고 있고, 과징금의 '감면'은 제22조에 따라 산정된 과징금의 전부 또는 일부를 감액할 수 있다는 의미이므로, 이미 과징금 감면의 대상과 범위에 관한 본질적인 부분이 국회에서 정한 법률로 입법되어 있다. 따라서 부당한 공동행위에 대한 자진신고자 또는 조사협조자에 대하여 과징금을 감경하거나 면제함에 있어서, 과징금이 감경 또는 면제되는 자의 범위와 과징금 감경 또는 면제의 기준·정도 등을 대통령령에 위임하고 있는 구 '독점규제 및 공정거래에 관한 법률' 조항은 법률유보원칙에 위반되지 아니한다(헌재 2017.10.26. 2017헌바58). 🅰 ○

021 대통령령은 법률의 위임이 없어도 법률에 위반되지 않는 범위 내에서 국민의 권리·의무에 관한 사항을 규율할 수 있다. ▎법무사 21   ○ ×

헌법 제75조는 "대통령은 법률에서 구체적으로 범위를 정하여 위임받은 사항과 법률을 집행하기 위하여 필요한 사항에 관하여 대통령령을 발할 수 있다"라고 규정하고 있다. 따라서 대통령은 법률에서 구체적으로 범위를 정하여 위임받은 사항과 법률을 집행하기 위하여 필요한 사항에 관하여만 대통령령을 발할 수 있으므로, 법률의 시행령은 모법인 법률에 의하여 위임받은 사항이나 법률이 규정한 범위 내에서 법률을 현실적으로 집행하는 데 필요한 세부적인 사항만을 규정할 수 있을 뿐, 법률에 의한 위임이 없는 한 법률이 규정한 개인의 권리·의무에 관한 내용을 변경·보충하거나 법률에 규정되지 아니한 새로운 내용을 규정할 수는 없다(대판[전합] 2020.9.3. 2016두32992). 🅰 ×

022 포괄위임금지는 법규적 효력을 가지는 행정입법의 제정을 그 주된 대상으로 하고, 이는 자의적인 제정으로 국민들의 자유와 권리를 침해할 수 있는 가능성을 방지하고자 엄격한 헌법적 기속을 받게 하는 것이므로, 법률이 행정부에 속하지 않는 기관의 정관으로 특정 사항을 정할 수 있다고 위임하는 경우에는 자치입법에 해당되는 영역으로 보아 자치적으로 정하도록 하는 것이 바람직하다. **l 법행 23**   ○ ×

포괄위임금지는 법규적 효력을 가지는 행정입법의 제정을 그 주된 대상으로 하고, 이는 자의적인 제정으로 국민들의 자유와 권리를 침해할 수 있는 가능성을 방지하고자 엄격한 헌법적 기속을 받게 하는 것이다. 법률이 행정부에 속하지 않는 기관의 정관으로 특정 사항을 정할 수 있다고 위임하는 경우에는 자치입법에 해당되는 영역으로 보아 자치적으로 정하도록 하는 것이 바람직하다. 상장규정은 '자본시장과 금융투자업에 관한 법률'이 거래소로 하여금 증권의 상장 및 상장폐지 등에 관한 사항을 스스로 정하도록 하여 제정된 자치규정이고, 심판대상조항은 거래소의 상장규정에 포함시켜야 하는 '내용을 제시'한 것으로서, 헌법상의 위임규정에서 말하는 '위임'이 될 수는 없어 포괄위임금지원칙이 원칙적으로 적용되지 아니한다(헌재 2021.5.27. 2019헌바332). **답** ○

023 노동부장관은 거짓이나 그 밖의 부정한 방법으로 고용안정·직업능력개발 사업의 지원을 받은 자 등에게 대통령령이 정하는 바에 따라 그 지원을 제한할 수 있다고 정한 구 고용보험법은 포괄위임금지의 원칙에 위배된다. **l 법행 23**   ○ ×

헌법재판소는 구 고용보험법 제35조 제1항이 지원금의 부당수령자에 대한 제재의 목적으로 지원을 제한하도록 하면서 제한의 범위나 기간 등에 관하여 기본적 사항도 법률에 규정하지 아니한 채 대통령령에 포괄적으로 위임하여 포괄위임금지원칙에 위배된다고 판시하였다(헌재 2013.8.29. 2011헌바390). 위 선례와 달리 판단할 사정의 변경이나 필요성이 있다고 인정되지 아니하므로, 지원제한 부분은 포괄위임금지원칙에 위배된다(헌재 2016.3.31. 2014헌가2). **답** ○

024 노동부장관은 거짓이나 그 밖의 부정한 방법으로 고용안정·직업능력개발 사업의 지원을 받은 자 등에게 대통령령으로 정하는 바에 따라 지원받은 금액을 반환하도록 명할 수 있다고 정한 구 고용보험법은 포괄위임금지의 원칙에 위배된다. **l 법행 23**   ○ ×

거짓이나 그 밖의 부정한 방법으로 고용안정·직업능력개발 사업의 지원을 받은 자 등에 대한 반환명령에 관하여 규정한 구 고용보험법 반환명령 부분은 반환할 금액을 '거짓이나 그 밖의 부정한 방법으로 지원받은 금액'으로 한정하여 반환의 범위를 구체적으로 정하고 있으므로, 누구라도 대통령령에 규정될 내용은 원상회복의 목적을 달성하기 위한 거짓이나 그 밖의 부정한 방법으로 지원받은 금액의 회수에 관한 것임을 쉽게 예측할 수 있어 포괄위임금지원칙에 위배되지 않는다(헌재 2016.3.31. 2014헌가2). **답** ×

025 상시 4명 이하의 근로자를 사용하는 사업 또는 사업장에 대하여 대통령령으로 정하는 바에
□□□ 따라 근로기준법의 일부 규정을 적용할 수 있도록 위임한 근로기준법은 법률유보원칙에 위배
되지 않는다. **▮법행 23** ○ ×

심판대상조항은 4인 이하 사업장에 대하여 근로기준법 중 어느 조항이 적용될지는 법률 아닌 대통령령으로 정하도
록 하고 있다. 그러나 근로기준법 제11조 제1항에서 근로기준법을 전부적용하는 범위를 근로자 5명 이상 사용
사업장으로 한정하였고, 4인 이하 사업장에 근로기준법을 일부만 적용할 수 있도록 한 것이 심판대상조항에 의하여
법률로 명시적으로 규정되어 있는 이상, 구체적인 개별 근로기준법 조항의 적용 여부까지 입법자가 반드시 법률로
써 규율하여야 하는 사항이라고 볼 수 없다. 따라서 심판대상조항이 일부적용 대상 사업장에 대해 적용될 구체적인
근로기준법 조항을 결정하는 문제를 대통령령으로 규율하도록 위임한 것이 헌법 제75조에서 금지하는 포괄위임의
한계를 준수하는 한, 법률유보원칙에 위배되지는 아니한다(헌재 2019.4.11. 2013헌바112). **답** ○

026 조례에 대한 법률의 위임은 법규명령에 대한 법률의 위임과 같이 반드시 구체적으로 범위를
□□□ 정하여 할 필요가 없으며 포괄적인 것으로 족하다. **▮법무사 21, 법원직9급 22** ○ ×

조례의 제정권자인 지방의회는 선거를 통해서 그 지역적인 민주적 정당성을 지니고 있는 주민의 대표기관이고,
헌법이 지방자치단체에 대해 포괄적인 자치권을 보장하고 있는 취지로 볼 때 조례제정권에 대한 지나친 제약은
바람직하지 않으므로 조례에 대한 법률의 위임은 법규명령에 대한 법률의 위임과 같이 반드시 구체적으로 범위를
정하여 할 필요가 없으며 포괄적인 것으로 족하다고 할 것이다(헌재 1995.4.20. 92헌마264). **답** ○

027 침해의 최소성의 관점에서, 입법자는 그가 의도하는 공익을 달성하기 위하여 우선 기본권을
□□□ 보다 적게 제한하는 단계인 기본권행사의 '방법'에 관한 규제로써 공익을 실현할 수 있는가를
시도하고 이러한 방법으로는 공익달성이 어렵다고 판단되는 경우에 비로소 그 다음 단계인
기본권행사의 '여부'에 관한 규제를 선택해야 한다. **▮법행 21** ○ ×

입법자는 공익실현을 위하여 기본권을 제한하는 경우에도 입법목적을 실현하기에 적합한 여러 수단 중에서 되도록
국민의 기본권을 가장 존중하고 기본권을 최소로 침해하는 수단을 선택해야 한다. 기본권을 제한하는 규정은
기본권행사의 '방법'에 관한 규정과 기본권행사의 '여부'에 관한 규정으로 구분할 수 있다. 침해의 최소성의 관점에
서, 입법자는 그가 의도하는 공익을 달성하기 위하여 우선 기본권을 보다 적게 제한하는 단계인 기본권행사의
'방법'에 관한 규제로써 공익을 실현할 수 있는가를 시도하고 이러한 방법으로는 공익달성이 어렵다고 판단되는
경우에 비로소 그 다음 단계인 기본권행사의 '여부'에 관한 규제를 선택해야 한다(헌재 1998.5.28. 96헌가5).
답 ○

028 법정형의 종류와 범위의 선택은 입법자가 결정할 사항으로서 광범위한 재량이 인정되어야
□□□ 할 분야이므로, 어느 행위를 범죄로 규정하고 그 법정형을 정한 법률이 헌법상의 평등의 원칙
및 비례의 원칙 등에 명백히 위배되는 경우가 아닌 한, 쉽사리 헌법에 위반된다고 단정하여서는
아니 된다. **▮법행 21** ○ ×

어떤 범죄를 어떻게 처벌할 것인가 하는 문제 즉 법정형의 종류와 범위의 선택은 그 범죄의 죄질과 보호법익에 대한 고려뿐만 아니라 우리의 역사와 문화, 입법당시의 시대적 상황, 국민일반의 가치관 내지 법감정 그리고 범죄예방을 위한 형사정책적 측면 등 여러 가지 요소를 종합적으로 고려하여 입법자가 결정할 사항으로서 광범위한 입법재량 내지 형성의 자유가 인정되어야 할 분야이다. 따라서 어느 범죄에 대한 법정형이 그 범죄의 죄질 및 이에 따른 행위자의 책임에 비하여 지나치게 가혹한 것이어서 현저히 형벌체계상의 균형을 잃고 있다거나 그 범죄에 대한 형벌 본래의 목적과 기능을 달성함에 있어 필요한 정도를 일탈하였다는 등 헌법상의 평등의 원칙 및 비례의 원칙 등에 명백히 위배되는 경우가 아닌 한, 쉽사리 헌법에 위반된다고 단정하여서는 아니 된다(헌재 1995.4.20. 93헌바40).　　　　　　　　　　　　　　　　　　　　　　　　　　　　　**답** ○

029
□□□
기본권의 본질적 내용은 만약 이를 제한하는 경우에는 기본권 그 자체가 무의미하여지는 경우에 그 본질적인 요소를 말하는 것으로서, 이는 개별 기본권마다 다를 수 있다. ▮법행 21
　　○ ×

기본권을 국가안전보장, 질서유지와 공공복리를 위하여 필요한 경우에는 법률로써 제한할 수 있으나 그 본질적인 내용은 침해할 수 없다(헌법 제37조 제2항). 기본권의 본질적 내용은 만약 이를 제한하는 경우에는 기본권 그 자체가 무의미하여지는 경우에 그 본질적인 요소를 말하는 것으로서, 이는 개별 기본권마다 다를 수 있을 것이다(헌재 1995.4.20. 92헌바29).　　　　　　　　**답** ○

030
□□□
생명권에 대한 제한은 필연적으로 생명권의 완전한 박탈을 의미한다. 따라서 이를 이유로 생명권의 제한은 어떠한 상황에서든 곧바로 개인의 생명권의 본질적인 내용을 침해하는 것으로서 기본권 제한의 한계를 넘는 것으로 본다면, 생명권을 제한이 불가능한 절대적 기본권으로 인정하는 것과 동일한 결과를 가져온다. ▮법행 21
　　○ ×

헌법 제37조 제2항에서는 자유와 권리를 제한하는 경우에도 자유와 권리의 본질적인 내용을 침해할 수 없다고 규정하고 있다. 그런데 생명권의 경우, 다른 일반적인 기본권 제한의 구조와는 달리, 생명의 일부 박탈이라는 것은 상정할 수 없기 때문에 생명권에 대한 제한은 필연적으로 생명권의 완전한 박탈을 의미하게 되는바, 이를 이유로 생명권의 제한은 어떠한 상황에서든 곧바로 개인의 생명권의 본질적인 내용을 침해하는 것으로서 기본권 제한의 한계를 넘는 것으로 본다면, 이는 생명권을 제한이 불가능한 절대적 기본권으로 인정하는 것과 동일한 결과를 가져오게 된다. 그러나 앞서 본 바와 같이 생명권 역시 그 제한을 정당화할 수 있는 예외적 상황 하에서는 헌법상 그 제한이 허용되는 기본권인 점 및 생명권 제한구조의 특수성을 고려한다면, 생명권 제한이 정당화될 수 있는 예외적인 경우에는 생명권의 박탈이 초래된다 하더라도 곧바로 기본권의 본질적인 내용을 침해하는 것이라 볼 수는 없다. 따라서 사형이 비례의 원칙에 따라 최소한 동등한 가치가 있는 다른 생명 또는 그에 못지 아니한 공공의 이익을 보호하기 위한 불가피성이 충족되는 예외적인 경우에만 적용됨으로써 생명권의 제한이 정당화될 수 있는 경우에는, 그것이 비록 생명권의 박탈을 초래하는 형벌이라 하더라도 이를 두고 곧바로 생명권이라는 기본권의 본질적인 내용을 침해하는 것이라 볼 수는 없다(헌재 2010.2.25. 2008헌가23).　　　　　　　**답** ○

031 국가가 국민의 건강하고 쾌적한 환경에서 생활할 권리에 대한 보호의무를 다하지 않았는지
☐☐☐ 여부를 헌법재판소가 심사할 때에는 국가가 이를 보호하기 위하여 적어도 적절하고 효율적인
최소한의 보호조치를 취하였는가 하는 이른바 '과소보호금지원칙'의 위반 여부를 기준으로
삼아야 한다. **⎮법행 23**　　　　　　　　　　　　　　　　　　　　　　　　　○ ×

⋯⋯

헌재 2019.12.27. 2018헌마730　　　　　　　　　　　　　　　　　　　　　　　　**답** ○

032 동물보호법, '장사 등에 관한 법률', '동물장묘업의 시설설치 및 검사기준' 등 관계규정에서
☐☐☐ 동물장묘시설의 설치제한 지역을 상세하게 규정하고, 매연, 소음, 분진, 악취 등 오염원 배출을
규제하기 위한 상세한 시설 및 검사기준을 두고 있는 등의 사정을 고려할 때, 동물장묘업
등록에 관하여 '장사 등에 관한 법률' 제17조 외에 다른 지역적 제한사유를 규정하지 않았다는
사정만으로 청구인들의 환경권을 보호하기 위한 입법자의 의무를 과소하게 이행하였다고 평가
할 수는 없다. **⎮법행 23**　　　　　　　　　　　　　　　　　　　　　　　　　○ ×

⋯⋯

심판대상조항은 청구인들의 환경권을 침해하지 않는다(헌재 2020.3.26. 2017헌마1281　　**답** ○

033 산업단지의 지정권자로 하여금 산업단지계획안에 대한 주민의견청취와 동시에 환경영향평가
☐☐☐ 서 초안에 대한 주민의견청취를 진행하도록 한 의견청취동시진행조항은 종래 산업단지의 지정
을 위한 개발계획 단계와 산업단지 개발을 위한 실시계획 단계에서 각각 개별적으로 진행하던
산업단지개발계획안과 환경영향평가서 초안에 대한 주민의견청취절차 또는 주민의견수렴절
차를 산업단지 인·허가 절차의 간소화를 위하여 한 번의 절차에서 동시에 진행하도록 하고
있지만 국가가 산업단지계획의 승인 및 그에 따른 산업단지의 조성·운영으로 인하여 초래될
수 있는 환경상 위해로부터 지역주민을 포함한 국민의 생명·신체의 안전을 보호하기 위하여
필요한 최소한의 보호조치를 취하지 아니한 것이라고 보기는 어려우므로, 의견청취동시진행
조항이 국가의 기본권 보호의무에 위배되었다고 할 수 없다. **⎮법행 23**　　　　○ ×

⋯⋯

의견청취동시진행조항은 종래 산업단지의 지정을 위한 개발계획 단계와 산업단지 개발을 위한 실시계획 단계에서
각각 개별적으로 진행하던 산업단지개발계획안과 환경영향평가서 초안에 대한 주민의견청취절차 또는 주민의견
수렴절차를 산업단지 인·허가 절차의 간소화를 위하여 한 번의 절차에서 동시에 진행하도록 하고 있을 뿐, 환경영
향평가서 초안에 대한 주민의견수렴절차 자체를 생략하거나 주민이 환경영향평가서 초안을 열람하고 그에 대한
의견을 제출함에 있어 어떠한 방법상·내용상 제한을 가하고 있지도 않다. 또한 입법자는 산단절차간소화법 및
환경영향평가법 등에 환경영향평가서 초안에 대한 지역주 민의 의견수렴이 부실해지는 것을 방지하기 위한 여러
보완장치를 마련해 두고 있다. 따라서 국가가 산업단지계획의 승인 및 그에 따른 산업단지의 조성·운영으로
인하여 초래될 수 있는 환경상 위해로부터 지역주민을 포함한 국민의 생명·신체의 안전을 보호하기 위하여
필요한 최소한의 보호조치를 취하지 아니한 것이라고 보기는 어려우므로, 의견청취동시진행조항이 국가의 기본권
보호의무에 위배되었다고 할 수 없다(헌재 2016.12.29. 2015헌바280).　　　　　　**답** ○

034
□□□
공직선거법(2010.1.25. 법률 제9974호로 개정된 것) 제79조 제3항 제2호 중 '시·도지사 선거' 부분, 같은 항 제3호 및 공직선거법(2005.8.4. 법률 제7681호로 개정된 것) 제216조 제1항에서 정한 확성장치를 사용함에 있어 자동차에 부착하는 확성장치 및 휴대용 확성장치의 수는 '시·도지사선거는 후보자와 구·시·군 선거연락소마다 각 1대·각 1조, 지역구지방의회의원선거 및 자치구·시·군의 장 선거는 후보자마다 1대·1조를 넘을 수 없다'는 규정은, 확성장치의 사용으로 인한 소음의 정도를 규제하는 것으로 볼 수 있고, 선거운동에 대한 지나친 규제는 국민주권의 원리를 실현하는 공직선거에 있어서 후보자에 관한 정보를 선거인들에게 효율적으로 알리는 데 장애가 될 수 있는 점을 고려하면, 사용시간 및 사용지역에 따라 확성장치의 최고출력 내지 소음 규제기준에 관한 구체적인 규정을 두지 않았다고 하여 국가가 국민의 기본권 보호의무를 과소하게 이행한 것이라고 보기 어렵다. **｜법행 23**   ○ ✕

공직선거법에는 확성장치를 사용함에 있어 자동차에 부착하는 확성장치 및 휴대용 확성장치의 수는 '시·도지사선거는 후보자와 구·시·군 선거연락소마다 각 1대·각 1조, 지역구지방의회의원선거 및 자치구·시·군의 장 선거는 후보자마다 1대·1조를 넘을 수 없다'는 규정만 있을 뿐 확성장치의 최고출력 내지 소음 규제기준이 마련되어 있지 아니하다. 기본권의 과소보호금지원칙에 부합하면서 선거운동을 위해 필요한 범위 내에서 합리적인 최고출력 내지 소음 규제기준을 정할 필요가 있다. …(중략)… 따라서 심판대상조항이 선거운동의 자유를 감안하여 선거운동을 위한 확성장치를 허용할 공익적 필요성이 인정된다고 하더라도 정온한 생활환경이 보장되어야 할 주거지역에서 출근 또는 등교 이전 및 퇴근 또는 하교 이후 시간대에 확성장치의 최고출력 내지 소음을 제한하는 등 사용시간과 사용지역에 따른 수인한도 내에서 확성장치의 최고출력 내지 소음 규제기준에 관한 규정을 두지 아니한 것은, 국민이 건강하고 쾌적하게 생활할 수 있는 양호한 주거환경을 위하여 노력하여야 할 국가의 의무를 부과한 헌법 제35조 제3항에 비추어 보면, 적절하고 효율적인 최소한의 보호조치를 취하지 아니하여 국가의 기본권 보호의무를 과소하게 이행한 것으로서, 청구인의 건강하고 쾌적한 환경에서 생활할 권리를 침해하므로 헌법에 위반된다(헌재 2019.12.27. 2018헌마730).   **답** ✕

035
□□□
원자력발전소 건설을 내용으로 하는 전원개발사업 실시계획에 대한 승인권한을 산업통상자원부장관에게 부여하고 있는 조항은 국가가 국민의 생명·신체의 안전을 보호하기 위하여 필요한 최소한의 보호조치를 취하지 아니한 것이라고 보기는 어렵다. **｜법행 23**   ○ ✕

전원개발사업을 실시할 때에는 우리나라 전체의 전력수급상황이나 장기적인 에너지 정책에 부합하는지 여부 등을 고려하여 그 필요성을 따져보아야 하므로, 이를 종합적으로 검토하기 위하여 전원개발사업 실시 단계에서 일률적으로 산업통상자원부장관의 승인을 받도록 한 것은 그 타당성이 있다. 다만 원전 사고로 인한 피해의 심각성을 고려할 때 원자력의 특성을 도외시하고 다른 전원 개발과 동일한 절차만으로 원전을 건설·운영할 수 있도록 한다면, 이는 국민의 생명·신체의 안전에 상당한 위협이 될 수 있다. 그런데 국가는 원전의 건설·운영을 산업통상자원부장관의 전원개발사업 실시계획 승인만으로 가능하도록 한 것이 아니라, '원자력안전법'에서 규정하고 있는 건설허가 및 운영허가 등의 절차를 거치도록 하고 있다. 원전 사고로 인한 방사능 피해는 전원개발사업 실시계획 승인 단계에서가 아니라 원전의 건설·운영과정에서 발생하므로 원전 건설·운영의 허가 단계에서 보다 엄격한 기준을 마련하여 원전으로 인한 피해가 발생하지 않도록 조치들을 강구하고 있다. 따라서 이 사건 승인조항에서 원전 건설을 내용으로 하는 전원개발사업 실시계획에 대한 승인권한을 다른 전원개발과 마찬가지로 산업통상자원부장관에게 부여하고 있다 하더라도, 국가가 국민의 생명·신체의 안전을 보호하기 위하여 필요한 최소한의 보호조치를 취하지 아니한 것이라고 보기는 어렵다(헌재 2016.10.27. 2015헌바358).   **답** ○

036 위원은 인권문제에 관하여 전문적인 지식과 경험이 있고 인권의 보장과 향상을 위한 업무를
□□□ 공정하고 독립적으로 수행할 수 있다고 인정되는 사람으로서 국가인권위원회법 제5조 제3항
각 호의 어느 하나에 해당하는 자격을 갖춘 자 중에서 국회가 선출하는 4명(상임위원 2명을
포함), 대통령이 지명하는 4명(상임위원 1명을 포함), 대법원장이 지명하는 3명을 대통령이
임명한다. ┃법행 23   ○ ×

국가인권위원회법 제5조 제2항, 제3항   답 ○

> **국가인권위원회법 제5조(위원회의 구성)**   ② 위원은 다음 각 호의 사람을 대통령이 임명한다.
>   1. 국회가 선출하는 4명(상임위원 2명을 포함한다)
>   2. 대통령이 지명하는 4명(상임위원 1명을 포함한다)
>   3. 대법원장이 지명하는 3명
> ③ 위원은 인권문제에 관하여 전문적인 지식과 경험이 있고 인권의 보장과 향상을 위한 업무를 공정
>   하고 독립적으로 수행할 수 있다고 인정되는 사람으로서 다음 각 호의 어느 하나에 해당하는
>   자격을 갖추어야 한다.
>   1. 대학이나 공인된 연구기관에서 부교수 이상의 직이나 이에 상당하는 직에 10년 이상 있거나
>   있었던 사람
>   2. 판사·검사 또는 변호사의 직에 10년 이상 있거나 있었던 사람
>   3. 인권 분야 비영리 민간단체·법인·국제기구에서 근무하는 등 인권 관련 활동에 10년 이상
>   종사한 경력이 있는 사람
>   4. 그 밖에 사회적 신망이 높은 사람으로서 시민사회단체로부터 추천을 받은 사람

037 국가인권위원회 위원장을 임명하기 위해서는 국회의 인사청문을 거쳐야 한다. ┃법행 23
□□□   ○ ×

위원장은 위원 중에서 대통령이 임명한다. 이 경우 위원장은 국회의 인사청문을 거쳐야 한다(국가인권위원회법
제5조 제5항).   답 ○

038 국가기관, 지방자치단체, 각급 학교, 공직유관단체, 국회의 입법 및 법원의 재판과 관련하여
□□□ 재산권, 평등권 등 기본권이 침해된 경우 그 피해자는 위원회에 그 내용을 진정할 수 있다.
┃법행 23   ○ ×

국회의 입법 및 법원·헌법재판소의 재판은 <u>제외되며</u> 재산권침해의 경우는 해당되지 않는다.   답 ×

> **국가인권위원회법 제30조(위원회의 조사대상)** ① 다음 각 호의 어느 하나에 해당하는 경우에 인권침해나 차별행위를 당한 사람(이하 "피해자"라 한다) 또는 그 사실을 알고 있는 사람이나 단체는 위원회에 그 내용을 진정할 수 있다.
> 1. 국가기관, 지방자치단체, 「초·중등교육법」 제2조, 「고등교육법」 제2조와 그 밖의 다른 법률에 따라 설치된 각급 학교, 「공직자윤리법」 제3조의2 제1항에 따른 공직유관단체 또는 구금·보호시설의 업무 수행(국회의 입법 및 법원·헌법재판소의 재판은 제외한다)과 관련하여 「대한민국헌법」 제10조부터 제22조까지의 규정에서 보장된 인권을 침해당하거나 차별행위를 당한 경우
> 2. 법인, 단체 또는 사인(私人)으로부터 차별행위를 당한 경우

039 위원회는 개인의 사생활을 침해하거나 계속 중인 재판 또는 수사 중인 사건의 소추에 부당하게 □□□ 관여할 목적으로 조사를 하여서는 아니 된다. ▮법행 23 ○ ×

국가인권위원회법 제35조 제2항 답 ○

040 불법체류 중인 외국인들이라 하더라도, '인간의 권리'로서 외국인에게도 주체성이 인정되는 □□□ 일정한 기본권에 관하여 불법체류 여부에 따라 그 인정 여부가 달라지는 것은 아니지만 '국가인권위원회의 공정한 조사를 받을 권리'는 헌법상 인정되는 기본권이라고 하기 어렵다.
▮법행 23 ○ ×

청구인들이 불법체류 중인 외국인들이라 하더라도, 불법체류라는 것은 관련 법령에 의하여 체류자격이 인정되지 않는다는 것일 뿐이므로, '인간의 권리'로서 외국인에게도 주체성이 인정되는 일정한 기본권에 관하여 불법체류 여부에 따라 그 인정 여부가 달라지는 것은 아니다. …(중략)… 청구인들이 침해받았다고 주장하고 있는 신체의 자유, 주거의 자유, 변호인의 조력을 받을 권리, 재판청구권 등은 성질상 인간의 권리에 해당한다고 볼 수 있으므로, 위 기본권들에 관하여는 청구인들의 기본권 주체성이 인정된다. 그러나 '국가인권위원회의 공정한 조사를 받을 권리'는 헌법상 인정되는 기본권이라고 하기 어렵고, 이 사건 보호 및 강제퇴거가 청구인들의 노동3권을 직접 제한하거나 침해한 바 없음이 명백하므로, 위 기본권들에 대하여는 본안판단에 나아가지 아니한다(헌재 2012.8.23. 2008헌마430). 답 ○

제1절　인간의 존엄과 가치·행복추구권

> **헌법 제10조**　모든 국민은 (인간으로서의 존엄과 가치)를 가지며, (행복을 추구할 권리)를 가진다. 국가는 개인이 가지는 불가침의 기본적 인권을 (확인)하고 이를 (보장)할 의무를 진다.

제1관　인간의 존엄과 가치

041
□□□
> ▶ 장래 가족의 구성원이 될 태아의 성별 정보에 대한 접근을 국가로부터 방해받지 않을 부모의 권리는 일반적 인격권에 의하여 보호된다. ▮법행 22　　　　　　　　　　　　○ ✕

> ▶ 헌법 제10조로부터 도출되는 일반적 인격권에는 각 개인이 그 삶을 사적으로 형성할 수 있는 자율영역에 대한 보장이 포함되어 있음을 감안할 때, 장래 가족의 구성원이 될 태아의 성별 정보에 대한 접근을 국가로부터 방해받지 않을 부모의 권리는 이와 같은 일반적 인격권에 의하여 보호된다고 보아야 한다. ▮법원직9급 20　　　　　　○ ✕

....

헌법 제10조로부터 도출되는 일반적 인격권에는 각 개인이 그 삶을 사적으로 형성할 수 있는 자율영역에 대한 보장이 포함되어 있음을 감안할 때, 장래 가족의 구성원이 될 태아의 성별 정보에 대한 접근을 국가로부터 방해받지 않을 부모의 권리는 이와 같은 일반적 인격권에 의하여 보호된다(헌재 2008.7.31. 2004헌마1010).

답 ○ / ○

042
□□□
임신기간 전 기간에 걸쳐 태아의 성별 고지를 금지하는 법률조항은 부모의 태아 성별 정보에 대한 접근을 방해받지 않을 권리를 제한하고 있고, 그 제한의 정도가 과잉금지원칙을 위반하여 임부나 그 가족이 태아 성별 정보에 대한 접근을 방해받지 않을 권리 등을 침해하고 있으므로, 헌법에 위반된다. ▮법행 22　　　　　　　　　　　　　　　　　　　　　　○ ✕

....

이 사건 규정의 태아 성별 고지 금지는 낙태, 특히 성별을 이유로 한 낙태를 방지함으로써 성비의 불균형을 해소하고 태아의 생명권을 보호하기 위해 입법된 것이다. 그런데 임신기간이 통상 40주라고 할 때, 낙태가 비교적 자유롭게 행해질 수 있는 시기가 있는 반면, 낙태를 할 경우 태아는 물론, 산모의 생명이나 건강에 중대한 위험을 초래하여 낙태가 거의 불가능하게 되는 시기도 있는데, 성별을 이유로 하는 낙태가 임신기간의 전 기간에 걸쳐 이루어질 것이라는 전제 하에, 이 사건 규정이 낙태가 사실상 불가능하게 되는 임신 후반기에 이르러서도 태아에 대한 성별 정보를 태아의 부모에게 알려 주지 못하게 하는 것은 최소침해성원칙을 위반하는 것이고, 이와 같이 임신후반기 공익에 대한 보호의 필요성이 거의 제기되지 않는 낙태 불가능 시기 이후에도 의사가 자유롭게 직업수행을 하는 자유를 제한하고, 임부나 그 가족의 태아 성별 정보에 대한 접근을 방해하는 것은 기본권 제한의 법익 균형성 요건도 갖추지 못한 것이다. 따라서 이 사건 규정은 헌법에 위반된다 할 것이다(헌재 2008.7.31. 2004헌마1010).

답 ○

043
□□□ 거짓이나 그 밖의 부정한 방법으로 보조금을 교부받거나 유용하여 운영정지, 폐쇄명령 또는 과징금 처분을 받은 어린이집에 대하여 그 위반사실을 공표하도록 한 조항은 공표대상자의 사회적 평가를 침해할 수 있으므로 일반적 인격권을 제한한다. ┃법행 23 ○ ×

....

헌법 제10조로부터 도출되는 일반적 인격권에는 개인의 명예에 관한 권리도 포함된다. 심판대상조항에 근거하여 거짓이나 그 밖의 부정한 방법으로 보조금을 교부받거나 보조금을 유용한 어린이집 대표자 등의 정보가 공표되면 공표대상자의 사회적 평가가 침해될 수 있으므로, 심판대상조항은 헌법 제10조에서 유래하는 일반적 인격권을 제한한다(헌재 2022.3.31. 2019헌바520). 답 ○

044
□□□ 헌법 제10조로부터 도출되는 일반적 인격권에는 개인의 명예에 관한 권리도 포함되는데, 여기서 말하는 '명예'는 사람이나 그 인격에 대한 '사회적 평가', 즉 객관적·외부적 가치평가를 말한다. ┃법행 23 ○ ×

....

헌법 제10조가 보호하는 명예는 사람이나 그 인격에 대한 사회적 평가, 즉 객관적·외부적 가치평가를 가리키며 단순한 주관적·내면적 명예감정은 헌법이 보호하는 명예에 포함되지 않는다(헌재 2010.11.25. 2009헌마147). 답 ○

045
□□□ 사자(死者)에 대한 사회적 명예와 평가는 그들 후손의 인격권, 즉 유족의 명예 또는 유족의 사자에 대한 경애추모의 정에도 영향을 미친다. ┃법행 23 ○ ×

....

헌법 제10조로부터 도출되는 일반적 인격권에는 개인의 명예에 관한 권리도 포함되고, 여기서 말하는 '명예'는 사람이나 그 인격에 대한 '사회적 평가', 즉 객관적·외부적 가치평가를 말한다. 등록포로 등에 대하여 억류기간 중의 행적이나 공헌의 정도에 상응하는 예우를 한다는 것은, 대한민국을 위해 희생과 공헌을 한 자로서 숭고한 애국정신의 귀감으로 존중되고 합당한 예우를 받아야 하는 대상이라는 사회적 평가가 이루어진다는 것을 의미하고, 또한 사자(死者)에 대한 사회적 명예와 평가는 사자와의 관계를 통하여 스스로의 인격상을 형성하고 명예를 지켜온 그들의 후손의 인격권, 즉 유족의 명예 또는 유족의 사자에 대한 경애추모의 정에도 영향을 미친다(헌재 2018.5.31. 2016헌마626). 답 ○

046
□□□ ▶ 변호사에 대한 징계결정정보를 인터넷 홈페이지에 공개하고, 징계결정정보의 공개범위와 시행방법을 정하는 규정은 변호사의 인격권을 침해하지 아니한다. ┃법행 23 ○ ×

▶ 변호사에 대한 징계결정정보를 인터넷 홈페이지에 공개하도록 한 변호사법 조항은 전문적인 법률지식, 윤리적 소양, 공정성 및 신뢰성을 갖추어야 할 변호사가 징계를 받은 경우 국민이 이러한 사정을 쉽게 알 수 있도록 하여 변호사를 선택할 권리를 보장하고, 변호사의 윤리의식을 고취시킴으로써 법률사무에 대한 전문성, 공정성 및 신뢰성을 확보하여 국민의 기본권을 보호하며 사회정의를 실현하기 위한 것으로서 청구인의 인격권을 침해하지 아니한다.
┃법원직9급 20 ○ ×

변호사에 대한 징계결정정보를 인터넷 홈페이지에 공개하도록 한 변호사법 조항은 전문적인 법률지식, 윤리적 소양, 공정성 및 신뢰성을 갖추어야 할 변호사가 징계를 받은 경우 국민이 이러한 사정을 쉽게 알 수 있도록 하여 변호사를 선택할 권리를 보장하고, 변호사의 윤리의식을 고취시킴으로써 법률사무에 대한 전문성, 공정성 및 신뢰성을 확보하여 국민의 기본권을 보호하며 사회정의를 실현하기 위한 것으로서 입법목적의 정당성이 인정된다. 또 대한변호사협회 홈페이지에 변호사에 대한 징계정보를 공개하여 국민으로 하여금 징계정보를 검색할 수 있도록 하는 것은 그 입법목적을 달성하는데 있어서 유효·적절한 수단이다. 또한 징계정보 공개조항은 공개되는 정보의 범위, 공개기간, 공개영역, 공개방식 등을 필요한 범위로 제한하고 있고, 입법목적의 달성에 동일한 효과가 있으면서 덜 침해적인 다른 대체수단이 존재하지 아니하므로, 침해 최소성의 원칙에 위배되지 않는다. 나아가 징계결정 공개조항으로 인하여 징계대상 변호사가 입게 되는 불이익이 공익에 비하여 크다고 할 수 없으므로, 법익의 균형성에 위배되지도 아니한다. 따라서 징계결정 공개조항은 과잉금지원칙에 위배되지 아니하므로 청구인의 인격권을 침해하지 아니한다(헌재 2018.7.26. 2016헌마1029). 답 O / O

047 이미 탑승을 위한 출국 수속 과정에서 일반적인 보안검색을 마쳤음에도, 취항 예정지 국가인
□□□ 체약국의 요구가 있다는 이유로 항공기 탑승 전 또는 탑승구 앞에서 보안 담당자로부터 신체검사 등 보안검색을 당한다고 하여 해당 승객의 인격권 침해 여부가 문제된다고 볼 수 없다.
┃법행 23 　　　　　　　　　　　　　　　　　　　　　　　　　　　　　　　　　　　　　O ×

이미 탑승을 위한 출국 수속 과정에서 일반적인 보안검색을 마쳤음에도, 취항 예정지 국가인 체약국의 요구가 있다는 이유로 항공기 탑승 전 또는 탑승구 앞에서 보안 담당자로부터 신체검사 등 보안검색을 당하는 경우 해당 승객은 모욕감 내지 수치심 등을 느낄 수 있다. 따라서 이 사건 <u>국가항공보안계획으로 인한 인격권 침해 여부가 일차적으로 문제된다</u>(헌재 2018.2.22. 2016헌마780). * 그러나 인격권을 침해하지는 않는다. 답 ×

048 수용자를 교성시설에 수용할 때마다 전자영상 검사기를 이용하여 수용자의 항문 부위에 대한
□□□ 신체검사를 하는 것이 필요한 최소한도를 벗어나 과잉금지원칙에 위배되어 수용자의 인격권 내지 신체의 자유를 침해한다고 볼 수 없다. ┃법원직9급 20 　　　　　　　　　　　　　　O ×

수용자를 교정시설에 수용할 때마다 전자영상 검사기를 이용하여 수용자의 항문 부위에 대한 신체검사를 하는 것은 교정시설의 안전과 질서를 유지하기 위한 것으로 그 목적이 정당하고, 항문 부위에 대한 금지물품의 은닉여부를 효과적으로 확인할 수 있는 적합한 검사방법으로 그 수단이 적절하다. 교정시설을 이감·수용할 때마다 전자영상 신체검사를 실시하는 것은, 수용자가 금지물품을 취득하여 소지·은닉하고 있을 가능성을 배제할 수 없고, 외부관찰 등의 방법으로는 쉽게 확인할 수 없기 때문이다. 이 사건 신체검사는 사전에 검사의 목적과 방법을 고지한 후, 다른 사람이 볼 수 없는 차단된 장소에서 실시하는 등 검사받는 사람의 모욕감 내지 수치심 유발을 최소화하는 방법으로 실시하였는바, 기본권 침해의 최소성 요건을 충족하였다. 또한 이 사건 신체검사로 인하여 수용자가 느끼는 모욕감이나 수치심이 결코 작다고 할 수는 없지만, 흉기 기타 위험물이나 금지물품을 교정시설 내로 반입하는 것을 차단함으로써 수용자 및 교정시설 종사자들의 생명·신체의 안전과 교정시설 내의 질서를 유지한다는 공적인 이익이 훨씬 크다 할 것이므로, 법익의 균형성 요건 또한 충족된다. 이 사건 신체검사는 필요한 최소한도를 벗어나 과잉금지원칙에 위배되어 청구인의 인격권 내지 신체의 자유를 침해한다고 볼 수 없다(헌재 2011.5.26. 2010헌마775). 답 O

049 보험사기를 이유로 체포된 피의자가 경찰서 내에서 수갑을 차고 얼굴을 드러낸 상태에서 조사받는 모습을 촬영할 수 있도록 허용한 행위는 일반 국민의 알 권리 보장을 위한 것이어서 목적의 정당성은 인정되나, 그 얼굴 및 수갑 등의 노출을 방지할 만한 조치를 전혀 취하지 아니한 것은 침해의 최소성 원칙을 충족하였다고 볼 수 없어 결국 피의자의 인격권을 침해하였다고 할 것이다. ▮법행 22 ○ ✕

....

피청구인은 기자들에게 청구인이 경찰서 내에서 수갑을 차고 얼굴을 드러낸 상태에서 조사받는 모습을 촬영할 수 있도록 허용하였는데, 청구인에 대한 이러한 수사 장면을 공개 및 촬영하게 할 어떠한 공익 목적도 인정하기 어려우므로 촬영허용행위는 목적의 정당성이 인정되지 아니한다. 피의자의 얼굴을 공개하더라도 그로 인한 피해의 심각성을 고려하여 모자, 마스크 등으로 피의자의 얼굴을 가리는 등 피의자의 신원이 노출되지 않도록 침해를 최소화하기 위한 조치를 취하여야 하는데, 피청구인은 그러한 조치를 전혀 취하지 아니하였으므로 침해의 최소성 원칙도 충족하였다고 볼 수 없다. 또한 촬영허용행위는 언론 보도를 보다 실감나게 하기 위한 목적 외에 어떠한 공익도 인정할 수 없는 반면, 청구인은 피의자로서 얼굴이 공개되어 초상권을 비롯한 인격권에 대한 중대한 제한을 받았고, 촬영한 것이 언론에 보도될 경우 범인으로서의 낙인 효과와 그 파급효는 매우 가혹하여 법익균형성도 인정되지 아니하므로, 촬영허용행위는 과잉금지원칙에 위반되어 청구인의 인격권을 침해하였다(헌재 2014.3.27. 2012헌마652). **답** ✕

050 초등학교 정규교과에서 영어를 배제하거나 영어교육 시수를 제한하는 것은 학생들의 인격의 자유로운 발현권을 제한하나, 이는 균형적인 교육을 통해 초등학생의 전인적 성장을 도모하고 영어과목에 대한 지나친 사교육의 폐단을 막기 위한 것으로 학생들의 기본권을 침해하지 않는다. ▮법행 21 ○ ✕

....

초등학교 1, 2학년의 영어교육을 금지하고, 3–6학년의 영어교육을 다른 과목과 균질한 수준으로 제한하는 것은 기초 영역에 대한 균형적인 교육을 통해 초등학생의 전인적 성장을 도모하고 영어과목에 대한 지나친 사교육의 폐단을 막기 위한 것으로, 이로 인해 초등학생이나 학부모가 입게 되는 기본권 제한이 중대하다고 보기 어렵다(헌재 2016.2.25. 2013헌마838). **답** ○

051 구 형법 제304조 중 '혼인을 빙자하여 음행의 상습없는 부녀를 기망하여 간음한 자' 부분은 과잉금지원칙을 위반하여 남성의 성적자기결정권 및 사생활의 비밀과 자유를 침해한다. ▮법행 22 ○ ✕

....

형법 제304조 중 "혼인을 빙자하여 음행의 상습없는 부녀를 기망하여 간음한 자" 부분은 목적의 정당성, 수단의 적절성 및 피해최소성을 갖추지 못하였고 법익의 균형성도 이루지 못하였으므로, 헌법 제37조 제2항의 과잉금지원칙을 위반하여 남성의 성적자기결정권 및 사생활의 비밀과 자유를 과잉제한하는 것으로 헌법에 위반된다(헌재 2009.11.26. 2008헌바58). **답** ○

1   일반적 행동자유권

052 ▸ 행복추구권은 국민이 행복을 추구하기 위한 활동을 국가권력의 간섭없이 자유롭게 할 수
□□□   있는 자유권으로서, 국민이 행복을 추구하기 위하여 필요한 급부를 국가에게 적극적으로
   요구할 수 있는 것을 내용으로 하는 권리이다. **|법무사 19**   ○ ×

    ▸ 헌법 제10조의 행복추구권은 국민이 행복을 추구하기 위하여 필요한 급부를 국가에게 적극
    적으로 요구할 수 있는 것을 내용으로 하는 것이 아니라, 국민이 행복을 추구하기 위한
    활동을 국가권력의 간섭 없이 자유롭게 할 수 있다는 포괄적인 의미의 자유권으로서의 성격
    을 가진다. **|법행 21**   ○ ×

....

헌법 제10조의 행복추구권은 국민이 행복을 추구하기 위하여 <u>필요한 급부를 국가에 적극적으로 요구할 수
있는 것을 내용으로 하는 것이 아니라</u>, 국민이 행복을 추구하기 위한 활동을 국가권력의 간섭 없이 자유롭게
할 수 있다는 포괄적인 의미의 자유권으로서의 성격을 가지는 것이다(헌재 2007.3.29. 2004헌마207).

                                              답 × / ○

053   행복추구권은 다른 기본권에 대한 보충적 기본권으로서의 성격을 지니므로, 우선적으로 적용
□□□   되는 기본권이 존재하여 그 침해여부를 판단하는 이상, 행복추구권 침해 여부를 독자적으로
   판단할 필요가 없다. **|법행 22**   ○ ×

....

헌재 2000.12.14. 99헌마112   **답** ○

054   기부행위자는 자신의 재산을 사회적 약자나 소외 계층을 위하여 출연함으로써 자기가 속한
□□□   사회에 공헌하였다는 행복감과 만족감을 실현할 수 있으므로, 기부행위는 행복추구권과 그로
   부터 파생되는 일반적 행동자유권에 의해 보호된다. **|법무사 19**   ○ ×

....

기부행위자 본인은 자신의 재산을 사회적 약자나 소외계층을 위하여 출연함으로써 자기가 속한 사회에 공헌하였다
는 행복감과 만족감을 실현할 수 있으므로, 이는 헌법상 인격의 자유로운 발현을 위하여 필요한 행동을 할 수
있어야 한다는 의미의 행복추구권과 그로부터 파생되는 일반적 행동자유권의 행사로서 당연히 보호되어야 한다(헌
재 2014.2.27. 2013헌바106).

                                              답 ○

055 ▸ 헌법 제10조에 의하여 보장되는 행복추구권 속에는 일반적 행동자유권이 포함되고, 이러한
□□□   일반적 행동자유권으로부터 계약 체결의 여부, 계약의 상대방, 계약의 방식과 내용 등을
   당사자의 자유로운 의사에 따라 결정할 수 있는 계약의 자유가 파생된다. 계약의 자유는
   절대적인 것이 아니라 헌법 제37조 제2항에 따라 공공복리 등을 위하여 제한될 수 있다.
   |법행 23   ○ ×

▶ 행복추구권 속에는 일반적 행동자유권이 들어있고, 이 일반적 행동자유권으로부터 계약의
  자유가 파생된다. ▮법행 22   ○ ×

....

헌법 제10조에 의하여 보장되는 행복추구권 속에는 일반적 행동자유권이 포함되고, 이 일반적 행동자유권으로부터
계약 체결의 여부, 계약의 상대방, 계약의 방식과 내용 등을 당사자의 자유로운 의사로 결정할 수 있는 계약의
자유가 파생된다. 심판대상조항은 조합이 조합총회에서 시공자를 선정함에 있어 "국토해양부장관이 정하는 경쟁
입찰의 방법"으로 하도록 하여 조합이 시공자 선정의 방식을 자유롭게 결정할 수 없도록 하고 있으므로 계약의
자유를 제한한다. 그러나 계약의 자유는 절대적인 것이 아니라 헌법 제37조 제2항에 따라 공공복리 등을 위하여
제한될 수 있다. 다만 이와 같이 법률상 제한을 하더라도 헌법 제37조 제2항에 규정된 기본권 제한입법의 한계를
준수하여야 하므로, 심판대상조항에 의한 계약의 자유 제한이 이러한 헌법적 한계 내의 것인지를 본다(헌재
2016.3.31. 2014헌바382).   ▣ ○ / ○

056 계약의 자유는 계약을 체결할 것인지의 여부, 체결한다면 어떠한 내용의 계약을, 어떠한 상대
□□□ 방과의 관계에서, 어떠한 방식으로 체결하느냐 하는 것도 당사자 자신이 자기의사로 결정하는
      자유뿐만 아니라, 원치 않는 계약의 체결을 법이나 국가에 의하여 강제 받지 않을 자유도
      포함한다. ▮법원직9급 22   ○ ×

....

이른바 계약자유의 원칙이란 계약을 체결할 것인가의 여부, 체결한다면 어떠한 내용의, 어떠한 상대방과의 관계에
서, 어떠한 방식으로 계약을 체결하느냐 하는 것도 당사자 자신이 자기의사로 결정하는 자유뿐만 아니라, 원치
않으면 계약을 체결하지 않을 자유를 말하여, 이는 헌법상의 행복추구권속에 함축된 일반적 행동자유권으로부터
파생되는 것이라 할 것이다(헌재 1991.6.3. 89헌마204).   ▣ ○

057 증여계약의 합의해제에 따라 신고기한 이내에 증여받은 재산을 반환하는 경우 처음부터 증여
□□□ 가 없었던 것으로 보는 대상에서 '금전'을 제외한 규정은 수증자의 계약의 자유를 침해한다.
      ▮법원직9급 22   ○ ×

....

'금전'의 경우 일반적인 재화의 교환수단으로서 그 목적물이 특정되지 아니하므로 현실적으로 '당초 증여받은
금전'과 '반환하는 금전'의 동일성을 확인할 방법이 없어, 금전을 비과세대상에 포함시킬 경우 증여세 회피 우려가
높기 때문에 심판대상조항은 증여세 회피기도를 차단하고 과세행정의 능률을 제고하기 위한 것으로서 그 입법목적
의 정당성이 인정되며, 증여의 합의해제에 따른 증여세 비과세대상에서 금전을 일률적으로 제외하는 것은 위와
같은 입법목적 달성에 기여하므로 수단의 적절성도 인정된다. 금전은 증여와 반환이 용이하므로 증여와 합의해제
를 신고기한 이내에 반복하는 방법으로 증여세를 회피하는 데 악용될 우려가 크기 때문에 반환시기와는 상관없이
비과세대상에서 제외하는 것 이외에 덜 침해적인 대안이 존재한다고 보기 어렵다. …(중략)… 수증자가 새로운
계약을 체결하고 증여받은 금전을 당초의 증여자에게 이전하는 행위는 그 경제적 실질에 비추어 볼 때 증여받은
재산의 처분행위로 보아야 하는 점, 특히 금전증여의 경우에는 증여와 동시에 본래 수증자가 보유하고 있던 자산에
혼입되어 수증자의 자산에서 증여받은 금전만을 분리하여 특정할 수 없게 되므로 설령 사후에 증여자가 수증자로
부터 같은 액수의 금전을 돌려받더라도 그 동일성을 인정할 수 없어 증여받은 금전 자체의 반환이라고 하기
어려운 점 등에 비추어 보면, 합의해제에 의하여 같은 액수의 금전 반환이 이루어졌다 하더라도 법률적인 측면은
물론 경제적인 측면에서도 수증자의 재산이 실질적으로 증가되었다고 볼 수밖에 없다. 나아가 금전증여의 경우
합의해제가 행해지는 통상의 동기가 조세회피 내지 편법적 절세에 있는 이상, 보호하여야 할 사적 자치의 이익이
크다고 할 수 없어 법익의 균형성도 충족되므로 심판대상조항은 과잉금지원칙에 위배되어 수증자의 계약의 자유
및 재산권을 침해한다고 할 수 없다(헌재 2015.12.23. 2013헌바117).   ▣ ×

058

□□□

석조, 석회조, 연와조 또는 이와 유사한 견고한 건물 기타 공작물의 소유를 목적으로 하는 토지임대차나 식목, 채염을 목적으로 하는 토지임대차를 제외한 임대차의 존속기간을 예외 없이 20년으로 제한한 조항은 사적 자치에 의한 자율적 거래관계 형성을 왜곡하므로 계약의 자유를 침해한다. ▮ 법원직9급 22   ○ ✕

....

임대차계약을 통하여 합리적이고 효과적인 임차물 관리 및 개량방식의 설정이 가능함에도 불구하고, 임대인 또는 소유자가 임차물의 가장 적절한 관리자라는 전제하에 임대차의 존속 기간을 제한함으로써 임차물 관리 및 개량의 목적을 이루고자 하는 것은 임차물의 관리소홀 및 개량미비로 인한 가치하락 방지라는 목적 달성을 위한 필요한 최소한의 수단이라고 볼 수 없다. …(중략)… 또한 지하매설물 설치를 위한 토지임대차나 목조건물과 같은 소위 비견고건물의 소유를 위한 토지임대차의 경우 이 사건 법률조항으로 인해 임대차기간이 갱신되지 않는 한 20년이 경과한 후에는 이를 제거 또는 철거해야 하는데, 이는 사회경제적으로도 손실이 아닐 수 없다. 임대차존속기간을 20년으로 제한한 민법 조항은 입법취지가 불명확하고, 사회경제적 효율성 측면에서 일정한 목적의 정당성이 인정된다 하더라도 과잉금지원칙을 위반하여 계약의 자유를 침해한다(헌재 2013.12.26. 2011헌바234). 🗂 ○

059

□□□

▸ 일반적 행동자유권에는 적극적으로 자유롭게 행동을 하는 것은 물론 소극적으로 행동을 하지 않을 자유, 즉 부작위의 자유도 포함된다. ▮ 법행 22   ○ ✕

▸ 일반적 행동자유권의 보호영역에는 개인의 생활방식과 취미에 관한 사항도 포함되며, 위험한 스포츠를 즐길 권리와 같은 위험한 생활방식으로 살아갈 권리도 포함된다. ▮ 법무사 19   ○ ✕

....

일반적 행동자유권에는 적극적으로 자유롭게 행동을 하는 것은 물론 소극적으로 행동을 하지 않을 자유, 즉 부작위의 자유도 포함되며, 포괄적인 의미의 자유권으로서 일반조항적인 성격을 가진다. 즉 일반적 행동자유권은 모든 행위를 할 자유와 행위를 하지 않을 자유로 가치 있는 행동만 그 보호영역으로 하는 것은 아닌 것으로, 그 보호영역에는 개인의 생활방식과 취미에 관한 사항도 포함되며, 여기에는 위험한 스포츠를 즐길 권리와 같은 위험한 생활방식으로 살아갈 권리도 포함된다(헌재 2003.10.30. 2002헌마518). 🗂 ○ / ○

060

□□□

공공장소에서 전면금연을 실시하는 금연구역조항이 흡연자의 일반적 행동자유권을 침해한다고 볼 수 없다. ▮ 법행 22   ○ ✕

....

금연구역조항은 금연구역 지정에 관한 선례인 헌재 2004.8.26. 2003헌마457 결정이 선고될 당시보다 금연구역을 확대하여 흡연자의 일반적 행동자유권을 더 강하게 제한하고 있지만, 금연구역조항이 기존의 금연·흡연구역의 분리운영만으로는 담배연기를 완전히 차단하기 어렵다는 점을 고려하여 공공장소에서 전면금연을 실시함으로써 국민 건강을 증진시키기 위하여 만들어진 것인 점, 흡연실을 별도로 설치할 수 있는 점, 우리나라 흡연율은 여전히 높은 점 등을 고려할 때, 금연구역조항이 흡연자의 일반적 행동자유권을 침해한다고 볼 수 없다(헌재 2014.9.25. 2013헌마411). 🗂 ○

061 ▸ 형사재판의 피고인으로 출석하는 수형자에 대하여 사복착용을 허용하지 아니한 것은 공정한 재판을 받을 권리, 인격권, 행복추구권을 침해하지만, 민사재판의 당사자로 출석하는 수형자에 대하여 사복착용을 허용하지 아니한 것은 인격권과 행복추구권을 침해하지 아니한다.
┃법행 23   ○ ✕

▸ 별도의 형사재판에 피고인으로 출석하는 수형자와 민사재판에 당사자로 출석하는 수형자에 대하여 아무런 예외 없이 사복착용을 허용하지 아니한 것은 모두 위 수형자의 인격권, 행복추구권을 침해한다. ┃법행 21   ○ ✕

[1] 수형자라 하더라도 확정되지 않은 별도의 형사재판에서만큼은 미결수용자와 같은 지위에 있으므로, 이러한 수형자로 하여금 형사재판 출석 시 아무런 예외 없이 사복착용을 금지하고 재소자용 의류를 입도록 하여 인격적인 모욕감과 수치심 속에서 재판을 받도록 하는 것은 재판부나 검사 등 소송관계자들에게 유죄의 선입견을 줄 수 있고, 이미 수형자의 지위로 인해 크게 위축된 피고인의 방어권을 필요 이상으로 제약하는 것이다. …(중략)… 따라서 심판대상조항이 형사재판의 피고인으로 출석하는 수형자에 대하여 사복착용을 허용하지 아니한 것은 청구인의 공정한 재판을 받을 권리, 인격권, 행복추구권을 침해한다. [2] 민사재판에서 법관이 당사자의 복장에 따라 불리한 심증을 갖거나 불공정한 재판진행을 하게 되는 것은 아니므로, 심판대상조항이 민사재판의 당사자로 출석하는 수형자에 대하여 사복착용을 불허하는 것으로 공정한 재판을 받을 권리가 침해되는 것은 아니다. 수형자가 민사법정에 출석하기까지 교도관이 반드시 동행하여야 하므로 수용자의 신분이 드러나게 되어 있어 재소자용 의류를 입었다는 이유로 인격권과 행복추구권이 제한되는 정도는 제한적이고, 형사법정 이외의 법정 출입 방식은 미결수용자와 교도관 전용 통로 및 시설이 존재하는 형사재판과 다르며, 계호의 방식과 정도도 확연히 다르다. 따라서 심판대상조항이 민사재판에 출석하는 수형자에 대하여 사복착용을 허용하지 아니한 것은 청구인의 인격권과 행복추구권을 침해하지 아니한다(헌재 2015.12.23. 2013헌마712).   🔲 ○ / ✕

062 수용자가 금치의 징벌을 받은 경우 금치기간 중 공동행사 참가 정지, 텔레비전 시청 제한, 신문·도서·잡지 외 자비구매물품 사용 제한의 처우 제한이 함께 부과되더라도, 헌법에 위반되지 아니한다. ┃법행 22   ○ ✕

이 사건 금치조항은 금치처분을 받은 수용자에 대하여 금치기간 중 다른 징벌, 즉 공동행사 참가, 신문열람, 텔레비전 시청, 자비구매물품 사용, 전화통화를 일률적으로 금지하고, 집필, 서신수수, 접견, 실외운동 등을 원칙적으로 금지하는 처우제한을 함께 부과하도록 규정하고 있다. …(중략)… 이 사건 금치조항 중 제108조 제4호(공동행사 참가 정지)에 관한 부분은 청구인의 통신의 자유, 종교의 자유를 침해하지 아니하고, 제108조 제6호(텔레비전 시청 제한)에 관한 부분은 청구인의 알 권리를 침해하지 아니하며, 제108조 제7호(자비구매물품 사용 제한)의 신문·잡지·도서 외 자비구매물품에 관한 부분은 청구인의 일반적 행동의 자유를 침해하지 않는다(헌재 2016.5.26. 2014헌마45).   🔲 ○

063 주방용오물분쇄기의 판매와 사용을 금지하는 것은 주방용오물분쇄기를 사용하려는 자의 일반적 행동자유권을 제한하나, 현재로서는 주방용오물분쇄기의 판매와 사용을 허용할 수 있는 사회적 기반시설이 갖추어져 있다고 보기 어려운 점 등을 고려하면, 이러한 규제가 사용자의 기본권을 침해한다고 볼 수 없다. ┃법행 21   ○ ✕

주방용오물분쇄기를 사용하고자 하는 청구인들은 심판대상조항이 주방용오물분쇄기의 사용을 금지하고 있어 이를 이용하여 자유롭게 음식물 찌꺼기 등을 처리할 수 없으므로, 행복추구권으로부터 도출되는 일반적 행동자유권을 제한받는다. …(중략)… 이상에서 살펴본 바와 같이 현재로서는 음식물 찌꺼기 등이 하수도로 바로 배출되더라도 이를 적절히 처리할 수 있는 하수도 시설을 갖추는 등 주방용오물분쇄기의 판매와 사용을 허용할 수 있는 사회적 기반시설이 갖추어져 있다고 보기 어렵고, 나아가 환경부는 현행 규제에 대하여 개선 등의 조치를 하기 위해 주방용오물분쇄기 금지 정책의 타당성 검토를 계속하고 있으므로, 이러한 상황에서 주방용오물분쇄기의 판매와 사용이 원칙적으로 금지돼 있다고 하더라도 이를 과도한 규제라고 보기 어렵다(헌재 2018.6.28. 2016헌마1151). **답**.○

064 인천 영종도에 거주하는 주민들에게 인천국제공항고속도로의 사용료를 징수하는 것은 대체도로가 없는 주민들에 대하여 통행료납부를 사실상 강요하는 것이 되어 일반적 행동자유권을 □□□ 침해하고, 영종도에 거주하거나 영종도 외부에 직장을 두고 있는 사람들로 하여금 도로의 사용료 부담 때문에 영종도에 자유롭게 거주하는 것을 꺼리게 하고 영종도 외부에 직장을 갖는 것을 주저하게 하여 거주·이전의 자유 및 직업선택의 자유를 침해한다. **∥법행 22**

○ ×

[1] 청구인들이 통행료를 내면서도 굳이 위 도로를 이용하는 것은 뱃길을 이용하는 것보다 경로가 단축되고 이에 따라 시간이 절약되는 등의 이익을 얻게 되기 때문이다. 그렇다면 청구인들의 이 도로 이용은 청구인들 자신의 자유로운 판단에 의한 것이고 강제된 것이 아니라고 할 것이다. …(중략)… 그렇다면 심판대상조항으로 인하여 청구인들의 일반적 행동자유권이 제한된 것으로 볼 수 없다. [2] 청구인들은 이 공항고속도로를 이용하지 않고도, 이 도로개설 이전의 영종도 주민들과 마찬가지로, 뱃길을 이용하여 자유로이 다른 곳으로 이동할 수도 있고 다른 곳으로 거주를 옮길 수도 있으며 또 이 도로를 이용하는 경우에도 비록 통행료의 부담이 있기는 하지만 그 부담의 정도가 이전의 자유를 실제로 제약할 정도로, 이용의 편익에 비하여, 현저히 크다고는 볼 수 없다. 따라서 심판대상조항으로 인하여 청구인들의 거주이전의 자유나 직업선택의 자유가 제한된 것으로 볼 수 없다(헌재 2005.12.22. 2004헌바64). **답** ×

065 ▶ 게임물 사업자에게 게임물 이용자의 본인인증 수단을 마련하도록 강제하는 법률조항은 게임을 이용하려는 사람들의 일반적 행동자유권을 제한하나 이를 통해 달성하려는 게임 과몰입 □□□ 및 중독 방지라는 공익이 매우 중대하므로 일반적 행동자유권을 침해하지는 아니한다. **∥법무사 19**

○ ×

▶ 게임물 관련사업자에게 게임물 이용자의 회원가입 시 본인인증을 할 수 있는 절차를 마련하도록 하고 있는 법률조항은 인터넷게임을 이용하고자 하는 사람들에게 본인인증 이라는 사전적 절차를 거칠 것을 강제함으로써, 개개인이 생활방식과 취미활동을 자유롭게 선택하고 이를 원하는 방식대로 영위하고자 하는 일반적 행동의 자유를 제한한다. **∥법행 22**

○ ×

본인인증 조항은 인터넷게임을 이용하고자 하는 사람들에게 본인인증 이라는 사전적 절차를 거칠 것을 강제함으로써, 개개인이 생활방식과 취미활동을 자유롭게 선택하고 이를 원하는 방식대로 영위하고자 하는 일반적 행동의 자유를 제한한다. …(중략)… 본인인증 조항은 인터넷게임에 대한 연령 차별적 규제수단들을 실효적으로 보장하고, 인터넷게임 이용자들이 게임물 이용시간을 자발적으로 제한하도록 유도하여 인터넷게임 과몰입 내지 중독을 예방하고자 하는 것으로 그 입법목적에 정당성이 인정되며, 본인인증절차를 거치도록 하는 것은 이러한 목적 달성을 위한 적절한 수단이다. …(중략)… 침해의 최소성에도 위배되지 아니하고, 본인인증 조항을 통하여 달성하고자 하는 게임과몰입 및 중독 방지라는 공익은 매우 중대하므로 법익의 균형성도 갖추었다. 따라서 본인인증 조항은 청구인들의 일반적 행동의 자유 및 개인정보자기결정권을 침해하지 아니한다(헌재 2015.3.26. 2013헌마517).　　　　　답 ○ / ○

066 □□□ 가족에 대한 수형자의 접견교통권은 비록 헌법에 열거되지는 아니하였지만 행복추구권에 포함되는 기본권의 하나인 일반적 행동자유권으로부터 나온다. ┃법무사 19　　○ ×

수형자가 갖는 접견교통권은 가족 등 외부와 연결될 수 있는 통로를 적절히 개방하고 유지함으로써 가족 등 타인과 교류하는 인간으로서의 기본적인 생활관계가 인신의 구속으로 완전히 단절되어 정신적으로 황폐하게 되는 것을 방지하기 위하여 반드시 보장되지 않으면 안 되는 인간으로서의 기본적인 권리에 해당하므로 성질상 헌법상의 기본권에 속한다. 이러한 수형자의 접견교통권은 비록 헌법에 열거되지는 아니하였지만 헌법 제10조의 행복추구권에 포함되는 기본권의 하나로서의 일반적 행동자유권으로부터 나온다고 할 것이다(헌재 2009.9.24. 2007헌마738).　　　　　답 ○

067 □□□ ▶ 법률로 안전띠 착용을 강제하는 것은 개인의 일반적 행동자유권을 침해하여 헌법에 위반된다. ┃법무사 17　　○ ×

▶ 좌석안전띠를 매지 않을 자유는 헌법 제10조의 행복추구권에서 나오는 일반적 행동자유권의 보호영역에 속하므로, 좌석안전띠를 매야 할 의무를 지우고 이에 위반했을 때 범칙금을 부과하는 법률조항에는 일반적 행동의 자유에 대한 제한이 존재하지만, 이는 정당한 공익의 실현을 위하여 필요한 정도의 제한으로 일반적 행동자유권에 대한 과도한 침해라고 볼 수는 없다. ┃법행 23　　○ ×

좌석안전띠를 매지 않을 자유는 헌법 제10조의 행복추구권에서 나오는 일반적 행동자유권의 보호영역에 속한다. 이 사건 심판대상조항들은 운전할 때 좌석안전띠를 매야 할 의무를 지우고 이에 위반했을 때 범칙금을 부과하고 있으므로 청구인의 일반적 행동의 자유에 대한 제한이 존재한다. …(중략)… 이 사건 심판대상조항들에 의한 청구인의 일반적 행동자유권의 제한은 정당한 공익의 실현을 위하여 필요한 정도의 제한에 해당하는 것으로서 헌법 제37조 제2항의 비례의 원칙에 위반되어 국민의 일반적 행동자유권을 과도하게 침해하는 위헌적인 규정이라 할 수 없다(헌재 2003.10.30. 2002헌마518).　　　　　답 × / ○

068 행복추구권에서 도출되는 일반적 행동의 자유는 적극적으로 자유롭게 행동하는 것은 물론 소극적으로 행동을 하지 않을 자유도 포함하므로, 의료분쟁 조정신청의 대상인 의료사고가 사망에 해당하는 경우 구체적 사안의 개별성과 특수성을 고려하지 않고 자동적으로 조정절차 가 개시되도록 한 법률조항은 보건의료인의 일반적 행동의 자유를 침해한다. **|법행 23**
○ ×

조정절차가 자동으로 개시되더라도 피신청인은 이의신청을 통해 조정절차에 참여하지 않을 수 있고, 조정의 성립 까지 강제되는 것은 아니므로 합의나 조정결정의 수용 여부에 대해서는 자유롭게 선택할 수 있으며, 채무부존재확 인의 소 등을 제기하여 소송절차에 따라 분쟁을 해결할 수도 있다. 따라서 <u>의료사고로 사망의 결과가 발생한 경우 의료분쟁 조정절차를 자동으로 개시하도록 한 심판대상조항이 청구인의 일반적 행동의 자유를 침해한다고 할 수 없다</u>(헌재 2021.5.27. 2019헌마321). **답** ×

069 누구든지 금융회사 등에 종사하는 자에게 타인의 금융거래의 내용에 관한 정보 또는 자료를 요구하는 것을 금지하고, 이를 위반시 형사처벌하는 법률조항은 과잉금지원칙에 반하여 일반 적 행동자유권을 침해한다. **|법행 23**
○ ×

누구든지 금융회사등에 종사하는 자에게 타인의 금융거래의 내용에 관한 정보 또는 자료를 요구하는 것을 금지하 고, 이를 위반 시 형사처벌하는 구 '금융실명거래 및 비밀보장에 관한 법률'은 금융거래정보의 제공요구행위 자체만 으로 형사처벌의 대상으로 삼고 있으나, 제공요구행위에 사회적으로 비난받을 행위가 수반되지 않거나, 금융거래 의 비밀 보장에 실질적인 위협이 되지 않는 행위도 충분히 있을 수 있고, 명의인의 동의를 받을 수 없는 상황에서 타인의 금융거래정보가 필요하여 금융기관 종사자에게 그 제공을 요구하는 경우가 있을 수 있는 등 금융거래정보 제공요구행위는 구체적인 사안에 따라 죄질과 책임을 달리한다고 할 것임에도, 심판대상조항은 정보제공요구의 사유나 경위, 행위 태양, 요구한 거래정보의 내용 등을 전혀 고려하지 아니하고 일률적으로 금지하고, 그 위반 시 형사처벌을 하도록 하고 있다. 나아가, 금융거래의 비밀보장이 중요한 공익이라는 점은 인정할 수 있으나, 심판대상조항이 정보제공요구를 하게 된 사유나 행위의 태양, 요구한 거래정보의 내용을 고려하지 아니하고 일률 적으로 일반 국민들이 거래정보의 제공을 요구하는 것을 금지하고 그 위반 시 형사처벌을 하는 것은 그 공익에 비하여 지나치게 일반 국민의 일반적 행동자유권을 제한하는 것이다. 따라서 심판대상조항은 과잉금지원칙에 반하여 일반적 행동자유권을 침해한다(헌재 2022.2.24. 2020헌가5). **답** ○

---

2 **자기결정권**

070 헌법상 자기결정권이란 개인이 자유의지에 의하여 자유롭게 자기의 삶과 운명을 결정할 수 있는 권리를 말하고, 헌법 명문의 규정은 없지만 기본권으로 인정된다. **|법무사 17**
○ ×

인간은 누구나 자기 운명을 스스로 결정할 수 있는 자기결정권을 가진다(헌재 2006.2.23. 2005헌마268).
답 ○

071
□□□
간통을 형사 처벌하는 법률조항 및 혼인빙자간음을 형사 처벌하는 법률조항은 개인의 성적 자기결정권을 침해하여 헌법에 위반되지만, 성매매를 한 자를 형사 처벌하는 법률조항은 개인의 성적 자기결정권을 침해하지 않으므로 헌법에 위반되지 않는다. ▌법무사 17　　　　○ ✕

간통을 형사 처벌하는 법률조항은 과잉금지원칙에 위배하여 국민의 성적 자기결정권 및 사생활의 비밀과 자유를 침해하는 것으로서 헌법에 위반된다(헌재 2015.2.26. 2009헌바17). 혼인빙자간음을 형사 처벌하는 법률조항은 목적의 정당성, 수단의 적절성 및 피해최소성을 갖추지 못하였고 법익의 균형성도 이루지 못하였으므로, 헌법 제37조 제2항의 과잉금지원칙을 위반하여 남성의 성적자기결정권 및 사생활의 비밀과 자유를 과잉제한하는 것으로 헌법에 위반된다(헌재 2009.11.26. 2008헌바58). 성매매를 한 자를 형사 처벌하는 법률조항은 성매매 당사자의 성적 자기결정권, 사생활의 비밀과 자유 및 성판매자의 직업선택의 자유를 제한하고 있다. … 사회 전반의 건전한 성풍속과 성도덕이라는 공익적 가치는 개인의 성적 자기결정권 등 기본권 제한의 정도에 비해 결코 작다고 볼 수 없어 법익균형성원칙에도 위배되지 아니한다. 따라서 심판대상조항은 개인의 성적 자기결정권, 사생활의 비밀과 자유, 직업선택의 자유를 침해하지 아니한다(헌재 2016.3.31. 2013헌가2).　　**답** ○

072
□□□
시체의 처분에 관한 자기결정권이 인정되므로 인수자가 없는 시체를 생전의 본인의 의사와는 무관하게 해부용 시체로 제공하도록 하는 것은 개인의 시체처분에 관한 자기결정권을 침해하여 헌법에 위반된다. ▌법무사 17　　　　○ ✕

시신 자체의 제공과는 구별되는 장기나 인체조직에 있어서는 본인이 명시적으로 반대하는 경우 이식·채취될 수 없도록 규정하고 있음에도 불구하고, 이 사건 법률조항은 본인이 해부용 시체로 제공되는 것에 대해 반대하는 의사표시를 명시적으로 표시할 수 있는 절차도 마련하지 않고 본인의 의사와는 무관하게 해부용 시체로 제공될 수 있도록 규정하고 있다는 점에서 침해의 최소성원칙을 충족했다고 보기 어렵고, 실제로 해부용 시체로 제공된 사례가 거의 없는 상황에서 이 사건 법률조항이 추구하는 공익이 사후 자신의 시체가 자신의 의사와는 무관하게 해부용 시체로 제공됨으로써 침해되는 사익보다 크다고 할 수 없으므로 이 사건 법률조항은 청구인의 시체 처분에 대한 자기결정권을 침해한다(헌재 2015.11.26. 2012헌마940).　　**답** ○

073
□□□
▸ 임부가 약물 기타 방법으로 낙태하는 것을 처벌하는 법률 조항은 임부 개인의 자기 결정권을 침해하지 아니하므로 헌법에 위반되지 않는다. ▌법무사 17　　　　○ ✕

▸ 임신한 여성의 자기낙태를 처벌하는 형법 규정은 임신한 여성의 자기결정권을 침해한다.
　▌법행 21　　　　○ ✕

자기낙태죄 조항은 모자보건법에서 정한 사유에 해당하지 않는다면 결정가능기간 중에 다양하고 광범위한 사회적·경제적 사유를 이유로 낙태갈등 상황을 겪고 있는 경우까지도 예외 없이 전면적·일률적으로 임신의 유지 및 출산을 강제하고, 이를 위반한 경우 형사처벌하고 있다. 따라서, 자기낙태죄 조항은 입법목적을 달성하기 위하여 필요한 최소한의 정도를 넘어 임신한 여성의 자기결정권을 제한하고 있어 침해의 최소성을 갖추지 못하였고, 태아의 생명 보호라는 공익에 대하여만 일방적이고 절대적인 우위를 부여함으로써 법익균형성의 원칙도 위반하였으므로, 과잉금지원칙을 위반하여 임신한 여성의 자기결정권을 침해한다(헌재 2019.4.11. 2017헌바127).　　**답** ✕ / ○

074 모자보건법상의 정당화 사유에는 사회적·경제적 사유도 포함되는데, 이에 해당하더라도 임
신 24주 이내에만 낙태가 가능하므로 임신한 여성의 자기결정권을 보장하기에는 불충분하다.
▮법무사 19 ○ ✕

모자보건법에서 정한 자기낙태의 위법성을 조각하는 정당화사유는 ㉠ 본인이나 배우자의 우생학적·유전학적
정신장애나 신체질환, ㉡ 본인이나 배우자의 전염성 질환, ㉢ 강간 또는 준강간에 의한 임신, ㉣ 혼인할 수 없는
혈족 또는 인척 간의 임신, ㉤ 모체의 건강에 대한 위해나 위해 우려이다. 위 사유들은 대부분 형법 제22조의
긴급피난이나 제20조의 정당행위로서 위법성 조각이 가능하거나, 임신의 유지와 출산에 대한 기대가능성이 없음
을 이유로 책임조각이 가능하다고 보는 시각까지 있을 정도로 매우 제한적이고 한정적인 사유들이다. 위 사유들에
는 '임신 유지 및 출산을 힘들게 하는 다양하고 광범위한 <u>사회적·경제적 사유에 의한 낙태갈등 상황</u>'이 전혀
포섭되지 않는다. 즉, 위 사유들은 임신한 여성의 자기결정권을 보장하기에는 불충분하다(헌재 2019.4.11. 2017헌
바127). **답** ✕

075 연명치료 중단, 즉 생명단축에 관한 자기결정 및 그 실행은 생명권 보호의 헌법적 가치와
충돌한다고 볼 수 없고, 오히려 생명권의 한 내용으로서 보장된다. ▮법행 21 ○ ✕

'연명치료 중단, 즉 생명단축에 관한 자기결정'은 '생명권 보호'의 헌법적 가치와 충돌하므로 '연명치료 중단에
관한 자기결정권'의 인정 여부가 문제되는 '죽음에 임박한 환자'란 '의학적으로 환자가 의식의 회복가능성이 없고
생명과 관련된 중요한 생체기능의 상실을 회복할 수 없으며 환자의 신체상태에 비추어 짧은 시간 내에 사망에
이를 수 있음이 명백한 경우', 즉 '회복 불가능한 사망의 단계'에 이른 경우를 의미한다 할 것이다. …(중략)…
비록 연명치료 중단에 관한 결정 및 그 실행이 환자의 생명단축을 초래한다 하더라도 이를 생명에 대한 임의적
처분으로서 자살이라고 평가할 수 없고, 오히려 인위적인 신체침해 행위에서 벗어나서 자신의 생명을 자연적인
상태에 맡기고자 하는 것으로서 인간의 존엄과 가치에 부합한다 할 것이다. 그렇다면 환자가 장차 죽음에 임박한
상태에 이를 경우에 대비하여 미리 의료인 등에게 연명치료 거부 또는 중단에 관한 의사를 밝히는 등의 방법으로
죽음에 임박한 상태에서 인간으로서의 존엄과 가치를 지키기 위하여 연명치료의 거부 또는 중단을 결정할 수
있다 할 것이고, 위 결정은 헌법상 기본권인 <u>자기결정권의 한 내용으로서 보장된다</u> 할 것이다(헌재 2009.11.26.
2008헌마385). **답** ✕

076 ▸ '연명치료 중단에 관한 결정권'을 보장하는 방법으로서 '법원의 재판을 통한 규범의 제시'와
'입법' 중 어떤 방법을 선택할 것인지의 문제는 입법부가 결정할 입법정책적 문제이다.
▮법행 21 ○ ✕

▸ 죽음에 임박한 환자에게 '연명치료 중단에 관한 자기결정권'은 헌법상 보장된 기본권이므로,
헌법해석상 '연명치료 중단 등에 관한 법률'을 제정할 국가의 입법의무가 명백하다고 볼
수 있다. ▮법원직9급 20 ○ ✕

'연명치료 중단에 관한 자기결정권'을 보장하는 방법으로서 '법원의 재판을 통한 규범의 제시'와 '입법' 중 어느
것이 바람직한가는 입법정책의 문제로서 국회의 재량에 속한다 할 것이다. 그렇다면 헌법해석상 '연명치료 중단
등에 관한 법률'을 제정할 국가의 입법의무가 명백하다고 볼 수 없다(헌재 2009.11.26. 2008헌마385).
답 ○ / ✕

077 전동킥보드의 최고속도는 25km/h를 넘지 않아야 한다고 규정한 조항은 소비자의 자기결정권
□□□ 및 일반적 행동자유권을 제한할 뿐, 신체의 자유를 제한하는 것은 아니다. ❙법원직9급 22

○ ×

전동킥보드의 최고속도는 25km/h를 넘지 않아야 한다고 규정한 구 '안전확인대상생활용품의 안전기준' 조항은
청구인의 신체의 자유를 제한하는 것은 아니다. 심판대상조항은 위험성을 가진 재화의 제조·판매조건을 제약함으
로써 최고속도 제한이 없는 전동킥보드를 구입하여 사용하고자 하는 소비자의 자기결정권 및 일반적 행동자유권을
제한할 뿐이다(헌재 2020.2.27. 2017헌마1339). 🅐 ○

제2절 평등권

> **헌법 제11조** ① 모든 국민은 (법 앞)에 평등하다. 누구든지 (성별·종교 또는 사회적 신분)에 의하여 (
> 정치적·경제적·사회적·문화적 생활)의 모든 영역에 있어서 차별을 받지 아니한다.
> ② (사회적 특수계급)의 제도는 인정되지 아니하며, 어떠한 형태로도 이를 창설할 수 없다.
> ③ 훈장 등의 영전은 이를 (받은 자에게만) 효력이 있고, (어떠한 특권도) 이에 따르지 아니한다.

1 평등권의 의의 및 내용

078 평등의 원칙은 국민의 기본권 보장에 관한 우리 헌법의 최고원리로서 국가가 입법을 하거나
□□□ 법을 해석 및 집행함에 있어 따라야 할 기준인 동시에, 국가에 대하여 합리적 이유 없이 불평등
한 대우를 하지 말 것과 평등한 대우를 요구할 수 있는 국민의 권리이다. ❙법무사 20 ○ ×

헌법 제11조는 "모든 국민은 법 앞에 평등하다. 누구든지 성별·종교·사회적 신분에 의하여 정치적·경제적·사
회적·문화적 생활의 모든 영역에 있어서 차별을 받지 아니한다"라고 규정하여 모든 국민에게 평등권을 보장하고
있는바, 평등의 원칙은 국민의 기본권 보장에 관한 우리 헌법의 최고원리로서 국가가 입법을 하거나 법을 해석
및 집행함에 있어 따라야 할 기준인 동시에, 국가에 대하여 합리적 이유 없이 불평등한 대우를 하지 말 것과,
평등한 대우를 요구할 수 있는 모든 국민의 권리로서, 국민의 기본권 중의 기본권인 것이다(헌재 2002.12.18.
2001헌마546). 🅐 ○

---

079 평등의 원칙은 일체의 차별적 대우를 부정하는 절대적 평등을 의미하는 것이 아니라 입법과
□□□ 법의 적용에 있어서 합리적 근거 없는 차별을 하여서는 아니 된다는 상대적 평등을 뜻하며,
합리적 근거 있는 차별 내지 불평등은 평등의 원칙에 반하는 것이 아니다. ❙법무사 20

○ ×

헌법 제11조 제1항의 평등의 원칙은 일체의 차별적 대우를 부정하는 절대적 평등을 의미하는 것이 아니라 입법과
법의 적용에 있어서 합리적 근거 없는 차별을 하여서는 아니 된다는 상대적 평등을 뜻하고, 따라서 합리적 근거
있는 차별 내지 불평등은 평등의 원칙에 반하는 것이 아니다(헌재 2002.12.18. 2001헌마546). 🅐 ○

080 헌법은 사회적 신분에 대한 차별금지와 같이 헌법 제11조 제1항 후문에서 예시한 사유가 있는
□□□ 경우에 절대적으로 차별을 금지할 것을 요구함으로써 입법자에게 인정되는 입법형성권을 제한
한다. **┃법무사 20** ○ ✕

사회적 신분에 대한 차별금지는 헌법 제11조 제1항 후문에서 예시된 것인데, 헌법 제11조 제1항 후문의 규정은
<u>불합리한 차별의 금지에 초점이 있는 것으로서</u>, 예시한 사유가 있는 경우에 절대적으로 차별을 금지할 것을 요구함
으로써 입법자에게 인정되는 <u>입법형성권을 제한하는 것은 아니다</u>(헌재 2011.3.31. 2008헌바141). **답** ✕

081 ▸ 평등의 원칙 위반 여부를 심사함에 있어 엄격한 심사척도에 의할 것인지, 완화된 심사척도에
□□□ 의할 것인지는 입법자에게 인정되는 입법형성권의 정도에 따라 달라지게 된다. **┃법무사 20**
○ ✕

▸ 헌법에서 특별히 평등을 요구하고 있는 경우나 차별적 취급으로 인하여 관련 기본권에 대한
중대한 제한을 초래하게 되는 경우에는 입법형성권은 축소되고, 보다 엄격한 심사척도가
적용되어야 할 것이다. **┃법원직9급 21** ○ ✕

평등위반 여부를 심사함에 있어 엄격한 심사척도에 의할 것인지, 완화된 심사척도에 의할 것인지는 입법자에게
인정되는 입법형성권의 정도에 따라 달라지게 될 것이나, 헌법에서 특별히 평등을 요구하고 있는 경우와 차별적
취급으로 인하여 관련 기본권에 대한 중대한 제한을 초래하게 된다면 입법형성권은 축소되어 보다 엄격한 심사척
도가 적용되어야 할 것인바, 가산점제도는 헌법 제32조 제4항이 특별히 남녀평등을 요구하고 있는 '근로' 내지
'고용'의 영역에서 남성과 여성을 달리 취급하는 제도이고, 또한 헌법 제25조에 의하여 보장된 공무담임권이라는
기본권의 행사에 중대한 제약을 초래하는 것이기 때문에 엄격한 심사척도가 적용된다(헌재 1999.12.23. 98헌마
363). **답** ○ / ○

082 ▸ 특정법률 또는 법률조항이 단지 하나의 사건만을 규율하는 개별사건법률에 해당한다 하더라
□□□ 도 이러한 차별적 규율이 합리적인 이유로 정당화될 수 있는 경우에는 합헌적일 수 있다.
┃법무사 20 ○ ✕

▸ 특정 법률이 하나의 사건만을 규율하는 개별사건법률이라 하더라도 그 내용이 합리적인
이유로 정당화될 수 있는 경우에는 합헌적일 수 있다. **┃법행 22** ○ ✕

▸ 개별법률 금지의 원칙은 법률제정에 있어서 입법자가 평등원칙을 준수할 것을 요구하는
것이기 때문에 특정규범이 개별사건법률에 해당한다 하여 곧바로 위헌을 뜻하는 것은 아니다.
┃법무사 17 ○ ✕

개별사건법률은 원칙적으로 평등원칙에 위배되는 자의적 규정이라는 강한 의심을 불러일으키는 것이지만, 개별법
률 금지의 원칙이 법률제정에 있어서 입법자가 평등원칙을 준수할 것을 요구하는 것이기 때문에 특정 규범이
개별사건법률에 해당한다 하여 곧바로 위헌을 뜻하는 것은 아니며, 이러한 차별적 규율이 합리적인 이유로 정당화
될 수 있는 경우에는 합헌적일 수 있다(헌재 1996.2.16. 96헌가2). **답** ○ / ○ / ○

2 평등권 침해여부

083 입법자가 전문자격제도의 내용인 결격사유를 정함에 있어 변호사의 경우 변리사나 공인중개사
□□□ 보다 더 가중된 요건을 규정한 것은 평등권을 침해한 것이다. ▎법원직9급 21 　　○ ✕

변리사나 공인중개사의 업무는 법률사무 전반을 직무 영역으로 하는 변호사의 경우에 비하여 그 영역 범위가
한정적이고 기술적이다. 또한 변호사는 국민의 기본적 인권의 옹호와 사회질서 유지를 사명으로 하며 품위유지,
공익활동, 독직금지행위 등의 의무를 부담하는 등 공공성이 특히 강조되고 법제도 및 준법에 대한 더욱 고양된
윤리성이 강조되는 직역임에 비추어볼 때, 그 직무의 공공성 및 이에 대한 신뢰의 중요성도 변리사 및 공인중개사보
다 더 높은 수준이 요구된다. 따라서 <u>입법자가 전문자격제도의 내용인 결격사유를 정함에 있어 변호사의 경우
변리사나 공인중개사보다 더 가중된 요건을 규정하였다고 하더라도 헌법 제11조 제1항에 반하여 청구인의 평등권
을 침해하였다고 할 수 없다</u>(헌재 2009.10.29. 2008헌마432). 　　📘 ✕

084 시각장애인만이 안마사 자격인정을 받을 수 있도록 하고, 시・도지사로부터 안마사 자격인정
□□□ 을 받지 아니한 자는 안마시술소 또는 안마원을 개설할 수 없도록 한 조항은 비시각장애인을
시각장애인에 비하여 차별한다. ▎법행 23 　　○ ✕

시각장애인 안마사제도는 생활전반에 걸쳐 시각장애인에게 가해진 유・무형의 사회적 차별을 보상해 주고 실질적
인 평등을 이룰 수 있는 수단으로서, <u>시각장애인에 한하여 안마사 자격인정을 받을 수 있도록 한 의료법 조항으로
인해 시각장애인과 비시각장애인 사이에 법익 불균형이 발생한다고 할 수 없으므로, 이 사건 자격조항이 비시각장
애인을 시각장애인에 비하여 차별하는 것이라고 할 수 없을 뿐 아니라</u>, 비시각장애인의 직업선택의 자유를 침해하
여 헌법에 위반된다고 보기도 어렵다. …(중략)… 시각장애인 안마시술소 개설 독점제도는 생활전반에 걸쳐 시각장
애인에게 가해진 유・무형의 사회적 차별을 보상해 주고 실질적인 평등을 이룰 수 있는 수단이며, 안마사 자격인정
을 받지 아니한 자는 안마시술소 또는 안마원을 개설할 수 없도록 한 의료법 조항으로 인해 얻게 되는 시각장애인의
생존권 등 공익과 그로 인해 잃게 되는 일반국민의 직업선택의 자유 등 사익을 비교해 보더라도, 법익 불균형이
발생한다고 할 수 없다. 따라서 <u>이 사건 개설조항이 비시각장애인을 시각장애인에 비하여 차별하는 것이라고
할 수 없을 뿐 아니라</u>, 비시각장애인의 직업선택의 자유를 침해하여 헌법에 위반된다고 보기도 어렵다(헌재
2017.12.28. 2017헌가15). 　　📘 ✕

085 국가를 상대로 하는 당사자소송의 경우에는 가집행선고를 할 수 없다고 규정한 행정소송법
□□□ 조항은 평등의 원칙에 반한다. ▎법무사 22, 법행 23 　　○ ✕

국가를 상대로 하는 당사자소송의 경우에는 가집행선고를 할 수 없다고 규정한 행정소송법 제43조는 재산권의
청구에 관한 당사자소송 중에서도 피고가 공공단체 그 밖의 권리주체인 경우와 국가인 경우를 다르게 취급한다.
…(중략)… 재산권의 청구가 공법상 법률관계를 전제로 한다는 점만으로 국가를 상대로 하는 당사자소송에서
국가를 우대할 합리적인 이유가 있다고 할 수 없고, 집행가능성 여부에 있어서도 국가와 지방자치단체 등이 실질적
인 차이가 있다고 보기 어렵다는 점에서, 심판대상조항은 국가가 당사자소송의 피고인 경우 가집행의 선고를
제한하여, 국가가 아닌 공공단체 그 밖의 권리주체가 피고인 경우에 비하여 합리적인 이유 없이 차별하고 있으므로
평등원칙에 반한다(헌재 2022.2.24. 2020헌가12). 　　📘 ○

086
□□□
▸ 민사집행법상 경매절차에서의 매수신청보증금이 매수인의 대금미납으로 그에게 반환되지 아니하는 경우 국고에 귀속하지 않고 배당재원에 포함시키는 것과 달리 국세징수법상 공매절차에서 매각결정을 받은 매수인이 기한 내에 대금납부의무를 이행하지 아니하여 매각결정이 취소되는 경우 그가 납부한 계약보증금을 국고에 귀속하도록 규정한 국세징수법 조항은 국세징수절차와 민사집행절차의 성질이 다르므로 합리적 이유 있는 차별에 해당한다.

Ⅰ법무사 22   ○ ×

▸ 국세징수법상 공매절차에서 매각결정을 받은 매수인이 기한 내에 대금납부의무를 이행하지 아니하여 매각결정이 취소되는 경우 그가 납부한 계약보증금을 국고에 귀속하도록 규정한 국세징수법은 평등원칙에 위배된다. Ⅰ법행 23   ○ ×

국세징수법 등 관련 규정의 체계 및 운영 형태에 비추어 볼 때, 국세징수법상 공매는 체납자와 매수인 사이의 사법상 매매계약을 체납처분청이 대행하는 성격을 가지고, 계약보증금 제도는 이러한 매매의 조건을 법정한 것으로서 위약금약정과 유사한 성격이 있으며, 이러한 점은 민사집행법상 매수신청보증 제도와 본질적으로 동일하다. …(중략)… 사유재산제도의 보장, 사적자치의 원칙, 법치국가원리에 따른 과잉금지원칙 등의 정신에 비추어볼 때, 채권실현을 위하여 사적인 거래 영역에 부득이하게 국가기관의 강제력이 개입됨을 전제로 하는 체납처분절차 및 민사집행절차를 형성하는 경우 적어도 대상재산의 현금화 단계에서는 최대한 사적인 거래 영역을 존중하여야 한다. 국가 등에 조세채권의 자력집행권을 인정하는 취지는, 절차를 직접 개시할 수 있도록 하고 현금화된 대상재산의 교환가치에 의한 채권의 만족에 일정 정도 우선적 지위를 가지도록 하는 데에 있을 뿐, 대상재산의 현금화 단계에서 조세채권 및 절차비용 이외에 별도의 이익을 취득하도록 허용하는 것은 아니다. 따라서, 이 사건 법률조항은 위약금약정의 성격을 가지는 매각의 법정조건으로서 민사집행법상 매수신청보증금과 본질적으로 동일한 성격을 가지는 국세징수법상 계약보증금을 절차상 달리 취급함으로써, 국세징수법상 공매절차에서의 체납자 및 담보권자를 민사집행법상 경매절차에서의 집행채무자 및 담보권자에 비하여 그 재산적 이익의 영역에서 합리적 이유 없이 자의적으로 차별하고 있으므로 헌법상 평등원칙에 위반된다(헌재 2009.4.30. 2007헌가8). 답 × / ○

087
□□□
공매절차에서 매수인의 대금납부의무 불이행으로 인하여 매각결정이 취소되는 경우 그가 납부한 공매보증금을 절차 개시의 근거가 된 조세채권에 우선 충당하도록 규정한 구 국세징수법 제78조 제2항 중 '제1항 제2호에 따라 압류재산의 매각결정을 취소하는 경우 공매보증금은 체납처분비, 압류와 관계되는 국세·가산금의 순으로 충당하고 그 남은 금액은 체납자에게 지급한다'는 부분은 국세징수절차상 매수인과 민사집행절차상 매수인을 합리적 이유 없이 자의적으로 차별하고 있다고 볼 수 없으므로, 평등원칙에 위반되지 않는다. Ⅰ법행 23 ○ ×

민사집행법상 매수신고인이 대금납부의무를 불이행하더라도 일정한 사유가 발생한 경우에만 매수신청보증금의 반환을 제한하고 있다. 반면, 구 국세징수법상 매수인의 대금납부의무 불이행을 이유로 매각결정이 취소되는 경우 조세채권에 우선 충당하고 매수인에게 공매보증금을 돌려주지 않도록 정하고 있다. 이것은, 체납처분절차와 민사집행절차의 차이, 조세채권의 신속하고 적정한 실현이라는 구 국세징수법의 입법목적, 보증금에 위약금으로서의 성질을 부여할 경우에도 어느 범위 내에서 반환을 제한할 것인지에 관한 입법자의 재량에 따른 것이다. 따라서 심판대상조항이 구 국세징수법상 매수인을 민사집행법상 매수인에 비하여 합리적 이유 없이 자의적으로 차별하고 있다고 볼 수 없으므로, 평등원칙에 위반되지 아니한다(헌재 2022.5.26. 2019헌바423). 답 ○

088 우체국보험금 및 환급금 청구채권 전액에 대하여 압류를 금지하여 우체국보험 가입자의 채권자와 일반 인보험 가입자의 채권자를 차별 취급하는 것은 합리적인 사유가 존재하므로 헌법상 평등원칙에 위배되지 아니한다. ▮법원직9급 22　　　　　　　　　　　　　　　　○ ×

이 사건 법률조항은 국가가 운영하는 우체국보험에 가입한다는 사정만으로, 일반 보험회사의 인보험에 가입한 경우와는 달리 그 수급권이 사망, 장해나 입원 등으로 인하여 발생한 것인지, 만기나 해약으로 발생한 것인지 등에 대한 구별조차 없이 그 전액에 대하여 무조건 압류를 금지하여 우체국보험 가입자를 보호함으로써 우체국보험 가입자의 채권자를 일반 인보험 가입자의 채권자에 비하여 불합리하게 차별취급하는 것이므로, 헙법 제11조 제1항의 평등원칙에 위반된다(헌재 2008.5.29. 2006헌바5). 　　　　　　　　　　　　　　답 ×

089 국채에 대한 소멸시효를 5년 단기로 규정하여 민사 일반채권자나 회사채 채권자에 비하여 국채 채권자를 차별 취급한 것은 합리적인 이유 없는 차별에 해당하지 않는다. ▮법원직9급 22　　　　　　　　　　　　　　　　　　　　　　　　　　　　○ ×

국채가 발행되는 공공자금관리기금의 운용계획수립 및 집행에 있어서 채권·채무관계를 조기에 확정하고 예산수립의 불안정성을 제거하여 공공자금관리기금을 합리적으로 운용하기 위하여 단기소멸시효를 둘 필요성이 크고, 국채는 일반기업 및 개인의 채무 보다 채무이행에 대한 신용도가 매우 높아서 채권자가 용이하게 채권을 행사할 수 있으므로 오랫동안 권리행사를 하지 않은 채권자까지 보호할 필요성이 그리 크지 않으며, 공공기관 기록물 중 예산·회계관련 기록물들의 보존기간이 5년으로 정해져 있어서 소멸시효기간을 이보다 더 장기로 정하는 것은 적절하지 않을 뿐만 아니라, 상사채권 뿐만 아니라, 국가 또는 지방자치단체에 대한 채권, 연금법상 채권, 공기업이 발행하는 채권 등이 모두 5년의 소멸시효 기간을 규정하고 있는 점을 종합하건대, 이 사건 법률조항이 국채에 대한 소멸시효를 5년 단기로 규정하여 민사 일반채권자나 회사채 채권자에 비하여 국채 채권자를 차별 취급한 것은 합리적인 사유가 존재하므로 헌법상 평등원칙에 위배되지 아니한다(헌재 2010.4.29. 2009헌바120). 　　　　　　　　答 ○

090 주거침입강제추행죄의 법정형을 주거침입강간죄와 동일하게 규정한 것은 평등원칙에 반하지 아니한다. ▮법무사 18　　　　　　　　　　　　　　　　　　　　　　○ ×

입법자는 강제추행에 주거침입이라는 다른 행위요소가 더해지면 강제추행의 경우도 주거침입강간이나 유사강간에 비하여 그 보호법익이나 불법의 정도, 비난가능성 등에 있어 별다른 차이가 없다고 보고 그 법정형을 동일하게 정한 것이다. 또한 법관의 양형으로 불법과 책임을 일치시킬 수 있으면 법정형이 내포하고 있는 약간의 위헌성은 극복될 수 있는 것이므로, 만약 구체적인 사건에서 주거침입강제추행죄와 주거침입강간죄에 대한 법정형이 동일한 결과 형량에 있어 불합리성이 나타난다면, 이는 법관이 구체적인 양형을 통하여 시정하면 된다. 따라서 이 사건 법률조항이 현저히 형벌체계상의 정당성이나 균형성을 상실하여 평등원칙에 위반된다고 할 수 없다(헌재 2013.7.25. 2012헌바320). 　　　　　　　　答 ○

091 형법상의 범죄와 똑같은 구성요건을 규정하면서 법정형만을 상향 조정한 특정범죄 가중처벌
□□□ 등에 관한 법률 규정은 평등원칙을 위반한 것이다. **| 법무사 17**　　　　○ ✕

행사할 목적으로 국내통화를 위조 또는 변조하거나 위조 또는 변조한 국내통화를 행사하거나 행사할 목적으로
수입 또는 수출한 행위에 대하여 특별히 형을 가중할 필요가 있다는 사정이 인정된다고 할지라도, 이 사건 형법조항
과 똑같은 구성요건을 규정하면서 법정형만 상향 조정한 심판대상조항은 형사특별법으로서 갖추어야 할 형벌체계
상의 정당성과 균형을 잃은 것이 명백하다. 따라서 심판대상조항은 인간의 존엄성과 가치를 보장하는 헌법의
기본원리에 위배될 뿐만 아니라 그 내용에 있어서도 평등원칙에 위반된다(헌재 2014.11.27. 2014헌바224).

답 ○

092 고소인·고발인만을 검찰청법상 항고권자로 규정하고 있는 검찰청법 조항은 기소유예처분을
□□□ 받은 피의자의 평등권을 침해하는 것이다. **| 법무사 22**　　　　○ ✕

검찰청법상 항고제도의 인정 여부는 기본적으로 입법정책에 속하는 문제로서 그 주체, 대상의 범위 등의 제한도
그것이 현저히 불합리하지 아니한 이상 헌법에 위반되는 것이라 할 수 없고, 고소인·고발인과 피의자는 기본적으
로 대립적 이해관계에서 기소유예처분에 불복할 이익을 지니며, 검찰청법상 항고제도의 성격과 취지 및 한정된
인적·물적 사법자원의 측면, 그리고 이 사건 법률조항이 헌법소원심판청구 등 피의자의 다른 불복수단까지 원천
적으로 봉쇄하는 것은 아닌 점 등을 종합하면, <u>이 사건 법률조항이 피의자를 고소인·고발인에 비하여 합리적
이유 없이 차별하는 것이라 할 수 없다</u>(헌재 2012.7.26. 2010헌마642).

답 ✕

093 친고죄에 있어서 고소 취소가 가능한 시기를 제1심 판결선고 전까지로 제한한 형사소송법
□□□ 조항은 항소심 단계에서 고소 취소된 사람을 자의적으로 차별하는 것이 아니다. **| 법무사 22**

○ ✕

친고죄의 고소 취소를 인정할 것인지의 문제 및 이를 인정한다고 하더라도 형사소송절차 중 어느 시점까지 이를
허용할 것인지의 문제는 국가형벌권과 국가소추주의에 대한 국민 일반의 가치관과 법감정, 범죄피해자의 이익보호
등을 종합적으로 고려하여 정할 수 있는 입법정책의 문제이다. 이 사건 법률조항은 고소인과 피고소인 사이에
자율적인 화해가 이루어질 수 있도록 어느 정도의 시간을 보장함으로써 국가형벌권의 남용을 방지하는 동시에
국가형벌권의 행사가 전적으로 고소인의 의사에 의해 좌우되는 것 또한 방지하는 한편, 가급적 고소 취소가 제1심
판결선고 전에 이루어지도록 유도함으로써 남상소를 막고, 사법자원이 효율적으로 분배될 수 있도록 하는 역할을
한다. 또한, 경찰·검찰의 수사단계에서부터 제1심 판결선고 전까지의 기간이 고소인과 피고소인 상호 간에 숙고된
합의를 이루어낼 수 없을 만큼 부당하게 짧은 기간이라고 하기 어렵고, 현행 형사소송법상 제1심과 제2심이 모두
사실심이기는 하나 제2심은 제1심에 대한 항소심인 이상 두 심급이 근본적으로 동일하다고 볼 수는 없다. 따라서
이 사건 법률조항이 항소심 단계에서 고소 취소된 사람을 자의적으로 차별하는 것이라고 할 수는 없다(헌재
2011.2.24. 2008헌바40).

답 ○

094 ▶ 소년범 중 형의 집행이 종료되거나 면제된 자에 한하여 자격에 관한 법령의 적용에 있어
□□□ 장래에 향하여 형의 선고를 받지 아니한 것으로 본다고 규정한 구 소년법(2018.9.18. 법률
제15757호로 개정되기 전의 것) 제67조는 평등의 원칙에 위반된다. **| 법무사 22**　　　　○ ✕

▶ 소년범 중 형의 집행이 종료되거나 면제된 자에 한하여 자격에 관한 법령의 적용에 있어 장래에 향하여 형의 선고를 받지 아니한 것으로 보고, 집행유예를 선고받은 소년범에 대해서는 별도의 특례를 두지 않은 조항은 평등원칙에 위배된다. **┃법행 23**　　　　○ ✕

소년범 중 형의 집행이 종료되거나 면제된 자에 한하여 자격에 관한 법령의 적용에 있어 장래에 향하여 형의 선고를 받지 아니한 것으로 본다고 규정한 구 소년법 조항은 집행유예보다 중한 실형을 선고받고 집행이 종료되거나 면제된 경우에는 자격에 관한 법령의 적용에 있어 형의 선고를 받지 아니한 것으로 본다고 하여 공무원 임용 등에 자격제한을 두지 않으면서 집행유예를 선고받은 경우에 대해서는 이와 같은 특례조항을 두지 아니하여 불합리한 차별을 야기하고 있다. …(중략)… 더욱이 집행유예 기간을 경과한 자의 경우에는 원칙적으로 형의 선고에 의한 법적 효과가 장래를 향하여 소멸하고 향후 자격제한 등의 불이익을 받지 아니함에도, 이 사건 구법 조항에 따르면 집행유예를 선고받은 자의 자격제한을 완화하지 아니하여 집행유예 기간이 경과한 경우에도 그 후 일정 기간 자격제한을 받게 되었으므로, 명백히 자의적인 차별에 해당하여 평등원칙에 위반된다(헌재 2018.1.25. 2017헌가7).　　　　**답** ○ / ○

095
□□□
소년심판절차에서 검사에게 상소권이 인정되지 않는 것은 합리적 이유가 있어 피해자의 평등권을 침해한다고 볼 수 없다. **┃법무사 17**　　　　○ ✕

소년심판은 심리의 객체로 취급되는 소년에 대한 후견적 입장에서 법원의 직권에 의해 진행되므로 검사의 관여가 반드시 필요한 것이 아니고 이에 따라 소년심판의 당사자가 아닌 검사가 상소 여부에 관여하는 것이 배제된 것이다. 위와 같은 소년심판절차의 특수성을 감안하면, 차별대우를 정당화하는 객관적이고 합리적인 이유가 존재한다고 할 것이어서 이 사건 법률조항은 청구인의 평등권을 침해하지 않는다(헌재 2012.7.26. 2011헌마232).　　　　**답** ○

096
□□□
초·중등학교 교원에 대해서는 정당가입의 자유를 금지하면서 대학의 교원에게 이를 허용한다 하더라도, 이는 양자 간 직무의 본질과 내용, 근무 태양이 다른 점을 고려한 합리적인 차별이므로 평등원칙에 위배되지 않는다. **┃법무사 21**　　　　○ ✕

헌재 2004.3.25. 2001헌마710　　　　**답** ○

097
□□□
지방의회의원은 지방공사 직원의 직을 겸할 수 없게 하고 국회의원은 지방공사 직원의 직을 겸할 수 있도록 한 것은 불합리한 차별이 아니고 지방의회의원의 평등권을 침해한 것이라고 할 수 없다. **┃법행 21**　　　　○ ✕

지방공사와 지방자치단체, 지방의회의 관계에 비추어 볼 때, 지방공사 직원의 직을 겸할 수 없도록 함에 있어 지방의회의원과 국회의원은 본질적으로 동일한 비교집단이라고 볼 수 없으므로, 양자를 달리 취급하였다고 할지라도 이것이 지방의회의원인 청구인의 평등권을 침해한 것이라고 할 수는 없다(헌재 2012.4.24. 2010헌마605).　　　　**답** ○

098
☐☐☐

▶ 혼인한 등록의무자 모두 배우자가 아닌 본인의 직계존·비속의 재산을 등록하도록 법이 개정되었음에도 불구하고, 개정 전 법 조항에 따라 이미 배우자의 직계존·비속의 재산을 등록한 혼인한 여성 등록의무자는 종전과 동일하게 계속해서 배우자의 직계존·비속의 재산을 등록하도록 규정한 부칙 조항은 평등원칙에 위배된다. ▮법행 23　　○ ×

▶ 혼인한 등록의무자는 배우자가 아닌 본인의 직계·존비속의 재산을 등록하도록 법이 개정되었으나, 개정 전 이미 배우자의 직계·존비속의 재산을 등록한 혼인한 여성 등록의무자는 종전과 동일하게 계속해서 배우자의 직계·존비속의 재산을 등록하도록 한 부칙 조항은 그 목적의 정당성을 발견할 수 없다. ▮법원직9급 22　　○ ×

이 사건 부칙조항은 혼인한 남성 등록의무자와 이미 개정전 공직자윤리법 조항에 따라 재산등록을 한 혼인한 여성 등록의무자를 달리 취급하고 있는바, 이 사건 부칙조항이 평등원칙에 위배되는지 여부를 판단함에 있어서는 엄격한 심사척도를 적용하여 비례성 원칙에 따른 심사를 하여야 한다. 이 사건 부칙조항은 개정 전 공직자윤리법 조항이 혼인관계에서 남성과 여성에 대한 차별적 인식에 기인한 것이라는 반성적 고려에 따라 개정 공직자윤리법 조항이 시행되었음에도 불구하고, 일부 혼인한 여성 등록의무자에게 이미 개정 전 공직자윤리법 조항에 따라 재산등록을 하였다는 이유만으로 남녀차별적인 인식에 기인하였던 종전의 규정을 따를 것을 요구하고 있다. 그런데 혼인한 남성 등록의무자와 달리 혼인한 여성 등록의무자의 경우에만 본인이 아닌 배우자의 직계존·비속의 재산을 등록하도록 하는 것은 여성의 사회적 지위에 대한 그릇된 인식을 양산하고, 가족관계에 있어 시가와 친정이라는 이분법적 차별구조를 정착시킬 수 있으며, 이것이 사회적 관계로 확장될 경우에는 남성우위·여성비하의 사회적 풍토를 조성하게 될 우려가 있다. 이는 성별에 의한 차별금지 및 혼인과 가족생활에서의 양성의 평등을 천명하고 있는 헌법에 정면으로 위배되는 것으로 그 목적의 정당성을 인정할 수 없다. 따라서 이 사건 부칙조항은 평등원칙에 위배된다(헌재 2021.9.30. 2019헌가3). 답 ○ / ○

099
☐☐☐

특정한 조세 법률 조항이 혼인이나 가족생활을 근거로 부부 등 가족이 있는 자를 혼인하지 아니한 자 등에 비하여 차별 취급하는 것은 과세단위의 설정에 대한 입법자의 입법형성의 재량에 속하는 정책적 문제이므로, 헌법 제36조 제1항의 위반 여부는 자의금지원칙에 의하여 심사한다. ▮법행 21　　○ ×

헌법 제36조 제1항은 "혼인과 가족생활은 개인의 존엄과 양성의 평등을 기초로 성립되고 유지되어야 하며, 국가는 이를 보장한다."고 규정하여 혼인과 가족생활에 불이익을 주지 않을 것을 명하고 있고, 이는 적극적으로 적절한 조치를 통하여 혼인과 가족을 지원하고 제3자에 의한 침해로부터 혼인과 가족을 보호해야 할 국가의 과제와, 소극적으로 불이익을 야기하는 제한 조치를 통하여 혼인과 가족생활을 차별하는 것을 금지해야 할 국가의 의무를 포함하는 것이다. 이러한 헌법원리로부터 도출되는 차별금지의 명령은 헌법 제11조 제1항의 평등원칙과 결합하여 혼인과 가족을 부당한 차별로부터 보호하고자 하는 목적을 지니고 있고, 따라서 특정한 조세 법률조항이 혼인이나 가족생활을 근거로 부부 등 가족이 있는 자를 혼인하지 아니한 자 등에 비하여 차별 취급하는 것이라면 비례의 원칙에 의한 심사에 의하여 정당화되지 않는 한 헌법 제36조 제1항에 위반된다 할 것이다. 이는 단지 차별의 합리적인 이유의 유무만을 확인하는 정도를 넘어, 차별의 이유와 차별의 내용 사이에 적정한 비례적 균형관계가 이루어져 있는지에 대해서도 심사하여야 한다는 것을 의미하고, 위와 같은 헌법원리는 조세 관련 법령에서 과세단위를 정하는 것이 입법자의 입법형성의 재량에 속하는 정책적 문제라고 하더라도 그 한계로서 적용되는 것이다(헌재 2008.11.13. 2006헌바112). 답 ×

100 자율형 사립고(이하 '자사고')를 후기학교로 정하여 신입생을 일반고와 동시에 선발하도록 한 초·중등교육법 시행령 조항은 자사고의 도입목적에 비추어 볼 때, 자사고를 과학고와 달리 취급하고 일반고와 같이 취급하는 것으로서 자사고 학교법인의 평등권을 침해한다.
▌법행 21　　　　　　　　　　　　　　　　　　　　　　　　　　　　　　　　　○ ×

어떤 학교를 전기학교로 규정할 것인지 여부는 해당 학교의 특성상 특정 분야에 재능이나 소질을 가진 학생을 후기학교보다 먼저 선발할 필요성이 있는지에 따라 결정되어야 한다. 과학고는 '과학분야의 인재 양성'이라는 설립 취지나 전문적인 교육과정의 측면에서 과학 분야에 재능이나 소질을 가진 학생을 후기학교보다 먼저 선발할 필요성을 인정할 수 있으나, 자사고의 경우 교육과정 등을 고려할 때 후기학교보다 먼저 특정한 재능이나 소질을 가진 학생을 선발할 필요성은 적다. 따라서 <u>이 사건 동시선발 조항이 자사고를 후기학교로 규정함으로써 과학고와 달리 취급하고, 일반고와 같이 취급하는 데에는 합리적인 이유가 있으므로 청구인 학교법인의 평등권을 침해하지 아니한다</u>(헌재 2019.4.11. 2018헌마221).　　　　　　　　　　　　　　　　답 ×

101 1983.1.1. 이후 출생한 A형 혈우병 환자에 한하여 유전자재조합제제에 대한 요양급여를 인정하는 '요양급여의 적용기준 및 방법에 관한 세부사항'은 1983.1.1. 이전에 출생한 A형 혈우병 환자들의 평등권을 침해한다. ▌법행 23　　　　　　　　　　　　　　○ ×

종래에는 A형 혈우병 환자들에 대하여 유전자재조합제제를 요양급여 대상으로 인정하지 아니하다가 처음 혈우병 약제를 투여받는 자와 면역능이 저하되어 감염의 위험성이 큰 HIV 양성 환자에게도 유전자재조합제제를 요양급여 대상으로 확대, 개선하고 다시 이 사건 고시 조항에서 '1983.1.1. 이후에 출생한 환자'도 요양급여를 받을 수 있도록 규정한 것은 제도의 단계적인 개선에 해당한다고 볼 수 있으므로 요양급여를 받을 환자의 범위를 한정한 것 자체는 평등권 침해의 문제가 되지 않으나, 그 경우에도 수혜자를 한정하는 기준은 합리적인 이유가 있어 그 혜택으로부터 배제되는 자들의 평등권을 해하지 않는 것이어야 한다. 그런데 이 사건 고시 조항이 수혜자 한정의 기준으로 정한 환자의 출생 시기는 그 부모가 언제 혼인하여 임신, 출산을 하였는지와 같은 우연한 사정에 기인하는 결과의 차이일 뿐, 이러한 차이로 인해 A형 혈우병 환자들에 대한 치료제인 유전자재조합제제의 요양급여 필요성이 달라진다고 할 수는 없으므로, A형 혈우병 환자들의 출생 시기에 따라 이들에 대한 유전자재조합제제의 요양급여 허용 여부를 달리 취급하는 것은 합리적인 이유가 있는 차별이라고 할 수 없다. 따라서 이 사건 고시 조항은 청구인들의 평등권을 침해하는 것이다(헌재 2012.6.27. 2010헌마716).　　　　　　　　　答 ○

102 태평양전쟁 전후 강제동원된 자들 중 국내 강제동원자를 제외하고 국외 강제동원자에게만 위로금을 지급한 것은 합리적 근거가 없는 차별로서 위헌이다. ▌법무사 17　　　○ ×

국가가 국가의 재정부담능력 등을 고려하여 일반적으로 강제동원으로 인한 정신적 고통이 더욱 크다고 볼 수 있는 <u>국외 강제동원자 집단을 우선적으로 처우하는 것이 객관적으로 정의와 형평에 반한다거나 자의적인 차별이라고 보기는 어렵고</u>, 달리 이 사건 법률조항이 청구인의 기본권을 침해하거나 헌법에 위반된다고 볼 수 없다(헌재 2012.7.26. 2011헌바352).　　　　　　　　答 ×

103 '독립유공자 예우에 관한 법률'(2014.5.21. 법률 제12668호로 개정된 것) 제12조 제2항 단서 제1호 중 보상금을 받을 권리가 다른 손자녀에게 이전되지 않도록 하는 것에 관한 부분은 평등권을 침해하지 않는다. **┃법행 23** ○ ✕

독립유공자 손자녀의 경우, 유공자의 사망이나 장해에 따른 영향이 자녀와 비교하여 덜 직접적이며 물질적·정신적 고통의 정도가 동등하다고 보기 어려우므로, 그에 대한 보호와 예우 필요성은 유공자의 자녀와 비교하여 상대적으로 적다. 독립유공자 손자녀는 자녀와 비교하여 다수이며 평균연령이 낮으므로, 심판대상조항과 같은 제한을 두지 않고 손자녀 사이에 보상금을 받을 권리의 이전을 인정하면 국가 재정부담이 계속 증가할 여지가 있다. 독립유공자 손자녀 중 보상금을 받지 않는 사람에게는 생활수준 등을 고려하여 '생활안정을 위한 지원금'이 지급될 수 있다. 또한, 독립유공자 손자녀에게는 교육지원, 취업지원 등 비금전적 예우가 제공될 수 있으므로, 그 손자녀가 아무런 예우를 받지 못한다고 할 수 없다. 그러므로 심판대상조항이 보상금을 받을 권리의 이전과 관련하여 독립유공자의 손자녀를 달리 취급하고 있더라도 이것이 현저하게 합리성을 잃은 자의적인 차별이라 할 수 없으며, 심판대상조항은 청구인의 평등권을 침해하지 않는다(헌재 2020.3.26. 2018헌마331). **답** ○

104 독립유공자의 유족 중 자녀의 범위에서 사후양자를 제외하는 조항은 평등원칙에 위배된다. **┃법행 23** ○ ✕

사후양자의 경우 양자가 되는 시점에 이미 독립유공자가 사망하였으므로, 독립유공자와 생계를 같이하였거나 부양받는 상황에서 그의 희생으로 인하여 사회·경제적으로 예전보다 불리한 지위에 놓이게 될 여지가 없다. 사후양자와 일반양자는 생활의 안정과 복지의 향상을 도모할 필요성의 면에서 보면 상당한 차이가 있으므로, 독립유공자의 유족 중 자녀의 범위에서 사후양자를 제외하는 '독립유공자예우에 관한 법률' 조항이 서로를 달리 취급하는 것은 헌법상 평등원칙에 위반되지 않는다(헌재 2021.5.27. 2018헌바277). **답** ✕

105 1945년 8월 15일 이후에 사망한 독립유공자의 유족으로 최초로 등록할 당시 자녀까지 모두 사망하거나 생존 자녀가 보상금을 지급받지 못하고 사망한 경우에 한하여 독립유공자의 손자녀 1명에게 보상금을 지급하도록 하는 '독립유공자예우에 관한 법률'은 독립유공자의 사망시기를 기준으로 보상금 지급을 달리하여 평등권을 침해한다. **┃법행 23** ○ ✕

1945년 8월 14일 이전에 사망한 독립유공자는 희생의 정도가 큰 데 반해 독립유공자 본인은 물론 그 자녀들까지 보상금을 지급받지 못한 경우가 많다. 따라서 독립유공자의 사망 시기를 기준으로 손자녀에 대한 보상금의 요건을 달리 정한 것이 불합리한 차별을 야기한다고 보기는 어렵다. 또한 심판대상조항 각목의 취지는 유족 간 형평을 고려하여 예외적으로 손자녀에게 보상금 지급의 기회를 열어주고자 하는 것으로서 합리적 이유가 있다. 따라서 심판대상조항이 1945년 8월 15일 이후에 사망한 독립유공자의 손자녀에 대하여 최초 등록 시 독립유공자 자녀의 사망 여부 또는 보상금 수령 여부를 기준으로 보상금 지급 여부를 달리 취급하는 것은 평등권을 침해하지 않는다(헌재 2022.1.27. 2020헌마594). **답** ✕

106 6·25전몰군경자녀에게 6·25전몰군경자녀수당을 지급하면서 그 수급권자를 6·25전몰군경자녀 중 1명에 한정하고, 나이가 많은 자를 우선하도록 정한 구 '국가유공자 등 예우 및 지원에 관한 법률'은 나이가 적은 6·25전몰군경자녀의 평등권을 침해한다. **┃법행 23** ○ ✕

6 · 25전몰군경자녀 중 1명에게만 6 · 25전몰군경자녀수당(이하 '이 사건 수당'이라 한다)을 지급한다면, 소액의 수당조차 전혀 지급받지 못하는 자녀의 생활보호는 미흡하게 된다. 국가의 재정부담 능력 등 때문에 이 사건 수당의 지급 총액이 일정액으로 제한될 수밖에 없다고 하더라도, 그 범위 내에서 생활정도에 따라 이 사건 수당을 적절히 분할해서 지급한다면 이 사건 수당의 지급취지를 살리면서도 1명에게만 지급됨으로 인해 발생하는 불합리를 해소할 수 있다. 따라서 이 사건 법률조항이 6 · 25전몰군경자녀 중 1명에 한정하여 이 사건 수당을 지급하도록 하고 수급권자의 수를 확대할 수 있는 어떠한 예외도 두지 않은 것에는 합리적 이유가 있다고 보기 어렵다. 산업화에 따른 핵가족화의 영향으로 형제간에도 결혼 후에는 경제적으로 의존하는 경우가 많지 않아 연장자인 자녀가 다른 자녀를 부양할 것을 기대하기 어렵고, 제사문화 역시 변화하고 있어 연장자가 반드시 제사주재자가 된다고 볼 수도 없다. 직업이나 보유재산 등에 따라서 연장자의 경제적 사정이 가장 좋은 경우도 있을 수 있다. 따라서 이 사건 법률조항이 6 · 25전몰군경자녀 중 나이가 많은 자를 이 사건 수당의 선순위 수급권자로 정하는 것은 이 사건 수당이 가지는 사회보장적 성격에 부합하지 아니하고, 나이가 많다는 우연한 사정을 기준으로 이 사건 수당의 지급순위를 정하는 것으로 합리적인 이유가 없다. 따라서 이 사건 법률조항은 나이가 적은 6 · 25전몰군경자녀의 평등권을 침해한다(헌재 2021.3.25. 2018헌가6). **답** ○

107 6 · 25전몰군경자녀수당의 지급 대상자를 '1953년 7월 27일 이전 및 「참전유공자 예우 및 단체설립에 관한 법률」 별표에 따른 전투기간 중 전사한 군경'의 자녀로 설정함으로써 결과적으로 '위 전투기간 중 부상 후 사망한 군경'의 자녀와의 사이에 차별적 취급이 발생하였다고 하더라도 이에 대한 합리적인 이유를 확인할 수 있어 평등의 원칙에 위배되지 아니한다.
┃법행 23   ○ ✕

6 · 25전쟁에 참전하여 전투 중 전사하거나 부상을 입은 군경들 중에서도 '이 사건 전투기간 중에 전사한 군경'의 자녀는 다른 경우에 비하여 희생의 정도 및 사회 · 경제적인 어려움에 처했을 가능성이 더 크고 추가적인 보상의 필요성도 더 절실하다고 볼 수 있으므로, 심판대상조항이 6 · 25전몰군경자녀수당의 지급 대상자를 '이 사건 전투기간 중 전사한 군경'의 자녀로 설정함으로써 결과적으로 '이 사건 전투기간 중 부상 후 사망한 군경'의 자녀와의 사이에 차별적 취급이 발생하였다고 하더라도 이에 대한 합리적인 이유를 확인할 수 있어 평등의 원칙에 위배되지 아니한다(헌재 2018.11.29. 2017헌바252). **답** ○

108 부마민주항쟁을 이유로 30일 미만 구금된 자를 보상금 또는 생활지원금의 지급대상에서 제외하여 부마민주항쟁 관련자 중 8.1%만 보상금 및 생활지원금을 지급받는 결과에 이르긴 하였으나, 그 차별이 현저하게 불합리하거나 자의적이라고 보기 어렵다. ┃법행 21   ○ ✕

이 사건 생활지원금 조항은 부마민주항쟁을 이유로 30일 이상 구금된 자, 부마민주항쟁과 관련하여 상이를 입은 자 또는 질병을 앓고 있는 자로서 그 정도가 경미하여 보상금을 받지 못한 자, 재직기간 1년 이상인 해직자 및 그 유족에 대하여 생활을 보조하기 위한 지원금을 지급할 수 있도록 하고 있다. 그런데 위에서 본 바와 같이 생활지원금을 비롯한 부마항쟁보상법상 보상금 등은 배 · 보상 외에 사회보장적 성격도 가지고 있는바, 국가는 관련자의 경제활동이나 사회생활에 미치는 영향, 생활정도 등을 고려하여 지급대상자와 지원금의 액수를 정하여 지급할 수 있으므로 위와 같은 요건을 갖춘 자들에 한하여 생활지원금을 지급할 수 있도록 하는 것이 불합리하다고 보기는 어렵다. 이상의 점을 종합하여 보면, 심판대상조항이 30일 미만 구금된 자와 유죄판결을 받은 자로서 '관련자' 결정을 받은 자를 보상금과 생활지원금의 지급대상에 포함시키지 않았다고 하더라도, 그 차별이 현저하게 불합리하거나 자의적인 차별이라고 보기 어렵다. 따라서 심판대상조항은 청구인의 평등권을 침해하지 않는다(헌재 2019.4.11. 2016헌마418). **답** ○

109 대한민국 국민인 남자에 한하여 병역의무를 부과한 법률조항은 평등권을 침해하는 것으로
□□□ 볼 수 없다. ▮법무사 17 ○ ✕

집단으로서의 남자는 집단으로서의 여자에 비하여 보다 전투에 적합한 신체적 능력을 갖추고 있으며, 개개인의 신체적 능력에 기초한 전투적합성을 객관화하여 비교하는 검사체계를 갖추는 것이 현실적으로 어려운 점, 신체적 능력이 뛰어난 여자의 경우에도 월경이나 임신, 출산 등으로 인한 신체적 특성상 병력자원으로 투입하기에 부담이 큰 점 등에 비추어 남자만을 징병검사의 대상이 되는 병역의무자로 정한 것이 현저히 자의적인 차별취급이라 보기 어렵다. 한편 보충역이나 제2국민역 등은 국가비상사태에 즉시 전력으로 투입될 수 있는 예비적 전력으로서 병력동원이나 근로소집의 대상이 되는바, 평시에 현역으로 복무하지 않는다고 하더라도 병력자원으로서 일정한 신체적 능력이 요구된다고 할 것이므로 보충역 등 복무의무를 여자에게 부과하지 않은 것이 자의적이라 보기도 어렵다. 결국 이 사건 법률조항이 성별을 기준으로 병역의무자의 범위를 정한 것은 자의금지원칙에 위배하여 평등권을 침해하지 않는다(헌재 2011.6.30. 2010헌마460). **답** ○

110 대한민국 국민인 남자에 한하여 병역의무를 부과한 구 병역법 조항은 헌법이 특별히 평등을
□□□ 요구하는 경우나 관련 기본권에 중대한 제한을 초래하는 경우의 차별취급을 그 내용으로 하고 있으므로, 이 조항이 평등권을 침해하는지 여부에 대해서는 엄격한 심사기준에 따라 판단하여야 한다. ▮법행 21 ○ ✕

대한민국 국민인 남자에 한하여 병역의무를 부과한 구 병역조항은 헌법이 특별히 양성평등을 요구하는 경우나 관련 기본권에 중대한 제한을 초래하는 경우의 차별취급을 그 내용으로 하고 있다고 보기 어려우며, 징집대상자의 범위 결정에 관하여는 입법자의 광범위한 입법형성권이 인정된다는 점에 비추어 이 사건 법률조항이 평등권을 침해하는지 여부는 완화된 심사기준에 따라 판단하여야 한다(헌재 2011.6.30. 2010헌마460). **답** ✕

111 현역병 및 사회복무요원과 달리 공무원의 초임호봉 획정에 인정되는 경력에 산업기능요원의
□□□ 경력을 제외하도록 한 공무원보수규정은 산업기능요원의 평등권을 침해하지 않는다.
▮법행 23 ○ ✕

현역병 및 사회복무요원과 달리 공무원의 초임호봉 획정에 인정되는 경력에 산업기능요원의 경력을 제외하도록 한 공무원보수규정은 병역의무로 인하여 본인의 의사와 관계없이 징집·소집되어 적정한 보수를 받지 못하고 공무수행으로 복무한 기간을 공무원 초임호봉에 반영함으로써, 상대적으로 열악한 환경에서 병역의무를 이행한 공로를 금전적으로 보상하고자 함에 그 취지가 있다. 그런데 사회복무요원은 공익 수행을 목적으로 한 제도로, 그 직무가 공무수행으로 인정되고, 본인의사에 관계없이 소집되며, 현역병에 준하는 최소한의 보수만 지급됨에 반하여, 산업기능요원은 국가산업 육성을 목적으로 한 제도로, 그 직무가 공무수행으로 인정되지 아니하고, 본인의 의사에 따라 편입 가능하며, 근로기준법 및 최저임금법의 적용을 받는다. 심판대상조항은 이와 같은 실질적 차이를 고려하여 상대적으로 열악한 환경에서 병역의무를 이행한 것으로 평가되는 현역병 및 사회복무요원의 공로를 보상하도록 한 것으로 산업기능요원과의 차별취급에 합리적 이유가 있으므로, 산업기능요원인 청구인의 평등권을 침해하지 아니한다(헌재 2016.6.30. 2014헌마192). **답** ○

112 구 제대군인 지원에 관한 법률(1997.12.31. 법률 제5482호로 제정된 것) 제8조에 따른 제대군
□□□ 인가산점제도는 제대군인과 제대군인이 아닌 사람을 차별하고, 현역복무나 상근예비역 소집
근무를 할 수 있는 신체 건장한 남자와 질병이나 심신장애로 병역을 감당할 수 없는 남자인
병역면제자를 차별하며, 보충역으로 편입되어 군복무를 마친 자를 차별하는 제도이므로, 그
입법목적의 정당성이 인정되지 않는다. ▮법무사 20   ○ ×

가산점제도의 주된 목적은 군복무 중에는 취업할 기회와 취업을 준비하는 기회를 상실하게 되므로 이러한 불이익
을 보전해 줌으로써 제대군인이 군복무를 마친 후 빠른 기간 내에 일반사회로 복귀할 수 있도록 해 주는 데에
있다. 인생의 황금기에 해당하는 20대 초·중반의 소중한 시간을 사회와 격리된 채 통제된 환경에서 자기개발의
여지 없이 군복무 수행에 바침으로써 국가·사회에 기여하였고, 그 결과 공무원채용시험 응시 등 취업준비에
있어 제대군인이 아닌 사람에 비하여 상대적으로 불리한 처지에 놓이게 된 제대군인의 사회복귀를 지원한다는
것은 입법정책적으로 얼마든지 가능하고 또 매우 필요하다고 할 수 있으므로 이 입법목적은 정당하다(헌재
1999.12.23. 98헌마363).   답 ×

113 제대군인가산점제도는 공직수행능력과는 아무런 합리적 관련성을 인정할 수 없는 성별 등을
□□□ 기준으로 여성과 장애인 등의 사회진출기회를 박탈하는 것이므로 정책수단으로서의 적합성과
합리성을 상실한 것이다. ▮법무사 20   ○ ×

제대군인에 대하여 여러 가지 사회정책적 지원을 강구하는 것이 필요하다 할지라도, 그것이 사회공동체의 다른
집단에게 동등하게 보장되어야 할 균등한 기회 자체를 박탈하는 것이어서는 아니 되는데, 가산점제도는 공직수행
능력과는 아무런 합리적 관련성을 인정할 수 없는 성별 등을 기준으로 여성과 장애인 등의 사회진출기회를 박탈하
는 것이므로 정책수단으로서의 적합성과 합리성을 상실한 것이라 하지 아니할 수 없다(헌재 1999.12.23. 98헌마
363).   답 ○

114 제대군인가산점제도는 제대군인에게 채용시험 응시횟수에 무관하게, 가산점제도의 혜택을
□□□ 받아 채용시험에 합격한 적이 있었는지에 관계없이 제대군인은 계속 가산점혜택을 부여하여,
한 사람의 제대군인을 위하여 몇 사람의 비제대군인의 기회가 박탈당할 수 있는 불합리한
결과를 초래한다. ▮법무사 20   ○ ×

가산점제도는 제대군인에 대한 이러한 혜택을 몇 번이고 아무런 제한 없이 부여하고 있다. 채용시험 응시횟수에
무관하게, 가산점제도의 혜택을 받아 채용시험에 합격한 적이 있었는지에 관계없이 제대군인은 계속 가산점혜택을
받을 수 있다. 이는 한 사람의 제대군인을 위하여 몇 사람의 비제대군인의 기회가 박탈당할 수 있음을 의미하는
것이다(헌재 1999.12.23. 98헌마363).   답 ○

115 제대군인이 공무원채용시험 등에 응시한 때에 과목별 득점에 과목별 만점의 5% 또는 3%를
□□□ 가산하는 제도는 평등권을 침해한다. ▮법원직9급 20   ○ ×

가산점제도는 제대군인에 비하여, 여성 및 제대군인이 아닌 남성을 부당한 방법으로 지나치게 차별하는 것으로서
헌법 제11조에 위배되며, 이로 인하여 청구인들의 평등권이 침해된다(헌재 1999.12.23. 98헌마363).   답 ○

116 제대군인가산점제도는 승진, 봉급 등 공직내부에서의 차별이 아니라 공직에의 진입 자체를 □□□ 어렵게 함으로써 공직선택의 기회를 원천적으로 박탈하는 것이기 때문에 공무담임권에 대한 더욱 중대한 제약으로서 작용하고 있다. **ㅣ법무사 20** ○ ×

···

헌재 1999.12.23. 98헌마363 **답** ○

117 여성공무원 채용목표제는 종래부터 차별을 받아 왔고 그 결과 현재 불리한 처지에 있는 여성을 □□□ 유리한 처지에 있는 남성과 동등한 처지에까지 끌어 올리는 것을 목적으로 하는 제도이지만, 그 효과가 매우 제한적이어서, 이를 이유로 제대군인가산점제도의 위헌성이 제거된다고 볼 수는 없다. **ㅣ법무사 20** ○ ×

···

현재 시행되고 있는 채용목표제로 인하여 가산점제도의 위헌성이 제거되는 것인지 살펴본다. ㄱ) 채용목표제는 가산점제도와는 제도의 취지, 기능을 달리하는 별개의 제도이다. 채용목표제는 종래부터 차별을 받아 왔고 그 결과 현재 불리한 처지에 있는 여성을 유리한 처지에 있는 남성과 동등한 처지에까지 끌어 올리는 것을 목적으로 하는 제도이다. 이에 반하여 가산점제도는 공직사회에서의 남녀비율에 관계없이 무제한적으로 적용되는 것으로서, 우월한 처지에 있는 남성의 기득권을 직·간접적으로 유지·고착하는 결과를 낳을 수 있는 제도이다. ㄴ) 채용목표제의 효과는 매우 제한적이다. … 이상과 같은 점을 고려해 볼 때 채용목표제의 존재를 이유로 가산점제도의 위헌성이 제거되거나 감쇄된다고는 할 수 없다(헌재 1999.12.23. 98헌마363). **답** ○

118 국·공립학교의 채용시험에 국가유공자와 그 가족이 응시하는 경우 만점의 10퍼센트를 가산하 □□□ 도록 한 규정은 평등권을 침해한다. **ㅣ법원직9급 20** ○ ×

···

이 사건 조항의 경우 명시적인 헌법적 근거 없이 국가유공자의 가족들에게 만점의 10%라는 높은 가산점을 부여하고 있는바, 그러한 가산점 부여 대상자의 광범위성과 가산점 10%의 심각한 영향력과 차별효과를 고려할 때, 그러한 입법정책만으로 헌법상의 공정경쟁의 원리와 기회균등의 원칙을 훼손하는 것은 부적절하며, 국가유공자의 가족의 공직 취업기회를 위하여 매년 많은 일반 응시자들에게 불합격이라는 심각한 불이익을 입게 하는 것은 정당화될 수 없다. 이 사건 조항의 차별로 인한 불평등 효과는 입법목적과 그 달성수단 간의 비례성을 현저히 초과하는 것이므로, 이 사건 조항은 청구인들과 같은 일반 공직시험 응시자들의 평등권을 침해한다(헌재 2006.2.23. 2004헌마675). **답** ○

119 대통령령으로 정하는 공공기관 및 공기업으로 하여금 매년 정원의 100분의 3 이상씩 34세 □□□ 이하의 청년 미취업자를 채용하도록 한 조항은 평등권을 침해한다. **ㅣ법원직9급 20** ○ ×

···

청년할당제는 일정 규모 이상의 기관에만 적용되고, 전문적인 자격이나 능력을 요하는 경우에는 적용을 배제하는 등 상당한 예외를 두고 있다. 더욱이 3년간 한시적으로만 시행하며, 청년할당제가 추구하는 청년실업해소를 통한 지속적인 경제성장과 사회 안정은 매우 중요한 공익인 반면, 청년할당제가 시행되더라도 현실적으로 35세 이상 미취업자들이 공공기관 취업기회에서 불이익을 받을 가능성은 크다고 볼 수 없다. 따라서 이 사건 청년할당제가 청구인들의 평등권, 공공기관 취업의 자유를 침해한다고 볼 수 없다(헌재 2014.8.28. 2013헌마553). **답** ×

120 근로자가 사업주의 지배관리 아래 출퇴근하던 중 발생한 사고로 부상 등이 발생한 경우만
□□□ 업무상 재해로 인정하는 산업재해보상보험법 제37조 제1항 제1호 다목은 평등원칙에 위반된다.
　Ⅰ법행 23　○ ✕

도보나 자기 소유 교통수단 또는 대중교통수단 등을 이용하여 출퇴근하는 산업재해보상보험(이하 '산재보험'이라
한다) 가입 근로자(이하 '비혜택근로자'라 한다)는 사업주가 제공하거나 그에 준하는 교통수단을 이용하여 출퇴근
하는 산재보험 가입 근로자(이하 '혜택근로자'라 한다)와 같은 근로자인데도 사업주의 지배관리 아래 있다고 볼
수 없는 통상적 경로와 방법으로 출퇴근하던 중에 발생한 재해(이하 '통상의 출퇴근 재해'라 한다)를 업무상 재해로
인정받지 못한다는 점에서 차별취급이 존재한다. …(중략)… 사업장 규모나 재정여건의 부족 또는 사업주의 일방적
의사나 개인 사정 등으로 출퇴근용 차량을 제공받지 못하거나 그에 준하는 교통수단을 지원받지 못하는 비혜택근
로자는 비록 산재보험에 가입되어 있다 하더라도 출퇴근 재해에 대하여 보상을 받을 수 없는데, 이러한 차별을
정당화할 수 있는 합리적 근거를 찾을 수 없다. …(중략)… 따라서 심판대상조항은 합리적 이유 없이 비혜택근로자
를 자의적으로 차별하는 것이므로, 헌법상 평등원칙에 위배된다(헌재 2016.9.29. 2014헌바254).　　답 ○

121 실업급여에 관한 고용보험법의 적용에 있어 '65세 이후에 새로이 고용된 자'를 그 적용대상에서
□□□ 배제한 고용보험법은 65세 이후 고용된 사람의 평등권을 침해하지 않는다.　Ⅰ법행 23　○ ✕

근로의 의사와 능력이 있는지를 일정한 연령을 기준으로 하는 것이 특별히 불합리하다고 단정할 수는 없다. 우리
사회보장체계는 65세 이후에는 소득상실이라는 사회적 위험이 보편적으로 발생한다고 보고, 고용에 대한 지원이
나 보장보다 노령연금이나 기초연금과 같은 사회보장급여 체계를 통하여 노후생활이 안정될 수 있도록 설계되었
다. 실업급여의 지급목적, 경제활동인구의 연령별 비율, 보험재정상태 등을 모두 고려하여 '65세 이후 고용된
자'의 경우 고용보험법상 고용안정·직업능력개발사업의 지원대상에는 포함되지만, 실업급여를 적용하지 않도록
한 데에는 합리적 이유가 있다. 따라서 그러한 적용제외 조항이 65세 이후 고용된 후 이직한 청구인의 평등권을
침해하지 아니한다(헌재 2018.6.28. 2017헌마238).　　답 ○

122 대통령령이 정하는 일정수 이상의 근로자를 고용하는 사업주는 기준고용률 이상에 해당하는
□□□ 장애인을 고용해야 한다고 규정한 조항은 평등권을 침해한다.　Ⅰ법원직9급 20　○ ✕

구 장애인고용촉진 등에 관한 법률 제3조에 의하면 국가와 지방자치단체는 장애인의 고용에 관하여 사업주 및
국민일반의 이해를 높이기 위해 교육·홍보 및 장애인 고용촉진운동을 추진하고, 사업주·장애인 기타 관계자에
대한 지원과 장애인의 특성을 고려한 직업재활의 조치를 강구하여야 하며, 기타 장애인의 고용촉진 및 직업안정을
도모하기 위하여 필요한 시책을 종합적이고 효과적으로 추진하여야 할 책임이 있는 공공적 주체이며, 한편 민간사
업주와는 달리 기준고용률을 미달하는 경우 부담금의 납부를 명하고 이를 징수한다든지(구법 제38조) 기준고용률
을 초과하는 경우 고용지원금 및 장려금(구법 제37조)을 지급할 수 없는 등 민간사업주와는 다른 지위에 있으므로,
국가·지방자치단체와 민간사업주와의 차별취급은 합리적인 근거가 있는 차별이라고 할 것이다(헌재 2003.7.24.
2001헌바96).　　답 ✕

123 사회적 특수계급의 제도는 인정되지 아니하며, 어떠한 형태로도 이를 창설할 수 없다.
□□□ ▎법원직9급 21 ○ ✕

···

헌법 제11조 제2항 **답** ○

124 훈장 등의 영전은 이를 받은 자에게만 효력이 있고, 어떠한 특권도 이에 따르지 아니한다.
□□□ ▎법원직9급 21 ○ ✕

···

헌법 제11조 제3항 **답** ○

제3장 ▎ 자유권적 기본권

제1절 인신의 자유권

제1관 생명권

125 형법 제269조 제1항은 부녀가 약물 기타 방법으로 낙태한 때에는 1년 이하의 징역 또는 200만
□□□ 원 이하의 벌금에 처하도록 규정하고 있다. 이러한 자기낙태죄 조항의 위헌 여부는 임신한
여성의 자기결정권과 태아의 생명권의 직접적인 충돌이 문제되므로 헌법을 규범 조화적으로
해석하여 사안을 해결하여야 한다. ▎법무사 19 ○ ✕

···

이 사안은 국가가 태아의 생명 보호를 위해 확정적으로 만들어 놓은 자기낙태죄 조항이 임신한 여성의 자기결정권
을 제한하고 있는 것이 과잉금지원칙에 위배되어 위헌인지 여부에 대한 것이다. 자기낙태죄 조항의 존재와 역할을
간과한 채 임신한 여성의 자기결정권과 태아의 생명권의 직접적인 충돌을 해결해야 하는 사안으로 보는 것은
적절하지 않다(헌재 2019.4.11. 2017헌바127). **답** ✕

126 모든 인간은 헌법상 생명권의 주체가 되며, 형성 중의 생명인 태아에게도 생명에 대한 권리가
□□□ 인정되어야 한다. 따라서 태아도 헌법상 생명권의 주체가 되며, 국가는 헌법 제10조에 따라
태아의 생명을 보호할 의무가 있다. ▎법무사 17, 법행 21 ○ ✕

···

생명권은 비록 헌법에 명문의 규정이 없다 하더라도 인간의 생존본능과 존재목적에 바탕을 둔 선험적이고 자연법적인
권리로서 헌법에 규정된 모든 기본권의 전제로서 기능하는 기본권 중의 기본권이다. 모든 인간은 헌법상 생명권의
주체가 되며, 형성 중의 생명인 태아에게도 생명에 대한 권리가 인정되어야 한다. 따라서 태아도 헌법상 생명권의
주체가 되며, 국가는 헌법 제10조에 따라 태아의 생명을 보호할 의무가 있다(헌재 2008.7.31. 2004헌바81).
답 ○

127 모든 인간은 헌법상 생명권의 주체가 되며, 형성 중의 생명인 태아에게도 생명에 대한 권리가
☐☐☐ 인정되어야 한다. 따라서 국가는 헌법 제10조 제2문에 따라 태아의 생명을 보호할 의무가
있고, 생명을 보호하는 입법적 조치를 취함에 있어 인간생명의 발달단계에 따라 그 보호정도나
보호수단을 달리하여서는 아니 된다. ┃법무사 19   ○ ✕

모든 인간은 헌법상 생명권의 주체가 되며, 형성 중의 생명인 태아에게도 생명에 대한 권리가 인정되어야 한다.
태아가 비록 그 생명의 유지를 위하여 모(母)에게 의존해야 하지만, 그 자체로 모(母)와 별개의 생명체이고, 특별한
사정이 없는 한, 인간으로 성장할 가능성이 크기 때문이다. 따라서 태아도 헌법상 생명권의 주체가 되며, 국가는
헌법 제10조 제2문에 따라 태아의 생명을 보호할 의무가 있다. … 생명의 전체적 과정에 대해 법질서가 언제나
동일한 법적 보호 내지 효과를 부여하고 있는 것은 아니다. 따라서 국가가 생명을 보호하는 입법적 조치를 취함에
있어 인간생명의 발달단계에 따라 그 보호정도나 보호수단을 달리하는 것은 불가능하지 않다(헌재 2019.4.11.
2017헌바127).   답 ✕

128 이른바 임신 제1삼분기(대략 마지막 생리기간의 첫날부터 14주 무렵까지)에는 어떠한 사유를
☐☐☐ 요구함이 없이 임신한 여성이 자신의 숙고와 판단 아래 낙태할 수 있도록 하여야 한다.
┃법무사 19   ○ ✕

우리는 여기에서 더 나아가 이른바 '임신 제1삼분기(First Trimester, 대략 마지막 생리기간의 첫날부터 14주 무렵까
지)'에는 어떠한 사유를 요구함이 없이 임신한 여성이 자신의 숙고와 판단 아래 낙태할 수 있도록 하여야 한다
는 점, 자기낙태죄 조항 및 의사낙태죄 조항(이하 '심판대상조항들'이라 한다)에 대하여 단순위헌결정을 하여야 한다
는 점에서 헌법불합치의견과 견해를 달리한다(헌재 2019.4.11. 2017헌바127).   답 ✕
※ 지문의 내용은 소수의견인 단순위헌결정의 견해이다.

129 업무상동의낙태죄와 자기낙태죄는 대향범이므로, 임신한 여성의 자기낙태를 처벌하는 것이
☐☐☐ 위헌이라고 판단되는 경우에는 동일한 목표를 실현하기 위해 부녀의 촉탁 또는 승낙을 받아
낙태하게 한 의사를 형사처벌하는 의사낙태죄 조항도 당연히 위헌이 되는 관계에 있다.
┃법무사 19   ○ ✕

헌재 2019.4.11. 2017헌바127   답 ○

130 민법 제762조는 '태아는 손해배상의 청구권에 관하여는 이미 출생한 것으로 본다'라고 규정함
☐☐☐ 으로써 '살아서 출생한 태아'와는 달리 '살아서 출생하지 못한 태아'에 대해서는 손해배상청구
권을 부정함으로써 후자에게 불리한 결과를 초래하고 있으나 이러한 결과는 사법(私法)관계에
서 요구되는 법적 안정성의 요청이라는 법치국가이념에 의한 것으로 헌법적으로 정당화된다
할 것이므로, 그와 같은 차별적 입법조치가 있다는 이유만으로 곧 국가가 기본권 보호를 위해
필요한 최소한의 입법적 조치를 다하지 않아 그로써 위헌적인 입법적 불비나 불완전한 입법상
태가 초래된 것이라고 볼 수 없다. ┃법무사 17   ○ ✕

헌재 2008.7.31. 2004헌바81   답 ○

131 사산된 태아에게 불법적인 생명침해로 인한 손해배상청구권을 인정하지 않는 것은 태아의
□□□ 생명보호를 위한 최소한의 보호조치를 취하여야 할 국가의 생명보호의무를 위반한 것은 아니다.
　┃법행 21　　　　　　　　　　　　　　　　　　　　　　　　　　　　　　　　　　　　　　○ ×

이 사건 법률조항들이 태아가 사산한 경우에 한해서 태아 자신에게 불법적인 생명침해로 인한 손해배상청구권을
인정하지 않고 있다고 하여 단지 그 이유만으로 입법자가 태아의 생명보호를 위해 국가에게 요구되는 최소한의
보호조치마저 취하지 않은 것이라 비난할 수 없다. …(중략)… 그렇다면 이 사건 법률조항들이 권리능력의 존재
여부를 출생 시를 기준으로 확정하고 태아에 대해서는 살아서 출생할 것을 조건으로 손해배상청구권을 인정한다
할지라도 이러한 입법적 태도가 입법형성권의 한계를 명백히 일탈한 것으로 보기는 어려우므로 이 사건 법률조항
들이 국가의 생명권 보호의무를 위반한 것이라 볼 수 없다(헌재 2008.7.31. 2004헌바81).　　　　**답** ○

132 초기배아는 수정이 된 배아라는 점에서 형성 중인 생명의 첫걸음을 떼었다고 볼 여지가 있기는
□□□ 하나 아직 모체에 착상되거나 원시선이 나타나지 않은 이상 기본권 주체성 및 국가의 보호필요
성을 인정할 수 없다. ┃법무사 17　　　　　　　　　　　　　　　　　　　　　　　　　○ ×

초기배아는 수정이 된 배아라는 점에서 형성 중인 생명의 첫걸음을 떼었다고 볼 여지가 있기는 하나 아직 모체에
착상되거나 원시선이 나타나지 않은 이상 현재의 자연과학적 인식 수준에서 독립된 인간과 배아 간의 개체적
연속성을 확정하기 어렵다고 봄이 일반적이라는 점, 배아의 경우 현재의 과학기술 수준에서 모태 속에서 수용될
때 비로소 독립적인 인간으로의 성장가능성을 기대할 수 있다는 점, 수정 후 착상 전의 배아가 인간으로 인식된다거
나 그와 같이 취급하여야 할 필요성이 있다는 사회적 승인이 존재한다고 보기 어려운 점 등을 종합적으로 고려할
때, <u>기본권주체성을 인정하기 어렵다.</u> … 다만, 오늘날 생명공학 등의 발전과정에 비추어 인간의 존엄과 가치가
갖는 헌법적 가치질서로서의 성격을 고려할 때 인간으로 발전할 잠재성을 갖고 있는 초기배아라는 원시생명체에
대하여도 위와 같은 헌법적 가치가 소홀히 취급되지 않도록 노력해야 할 <u>국가의 보호의무가 있음을 인정하지
않을 수 없다</u>(헌재 2010.5.27. 2005헌마346).　　　　　　　　　　　　　　　　　　**답** ×

133 법학자, 윤리학자, 철학자, 의사 등의 직업인들이 보존기간이 경과한 잔여배아를 각종 연구에
□□□ 사용할 수 있도록 허용하고 있는 생명윤리 및 안전에 관한 법률 조항에 의해 불편을 겪는다고
하더라도, 이는 사실적·간접적 불이익에 불과하여 기본권침해의 가능성 및 자기관련성을
인정할 수 없다. ┃법무사 17　　　　　　　　　　　　　　　　　　　　　　　　　　　○ ×

헌재 2010.5.27. 2005헌마346　　　　　　　　　　　　　　　　　　　　　　　　　　**답** ○

134 배아생성자는 배아에 대해 자신의 유전자정보가 담긴 신체의 일부를 제공하고, 또 배아가
□□□ 모체에 성공적으로 착상하여 인간으로 출생할 경우 생물학적 부모로서의 지위를 갖게 되므로
배아의 관리 또는 처분에 대한 결정권을 가진다. ┃법무사 17　　　　　　　　　　　　○ ×

배아생성자는 배아에 대해 자신의 유전자정보가 담긴 신체의 일부를 제공하고, 또 배아가 모체에 성공적으로
착상하여 인간으로 출생할 경우 생물학적 부모로서의 지위를 갖게 되므로, 배아의 관리 또는 처분에 대한 결정권을
가진다. 이러한 배아생성자의 배아에 대한 결정권은 헌법상 명문으로 규정되어 있지는 아니하지만, 헌법 제10조로
부터 도출되는 일반적 인격권의 한 유형으로서의 헌법상 권리라 할 것이다(헌재 2010.5.27. 2005헌마346).
　　답 ○

헌법 제12조 　① 모든 국민은 신체의 자유를 가진다. 누구든지 (법률)에 의하지 아니하고는 (체포 · 구속 · 압수 · 수색 또는 심문)을 받지 아니하며, (법률과 적법한 절차)에 의하지 아니하고는 (처벌 · 보안처분 또는 강제노역)을 받지 아니한다.

② 모든 국민은 (고문)을 받지 아니하며, 형사상 (자기)에게 불리한 (진술)을 강요당하지 아니한다.

③ (체포 · 구속 · 압수 또는 수색)을 할 때에는 (적법한 절차)에 따라 (검사의 신청)에 의하여 법관이 발부한 영장을 제시하여야 한다. 다만, (현행범인)인 경우와 (장기 3년 이상)의 형에 해당하는 죄를 범하고 도피 또는 증거인멸의 염려가 있을 때에는 (사후에 영장)을 청구할 수 있다.

④ 누구든지 (체포 또는 구속)을 당한 때에는 즉시 (변호인의 조력)을 받을 권리를 가진다. 다만, 형사피고인이 스스로 변호인을 구할 수 없을 때에는 법률이 정하는 바에 의하여 국가가 변호인을 붙인다.

⑤ 누구든지 체포 또는 구속의 (이유)와 변호인의 조력을 받을 (권리)가 있음을 (고지)받지 아니하고는 체포 또는 구속을 당하지 아니한다. 체포 또는 구속을 당한 자의 (가족등) 법률이 정하는 자에게는 그 (이유와 일시 · 장소)가 지체 없이 (통지)되어야 한다.

⑥ 누구든지 체포 또는 구속을 당한 때에는 적부의 심사를 법원에 청구할 권리를 가진다.

⑦ (피고인의 자백)이 고문 · 폭행 · 협박 · 구속의 부당한 장기화 또는 기망 기타의 방법에 의하여 (자의)로 진술된 것이 아니라고 인정될 때 또는 (정식재판)에 있어서 피고인의 자백이 그에게 불리한 (유일한 증거)일 때에는 이를 유죄의 증거로 삼거나 이를 이유로 처벌할 수 없다.

제13조 　① 모든 국민은 (행위시의 법률)에 의하여 범죄를 구성하지 아니하는 행위로 (소추)되지 아니하며, (동일한 범죄)에 대하여 거듭 (처벌)받지 아니한다.

1 　신체의 자유의 의의

135
▸ 신체의 자유는 외부의 물리적인 힘뿐만 아니라 정신적인 위험으로부터도 신체의 안정성이 침해당하지 아니할 자유를 포함한다. ┃법원직9급 22　　　　　　　　　　○ ×

▸ 직장 변경을 제한하거나 특정한 직장에서 계속 근로를 강제하는 것이 곧바로 신체의 안전성을 침해한다거나 신체의 자유로운 이동과 활동을 제한하는 것이라고 볼 수는 없다. ┃법원직9급 22　　　　　　　　　　○ ×

신체의 자유는 신체의 안전성이 외부로부터의 물리적인 힘이나 정신적인 위험으로부터 침해당하지 아니할 자유와 신체활동을 임의적이고 자율적으로 할 수 있는 자유를 말한다. 이에 따르면 직장 변경을 제한하거나 특정한 직장에서 계속 근로를 강제하는 것이 곧바로 신체의 안전성을 침해한다거나 신체의 자유로운 이동과 활동을 제한하는 것이라고 볼 수는 없다(헌재 2021.12.23. 2020헌마395). 답 ○ / ○

(1) 법률주의

136
□□□
헌법 제12조 제1항 후단은 '법률과 적법한 절차에 의하지 아니하고는 처벌 …(중략)… 을 받지 아니한다.'라고 규정하여 죄형법정주의를 천명하고 있는데, 여기서 '법률'이란 입법부에서 제정한 형식적 의미의 법률을 의미한다. ▮법행 23 ○ ×

⋯⋯

헌법 제12조 제1항은 '법률과 적법한 절차에 의하지 아니하고는 처벌을 받지 아니한다'라고 규정하여 죄형법정주의를 천명하고 있다. 여기서 말하는 '법률'이란 입법부에서 제정한 형식적 의미의 법률을 의미한다(헌재 2019.5.30. 2018헌가12). 답 ○

137
□□□
헌법 제12조 제1항 후단이 '법률과 적법한 절차에 의하지 아니하고는 처벌을 받지 아니한다'라고 규정하여 죄형법정주의를 천명하고 있고, 여기에서 '법률'이란 입법부에서 제정한 형식적 의미의 법률을 의미하는 것이긴 하나, 현대국가의 사회적 기능증대와 사회현상의 복잡화에 따라 국민의 권리·의무에 관한 사항이라 하여 모두 입법부에서 제정한 법률만으로 다 정할 수는 없어 예외적으로 하위법령에 위임하는 것을 허용하지 않을 수 없고, 구 노동조합법 제46조의3이 '단체협약에 위반한 자'를 1,000만원 이하의 벌금에 처하도록 규정한 것이 죄형법정주의에 위배된다고 보기 어렵다. ▮법무사 17 ○ ×

⋯⋯

구 노동조합법 제46조의3은 그 구성요건을 "단체협약에 … 위반한 자"라고만 규정함으로써 범죄구성요건의 외피(外皮)만 설정하였을 뿐 구성요건의 실질적 내용을 직접 규정하지 아니하고 모두 단체협약에 위임하고 있어 죄형법정주의의 기본적 요청인 "법률"주의에 위배되고, 그 구성요건도 지나치게 애매하고 광범위하여 죄형법정주의의 명확성의 원칙에 위배된다(헌재 1998.3.26. 96헌가20). 답 ×

138
□□□
과태료는 행정상 의무위반자에게 부과하는 행정질서벌로서 그 기능과 역할이 형벌에 준하는 것이므로 죄형법정주의의 규율대상에 해당한다. ▮법원직9급 21 ○ ×

⋯⋯

죄형법정주의는 무엇이 범죄이며 그에 대한 형벌이 어떠한 것인가는 국민의 대표로 구성된 입법부가 제정한 법률로써 정하여야 한다는 원칙인데, 부동산등기특별조치법 제11조 제1항 본문 중 제2조 제1항에 관한 부분이 정하고 있는 과태료는 행정상의 질서유지를 위한 행정질서벌에 해당할 뿐 형벌이라고 할 수 없어 죄형법정주의의 규율대상에 해당하지 아니한다(헌재 1998.5.28. 96헌바83). 답 ×

(2) 형벌불소급의 원칙

139
□□□
보안처분이라 하더라도 형벌적 성격이 강하여 신체의 자유를 박탈하거나 박탈에 준하는 정도로 신체의 자유를 제한하는 경우에는 소급입법금지원칙을 적용하는 것이 법치주의 및 죄형법정주의에 부합한다. ▮법무사 19, 법원직9급 20 ○ ×

⋯⋯

헌재 2012.12.27. 2010헌가82 답 ○

140 노역장유치란 벌금납입의 대체수단이자 납입강제기능을 갖는 벌금형의 집행방법이며, 벌금형에 대한 환형처분이라는 점에서 형벌과 구별된다. 따라서 노역장유치기간의 하한을 정한 것은 벌금형을 대체하는 집행방법을 강화한 것에 불과하며, 이를 소급적용한다고 하여 형벌불소급의 문제가 발생한다고 보기 어렵다. **▎법무사 19, 법원직9급 20** ○ ×

노역장유치는 그 실질이 신체의 자유를 박탈하는 것으로서 징역형과 유사한 형벌적 성격을 가지고 있으므로 형벌불소급원칙의 적용대상이 된다. 노역장유치조항은 1억원 이상의 벌금형을 선고받는 자에 대하여 유치기간의 하한을 중하게 변경시킨 것이므로, 이 조항 시행 전에 행한 범죄행위에 대해서는 범죄행위 당시에 존재하였던 법률을 적용하여야 한다. 그런데 부칙조항은 노역장유치조항의 시행 전에 행해진 범죄행위에 대해서도 공소제기의 시기가 노역장유치조항의 시행 이후이면 이를 적용하도록 하고 있으므로, 이는 범죄행위 당시보다 불이익한 법률을 소급적용하도록 하는 것으로서 헌법상 형벌불소급원칙에 위반된다(헌재 2017.10.26. 2015헌바239). **답** ×

141 전자장치 부착명령은 전통적 의미의 형벌이 아닐 뿐 아니라 처벌적인 효과를 나타낸다고 보기도 어려우므로, 전자장치 부착명령은 범죄행위를 한 사람에 대한 응보를 주된 목적으로 그 책임을 추궁하는 사후적 처분인 형벌과 구별되는 비형벌적 보안처분으로서 소급효금지원칙이 적용되지 아니한다. **▎법무사 19** ○ ×

전자장치 부착은 전통적 의미의 형벌이 아닐 뿐 아니라, 이를 통하여 피부착자의 행동 자체를 통제하는 것도 아니라는 점에서, 처벌적인 효과를 나타낸다고 보기 어렵다. 따라서 전자장치 부착은 비형벌적 보안처분에 해당되므로, 이를 소급적으로 적용할 수 있도록 한 부칙경과조항은 소급처벌금지원칙에 위반되지 않는다(헌재 2015.9.24. 2015헌바35). **답** ○

142 디엔에이감식시료의 채취 행위 및 디엔에이신원확인정보의 수집, 수록, 검색, 회보라는 일련의 행위는 보안처분으로서의 성격을 지닌다. **▎법원직9급 20** ○ ×

디엔에이감식시료의 채취 행위 및 디엔에이신원확인정보의 수집, 수록, 검색, 회보라는 일련의 행위는 수형인등에게 심리적 압박에서 나오는 위하효과로 인한 범죄의 예방효과를 가진다는 점에서 행위자의 장래 위험성에 근거하여 범죄자의 개선을 통해 범죄를 예방하고 장래의 위험을 방지하여 사회를 보호하기 위해서 부과되는 보안처분으로서의 성격을 지닌다고 볼 수 있다(헌재 2014.8.28. 2011헌마28). **답** ○

143 가정폭력범죄의 처벌 등에 관한 특례법이 정한 보호처분 중의 하나인 사회봉사명령은 보안처분의 성격을 가지는 것이 사실이나, 한편으로 이는 가정폭력범죄행위에 대하여 형사처벌 대신 부과되는 것으로서 가정폭력범죄를 범한 자에게 의무적 노동을 부과하고 여가시간을 박탈하여 실질적으로는 신체적 자유를 제한하게 되므로, 이에 대하여는 원칙적으로 형벌불소급의 원칙에 따라 행위시법을 적용함이 상당하다. **▎법무사 19** ○ ×

대결 2008.7.24. 2008어4 **답** ○

144 무기징역의 집행 중에 있는 자의 가석방 요건을 종전의 '10년 이상'에서 '20년 이상' 형 집행
□□□ 경과로 강화한 개정 형법 조항을 형법 개정 당시에 이미 수용 중인 사람에게도 적용하는 형법
부칙 조항이 신뢰보호원칙에 위배되어 신체의 자유를 침해한다고 볼 수 없다. **|법행 21**

○ ✕

....

수형자가 형법에 규정된 형 집행경과기간 요건을 갖춘 것만으로 가석방을 요구할 권리를 취득하는 것은 아니므로,
10년간 수용되어 있으면 가석방 적격심사 대상자로 선정될 수 있었던 구 형법 제72조 제1항에 대한 청구인의
신뢰를 헌법상 권리로 보호할 필요성이 있다고 할 수 없다. 가석방 제도의 실제 운용에 있어서도 구 형법 제72조
제1항이 정한 10년보다 장기간의 형 집행 이후에 가석방을 해 왔고, 무기징역형을 선고받은 수형자에 대하여
가석방을 한 예가 많지 않으며, 2002년 이후에는 20년 미만의 집행기간을 경과한 무기징역형 수형자가 가석방된
사례가 없으므로, 청구인의 신뢰가 손상된 정도도 크지 아니하다. 그렇다면 죄질이 더 무거운 무기징역형을 선고받
은 수형자를 가석방할 수 있는 형 집행 경과기간이 개정 형법 시행 후에 유기징역형을 선고받은 수형자의 경우와
같거나 오히려 더 짧게 되는 불합리한 결과를 방지하고, 사회를 방위하기 위한 이 사건 부칙조항이 신뢰보호원칙에
위배되어 청구인의 신체의 자유를 침해한다고 볼 수 없다(헌재 2013.8.29. 2011헌마408). **답 ○**

(3) 명확성의 원칙

145 명확성의 원칙은 법률을 적용하는 단계에서 가치판단을 전혀 배제한 무색투명한 서술적 개념
□□□ 으로 규정되어져야 한다는 것을 의미하는 것은 아니고, 입법자의 입법의도가 건전한 일반상식
을 가진 자에 의하여 일의적으로 파악될 수 있는 정도의 것을 의미하는 것이다. **|법무사 17**

○ ✕

....

죄형법정주의에서 파생되는 명확성의 원칙은 누구나 법률이 처벌하고자 하는 행위가 무엇이며 그에 대한 형벌이
어떠한 것인지를 예견할 수 있고 그에 따라 자신의 행위를 결정지을 수 있도록 구성요건이 명확할 것을 의미하는
것이다. 여기서 구성요건이 명확하여야 한다는 것은 그 법률을 적용하는 단계에서 가치판단을 전혀 배제한 무색투
명한 서술적 개념으로 규정되어져야 한다는 것을 의미하는 것은 아니고 입법자의 입법의도가 건전한 일반상식을
가진 자에 의하여 일의적으로 파악될 수 있는 정도의 것을 의미하는 것이라고 할 것이다. 따라서 다소 광범위하고
어느 정도의 범위에서는 법관의 보충적인 해석을 필요로 하는 개념을 사용하여 규정하였다고 하더라도 그 적용단
계에서 다의적으로 해석될 우려가 없는 이상 그 점만으로 헌법이 요구하는 명확성의 요구에 배치된다고는 보기
어렵다 할 것이다(헌재 2001.12.20. 2001헌가6). **답 ○**

146 다소 광범위하고 어느 정도의 범위에서는 법관의 보충적인 해석을 필요로 하는 개념을 사용하
□□□ 여 규정하였다고 하더라도 그 적용단계에서 다의적으로 해석될 우려가 없는 이상 그 점만으로
헌법이 요구하는 명확성의 요구에 위배되는 것은 아니다. **|법무사 17** ○ ✕

....

헌재 2001.12.20. 2001헌가6 **답 ○**

147 규범의 의미내용으로부터 무엇이 금지되는 행위이고 무엇이 허용되는 행위인지를 수범자가
□□□ 알 수 없다면 법적 안정성과 예측가능성은 확보될 수 없게 될 것이고, 법집행 당국에 의한
자의적 집행을 가능하게 만들 수 있다. **|법무사 18·20** ○ ✕

헌재 1998.4.30. 95헌가16 **답** ○

148 처벌을 규정하고 있는 법률조항이 구성요건이 되는 행위를 같은 법률조항에서 직접 규정하지
□□□ 않고 다른 법률조항에서 이미 규정한 내용을 원용하였다거나 그 내용 중 일부를 괄호 안에
규정하였다는 사실만으로 명확성 원칙에 위반된다고 할 수는 없다. **ㅣ법무사 17** ○ ×

헌재 2010.3.25. 2009헌바21 **답** ○

149 처벌법규의 구성요건이 어느 정도 명확하여야 하는가는 일률적으로 정할 수 없고, 각 구성요건
□□□ 의 특수성과 그러한 법적 규제의 원인이 된 여건이나 처벌의 정도 등을 고려하여 종합적으로
판단하여야 한다. **ㅣ법행 22** ○ ×

처벌법규의 구성요건이 어느 정도 명확하여야 하는가는 일률적으로 정할 수 없고, 각 구성요건의 특수성과 그러한
법적 규제의 원인이 된 여건이나 처벌의 정도 등을 고려하여 종합적으로 판단하여야 한다(헌재 1992.4.28. 90헌바
27). **답** ○

150 명확성의 원칙은 입법자가 법률을 제정함에 있어서 개괄조항이나 불확정 법개념의 사용을
□□□ 금지한다. **ㅣ법무사 20** ○ ×

법률의 명확성원칙은 입법자가 법률을 제정함에 있어서 개괄조항이나 불확정 법개념의 사용을 금지하는 것이
아니다. 행정부가 다양한 과제를 이행하고 각 개별적 경우의 특수한 상황을 고려하며 현실의 변화에 적절하게
대처할 수 있도록 하기 위하여 입법자는 불확정 법개념을 사용할 수 있으나 이로 인한 법률의 불명확성은 법률해석
의 방법을 통하여 해소될 수 있어야 한다. 따라서 법률이 불확정 개념을 사용하는 경우라도 법률해석을 통하여
행정청과 법원의 자의적인 적용을 배제하는 객관적인 기준을 얻는 것이 가능하다면 법률의 명확성원칙에 부합하는
것이다(헌재 2004.7.15. 2003헌바35). **답** ×

151 ▶ 군형법 제47조에서 말하는 '정당한 명령 또는 규칙'은 군의 특성상 그 내용을 일일이 법률로
□□□ 정할 수 없어 법률의 위임에 따라 군통수기관이 불특정다수인을 대상으로 발하는 일반적
효력이 있는 명령이나 규칙 중 그 위반에 대하여 형사처벌의 필요가 있는 것, 즉 법령의
범위 내에서 발해지는 군통수작용상 필요한 중요하고도 구체성 있는 특정한 사항에 관한
것을 의미한다고 보아야 할 것이며, 위 법률규정이 불명확하여 죄형법정주의 원칙에 위배된
다고 할 수 없다. **ㅣ법무사 17** ○ ×

▶ 정당한 명령 또는 규칙을 준수할 의무가 있는 자가 이를 위반하거나 준수하지 아니한 때에
형사처벌을 하도록 규정한 구 군형법 제47조의 '정당한 명령 또는 규칙'의 의미가 불명확하여
명확성의 원칙에 위배된다고 보기는 어렵다. **ㅣ법행 23** ○ ×

군형법 제47조에서 말하는 "정당한 명령 또는 규칙"은 군의 특성상 그 내용을 일일이 법률로 정할 수 없어 법률의 위임에 따라 군통수기관이 불특정다수인을 대상으로 발하는 일반적 효력이 있는 명령이나 규칙 중 그 위반에 대하여 형사처벌의 필요가 있는 것, 즉 법령의 범위 내에서 발해지는 군통수작용상 필요한 중요하고도 구체성 있는 특정한 사항에 관한 것을 의미한다고 보아야 할 것이며, 대법원도 일찍부터 위 법률규정을 위와 같이 해석·적용해 옴으로써 정당한 명령이나 규칙의 범위에 관하여 자의적인 법집행을 방지하고 있으므로, 위 법률규정이 불명확하여 죄형법정주의 원칙에 위배된다고 할 수 없다(헌재 1995.5.25. 91헌바20).　답 ○ / ○

152　술에 취한 상태에서의 운전을 금지하는 도로교통법 조항을 2회 이상 위반한 음주운전자를
□□□　가중처벌하는 조항은 죄형법정주의 명확성 원칙에 위배되지 않는다. ▮법원직9급 22　○ ✕

음주운전 금지규정을 2회 이상 위반한 사람을 2년 이상 5년 이하의 징역이나 1천만원 이상 2천만원 이하의 벌금에 처하도록 한 구 도로교통법 조항의 문언, 입법목적과 연혁, 관련 규정과의 관계 및 법원의 해석 등을 종합하여 볼 때, 심판대상조항에서 '제44조 제1항을 2회 이상 위반한 사람'이란 '2006.6.1. 이후 도로교통법 제44조 제1항을 위반하여 술에 취한 상태에서 운전을 하였던 사실이 인정되는 사람으로서, 다시 같은 조 제1항을 위반하여 술에 취한 상태에서 운전한 사람'을 의미함을 충분히 알 수 있으므로, 심판대상조항은 죄형법정주의 명확성원칙에 위반되지 아니한다(헌재 2021.11.25. 2019헌바446).　답 ○

153　'기타 특히 신용할 만한 정황에 의하여 작성된 문서'를 증거능력 있는 서류로 규정한 형사소송
□□□　법 규정은 그 의미 내용이 뚜렷하지 않아 명확성 원칙에 위반된다. ▮법행 22　○ ✕

전문법칙과 관련된 형사소송법 규정들의 체계와 규정취지, 여기에 더하여 '기타'라는 문언에 의하여 형사소송법 제315조 제1호와 제2호의 문서들을 '특히 신용할 만한 정황에 의하여 작성된 문서'의 예시로 삼고 있는 이 사건 법률조항의 규정형식을 종합해 보면, 이 사건 법률조항에서 규정한 '기타 특히 신용할 만한 정황에 의하여 작성된 문서'란 형사소송법 제315조 제1호와 제2호에서 열거된 공권적 증명문서 및 업무상 통상문서에 준하여 '굳이 반대신문의 기회 부여 여부가 문제되지 않을 정도로 고도의 신용성의 정황적 보장이 있는 문서'를 의미하는 것으로 해석할 수 있으므로, 이 사건 법률조항은 명확성원칙에 위배되지 않는다(헌재 2013.10.24. 2011헌바79).　답 ✕

154　구급차 등을 이용하여 응급환자 이송업을 영위하는 자에 대하여 허가받은 지역 밖에서의 이송
□□□　업의 영업을 금지하고 처벌하는 응급의료에 관한 법률의 조항은 금지되는 허가지역 외의 영업
　　　행위가 무엇인지 여부가 불명확하므로, 명확성의 원칙에 위배된다. ▮법행 23　○ ✕

영업의 일반적 의미와 응급의료법의 관련 규정을 유기적·체계적으로 종합하여 보면, 허가받은 지역 밖에서의 이송업의 영업을 금지하고 처벌하는 '응급의료에 관한 법률' 조항의 수범자인 이송업자는 처벌조항이 처벌하고자 하는 행위가 무엇이고 그에 대한 형벌이 어떤 것인지 예견할 수 있으며, 심판대상조항의 합리적인 해석이 가능하므로, 심판대상조항은 죄형법정주의 명확성원칙에 위배되지 아니한다(헌재 2018.2.22. 2016헌바100).　답 ✕

155 '운전면허를 받은 사람이 자동차 등을 이용하여 범죄행위를 한 때'를 필요적 운전면허 취소사유
□□□ 로 규정하고 있는 구 도로교통법 조항은 범죄의 중함 정도나 고의성 여부 측면을 전혀 고려하지
않고 자동차 등을 범죄행위에 이용하기만 하면 운전면허를 취소하도록 하고 있어 그 범위가
지나치게 광범위하므로, 명확성 원칙에 위배된다. ▮법행 23   ○ ×

....

이 사건 규정의 법문은 '운전면허를 받은 사람이 자동차등을 이용하여 범죄행위를 한 때'를 필요적 운전면허
취소사유로 규정하고 있는바, 일반적으로 '범죄행위'란 형벌법규에 의하여 형벌을 과하는 행위로서 사회적 유해성
내지 법익을 침해하는 반사회적 행위를 의미한다 할 것이므로 이 사건 규정에 의하면 자동차등을 살인죄의 범행
도구나 감금죄의 범행장소 등으로 이용하는 경우는 물론이고, 주된 범죄의 전후 범죄에 해당하는 예비나 음모,
도주 등에 이용하는 경우나 과실범죄에 이용하는 경우에도 운전면허가 취소될 것이다. 그러나 오늘날 자동차는
생업의 수단 또는 대중적인 교통수단으로서 일상 생활에 없어서는 안될 필수품으로 자리잡고 있기 때문에 그
운행과 관련하여 교통관련 법규에서 여러 가지 특례제도를 두고 있는 취지를 보면, 이 사건 규정의 범죄에 사소한
과실범죄가 포함된다고 볼 수는 없다. 그럼에도 불구하고 이 사건 규정이 범죄의 중함 정도나 고의성 여부 측면을
전혀 고려하지 않고 자동차 등을 범죄행위에 이용하기만 하면 운전면허를 취소하도록 하고 있는 것은 그 포섭범위
가 지나치게 광범위한 것으로서 명확성원칙에 위반된다고 할 것이다(헌재 2005.11.24. 2004헌가28). 🔲 ○

(4) 책임과 형벌 간 비례원칙

156 은닉, 보유·보관된 문화재에 대하여 필요적 몰수를 규정한 문화재보호법 규정은 책임과 형벌
□□□ 간 비례원칙에 위배된다. ▮법무사 18   ○ ×

....

문화재는 원칙적으로 사적 소유권의 객체가 될 수 있고, 문화재의 은닉이나 도굴된 문화재인 정을 알고 보유
또는 보관하는 행위의 태양이 매우 다양함에도 구체적 행위 태양이나 적법한 보유권한의 유무 등에 관계없이
필요적 몰수형을 규정한 것은 형벌 본래의 기능과 목적을 달성함에 있어 필요한 정도를 현저히 일탈하여 지나치게
과중한 형벌을 부과하는 것으로 책임과 형벌 간의 비례원칙에 위배된다(헌재 2007.7.26. 2003헌마377).

🔲 ○

157 예비군대원 본인의 부재시 예비군훈련 소집통지서를 수령한 같은 세대 내의 가족 중 성년자가
□□□ 정당한 사유없이 소집통지서를 본인에게 전달하지 아니한 경우 형사처벌을 하는 법률조항은
책임과 형벌 간의 비례원칙에 위배되어 헌법에 위반된다. ▮법행 23   ○ ×

....

심판대상조항은 예비군대원 본인이 부재중이기만 하면 예비군대원 본인과 세대를 같이한다는 이유만으로 가족
중 성년자가 소집통지서를 전달할 의무를 위반하면 6개월 이하의 징역 또는 500만원 이하의 벌금이라는 형사처벌
을 하고 있는데, 이는 예비군훈련을 위한 소집통지서의 전달이라는 정부의 공적 의무와 책임을 단지 행정사무의
편의를 위하여 개인에게 전가하는 것으로, 이것이 실효적인 예비군훈련 실시를 위한 전제로 그 소집을 담보하고자
하는 것이라도 지나치다고 아니 할 수 없다. 심판대상조항은 국가안보 등에 관한 현실의 변화를 외면한 채 여전히
예비군대원 본인과 세대를 같이 하는 가족 중 성년자에 대하여 단지 소집통지서를 본인에게 전달하지 아니하였다
는 이유로 형사처벌을 하고 있는데, 그 필요성과 타당성에 깊은 의문이 들지 않을 수 없다. 심판대상조항은 행정절
차적 협력의무에 불과한 소집통지서 전달의무의 위반에 대하여 과태료 등의 행정적 제재가 아닌 형사처벌을
부과하고 있는데, 이는 형벌의 보충성에 반하고, 책임에 비하여 처벌이 지나치게 과도하여 비례원칙에도 위반된다.
위와 같은 사정들에 비추어 보면, 심판대상조항은 책임과 형벌 간의 비례원칙에 위반된다(헌재 2022.5.26. 2019헌
가12). 🔲 ○

158 음주운전 금지규정을 2회 이상 위반한 사람을 2년 이상 5년 이하의 징역이나 1천만원 이상 2천만원 이하의 벌금에 처하도록 한 구 도로교통법 조항은 책임과 형벌 간의 비례원칙에 위배된다. ❘법행 22 ○ ×

심판대상조항은 도로교통법 제44조 제1항의 음주운전 금지규정을 반복하여 위반한 반규범적 행위에 대한 책임을 형량에 반영하여 재범 음주운전에 대한 처벌을 강화하고자 한 규정이고, 교통안전을 해하며 국민의 생명·신체·재산을 반복하여 위험에 처하게 하는 반복적 음주운전을 엄히 처벌해야 함에는 이견이 있을 수 없다. …(중략)… 비형벌적인 반복 음주운전 방지 수단에 대한 충분한 고려 없이, 가중처벌의 요건이 되는 과거 음주운전 금지규정 위반 전력 등과 관련하여 아무런 제한을 두지 않음으로써 가중처벌할 필요가 없거나 죄질이 비교적 가벼운 유형의 재범 음주운전 행위에 대해서까지 일률적으로 가중처벌하도록 한 심판대상조항은 형벌 본래의 기능에 필요한 정도를 현저히 일탈하는 과도한 법정형을 정하고 있다. 그러므로 심판대상조항은 책임과 형벌 간의 비례원칙에 위반된다(헌재 2021.11.25. 2019헌바446). 답 ○

159 신고를 하지 아니하고 물품을 수입한 경우 해당 물품을 필요적으로 몰수하도록 규정한 관세법 조항은 책임과 형벌 간의 비례원칙에 위배된다. ❘법행 22 ○ ×

무신고수입 행위에 대하여 임의적인 몰수·추징만이 가능하다고 한다면, 관세법을 위반한 물품의 유통을 억제하고 일반 예방적 차원에서 이를 엄하게 징벌하려고 하는 관세법의 입법 목적 자체를 달성하기 어려워질 수 있다. …(중략)… 또한, 행위자의 책임과 형벌의 비례관계는 주형과 부가형을 통산하여 인정되는 것이므로, 주형의 구체적인 양형과정에서 필요적 몰수·추징의 부가형을 참작하여 구체적 형평성을 기할 수 있고, 법관은 주형에 대하여 선고를 유예하는 경우에는 부가형인 필요적 몰수나 추징에 대하여 선고를 유예할 수 있으므로, 무신고수입행위에 대하여 일률적으로 필요적 몰수·추징을 규정하고 있다고 하여 <u>책임과 형벌과의 비례원칙에 반한다고 단정하기는 어렵다</u>(헌재 2013.10.24. 2012헌바85). 답 ×

160 대중교통수단, 공연·집회 장소, 그 밖에 공중이 밀집하는 장소에서 사람을 추행한 사람을 처벌하는 법률 규정은 법정형의 하한을 두어 법관이 개별 사건마다 행위자의 책임에 상응하는 형을 선고할 수 없도록 하여 과잉금지원칙에 위반된다. ❘법행 21 ○ ×

공중밀집장소는 피해자와의 접근이 용이하고 추행장소가 공개되어 있는 등의 사정으로 폭행·협박 등의 수단 없이도 쉽게 추행행위가 발생할 수 있는 점, 공중밀집장소추행은 예상치 못하게 일어날 수 있어 방어가 어렵고 추행장소가 공개되어 있어 추행의 정도와 상관없이 피해자에게 강한 불쾌감과 수치심을 주므로 유형력이 수반되지 않은 경우라고 하더라도 비난 가능성이 높다는 점, <u>심판대상조항은 법정형의 하한을 두지 않음으로써 법관이 개별 사건마다 행위자의 책임에 상응하는 형을 선고할 수 있도록 하고 있는 점</u> 등을 고려하면, 심판대상조항은 <u>과잉금지원칙에 위반되지 아니한다</u>(헌재 2021.3.25. 2019헌바413). 답 ×

161 ▶ 공무원과 금융회사 등 임직원은 수행하는 업무와 책임, 신분보장의 정도 등에 있어 현저한 차이가 있어, 금융회사 등 임직원에게 공무원과 맞먹는 정도의 청렴성이나 직무의 불가매수성을 요구하기 어려우므로, 금융회사 등 임직원의 수재행위를 공무원과 동일하게 가중처벌까지 하는 것은 과도하다. ❘법행 22 ○ ×

▸ 금융회사 등의 임직원이 그 직무에 관하여 수수, 요구 또는 약속한 금품 기타 이익의 가액이 1억원 이상인 경우 징역형의 하한을 10년으로 하여 가중처벌하도록 정하고 있는 구 특정경제범죄 가중처벌 등에 관한 법률 규정은 과도한 처벌로서 책임과 형벌 간의 비례원칙에 위배된다. ▎법행 21　　　　　　　　　　　　　　　　　　　　　　　　　　　　　　○ ×

수재행위의 경우 수수액이 증가하면서 범죄에 대한 비난가능성도 높아지므로 수수액을 기준으로 단계적 가중처벌을 하는 것에는 합리적 이유가 있다. 그리고 가중처벌의 기준을 1억원으로 정하면서 징역형의 하한을 10년으로 정한 것은 그 범정과 비난가능성을 높게 평가한 입법자의 합리적 결단에 의한 것인바, 가중처벌조항은 책임과 형벌 간의 비례원칙에 위배되지 아니한다. 나아가 금융회사 등 임직원에게는 공무원과 맞먹는 정도의 청렴성 및 업무의 불가매수성이 요구되므로, 그 수재행위를 공무원의 수뢰행위와 동일한 법정형으로 처벌한다거나 다른 사인들의 직무 관련 수재행위보다 중하게 처벌한다는 이유만으로 가중처벌조항이 형벌체계상 현저히 균형을 잃은 것으로 평등원칙에 위배된다고 볼 수도 없다(헌재 2020.3.26. 2017헌바129).　　　답 × / ×

3 이중처벌금지의 원칙(일사부재리의 원칙)

162
□□□
헌법 제13조 제1항이 정한 이중처벌금지의 원칙은 동일한 범죄행위에 대하여 국가가 형벌권을 거듭 행사할 수 없도록 함으로써 국민의 기본권을 보장하기 위한 것이므로, 그 '처벌'은 국가가 행하는 일체의 제재나 불이익처분을 의미한다. ▎법무사 18　　　　　　　　　　　　○ ×

헌법 제13조 제1항이 정한 이중처벌금지의 원칙은 동일한 범죄행위에 대하여 국가가 형벌권을 거듭 행사할 수 없도록 함으로써 국민의 기본권 특히 신체의 자유를 보장하기 위한 것이므로, 그 "처벌"은 원칙으로 범죄에 대한 국가의 형벌권 실행으로서의 과벌을 의미하는 것이고, 국가가 행하는 일체의 제재나 불이익처분을 모두 그에 포함된다고 할 수는 없다(헌재 1994.6.30. 92헌바38).　　　답 ×

163
□□□
동일한 범죄사실로 외국에서 형의 전부 또는 일부의 집행을 받은 자에 대하여 우리 형법에 의한 처벌 시 외국에서 받은 형의 집행을 전혀 반영하지 아니할 수도 있도록 한 형법규정은 과잉금지원칙에 위배되어 신체의 자유를 침해한다. ▎법무사 20　　　　　　　　　　○ ×

입법자는 국가형벌권의 실현과 국민의 기본권 보장의 요구를 조화시키기 위하여 형을 필요적으로 감면하거나 외국에서 집행된 형의 전부 또는 일부를 필요적으로 산입하는 등의 방법을 선택하여 청구인의 신체의 자유를 덜 침해할 수 있음에도, 이 사건 법률조항과 같이 우리 형법에 의한 처벌 시 외국에서 받은 형의 집행을 전혀 반영하지 아니할 수도 있도록 한 것은 과잉금지원칙에 위배되어 신체의 자유를 침해한다(헌재 2015.5.28. 2013헌바129).　　　답 ○

164
□□□
카메라등이용촬영죄를 범한 사람에 대하여 유죄판결을 선고하는 경우 성폭력 치료프로그램의 이수명령을 병과하도록 한 성폭력범죄의 처벌 등에 관한 특례법 조항은 보안처분에 해당하므로, 동일한 범죄행위에 대하여 형벌과 병과되더라도 이중처벌금지원칙에 위배된다고 할 수 없다. ▎법무사 19　　　　　　　　　　　　　　　　　　　　　　　　○ ×

이수명령은 형벌과 본질적 차이가 있는 보안처분에 해당하므로, 동일한 범죄행위에 대하여 형벌과 병과되더라도 이중처벌금지원칙에 위배된다고 할 수 없다(헌재 2016.12.29. 2016헌바153).　　　답 ○

165 형사범죄를 일으킨 공무원에 대하여 공무원연금법상 급여를 제한하더라도 이중적인 처벌에
□□□ 해당하는 것은 아니다. **┃법무사 18** ○ ×

··

헌법 제13조 제1항 후단에 규정된 일사부재리 또는 이중처벌금지의 원칙에 있어서 처벌이라고 함은 원칙적으로 범죄에 대한 국가의 형벌권 실행으로서의 과벌을 의미하는 것이고 국가가 행하는 일체의 제재나 불이익처분이 모두 그에 포함된다고는 할 수 없으므로 이 사건 법률조항에 의하여 급여를 제한한다고 하더라도 그것이 헌법이 금하고 있는 이중적인 처벌에 해당하는 것은 아니라고 할 것이다(헌재 2002.7.18. 2000헌바57). 📒 ○

---

4 **적법절차원칙**

166 강제퇴거명령을 받은 사람을 보호할 수 있도록 하면서 보호기간의 상한을 마련하지 아니한
□□□ 출입국관리법은 적법절차원칙에 위배된다고 볼 수 없다. **┃법행 23 기출수정** ○ ×

··

행정절차상 강제처분에 의해 신체의 자유가 제한되는 경우 강제처분의 집행기관으로부터 독립된 중립적인 기관이 이를 통제하도록 하는 것은 적법절차원칙의 중요한 내용에 해당한다. 심판대상조항에 의한 보호는 신체의 자유를 제한하는 정도가 박탈에 이르러 형사절차상 '체포 또는 구속'에 준하는 것으로 볼 수 있는 점을 고려하면, 보호의 개시 또는 연장 단계에서 그 집행기관인 출입국관리공무원으로부터 독립되고 중립적인 지위에 있는 기관이 보호의 타당성을 심사하여 이를 통제할 수 있어야 한다. 그러나 현재 출입국관리법상 보호의 개시 또는 연장 단계에서 집행기관으로부터 독립된 중립적 기관에 의한 통제절차가 마련되어 있지 아니하다. 또한 당사자에게 의견 및 자료 제출의 기회를 부여하는 것은 적법절차원칙에서 도출되는 중요한 절차적 요청이므로, 심판대상조항에 따라 보호를 하는 경우에도 피보호자에게 위와 같은 기회가 보장되어야 하나, 심판대상조항에 따른 보호명령을 발령하기 전에 당사자에게 의견을 제출할 수 있는 절차적 기회가 마련되어 있지 아니하다. 따라서 <u>심판대상조항은 적법절차원칙에 위배되어 피보호자의 신체의 자유를 침해한다</u>(헌재 2023.3.23. 2020헌가1). 📒 ×

---

167 전자우편에 대한 압수수색 집행의 경우에도 급속을 요하는 때에는 참여권자에 대한 압수수색
□□□ 집행의 사전통지를 생략할 수 있도록 한 형사소송법은 적법절차원칙에 위배되지 않는다.
┃법행 23 ○ ×

··

'급속을 요하는 때'에는 형사소송법 제121조에 정한 참여권자에 대한 압수수색 집행의 사전 통지를 생략할 수 있도록 규정한 형사소송법 제122조 단서에 의하여 피의자 등이 압수수색 사실을 사전 통지받을 권리 및 이를 전제로 한 참여권을 일정 정도 제한받게 되기는 하지만, 그 제한은 '사전통지에 의하여 압수수색의 목적을 달성할 수 없는 예외적인 경우'로 한정되어 있고, 전자우편의 경우에도 사용자가 그 계정에서 탈퇴하거나 메일 내용을 삭제·수정함으로써 증거를 은닉·멸실시킬 가능성을 배제할 수 없으며, 준항고 제도나 위법수집증거의 증거능력 배제 규정 등 조항 적용의 남용을 적절히 통제할 수 있는 방법이 마련되어 있는 점, 반면에 이와 같은 제한을 통해 압수수색 제도가 전자우편에 대하여도 실효적으로 기능하도록 함으로써 실체적 진실 발견 및 범죄수사의 목적을 달성할 수 있도록 하여야 할 공익은 매우 크다고 할 수 있는 점 등을 종합해 보면, 이 사건 법률조항에 의하여 형성된 절차의 내용이 적법절차원칙에서 도출되는 절차적 요청을 무시하였다거나 비례의 원칙이나 과잉금지원칙을 위반하여 합리성과 정당성을 상실하였다고 볼 수 없다(헌재 2012.12.27. 2011헌바225). 📒 ○

168
☐☐☐
▸ 송·수신이 완료된 전기통신에 대한 압수·수색 사실을 수사대상이 된 가입자에게만 통지하도록 하고, 그 상대방에 대하여는 통지하지 않도록 한 통신비밀보호법 조항은 적법절차원칙에 위배되지 않는다. ▎법행 23 ○ ×

▸ 송·수신이 완료된 전기통신에 대한 압수·수색 사실을 수사대상이 된 가입자에게만 통지하도록 하고, 그 상대방에 대하여는 통지하지 않도록 한 통신비밀보호법 조항은 청구인들의 개인정보자기결정권을 침해하지 아니한다. ▎법원직9급 21 ○ ×

심판대상조항은 피의자의 방어권을 보장하기 위하여 도입된 것이나, 수사의 밀행성을 확보하기 위하여 송·수신이 완료된 전기통신에 대한 압수·수색영장 집행 사실을 수사대상이 된 가입자에게만 통지하도록 하고, 그 상대방에 대해서는 통지하지 않도록 한 것이다. 형사소송법 조항과 영장실무가 압수·수색영장의 효력범위를 한정하고 있으므로, 송·수신이 완료된 전기통신에 관하여 수사대상이 된 가입자의 상대방에 대한 기본권 침해를 최소화하는 장치는 어느 정도 마련되어 있다. 한편, 전기통신의 특성상 수사대상이 된 가입자와 전기통신을 송·수신한 상대방은 다수일 수 있는데, 이들 모두에 대하여 그 압수·수색 사실을 통지하도록 한다면, 수사대상이 된 가입자가 수사를 받았다는 사실이 상대방 모두에게 알려지게 되어 오히려 위 가입자가 예측하지 못한 피해를 입을 수 있고, 또한 통지를 위하여 상대방의 인적사항을 수집해야 함에 따라 또 다른 개인정보자기결정권의 침해를 야기할 수도 있다. 이상과 같은 점들을 종합하여 볼 때, 송·수신이 완료된 전기통신에 대한 압수·수색 사실을 수사대상이 된 가입자에게만 통지하도록 하고, 그 상대방에 대하여는 통지하지 않도록 한 심판대상조항은 적법절차원칙에 위배되어 청구인들의 개인정보자기결정권을 침해하지 않는다(헌재 2018.4.26. 2014헌마1178). **답** ○ / ○

169
☐☐☐
범인에 대한 추징판결을 범인 외의 제3자가 그 정황을 알면서 취득한 불법재산 및 그로부터 유래한 재산에 대하여 제3자를 상대로 집행할 수 있도록 규정한 공무원범죄에 관한 몰수 특례법 조항은 적법절차원리에 위반되지 않는다. ▎법행 22 ○ ×

특정공무원범죄의 범인에 대한 추징판결을 범인 외의 자가 그 정황을 알면서 취득한 불법재산 및 그로부터 유래한 재산에 대하여 그 범인 외의 제3자를 상대로 집행할 수 있도록 규정한 '공무원범죄에 관한 몰수 특례법' 제9조의2의 입법목적은 국가형벌권의 실현을 보장하고 불법재산의 철저한 환수를 통해 공직사회의 부정부패 요인을 근원적으로 제거하는 것이다. 심판대상조항은 제3자에게 범죄가 인정됨을 전제로 제3자에 대하여 형사적 제재를 가하는 것이 아니라, 특정공무원범죄를 범한 범인에 대한 추징판결의 집행 대상을 제3자가 취득한 불법재산 등에까지 확대하여 제3자에게 물적 유한책임을 부과하는 것이다. 확정된 형사판결의 집행에 관한 절차를 어떻게 정할 것인지는 입법자의 입법형성권에 속하는 사항이므로, 심판대상조항에 따라 추징판결을 집행함에 있어서 형사소송절차와 같은 엄격한 절차가 요구된다고 보기는 어렵다. …(중략)… 나아가 제3자는 심판대상조항에 의한 집행에 관한 검사의 처분이 부당함을 이유로 재판을 선고한 법원에 재판의 집행에 관한 이의신청을 할 수 있다(형사소송법 제489조). 또한 제3자는 각 집행절차에서 소송을 통해 불복하는 등 사후적으로 심판대상조항에 의한 집행에 대하여 다툴 수 있다. 따라서 심판대상조항은 적법절차원칙에 위배된다고 볼 수 없다(헌재 2020.2.27. 2015헌가4). **답** ○

170 ▸ 헌법은 사후영장을 청구할 수 있는 경우를 현행범인 경우와 장기 3년 이상의 형에 해당하는
□□□ 죄를 범하고 도피 또는 증거인멸의 염려가 있을 때로 한정하고 있다. ┃법원직9급 22 ○ ×

▸ 체포·구속·압수 또는 수색을 할 때에는 적법한 절차에 따라 검사의 신청에 의하여 법관이
발부한 영장을 제시하여야 한다. 다만, 현행범인 경우와 장기 3년 이상의 형에 해당하는
죄를 범하고 도피 또는 증거인멸의 염려가 있을 때에는 사후에 영장을 청구할 수 있다.
┃법원직9급 21 ○ ×

⋯⋯⋯⋯⋯⋯⋯⋯⋯⋯⋯⋯⋯⋯⋯⋯⋯⋯⋯⋯⋯⋯⋯⋯⋯⋯⋯⋯⋯⋯⋯⋯⋯⋯⋯⋯⋯⋯

체포·구속·압수 또는 수색을 할 때에는 적법한 절차에 따라 검사의 신청에 의하여 법관이 발부한 영장을 제시하
여야 한다. 다만, 현행범인 경우와 장기 3년 이상의 형에 해당하는 죄를 범하고 도피 또는 증거인멸의 염려가
있을 때에는 사후에 영장을 청구할 수 있다(헌법 제12조 제3항). **답** ○ / ○

171 헌법 제12조 제3항이 정한 영장주의는 수사기관이 강제처분을 함에 있어 중립적 기관인 법원의
□□□ 허가를 얻는 것뿐만 아니라 법원에 의한 사후 통제까지 마련되어야 함을 의미한다.
┃법원직9급 22 ○ ×

⋯⋯⋯⋯⋯⋯⋯⋯⋯⋯⋯⋯⋯⋯⋯⋯⋯⋯⋯⋯⋯⋯⋯⋯⋯⋯⋯⋯⋯⋯⋯⋯⋯⋯⋯⋯⋯⋯

헌법 제12조 제3항이 정한 영장주의가 수사기관이 강제처분을 함에 있어 중립적 기관인 법원의 허가를 얻어야
함을 의미하는 것 외에 법원에 의한 사후 통제까지 마련되어야 함을 의미한다고 보기 어렵다(헌재 2018.8.30.
2016헌마263). **답** ×

172 ▸ 형사재판에 계속 중인 사람에 대하여 법무부장관이 6개월 이내의 기간을 정하여 출국을
□□□ 금지할 수 있다고 규정한 출입국관리법 조항은 영장주의에 위배되지 않는다. ┃법무사 20
○ ×

▸ 법무부장관의 출국금지결정은 형사재판에 계속 중인 국민의 출국의 자유를 제한하는 행정처
분일 뿐이고, 영장주의가 적용되는 신체에 대하여 직접적으로 물리적 강제력을 수반하는
강제처분이라고 할 수는 없으므로, 영장주의에 위배된다고 볼 수 없다. ┃법행 23 ○ ×

⋯⋯⋯⋯⋯⋯⋯⋯⋯⋯⋯⋯⋯⋯⋯⋯⋯⋯⋯⋯⋯⋯⋯⋯⋯⋯⋯⋯⋯⋯⋯⋯⋯⋯⋯⋯⋯⋯

심판대상조항에 따른 법무부장관의 출국금지결정은 형사재판에 계속 중인 국민의 출국의 자유를 제한하는 행정처
분일 뿐이고, 영장주의가 적용되는 신체에 대하여 직접적으로 물리적 강제력을 수반하는 강제처분이라고 할 수는
없다. 따라서 심판대상조항이 헌법 제12조 제3항의 영장주의에 위배된다고 볼 수 없다(헌재 2015.9.24. 2012헌바
302). **답** ○ / ○

173 지방의회에서의 사무감사·조사를 위한 증인의 동행명령장제도는 증인의 신체의 자유를 억압
□□□ 하여 일정 장소로 인치하는 것으로서 헌법 제12조 제3항의 체포 또는 구속에 준하는 사태로
보아야 하므로, 이를 실행하기 위하여는 법관이 발부한 영장의 제시가 있어야 한다.
┃법무사 20 ○ ×

지방의회에서의 사무감사·조사를 위한 증인의 동행명령장제도도 증인의 신체의 자유를 억압하여 일정 장소로 인치하는 것으로서 헌법 제12조 제3항의 "체포 또는 구속"에 준하는 사태로 보아야 하고, 거기에 현행범 체포와 같이 사후에 영장을 발부받지 아니하면 목적을 달성할 수 없는 긴박성이 있다고 인정할 수는 없으므로, 헌법 제12조 제3항에 의하여 법관이 발부한 영장의 제시가 있어야 함에도 불구하고 동행명령장을 법관이 아닌 지방의회 의장이 발부하고 이에 기하여 증인의 신체의 자유를 침해하여 증인을 일정 장소에 인치하도록 규정된 조례안은 영장주의원칙을 규정한 헌법 제12조 제3항에 위반된 것이다(대판 1995.6.30. 93추83). **답** ○

174
□□□
헌법 제12조 제3항에서 영장발부에 관하여 '검사의 신청'에 의하게 한 취지는 수사단계에서 검사 이외의 다른 수사기관은 영장신청을 못하게 함으로써 인권유린의 폐해를 방지하는 데에 있다. 따라서 공판단계에서 법원이 직권으로 구속영장을 발부할 수 있도록 하는 법규정은 헌법에 위반된다. ▎법행 21   ○ ×

헌법 제12조 제3항이 영장의 발부에 관하여 "검사의 신청"에 의할 것을 규정한 취지는 모든 영장의 발부에 검사의 신청이 필요하다는 데에 있는 것이 아니라 수사단계에서 영장의 발부를 신청할 수 있는 자를 검사로 한정함으로써 검사 아닌 다른 수사기관의 영장신청에서 오는 인권유린의 폐해를 방지하고자 함에 있으므로, <u>공판단계에서 법원이 직권에 의하여 구속영장을 발부할 수 있음을 규정한 형사소송법 제70조 제1항 및 제73조 제1항 중 "피고인을 …(중략)… 구인 또는 구금함에는 구속영장을 발부하여야 한다." 부분은 헌법 제12조 제3항에 위반되지 아니한다</u>(헌재 1997.3.27. 96헌바28). **답** ×

175
□□□
▸ 각급선거관리위원회 위원·직원의 선거범죄 조사에 있어서 피조사자에게 자료제출의무를 부과하고 허위 자료를 제출한 경우 형사처벌 하도록 한 공직선거법은 피조사자에 대하여 자발적 협조를 전제로 자료를 제출할 수 있도록 한 것이 아니라 행정조사의 실질을 가지는 것으로 영장주의가 적용된다. ▎법행 23   ○ ×

▸ 각급선거관리위원회 위원·직원의 선거범죄 조사에 있어서 피조사자에게 자료제출요구를 하는 것은 범죄와 관련한 수사의 성격을 가지므로 영장주의의 적용 대상에 해당한다.
▎법원직9급 22   ○ ×

선거관리위원회의 본질적 기능은 선거의 공정한 관리 등 행정기능이고, 그 효과적인 기능 수행과 집행의 실효성을 확보하기 위한 수단으로서 선거범죄 조사권을 인정하고 있다. 심판대상조항에 의한 자료제출요구는 위와 같은 조사권의 일종으로서 행정조사에 해당하고, 선거범죄 혐의 유무를 명백히 하여 공소의 제기와 유지 여부를 결정하려는 목적으로 범인을 발견·확보하고 증거를 수집·보전하기 위한 수사기관의 활동인 수사와는 근본적으로 그 성격을 달리한다. 심판대상조항에 의한 자료제출요구는 그 성질상 대상자의 자발적 협조를 전제로 할 뿐이고 물리적 강제력을 수반하지 아니한다. 심판대상조항은 피조사자로 하여금 자료제출요구에 응할 의무를 부과하고, 허위 자료를 제출한 경우 형사처벌하고 있으나, 이는 형벌에 의한 불이익이라는 심리적, 간접적 강제수단을 통하여 진실한 자료를 제출하도록 함으로써 조사권 행사의 실효성을 확보하기 위한 것이다. 이와 같이 <u>심판대상조항에 의한 자료제출요구는 행정조사의 성격을 가지는 것으로 수사기관의 수사와 근본적으로 그 성격을 달리하며, 청구인에 대하여 직접적으로 어떠한 물리적 강제력을 행사하는 강제처분을 수반하는 것이 아니므로 영장주의의 적용대상이 아니다</u>(헌재 2019.9.26. 2016헌바381). **답** × / ×

176 체포영장을 발부받아 피의자를 체포하는 경우 필요한 때에는 영장 없이 타인의 주거 등 내에서 피의자 수사를 할 수 있다고 규정한 법률조항은 영장을 발부받기 어려운 긴급한 사정이 있는지 여부를 구별하지 아니하고 피의자가 소재할 개연성만 소명되면 영장 없이 타인의 주거 등을 수색할 수 있도록 허용하고 있으므로, 영장주의에 위반된다. **ㅣ법행 23** ○ ✕

헌법 제12조 제3항과는 달리 헌법 제16조 후문은 "주거에 대한 압수나 수색을 할 때에는 검사의 신청에 의하여 법관이 발부한 영장을 제시하여야 한다."라고 규정하고 있을 뿐 영장주의에 대한 예외를 명문화하고 있지 않다. 그러나 헌법 제12조 제3항과 헌법 제16조의 관계, 주거 공간에 대한 긴급한 압수·수색의 필요성, 주거의 자유와 관련하여 영장주의를 선언하고 있는 헌법 제16조의 취지 등을 종합하면, 헌법 제16조의 영장주의에 대해서도 그 예외를 인정하되, 이는 ㄱ) 그 장소에 범죄혐의 등을 입증할 자료나 피의자가 존재할 개연성이 소명되고, ㄴ) 사전에 영장을 발부받기 어려운 긴급한 사정이 있는 경우에만 제한적으로 허용될 수 있다고 보는 것이 타당하다. 심판대상조항은 체포영장을 발부받아 피의자를 체포하는 경우에 필요한 때에는 영장 없이 타인의 주거 등 내에서 피의자 수사를 할 수 있다고 규정함으로써, 앞서 본 바와 같이 별도로 영장을 발부받기 어려운 긴급한 사정이 있는지 여부를 구별하지 아니하고 피의자가 소재할 개연성만 소명되면 영장 없이 타인의 주거 등을 수색할 수 있도록 허용하고 있다. 이는 체포영장이 발부된 피의자가 타인의 주거 등에 소재할 개연성은 소명되나, 수색에 앞서 영장을 발부받기 어려운 긴급한 사정이 인정되지 않는 경우에도 영장 없이 피의자 수색을 할 수 있다는 것이므로, 헌법 제16조의 영장주의 예외 요건을 벗어나는 것으로서 영장주의에 위반된다(헌재 2018.4.26. 2015헌바370). **답** ○

177 범죄의 증거를 인멸하거나 형사 법령에 저촉되는 행위를 할 우려가 있는 때에는 미결수용자의 접견내용을 녹음·녹화할 수 있도록 한 법률 규정은 법원의 영장 없이 교정시설의 장의 결정에 의하여 미결수용자와 변호인 아닌 자와의 접견내용을 녹음·녹화하도록 하고 있어 영장주의에 위배된다. **ㅣ법행 21** ○ ✕

청구인은 이 사건 녹음조항에서 법원의 영장 없이 교정시설의 장이 미결수용자와 변호인 아닌 자와의 접견내용을 녹음·녹화할 수 있도록 하고 있어 영장주의에 위배된다고 주장한다. 헌법 제12조 제3항은 체포·구속·압수 또는 수색을 할 때에는 적법한 절차에 따라 검사의 신청에 의하여 법관이 발부한 영장을 제시하도록 함으로써 영장주의를 헌법적 차원에서 보장하고 있고, 이 영장주의는 법관이 발부한 영장에 의하지 아니하고는 수사에 필요한 강제처분을 하지 못한다는 원칙을 말한다. 그러나 <u>이 사건 녹음조항은 청구인에 대하여 직접적으로 어떠한 물리적 강제력을 행사하는 강제처분을 수반하는 것이 아니므로 영장주의의 적용대상이 아니다.</u> 따라서 이 사건 녹음조항은 영장주의에 위배되지 않는다(헌재 2016.11.24. 2014헌바401). **답** ✕

178 경찰서장이 국민건강보험공단에게 청구인들의 요양급여내역 제공을 요청한 행위는 강제력이 개입되지 않은 임의수사에 해당하므로 이에 응하여 이루어진 정보제공행위에는 영장주의가 적용되지 않는다. **ㅣ법원직9급 22** ○ ✕

피청구인 서울용산경찰서장이 2013.12.18. 및 2013.12.20. 피청구인 국민건강보험공단에게 청구인들의 요양급여내역의 제공을 요청한 행위는 강제력이 개입되지 아니한 임의수사에 해당하므로, 이에 응하여 이루어진 이 사건 정보제공행위에도 영장주의가 적용되지 않는다. 그러므로 이 사건 정보제공행위가 영장주의에 위배되어 청구인들의 개인정보자기결정권을 침해한다고 볼 수 없다(헌재 2018.8.30. 2014헌마368). **답** ○

179 형식적으로 영장주의를 준수하였다면 실질적인 측면에서 입법자가 합리적인 선택범위를 일탈
☐☐☐ 하는 등 그 입법형성권을 남용하였더라도 그러한 법률이 자의금지원칙에 위배되어 위헌이라고
볼 수는 없다. **┃법원직9급 22**   ○ ✕

우리 헌법제정권자가 제헌 헌법(제9조) 이래 현행 헌법(제12조 제3항)에 이르기까지 채택하여 온 영장주의의
본질은 신체의 자유를 침해하는 강제처분을 함에 있어서는 인적·물적 독립을 보장받는 제3자인 법관이 구체적
판단을 거쳐 발부한 영장에 의하여야만 한다는 데에 있으므로, 우선 형식적으로 영장주의에 위배되는 법률은
곧바로 헌법에 위반되고, 나아가 <u>형식적으로는 영장주의를 준수하였더라도 실질적인 측면에서 입법자가 합리적인</u>
<u>선택범위를 일탈하는 등 그 입법형성권을 남용하였다면 그러한 법률은 자의금지원칙에 위배되어 헌법에 위반된다</u>
<u>고 보아야 한다</u>(헌재 2012.12.27. 2011헌가5).   **답** ✕

---

6 진술거부권

180 모든 국민은 고문을 받지 아니하고, 형사상 자기에게 불리한 진술을 강요당하지 아니한다.
☐☐☐ **┃법원직9급 21**   ○ ✕

헌법 제12조 제2항   **답** ○

---

181 진술거부권은 형사절차에서만 보장되는 것은 아니고, 행정절차 또는 국회에서의 질문 등 어디
☐☐☐ 에서나 그 진술이 자기에게 형사상 불리한 경우 이를 강요받지 아니할 국민의 기본권으로
보장된다. **┃법원직9급 22**   ○ ✕

진술거부권은 형사절차에서만 보장되는 것은 아니고 행정절차이거나 국회에서의 질문 등 어디에서나 그 진술이
자기에게 형사상 불리한 경우에는 묵비권을 가지고 이를 강요받지 아니할 국민의 기본권으로 보장되며, 이는
고문 등 폭력에 의한 강요는 물론 법률에 의하여서도 진술을 강요당하지 아니함을 의미한다(헌재 2001.11.29.
2001헌바41).   **답** ○

---

7 변호인의 조력을 받을 권리

182 누구든지 체포 또는 구속을 당한 때에는 즉시 변호인의 조력을 받을 권리를 가진다. 다만,
☐☐☐ 형사피고인이 스스로 변호인을 구할 수 없을 때에는 법률이 정하는 바에 의하여 국가가 변호인
을 붙인다. **┃법원직9급 21**   ○ ✕

헌법 제12조 제4항   **답** ○

183 피의자가 갖는 변호인의 조력을 받을 권리는 헌법상 기본권이지만, 변호인의 변호권을 헌법상
□□□ 기본권이라고 볼 수는 없다. ❙법행 23   ○ ×

....

피의자 및 피고인을 조력할 변호인의 권리 중 그것이 보장되지 않으면 그들이 변호인의 조력을 받는다는 것이
유명무실하게 되는 핵심적인 부분은 헌법상 기본권인 피의자 및 피고인이 가지는 변호인의 조력을 받을 권리와
표리의 관계에 있다 할 수 있다. 따라서 피의자 및 피고인이 가지는 변호인의 조력을 받을 권리가 실질적으로
확보되기 위해서는, 피의자 및 피고인에 대한 변호인의 조력할 권리의 핵심적인 부분(이하 '변호인의 변호권'이라
한다)은 헌법상 기본권으로서 보호되어야 한다(헌재 2017.11.30. 2016헌마503).   답 ×

184 '변호인이 되려는 자'의 접견교통권은 피체포자 등의 '변호인의 조력을 받을 권리'를 기본권으
□□□ 로 인정한 결과 발생하는 간접적이고 부수적인 효과로서 형사소송법 등 개별 법률을 통하여
구체적으로 형성된 법률상의 권리에 불과하다. ❙법원직9급 22   ○ ×

....

변호인 선임을 위하여 피의자·피고인(이하 '피의자 등'이라 한다)이 가지는 '변호인이 되려는 자'와의 접견교통권
은 헌법상 기본권으로 보호되어야 하고, '변호인이 되려는 자'의 접견교통권은 피의자 등이 변호인을 선임하여
그로부터 조력을 받을 권리를 공고히 하기 위한 것으로서, 그것이 보장되지 않으면 피의자 등이 변호인 선임을
통하여 변호인으로부터 충분한 조력을 받는다는 것이 유명무실하게 될 수밖에 없다. 이와 같이 '변호인이 되려는
자'의 접견교통권은 피의자 등을 조력하기 위한 핵심적인 부분으로서, 피의자 등이 가지는 헌법상의 기본권인
'변호인이 되려는 자'와의 접견교통권과 표리의 관계에 있다. 따라서 피의자 등이 가지는 '변호인이 되려는 자'의
조력을 받을 권리가 실질적으로 확보되기 위해서는 '변호인이 되려는 자'의 접견교통권 역시 헌법상 기본권으로서
보장되어야 한다(헌재 2019.2.28. 2015헌마1204).   답 ×

185 경찰서장이 구속적부심사 중에 있는 피구속자의 변호인에게 고소장과 피의자신문조서에 대한
□□□ 열람 및 등사를 거부한 것은 변호인의 피구속자를 조력할 권리 및 알 권리를 침해한 것이다.
❙법원직9급 22   ○ ×

....

형사소송법 제47조의 입법목적은, 형사소송에 있어서 유죄의 판결이 확정될 때까지는 무죄로 추정을 받아야 할
피의자가 수사단계에서의 수사서류 공개로 말미암아 그의 기본권이 침해되는 것을 방지하고자 함에 목적이 있는
것이지 구속적부심사를 포함하는 형사소송절차에서 피의자의 방어권행사를 제한하려는 데 그 목적이 있는 것은
원래가 아니라는 점, 그리고 형사소송법이 구속적부심사를 기소전에만 인정하고 있기 때문에 만일 기소전에 변호
인이 미리 고소장과 피의자신문조서를 열람하지 못한다면 구속적부심제도를 헌법에서 직접 보장함으로써 이
제도가 피구속자의 인권옹호를 위하여 충실히 기능할 것을 요청하는 헌법정신은 훼손을 면할 수 없다는 점 등에서,
이 규정은 구속적부심사단계에서 변호인이 고소장과 피의자신문조서를 열람하여 피구속자의 방어권을 조력하는
것까지를 일체 금지하는 것은 아니다. 결국 변호인에게 고소장과 피의자신문조서에 대한 열람 및 등사를 거부한
경찰서장의 정보비공개결정은 변호인의 피구속자를 조력할 권리 및 알 권리를 침해하여 헌법에 위반된다(헌재
2003.3.27. 2000헌마474).   답 ○

186 ▶ 병(兵)에 대한 징계처분으로 일정기간 부대나 함정(艦艇) 내의 영창, 그 밖의 구금장소에 감금하는 영창처분이 가능하도록 규정한 법률조항은 과잉금지원칙에 위배되어 헌법에 위반된다. ▮법행 23　　　　　　　　　　　　　　　　　　　　　　　　　　　○ ✕

▶ 병(兵)에 대한 징계처분으로 일정기간 부대나 함정(艦艇) 내의 영창, 그 밖의 구금장소에 감금하는 영창처분이 가능하도록 규정한 조항은 병(兵)의 신체의 자유를 침해하지 않는다. ▮법원직9급 22　　　　　　　　　　　　　　　　　　　　　　　○ ✕

병(兵)에 대한 징계처분으로 일정기간 부대나 함정(艦艇) 내의 영창, 그 밖의 구금장소에 감금하는 영창처분이 가능하도록 규정한 구 군인사법 제57조 제2항 중 '영창'에 관한 부분은 병의 복무규율 준수를 강화하고, 복무기강을 엄정히 하기 위하여 제정된 것으로 군의 지휘명령체계의 확립과 전투력 제고를 목적으로 하는바, 그 입법목적은 정당하고, 심판대상조항은 병에 대하여 강력한 위하력을 발휘하므로 수단의 적합성도 인정된다. 심판대상조항에 의한 영창처분은 징계처분임에도 불구하고 신분상 불이익 외에 신체의 자유를 박탈하는 것까지 그 내용으로 삼고 있어 징계의 한계를 초과한 점, 심판대상조항에 의한 영창처분은 그 실질이 구류형의 집행과 유사하게 운영되므로 극히 제한된 범위에서 형사상 절차에 준하는 방식으로 이루어져야 하는데, 영창처분이 가능한 징계사유는 지나치게 포괄적이고 기준이 불명확하여 영창처분의 보충성이 담보되고 있지 아니한 점, 심판대상조항은 징계위원회의 심의 · 의결과 인권담당 군법무관의 적법성 심사를 거치지만, 모두 징계권자의 부대 또는 기관에 설치되거나 소속된 것으로 형사절차에 견줄만한 중립적이고 객관적인 절차라고 보기 어려운 점, 심판대상조항으로 달성하고자 하는 목적은 인신구금과 같이 징계를 중하게 하는 것으로 달성되는 데 한계가 있고, 병의 비위행위를 개선하고 행동을 교정할 수 있도록 적절한 교육과 훈련을 제공하는 것 등으로 가능한 점, 이와 같은 점은 일본, 독일, 미국 등 외국의 입법례를 살펴보더라도 그러한 점 등에 비추어 <u>심판대상조항은 침해의 최소성 원칙에 어긋난다.</u> 군대 내 지휘명령체계를 확립하고 전투력을 제고한다는 공익은 매우 중요한 공익이나, <u>심판대상조항으로 과도하게 제한되는 병의 신체의 자유가 위 공익에 비하여 결코 가볍다고 볼 수 없어, 심판대상조항은 법익의 균형성 요건도 충족하지 못한다. 이와 같은 점을 종합할 때, 심판대상조항은 과잉금지원칙에 위배된다</u>(헌재 2020.9.24. 2017헌바157). ※ 보충의견에서는 영장주의에도 위배된다고 하였으나 법정의견에서는 이에 대해 판단하지 않았다.

답 ○ / ✕

187 과료는 가장 경한 형벌로서 주로 경미한 범죄에 과해지는 것이나, 이 역시 죄를 범한 자에 대하여 부과하는 형벌의 하나이므로, 과료미납자에 대한 노역장유치조항이 헌법에 위반된다고 볼 수 없다. ▮법행 23　　　　　　　　　　　　　　　　　　　　　○ ✕

과료는 가장 경한 형벌로서 주로 경미한 범죄에 과해지는 것이나, 이 역시 죄를 범한 자에 대하여 부과하는 형벌의 하나이므로, 그 집행을 강제하여 국가형벌권의 실현을 담보할 필요가 있다. 노역장유치조항은 과료의 철저한 징수를 통하여 과료형의 형벌효과를 유지, 확보하기 위한 것으로 목적의 정당성이 인정되고, 과료미납자에 대한 노역장 유치는 과료납입을 대체 혹은 강제할 수 있는 유효한 수단이므로 수단의 적합성도 갖추었다. …(중략)… 노역장에 유치할 수 있는 기간도 30일 미만으로 제한되어 있고(형법 제69조 제2항), 납부의무자가 18세 미만인 경우에는 노역장유치 선고를 할 수 없다(소년법 제62조 본문). 또한 소년이거나 형집행정지사유가 있고, 강제집행할 재산이 없는 경우에는 검사는 집행절차정지처분을 할 수도 있다(집행사무규칙 제24조의2 제2항). 이와 같은 점을 감안하면 노역장유치조항이 침해의 최소성 원칙에 반한다고 볼 수 없다. 노역장유치를 통하여 과료형의 집행율을 제고하고 형벌의 목적을 달성하려는 공익은 노역장유치자가 입게 되는 불이익에 비하여 현저히 작다고 할 수 없으므로 법익의 균형성에 위배된다고도 할 수 없다. 따라서 노역장유치조항은 과잉금지원칙에 위배되지 않는다(헌재 2020.12.23. 2018헌바445). **답** ○

188 금치의 징벌을 받은 사람에 대해 금치기간 동안 실외운동을 원칙적으로 금지하고, 예외적으로
□□□ 허용하는 것은 수용자에 대한 신체의 자유를 침해한 것으로 헌법에 위반된다. **❙법행 22**

○ ✕

형집행법 제112조 제3항 본문 중 제108조 제13호에 관한 부분은 금치의 징벌을 받은 사람에 대해 금치기간 동안
실외운동을 원칙적으로 정지하는 불이익을 가함으로써, 규율의 준수를 강제하여 수용시설 내의 안전과 질서를
유지하기 위한 것으로서 목적의 정당성 및 수단의 적합성이 인정된다. 실외운동은 구금되어 있는 수용자의 신체적
·정신적 건강을 유지하기 위한 최소한의 기본적 요청이고, 수용자의 건강 유지는 교정교화와 건전한 사회복귀라
는 형 집행의 근본적 목표를 달성하는 데 필수적이다. 그런데 위 조항은 금치처분을 받은 사람에 대하여 실외운동을
원칙적으로 금지하고, 다만 소장의 재량에 의하여 이를 예외적으로 허용하고 있다. 그러나 소란, 난동을 피우거나
다른 사람을 해할 위험이 있어 실외운동을 허용할 경우 금치처분의 목적 달성이 어려운 예외적인 경우에 한하여
실외운동을 제한하는 덜 침해적인 수단이 있음에도 불구하고, 위 조항은 금치처분을 받은 사람에게 원칙적으로
실외운동을 금지한다. 나아가 위 조항은 예외적으로 실외운동을 허용하는 경우에도, 실외운동의 기회가 부여되어
야 하는 최저기준을 법령에서 명시하고 있지 않으므로, 침해의 최소성 원칙에 위배된다. 위 조항은 수용자의
정신적·신체적 건강에 필요 이상의 불이익을 가하고 있고, 이는 공익에 비하여 큰 것이므로 위 조항은 법익의
균형성 요건도 갖추지 못하였다. 따라서 위 조항은 청구인의 신체의 자유를 침해한다(헌재 2016.5.26. 2014헌마
45). **답 ○**

189 특정범죄에 대하여 형의 선고를 받아 확정된 사람으로부터 디엔에이감식시료를 채취할 수
□□□ 있도록 한 디엔에이신원확인정보의 이용 및 보호에 관한 법률 조항은 과잉금지의 원칙을 위반
하여 신체의 자유를 침해한다. **❙법무사 20**

○ ✕

이 사건 채취 조항은 특정범죄를 저지른 사람의 디엔에이신원확인정보를 확보하여 데이터베이스로 관리함으로써,
범죄 수사 및 예방의 효과를 높이기 위한 것으로 입법목적의 정당성 및 수단의 적합성이 인정된다. 이 사건 채취
조항의 대상범죄인 형법 제320조의 특수주거침입죄는 그 행위 태양, 수법 등에서 다른 범죄에 비하여 위험성이
높을 뿐만 아니라 다른 강력범죄로 이어질 가능성이 상당한 점, 판사가 채취영장을 발부하는 단계에서 채취의
필요성과 상당성을 판단하면서 재범의 위험성도 충분히 고려할 수 있는 점, 디엔에이감식시료 채취 과정에서
채취대상자의 신체나 명예에 대한 침해를 최소화하는 방법이나 절차가 마련되어 있는 점 등을 고려해 볼 때,
이 사건 채취 조항은 침해의 최소성 요건을 충족한다. 이 사건 채취 조항에 의하여 제한되는 신체의 자유의 정도가
범죄수사 및 범죄예방 등에 기여하고자 하는 공익에 비하여 크다고 할 수 없으므로, 법익의 균형성도 인정된다.
따라서 이 사건 채취 조항이 과잉금지원칙을 위반하여 청구인들의 신체의 자유를 침해한다고 볼 수 없다(헌재
2018.8.30. 2016헌마344). **답 ✕**

190
□□□
특정범죄의 수형자로부터 디엔에이감식시료를 채취하여 그 채취대상자가 사망할 때까지 디엔에이신원확인정보를 데이터베이스에 수록, 관리할 수 있도록 규정한 구 디엔에이신원확인정보의 이용 및 보호에 관한 법률(2010.1.25. 법률 제9944호로 제정되고, 2020.1.21. 법률 제16866호로 개정되기 전의 것) 규정은 개인정보자기결정권을 침해하는 것이 아니다. ∥법행 22

○ ×

....

데이터베이스에 수록된 디엔에이신원확인정보를 수형인등이 사망할 때까지 관리하여 범죄수사 및 범죄예방에 이바지하고자 하는 이 사건 삭제 조항은 입법 목적의 정당성과 수단의 적합성이 인정된다. 디엔에이법 제3조 제2항은 데이터베이스에 수록되는 디엔에이신원확인정보에 개인식별을 위하여 필요한 사항 외의 정보 또는 인적 사항이 포함되어서는 아니 된다고 규정하여, 개인식별을 위한 최소한의 필요정보만을 수록하도록 하고 있고, 그 외에도 디엔에이법 및 그 시행령에 디엔에이 관련 자료 및 정보의 삭제에 관한 규정과 데이터베이스의 운영에 있어서 개인정보보호에 관한 규정을 두고 있으므로, 이 사건 삭제 조항이 디엔에이신원확인정보를 수형인등이 사망할 때까지 데이터베이스에 수록하도록 규정하더라도, 침해의 최소성 원칙에 반한다고 보기 어렵다. 이 사건 삭제 조항에 의하여 청구인의 디엔에이신원확인정보를 평생토록 데이터베이스에 수록하더라도, 그로 인하여 청구인이 현실적으로 입게 되는 불이익은 크다고 보기 어려운 반면에, 디엔에이신원확인정보를 장래의 범죄수사 등에 신원확인을 위하여 이용함으로써 달성할 수 있게 되는 공익은 중요하고, 그로 인한 청구인의 불이익에 비하여 더 크다고 보아야 할 것이므로, 법익균형성 원칙에도 위반되지 않는다. 그러므로 이 사건 삭제 조항은 과잉금지원칙을 위반하여 디엔에이신원확인정보 수록 대상자의 개인정보자기결정권을 침해한다고 볼 수 없다(헌재 2018.8.30. 2016헌마344). 답 ○

191
□□□
성폭력범죄의 처벌 등에 관한 특례법(2012.12.18. 법률 제11556호로 전부개정된 것) 제30조 제6항 중 '제1항에 따라 촬영한 영상물에 수록된 피해자의 진술은 공판준비기일 또는 공판기일에 조사 과정에 동석하였던 신뢰관계에 있는 사람 또는 진술조력인의 진술에 의하여 그 성립의 진정함이 인정된 경우에 증거로 할 수 있다' 부분 가운데 19세 미만 성폭력범죄 피해자에 관한 부분은 과잉금지원칙에 위배된다. ∥법행 22

○ ×

심판대상조항은 영상물로 그 증거방법을 한정하고 신뢰관계인 등에 대한 신문 기회를 보장하고 있기는 하나 위 증거의 특성 및 형성과정을 고려할 때 이로써 원진술자에 대한 반대신문의 기능을 대체하기는 어렵다. 그 결과 피고인은 사건의 핵심 진술증거에 관하여 충분히 탄핵할 기회를 갖지 못한 채 유죄 판결을 받을 수 있는바, 그로 인한 방어권 제한의 정도는 매우 중대하다. 반면 피고인의 반대신문권을 일률적으로 제한하지 않더라도, 성폭력범죄 사건 수사의 초기단계에서부터 증거보전절차를 적극적으로 실시하거나, 비디오 등 중계장치에 의한 증인신문 등 미성년 피해자가 증언과정에서 받을 수 있는 2차 피해를 방지할 수 있는 여러 조화적인 제도를 적극 활용함으로써 위 조항의 목적을 달성할 수 있다. …(중략)… 그러나 심판대상조항으로 인한 피고인의 방어권 제한의 중대성과 미성년 피해자의 2차 피해를 방지할 수 있는 여러 조화적인 대안들이 존재함을 고려할 때, 심판대상조항이 달성하려는 공익이 제한되는 피고인의 사익보다 우월하다고 쉽게 단정하기는 어렵다. 따라서 심판대상조항은 과잉금지원칙을 위반하여 공정한 재판을 받을 권리를 침해한다(헌재 2021.12.23. 2018헌바524). 답 ○

> **헌법 제17조** 모든 국민은 (사생활의 비밀과 자유)를 침해받지 아니한다.

1 사생활의 비밀과 자유의 보호

192 사생활의 비밀은 국가가 사생활영역을 들여다보는 것에 대한 보호를 제공하는 기본권이다.
□□□ ┃법무사 20   ○ ✕

┄┄┄

헌법 제17조는 "모든 국민은 사생활의 비밀과 자유를 침해받지 아니한다"고 규정하여 사생활의 비밀과 자유를 국민의 기본권의 하나로 보장하고 있다. 사생활의 비밀은 국가가 사생활영역을 들여다보는 것에 대한 보호를 제공하는 기본권이며, 사생활의 자유는 국가가 사생활의 자유로운 형성을 방해하거나 금지하는 것에 대한 보호를 의미한다(헌재 2007.5.31. 2005헌마139).   **탑** ○

193 사생활의 자유란 사회공동체의 일반적인 생활규범의 범위 내에서 사생활을 자유롭게 형성해 □□□ 나가고 그 설계 및 내용에 대해서 외부로부터의 간섭을 받지 아니할 권리를 말한다.
┃법무사 20   ○ ✕

┄┄┄

사생활의 자유란, 사회공동체의 일반적인 생활규범의 범위 내에서 사생활을 자유롭게 형성해 나가고 그 설계 및 내용에 대해서 외부로부터의 간섭을 받지 아니할 권리로서, 사생활과 관련된 사사로운 자신만의 영역이 본인의 의사에 반해서 타인에게 알려지지 않도록 할 수 있는 권리인 '사생활의 비밀'과 함께 헌법상 보장되고 있다(헌재 2001.8.30. 99헌바92).   **탑** ○

194 흡연자들이 자유롭게 흡연할 권리를 흡연권이라고 한다면, 이러한 흡연권은 인간의 존엄과 □□□ 행복추구권을 규정한 헌법 제10조와 사생활의 자유를 규정한 헌법 제17조에 의하여 뒷받침된다.
┃법무사 20, 법원직9급 21   ○ ✕

┄┄┄

흡연자들이 자유롭게 흡연할 권리를 흡연권이라고 한다면, 이러한 흡연권은 인간의 존엄과 행복추구권을 규정한 헌법 제10조와 사생활의 자유를 규정한 헌법 제17조에 의하여 뒷받침된다(헌재 2004.8.26. 2003헌마457).   **탑** ○

195

☐☐☐ 사생활의 비밀과 자유가 보호하는 것은 개인의 내밀한 내용의 비밀을 유지할 권리, 개인이 자신의 사생활의 불가침을 보장받을 수 있는 권리, 개인의 양심영역이나 성적 영역과 같은 내밀한 영역에 대한 보호, 인격적인 감정세계의 존중의 권리와 정신적인 내면생활이 침해받지 아니할 권리 등이다. **┃법원직9급 21** ○ ×

....

사생활의 비밀은 국가가 사생활영역을 들여다보는 것에 대한 보호를 제공하는 기본권이며, 사생활의 자유는 국가가 사생활의 자유로운 형성을 방해하거나 금지하는 것에 대한 보호를 의미한다. 구체적으로 사생활의 비밀과 자유가 보호하는 것은 개인의 내밀한 내용의 비밀을 유지할 권리, 개인이 자신의 사생활의 불가침을 보장받을 수 있는 권리, 개인의 양심영역이나 성적 영역과 같은 내밀한 영역에 대한 보호, 인격적인 감정세계의 존중의 권리와 정신적인 내면생활이 침해받지 않을 권리 등이다(헌재 2003.10.30. 2002헌마518). **답** ○

196

☐☐☐ ▶ 자동차를 도로에서 운전하는 중에 좌석안전띠를 착용할 것인가의 여부의 생활관계가 개인의 전체적 인격과 생존에 관계되는 사생활의 기본조건이라거나 자기결정의 핵심적 영역 또는 인격적 핵심과 관련된다고 보기 어려우므로, 운전할 때 운전자가 좌석안전띠를 착용하는 문제는 사생활영역의 문제가 아니어서 사생활의 비밀과 자유에 의하여 보호되는 범주를 벗어난 행위이다. **┃법무사 20** ○ ×

▶ 자동차 안에서 이루어지는 활동은 사생활의 영역에 속한다 할 것이므로, 운전할 때 운전자가 좌석안전띠를 착용하는 문제는 사생활 영역의 문제로서 좌석안전띠의 착용을 강제하는 것이 사생활의 비밀과 자유를 침해하는지 여부에 대하여는 과잉금지원칙에 따른 비례심사를 하여야 한다. **┃법원직9급 21** ○ ×

....

일반교통에 사용되고 있는 도로는 국가와 지방자치단체가 그 관리책임을 맡고 있는 영역이며, 수많은 다른 운전자 및 보행자 등의 법익 또는 공동체의 이익과 관련된 영역으로, 그 위에서 자동차를 운전하는 행위는 더 이상 개인적인 내밀한 영역에서의 행위가 아니다. 또한 자동차를 도로에서 운전하는 중에 좌석안전띠를 착용할 것인가의 여부의 생활관계가 개인의 전체적 인격과 생존에 관계되는 '사생활의 기본조건'이라거나 자기결정의 핵심적 영역 또는 인격적 핵심과 관련된다고 보기 어렵다. 그렇다면 운전할 때 운전자가 좌석안전띠를 착용하는 문제는 더 이상 사생활영역의 문제가 아니어서 사생활의 비밀과 자유에 의하여 보호되는 범주를 벗어난 행위라고 볼 것이므로, 이 사건 심판대상조항들은 청구인의 사생활의 비밀과 자유를 침해하는 것이라 할 수 없다(헌재 2003.10.30. 2002헌마518). **답** ○ / ×

197

☐☐☐ 교도소장이 수용자가 없는 상태에서 실시한 교도소수용자의 거실 및 작업장 검사행위는 과잉금지원칙에 위배하여 교도소수용자의 사생활의 비밀과 자유를 침해한다고 할 수 있다. **┃법무사 20** ○ ×

....

교도소장이 수용자가 없는 상태에서 실시한 거실 및 작업장 검사행위는 교도소의 안전과 질서를 유지하고, 수형자의 교화·개선에 지장을 초래할 수 있는 물품을 차단하기 위한 것으로서 그 목적이 정당하고, 수단도 적절하며, 검사의 실효성을 확보하기 위한 최소한의 조치로 보이고, 달리 덜 제한적인 대체수단을 찾기 어려운 점 등에 비추어 보면 이 사건 검사행위가 과잉금지원칙에 위배하여 사생활의 비밀 및 자유를 침해하였다고 할 수 없다(헌재 2011.10.25. 2009헌마691). **답** ×

198 구치소장이 미결수용자와 그 배우자의 접견을 녹음한 행위는 교정시설 내의 안전과 질서유지
□□□ 에 기여하기 위한 것이고, 구치소장이 미리 그 접견내용에 대한 녹음 사실 등을 고지하여
미결수용자의 접견내용은 사생활의 비밀로서의 보호가치가 그리 크지 않다는 점 등에 비추어
볼 때 미결수용자와 그 배우자의 접견을 녹음한 행위는 미결수용자의 헌법상 사생활의 비밀과
자유를 침해하지 않는다. ▌법행 21   ○ ×

....

구치소장이 검사의 요청에 따라 청구인과 배우자의 접견녹음파일을 제공한 행위는 교정시설 내의 안전과 질서유지
에 기여하기 위한 것으로서 그 목적이 정당할 뿐 아니라 수단이 적절하다. 또한, 소장은 미리 접견내용의 녹음
사실 등을 고지하며, 접견기록물의 엄격한 관리를 위한 제도적 장치도 마련되어 있는 점 등을 고려할 때 침해의
최소성 요건도 갖추었고, 이 사건 녹음행위는 미리 고지되어 청구인의 접견내용은 사생활의 비밀로서의 보호가치
가 그리 크지 않다고 할 것이므로 법익의 불균형을 인정하기도 어려워, 과잉금지원칙에 위반하여 청구인의 사생활
의 비밀과 자유를 침해하였다고 볼 수 없다(헌재 2012.12.27. 2010헌마153).   답 ○

199 인터넷언론사의 공개된 게시판·대화방에서 스스로의 의사에 의하여 정당·후보자에 대한
□□□ 지지·반대의 글을 게시하는 행위는 양심의 자유나 사생활 비밀의 자유에 의하여 보호되는
영역이라고 할 수 없다. ▌법무사 21   ○ ×

....

헌재 2010.2.25. 2008헌마324   답 ○

2 개인정보자기결정권

200 ▸ 개인정보자기결정권은 인간의 존엄과 가치, 행복추구권을 규정한 헌법 제10조 제1문에서
□□□   도출되는 일반적 인격권 및 헌법 제17조의 사생활의 비밀과 자유에 의하여 보장된다.
     ▌법행 22   ○ ×

     ▸ 개인의 인격주체성을 특징짓는 사항으로서 그 개인의 동일성을 식별할 수 있게 하는 일체의
       정보가 개인정보자기결정권의 보호대상이 되나, 공적 생활에서 형성되었거나 이미 공개된
       개인정보까지는 포함하지 않는다. ▌법행 22   ○ ×

....

인간의 존엄과 가치, 행복추구권을 규정한 헌법 제10조 제1문에서 도출되는 일반적 인격권 및 헌법 제17조의
사생활의 비밀과 자유에 의하여 보장되는 개인정보자기결정권은 자신에 관한 정보가 언제 누구에게 어느 범위까지
알려지고 또 이용되도록 할 것인지를 그 정보주체가 스스로 결정할 수 있는 권리이다. 즉 정보주체가 개인정보의
공개와 이용에 관하여 스스로 결정할 권리를 말한다. 개인정보자기결정권의 보호대상이 되는 개인정보는 개인의
신체, 신념, 사회적 지위, 신분 등과 같이 개인의 인격주체성을 특징짓는 사항으로서 그 개인의 동일성을 식별할
수 있게 하는 일체의 정보라고 할 수 있고, 반드시 개인의 내밀한 영역이나 사사(私事)의 영역에 속하는 정보에
국한되지 않고 공적 생활에서 형성되었거나 이미 공개된 개인정보까지 포함한다. 또한 그러한 개인정보를 대상으
로 한 조사·수집·보관·처리·이용 등의 행위는 모두 원칙적으로 개인정보자기결정권에 대한 제한에 해당한다
(헌재 2005.7.21. 2003헌마282).   답 ○ / ×

201 개인정보자기결정권은 자신에 관한 정보가 언제 누구에게 어느 범위까지 알려지고 또 이용되도록 할 것인지를 그 정보주체가 스스로 결정할 수 있는 권리로서, 헌법 제10조 제1문에서 도출되는 일반적 인격권 및 헌법 제17조의 사생활의 비밀과 자유에 의하여 보장된다.

Ⅰ법무사 21 ○ ×

헌재 2018.8.30. 2014헌마368 답 ○

202 개인정보자기결정권은 헌법에 명시된 기본권이다. Ⅰ법원직9급 21 ○ ×

개인정보자기결정권의 헌법상 근거로는 헌법 제17조의 사생활의 비밀과 자유, 헌법 제10조 제1문의 인간의 존엄과 가치 및 행복추구권에 근거를 둔 일반적 인격권 또는 위 조문들과 동시에 우리 헌법의 자유민주적 기본질서 규정 또는 국민주권원리와 민주주의원리 등을 고려할 수 있으나, 개인정보자기결정권으로 보호하려는 내용을 위 각 기본권들 및 헌법원리들 중 일부에 완전히 포섭시키는 것은 불가능하다고 할 것이므로, 그 헌법적 근거를 굳이 어느 한두 개에 국한시키는 것은 바람직하지 않은 것으로 보이고, 오히려 개인정보자기결정권은 이들을 이념적 기초로 하는 독자적 기본권으로서 헌법에 명시되지 아니한 기본권이라고 보아야 할 것이다(헌재 2005.5.26. 99헌마513). 답 ×

203 개인정보를 대상으로 한 조사·수집·보관·처리·이용 등의 행위는 모두 원칙적으로 개인정보자기결정권에 대한 제한에 해당한다. Ⅰ법무사 21 ○ ×

헌재 2018.8.30. 2014헌마368 답 ○

204 ▸ 직계혈족이기만 하면 아무런 제한 없이 자녀의 가족관계증명서 및 기본증명서의 교부를 청구하여 발급받을 수 있도록 규정한 가족관계의 등록 등에 관한 법률 제15조 제1항은 과잉금지원칙을 위반하여 자녀의 개인정보자기결정권을 침해한다. Ⅰ법무사 21 ○ ×

▸ '직계혈족'에게 가족관계증명서 및 기본증명서의 교부청구권을 부여하는 '가족관계의 등록 등에 관한 법률' 조항은 가정폭력 피해자의 개인정보가 가정폭력 가해자인 전 배우자에게 무단으로 유출될 수 있는 가능성을 열어놓고 있으므로 가정폭력 피해자의 개인정보자기결정권을 침해한다. Ⅰ법원직9급 21 ○ ×

이 사건 법률조항은 가정폭력 가해자에 대한 별도의 제한 없이 직계혈족이기만 하면 사실상 자유롭게 그 자녀의 가족관계증명서와 기본증명서의 교부를 청구하여 발급받을 수 있도록 함으로써, 그로 인하여 가정폭력 피해자인 청구인의 개인정보가 가정폭력 가해자인 전 배우자에게 무단으로 유출될 수 있는 가능성을 열어놓고 있다. 따라서 과잉금지원칙에 위배되어 청구인의 개인정보자기결정권을 침해한다(헌재 2020.8.28. 2018헌마927). 답 ○ / ○

205 '형제자매'에게 가족관계등록부 등의 기록사항에 관한 증명서 교부청구권을 부여하는 '가족관
□□□ 계의 등록 등에 관한 법률' 조항은 과잉금지원칙에 반하여 정보주체의 개인정보자기결정권을
침해한다. ┃법원직9급 21 ○ ×

....

형제자매에게 가족관계등록부 등의 기록사항에 관한 증명서 교부청구권을 부여하는 '가족관계의 등록 등에 관한
법률' 조항은 증명서 발급에 있어 형제자매에게 정보주체인 본인과 거의 같은 지위를 부여하고 있으므로, 이는
증명서 교부청구권자의 범위를 필요한 최소한도로 한정한 것이라고 볼 수 없다. 본인은 인터넷을 이용하거나
위임을 통해 각종 증명서를 발급받을 수 있으며, 가족관계등록법 제14조 제1항 단서 각 호에서 일정한 경우에는
제3자도 각종 증명서의 교부를 청구할 수 있으므로 형제자매는 이를 통해 각종 증명서를 발급받을 수 있다. 따라서
이 사건 법률조항은 침해의 최소성에 위배된다. 또한, 이 사건 법률조항을 통해 달성하려는 공익에 비해 초래되는
기본권 제한의 정도가 중대하므로 법익의 균형성도 인정하기 어려워, 이 사건 법률조항은 청구인의 개인정보자기
결정권을 침해한다(헌재 2016.6.30. 2015헌마924). **답** ○

206 정보주체가 직접 또는 제3자를 통하여 이미 공개한 개인정보라고 하더라도 공개 당시 정보주체
□□□ 가 자신의 개인정보에 대한 수집이나 제3자 제공 등의 처리에 대하여 동의를 하였다고 단정할
수 없으므로, 그 정보를 수집·이용·제공 등 처리하고자 하는 자는 정보주체로부터 별도의
동의를 받아야 한다. ┃법무사 21 ○ ×

....

정보주체가 직접 또는 제3자를 통하여 이미 공개한 개인정보는 공개 당시 정보주체가 자신의 개인정보에 대한
수집이나 제3자 제공 등의 처리에 대하여 일정한 범위 내에서 동의를 하였다고 할 것이다. 이와 같이 공개된
개인정보를 객관적으로 보아 정보주체가 동의한 범위 내에서 처리하는 것으로 평가할 수 있는 경우에도 동의의
범위가 외부에 표시되지 아니하였다는 이유만으로 또다시 정보주체의 별도의 동의를 받을 것을 요구한다면 이는
정보주체의 공개의사에도 부합하지 아니하거니와 정보주체나 개인정보처리자에게 무의미한 동의절차를 밟기
위한 비용만을 부담시키는 결과가 된다. … 따라서 이미 공개된 개인정보를 정보주체의 동의가 있었다고 객관적으
로 인정되는 범위 내에서 수집·이용·제공 등 처리를 할 때는 정보주체의 별도의 동의는 불필요하다고 보아야
하고, 별도의 동의를 받지 아니하였다고 하여 개인정보 보호법 제15조나 제17조를 위반한 것으로 볼 수 없다(대판
2016.8.17. 2014다235080). **답** ×

207 ▶ 법률정보 제공 사이트를 운영하는 회사가 공립대학교 법학과 교수의 사진, 성명, 성별, 출생
□□□ 연도, 직업, 직장, 학력, 경력 등 개인정보를 위 법학과 홈페이지 등을 통해 수집하여 위
사이트 내 '법조인' 항목에서 유료로 제공한 경우, 위 회사가 영리 목적으로 개인정보를
수집하여 제3자에게 제공하였더라도 그에 의하여 얻을 수 있는 법적 이익이 정보처리를
막음으로써 얻을 수 있는 정보주체의 인격적 법익에 비하여 우월하므로, 개인정보자기결정
권을 침해하는 위법한 행위로 평가할 수 없다. ┃법무사 21 ○ ×

▶ 법률정보 제공 사이트를 운영하는 甲주식회사가 공립대학교인 乙 대학교 법과대학 법학과
교수로 재직 중인 丙의 사진, 성명, 성별, 출생연도, 직업, 직장, 학력, 경력 등의 개인정보를
위 법학과 홈페이지 등을 통해 수집하여 위 사이트 내 '법조인' 항목에서 유료로 제공한
행위는 丙의 개인정보자기결정권을 침해하지 않는다. ┃법원직9급 20 ○ ×

법률정보 제공 사이트를 운영하는 甲 주식회사가 공립대학교인 乙 대학교 법과대학 법학과 교수로 재직 중인 丙의 사진, 성명, 성별, 출생연도, 직업, 직장, 학력, 경력 등의 개인정보를 위 법학과 홈페이지 등을 통해 수집하여 위 사이트 내 '법조인' 항목에서 유료로 제공한 경우, 甲 회사가 영리 목적으로 丙의 개인정보를 수집하여 제3자에게 제공하였더라도 그에 의하여 얻을 수 있는 법적 이익이 정보처리를 막음으로써 얻을 수 있는 정보주체의 인격적 법익에 비하여 우월하므로, 甲 회사의 행위를 丙의 개인정보자기결정권을 침해하는 위법한 행위로 평가할 수 없다(대판 2016.8.17. 2014다235080). **답** ○ / ○

208 주민등록번호가 부여된 이후 주민등록번호 변경을 허용하게 되면 범죄은폐, 탈세, 채무면탈 또는 신분세탁 등 불순한 용도로 이를 악용하는 경우가 발생할 수 있으므로 주민등록번호 □□□ 변경을 허용하지 않은 주민등록법이 개인정보자기결정권을 침해한 것으로 볼 수 없다.
❘ 법무사 21 ○ ×

주민등록번호 유출 또는 오·남용으로 인하여 발생할 수 있는 피해 등에 대한 아무런 고려 없이 주민등록번호 변경을 일체 허용하지 않는 것은 그 자체로 개인정보자기결정권에 대한 과도한 침해가 될 수 있다(헌재 2015.12.23. 2013헌바68). **답** ×

209 국민건강보험공단이 경찰서장에게 일정기간 동안의 피의자에 대한 급여일자, 요양기관명을 □□□ 포함한 요양급여내역을 제공한 행위는 개인정보자기결정권을 침해한다. ❘ 법원직9급 20 ○ ×

급여일자와 요양기관명은 피의자의 현재 위치를 곧바로 파악할 수 있는 정보는 아니므로, 이 사건 정보제공행위로 얻을 수 있는 수사상의 이익은 없었거나 미약한 정도였다. 반면 서울용산경찰서장에게 제공된 요양기관명에는 전문의의 병원도 포함되어 있어 청구인들의 질병의 종류를 예측할 수 있는 점, 2년 내지 3년 동안의 요양급여정보는 청구인들의 건강 상태에 대한 총체적인 정보를 구성할 수 있는 점 등에 비추어 볼 때, 이 사건 정보제공행위로 인한 청구인들의 개인정보자기결정권에 대한 침해는 매우 중대하다. 그렇다면 국민건강보험공단이 2013.12.20. 서울용산경찰서장에게 청구인들의 요양급여내역을 제공한 행위는 이 사건 정보제공조항 등이 정한 요건을 충족한 것으로 볼 수 없고, 침해의 최소성 및 법익의 균형성에 위배되어 청구인들의 개인정보자기결정권을 침해하였다(헌재 2018.8.30. 2014헌마368). **답** ○

210 지문은 개인의 고유성과 동일성을 나타내는 생체정보로서 개인이 임의로 변경할 수 없는 정보 □□□ 이고, 행정상 목적으로 신원확인이 필요한 경우 반드시 열 손가락 지문 전부가 필요한 것은 아니므로 주민등록증 발급신청서에 열 손가락 지문을 찍도록 하는 것은 개인정보자기결정권을 침해한다. ❘ 법원직9급 20 ○ ×

이 사건 시행령조항은 신원확인기능의 효율적 수행을 도모하고, 신원확인의 정확성 내지 완벽성을 제고하기 위하여 열 손가락 지문 전부를 주민등록증 발급신청서에 날인하도록 규정하고 있는바, 지문정보가 유전자, 홍채, 치아 등 다른 신원확인수단에 비하여 간편하고 효율적이며, 일정한 범위의 범죄자나 손가락 일부의 지문정보를 수집하는 것만으로는 열 손가락 지문을 대조하는 것과 그 정확성 면에서 비교하기 어렵다는 점 등을 고려하면, 이 사건 시행령조항이 과도하게 개인정보자기결정권을 침해하였다고 볼 수 없다(헌재 2015.5.28. 2011헌마731). **답** ×

211
□□□
▸ 서울특별시 교육감 등이 졸업생의 성명, 생년월일 및 졸업일자 정보를 교육정보시스템 (NEIS)에 보유하는 행위는 개인정보자기결정권을 침해하지 않는다. | 법행 22 ○ ×

▸ 교육감이 졸업생 관련 증명업무를 위해 졸업생의 성명, 생년월일 및 졸업일자에 대한 정보를 교육정보시스템에 보유하는 행위는 개인정보보호법제가 완비되지 않은 상황에서 그 보유의 목적과 수단의 적정성을 인정할 수 없어 졸업생의 개인정보자기결정권을 침해한다. | 법원직9급 21 ○ ×

개인정보의 종류 및 성격, 수집목적, 이용형태, 정보처리방식 등에 따라 개인정보자기결정권의 제한이 인격권 또는 사생활의 자유에 미치는 영향이나 침해의 정도는 달라지므로 개인정보자기결정권의 제한이 정당한지 여부를 판단함에 있어서는 위와 같은 요소들과 추구하는 공익의 중요성을 헤아려야 하는바, 피청구인들(서울특별시 교육 감과 교육인적자원부장관)이 졸업증명서 발급업무에 관한 민원인의 편의 도모, 행정효율성의 제고를 위하여 개인 의 존엄과 인격권에 심대한 영향을 미칠 수 있는 민감한 정보라고 보기 어려운 성명, 생년월일, 졸업일자 정보만을 NEIS에 보유하고 있는 것은 목적의 달성에 필요한 최소한의 정보만을 보유하는 것이라 할 수 있고, 공공기관의 개인정보보호에 관한 법률에 규정된 개인정보 보호를 위한 법규정들의 적용을 받을 뿐만 아니라 피청구인들이 보유목적을 벗어나 개인정보를 무단 사용하였다는 점을 인정할 만한 자료가 없는 한 NEIS라는 자동화된 전산시스 템으로 그 정보를 보유하고 있다는 점만으로 피청구인들의 적법한 보유행위 자체의 정당성마저 부인하기는 어렵다 (헌재 2005.7.21. 2003헌마282). **답** ○ / ×

212
□□□
"법무부장관은 변호사시험 합격자가 결정되면 즉시 명단을 공고하여야 한다."고 규정한 변호 사시험법 규정은 개인정보자기결정권을 침해하는 것이 아니다. | 법행 22 ○ ×

법무부장관은 변호사시험 합격자가 결정되면 즉시 명단을 공고하여야 한다고 규정한 변호사시험법 제11조 중 '명단 공고' 부분은 법무부장관이 시험 관리 업무를 위하여 수집한 응시자의 개인정보 중 합격자의 성명을 공개하도 록 하는 데 그치므로, 청구인들의 개인정보자기결정권이 제한되는 범위와 정도는 매우 제한적이다. 합격자 명단이 공고되면 누구나, 언제든지 이를 검색할 수 있으므로, 심판대상조항은 공공성을 지닌 전문직인 변호사의 자격 소지에 대한 일반 국민의 신뢰를 형성하는 데 기여하며, 변호사에 대한 정보를 얻는 수단이 확보되어 법률서비스 수요자의 편의가 증진된다. 합격자 명단을 공고하는 경우, 시험 관리 당국이 더 엄정한 기준과 절차를 통해 합격자 를 선정할 것이 기대되므로 시험 관리 업무의 공정성과 투명성이 강화될 수 있다. 따라서 심판대상조항이 과잉금지 원칙에 위배되어 청구인들의 개인정보자기결정권을 침해한다고 볼 수 없다(헌재 2020.3.26. 2018헌마77). **답** ○

213
□□□
국회의원인 甲이 '각급학교 교원의 교원단체 및 교원노조 가입현황 실명자료'를 인터넷을 통하 여 공개하였다면, 이는 개인정보자기결정권의 보호대상이 되는 개인정보를 일반 대중에게 공개함으로써 해당 교원들의 개인정보자기결정권을 침해하는 것이다. | 법원직9급 20 ○ ×

국회의원인 甲 등이 '각급학교 교원의 교원단체 및 교원노조 가입현황 실명자료'를 인터넷을 통하여 공개한 경우, 위 정보는 개인정보자기결정권의 보호대상이 되는 개인정보에 해당하므로 이를 일반 대중에게 공개하는 행위는 해당 교원들의 개인정보자기결정권과 전국교직원노동조합의 존속, 유지, 발전에 관한 권리를 침해하는 것이고, 甲 등이 위 정보를 공개한 표현행위로 인하여 얻을 수 있는 법적 이익이 이를 공개하지 않음으로써 보호받을 수 있는 해당 교원 등의 법적 이익에 비하여 우월하다고 할 수 없으므로, 甲 등의 정보 공개행위는 위법하다(대판 2014.7.24. 2012다49933). **답** ○

214 ▸ 헌법재판소는 인터넷게시판을 설치·운영하는 정보통신서비스 제공자에게 본인확인조치의
□□□ 무를 부과하여 게시판 이용자로 하여금 본인확인절차를 거쳐야만 게시판을 이용할 수 있도록
하는 이른바 '본인확인제'를 규정한 정보통신망 이용촉진 및 정보보호 등에 관한 법률 규정은
개인정보자기결정권을 침해한다고 판단하였다. ▌법행 22   ○ ×

▸ 인터넷게시판을 설치·운영하는 정보통신서비스 제공자에게 본인확인조치의무를 부과하여
게시판 이용자로 하여금 본인확인절차를 거쳐야만 게시판을 이용할 수 있도록 하는 본인확인
제에 관한 '정보통신망 이용촉진 및 정보보호 등에 관한 법률' 규정은 언론의 자유를 침해한다.
▌법원직9급 20   ○ ×

･･･

인터넷게시판을 설치·운영하는 정보통신서비스 제공자에게 본인확인조치의무를 부과하여 게시판 이용자로 하여
금 본인확인절차를 거쳐야만 게시판을 이용할 수 있도록 하는 본인확인제를 규정한 '정보통신망 이용촉진 및
정보보호 등에 관한 법률' 조항은 과잉금지원칙에 위배하여 인터넷게시판 이용자의 표현의 자유, 개인정보자기결
정권 및 인터넷게시판을 운영하는 정보통신서비스 제공자의 언론의 자유를 침해한다(헌재 2012.8.23. 2010헌마
47).   🅳 ○ / ○

215 검사 등의 요청에 따라 교도소장이 접견내용을 녹음한 파일을 제공하는 행위는 제공된 접견녹
□□□ 음파일로 특정개인을 식별할 수 있고, 그 대화내용 등은 인격주체성을 특징짓는 사항으로
그 개인의 동일성을 식별할 수 있게 하는 정보이므로, 정보주체인 수용자의 동의 없이 접견녹음
파일을 관계기관에 제공하는 것은 개인정보자기결정권을 침해한다. ▌법행 21   ○ ×

구치소장이 검사의 요청에 따라 청구인과 배우자의 접견녹음파일을 제공한 행위에 의하여 제공된 접견녹음파일로
특정개인을 식별할 수 있고, 그 대화내용 등은 인격주체성을 특징짓는 사항으로 그 개인의 동일성을 식별할 수
있게 하는 정보이므로, 정보주체인 청구인의 동의 없이 접견녹음파일을 관계기관에 제공하는 것은 청구인의 개인
정보자기결정권을 제한하는 것이다. 그런데 이 사건 제공행위는 형사사법의 실체적 진실을 발견하고 이를 통해
형사사법의 적정한 수행을 도모하기 위한 것으로 그 목적이 정당하고, 수단 역시 적합하다. 또한, 접견기록물의
제공은 제한적으로 이루어지고, 제공된 접견내용은 수사와 공소제기 등에 필요한 범위 내에서만 사용하도록 제도
적 장치가 마련되어 있으며, 사적 대화내용을 분리하여 제공하는 것은 그 구분이 실질적으로 불가능하고, 범죄와
관련 있는 대화내용을 쉽게 파악하기 어려워 전체제공이 불가피한 점 등을 고려할 때 침해의 최소성 요건도
갖추고 있다. 나아가 접견내용이 기록된다는 사실이 미리 고지되어 그에 대한 보호가치가 그리 크다고 볼 수
없는 점 등을 고려할 때, 법익의 불균형을 인정하기도 어려우므로, 과잉금지원칙에 위반하여 청구인의 개인정보자
기결정권을 침해하였다고 볼 수 없다(헌재 2012.12.27. 2010헌마153).   🅳 ×

| 제2관 | 주거의 자유 · 거주이전의 자유 |

1 주거의 자유

┌───┐
│ **헌법 제16조**   모든 국민은 (주거의 자유)를 침해받지 아니한다. (주거에 대한 입수나 수색)을 할 때에는 │
│ 검사의 신청에 의하여 법관이 발부한 (영장)을 제시하여야 한다.   │
└───┘

> **헌법 제14조** 모든 국민은 (거주·이전의 자유)를 가진다.

216 형사재판에 계속 중인 사람에 대하여 6개월의 범위 내에서 출국을 금지할 수 있도록 규정한
□□□ 출입국관리법 조항은 출국금지된 사람의 거주이전의 자유 중 출국의 자유를 침해한다.
┃법행 21   ○ ×

형사재판에 계속 중인 사람의 해외도피를 막아 국가 형벌권을 확보함으로써 실체적 진실발견과 사법정의를 실현하
고자 하는 심판대상조항은 그 입법목적이 정당하고, 형사재판에 계속 중인 사람의 출국을 일정 기간 동안 금지할
수 있도록 하는 것은 이러한 입법목적을 달성하는 데 기여할 수 있으므로 수단의 적정성도 인정된다. 법무부장관은
출국금지 여부를 결정함에 있어 출국금지의 기본원칙, 출국금지 대상자의 범죄사실, 연령 및 가족관계, 해외도피
가능성 등 피고인의 구체적 사정을 반드시 고려하여야 하며, 실무에서도 심판대상조항에 따른 출국금지는 매우
제한적으로 운용되고 있다. 그 밖에 출국금지 해제제도, 사후통지제도, 이의신청, 행정소송 등 형사재판에 계속
중인 사람의 기본권 제한을 최소화하기 위한 여러 방안이 마련되어 있으므로 침해의 최소성 원칙에 위배되지
아니한다. 심판대상조항으로 인하여 형사재판에 계속 중인 사람이 입게 되는 불이익은 일정 기간 출국이 금지되는
것인 반면, 심판대상조항을 통하여 얻는 공익은 국가 형벌권을 확보함으로써 실체적 진실발견과 사법정의를 실현
하고자 하는 것으로서 중대하므로 법익의 균형성도 충족된다. 따라서 <u>심판대상조항은 과잉금지원칙에 위배되어
출국의 자유를 침해하지 아니한다</u>(헌재 2015.9.24. 2012헌바302).   **답** ×

217 ▸ 국적을 가지고 이를 변경할 수 있는 권리는 그 본질상 인간의 존엄과 가치 및 행복추구권을
□□□   규정하고 있는 헌법 제10조에서 도출되는 것으로 보아야 하고, 따라서 복수국적자가 대한민
      국 국적을 버릴 수 있는 자유도 마찬가지로 헌법 제10조에서 나오는 것이지 거주·이전의
      자유에 포함되어 있는 것이 아니다. ┃법원직9급 20   ○ ×

▸ 복수국적자가 대한민국 국적을 버릴 수 있는 자유는 헌법 제10조에서 나오는 것이지 거주·
  이전의 자유에 포함되지 않는다. ┃법행 21   ○ ×

<u>국적을 이탈하거나 변경하는 것은 헌법 제14조가 보장하는 거주·이전의 자유에 포함되고,</u> 이 사건 법률조항들은
복수국적자인 남성이 제1국민역에 편입된 때에는 그때부터 3개월 이내에 외국 국적을 선택하지 않으면 국적법
제12조 제3항 각 호에 해당하는 때, 즉 현역·상근예비역 또는 보충역으로 복무를 마치거나, 제2국민역에 편입되거
나, 또는 병역면제처분을 받은 때(이하 '병역의무의 해소'라 한다)에야 외국 국적의 선택 및 대한민국 국적의
이탈(이하 이를 묶어 '대한민국 국적 이탈'이라고만 한다)을 할 수 있도록 하고 있으므로, 이 사건 법률조항들은
복수국적자인 청구인의 국적이탈의 자유를 제한한다(헌재 2015.11.26. 2013헌마805).   **답** × / ×

218 거주·이전의 자유는 국가의 간섭 없이 자유롭게 거주지와 체류지를 정할 수 있는 자유인바,
□□□ 경찰청장이 경찰버스들로 서울특별시 서울광장을 둘러싸 통행을 제지한 행위는 서울특별시민
인 청구인들의 거주·이전의 자유를 제한하지 않는다. ┃법행 21, 법원직9급 20   ○ ×

거주·이전의 자유는 거주지나 체류지라고 볼 만한 정도로 생활과 밀접한 연관을 갖는 장소를 선택하고 변경하는 행위를 보호하는 기본권인바, 이 사건에서 서울광장이 청구인들의 생활형성의 중심지인 거주지나 체류지에 해당한다고 할 수 없고, 서울광장에 출입하고 통행하는 행위가 그 장소를 중심으로 생활을 형성해 나가는 행위에 속한다고 볼 수도 없으므로 청구인들의 거주·이전의 자유가 제한되었다고 할 수 없다(헌재 2011.6.30. 2009헌마406).

답 ○

219 ▸ 주거로 사용하던 건물이 수용될 경우 그 효과로 거주지도 이전하여야 하는 것은 사실이나
□□□ 이는 토지 및 건물 등의 수용에 따른 부수적 효과로서 간접적·사실적 제약에 해당하므로,
정비사업조합에 수용권한을 부여하여 주택재개발사업에 반대하는 청구인의 토지 등을 강제
로 취득할 수 있도록 한 도시 및 주거환경정비법 조항이 청구인의 재산권을 침해하였는지
여부를 판단하는 이상 거주·이전의 자유 침해 여부는 별도로 판단하지 않는다.

┃법원직9급 20 ○ ×

▸ 헌법재판소는 정비사업조합에 수용권한을 부여한 도시 및 주거환경정비법 조항의 위헌 여부
와 관련하여, '주거로 사용하던 건물이 수용될 경우 그 효과로 거주지도 이전하여야 하는
것은 사실이나, 이는 수용에 따른 부수적 효과로서 간접적, 사실적 제약에 해당한다'는 이유
로 거주이전의 자유 침해 여부는 별도로 판단하지 않았다. ┃법행 21 ○ ×

이 사건 수용조항은, 정비사업조합에 수용권한을 부여하여 주택재개발사업에 반대하는 청구인의 토지 등을 강제로 취득할 수 있도록 하고 있다. 따라서 이 사건 수용조항이 토지 등 소유자의 재산권을 침해하는지 여부가 문제된다. 청구인은 이 사건 수용조항으로 인하여 거주이전의 자유도 제한된다고 주장하고 있다. 주거로 사용하던 건물이 수용될 경우 그 효과로 거주지도 이전하여야 하는 것은 사실이나, 이는 토지 및 건물 등의 수용에 따른 부수적 효과로서 간접적, 사실적 제약에 해당하므로 거주이전의 자유 침해여부는 별도로 판단하지 않는다(헌재 2019.11.28. 2017헌바241).

답 ○ / ○

220 거주·이전의 자유는 성질상 법인이 누릴 수 있는 기본권이 아니므로, 법인의 대도시내 부동산
□□□ 취득에 대하여 통상보다 높은 세율인 5배의 등록세를 부과함으로써 법인의 대도시내 활동을
간접적으로 억제하는 것은 법인의 직업수행의 자유를 제한할 뿐이다. ┃법원직9급 20 ○ ×

법인도 성질상 법인이 누릴 수 있는 기본권의 주체가 되고, 위 조항에 규정되어 있는 법인의 설립이나 지점 등의 설치, 활동거점의 이전 등은 법인이 그 존립이나 통상적인 활동을 위하여 필연적으로 요구되는 기본적인 행위유형들이라고 할 것이므로 이를 제한하는 것은 결국 <u>헌법상 법인에게 보장된 직업수행의 자유와 거주·이전의 자유를 제한하는 것인가의 문제로 귀결된다.</u> 살피건대 위 조항은 대도시 내에서의 법인의 설립 등 행위를 직접적으로 제한하는 내용의 규정이라고 볼 수 없고 다만 법인이 대도시 내에서 설립 등의 목적을 위하여 취득하는 부동산등기에 대하여 통상보다 높은 세율의 등록세를 부과함으로써 대도시 내에서의 법인의 설립 등 행위가 억제될 것을 기대하는 범위 내에서 사실상 법인의 그러한 행위의 자유가 간접적으로 제한되는 측면이 있을 뿐이다(헌재 1996.3.28. 94헌바42).

답 ×

> 헌법 제18조   모든 국민은 (통신의 비밀)을 침해받지 아니한다.

221
□□□
▸ 통신의 자유란 통신수단을 자유로이 이용하여 의사소통할 권리이고, 이러한 '통신수단의 자유로운 이용'에는 자신의 인적사항을 누구에게도 밝히지 않는 상태로 통신수단을 이용할 자유, 즉 통신수단의 익명성 보장도 포함된다. ▎법원직9급 20   ○ ✕

▸ 헌법 제18조로 보장되는 기본권인 통신의 자유에는 자신의 인적 사항을 누구에게도 밝히지 않는 상태로 통신수단을 이용할 자유, 즉 통신수단의 익명성 보장도 포함된다. ▎법행 21
○ ✕

헌법 제18조로 보장되는 기본권인 통신의 자유란 통신수단을 자유로이 이용하여 의사소통할 권리이다. '통신수단의 자유로운 이용'에는 자신의 인적 사항을 누구에게도 밝히지 않는 상태로 통신수단을 이용할 자유, 즉 통신수단의 익명성 보장도 포함된다. 심판대상조항은 휴대전화를 통한 문자·전화·모바일 인터넷 등 통신기능을 사용하고자 하는 자에게 반드시 사전에 본인확인 절차를 거치는 데 동의해야만 이를 사용할 수 있도록 하므로, 익명으로 통신하고자 하는 청구인들의 통신의 자유를 제한한다(헌재 2019.9.26. 2017헌마1209). **답** ○ / ○

222
□□□
통신비밀보호법(2005.5.26. 법률 제7503호로 개정된 것) 제13조 제1항 중 '검사 또는 사법경찰관은 수사를 위하여 필요한 경우 전기통신사업법에 의한 전기통신사업자에게 제2조 제11호 가목 내지 라목의 통신사실 확인자료의 열람이나 제출을 요청할 수 있다'는 부분은 과잉금지원칙에 위반되어 개인정보자기결정권과 통신의 자유를 침해한다. ▎법행 23   ○ ✕

이동전화를 이용한 통신과 관련하여 필연적으로 발생하는 통신사실 확인자료는 비록 비내용적 정보이지만 여러 정보의 결합과 분석을 통해 정보주체에 관한 정보를 유추해낼 수 있는 민감한 정보인 점, 수사기관의 통신사실 확인자료 제공요청에 대해 법원의 허가를 거치도록 규정하고 있으나 수사의 필요성만을 그 요건으로 하고 있어 제대로 된 통제가 이루어지기 어려운 점, 기지국수사의 허용과 관련하여서는 유괴·납치·성폭력범죄 등 강력범죄나 국가안보를 위협하는 각종 범죄와 같이 피의자나 피해자의 통신사실 확인자료가 반드시 필요한 범죄로 그 대상을 한정하는 방안 또는 다른 방법으로는 범죄수사가 어려운 경우(보충성)를 요건으로 추가하는 방안 등을 검토함으로써 수사에 지장을 초래하지 않으면서도 불특정 다수의 기본권을 덜 침해하는 수단이 존재하는 점을 고려할 때, 통신비밀보호법 제13조 제항 중 '검사 또는 사법경찰관은 수사를 위하여 필요한 경우 전기통신사업법에 의한 전기통신사업자에게 제2조 제11호 가목 내지 라목의 통신사실 확인자료의 열람이나 제출을 요청할 수 있다' 부분은 과잉금지원칙에 반하여 청구인의 개인정보자기결정권과 통신의 자유를 침해한다(헌재 2018.6.28. 2012헌마538). **답** ○

223
□□□
통신제한조치기간의 연장을 허가함에 있어 총연장기간 또는 총연장횟수의 제한을 두지 아니한 통신비밀보호법 조항은 통신의 비밀을 침해한다. ▎법무사 22   ○ ✕

통신제한조치기간의 연장을 허가함에 있어 총연장기간 또는 총연장횟수의 제한을 두지 아니한 통신비밀보호법 조항은 통신제한조치기간을 연장함에 있어 법운용자의 남용을 막을 수 있는 최소한의 한계를 설정하지 않아 침해의 최소성원칙에 위반한다. 나아가 통신제한조치가 내려진 피의자나 피내사자는 자신이 감청을 당하고 있다는 사실을 모르는 기본권 제한의 특성상 방어권을 행사하기 어려운 상태에 있으므로 수사와 전혀 관계없는 개인의 내밀한 사생활의 비밀이 침해당할 우려도 심히 크기 때문에 기본권 제한의 법익균형성 요건도 갖추지 못하였다. 따라서 이 사건 법률조항은 헌법에 위반된다 할 것이다(헌재 2010.12.28. 2009헌가30). 🔒 ○

224
□□□
인터넷회선 감청은 타인과의 관계를 전제로 하는 개인의 사적 영역을 보호하려는 헌법 제18조의 통신의 비밀과 자유 외에 헌법 제17조의 사생활의 비밀과 자유도 제한하므로, 인터넷회선 감청을 범죄수사를 위한 통신제한조치 허가 대상으로 정함에 있어서는 과잉금지원칙을 준수하여야 한다. ▌법무사 22 ○ ×

인터넷회선 감청은 해당 인터넷회선을 통하여 흐르는 모든 정보가 감청 대상이 되므로, 이를 통해 드러나게 되는 개인의 사생활 영역은 전화나 우편물 등을 통하여 교환되는 통신의 범위를 넘는다. 더욱이 오늘날 이메일, 메신저, 전화 등 통신뿐 아니라, 각종 구매, 게시물 등록, 금융서비스 이용 등 생활의 전 영역이 인터넷을 기반으로 이루어지기 때문에, 인터넷회선 감청은 타인과의 관계를 전제로 하는 개인의 사적 영역을 보호하려는 헌법 제18조의 통신의 비밀과 자유 외에 헌법 제17조의 사생활의 비밀과 자유도 제한하게 된다. 따라서 인터넷회선 감청도 범죄수사를 위한 통신제한조치 허가 대상으로 정한 이 사건 법률조항이 과잉금지원칙에 반하여 피의자 또는 피내사자와 같은 대상자뿐만 아니라 이용자들의 통신 및 사생활의 비밀과 자유를 침해하는지 여부에 대하여 본다(헌재 2018.8.30. 2016헌마263). 🔒 ○

225
□□□
인터넷회선감청은, 인터넷회선을 통하여 흐르는 전기신호 형태의 '패킷'을 중간에 확보한 다음 재조합 기술을 거쳐 그 내용을 파악하는 이른바 '패킷감청'의 방식으로 이루어진다. 따라서 이를 통해 개인의 통신뿐만 아니라 사생활의 비밀과 자유가 제한되고, 과잉금지원칙을 위반하여 기본권을 침해한다. ▌법행 23 ○ ×

인터넷회선감청은, 인터넷회선을 통하여 흐르는 전기신호 형태의 '패킷'을 중간에 확보한 다음 재조합 기술을 거쳐 그 내용을 파악하는 이른바 '패킷감청'의 방식으로 이루어진다. 따라서 이를 통해 개인의 통신뿐만 아니라 사생활의 비밀과 자유가 제한된다. …(중략)… 이상을 종합하면, 이 사건 법률조항은 인터넷회선 감청의 특성을 고려하여 그 집행 단계나 집행 이후에 수사기관의 권한 남용을 통제하고 관련 기본권의 침해를 최소화하기 위한 제도적 조치가 제대로 마련되어 있지 않은 상태에서, 범죄수사 목적을 이유로 인터넷회선 감청을 통신제한조치 허가 대상 중 하나로 정하고 있으므로 침해의 최소성 요건을 충족한다고 할 수 없다. 이러한 여건 하에서 인터넷회선의 감청을 허용하는 것은 개인의 통신 및 사생활의 비밀과 자유에 심각한 위협을 초래하게 되므로 이 사건 법률조항으로 인하여 달성하려는 공익과 제한되는 사익 사이의 법익 균형성도 인정되지 아니한다. 그러므로 이 사건 법률조항은 과잉금지원칙에 위반하는 것으로 청구인의 기본권을 침해한다(헌재 2018.8.30. 2016헌마263). 🔒 ○

226
□□□
통신의 비밀이란 서신·우편·전신의 통신수단을 통하여 개인 간에 의사나 정보의 전달과 교환이 이루어지는 경우, 통신의 내용과 통신이용의 상황이 개인의 의사에 반하여 공개되지 아니할 자유를 의미하므로, 휴대전화 통신계약 체결 단계에서는 아직 통신의 비밀에 대한 제한이 이루어진다고 보기 어렵다. ▌법원직9급 20 ○ ×

통신의 비밀이란 서신·우편·전신의 통신수단을 통하여 개인 간에 의사나 정보의 전달과 교환(의사소통)이 이루어지는 경우, 통신의 내용과 통신이용의 상황이 개인의 의사에 반하여 공개되지 아니할 자유를 의미한다. 그러나 가입자의 인적사항이라는 정보는 통신의 내용·상황과 관계없는 '비 내용적 정보'이며 휴대전화 통신계약 체결 단계에서는 아직 통신수단을 통하여 어떠한 의사소통이 이루어지는 것이 아니므로 통신의 비밀에 대한 제한이 이루어진다고 보기는 어렵다(헌재 2019.9.26. 2017헌마1209). **답** ○

227
□□□
▸ 전기통신역무제공에 관한 계약을 체결하는 경우 전기통신사업자로 하여금 가입자의 인적사항을 확인할 수 있는 증서를 제시하도록 요구하고 부정가입방지시스템을 이용해 본인인지 여부를 확인하도록 한 규정은 익명 가입을 원하는 자의 통신의 자유를 침해한다.
‖법무사 22 ○ ×

▸ 전기통신역무제공에 관한 계약을 체결하는 경우 전기통신사업자로 하여금 가입자에게 본인임을 확인할 수 있는 증서 등을 제시하도록 요구하고 부정가입방지시스템 등을 이용하여 본인인지 여부를 확인하도록 한 전기통신사업법 관련 조항은 익명으로 이동통신서비스에 가입하여 자신들의 인적 사항을 밝히지 않은 채 통신하고자 하는 자들의 통신의 자유를 침해한다. ‖법행 21 ○ ×

▸ 전기통신역무제공에 관한 계약을 체결하는 경우 전기통신사업자로 하여금 가입자에게 본인임을 확인할 수 있는 증서 등을 제시하도록 요구하고 부정가입방지시스템 등을 이용하여 본인인지 여부를 확인하도록 한 전기통신사업법령 조항들은 휴대전화를 통한 문자·전화·모바일 인터넷 등 통신기능을 사용하고자 하는 자에게 반드시 사전에 본인확인 절차를 거치는 데 동의해야만 이를 사용할 수 있도록 하므로, 익명으로 통신하고자 하는 청구인들의 통신의 자유를 침해한다. ‖법원직9급 20 ○ ×

전기통신역무제공에 관한 계약을 체결하는 경우 전기통신사업자로 하여금 가입자에게 본인임을 확인할 수 있는 증서 등을 제시하도록 요구하고 부정가입방지시스템 등을 이용하여 본인인지 여부를 확인하도록 한 전기통신사업법 조항이 이동통신서비스 가입 시 본인확인절차를 거치도록 함으로써 타인 또는 허무인의 이름을 사용한 휴대전화인 이른바 대포폰이 보이스피싱 등 범죄의 범행도구로 이용되는 것을 막고, 개인정보를 도용하여 타인의 명의로 가입한 다음 휴대전화 소액결제나 서비스요금을 그 명의인에게 전가하는 등 명의도용범죄의 피해를 막고자 하는 입법목적은 정당하고, 이를 위하여 본인확인절차를 거치게 한 것은 적합한 수단이다. … 개인정보자기결정권, 통신의 자유가 제한되는 불이익과 비교했을 때, 명의도용 피해를 막고, 차명휴대전화의 생성을 억제하여 보이스피싱 등 범죄의 범행도구로 악용될 가능성을 방지함으로써 잠재적 범죄 피해 방지 및 통신망 질서 유지라는 더욱 중대한 공익의 달성효과가 인정된다. 따라서 <u>심판대상조항은 청구인들의 개인정보자기결정권 및 통신의 자유를 침해하지 않는다</u>(헌재 2019.9.26. 2017헌마1209). **답** × / × / ×

228
□□□
육군 신병훈련소에서 교육훈련을 받는 동안 전화사용을 통제하는 내용의 육군 신병교육 지침서 부분은 신병교육 훈련생들의 통신의 자유를 침해하지 않는다. ‖법원직9급 20 ○ ×

이 사건 지침은 신병교육훈련을 받고 있는 군인의 통신의 자유를 제한하고 있으나, 신병들을 군인으로 육성하고 교육훈련과 병영생활에 조속히 적응시키기 위하여 신병교육기간에 한하여 신병의 외부 전화통화를 통제한 것이다. 또한 신병훈련기간이 5주의 기간으로서 상대적으로 단기의 기간이라는 점, 긴급한 전화통화의 경우는 지휘관의 통제 하에 허용될 수 있다는 점, 신병들이 부모 및 가족에 대한 편지를 작성하여 우편으로 송부하도록 하고 있는 점 등을 종합하여 고려하여 보면, 이 사건 지침에서 신병교육훈련기간 동안 전화사용을 하지 못하도록 정하고 있는 규율이 청구인을 포함한 신병교육훈련생들의 통신의 자유 등 기본권을 필요한 정도를 넘어 과도하게 제한하는 것이라고 보기 어렵다(헌재 2010.10.28. 2007헌마890).　　　　　**답** ○

229
▸ 교도소장이 법원, 검찰청 등이 수용자에게 보낸 문서를 열람한 행위는 문서 전달 업무에 정확성을 기하고 수용자의 편의를 도모하여 법령상 기간준수 여부 확인을 위한 공적 자료를 마련하기 위한 것이고, 다른 법령에 따라 열람이 금지된 문서는 열람할 수 없으므로 수용자의 통신의 자유를 침해하지 아니한다. **▮법무사 22**　　　　　○ ×

▸ 교도소장이 수용자에게 온 서신을 개봉한 행위 및 법원, 검찰청 등이 수용자에게 보낸 문서를 열람한 행위는 수용자의 통신의 자유를 침해하지 않는다. **▮법행 23**　　　　　○ ×

[1] 피청구인인 교도소장의 서신개봉행위는 법령상 금지되는 물품을 서신에 동봉하여 반입하는 것을 방지하기 위하여 구 형의 집행 및 수용자의 처우에 관한 법률(이하 '형집행법'이라 한다) 제43조 제3항 및 구 형집행법 시행령 제65조 제2항에 근거하여 수용자에게 온 서신의 봉투를 개봉하여 내용물을 확인한 행위로서, 교정시설의 안전과 질서를 유지하고 수용자의 교화 및 사회복귀를 원활하게 하기 위한 것이다. 개봉하는 발신자나 수용자를 한정하거나 엑스레이 기기 등으로 확인하는 방법 등으로는 금지물품 동봉 여부를 정확하게 확인하기 어려워, 입법목적을 같은 정도로 달성하면서, 소장이 서신을 개봉하여 육안으로 확인하는 것보다 덜 침해적인 수단이 있다고 보기 어렵다. 또한 서신을 개봉하더라도 그 내용에 대한 검열은 원칙적으로 금지된다. 따라서 서신개봉행위는 청구인의 통신의 자유를 침해하지 아니한다. [2] 피청구인 교도소장이 법원, 검찰청 등이 청구인에게 보낸 문서를 열람한 행위는 형집행법 시행령 제67조에 근거하여 법원 등 관계기관이 수용자에게 보내온 문서를 열람한 행위로서, 문서 전달 업무에 정확성을 기하고 수용자의 편의를 도모하며 법령상의 기간준수 여부 확인을 위한 공적 자료를 마련하기 위한 것이다. 수용자 스스로 고지하도록 하거나 특별히 엄중한 계호를 요하는 수용자에 한하여 열람하는 등의 방법으로는 목적 달성에 충분하지 않고, 다른 법령에 따라 열람이 금지된 문서는 열람할 수 없으며, 열람한 후에는 본인에게 신속히 전달하여야 하므로, 문서열람행위는 청구인의 통신의 자유를 침해하지 아니한다(헌재 2021.9.30. 2019헌마919).　　　　　**답** ○ / ○

230
수용자의 서신에 금지물품이 들어 있는지 여부에 대한 확인을 교도소장의 재량에 맡긴 법률조항은 교도소장의 금지물품 확인이라는 구체적인 집행행위를 매개로 하여 수용자인 청구인의 권리에 영향을 미치게 되는바, 위 법률조항이 청구인의 기본권을 직접 침해한다고 할 수 없다. **▮법행 23**　　　　　○ ×

교도소장으로 하여금 수용자가 주고받는 서신에 금지 물품이 들어 있는지를 확인할 수 있도록 규정하고 있는 '형의 집행 및 수용자의 처우에 관한 법률' 조항은 수용자의 서신에 금지물품이 들어 있는지 여부에 대한 확인을 교도소장의 재량에 맡기고 있으므로 교도소장의 금지물품 확인이라는 구체적인 집행행위를 매개로 하여 수용자인 청구인의 권리에 영향을 미치게 되는바, 위 법률조항이 청구인의 기본권을 직접 침해한다고 할 수 없다(헌재 2012.2.23. 2009헌마333).　　　　　**답** ○

231 ▶ 수용자가 밖으로 내보내는 모든 서신을 봉함하지 않은 상태로 교정시설에 제출하도록 하는
□□□　　것은 수용자의 통신비밀의 자유를 침해한다. ▎법무사 22　　　　　　　　　　　　　　　○ ✕

　　　　▶ 수용자에 대한 자유형의 본질상 외부와의 자유로운 통신에 대한 제한은 불가피한 것으로
　　　　　수용자가 밖으로 내보내는 모든 서신을 봉함하지 않는 상태로 교정시설에 제출하도록 규정하
　　　　　고 있는 시행령 조항의 발송서신 무봉함 제출 제도는 수용자의 발송서신에 대하여 우리
　　　　　법이 취하고 있는 '상대적 검열주의'를 이행하기 위한 효과적 교도행정의 방식일 뿐이어서
　　　　　수용자의 통신비밀의 자유를 침해한다고 볼 수는 없으나, '미결수용자가 변호인에게 보내는
　　　　　서신'은 '절대적 검열금지'의 대상으로 이를 무봉함 제출하도록 하는 것은 헌법상 변호인의
　　　　　조력을 받을 권리를 침해하고, 무죄추정의 원칙에도 위배되므로 위 시행령조항의 무봉함
　　　　　제출 서신에 미결수용자가 변호인에게 보내는 서신도 포함되는 것으로 해석되는 한도에서
　　　　　헌법에 위반된다. ▎법행 23　　　　　　　　　　　　　　　　　　　　　　　　　○ ✕

　　　　　　　　　　　　　　　　　　　　　　　　　　　　　　　　　　　　
수용자가 밖으로 내보내는 모든 서신을 봉함하지 않은 상태로 교정시설에 제출하도록 규정하고 있는 '형의 집행
및 수용자의 처우에 관한 법률 시행령' 조항은 교정시설의 안전과 질서유지, 수용자의 교화 및 사회복귀를 원활하게
하기 위해 수용자가 밖으로 내보내는 서신을 봉함하지 않은 상태로 제출하도록 한 것이나, 이와 같은 목적은
교도관이 수용자의 면전에서 서신에 금지물품이 들어 있는지를 확인하고 수용자로 하여금 서신을 봉함하게 하는
방법, 봉함된 상태로 제출된 서신을 X-ray 검색기 등으로 확인한 후 의심이 있는 경우에만 개봉하여 확인하는
방법, 서신에 대한 검열이 허용되는 경우에만 무봉함 상태로 제출하도록 하는 방법 등으로도 얼마든지 달성할
수 있다고 할 것인바, 형의 집행 및 수용자의 처우에 관한 법률 시행령 조항이 <u>수용자가 보내려는 모든 서신에
대해 무봉함 상태의 제출을 강제함으로써 수용자의 발송 서신 모두를 사실상 검열 가능한 상태에 놓이도록 하는
것은 기본권 제한의 최소 침해성 요건을 위반하여 수용자인 청구인의 통신비밀의 자유를 침해하는 것이다</u>(헌재
2012.2.23. 2009헌마333). 　　　　　　　　　　　　　　　　　　　　　　　　　　🅰 ○ / ✕

232 미결수용자가 교정시설 내에서 규율위반행위 등을 이유로 금치처분을 받은 경우 금치기간
□□□ 중 서신수수, 접견, 전화통화를 제한하는 형의 집행 및 수용자의 처우에 관한 법률 중 미결수용자
에게 적용되는 서신수수제한 조항은 서신수수를 하려는 자의 통신의 자유를 침해하지 않는다.
▎법행 21　　　　　　　　　　　　　　　　　　　　　　　　　　　　　　　　○ ✕

　　　　　　　　　　　　　　　　　　　　　　　　　　　　　　　　　　　　
금치처분을 받은 미결수용자에 대하여 금치기간 중 서신수수, 접견, 전화통화를 제한하는 것은 대상자를 구속감과
외로움 속에 반성에 전념하게 함으로써 수용시설 내 안전과 질서를 유지하기 위한 것이다. 접견이나 서신수수의
경우에는 교정시설의 장이 수용자의 권리구제 등을 위해 필요하다고 인정한 때에는 예외적으로 허용할 수 있도록
하여 기본권 제한을 최소화하고 있다. 전화통화의 경우에는 위와 같은 예외가 규정되어 있지는 않으나, 증거인멸
우려 등의 측면에서 미결수용자의 전화통화의 자유를 제한할 필요성이 더 크다고 할 수 있다. 나아가 금치처분을
받은 자는 수용시설의 안전과 질서유지에 위반되는 행위, 그중에서도 가장 중하다고 평가된 행위를 한 자이므로
이에 대하여 금치기간 중 일률적으로 전화통화를 금지한다 하더라도 과도하다고 보기 어렵다. 따라서 이 사건
서신수수·접견·전화통화 제한 조항은 청구인의 통신의 자유를 침해하지 아니한다(헌재 2016.4.28. 2012헌마
549). 　　　　　　　　　　　　　　　　　　　　　　　　　　　　　　　　　🅰 ○

233 통신비밀보호법에 따르면 누구든지 공개되지 아니한 타인간의 대화를 녹음하여서는 아니되나,
□□□ 3인 간의 대화에 있어서 그중 한 사람이 그 대화를 녹음하는 경우는 통신비밀보호법을 위반하
였다고 볼 수 없다. ▌법행 21   ○ ×

....

통신비밀보호법 제3조 제1항이 "공개되지 아니한 타인간의 대화를 녹음 또는 청취하지 못한다"라고 정한 것은,
대화에 원래부터 참여하지 않는 제3자가 그 대화를 하는 타인들 간의 발언을 녹음해서는 아니 된다는 취지이다.
3인 간의 대화에 있어서 그중 한 사람이 그 대화를 녹음하는 경우에 다른 두 사람의 발언은 그 녹음자에 대한
관계에서 '타인 간의 대화'라고 할 수 없으므로, 이와 같은 녹음행위가 통신비밀보호법 제3조 제1항에 위배된다고
볼 수는 없다(대판 2006.10.12. 2006도4981).   답 ○

234 공개되지 아니한 타인 간의 대화를 녹음 또는 청취하여 그 내용을 공개하거나 누설한 자를
□□□ 처벌하는 통신비밀보호법 조항은 불법 감청·녹음 등으로 생성된 정보를 합법적으로 취득한
자가 이를 공개 또는 누설하는 경우에도 그것이 진실한 사실로서 오로지 공공의 이익을 위한
경우에는 이를 처벌하지 아니한다는 특별한 위법성조각사유를 두지 아니한 이상 통신비밀만을
과도하게 보호하고 표현의 자유 보장을 소홀히 한 것이므로 그 범위에서는 헌법에 위반된다.

▌법원직9급 21   ○ ×

....

공개되지 아니한 타인 간의 대화를 녹음 또는 청취하여 지득한 대화의 내용을 공개하거나 누설한 자를 처벌하는
통신비밀보호법 조항이 불법 취득한 타인 간의 대화내용을 공개한 자를 처벌함에 있어 형법 제20조(정당행위)의
일반적 위법성조각사유에 관한 규정을 적정하게 해석 적용함으로써 공개자의 표현의 자유도 적절히 보장될 수
있는 이상, 이 사건 법률조항에 형법상의 명예훼손죄와 같은 위법성조각사유에 관한 특별규정을 두지 아니하였다
는 점만으로 기본권 제한의 비례성을 상실하였다고는 볼 수 없다(헌재 2011.8.30. 2009헌바42).   답 ×

235 검사 또는 사법경찰관은 수사를 위하여 특정한 기지국에 대한 통신사실확인자료가 필요한
□□□ 경우에는 원칙적으로 다른 방법으로는 범죄의 실행을 저지하기 어렵거나 범인의 발견·확보
또는 증거의 수집·보전이 어려운 경우에만 전기통신사업자에게 해당 자료의 열람이나 제출을
요청할 수 있다. ▌법행 21   ○ ×

....

검사 또는 사법경찰관은 제1항에도 불구하고 수사를 위하여 통신사실확인자료 중 다음 각 호(제2조 제11호 바목·
사목 중 실시간 추적자료, 특정한 기지국에 대한 통신사실확인자료)의 어느 하나에 해당하는 자료가 필요한 경우에
는 다른 방법으로는 범죄의 실행을 저지하기 어렵거나 범인의 발견·확보 또는 증거의 수집·보전이 어려운
경우에만 전기통신사업자에게 해당 자료의 열람이나 제출을 요청할 수 있다(통신비밀보호법 제13조 제2항 본문).

답 ○

제3절 정신적 자유권

제1관 양심의 자유

> **헌법 제19조** 모든 국민은 (양심의 자유)를 가진다.

1 양심의 자유의 내용

236
□□□
우리나라는 헌법 제정 당시 신앙과 양심을 하나의 조문에서 보장하였으나, 제3차 개정헌법부터 신앙과 양심을 분리하여 규정하기 시작했다. ▮법행 23   ○ ×

....

연혁적으로 양심의 자유는 처음에는 종교의 자유의 한 내용으로 규정되었다가 그 후 종교의 자유와 분리되었다. 우리나라의 경우도 제헌헌법에서는 신앙의 자유와 양심의 자유를 하나의 조문에서 보장하였다가 제5차 개정헌법에서 처음으로 이를 분리하여 규정한 후 현행헌법에까지 이르고 있다.   **답** ×

237
□□□
양심은 어떤 일의 옳고 그름을 판단할 때 그렇게 행동하지 않고서는 자신의 인격적 존재가치가 파멸되고 말 것이라는 강력하고 진지한 마음의 소리로서 절박하고 구체적인 것이어야 한다.
▮법무사 21   ○ ×

....

헌법 제19조에서 보호하는 양심은 어떤 일의 옳고 그름을 판단할 때 그렇게 행동하지 않고서는 자신의 인격적 존재가치가 파멸되고 말 것이라는 강력하고 진지한 마음의 소리로서 절박하고 구체적인 것이다(대판 2018.11.29. 2016도11841).   **답** ○

238
□□□
'양심'은 민주적 다수의 사고나 가치관과 일치하는 것이 아니라 개인적 현상으로서 지극히 주관적인 것이므로, 그 대상이나 내용 또는 동기에 의하여 판단될 수 없으며, 특히 양심상의 결정이 이성적·합리적인가, 타당한가 또는 법질서나 사회규범·도덕률과 일치하는가 하는 관점은 양심의 존재를 판단하는 기준이 될 수 없다. ▮법원직9급 21   ○ ×

....

헌재 2018.6.28. 2011헌바379   **답** ○

239
□□□
양심의 자유는 양심을 형성할 자유와 양심에 따라 결정할 자유 등 내심의 자유일 뿐, 양심을 실현할 수 있는 자유는 포함되지 않는다. ▮법무사 21   ○ ×

....

헌법 제19조가 보호하고 있는 양심의 자유는 양심형성의 자유와 양심적 결정의 자유를 포함하는 내심적 자유(Forum Internum)뿐만 아니라, 양심적 결정을 외부로 표현하고 실현할 수 있는 양심실현의 자유(Forum Externum)를 포함한다고 할 수 있다(헌재 1998.7.16. 96헌바35).   **답** ×

240
☐☐☐ 양심의 자유에는 널리 사물의 시시비비나 선악과 같은 윤리적 판단에 국가가 개입해서는 아니되는 내심적 자유는 물론, 이와 같은 윤리적 판단을 국가권력에 의하여 외부에 표명하도록 강제받지 아니할 자유, 즉 침묵의 자유까지 포괄한다. ∥ 법행 22   ○ ×

헌법 제19조는 "모든 국민은 양심의 자유를 가진다."라고 하여 양심의 자유를 기본권의 하나로 보장하고 있는바, 여기의 양심이란 세계관·인생관·주의·신조 등은 물론, 이에 이르지 아니하여도 보다 널리 개인의 인격형성에 관계되는 내심에 있어서의 가치적·윤리적 판단도 포함된다고 볼 것이다. 그러므로 양심의 자유에는 널리 사물의 시시비비나 선악과 같은 윤리적 판단에 국가가 개입해서는 안되는 내심적 자유는 물론, 이와 같은 윤리적 판단을 국가권력에 의하여 외부에 표명하도록 강제받지 않는 자유 즉 윤리적 판단사항에 관한 침묵의 자유까지 포괄한다고 할 것이다(헌재 1991.4.1. 89헌마160).   답 ○

241
☐☐☐ ▸ 양심실현의 자유는 법률에 의하여 제한할 수 있는 상대적 자유이지만, 부작위에 의한 양심실현의 자유는 제한할 수 없다. ∥ 법행 22   ○ ×

▸ 양심의 자유가 내심에 머무르는 한 이는 절대적 자유로서 제한할 수 없다. ∥ 법행 22   ○ ×

▸ 내심적 자유, 즉 양심형성의 자유와 양심적 결정의 자유는 내심에 머무르는 한 절대적 자유라고 할 수 있지만, 양심실현의 자유는 타인의 기본권이나 다른 헌법적 질서와 저촉되는 경우 헌법 제37조 제2항에 따라 국가 안전보장·질서유지 또는 공공복리를 위하여 법률에 의하여 제한될 수 있는 상대적 자유라고 할 수 있다. ∥ 법원직9급 22   ○ ×

▸ 양심의 자유 중 양심형성의 자유는 내심에 머무르는 한 절대적으로 보호되는 기본권이라 할 수 있는 반면, 양심적 결정을 외부로 표현하고 실현할 수 있는 권리인 양심실현의 자유는 법질서에 위배되거나 타인의 권리를 침해할 수 있기 때문에 법률에 의하여 제한될 수 있다. ∥ 법원직9급 21   ○ ×

양심의 자유는 내심의 자유인 '양심형성의 자유'와 양심적 결정을 외부로 표현하고 실현하는 '양심실현의 자유'로 구분된다. 양심형성의 자유는 외부로부터의 부당한 간섭이나 강제를 받지 않고 개인이 내심영역에서 양심을 형성하고 양심상의 결정을 내리는 자유를 말한다. 양심실현의 자유는 형성된 양심을 외부로 표명하고 양심에 따라 삶을 형성할 자유, 구체적으로는 양심을 표명하거나 또는 양심을 표명하도록 강요받지 아니할 자유(양심표명의 자유), 양심에 반하는 행동을 강요받지 아니할 자유(부작위에 의한 양심실현의 자유), 양심에 따른 행동을 할 자유(작위에 의한 양심실현의 자유)를 모두 포함한다. <u>양심형성의 자유는 내심에 머무르는 한 절대적으로 보호되는 기본권인 반면, 양심실현의 자유는 법질서에 위배되거나 타인의 권리를 침해할 수 있기 때문에 법률에 의하여 제한될 수 있는 상대적인 자유이다</u>(헌재 2018.6.28. 2011헌바379).   답 × / ○ / ○ / ○

242
☐☐☐ 양심의 자유는 옳고 그른 것에 대한 판단을 추구하는 가치적·도덕적 마음가짐으로 인간의 윤리적 내심영역인바, 세무사가 행하는 성실신고확인은 확인대상사업자의 소득금액에 대하여 심판대상조항 및 관련 법령에 따라 확인하는 것으로 단순한 사실관계의 확인에 불과한 것이어서 헌법 제19조에 의하여 보장되는 양심의 영역에 포함되지 않는다. ∥ 법원직9급 22   ○ ×

청구인은 심판대상조항이 세무사의 양심의 자유를 침해한다고 주장하나 헌법 제19조의 양심의 자유는 옳고 그른 것에 대한 판단을 추구하는 가치적·도덕적 마음가짐으로 인간의 윤리적 내심영역인바, 세무사가 행하는 성실신고 확인은 확인대상사업자의 소득금액에 대하여 심판대상조항 및 관련 법령에 따라 확인하는 것으로 단순한 사실관계의 확인에 불과한 것이어서 헌법 제19조에 의하여 보장되는 양심의 영역에 포함되지 않는다(헌재 2019.7.25. 2016헌바392). **답** ○

243 근로관계의 속성상 사용자가 비위행위를 저지른 근로자에게 자신의 잘못을 반성하고 사죄한다
□□□ 는 내용의 시말서 제출을 명령하는 것은 양심의 자유 침해로 볼 수 없다. ▎법무사 21 ○ ✕

취업규칙에서 사용자가 사고나 비위행위 등을 저지른 근로자에게 시말서를 제출하도록 명령할 수 있다고 규정하는 경우, 그 시말서가 단순히 사건의 경위를 보고하는 데 그치지 않고 더 나아가 근로관계에서 발생한 사고 등에 관하여 '자신의 잘못을 반성하고 사죄한다는 내용'이 포함된 사죄문 또는 반성문을 의미하는 것이라면, 이는 헌법이 보장하는 내심의 윤리적 판단에 대한 강제로서 양심의 자유를 침해하는 것이므로, 그러한 취업규칙 규정은 헌법에 위배되어 근로기준법 제96조 제1항에 따라 효력이 없고, 그에 근거한 사용자의 시말서 제출명령은 업무상 정당한 명령으로 볼 수 없다(대판 2010.1.14. 2009두6605). **답** ✕

244 ▸ 국가가 수형자의 가석방 여부를 심사하면서 국법질서나 헌법체제를 준수하겠다는 취지의
□□□ 준법서약서 제출을 요구한 조치는 양심의 자유와 자유로운 정신세계를 형성할 행복추구권을 침해한다. ▎법무사 21 ○ ✕

▸ 국가보안법과 집회 및 시위에 관한 법률 등을 위반한 수형자의 가석방 결정 전 준법의지를 확인하기 위해 제출하도록 한 준법서약서에 대하여 헌법재판소는 합헌 결정을 하였으나, 이후 준법서약서 제도는 법무부령의 개정으로 폐지되었다. ▎법행 22 ○ ✕

가석방 심사 등에 관한 규칙 제14조에 의하여 준법서약서의 제출이 반드시 법적으로 강제되어 있는 것이 아니다. 당해 수형자는 가석방심사위원회의 판단에 따라 준법서약서의 제출을 요구받았다고 하더라도 자신의 의사에 의하여 준법서약서의 제출을 거부할 수 있다. 또한 가석방은 행형기관의 교정정책 혹은 형사정책적 판단에 따라 수형자에게 주는 은혜적 조치일 뿐이고 수형자에게 주어지는 권리가 아니어서, 준법서약서의 제출을 거부하는 당해 수형자는 결국 위 규칙조항에 의하여 가석방의 혜택을 받을 수 없게 될 것이지만, 단지 그것뿐이며 더 이상 법적 지위가 불안해지거나 법적 상태가 악화되지 아니한다. 이와 같이 위 규칙조항은 내용상 당해 수형자에게 하등의 법적 의무를 부과하는 것이 아니며 이행강제나 처벌 또는 법적 불이익의 부과 등 방법에 의하여 준법서약을 강제하고 있는 것이 아니므로 당해 수형자의 양심의 자유를 침해하는 것이 아니다(헌재 2002.4.25. 98헌마425). 그러나 이에 관한 준법서약서제도는 2003.7.31 가석방 심사 등에 관한 규칙의 개정으로 폐지되었다.

답 ✕ / ○

245 보안관찰처분은 그 대상자가 보안관찰 해당범죄를 다시 저지를 위험성이 내심의 영역을 벗어나 외부에 표출되는 경우에 내려지는 특별예방적 목적의 처분이므로, 보안관찰처분 근거규정이 양심의 자유를 침해한다고 볼 수 없다. ▮법행 23　　　　　○ ×

헌법이 보장한 양심의 자유는 정신적인 자유로서 어떠한 사상·감정을 가지고 있다고 하더라도 그것이 내심에 머무르는 한 절대적인 자유이므로 제한할 수 없는 것이나, 보안관찰법상의 보안관찰처분은 보안관찰처분대상자의 내심의 작용을 문제삼는 것이 아니라, 보안관찰처분대상자가 보안관찰해당범죄를 다시 저지를 위험성이 내심의 영역을 벗어나 외부에 표출되는 경우에 재범의 방지를 위하여 내려지는 특별예방적 목적의 처분이므로, 양심의 자유를 보장한 헌법규정에 위반된다고 할 수 없다(헌재 1997.11.27. 92헌바28). 답 ○

246 이적표현물의 제작이나 반포행위를 금지하는 것은 표현물에 담긴 사상, 내용을 자유롭게 표명하고 타인에게 전파하고자 하는 표현의 자유를 제한할 뿐, 내적 영역에서의 양심 형성과는 관련이 없으므로 양심의 자유를 제한하지 않는다. ▮법행 23　　　　　○ ×

이적표현물의 제작이나 반포행위를 금지하는 것은 표현물에 담긴 사상, 내용을 자유롭게 표명하고 그것을 다른 사람들에게 전파하고자 하는 표현의 자유를 제한한다. 또한, 표현물에 담긴 내용이나 사상은 개개인이 자신의 세계관이나 가치체계를 형성해 나가는 데 영향을 주는 것으로 어떠한 신념에 근거하여 윤리적 결정을 하고 삶의 방향을 설정해 나갈 것인가를 정하는 기초가 된다. 따라서 <u>특정한 내용이 담긴 표현물의 소지나 취득을 금지함으로써 정신적 사유의 범위를 제한하는 것은, 내적 영역에서 양심을 형성하고 사상을 발전시켜 나가고자 하는 양심의 자유 내지는 사상의 자유를 제한한다</u>(헌재 2015.4.30. 2012헌바95). 답 ×

247 경제규제법적 성격을 가진 공정거래법에 위반하였는지 여부는 각 개인의 소신에 따라 어느 정도의 가치판단이 개입될 수 있고 그 한도에서 다소의 윤리적 도덕적 관련성을 가질 수 있으나 개인의 인격형성과는 무관하므로 사업자단체의 독점거래 및 공정거래법 위반행위가 있을 때 공정거래위원회가 당해 사업자단체에 대하여 법위반사실 공표를 명할 수 있도록 하는 법률조항은 양심의 자유와 무관하다. ▮법행 23　　　　　○ ×

헌법 제19조에서 보호하는 양심은 옳고 그른 것에 대한 판단을 추구하는 가치적·도덕적 마음가짐으로, 개인의 소신에 따른 다양성이 보장되어야 하고 그 형성과 변경에 외부적 개입과 억압에 의한 강요가 있어서는 아니 되는 인간의 윤리적 내심영역이다. 따라서 단순한 사실관계의 확인과 같이 가치적·윤리적 판단이 개입될 여지가 없는 경우는 물론, 법률해석에 관하여 여러 견해가 갈리는 경우처럼 다소의 가치관련성을 가진다고 하더라도 개인의 인격형성과는 관계가 없는 사사로운 사유나 의견 등은 그 보호대상이 아니다. 이 사건의 경우와 같이 경제규제법적 성격을 가진 공정거래법에 위반하였는지 여부에 있어서도 각 개인의 소신에 따라 어느 정도의 가치판단이 개입될 수 있는 소지가 있고 그 한도에서 다소의 윤리적 도덕적 관련성을 가질 수도 있겠으나, 이러한 법률판단의 문제는 개인의 인격형성과는 무관하며, 대화와 토론을 통하여 가장 합리적인 것으로 그 내용이 동화되거나 수렴될 수 있는 포용성을 가지는 분야에 속한다고 할 것이므로 헌법 제19조에 의하여 보장되는 양심의 영역에 포함되지 아니한다(헌재 2002.1.31. 2001헌바43). 답 ○

248 ▸ '특정한 내용의 행위를 함으로써 공정거래법을 위반하였다는 사실'을 일간지 등에 공표하라
☐☐☐ 는 내용으로 하는 공정거래위원회의 법위반사실 공표명령은 위반행위자의 양심의 자유를
침해하지 않는다. ▎법행 22 　　　　　　　　　　　　　　　　　　　　○ ×

　　　▸ 누구라도 자신이 비행을 저질렀다고 믿지 않는 자에게 본심에 반하여 사죄 내지 사과를
강요한다면 이는 윤리적·도의적 판단을 강요하는 것으로서 양심의 자유를 침해하는 행위
에 해당하므로, 사업자단체의 독점규제 및 공정거래에 관한 법률 위반행위가 있을 때 공정거
래위원회가 당해 사업자단체에 대하여 '법위반사실의 공표'를 명할 수 있도록 하는 법률조항
은 양심의 자유를 침해한다. ▎법원직9급 22 　　　　　　　　　　　　　　○ ×

....

'법위반사실의 공표명령'은 법규정의 문언상으로 보아도 단순히 법위반사실 자체를 공표하라는 것일 뿐, 사죄
내지 사과라는 의미요소를 가지고 있지는 아니하다. 공정거래위원회의 실제 운용에 있어서도 '특정한 내용의
행위를 함으로써 공정거래법을 위반하였다는 사실'을 일간지 등에 공표하라는 것이어서 단지 사실관계와 법을
위반하였다는 점을 공표하라는 것이지 행위자에게 사죄 내지 사과를 요구하고 있는 것으로는 보이지 않는다.
따라서 이 사건 법률조항의 경우 사죄 내지 사과를 강요함으로 인하여 발생하는 양심의 자유의 침해문제는 발생하
지 않는다. 그렇다면 이 사건 법률조항 중 '법위반사실의 공표' 부분은 위반행위자의 양심의 자유를 침해한다고
볼 수 없다(헌재 2002.1.31. 2001헌바43). 　　　　　　　　　　　　　　　　　답 ○ / ×

2️⃣　**양심적 병역거부**

249 국방의 의무는 법률이 정하는 바에 따라 부담하므로, 그 구체적인 이행방법과 내용은 법률로
☐☐☐ 정할 사항이다. ▎법무사 21 　　　　　　　　　　　　　　　　　　　　○ ×

....

국방의 의무는 법률이 정하는 바에 따라 부담한다(헌법 제39조 제1항). 즉 국방의 의무의 구체적인 이행방법과
내용은 법률로 정할 사항이다(대판[전합] 2018.11.1. 2016도10912). 　　　　　　　답 ○

---

250 양심은 내면의 영역이므로 양심적 병역거부 행위는 신념이 확고하고 진실한지 여부와 관계없
☐☐☐ 이 병역법에 따라 처벌할 수 없다. ▎법무사 21 　　　　　　　　　　　　　○ ×

....

정당한 사유로 인정할 수 있는 양심적 병역거부를 심리하여 판단하는 것은 중요한 문제이다. 여기에서 말하는
양심은 그 신념이 깊고, 확고하며, 진실하여야 한다. … 구체적인 병역법위반 사건에서 피고인이 양심적 병역거부
를 주장할 경우, 그 양심이 과연 위와 같이 깊고 확고하며 진실한 것인지 가려내는 일이 무엇보다 중요하다.
인간의 내면에 있는 양심을 직접 객관적으로 증명할 수는 없으므로 사물의 성질상 양심과 관련성이 있는 간접사실
또는 정황사실을 증명하는 방법으로 판단하여야 한다(대판[전합] 2018.11.1. 2016도10912). 　　답 ×

---

251 종교적 신앙에 의한 행위라도 개인의 주관적·윤리적 판단을 동반하는 것인 한 양심의 자유에
☐☐☐ 포함시켜 고찰할 수 있다. ▎법행 23 　　　　　　　　　　　　　　　　　○ ×

헌법 제20조 제1항은 양심의 자유와 별개로 종교의 자유를 따로 보장하고 있고, 이 사건 청구인 등의 대부분은 여호와의 증인 또는 카톨릭 신도로서 자신들의 종교적 신앙에 따라 병역의무를 거부하고 있으므로, 이 사건 법률조항에 의하여 이들의 종교의 자유도 함께 제한된다. 그러나 종교적 신앙에 의한 행위라도 개인의 주관적·윤리적 판단을 동반하는 것인 한 양심의 자유에 포함시켜 고찰할 수 있고, 앞서 보았듯이 양심적 병역거부의 바탕이 되는 양심상의 결정은 종교적 동기뿐만 아니라 윤리적·철학적 또는 이와 유사한 동기로부터도 형성될 수 있는 것이므로, 이 사건에서는 양심의 자유를 중심으로 기본권 침해 여부를 판단하기로 한다(헌재 2018.6.28. 2011헌바379). 답 ○

252 양심적 병역거부자에 대한 대체복무제를 규정하지 아니한 병역종류조항은 과잉금지원칙에 □□□ 위배하여 양심적 병역거부자의 양심의 자유를 침해한다. ▌법원직9급 22　　　　○ ×

헌재 2018.6.28. 2011헌바379　　　　　　　　　　　　　　　　　　　　　　　　　답 ○

253 양심적 병역거부의 허용 여부는 헌법 제19조 양심의 자유 등 기본권 규범과 헌법 제39조 국방의 □□□ 의무 규범 사이의 충돌·조정 문제이다. ▌법무사 21　　　　　　　　　　　　○ ×

헌법상 국가의 안전보장과 국토방위의 신성한 의무, 그리고 국민에게 부여된 국방의 의무는 아무리 강조해도 지나치지 않다. 국가의 존립이 없으면 기본권 보장의 토대가 무너지기 때문이다. 국방의 의무가 구체화된 병역의무는 성실하게 이행하여야 하고 병무행정 역시 공정하고 엄정하게 집행하여야 한다. 헌법이 양심의 자유를 보장하고 있다고 해서 위와 같은 가치를 소홀히 해서는 안 된다. 따라서 양심적 병역거부의 허용 여부는 헌법 제19조 양심의 자유 등 기본권 규범과 헌법 제39조 국방의 의무 규범 사이의 충돌·조정 문제가 된다(대판[전합] 2018.11.1. 2016도10912). 답 ○

254 양심적 병역거부는 소극적 부작위에 의한 양심실현에 해당하므로, 이에 대한 제한은 양심의 □□□ 자유에 대한 과도한 제한이 되거나 본질적 내용에 대한 위협이 될 수 있다. ▌법무사 21

　　　　　　　　　　　　　　　　　　　　　　　　　　　　　　　　　　○ ×

소극적 부작위에 의한 양심실현의 자유에 대한 제한은 양심의 자유에 대한 과도한 제한이 되거나 본질적 내용에 대한 위협이 될 수 있다. 양심적 병역거부는 이러한 소극적 부작위에 의한 양심실현에 해당한다(대판[전합] 2018.11.1. 2016도10912). 답 ○

255 대체복무제가 마련되지 아니한 상황에서 양심상의 결정에 따라 입영을 거부하거나 소집에 □□□ 불응하는 사람들에게 형사처벌을 부과하는 병역법 조항은 '양심에 반하는 행동을 강요당하지 아니할 자유'를 제한하는 것이다. 그러나 다른 한편 헌법 제39조 제1항의 국방의 의무를 형성하는 입법이기도 하므로, 위 병역법 조항이 양심의 자유를 침해하는지 여부에 대한 심사는 헌법상 자의금지원칙에 따라 입법형성의 재량을 일탈하였는지 여부를 기준으로 판단하여야 한다. ▌법원직9급 21　　　　　　　　　　　　　　　　　　　　　　　　　　　　○ ×

병역종류조항에 대체복무제가 마련되지 아니한 상황에서, 양심상의 결정에 따라 입영을 거부하거나 소집에 불응하는 이 사건 청구인 등이 현재의 대법원 판례에 따라 처벌조항에 의하여 형벌을 부과받음으로써 양심에 반하는 행동을 강요받고 있으므로, 이 사건 법률조항은 '양심에 반하는 행동을 강요당하지 아니할 자유', 즉, '부작위에 의한 양심실현의 자유'를 제한하고 있다. …(중략)… 이 사건 법률조항은 헌법상 기본의무인 국방의 의무를 구체적으로 형성하는 것이면서 또한 동시에 양심적 병역거부자들의 양심의 자유를 제한하는 것이기도 하다. 이 사건 법률조항으로 인해서 국가의 존립과 안전을 위한 불가결한 헌법적 가치를 담고 있는 국방의 의무와 개인의 인격과 존엄의 기초가 되는 양심의 자유가 상충하게 된다. 이처럼 헌법적 가치가 서로 충돌하는 경우, 입법자는 두 가치를 양립시킬 수 있는 조화점을 최대한 모색해야 하고, 그것이 불가능해 부득이 어느 하나의 헌법적 가치를 후퇴시킬 수밖에 없는 경우에도 그 목적에 비례하는 범위 내에 그쳐야 한다. 헌법 제37조 제2항의 비례원칙은, 단순히 기본권제한의 일반원칙에 그치지 않고, 모든 국가작용은 정당한 목적을 달성하기 위하여 필요한 범위 내에서만 행사되어야 한다는 국가작용의 한계를 선언한 것이므로, 비록 이 사건 법률조항이 헌법 제39조에 규정된 국방의 의무를 형성하는 입법이라 할지라도 그에 대한 심사는 헌법상 비례원칙에 의하여야 한다(헌재 2018.6.28. 2011헌바379).

답 ✕

256
□□□
헌법상 양심의 자유에 의해 보호받는 '양심'으로 인정할 것인지의 판단은 그것이 깊고, 확고하며, 진실된 것인지 여부에 따르게 되므로, 양심적 병역거부를 주장하는 사람은 자신의 '양심'을 외부로 표명하여 증명할 최소한의 의무를 진다. ▮법원직9급 21   ○ ✕

특정한 내적인 확신 또는 신념이 양심으로 형성된 이상 그 내용 여하를 떠나 양심의 자유에 의해 보호되는 양심이 될 수 있으므로, 헌법상 양심의 자유에 의해 보호받는 '양심'으로 인정할 것인지의 판단은 그것이 깊고, 확고하며, 진실된 것인지 여부에 따르게 된다. 그리하여 양심적 병역거부를 주장하는 사람은 자신의 '양심'을 외부로 표명하여 증명할 최소한의 의무를 진다(헌재 2018.6.28. 2011헌바379).

답 ○

257
□□□
양심적 병역거부자에게 병역의무의 이행을 일률적으로 강제하고 그 불이행에 대하여 형사처벌 등 제재를 하는 것은 소수자에 대한 관용과 포용이라는 자유민주주의 정신에도 위배된다. ▮법무사 21   ○ ✕

양심적 병역거부자에게 병역의무의 이행을 일률적으로 강제하고 그 불이행에 대하여 형사처벌 등 제재를 하는 것은 양심의 자유를 비롯한 헌법상 기본권 보장체계와 전체 법질서에 비추어 타당하지 않을 뿐만 아니라 소수자에 대한 관용과 포용이라는 자유민주주의 정신에도 위배된다(대판[전합] 2018.11.1. 2016도10912).

답 ○

258
□□□
신념이 확고하다는 것은 그것이 유동적이거나 가변적이지 않다는 것을 뜻하지만, 반드시 고정불변이어야 하는 것은 아니므로, 상황에 따라 타협적이거나 전략적으로 행동하는 것을 금지하지는 아니한다. 병역거부자가 그 신념과 관련한 문제에서 상황에 따라 다른 행동을 하였다고 하더라도, 그러한 신념이 진실하지 않다고 단정할 수는 없다. ▮법무사 21   ○ ✕

신념이 확고하다는 것은 그것이 유동적이거나 가변적이지 않다는 것을 뜻한다. 반드시 고정불변이어야 하는 것은 아니지만, 그 신념은 분명한 실체를 가진 것으로서 좀처럼 쉽게 바뀌지 않는 것이어야 한다. 신념이 진실하다는 것은 거짓이 없고, 상황에 따라 타협적이거나 전략적이지 않다는 것을 뜻한다. 설령 병역거부자가 깊고 확고한 신념을 가지고 있더라도 그 신념과 관련한 문제에서 상황에 따라 다른 행동을 한다면 그러한 신념은 진실하다고 보기 어렵다(대판[전합] 2018.11.1. 2016도10912).

답 ✕

헌법 제20조   ① 모든 국민은 (종교의 자유)를 가진다.
② (국교)는 인정되지 아니하며, (종교와 정치)는 분리된다.

259 종교의 자유에는 자기가 신봉하는 종교를 선전하고 새로운 신자를 규합하기 위한 선교의 자유
가 포함되나, 선교의 자유에는 다른 종교의 신자에 대하여 개종을 권고하는 자유를 넘어 타종교
를 비판하는 자유까지 포함되었다고 볼 수 없다. ▮법원직9급 22   ○ ×

종교의 자유에는 자기가 신봉하는 종교를 선전하고 새로운 신자를 규합하기 위한 선교의 자유가 포함되고 <u>선교의
자유에는 다른 종교를 비판하거나 다른 종교의 신자에 대하여 개종을 권고하는 자유도 포함되는바,</u> 종교적 선전,
타 종교에 대한 비판 등은 동시에 표현의 자유의 보호대상이 되는 것이나, 그 경우 종교의 자유에 관한 헌법
제20조 제1항은 표현의 자유에 관한 헌법 제21조 제1항에 대하여 특별 규정의 성격을 갖는다 할 것이므로 종교적
목적을 위한 언론·출판의 경우에는 그 밖의 일반적인 언론·출판에 비하여 보다 고도의 보장을 받게 된다(대판
1996.9.6. 96다19246).   **답** ×

260 종교전파의 자유는 누구에게나 자신의 종교 또는 종교적 확신을 알리고 선전하는 자유를 말하
며, 그가 선택한 임의의 장소에서 자유롭게 행사할 수 있는 권리까지 보장한다. ▮법행 22
○ ×

종교의 자유에는 신앙의 자유, 종교적 행위의 자유가 포함되며, 종교적 행위의 자유에는 신앙고백의 자유, 종교적
의식 및 집회·결사의 자유, 종교전파·교육의 자유 등이 있다. 이 사건에서 문제되는 종교의 자유는 종교전파의
자유로서 누구에게나 자신의 종교 또는 종교적 확신을 알리고 선전하는 자유를 말하며, 포교행위 또는 선교행위가
이에 해당한다. 그러나 이러한 종교전파의 자유는 국민에게 그가 선택한 임의의 장소에서 자유롭게 행사할 수
<u>있는 권리까지 보장한다고 할 수 없으며,</u> 그 임의의 장소가 대한민국의 주권이 미치지 아니하는 지역 나아가
국가에 의한 국민의 생명·신체 및 재산의 보호가 강력히 요구되는 해외 위난지역인 경우에는 더욱 그러하다(헌재
2008.6.26. 2007헌마1366).   **답** ×

261 종립학교(종교단체가 설립한 사립학교)의 학교법인이 국·공립학교의 경우와는 달리 종교교
육을 할 자유와 운영의 자유를 가진다고 하더라도, 그 종립학교가 공교육체계에 편입되어
있는 이상 원칙적으로 학생의 종교의 자유, 교육을 받을 권리를 고려한 대책을 마련하는 등의
조치를 취하는 속에서 그러한 자유를 누린다. ▮법행 21   ○ ×

고등학교 평준화정책 및 교육 내지 사립학교의 공공성, 학교법인의 종교의 자유 및 운영의 자유가 학생들의 기본권
이나 다른 헌법적 가치 앞에서 가지는 한계를 고려하고, 종립학교에서의 종교교육은 필요하고 또한 순기능을
가진다는 것을 간과하여서는 아니 되나 한편으로 종교교육으로 인하여 학생들이 입을 수 있는 피해는 그 정도가
가볍지 아니하며 그 구제수단이 별달리 없음에 반하여 학교법인은 제한된 범위 내에서 종교의 자유 및 운영의
자유를 실현할 가능성이 있다는 점을 감안하면, 비록 종립학교의 학교법인이 국·공립학교의 경우와는 달리 종교
교육을 할 자유와 운영의 자유를 가진다고 하더라도, 그 종립학교가 공교육체계에 편입되어 있는 이상 원칙적으로
학생의 종교의 자유, 교육을 받을 권리를 고려한 대책을 마련하는 등의 조치를 취하는 속에서 그러한 자유를
누린다고 해석하여야 한다(대판[전합] 2010.4.22. 2008다38288).   **답** ○

262 종교교육 및 종교지도자의 양성은 헌법 제20조에 규정된 종교의 자유의 한 내용으로 보장되지
□□□ 만, 그것이 학교라는 교육기관의 형태를 취할 때에는 헌법 제31조 제1항, 제6항의 규정 및
이에 기한 교육법상의 각 규정들에 의한 규제를 받게 된다. ▌법원직9급 22　　○ ×

종교교육 및 종교지도자의 양성은 헌법 제20조에 규정된 종교의 자유의 한 내용으로서 보장되지만, 그것이 학교라
는 교육기관의 형태를 취할 때에는 헌법 제31조 제1항, 제6항의 규정 및 이에 기한 교육법상의 각 규정들에 의한
규제를 받게 된다(대판 1992.12.22. 92도1742).　　**답** ○

263 종교교육도 학교나 학원이라는 교육기관의 형태를 취할 경우에는 교육법이나 학원법상의 규정
□□□ 에 의한 규제를 받게 되고 종교교육이라고 해서 예외가 될 수 없다. ▌법행 21　　○ ×

국민의 교육을 받을 권리를 적극적으로 보호하고, 능력에 따라 균등한 교육기회를 제공하고, 지속성과 안전을
확보하고, 수업료 등에 있어서 적정한 교육운영을 유지하게 하기 위하여, 종교교육이 학교나 학원 형태로 시행될
때 필요한 시설기준과 교육과정 등에 대한 최소한의 기준을 국가가 마련하여 학교설립인가 등을 받게 하는 것은
헌법 제31조 제6항의 입법자의 입법재량의 범위 안에 포함된다고 할 것이다. 따라서 종교교육이라 하더라도 그것이
학교나 학원이라는 교육기관의 형태를 취할 경우에는 교육법이나 학원법상의 규정에 의한 규제를 받게 된다고
보아야 할 것이고, 종교교육이라고 해서 예외가 될 수 없다할 것이다(헌재 2000.3.30. 99헌바14).　　**답** ○

264 군대 내에서 군종장교가 성직자의 신분에서 종교활동을 수행함에 있어 소속종단의 종교를
□□□ 선전하거나 다른 종교를 비판하였다고 할지라도 그것만으로 종교적 중립을 준수할 의무를
위반하였다고 볼 수 없다. ▌법무사 21, 법행 21　　○ ×

군대 내에서 군종장교는 국가공무원인 참모장교로서의 신분뿐 아니라 성직자로서의 신분을 함께 가지고 소속
종단으로부터 부여된 권한에 따라 설교·강론 또는 설법을 행하거나 종교의식 및 성례를 할 수 있는 종교의
자유를 가지는 것이므로, 군종장교가 최소한 성직자의 신분에서 주재하는 종교활동을 수행함에 있어 소속종단의
종교를 선전하거나 다른 종교를 비판하였다고 할지라도 그것만으로 종교적 중립을 준수할 의무를 위반한 직무상의
위법이 있다고 할 수 없다(대판 2007.4.26. 2006다87903).　　**답** ○

265 ▸ 미결수용자로서 사건에 서로 관련이 있는 사람은 분리수용하고 서로 간의 접촉을 금지하여
□□□ 공모를 통한 범죄의 증거인멸을 방지할 필요가 있고, 구치소의 종교행사 장소가 매우 협소하
다는 등의 이유로 수형자 및 노역장유치자에 대하여만 종교행사 등에의 참석을 허용하고
미결수용자에 대하여는 일괄적으로 종교행사 등에의 참석을 금지한 행위는 헌법에 위반된다.
▌법행 22　　○ ×

▸ 피청구인이 수용자 중 미결수용자에 대하여만 일률적으로 종교행사 등에의 참석을 불허한
것은 미결수용자의 종교의 자유를 나머지 수용자의 종교의 자유보다 더욱 엄격하게 제한한
것으로서 과잉금지원칙을 위반하여 청구인의 종교의 자유를 침해하였다고 볼 수 있다.
▌법행 21　　○ ×

'형의 집행 및 수용자의 처우에 관한 법률' 제45조는 종교행사 등에의 참석 대상을 "수용자"로 규정하고 있어 수형자와 미결수용자를 구분하고 있지도 아니하고, 무죄추정의 원칙이 적용되는 미결수용자들에 대한 기본권 제한은 징역형 등의 선고를 받아 그 형이 확정된 수형자의 경우보다는 더 완화되어야 할 것임에도, 피청구인이 수용자 중 미결수용자에 대하여만 일률적으로 종교행사 등에의 참석을 불허한 것은 미결수용자의 종교의 자유를 나머지 수용자의 종교의 자유보다 더욱 엄격하게 제한한 것이다. 나아가 공범 등이 없는 경우 내지 공범 등이 있는 경우라도 공범이나 동일사건 관련자를 분리하여 종교행사 등에의 참석을 허용하는 등의 방법으로 미결수용자의 기본권을 덜 침해하는 수단이 존재함에도 불구하고 이를 전혀 고려하지 아니하였으므로 이 사건 종교행사 등 참석불허 처우는 침해의 최소성 요건을 충족하였다고 보기 어렵다. 그리고, 이 사건 종교행사 등 참석불허 처우로 얻어질 공익의 정도가 무죄추정의 원칙이 적용되는 미결수용자들이 종교행사 등에 참석을 하지 못함으로써 입게 되는 종교의 자유의 제한이라는 불이익에 비하여 결코 크다고 단정하기 어려우므로 법익의 균형성 요건 또한 충족하였다고 할 수 없다. 따라서, 이 사건 종교행사 등 참석불허 처우는 과잉금지원칙을 위반하여 청구인의 종교의 자유를 침해하였다(헌재 2011.12.29. 2009헌마527). **답** ○ / ○

266 '집회 및 시위에 관한 법률'은 종교에 관한 집회에는 옥외집회 및 시위의 신고제를 적용하지
□□□ 아니한다. **▮법원직9급 22** ○ ×

학문, 예술, 체육, 종교, 의식, 친목, 오락, 관혼상제(冠婚喪祭) 및 국경행사(國慶行事)에 관한 집회에는 제6조(옥외집회 및 시위의 신고 등)부터 제12조까지의 규정을 적용하지 아니한다(집회 및 시위에 관한 법률 제15조).
답 ○

267 종교 의식 내지 종교적 행위와 밀접한 관련이 있는 시설의 설치와 운영은 종교의 자유를 보장하
□□□ 기 위한 전제에 해당되므로 종교적 행위의 자유에 포함된다. **▮법원직9급 22** ○ ×

종교 의식 내지 종교적 행위와 밀접한 관련이 있는 시설의 설치와 운영은 종교의 자유를 보장하기 위한 전제에 해당되므로 종교적 행위의 자유에 포함된다고 할 것이다(헌재 2009.7.30. 2008헌가2). **답** ○

268 종교단체가 종교적 행사를 위하여 종교집회장 내에 납골시설을 설치하여 운영하는 것은 종교
□□□ 행사의 자유와 관련된 것으로 보기 어려우므로 그러한 납골시설의 설치를 금지하는 것은 종교
행사의 자유를 제한하는 결과로 이어지지 않는다. **▮법행 21** ○ ×

이 사건 법률조항은 정화구역 내의 납골시설 설치·운영을 일반적으로 금지하고 있다. 종교단체의 납골시설은 사자의 죽음을 추모하고 사후의 평안을 기원하는 종교적 행사를 하기 위한 시설이라고 할 수 있다. 종교단체가 설치·운영하고자 하는 납골시설이 금지되는 경우에는 종교의 자유에 대한 제한 문제가 발생한다. 그리고 개인이 조상이나 가족을 위하여 설치하는 납골시설 또는 문중·종중이 구성원을 위하여 설치하는 납골시설이 금지되는 경우에는 행복추구권 제한의 문제가 발생한다. 납골시설의 설치·운영을 직업으로서 수행하고자 하는 자에게는 이 사건 법률조항이 직업의 자유를 제한하게 된다(헌재 2009.7.30. 2008헌가2). **답** ×

헌법 제21조 　① 모든 국민은 (언론·출판의 자유)와 (집회·결사의 자유)를 가진다.
② 언론·출판에 대한 (허가나 검열)과 (집회·결사)에 대한 (허가)는 인정되지 아니한다.
③ (통신·방송)의 (시설기준)과 (신문의 기능)을 보장하기 위하여 필요한 사항은 (법률)로 정한다.
④ 언론·출판은 (타인의 명예나 권리) 또는 (공중도덕)이나 (사회윤리)를 침해하여서는 아니 된다. 언론·출판이 (타인의 명예나 권리)를 침해한 때에는 피해자는 이에 대한 피해의 (배상)을 청구할 수 있다.

1 의 의

269 표현의 자유는 기본적으로 자유로운 정치적 의사표현 등을 국가가 소극적으로 금지하거나 제한하지 말 것을 요구하는 권리이며, 국가에게 국민들의 표현의 자유를 실현할 방법을 적극적으로 마련해 달라는 것까지 포함한다. ▎법행 21　　○ ✕

표현의 자유는 기본적으로 자유로운 정치적 의사표현 등을 국가가 소극적으로 금지하거나 제한하지 말 것을 요구하는 권리이며, 국가에게 국민들의 표현의 자유를 실현할 방법을 적극적으로 마련해 달라는 것까지 포함하는 것이라 볼 수 없다(헌재 2007.8.30. 2005헌마975). 답 ✕

270 표현의 자유를 규제하는 법률은 그 규제로 인해 보호되는 다른 표현에 대하여 위축효과가 미치지 않도록 규제되는 표현의 개념을 세밀하고 명확하게 규정할 것이 헌법적으로 요구되는데, 이는 명확성의 원칙과 관련된다. ▎법원직9급 21　　○ ✕

표현의 자유를 규제하는 입법에 있어서 이러한 명확성의 원칙은 특별히 중요한 의미를 지닌다. 민주사회에서 표현의 자유가 수행하는 역할과 기능에 비추어 볼 때, 불명확한 규범에 의한 표현의 자유의 규제는 헌법상 보호받는 표현에 대한 위축 효과를 수반하기 때문이다. 즉, 무엇이 금지되는 표현인지가 불명확한 경우에는, 자신이 행하고자 하는 표현이 규제의 대상이 아니라는 확신이 없는 기본권주체는 대체로 규제를 받을 것을 우려해서 표현행위를 스스로 억제하게 될 가능성이 높은 것이다. 그렇기 때문에 표현의 자유를 규제하는 법률은 그 규제로 인해 보호되는 다른 표현에 대하여 위축 효과가 미치지 않도록 규제되는 표현의 개념을 세밀하고 명확하게 규정할 것이 헌법적으로 요구된다(헌재 2020.11.26. 2016헌마275). 답 ○

271 모욕죄를 규정하고 있는 형법은 표현의 자유를 침해하지 아니한다. ▎법무사 18　　○ ✕

사람의 인격을 경멸하는 표현이 공연히 이루어진다면 그 사람의 사회적 가치는 침해되고 그로 인하여 사회구성원으로서 생활하고 발전해 나갈 가능성도 침해받지 않을 수 없으므로, 모욕적 표현으로 사람의 명예를 훼손하는 행위는 분명 이를 금지시킬 필요성이 있고, 모욕죄는 피해자의 고소가 있어야 형사처벌이 가능한 점, 그 법정형의 상한이 비교적 낮은 점, 법원은 개별사안에서 형법 제20조의 정당행위 규정을 적정하게 적용함으로써 표현의 자유와 명예보호 사이에 적절한 조화를 도모하고 있는 점 등을 고려할 때, 심판대상조항이 표현의 자유를 침해한다고 볼 수 없다(헌재 2013.6.27. 2012헌바37). 답 ○

272
□□□

▸ 공연히 사실을 적시하여 사람의 명예를 훼손한 자를 형사처벌하도록 규정한 법률조항의 경우, '적시된 사실이 사생활의 비밀에 관한 것이 아닌 경우'에는 허위 사실을 바탕으로 형성된 개인의 명예보다 표현의 자유 보장에 중점을 둘 필요성이 있으므로, 위 법률조항 중 '진실한 것으로서 사생활의 비밀에 해당하지 아니한' 사실 적시에 관한 부분은 헌법에 위반된다. ┃법행 23　　　　　　　　　　　　　　　　　　　　　　　　　　　　○ ×

▸ 공연히 사실을 적시하여 사람의 명예를 훼손한 자를 형사처벌하도록 규정한 형법 제307조 제1항은 자유로운 논쟁과 의견의 경합을 통한 민주적 의사형성을 방해함으로써 표현의 자유를 침해한다. ┃법행 21　　　　　　　　　　　　　　　　　　　　　　　　　　　　　　○ ×

형법 제307조 제1항은 공연히 사실을 적시하여 사람의 명예를 훼손하는 자를 형사처벌하도록 규정함으로써 개인의 명예, 즉 인격권을 보호하고 있다. 명예는 사회에서 개인의 인격을 발현하기 위한 기본조건이므로 표현의 자유와 인격권의 우열은 쉽게 단정할 성질의 것이 아니며, '징벌적 손해배상'이 인정되는 입법례와 달리 우리나라의 민사적 구제방법만으로는 형벌과 같은 예방효과를 확보하기 어려우므로 입법목적을 동일하게 달성하면서도 덜 침익적인 수단이 있다고 보기 어렵다. 형법 제310조는 '진실한 사실로서 오로지 공공의 이익에 관한 때에 처벌하지 아니'하도록 정하고 있고, 헌법재판소와 대법원은 형법 제310조의 적용범위를 넓게 해석함으로써 형법 제307조 제1항으로 인한 표현의 자유 제한을 최소화함과 동시에 명예훼손죄가 공적인물과 국가기관에 대한 비판을 억압하는 수단으로 남용되지 않도록 하고 있다. 만약 표현의 자유에 대한 위축효과를 고려하여 형법 제307조 제1항을 전부위헌으로 결정한다면 외적 명예가 침해되는 것을 방치하게 되고, 진실에 부합하더라도 개인이 숨기고 싶은 병력·성적 지향·가정사 등 사생활의 비밀이 침해될 수 있다. 형법 제307조 제1항의 '사실'을 '사생활의 비밀에 해당하는 사실'로 한정하는 방향으로 일부위헌 결정을 할 경우에도, '사생활의 비밀에 해당하는 사실'과 '그렇지 않은 사실' 사이의 불명확성으로 인해 또 다른 위축효과가 발생할 가능성은 여전히 존재한다. 헌법 제21조가 표현의 자유를 보장하면서도 타인의 명예와 권리를 그 한계로 선언하는 점, 타인으로부터 부당한 피해를 받았다고 생각하는 사람이 법률상 허용된 민·형사상 절차에 따르지 아니한 채 사적 제재수단으로 명예훼손을 악용하는 것을 규제할 필요성이 있는 점, 공익성이 인정되지 않음에도 불구하고 단순히 타인의 명예가 허명임을 드러내기 위해 개인의 약점과 허물을 공연히 적시하는 것은 자유로운 논쟁과 의견의 경합을 통해 민주적 의사형성에 기여한다는 표현의 자유의 목적에도 부합하지 않는 점 등을 종합적으로 고려하면, 형법 제307조 제1항은 과잉금지원칙에 반하여 표현의 자유를 침해하지 아니한다(헌재 2021.2.25. 2017헌마113).　　　　　　　　　　　　　　　　　　　　　　🔒 × / ×

273
□□□

공연히 허위의 사실을 적시하여 사람의 명예를 훼손한 자를 형사처벌하도록 규정한 형법 제307조 제2항은 개인의 인격권을 충실히 보호하고 민주사회의 자유로운 여론 형성을 위한 공론의 장이 제 기능을 다 할 수 있도록 하기 위하여 허위사실을 적시하여 타인의 명예를 훼손하는 표현행위를 형사처벌을 통해 규제하기 위한 것으로서 표현의 자유를 침해하지 아니한다. ┃법행 21　　　　　　　　　　　　　　　　　　　　　　　　　　　　　○ ×

개인의 인격권을 충실히 보호하고 민주사회의 자유로운 여론 형성을 위한 공론의 장이 제 기능을 다 할 수 있도록 하기 위하여 허위사실을 적시하여 타인의 명예를 훼손하는 표현행위를 형사처벌을 통해 규제할 필요가 있다. …(중략)… 허위의 사실임을 인식하면서도 이를 적시하여 타인의 명예를 훼손하는 행위는 표현의 자유의 보장을 통하여 달성하고자 하는 개인적 가치인 인격 실현과 사회적 가치인 자치정체(自治政體) 이념의 실현에 기여한다고 단정할 수 없을 뿐만 아니라, 오히려 신뢰를 바탕으로 한 비판과 검증을 통하여 형성되어야 할 공적 여론에 부정적인 영향을 끼치게 될 것이므로 형법 제307조 제2항으로 인한 표현의 자유의 제한 정도가 지나치게 크다고 볼 수 없다. 그러므로 형법 제307조 제2항은 과잉금지원칙에 반하여 표현의 자유를 침해하지 아니한다(헌재 2021.2.25. 2016헌바84).　　　　　　　　🔒 ○

274 국가나 지방자치단체는 국민에 대한 관계에서 형벌의 수단을 통해 보호되는 외부적 명예의
☐☐☐ 주체가 될 수는 없고, 따라서 명예훼손죄나 모욕죄의 피해자가 될 수 없다. ▮법행 21 ○ ✕

형법이 명예훼손죄 또는 모욕죄를 처벌함으로써 보호하고자 하는 사람의 가치에 대한 평가인 외부적 명예는
개인적 법익으로서, 국민의 기본권을 보호 내지 실현해야 할 책임과 의무를 지고 있는 공권력의 행사자인 국가나
지방자치단체는 기본권의 수범자일 뿐 기본권의 주체가 아니고, 정책결정이나 업무수행과 관련된 사항은 항상
국민의 광범위한 감시와 비판의 대상이 되어야 하며 이러한 감시와 비판은 그에 대한 표현의 자유가 충분히
보장될 때에 비로소 정상적으로 수행될 수 있으므로, 국가나 지방자치단체는 국민에 대한 관계에서 형벌의 수단을
통해 보호되는 외부적 명예의 주체가 될 수는 없고, 따라서 명예훼손죄나 모욕죄의 피해자가 될 수 없다(대판
2016.12.27. 2014도15290).　　　　　　　　　　　　　　　　　　　　　　　　　　　　　　답 ○

275 ▸ 음란표현은 헌법 제21조가 규정하는 언론·출판의 보호영역에 아예 포함될 여지가 없다.
☐☐☐ 　▮법무사 20, 법행 22　　　　　　　　　　　　　　　　　　　　　　　　　　　　　　○ ✕

　　▸ 음란표현은 사회의 건전한 성도덕을 크게 해칠 뿐만 아니라 사상의 경쟁메커니즘에 의해서도
　　그 해악이 해소되기 어려워 언론·출판의 자유의 보호영역에 해당하지 않는 반면, 저속한
　　표현은 이러한 정도에 이르지 않는 성표현 등을 의미하는 것으로서 헌법적인 보호영역 안에
　　있다. ▮법원직9급 21　　　　　　　　　　　　　　　　　　　　　　　　　　　　　　○ ✕

음란표현이 언론·출판의 자유의 보호영역에 해당하지 아니한다고 해석할 경우 음란표현에 대하여는 언론·출판
의 자유의 제한에 대한 헌법상의 기본원칙, 예컨대 명확성의 원칙, 검열금지의 원칙 등에 입각한 합헌성 심사를
하지 못하게 될 뿐만 아니라, 기본권 제한에 대한 헌법상의 기본원칙, 예컨대 법률에 의한 제한, 본질적 내용의
침해금지원칙 등도 적용하기 어렵게 되는 결과, 모든 음란표현에 대하여 사전검열을 받도록 하고 이를 받지 않은
경우 형사처벌을 하거나, 유통목적이 없는 음란물의 단순소지를 금지하거나, 법률에 의하지 아니하고 음란물
출판에 대한 불이익을 부과하는 행위 등에 대한 합헌성 심사도 하지 못하게 됨으로써, 결국 음란표현에 대한
최소한의 헌법상 보호마저도 부인하게 될 위험성이 농후하게 된다는 점을 간과할 수 없다. 이 사건 법률조항의
음란표현은 헌법 제21조가 규정하는 언론·출판의 자유의 보호영역 내에 있다고 볼 것인바, 종전에 이와 견해를
달리하여 음란표현은 헌법 제21조가 규정하는 언론·출판의 자유의 보호영역에 해당하지 아니한다는 취지로
판시한 우리 재판소의 의견을 변경한다(헌재 2009.5.28. 2006헌바109).　　　　　　　답 ✕ / ✕

276 온라인서비스제공자가 자신이 관리하는 정보통신망에서 아동·청소년이용음란물을 발견하
☐☐☐ 기 위하여 대통령령으로 정하는 조치를 취하지 아니하거나 발견된 아동·청소년이용음란물을
즉시 삭제하고, 전송을 방지 또는 중단하는 기술적인 조치를 취하지 아니한 경우 처벌하는
'아동·청소년의 성보호에 관한 법률' 규정은 표현의 자유를 침해한다. ▮법원직9급 20 ○ ✕

온라인서비스제공자가 정보통신망을 제공하는 등 직·간접적으로 아동음란물 유통을 돕거나 방치하는 행위를
처벌함으로써 정보통신망에서 아동음란물의 유통을 억제·차단하여 아동·청소년을 성범죄로부터 보호하려는
심판대상조항의 입법목적은 정당하다. 심판대상조항은 그 폐해가 특히 심각한 아동음란물만을 대상으로 하여
그 보관·유통에 관여한 온라인서비스제공자를 수범자로 하고 있으므로 영업의 자유를 과도하게 제한한다고
단정할 수 없다. …(중략)… 아동음란물의 특성상 자료가 이미 확산되어 버린 이후에는 관련된 아동·청소년의
인권 침해를 막기 어려우며, 온라인서비스제공자에게 적극적 발견 의무를 부과함으로써 선제적으로 대응하지
않으면 아동음란물의 광범위한 확산에 효과적으로 대응할 수 없으므로, 아동음란물의 보관·유통을 실효적으로

차단하기 위해서는 온라인서비스제공자에게 적극적 의무를 부과하는 것이 필요하고, 입법자가 온라인서비스제공자에게 이러한 적극적 의무를 부과하고 형벌로 대응하는 것이 입법재량의 한계를 넘은 것이라 할 수 없다. 심판대상조항을 통하여 아동음란물의 광범위한 유통·확산을 사전적으로 차단하고 이를 통해 아동음란물이 초래하는 각종 폐해를 방지하며 특히 관련된 아동·청소년의 인권 침해 가능성을 사전적으로 차단할 수 있는바, 이러한 공익이 사적 불이익보다 더 크다. 따라서 <u>심판대상조항은 온라인서비스제공자의 영업수행의 자유, 서비스이용자의 통신의 비밀과 표현의 자유를 침해하지 아니한다</u>(헌재 2018.6.28. 2016헌가15). 🔳 ×

---

277 게임물의 제작 및 판매·배포는 표현의 자유를 보장하는 헌법 제21조 제1항에 의하여 보장을
▢▢▢ 받는다. ▍법행 21 ○ ×

....

의사표현의 자유는 언론·출판의 자유에 속하고, 여기서 의사표현의 매개체는 어떠한 형태이건 그 제한이 없는바, 게임물은 예술표현의 수단이 될 수도 있으므로 그 제작 및 판매·배포는 표현의 자유를 보장하는 헌법 제21조 제1항에 의하여 보장을 받는다(헌재 2002.2.28. 99헌바117). 🔳 ○

---

278 ▸ 광고물도 사상·지식·정보 등을 불특정다수인에게 전파하는 것으로서 언론·출판의 자유
▢▢▢ 에 의한 보호를 받는 대상이 된다. ▍법무사 20 ○ ×

▸ 상업 광고물은 언론·출판의 자유의 보호대상이 되지 않는다. ▍법행 22 ○ ×

....

우리 헌법은 제21조 제1항에서 "모든 국민은 언론·출판의 자유 … 를 가진다"라고 규정하여 현대 자유민주주의의 존립과 발전에 필수불가결한 기본권으로 언론·출판의 자유를 강력하게 보장하고 있는바, <u>광고물도 사상·지식·정보 등을 불특정다수인에게 전파하는 것으로서 언론·출판의 자유에 의한 보호를 받는 대상이 됨은 물론이다</u>(헌재 1998.2.27. 96헌바2). 🔳 ○ / ×

---

279 상업광고 규제에 관한 비례의 원칙 심사에 있어서는 사상이나 지식에 관한 정치적·시민적
▢▢▢ 표현행위에 비하여 그 심사의 정도가 완화된다. ▍법행 22 ○ ×

....

상업광고에 대한 규제에 의한 표현의 자유 내지 직업수행의 자유의 제한은 헌법 제37조 제2항에서 도출되는 비례의 원칙(과잉금지원칙)을 준수하여야 하지만, 상업광고는 사상이나 지식에 관한 정치적, 시민적 표현행위와는 차이가 있고, 인격발현과 개성신장에 미치는 효과가 중대한 것은 아니므로, 비례의 원칙 심사에 있어서 '피해의 최소성' 원칙은 '입법목적을 달성하기 위하여 필요한 범위 내의 것인지'를 심사하는 정도로 완화되는 것이 상당하다(헌재 2005.10.27. 2003헌가3). 🔳 ○

---

280 교통수단을 이용하여 타인의 광고를 할 수 없도록 하고 있는 '옥외광고물등관리법 시행령'
▢▢▢ 규정은 표현의 자유를 침해한다. ▍법원직9급 20 ○ ×

....

이 사건 시행령 조항이 자동차소유자 자신에 관한 광고는 허용하면서 타인에 관한 광고를 금지하는 것은 일견하여 표현내용에 따른 규제로 볼 수도 있으나, 이 사건 시행령 조항이 자신에 관한 광고와 타인에 관한 광고를 구분하여 규제의 기준으로 삼은 것은, 광고의 매체로 이용될 수 있는 차량을 제한함으로써 자동차를 이용한 광고행위의 양을 도로교통의 안전과 도시미관을 해치지 않는 적정한 수준으로 제한하려고 한 것이다. 따라서 <u>표현의 자유를 침해한다고 볼 수 없다</u>(헌재 2002.12.18. 2000헌마764). 🔳 ×

281 표현의 자유에 있어 의사표현 또는 전파의 매개체는 어떠한 형태이건 가능하며 그 제한이
□□□ 없다. ┃법행 22   ○ ×

....

언론·출판의 자유의 내용 중 의사표현·전파의 자유에 있어서 의사표현 또는 전파의 매개체는 어떠한 형태이건
가능하며 그 제한이 없다. 즉 담화·연설·토론·연극·방송·음악·영화·가요 등과 문서·소설·시가·도화
·사진·조각·서화 등 모든 형상의 의사표현 또는 의사전파의 매개체를 포함한다(헌재 1993.5.13. 91헌바17).
                                                                                         답 ○

282 의사표현의 자유는 헌법 제21조 제1항이 규정하는 언론·출판의 자유에 속하고, 여기서 의사표
□□□ 현의 매개체는 어떠한 형태이건 그 제한이 없으므로 의사표현의 한 수단인 TV 방송 역시
다른 의사표현 수단과 마찬가지로 헌법에 의한 보장을 받는다. ┃법무사 19   ○ ×

....

의사표현의 자유는 헌법 제21조 제1항이 규정하는 언론·출판의 자유에 속하고, 여기서 의사표현의 매개체는
어떠한 형태이건 그 제한이 없으므로 의사표현의 한 수단인 TV 방송 역시 다른 의사표현 수단과 마찬가지로
헌법에 의한 보장을 받음은 물론이다(헌재 2001.8.30. 2000헌바36).   **답** ○

283 국가가 개인의 표현행위를 규제하는 경우, 표현내용에 대한 규제는 원칙적으로 중대한 공익의
□□□ 실현을 위하여 불가피한 경우에 한하여 엄격한 요건하에서 허용되는 반면, 표현내용과 무관하
게 표현의 방법을 규제하는 것은 합리적인 공익상의 이유로 폭넓은 제한이 가능하다.
┃법무사 19, 법행 21   ○ ×

....

국가가 개인의 표현행위를 규제하는 경우, 표현내용에 대한 규제는 원칙적으로 중대한 공익의 실현을 위하여
불가피한 경우에 한하여 엄격한 요건하에서 허용되는 반면, 표현내용과 무관하게 표현의 방법을 규제하는 것은
합리적인 공익상의 이유로 폭넓은 제한이 가능하다. 헌법상 표현의 자유가 보호하고자 하는 가장 핵심적인 것이
바로 '표현행위가 어떠한 내용을 대상으로 한 것이든 보호를 받아야 한다'는 것이며, '국가가 표현행위를 그 내용에
따라 차별함으로써 특정한 견해나 입장을 선호하거나 억압해서는 안 된다'는 것이다(헌재 2002.12.18. 2000헌마
764).   **답** ○

284 헌법 제21조 제1항에 의해 보장되는 언론·출판의 자유에는 방송의 자유가 포함된다.
□□□ ┃법무사 20   ○ ×

....

헌법 제21조 제1항은 "모든 국민은 언론·출판의 자유와 집회·결사의 자유를 가진다"고 규정하였다. 같은 규정에
의해 보장되는 언론·출판의 자유에는 방송의 자유가 포함된다(헌재 2001.5.31. 2000헌바43).   **답** ○

285 선거운동의 자유는 널리 선거과정에서 자유로이 의사를 표현할 자유의 일환으로서 표현의 자유를 실현하는 하나의 수단이기도 하다는 점에서 언론·출판의 자유를 보장하고 있는 헌법 제21조에 의해 보호된다. **| 법무사 19** ○ ×

헌재 2006.7.27. 2004헌마215 **답** ○

286 방송매체의 특수성을 고려하면 방송의 기능을 보장하기 위한 규율의 필요성은 신문 등 인쇄매체보다 높다. **| 법무사 19** ○ ×

누구나 쉽게 접근할 수 있는 방송매체는 음성과 영상을 통하여 동시에 직접적으로 전파되기 때문에 강한 호소력이 있고, 경우에 따라서는 대중조작이 가능하며, 방송매체에 대한 사회적 의존성이 증가하여 방송이 사회적으로 강한 영향력을 발휘하는 추세이므로 이러한 방송매체의 특수성을 고려하면 방송의 기능을 보장하기 위한 규율의 필요성은 신문 등 인쇄매체보다 높다(헌재 2003.12.18. 2002헌바49). **답** ○

287 언론인의 선거운동을 금지하고, 이를 위반한 경우 처벌하도록 규정한 공직선거법 관련 조항 부분은 선거운동의 자유를 침해한다. **| 법무사 18** ○ ×

언론인의 선거개입으로 인한 문제는 언론매체를 통한 활동의 측면에서, 즉 언론인으로서의 지위를 이용하거나 그 지위에 기초한 활동으로 인해 발생 가능한 것이므로, 언론매체를 이용하지 아니한 언론인 개인의 선거운동까지 전면적으로 금지할 필요는 없다. 심판대상조항들의 입법목적은, 일정 범위의 언론인을 대상으로 언론매체를 통한 활동의 측면에서 발생 가능한 문제점을 규제하는 것으로 충분히 달성될 수 있다. 그런데 인터넷신문을 포함한 언론매체가 대폭 증가하고, 시민이 언론에 적극 참여하는 것이 보편화된 오늘날 심판대상조항들에 해당하는 언론인의 범위는 지나치게 광범위하다. 또한, 구 공직선거법은 언론기관에 대하여 공정보도의무를 부과하고, 언론매체를 통한 활동의 측면에서 선거의 공정성을 해할 수 있는 행위에 대하여는 언론매체를 이용한 보도·논평, 언론 내부 구성원에 대한 행위, 외부의 특정후보자에 대한 행위 등 다양한 관점에서 이미 충분히 규제하고 있다. 따라서 심판대상조항들은 선거운동의 자유를 침해한다(헌재 2016.6.30. 2013헌가1). **답** ○

288 방송통신심의위원회의 시정요구는 헌법소원의 대상이 된다. **| 법무사 18** ○ ×

행정기관인 방송통신심의위원회의 시정요구는 정보통신서비스제공자 등에게 조치결과 통지의무를 부과하고 있고, 정보통신서비스제공자 등이 이에 따르지 않는 경우 방송통신위원회의 해당 정보의 취급거부·정지 또는 제한 명령이라는 법적 조치가 예정되어 있으며, 행정기관인 방송통신심의위원회가 표현의 자유를 제한하게 되는 결과의 발생을 의도하거나 또는 적어도 예상하였다 할 것이므로, 이는 단순한 행정지도로서의 한계를 넘어 규제적·구속적 성격을 갖는 것으로서 헌법소원 또는 항고소송의 대상이 되는 공권력의 행사라고 봄이 상당하다(헌재 2012.2.23. 2011헌가13). **답** ○

289
□□□
영화도 의사표현의 한 수단이므로 영화의 제작 및 상영 역시 언론·출판의 자유에 의한 보장을 받는다. ▮법무사 18　　　　　　　　　　　　　　　　　　○ ×

영화도 의사표현의 한 수단이므로 영화의 제작 및 상영은 다른 의사표현수단과 마찬가지로 언론·출판의 자유에 의한 보장을 받음은 물론, 영화는 학문적 연구결과를 발표하는 수단이 되기도 하고 예술표현의 수단이 되기도 하므로 그 제작 및 상영은 학문·예술의 자유에 의하여도 보장을 받는다(헌재 1996.10.4. 93헌가13). 目 ○

290
□□□
헌법 제21조 제1항에서 보장하고 있는 표현의 자유에는 익명 또는 가명으로 자신의 사상이나 견해를 표명하고 전파할 익명표현의 자유도 포함된다. ▮법행 22　　　　　　　　○ ×

헌법 제21조에서 보장하고 있는 표현의 자유는 개인이 인간으로서의 존엄과 가치를 유지하고 국민주권을 실현하는 데 필수불가결한 자유로서, 자신의 신원을 누구에게도 밝히지 않은 채 익명 또는 가명으로 자신의 사상이나 견해를 표명하고 전파할 익명표현의 자유도 그 보호영역에 포함된다(대판 2016.3.10. 2012다105482). 目 ○

291
□□□
▶ 인터넷언론사에 대하여 선거운동기간 중 당해 인터넷홈페이지 게시판·대화방 등에 정당·후보자에 대한 지지·반대의 글을 게시할 수 있도록 하는 경우 실명을 확인받도록 하는 기술적 조치를 할 의무를 부과한 공직선거법은 표현의 자유를 침해하지 않는다.
▮법무사 18 기출수정　　　　　　　　　　　　　　　　　　　　　　　○ ×

▶ 인터넷언론사로 하여금 선거운동기간 중 당해 인터넷 홈페이지 게시판 등에 정당·후보자에 대한 지지·반대 등의 정보를 게시하는 경우 실명을 확인받는 기술적 조치를 하도록 하고, 이러한 기술적 조치를 하지 아니하거나 실명인증의 표시가 없는 정보를 삭제하지 않는 경우 과태료를 부과하도록 정한 공직선거법 조항은 게시판 등 이용자의 익명표현의 자유 및 개인정보자기결정권과 인터넷언론사의 언론의 자유를 침해한다. ▮법행 21　　　　　　　　　　　　　　　　　　　　○ ×

인터넷언론사는 선거운동기간 중 당해 홈페이지 게시판 등에 정당·후보자에 대한 지지·반대 등의 정보를 게시하는 경우 실명을 확인받는 기술적 조치를 하도록 정한 공직선거법 조항을 비롯하여, 행정안전부장관 및 신용정보업자는 실명인증자료를 관리하고 중앙선거관리위원회가 요구하는 경우 지체 없이 그 자료를 제출해야 하며, 실명확인을 위한 기술적 조치를 하지 아니하거나 실명인증의 표시가 없는 정보를 삭제하지 않는 경우 과태료를 부과하도록 정한 공직선거법 조항은 정치적 의사표현이 가장 긴요한 선거운동기간 중에 인터넷언론사 홈페이지 게시판 등 이용자로 하여금 실명확인을 하도록 강제함으로써 익명표현의 자유와 언론의 자유를 제한하고, 모든 익명표현을 규제함으로써 대다수 국민의 개인정보자기결정권도 광범위하게 제한하고 있다는 점에서 이와 같은 불이익은 선거의 공정성 유지라는 공익보다 결코 과소평가될 수 없다. 그러므로 심판대상조항은 과잉금지원칙에 반하여 인터넷언론사 홈페이지 게시판 등 이용자의 익명표현의 자유와 개인정보자기결정권, 인터넷언론사의 언론의 자유를 침해한다(헌재 2021.1.28. 2018헌마456). 目 × / ○

292 인터넷언론사에 대하여 선거일 전 90일부터 선거일까지 후보자 명의의 칼럼이나 저술을 게재하는 보도를 제한하는 '인터넷선거보도 심의기준 등에 관한 규정' 조항은 후보자 명의로 칼럼을 게재하는 자의 표현의 자유를 침해한다. ▮ 법원직9급 21　　　　　　　　　　　　　　　　○ ×

이 사건 시기제한조항은 선거일 전 90일부터 선거일까지 후보자 명의의 칼럼 등을 게재하는 인터넷 선거보도가 불공정하다고 볼 수 있는지에 대해 구체적으로 판단하지 않고 이를 불공정한 선거보도로 간주하여 선거의 공정성을 해치지 않는 보도까지 광범위하게 제한한다. …(중략)… 이 사건 시기제한조항의 입법목적을 달성할 수 있는 덜 제약적인 다른 방법들이 이 사건 심의기준 규정과 공직선거법에 이미 충분히 존재한다. 따라서 이 사건 시기제한조항은 과잉금지원칙에 반하여 청구인의 표현의 자유를 침해한다(헌재 2019.11.28. 2016헌마90).　　**답** ○

293 금치처분을 받은 미결수용자에게 금치기간 중 집필, 서신수수를 원칙적으로 제한하는 것은 헌법에 위반된다. ▮ 법행 22　　　　　　　　　　　　　　　　　　　　　　　○ ×

[1] 금치 처분을 받은 수용자들은 이미 수용시설의 안전과 질서유지에 위반되는 행위, 그중에서도 가장 중한 평가를 받은 행위를 한 자들이라는 점에서, 집필과 같은 처우 제한의 해제는 예외적인 경우로 한정될 수밖에 없고, 선례가 금치기간 중 집필을 전면 금지한 조항을 위헌으로 판단한 이후, 입법자는 집필을 허가할 수 있는 예외를 규정하고 금치처분의 기간도 단축하였다. 나아가 미결수용자는 징벌집행 중 소송서류의 작성 등 수사 및 재판 과정에서의 권리행사는 제한 없이 허용되는 점 등을 감안하면, 이 사건 집필제한 조항은 청구인의 표현의 자유를 침해하지 아니한다. [2] 서신수수 제한의 경우 외부와의 접촉을 금지시키고 구속감과 외로움 속에 반성에 전념토록 하는 징벌의 목적에 상응하는 점, 서신수수를 허가할 수 있는 예외를 규정하고 있는 점 등을 감안하면, 이 사건 서신수수제한 조항은 청구인의 통신의 자유를 침해하지 아니한다(헌재 2014.8.28. 2012헌마623).　　**답** ×

294 국가공무원법 제66조 제1항 본문은 "공무원은 노동운동이나 그 밖에 공무 외의 일을 위한 집단행위를 하여서는 아니 된다"라고 규정하고 있는데, 위 규정 중 '그 밖에 공무 외의 일을 위한 집단행위' 부분은 명확성 원칙에 위반될 뿐 아니라 공무에 속하지 아니하는 어떤 일을 위하여 공무원들이 하는 모든 집단적 행위를 금지함으로써 표현의 자유에 대한 과도한 제한에 해당하므로, 헌법에 위반된다. ▮ 법무사 21　　　　　　　　　　　○ ×

구 국가공무원법 제66조 제1항은 "공무원은 노동운동이나 그 밖에 공무 외의 일을 위한 집단 행위를 하여서는 아니 된다. 다만, 사실상 노무에 종사하는 공무원은 예외로 한다"라고 규정하고 있다. 국가공무원법이 위와 같이 '공무 외의 일을 위한 집단행위'라고 다소 포괄적이고 광범위하게 규정하고 있다 하더라도, 이는 공무가 아닌 어떤 일을 위하여 공무원들이 하는 모든 집단행위를 의미하는 것이 아니라, 언론·출판·집회·결사의 자유를 보장하고 있는 헌법 제21조 제1항, 공무원에게 요구되는 헌법상의 의무 및 이를 구체화한 국가공무원법의 취지, 국가공무원법상의 성실의무 및 직무전념의무 등을 종합적으로 고려하여 '공익에 반하는 목적을 위한 행위로서 직무전념의무를 해태하는 등의 영향을 가져오는 집단적 행위'라고 해석된다. 위 규정을 위와 같이 해석한다면 수범자인 공무원이 구체적으로 어떠한 행위가 여기에 해당하는지를 충분히 예측할 수 없을 정도로 적용 범위가 모호하다거나 불분명하다고 할 수 없으므로 위 규정이 명확성의 원칙에 반한다고 볼 수 없고, 또한 위 규정이 적용 범위가 지나치게 광범위하거나 포괄적이어서 공무원의 표현의 자유를 과도하게 제한한다고 볼 수 없으므로, 과잉금지의 원칙에 반한다고 볼 수도 없다(대판 2017.4.13. 2014두8469).　　**답** ×

295
□□□

헌법은 언론·출판은 타인의 명예나 권리 또는 공중도덕이나 사회윤리를 침해하여서는 아니
되고, 언론·출판이 타인의 명예나 권리를 침해한 때에는 피해자는 이에 대한 피해의 배상을
청구할 수 있다고 규정하고 있다. ▌법무사 20   ○ ×

···

헌법 제21조 제4항   답 ○

296
□□□

방송의 자유는 주관적 권리로서의 성격과 함께 자유로운 의견형성이나 여론형성을 위해 필수
적인 기능을 행하는 객관적 규범질서로서 제도적 보장의 성격을 함께 가진다. ▌법무사 21

                                                                                ○ ×

···

헌재 2003.12.18. 2002헌바49   답 ○

297
□□□

정보통신망을 통해 일반에게 공개된 정보로 사생활 침해, 명예훼손 등 타인의 권리가 침해된
경우 그 침해를 받은 자가 삭제요청을 하면 정보통신서비스 제공자는 권리의 침해 여부를
판단하기 어렵거나 이해당사자 간에 다툼이 예상되는 경우에는 30일 이내에서 해당 정보에
대한 접근을 임시적으로 차단하는 조치를 하여야 한다고 규정한 정보통신망 이용촉진 및 정보
보호 등에 관한 법률 제44조의2 제2항 중 '임시조치'에 관한 부분 및 같은 조 제4항이 정보게재
자의 이의제기권이나 복원권 등을 규정하지 않고 있더라도, 이를 표현의 자유 침해라고 볼
수는 없다. ▌법행 22   ○ ×

···

정보통신서비스 제공자와 이용자는 게시판 등 정보통신서비스 이용계약의 당사자의 지위에 있고, 정보통신서비스
이용자인 정보게재자는 정보통신서비스 제공자가 약관 등에서 정한 바에 따라 이의제기나 복원을 요청할 수
있는데, 정보통신망에서 무수하게 발생할 수 있는 권리침해적 정보와 관련한 정보통신서비스 제공자의 손해배상책
임으로 인하여 그 서비스 자체가 위축되는 것을 방지하고자 이 사건 법률조항에 임시조치가 규정된 것임을 고려하
면, 정보게재자의 이의제기권이나 복원권 등을 규정하지 않고 이를 정보통신서비스 제공자의 정책에 남겨두었다고
하여 정보게재자의 표현의 자유에 대한 제한이 과도하다고 볼 수 없는 점, 사인인 정보통신서비스 제공자가 임시조
치를 하였다고 하여, 그것이 해당 정보에 대한 표현의 금지를 의미하는 것은 아니고, 정보게재자는 해당 정보를
다시 게재할 수 있으며, 의사표현의 통로가 다양하게 존재하고 있어, 이 사건 법률조항에 기한 임시조치로 인해
자유로운 여론 형성이 방해되고 있다거나 그로 인한 표현의 자유 제한이 심대하다고 보기 어려운 점 등에 비추어
볼 때, 이 사건에서 선례의 판단을 변경할 특별한 사정 변경이나 필요성이 있다고 할 수 없으므로, 이 사건 법률조항
은 과잉금지원칙에 위반되어 표현의 자유를 침해하지 않는다(헌재 2020.11.26. 2016헌마275).   답 ○

298 언론·출판에 대한 허가나 검열과 집회·결사에 대한 허가는 인정되지 아니한다.
▢▢▢ ▮법원직9급 21
○ ✕

헌법 제21조 제2항
답 ○

299 헌법 제21조 제1항과 제2항은 모든 국민은 언론·출판의 자유를 가지며, 언론·출판에 대한
▢▢▢ 허가나 검열은 인정되지 아니한다고 규정하고 있으므로, 검열을 수단으로 한 제한은 국가안전
보장·질서유지 또는 공공복리를 위하여 필요한 경우에 한하여 법률로써 하는 경우에만 허용
될 수 있다. ▮법원직9급 20
○ ✕

헌법 제21조 제1항이 언론·출판에 대한 검열금지를 규정한 것은 비록 헌법 제37조 제2항이 국민의 자유와 권리를
국가안전보장·질서유지 또는 공공복리를 위하여 필요한 경우에 한하여 법률로써 제한할 수 있도록 규정하고
있다고 할지라도 언론·출판에 대하여는 검열을 수단으로 한 제한만은 법률로써도 허용되지 아니한다는 것을
밝힌 것이다(헌재 1996.10.4. 93헌가13).
답 ✕

300 헌법 제21조 제2항의 사전검열금지원칙은 모든 형태의 사전적인 규제를 금지하는 것은 아니
▢▢▢ 고, 의사표현의 발표 여부가 오로지 행정권의 허가에 달려 있는 사전심사만을 금지한다. 헌법
재판소는 헌법이 금지하는 사전검열의 요건으로 첫째, 일반적으로 허가를 받기 위한 표현물의
제출의무가 존재할 것, 둘째, 행정권이 주체가 된 사전심사절차가 존재할 것, 셋째, 허가를
받지 아니한 의사표현을 금지할 것, 넷째, 심사절차를 관철할 수 있는 강제수단이 존재할
것을 들고 있다. ▮법무사 20, 법원직9급 20
○ ✕

사전검열금지원칙이 모든 형태의 사전적인 규제를 금지하는 것은 아니고, 의사표현의 발표 여부가 오로지 행정권
의 허가에 달려 있는 사전심사만을 금지한다. 헌법재판소는 헌법이 금지하는 사전검열의 요건으로 첫째, 일반적으
로 허가를 받기 위한 표현물의 제출의무가 존재할 것, 둘째, 행정권이 주체가 된 사전심사절차가 존재할 것, 셋째,
허가를 받지 아니한 의사표현을 금지할 것, 넷째, 심사절차를 관철할 수 있는 강제수단이 존재할 것을 들고 있다(헌
재 2018.6.28. 2016헌가8).
답 ○

301 헌법 제21조 제2항이 금지하는 검열은 사전검열만을 의미하므로, 헌법상 보호되지 않는 의사
▢▢▢ 표현에 대하여 공개한 뒤에 국가기관이 간섭하는 것을 금지하는 것은 아니다. ▮법원직9급 20
○ ✕

헌법 제21조 제2항이 금지하는 검열은 사전검열만을 의미하므로 개인이 정보와 사상을 발표하기 이전에 국가기관
이 미리 그 내용을 심사·선별하여 일정한 범위내에서 발표를 저지하는 것만을 의미하고, 헌법상 보호되지 않는
의사표현에 대하여 공개한 뒤에 국가기관이 간섭하는 것을 금지하는 것은 아니다(헌재 1996.10.4. 93헌가13).
답 ○

302
□□□
헌법상 사전검열은 표현의 자유 보호대상이면 예외 없이 금지되므로, 건강기능식품의 기능성 광고에 대해서도 사전검열금지원칙이 적용된다. 건강기능식품에 관한 법률상 기능성 광고의 심의는 식약처장으로부터 위탁받은 한국건강기능식품협회에서 수행하고 있는데, 한국건강기능식품협회는 행정권으로부터 독립된 민간 자율기구로서 그 행정주체성을 인정하기 어려우므로 헌법이 금지하는 사전검열에 해당한다고 할 수 없다. ▮법무사 19   ○ ×

현행헌법상 사전검열은 표현의 자유 보호대상이면 예외 없이 금지된다. 건강기능식품의 기능성 광고는 인체의 구조 및 기능에 대하여 보건용도에 유용한 효과를 준다는 기능성 등에 관한 정보를 널리 알려 해당 건강기능식품의 소비를 촉진시키기 위한 상업광고이지만, 헌법 제21조 제1항의 표현의 자유의 보호대상이 됨과 동시에 같은 조 제2항의 사전검열금지대상도 된다. 광고의 심의기관이 행정기관인지 여부는 기관의 형식에 의하기보다는 그 실질에 따라 판단되어야 하고, 행정기관의 자의로 개입할 가능성이 열려 있다면 개입가능성의 존재 자체로 헌법이 금지하는 사전검열이라고 보아야 한다. 식약처장이 심의기준 등의 제정과 개정을 통해 심의내용과 절차에 영향을 줄 수 있고, 식약처장이 재심의를 권하면 심의기관이 이를 따라야 하며, 분기별로 식약처장에게 보고가 이루어진다는 점에서도 그 심의업무의 독립성과 자율성이 있다고 보기 어렵다. 따라서 이 사건 건강기능식품 기능성광고 사전심의는 그 검열이 행정권에 의하여 행하여진다 볼 수 있고, <u>헌법이 금지하는 사전검열에 해당하므로 헌법에 위반된다</u>(헌재 2018.6.28. 2016헌가8).   🅓 ×

303
□□□
▸ 민사소송법에 의한 방영금지가처분을 허용하는 것은 헌법상 검열금지의 원칙에 위반되지 않는다. ▮법무사 18   ○ ×

▸ 민사집행법에 따른 법원의 방송프로그램에 관한 방영금지 가처분은 법원이 방송프로그램의 내용을 심사하여 허용 여부를 결정한 것일 때에는 헌법이 정한 사전검열금지원칙에 위반된다. ▮법행 22   ○ ×

헌법 제21조 제2항에서 규정한 검열 금지의 원칙은 모든 형태의 사전적인 규제를 금지하는 것이 아니라 단지 의사표현의 발표 여부가 오로지 행정권의 허가에 달려있는 사전심사만을 금지하는 것을 뜻하므로, <u>이 사건 법률조항에 의한 방영금지가처분은 행정권에 의한 사전심사나 금지처분이 아니라 개별 당사자간의 분쟁에 관하여 사법부가 사법절차에 의하여 심리, 결정하는 것이어서 헌법에서 금지하는 사전검열에 해당하지 아니한다</u>(헌재 2001.8.30. 2000헌바36).   🅓 ○ / ×

304
□□□
▸ 의료기기 광고와 같은 상업적 광고도 표현의 자유의 보호대상이 되고, 사전검열금지원칙의 적용대상이 된다. ▮법행 21   ○ ×

▸ 한국의료기기산업협회가 행하는 의료기기 광고 사전심의는 헌법이 금지하는 사전검열에 해당한다. ▮법원직9급 21   ○ ×

현행 헌법상 사전검열은 표현의 자유 보호대상이면 예외 없이 금지된다. 의료기기에 대한 광고는 의료기기의 성능이나 효능 및 효과 또는 그 원리 등에 관한 정보를 널리 알려 해당 의료기기의 소비를 촉진시키기 위한 상업광고로서 헌법 제21조 제1항의 표현의 자유의 보호대상이 됨과 동시에 같은 조 제2항의 사전검열금지원칙의 적용대상이 된다. 광고의 심의기관이 행정기관인지 여부는 기관의 형식에 의하기보다는 그 실질에 따라 판단되어야 하고, 행정기관의 자의로 민간심의기구의 심의업무에 개입할 가능성이 열려 있다면 개입 가능성의 존재 자체로 헌법이 금지하는 사전검열이라고 보아야 한다. 의료기기법상 의료기기 광고의 심의는 식약처장으로부터 위탁받은 한국의료기기산업협회가 수행하고 있지만, 법상 심의주체는 행정기관인 식약처장이고, 식약처장이 언제든지 그 위탁을 철회할 수 있으며, 심의위원회의 구성에 관하여도 식약처고시를 통해 행정권이 개입하고 지속적으로 영향을 미칠 가능성이 존재하는 이상 그 구성에 자율성이 보장되어 있다고 보기 어렵다. 식약처장이 심의기준 등의 개정을 통해 심의 내용 및 절차에 영향을 줄 수 있고, 심의기관의 장이 매 심의결과를 식약처장에게 보고하여야 하며, 식약처장이 재심의를 요청하면 심의기관은 특별한 사정이 없는 한 이에 따라야 한다는 점에서도 그 심의업무 처리에 있어 독립성 및 자율성이 보장되어 있다고 보기 어렵다. 따라서 이 사건 의료기기 광고 사전심의는 행정권이 주체가 된 사전심사로서 헌법이 금지하는 사전검열에 해당하고, 이러한 사전심의제도를 구성하는 심판대상조항은 헌법 제21조 제2항의 사전검열금지원칙에 위반된다(헌재 2020.8.28. 2017헌가35).　　　**답** ○ / ○

제4관 집회·결사의 자유

305 집회의 자유는 개인의 인격발현의 요소이자 민주주의를 구성하는 요소라는 이중적 헌법적 □□□ 기능을 가지고 있다. **|** 법무사 19, 법원직9급 20　　　○ ×

집회의 자유는 개인의 인격발현의 요소이자 민주주의를 구성하는 요소라는 이중적 헌법적 기능을 가지고 있다. 인간의 존엄성과 자유로운 인격발현을 최고의 가치로 삼는 우리 헌법질서 내에서 집회의 자유도 다른 모든 기본권과 마찬가지로 일차적으로는 개인의 자기결정과 인격발현에 기여하는 기본권이다. 뿐만 아니라, 집회를 통하여 국민들이 자신의 의견과 주장을 집단적으로 표명함으로써 여론의 형성에 영향을 미친다는 점에서, 집회의 자유는 표현의 자유와 더불어 민주적 공동체가 기능하기 위하여 불가결한 근본요소에 속한다(헌재 2003.10.30. 2000헌바67).　　　**답** ○

306 집회의 자유는 정치·사회현상에 대한 불만과 비판을 공개적으로 표출케 함으로써 정치적 □□□ 불만세력을 사회적으로 통합하여 정치적 안정에 기여하는 역할을 하므로, 단지 평화적 또는 비폭력적 집회만 집회의 자유에 의하여 보호된다고 할 수 없다. **|** 법무사 19　　　○ ×

집회의 자유에 의하여 보호되는 것은 단지 '평화적' 또는 '비폭력적' 집회이다. 집회의 자유는 민주국가에서 정신적 대립과 논의의 수단으로서, 평화적 수단을 이용한 의견의 표명은 헌법적으로 보호되지만, 폭력을 사용한 의견의 강요는 헌법적으로 보호되지 않는다(헌재 2003.10.30. 2000헌바67).　　　**답** ×

307 집회의 자유에는 집회를 통하여 형성된 의사를 집단적으로 표현하고 이를 통하여 불특정 다수 □□□ 인의 의사에 영향을 줄 자유를 포함한다. **|** 법원직9급 21　　　○ ×

헌법 제21조 제1항은 "모든 국민은 언론·출판의 자유와 집회·결사의 자유를 가진다."고 규정하여 집회의 자유를 표현의 자유로서 언론·출판의 자유와 함께 국민의 기본권으로 보장하고 있다. 집회의 자유에는 집회를 통하여 형성된 의사를 집단적으로 표현하고 이를 통하여 불특정 다수인의 의사에 영향을 줄 자유를 포함한다. 따라서 이를 내용으로 하는 시위의 자유 또한 집회의 자유를 규정한 헌법 제21조 제1항에 의하여 보호되는 기본권이다(헌재 2016.9.29. 2014헌바492).　　　**답** ○

308 집회 또는 시위가 신고된 범위 내에서 행해졌거나 신고된 내용과 다소 다르게 행해졌어도 신고된 범위를 현저히 일탈하지 않은 경우에는, 그로 인하여 도로의 교통이 방해를 받았다고 하더라도 특별한 사정이 없는 한 형법 제185조의 일반교통방해죄가 성립한다고 볼 수 없다.

┃법무사 19 ○ ×

구 집회 및 시위에 관한 법률 제6조 제1항 및 입법 취지에 비추어, 적법한 신고를 마치고 도로에서 집회나 시위를 하는 경우 도로의 교통이 어느 정도 제한될 수밖에 없으므로, 그 집회 또는 시위가 신고된 범위 내에서 행해졌거나 신고된 내용과 다소 다르게 행해졌어도 신고된 범위를 현저히 일탈하지 않는 경우에는, 그로 인하여 도로의 교통이 방해를 받았다고 하더라도 특별한 사정이 없는 한 형법 제185조의 일반교통방해죄가 성립한다고 볼 수 없다. 그러나 그 집회 또는 시위가 당초 신고된 범위를 현저히 일탈하거나 구 집회 및 시위에 관한 법률 제12조에 의한 조건을 중대하게 위반하여 도로 교통을 방해함으로써 통행을 불가능하게 하거나 현저하게 곤란하게 하는 경우에는 일반교통방해죄가 성립한다(대판 2008.11.13. 2006도755). 답 ○

309 옥외집회의 신고는 수리를 요하지 아니하는 정보제공적 신고이므로 경찰서장이 이미 접수된 옥외집회 신고서를 반려하는 행위는 공권력의 행사에 해당하지 아니한다. ┃법원직9급 21

○ ×

피청구인 서울남대문경찰서장은 옥외집회의 관리 책임을 맡고 있는 행정기관으로서 이미 접수된 청구인들의 옥외집회신고서에 대하여 법률상 근거 없이 이를 반려하였는바, 청구인들의 입장에서는 이 반려행위를 옥외집회신고에 대한 접수거부 또는 집회의 금지통고로 보지 않을 수 없었고, 그 결과 형사적 처벌이나 집회의 해산을 받지 않기 위하여 집회의 개최를 포기할 수밖에 없었다고 할 것이므로 피청구인의 이 사건 반려행위는 주무 행정기관에 의한 행위로서 기본권침해 가능성이 있는 공권력의 행사에 해당한다(헌재 2008.5.29. 2007헌마712). 답 ×

310 학문, 예술, 체육, 종교, 의식, 친목, 오락, 관혼상제 및 국경행사에 관한 집회는 법률상 신고대상이 아니다. ┃법무사 19 ○ ×

학문, 예술, 체육, 종교, 의식, 친목, 오락, 관혼상제 및 국경행사에 관한 집회에는 제6조(옥외집회 및 시위의 신고 등)부터 제12조까지의 규정을 적용하지 아니한다(집회 및 시위에 관한 법률 제15조). 답 ○

311 일반적으로 집회는 일정한 장소를 전제로 하여 특정 목적을 가진 다수인이 일시적으로 회합하는 것을 말하는 것으로 일컬어지고 있고, 그 공동의 목적은 내적인 유대관계로 족하다.

┃법무사 19 ○ ×

헌재 2009.5.28. 2007헌바22 답 ○

312
▸ 각급 법원 인근에 집회·시위금지장소를 설정하는 것은 입법목적 달성을 위한 적합한 수단으로 볼 수 없다. **▎법원직9급 20**　　　　　　　　　　　　　　　　　　○ ×

▸ 각급 법원 인근에 집회·시위금지장소를 설정하는 것은 입법목적 달성을 위한 적합한 수단에 해당하나, 각급 법원 인근의 모든 옥외집회를 일률적·전면적으로 금지하는 것은 침해의 최소성 원칙과 법익의 균형성 원칙에 위배되어 집회의 자유를 침해한다. **▎법행 21**　○ ×

누구든지 각급 법원의 경계 지점으로부터 100미터 이내의 장소에서 옥외집회 또는 시위를 할 경우 형사처벌한다고 규정한 '집회 및 시위에 관한 법률' 제11조 제1호 중 '각급 법원' 부분 및 제23조 제1호 중 제11조 제1호 가운데 '각급 법원'에 관한 부분(이하 '심판대상조항'이라 한다)의 입법목적은 법원 앞에서 집회를 열어 법원의 재판에 영향을 미치려는 시도를 막으려는 것이다. 이런 입법목적은 법관의 독립과 재판의 공정성 확보라는 헌법의 요청에 따른 것이므로 정당하다. <u>각급 법원 인근에 집회·시위금지장소를 설정하는 것은 입법목적 달성을 위한 적합한 수단이다.</u> ···(중략)··· 법원 인근에서의 집회라 할지라도 법관의 독립을 위협하거나 재판에 영향을 미칠 염려가 없는 집회도 있다. 예컨대 법원을 대상으로 하지 않고 검찰청 등 법원 인근 국가기관이나 일반법인 또는 개인을 대상으로 한 집회로서 재판업무에 영향을 미칠 우려가 없는 집회가 있을 수 있다. 법원을 대상으로 한 집회라도 사법행정과 관련된 의사표시 전달을 목적으로 한 집회 등 법관의 독립이나 구체적 사건의 재판에 영향을 미칠 우려가 없는 집회도 있다. ···(중략)··· 한편 집시법은 심판대상조항 외에도 집회·시위의 성격과 양상에 따라 법원을 보호할 수 있는 다양한 규제수단을 마련하고 있으므로, 각급 법원 인근에서의 옥외집회·시위를 예외적으로 허용한다고 하더라도 이러한 수단을 통하여 심판대상조항의 입법목적은 달성될 수 있다. 심판대상조항은 입법목적을 달성하는 데 필요한 최소한도의 범위를 넘어 규제가 불필요하거나 또는 예외적으로 허용 가능한 옥외집회·시위까지도 일률적·전면적으로 금지하고 있으므로, 침해의 최소성 원칙에 위배된다. ···(중략)··· 심판대상조항은 각급 법원 인근의 모든 옥외집회를 전면적으로 금지함으로써 상충하는 법익 사이의 조화를 이루려는 노력을 전혀 기울이지 않아, 법익의 균형성 원칙에도 어긋난다. ···(중략)··· 심판대상조항은 과잉금지원칙을 위반하여 집회의 자유를 침해한다(헌재 2018.7.26. 2018헌바137). **答** × / ○

313
국회의사당의 경계지점으로부터 100미터 이내의 장소에서 옥외집회 또는 시위를 할 경우 형사처벌하는 법률 조항은, 국회의 헌법적 기능에 대한 보호의 필요성을 고려하더라도 과잉금지원칙을 위반하여 집회의 자유를 침해한다. **▎법행 21, 법원직9급 20**　　　　　　○ ×

누구든지 국회의사당의 경계지점으로부터 100미터 이내의 장소에서 옥외집회 또는 시위를 할 경우 형사처벌한다고 규정한 '집회 및 시위에 관한 법률' 조항은 입법목적을 달성하는 데 필요한 최소한도의 범위를 넘어, 규제가 불필요하거나 또는 예외적으로 허용하는 것이 가능한 집회까지도 이를 일률적·전면적으로 금지하고 있으므로 침해의 최소성 원칙에 위배된다. ···(중략)··· 심판대상조항은 국회의 헌법적 기능을 무력화시키거나 저해할 우려가 있는 집회를 금지하는 데 머무르지 않고, 그 밖의 평화적이고 정당한 집회까지 전면적으로 제한함으로써 구체적인 상황을 고려하여 상충하는 법익 간의 조화를 이루려는 노력을 전혀 기울이지 않고 있다. 심판대상조항으로 달성하려는 공익이 제한되는 집회의 자유 정도보다 크다고 단정할 수는 없다고 할 것이므로 심판대상조항은 법익의 균형성 원칙에도 위배된다. ···(중략)··· 심판대상조항은 과잉금지원칙을 위반하여 집회의 자유를 침해한다(헌재 2018.5.31. 2013헌바322). **答** ○

314
□□□ 집회의 시간과 장소가 중복되는 2개 이상의 신고가 있을 경우 관할경찰서장은 먼저 신고된 집회가 다른 집회의 개최를 봉쇄하기 위한 가장집회신고에 해당하는 여부에 관하여 판단할 권한이 없으므로 뒤에 신고된 집회에 대하여 집회 자체를 금지하는 통고를 하여야 한다.

┃법행 21   ○ ×

....

집회의 신고가 경합할 경우 특별한 사정이 없는 한 관할경찰관서장은 집회 및 시위에 관한 법률(이하 '집시법'이라 한다) 제8조 제2항의 규정에 의하여 신고 순서에 따라 뒤에 신고된 집회에 대하여 금지통고를 할 수 있지만, 먼저 신고된 집회의 참여예정인원, 집회의 목적, 집회개최장소 및 시간, 집회 신고인이 기존에 신고한 집회 건수와 실제로 집회를 개최한 비율 등 먼저 신고된 집회의 실제 개최 가능성 여부와 양 집회의 상반 또는 방해가능성 등 제반 사정을 확인하여 <u>먼저 신고된 집회가 다른 집회의 개최를 봉쇄하기 위한 허위 또는 가장 집회신고에 해당함이 객관적으로 분명해 보이는 경우에는, 뒤에 신고된 집회에 다른 집회금지 사유가 있는 경우가 아닌 한, 관할경찰관서장이 단지 먼저 신고가 있었다는 이유만으로 뒤에 신고된 집회에 대하여 집회 자체를 금지하는 통고를 하여서는 아니 되고</u>, 설령 이러한 금지통고에 위반하여 집회를 개최하였다고 하더라도 그러한 행위를 집시법상 금지통고에 위반한 집회개최행위에 해당한다고 보아서는 아니 된다(대판 2014.12.11. 2011도13299).

답 ×

315
□□□ 안마사들로 하여금 의무적으로 대한안마사협회의 회원이 되어 정관을 준수하도록 한 의료법 조항은, 시각장애가 있는 안마사들 사이에 정보를 교환하고 직업수행 능력을 높일 수 있는 점 등을 고려하면, 안마사들의 결사의 자유를 침해하는 것으로 보기 어렵다. ┃법행 21

○ ×

....

안마사들은 시각장애로 말미암아 공동의 이익을 증진하기 위하여 개인적으로나 이익단체를 조직하여 활동하는 것이 용이하지 않고, 안마사들로 하여금 하나의 중앙회에 의무적으로 가입하도록 하여 전국적 차원의 단체를 존속시키는 것은 그들 사이에 정보를 교환하고 친목을 도모하며 직업수행 능력을 높일 수 있고, 시각장애인으로 하여금 직업 활동을 효과적으로 수행하도록 하기 위하여 국가가 적극적으로 개입하는 것이 필요하다. 이 사건 법률조항으로 안마사회에 의무적으로 가입하고 정관을 준수하고 회비를 납부하게 되지만 과다한 부담이라고 단정하기 어렵다. 안마사들로 하여금 의무적으로 대한안마사협회의 회원이 되어 정관을 준수하도록 한 의료법조항은 안마사들의 결사의 자유를 침해하지 않는다(헌재 2008.10.30. 2006헌가15).

답 ○

제5관　학문·예술의 자유

헌법 제22조　① 모든 국민은 (학문과 예술)의 자유를 가진다.
② 저작자·발명가·과학기술자와 예술가의 권리는 법률로써 보호한다.

헌법 제31조　④ 교육의 (자주성·전문성·정치적 중립성) 및 (대학의 자율성)은 법률이 정하는 바에 의하여 보장된다.

316 헌법은 학문의 자유를 명문으로 규정하고 있다. ▮법행 23　　　　　　　　　　　　○ ×

모든 국민은 학문과 예술의 자유를 가진다(헌법 제22조 제1항).　　　　　　　**답** ○

317 대학에서의 교수의 자유는 더욱 보장되어야 하는 반면, 초·중·고교에서의 수업의 자유는 보다 많은 제약이 있을 수 있다. ▮법행 23　　　　　　　　　　　　　　○ ×

수업의 자유는 두텁게 보호되어야 합당하겠지만 그것은 대학에서의 교수의 자유와 완전히 동일할 수는 없을 것이며 대학에서는 교수의 자유가 더욱 보장되어야 하는 반면, 초·중·고교에서의 수업의 자유는 후술하는 바와 같이 제약이 있을 수 있다고 봐야 할 것이다(헌재 1992.11.12. 89헌마88).　　　　　　**답** ○

318 교수의 자유는 대학 등 고등교육기관에서 교수 및 연구자가 자신의 학문적 연구와 성과에 따라 가르치고 강의를 할 수 있는 자유로서 교수의 내용과 방법 등에 있어 어떠한 지시나 간섭·통제를 받지 아니할 자유를 의미한다. ▮법행 22　　　　　　○ ×

교수의 자유는 대학 등 고등교육기관에서 교수 및 연구자가 자신의 학문적 연구와 성과에 따라 가르치고 강의를 할 수 있는 자유로서 교수의 내용과 방법 등에 있어 어떠한 지시나 간섭·통제를 받지 아니할 자유를 의미한다(대판 2018.7.12. 2014도3923).　　　　　　**답** ○

319 헌법은 학문적 연구와 교수의 자유의 기초가 되는 대학의 자율성을 보장하고 있는데, 그 내용은 법률이 정하는 바에 의하도록 하고 있다. ▮법행 22　　　　　　　　　　○ ×

교수의 자유는 헌법 제22조 제1항이 보장하는 학문의 자유의 한 내용으로서 보호되고, 헌법 제31조 제4항도 학문적 연구와 교수의 자유의 기초가 되는 대학의 자율성을 보장하고 있다(대판 2018.7.12. 2014도3923).　　　　　　**답** ○

> **헌법 제31조**　④ 교육의 자주성·전문성·정치적 중립성 및 대학의 자율성은 법률이 정하는 바에 의하여 보장된다.

320 대학의 자율성은 학문의 자유를 보장하기 위한 수단으로서 대학에 부여된 헌법상 기본권이다. ▮법무사 18　　　　　　　　　　　　　　　　○ ×

헌법재판소는 대학의 자율성은 헌법 제22조 제1항이 보장하고 있는 학문의 자유의 확실한 보장수단으로 꼭 필요한 것으로서 대학에게 부여된 헌법상의 기본권으로 보고 있다. (헌재 2006.4.27. 2005헌마1047).　　　　　　**답** ○

321 대학의 자율성은 대학시설의 관리·운영이나 연구와 교육의 내용, 방법과 대상, 교과과정의
□□□ 편성, 학생의 선발, 학생의 전형 등을 보호영역으로 하며, 대학 교수 개개인이 퇴직 여부 등
인사에 관한 사항을 스스로 결정할 권리도 대학의 자율성의 보호영역에 포함된다. ┃법행 22

○ ×

대학의 자율성은 대학시설의 관리·운영이나 연구와 교육의 내용, 방법과 대상, 교과과정의 편성, 학생의 선발,
학생의 전형 등을 보호영역으로 한다고 할 것인데 대학 교수 개개인의 퇴직 여부 등 인사에 관한 사항을 스스로
결정할 권리가 해당 교수의 대학의 자율성의 보호영역에 포함된다고 보기 어려우며, 심판대상조항이 학교법인
또는 교수회의 교원에 대한 징계의 자율성을 배제하여 대학의 자율성을 침해하는지 여부가 문제된다 하더라도
이를 교수인 청구인에 대하여 제한되는 기본권이라고 볼 수 없다(헌재 2021.9.30. 2019헌마747). **답** ×

322 ▸ 대학의 자치의 주체를 기본적으로 대학으로 본다고 하더라도 교수나 교수회의 주체성이
□□□ 부정된다고 볼 수는 없고, 가령 학문의 자유를 침해하는 대학의 장에 대한 관계에서는 교수나
교수회가 주체가 될 수 있고, 또한 국가에 의한 침해에 있어서는 대학 자체 외에도 대학
전 구성원이 자율성을 갖는 경우도 있을 것이므로 문제되는 경우에 따라서 대학, 교수, 교수
회 모두가 단독, 혹은 중첩적으로 주체가 될 수 있다. ┃법무사 18　　　　○ ×

▸ 대학의 자치의 주체는 기본적으로 대학이지만, 교수나 교수회 또한 대학의 자치라는 기본권
의 주체로 볼 수 있다. ┃법행 23　　　　○ ×

대학의 자치의 주체를 기본적으로 대학으로 본다고 하더라도 교수나 교수회의 주체성이 부정된다고 볼 수는
없고, 가령 학문의 자유를 침해하는 대학의 장에 대한 관계에서는 교수나 교수회가 주체가 될 수 있고, 또한
국가에 의한 침해에 있어서는 대학 자체 외에도 대학 전구성원이 자율성을 갖는 경우도 있을 것이므로 문제되는
경우에 따라서 대학, 교수, 교수회 모두가 단독, 혹은 중첩적으로 주체가 될 수 있다고 보아야 할 것이다(헌재
2006.4.27. 2005헌마1047). **답** ○ / ○

323 국립대학 교수들에게는 대학총장 후보자 선출에 참여할 권리가 있고, 이 권리는 대학의 자치의
□□□ 본질적 내용에 포함되므로, 헌법상 기본권으로 인정된다. ┃법행 23　　　　○ ×

전통적으로 대학자치는 학문활동을 수행하는 교수들로 구성된 교수회가 누려오는 것이었고, 현행법상 국립대학의
장 임명권은 대통령에게 있으나, 1990년대 이후 국립대학에서 총장 후보자에 대한 직접선거방식이 도입된 이래
거의 대부분 대학 구성원들이 추천하는 후보자 중에서 대학의 장을 임명하여 옴으로써 대통령이 대학총장을
임명함에 있어 대학교원들의 의사를 존중하여 온 점을 고려하면, 청구인들에게 대학총장 후보자 선출에 참여할
권리가 있고 이 권리는 대학의 자치의 본질적인 내용에 포함된다고 할 것이므로 결국 헌법상의 기본권으로 인정할
수 있다(헌재 2006.4.27. 2005헌마1047). **답** ○

324 국립대학은 국가가 설립한 공법상 영조물이지만, 대학의 자율이라는 기본권의 주체이기도
□□□ 하다. ▮법무사 18 ○ ×

국립대학인 서울대학교는 특정한 국가목적(대학교육)에 제공된 인적·물적 종합시설로서 공법상의 영조물이다.
… 교육의 자주성이나 대학의 자율성은 헌법 제22조 제1항이 보장하고 있는 학문의 자유의 확실한 보장수단으로
꼭 필요한 것으로서 이는 대학에게 부여된 헌법상의 기본권이다. 따라서 국립대학인 서울대학교는 다른 국가기관
내지 행정기관과는 달리 공권력의 행사자의 지위와 함께 기본권의 주체라는 점도 중요하게 다루어져야 한다(헌재
1992.10.1. 92헌마68). **답** ○

325 대학의 관리·운영에 관한 사항이 재학생의 학문의 자유와 관련이 없다고 볼 수 없으므로,
□□□ 국립대학 서울대학교를 법인으로 전환하는 법률조항에 대하여 서울대학교 재학생의 자기관련
성이 인정된다. ▮법행 23 ○ ×

서울대학교 재학생은 공무담임권이 침해될 가능성이 없고, 재학 중인 학교의 법적 형태를 공법상 영조물인 국립대
학으로 유지하여 줄 것을 요구할 권리는 교육받을 권리에 포함되지 아니하며, 대학의 관리·운영에 관한 사항은
학생의 학문의 자유와 관련되어 있다고 볼 수 없어 자기관련성이 인정되지 않는다. 등록금 인상 가능성이나 기초학
문 고사 우려 등은 사실상의 불이익에 불과하므로 평등권 침해 가능성도 인정되지 아니한다(헌재 2014.4.24.
2011헌마612). **답** ×

326 헌법이 대학의 자율을 보장하는 취지는 대학에 대한 공권력 등 외부세력의 간섭을 배제하고
□□□ 대학구성원 자신이 대학을 자주적으로 운영할 수 있도록 하기 위함이므로 국립대학법인인
서울대학교의 이사회에 일정 비율 이상의 외부인사를 포함하는 내용을 담고 있는 법률조항은
대학의 자율을 침해한다. ▮법행 22 ○ ×

학교법인의 이사회 등에 외부인사를 참여시키는 것은 다양한 이해관계자의 참여를 통해 개방적인 의사결정을
보장하고, 외부의 환경 변화에 민감하게 반응함과 동시에 외부의 감시와 견제를 통해 대학의 투명한 운영을 보장하
기 위한 것이며, 대학 운영의 투명성과 공공성을 높이기 위해 정부도 의사형성에 참여하도록 할 필요가 있는
점, 사립학교의 경우 이사와 감사의 취임 시 관할청의 승인을 받도록 하고, 관련법령을 위반하는 경우 관할청이
취임 승인을 취소할 수 있도록 하고 있는 점 등을 고려하면, 외부인사 참여 조항은 대학의 자율의 본질적인 부분을
침해하였다고 볼 수 없다(헌재 2014.4.24. 2011헌마612). **답** ×

327 법인으로 설립되지 않은 국립대학은 당사자능력이 인정되지 않으므로, 헌법소원심판을 제기
□□□ 할 수 있는 청구인적격도 인정되지 않는다. ▮법무사 18 ○ ×

법인화되지 않은 국립대학은 영조물에 불과하고, 그 총장은 국립대학의 대표자일 뿐이어서 행정소송의 당사자능력
이 인정되지 않는다는 것이 법원의 확립된 판례이므로, 설사 청구인이 이 사건 모집정지에 대하여 행정소송을
제기한다고 할지라도 부적법 각하될 가능성이 많아 행정소송에 의하여 권리구제를 받을 가능성이 없는 경우에
해당되고, 따라서 보충성의 예외를 인정함이 상당하다(헌재 2015.12.23. 2014헌마1149). 이는 헌법소원심판에서
법인화되지 아니한 국립대학에 대하여 대학의 자율권의 주체로서 청구인능력을 인정한 사례이다. **답** ×

328 사립학교의 설립자가 사립학교를 자유롭게 운영할 자유는 헌법에 명문 규정은 없으나 행복추
□□□ 구권의 한 내용을 이루는 일반적인 행동의 자유권과 모든 국민의 능력에 따라 균등하게 교육을
받을 권리를 규정하고 있는 헌법 제31조 제1항 그리고 교육의 자주성·전문성·정치적 중립성
및 대학의 자율성을 규정하고 있는 헌법 제31조 제4항에 의하여 인정되는 기본권이다.

┃법행 22   ○ ×

....

헌재 2001.1.18. 99헌바63   답 ○

329 대학의 자율성에 대한 규율의 정도는 그 시대의 사정과 각급 학교에 따라 다를 수밖에 없는
□□□ 것이므로 교육의 본질을 침해하지 않는 한 궁극적으로는 입법권자의 형성의 자유에 속한다.

┃법무사 18   ○ ×

....

대학의 자율도 헌법상의 기본권이므로 기본권 제한의 일반적 법률유보의 원칙을 규정한 헌법 제37조 제2항에
따라 제한될 수 있고, 대학의 자율의 구체적인 내용은 법률이 정하는 바에 의하여 보장되며, 또한 국가는 헌법
제31조 제6항에 따라 모든 학교제도의 조직, 계획, 운영, 감독에 관한 포괄적인 권한, 즉 학교제도에 관한 전반적인
형성권과 규율권을 부여받았다고 할 수 있고, 다만 그 규율의 정도는 그 시대의 사정과 각급 학교에 따라 다를
수밖에 없는 것이므로 교육의 본질을 침해하지 않는 한 궁극적으로는 입법권자의 형성의 자유에 속하는 것이라
할 수 있다(헌재 2006.4.27. 2005헌마1047).   답 ○

제4장 ┃ 경제적 기본권

제1절   재산권

헌법 제23조   ① 모든 국민의 재산권은 보장된다. 그 (내용과 한계)는 법률로 정한다.
② 재산권의 행사는 (공공복리)에 적합하도록 하여야 한다.
③ (공공필요)에 의한 재산권의 수용·사용 또는 제한 및 그에 대한 보상은 (법률)로써 하되, (정당한 보상)을
지급하여야 한다.

330
□□□
재산권은 자유의 실현과 물질적 삶의 기초이고, 자유실현의 물질적 바탕을 보호하는 재산권의 자유보장적 기능으로 말미암아 자유와 재산권은 불가분의 관계이자 상호보완관계에 있다.

I 법행 22   ○ ×

재산권보장은 헌법상의 기본권체계 내에서 각 개인이 자신의 생활을 자기 책임하에서 형성하도록 그에 필요한 경제적 조건을 보장해 주는 기능을 한다. 즉 재산권은 자유의 실현과 물질적 삶의 기초이고, 자유실현의 물질적 바탕을 보호하는 재산권의 자유보장적 기능으로 말미암아 자유와 재산권은 불가분의 관계이자 상호보완관계에 있다(헌재 2000.6.29. 99헌마289).   답 ○

331
□□□
강제집행권은 헌법재판소가 재산권으로 인정하였다. I 법원직9급 22   ○ ×

강제집행은 채권자의 신청에 의하여 국가의 집행기관이 채권자를 위하여 채무명의에 표시된 사법상의 이행청구권을 국가권력에 의하여 강제적으로 실현하는 법적 절차를 지칭하는 것이다. 강제집행권은 국가가 보유하는 통치권의 한 작용으로서 민사사법권에 속하는 것이고, 채권자인 청구인들은 국가에 대하여 강제집행권의 발동을 구하는 공법상의 권능인 강제집행청구권만을 보유하고 있을 따름으로서 청구인들이 강제집행권을 침해받았다고 주장하는 권리는 헌법 제23조 제3항 소정의 재산권에 해당되지 아니한다(헌재 1998.5.28. 96헌마44).   답 ×

332
□□□
주주권은 헌법재판소가 재산권으로 인정하였다. I 법원직9급 22   ○ ×

이 사건에서 문제되는 주주권은, 비록 주주의 자격과 분리하여 양도·질권 설정·압류할 수 없고 시효에 걸리지 않아 보통의 채권과는 상이한 성질을 갖지만, 다른 한편 주주의 자격과 함께 사용(결의)·수익(담보제공)·처분(양도·상속)할 수 있다는 점에서는 분명히 '사적유용성 및 그에 대한 원칙적 처분권을 내포하는 재산가치 있는 권리'로 볼 수 있으므로 헌법상 재산권 보장의 대상에 해당한다고 볼 것이다(헌재 2008.12.26. 2005헌바34).   답 ○

333
□□□
개인택시면허는 헌법재판소가 재산권으로 인정하였다. I 법원직9급 22   ○ ×

개인택시운송사업자는 장기간의 모범적인 택시운전에 대한 보상의 차원에서 개인택시면허를 취득하였거나, 고액의 프리미엄을 지급하고 개인택시면허를 양수한 사람들이므로 개인택시면허는 자신의 노력으로 혹은 금전적 대가를 치르고 얻은 재산권이라고 할 수 있다(헌재 2012.3.29. 2010헌마443).   답 ○

334
□□□
정당한 지목을 등록함으로써 얻는 이익은 헌법재판소가 재산권으로 인정하였다. I 법원직9급 22

○ ×

지목에 관한 등록이나 등록변경 또는 등록의 정정은 단순히 토지행정의 편의나 사실증명의 자료로 삼기 위한 것에 그치는 것이 아니라, 해당 토지소유자의 재산권에 크건 작건 영향을 미친다고 볼 것이며, 정당한 지목을 등록함으로써 토지소유자가 누리게 될 이익은 국가가 헌법 제23조에 따라 보장하여 주어야 할 재산권의 한 내포(內包)로 봄이 상당하다(헌재 1999.6.24. 97헌마315).   답 ○

335 구 민법상 법정혈족관계로 인정되던 계모자 사이의 상속권은 헌법재판소가 재산권으로 인정하였다. Ⅰ법원직9급 22

□□□ ○ ×

계모자 사이에 상속이 인정되지 않는 것은 계모자관계를 법정혈족관계로 인정했던 구 민법 제773조를 삭제하면서도 상속순위에 관한 민법 제1000조 제1항에 계모자관계에 대한 특별한 규율을 하지 않은 부진정입법부작위의 문제라 할 수 있고, 이에 대하여는 헌법재판소 2009.11.26. 2007헌마424 결정에서 이미 과잉금지원칙에 위반되지 아니하므로 계자의 재산권이 침해되지 않는다는 판단을 한 바 있다. 이와 관련하여 구 민법상 법정혈족관계로 인정되던 계모자 사이의 상속권도 헌법상 보호되는 재산권이라고 볼 수 있다(헌재 2011.2.24. 2009헌바89). **답** ○

336 소멸시효의 기대이익은 헌법재판소가 재산권으로 인정하였다. Ⅰ법원직9급 22

□□□ ○ ×

'국가의 납입의 고지로 인하여 시효중단의 효력을 종국적으로 받지 않고 계속하여 <u>소멸시효를 누릴 기대이익</u>'은 <u>헌법적으로 보호될만한 재산권적 성질의 것은 아니며 단순한 기대이익에 불과하다고 볼 것</u>이므로 이 사건 법률조항에 의하여 청구인의 재산권이 제한되거나 침해될 여지는 없다(헌재 2004.3.25. 2003헌바22). **답** ×

337 헌법 제23조의 재산권은 자기 노력의 대가나 자본의 투자 등 특별한 희생을 통하여 얻은 공법상의 권리도 포함한다. Ⅰ법무사 21

□□□ ○ ×

헌법 제23조의 재산권은 민법상의 소유권뿐만 아니라, 재산적 가치 있는 사법상의 물권, 채권 등 모든 권리를 포함하며, 또한 국가로부터의 일방적인 급부가 아닌 자기 노력의 댓가나 자본의 투자 등 특별한 희생을 통하여 얻은 공법상의 권리도 포함한다(헌재 2000.6.29. 99헌마289). **답** ○

338 영리획득의 단순한 기회 또는 기업활동의 사실적·법적 여건 또한 재산권보장의 대상이 된다. Ⅰ법원직9급 21

□□□ ○ ×

헌법상 보장된 재산권은 사적 유용성 및 그에 대한 원칙적인 처분권을 내포하는 재산가치 있는 구체적인 권리이므로, 구체적 권리가 아닌 영리획득의 단순한 기회나 기업활동의 사실적·법적 여건은 기업에게는 중요한 의미를 갖는다고 하더라도 재산권보장의 대상이 아니다(헌재 2002.7.18. 99헌마574). **답** ×

339 보안거리에 저촉되는 화약류저장소에 대한 시설이전명령 때문에 화약류저장소를 이용한 영업을 하지 못하게 된다 하더라도 그로 인해 상실되는 영리획득의 기회를 헌법에 의해 보장되는 재산권으로 보기는 어렵다. Ⅰ법무사 22

□□□ ○ ×

이 사건 명령조항은 화약류저장소가 보안거리에 저촉되는 등의 사정이 발생하여 재해 예방 또는 공공의 인진유지를 위하여 필요가 인정되는 경우에는 그 시설의 이전을 명령할 수 있도록 하고 있다. …(중략)… 이에 따라 화약류저장소설치자는 시설이전이 강제됨으로써 기존의 화약류저장소를 사용하지 못하게 되고 새로이 저장소를 마련하기 전까지는 영업을 할 수 없게 되므로 영업의 자유가 제한받게 된다. 한편, 청구인은 화약류저장소를 이용한 영업을 못하게 됨으로써 재산권을 침해받는다고 주장한다. 그런데 헌법상 보장된 재산권은 원래 사적 유용성 및 그에 대한 원칙적인 처분권을 내포하는 재산가치 있는 구체적인 권리이므로 구체적 권리가 아닌 영리획득의 단순한 기회나 기업활동의 사실적·법적 여건은 기업에게는 중요한 의미를 갖는다고 하더라도 재산권 보장의 대상이 되지 않는다. 따라서 청구인이 시설이전명령에 의해 영업을 하지 못하게 된다 하더라도, 그 상실되는 영리획득의 기회를 헌법에 의해 보장되는 재산권으로 보기는 어렵다(헌재 2021.9.30. 2018헌바456). 답 ○

340 건강보험수급권은 가입자가 납부한 보험료에 대한 반대급부의 성격을 가지며, 보험사고로 □□□ 초래되는 재산상 부담을 전보하여 주는 경제적 유용성을 가지므로, 헌법상 재산권의 보호범위 에 속한다. ▌법무사 21 ○ ×

헌재 2020.4.23. 2017헌바244 답 ○

341 건강보험수급권과 같이 공법상의 권리가 헌법상의 재산권으로 보호받기 위해서는 국가의 일방 □□□ 적인 급부에 의한 것이 아니라 수급자의 상당한 자기기여를 전제로 하므로 수급자의 자기기여 가 없는 상태라면 재산권 침해는 문제되지 않는다. ▌법행 21 ○ ×

건강보험수급권과 같이 공법상의 권리가 헌법상의 재산권으로 보호받기 위해서는 국가의 일방적인 급부에 의한 것이 아니라 수급자의 상당한 자기기여를 전제로 한다. 그런데 국민건강보험은 개인의 보험료와 국가의 재정으로 운영되고 이 사건 규정의 적용에 의하여 청구인들과 같은 수용자에게 보험급여가 정지되는 경우 동시에 보험료 납부의무도 면제된다. 그렇다면 수급자의 자기기여가 없는 상태이므로 이 사건 규정에 의하여 건강보험수급권이 정지되더라도 이를 사회보장수급권(인간다운 생활을 할 권리)으로 다툴 수 있음은 별론으로 하고 재산권 침해로 다툴 수는 없다고 할 것이다(헌재 2005.2.24. 2003헌마31). 답 ○

342 사회부조와 같이 수급자의 자기기여 없이 국가의 일방적인 급부를 내용으로 하는 공법상 권리 □□□ 는 재산권의 보호대상에 포함되지 않는다. ▌법행 22 ○ ×

공법상의 권리가 헌법상의 재산권보장의 보호를 받기 위해서는 다음과 같은 요건을 갖추어야 한다. 첫째, 공법상의 권리가 권리주체에게 귀속되어 개인의 이익을 위하여 이용가능해야 하며(사적 유용성), 둘째, 국가의 일방적인 급부에 의한 것이 아니라 권리주체의 노동이나 투자, 특별한 희생에 의하여 획득되어 자신이 행한 급부의 등가물에 해당하는 것이어야 하며(수급자의 상당한 자기기여), 셋째, 수급자의 생존의 확보에 기여해야 한다. 이러한 요건을 통하여 사회부조와 같이 국가의 일방적인 급부에 대한 권리는 재산권의 보호대상에서 제외되고, 단지 사회법상의 지위가 자신의 급부에 대한 등가물에 해당하는 경우에 한하여 사법상의 재산권과 유사한 정도로 보호받아야 할 공법상의 권리가 인정된다(헌재 2000.6.29. 99헌마289). 답 ○

343 산업재해보상보험법상 보험급여와 같이 수급권의 발생요건이 법정되어 있는 경우, 그러한 □□□ 법정요건을 갖추기 전이라고 하더라도, 헌법이 보장하는 재산권에 해당한다. ▌법행 22 ○ ×

헌법 제23조 제1항이 보장하고 있는 재산권은 사적 유용성 및 그에 대한 원칙적 처분권을 내포하는 재산가치 있는 구체적 권리이므로, 구체적인 권리가 아닌 단순한 이익이나 재화의 획득에 관한 기회 등은 재산권 보장의 대상으로 볼 수 없다. 특히 산재법상 보험급여와 같이 수급권의 발생요건이 법정되어 있는 경우, <u>그러한 법정요건을 갖추기 전에는 헌법이 보장하는 재산권이라고 할 수 없다</u>(헌재 2014.2.27. 2012헌바469). 답 ×

344 인도적 차원의 시혜적 급부를 받을 권리는 헌법 제23조에 의하여 보장된 재산권이라고 할
□□□ 수 없다. ▌법행 21　　　　　　　　　　　　　　　　　　　　　　　　　　　　　　○ ×

인도적 차원의 시혜적 급부를 받을 권리는 헌법 제23조에 의하여 보장된 재산권이라고 할 수 없으므로, 이 사건
미수금 지원금의 액수가 너무 적다고 해서 재산권 침해 문제가 발생하지는 않는다(헌재 2015.12.23. 2009헌바317).
　　답 ○

345 법률이 일정한 요건을 갖춘 경우 비과세하도록 규정하는데, 비과세요건을 갖추었을 경우 얻을
□□□ 수 있는 이익 역시 헌법이 보호하는 재산권의 영역에 포함된다. ▌법행 21　　　　　　○ ×

신축주택에 대한 양도소득세 감면을 거주자에게만 적용하는 것으로 규정한 구 조세특례제한법 조항과 같은 시혜적
입법의 시혜대상에서 제외되었다는 이유만으로 재산권의 제한이 생기는 것은 아니고, 그와 같은 시혜대상이 될
경우 얻을 수 있는 재산상 이익의 기대가 성취되지 않았다고 하여도 그러한 단순한 재산상 이익의 기대는 헌법이
보호하는 재산권의 영역에 포함되지 않으므로, 이 사건 법률조항이 청구인의 재산권을 침해하였다고 할 수 없다(헌
재 2011.6.30. 2010헌바430).
　　답 ×

346 이동전화번호에 대하여 사적 유용성 및 그에 대한 원칙적 처분권을 내포하는 재산가치 있는
□□□ 구체적 권리인 재산권이 생긴다고 볼 수 없다. ▌법행 21　　　　　　　　　　　　　　○ ×

이동전화번호는 유한한 국가자원으로서, 청구인들이 오랜 기간 같은 이동전화번호를 사용해 왔다 하더라도 이는
국가의 이동전화번호 관련 정책 및 이동전화 사업자와의 서비스 이용계약 관계에 의한 것일 뿐, 청구인들이 이동전
화번호에 대하여 사적 유용성 및 그에 대한 원칙적 처분권을 내포하는 재산가치 있는 구체적 권리인 재산권을
가진다고 볼 수 없다(헌재 2013.7.25. 2011헌마63).
　　답 ○

347 공무원연금법상의 각종 급여는 기본적으로 모두 사회보장적 급여로서의 성격을 가짐과 동시에
□□□ 공로보상 내지 후불임금으로서의 성격도 함께 가지며, 특히 공무원연금법상 퇴직연금수급권
은 경제적 가치 있는 권리로서 헌법 제23조에 의하여 보장되는 재산권으로서의 성격을 가진다.
▌법무사 22　　　　　　　　　　　　　　　　　　　　　　　　　　　　　　　　　　　　　○ ×

공무원연금법상의 각종 급여는 기본적으로 모두 사회보장적 급여로서의 성격을 가짐과 동시에 공로보상 내지
후불임금으로서의 성격도 함께 가진다고 할 것이다. 특히 공무원연금법상 퇴직연금수급권은 경제적 가치 있는
권리로서 헌법 제23조에 의하여 보장되는 재산권으로서의 성격을 가진다(헌재 2005.6.30. 2004헌바42).
　　답 ○

348 공무원연금법상의 연금수급권은 사회보장수급권의 성격을 가지고 있을 뿐 이를 재산권이라고
□□□ 볼 수 없으므로 입법자에게 넓은 입법형성권이 인정된다. ▌법원직9급 21　　　　　　　○ ×

공무원연금법상의 퇴직급여, 유족급여 등 각종 급여를 받을 권리, 즉 연금수급권에는 사회적 기본권의 하나인
사회보장수급권의 성격과 재산권의 성격이 불가분적으로 혼재되어 있으므로, 입법자로서는 연금수급권의 구체적
내용을 정함에 있어 반드시 민법상 상속의 법리와 순위에 따라야 하는 것이 아니라 공무원연금제도의 목적 달성에

알맞도록 독자적으로 규율할 수 있고, 여기에 필요한 정책판단·결정에 관하여는 입법자에게 상당한 정도로 형성의 자유가 인정된다(헌재 1999.4.29. 97헌마333). **답** ×

349
□□□
입법자는 공무원연금법상 연금수급권의 구체적 내용을 형성함에 있어 반드시 민법상 상속의 법리와 순위에 따라야 하는 것은 아니고, 공무원연금법의 입법목적에 맞도록 독자적으로 규율할 수 있다. **|법원직9급 21** ○ ×

....

공무원연금법상의 퇴직급여, 유족급여 등 각종 급여를 받을 권리, 즉 연금수급권에는 사회적 기본권의 하나인 사회보장수급권의 성격과 재산권의 성격이 불가분적으로 혼재되어 있으므로, 입법자로서는 연금수급권의 구체적 내용을 정함에 있어 반드시 민법상 상속의 법리와 순위에 따라야 하는 것이 아니라 공무원연금제도의 목적 달성에 알맞도록 독자적으로 규율할 수 있고, 여기에 필요한 정책판단·결정에 관하여는 입법자에게 상당한 정도로 형성의 자유가 인정된다(헌재 1999.4.29. 97헌마333). **답** ○

350
□□□
연금수급권의 내용은 사회·경제적 상황을 고려한 입법자의 정책적 판단에 의하여 변경될 수 있어 조기노령연금의 수급개시연령에 대한 신뢰는 보호가치가 크지 않으므로, 조기노령연금을 수급할 수 있는 연령이 59세에서 60세로 인상하는 법률은 재산권을 침해하지 않는다. **|법무사 21** ○ ×

....

헌재 2013.10.24. 2012헌마906 **답** ○

351
□□□
개발제한구역지정 당시의 상태대로 토지를 사용·수익·처분할 수 있는 이상, 자신의 토지를 장래에 건축이나 개발목적으로 사용할 수 있으리라는 기대가능성이나 신뢰 및 이에 따른 지가상승의 기회는 원칙적으로 재산권의 보호범위에 속하지 않는다. **|법무사 18** ○ ×

....

개발제한구역의 지정으로 인한 개발가능성의 소멸과 그에 따른 지가의 하락이나 지가상승률의 상대적 감소는 토지소유자가 감수해야 하는 사회적 제약의 범주에 속하는 것으로 보아야 한다. 자신의 토지를 장래에 건축이나 개발목적으로 사용할 수 있으리라는 기대가능성이나 신뢰 및 이에 따른 지가 상승의 기회는 원칙적으로 재산권의 보호범위에 속하지 않는다. 구역 지정 당시의 상태대로 토지를 사용·수익·처분할 수 있는 이상, 구역 지정에 따른 단순한 토지 이용의 제한은 원칙적으로 재산권에 내재하는 사회적 제약의 범주를 넘지 않는다(헌재 1998.12.24. 89헌마214). **답** ○

352
□□□
시혜적 입법의 시혜대상에서 제외되었다는 이유만으로 재산권의 침해가 발생하는 것은 아니고 시혜대상에 포함될 경우 얻을 수 있었던 재산상 이익의 기대가 성취되지 않았다고 하여도 이와 같은 단순한 재산상 이익에 대한 기대는 헌법이 보호하는 재산권의 영역에 포함되지 아니한다. **|법무사 21** ○ ×

....

헌재 2008.9.25. 2007헌가9 **답** ○

353
□□□
헌법상 재산권에 관한 규정은 그 내용과 한계가 법률에 의해 구체적으로 형성되는 기본권 형성적 법률유보의 형태를 띠고 있고, 헌법이 보장하는 재산권의 내용과 한계는 국회에 의하여 제정되는 형식적 의미의 법률에 의하여 정해진다. ▮법원직9급 21　　○ ×

....

헌법상의 재산권에 관한 규정은 다른 기본권 규정과는 달리 그 내용과 한계가 법률에 의해 구체적으로 형성되는 기본권 형성적 법률유보의 형태를 띠고 있다. 그리하여 헌법이 보장하는 재산권의 내용과 한계는 국회에서 제정되는 형식적 의미의 법률에 의하여 정해지므로, 재산권의 구체적 모습은 재산권의 내용과 한계를 정하는 법률에 의하여 형성된다(헌재 2005.7.21. 2004헌바57).　　**답** ○

354
□□□
헌법이 규정한 '정당한 보상'이란 손실보상의 원인이 되는 재산권의 침해가 기존의 법질서 안에서 개인의 재산권에 대한 개별적인 침해인 경우에는 그 손실 보상은 원칙적으로 피수용재산의 객관적인 재산가치를 완전하게 보상하는 것이어야 한다는 완전보상을 뜻하는 것이다.
▮법무사 21　　○ ×

....

헌법이 규정한 '정당한 보상'이란 손실보상의 원인이 되는 재산권의 침해가 기존의 법질서 안에서 개인의 재산권에 대한 개별적인 침해인 경우에는 그 손실 보상은 원칙적으로 피수용재산의 객관적인 재산가치를 완전하게 보상하는 것이어야 한다는 완전보상을 뜻하는 것으로서 보상금액 뿐만 아니라 보상의 시기나 방법 등에 있어서도 어떠한 제한을 두어서는 아니 된다는 것을 의미한다(헌재 2011.12.29. 2010헌바205).　　**답** ○

355
□□□
헌법 제23조 제3항은 "공공필요에 의한 재산권의 수용·사용 또는 제한 및 그에 대한 보상은 법률로써 하되, 완전한 보상을 지급하여야 한다"고 규정하여 피수용재산의 객관적인 재산가치를 완전하게 보상하여야 함을 선언하고 있다. ▮법원직9급 21　　○ ×

헌법 제23조 제3항은 "공공필요에 의한 재산권의 수용·사용 또는 제한 및 그에 대한 보상은 법률로써 하되, <u>정당한 보상을 지급하여야 한다</u>"고 규정하고 있다. 여기서 '정당한 보상'이란 '원칙적으로' 피수용재산의 객관적인 재산가치를 완전하게 보상하는 것이어야 한다는 완전보상을 뜻하는 것으로서, 재산권의 객체가 갖는 객관적 가치란 그 물건의 성질에 정통한 사람들의 자유로운 거래에 의하여 도달할 수 있는 합리적인 매매가능가격, 즉 시가에 의하여 산정되는 것이 '보통이다'(헌재 2002.12.18. 2002헌가4).　　**답** ×

356
□□□
재산권의 객체가 갖는 객관적 가치란 그 물건의 성질에 정통한 사람들의 자유로운 거래에 의하여 도달할 수 있는 합리적인 매매가능가격 즉 시가에 의하여 산정되는 것이 보통이므로, 수용으로 인한 보상가액은 피수용토지의 수용시점 시가에 의하여야 하고, 공익사업의 시행으로 지가가 상승하여 발생하는 개발이익 역시 해당 토지의 객관적 가치에 포함되므로, 손실보상액에서 그와 같은 개발이익을 배제하는 것은 헌법이 정한 정당보상의 원리에 위배된다.
▮법무사 21　　○ ×

재산권의 객체가 갖는 객관적 가치란 그 물건의 성질에 정통한 사람들의 자유로운 거래에 의하여 도달할 수 있는 합리적인 매매가능가격 즉 시가에 의하여 산정되는 것이 보통이다. …(중략)… 개발이익은 공공사업의 시행에 의하여 비로소 발생하는 것이므로 그것이 피수용토지가 수용당시 갖는 객관적 가치에 포함된다고 볼 수도 없다. …(중략)… 따라서 개발이익은 그 성질상 완전보상의 범위에 포함되는 피수용자의 손실이라고는 볼 수 없으므로, 개발이익을 배제하고 손실보상액을 산정한다 하여 헌법이 규정한 정당보상의 원리에 어긋나는 것이라고는 판단되지 않는다(헌재 1990.6.25. 89헌마107). **답** ×

357 관리처분계획인가의 고시가 있으면 별도의 영업손실보상 없이 재건축사업구역 내 임차권자의
□□□ 사용·수익을 중지시키는 것은 임차권자의 재산권을 침해한다. ▮법무사 22   ○ ×

임대인과 임차인은 재건축사업이 진행되고 있는 건축물에 대해서는 특약사항이 포함된 임대차계약을 체결하는 등의 방식으로 충분히 이해관계를 조정할 수 있고, 실제 당해 사건 원고가 제출한 임대차계약서들을 보더라도 이 사건 조합의 사업시행구역 내에 있는 수많은 임차인들이 재건축으로 이주 및 퇴거가 실시되면 조건 없이 명도한다는 특약사항을 기재하고 대신 임차료가 낮게 형성된 재건축지역에서 낮은 차임이라는 경제적 이익을 누린 것으로 보이며, 이 사건 임차인들 역시 상당한 기간 동안 저렴한 차임의 이익을 누린 것으로 보이므로, 사적 자치에 의한 이익 조정이 불가능하다거나 현실적이지 않다고 단정하기는 어렵다. 이러한 사정들을 종합하면 임차권자에 대한 보상을 임대인과 임차인 사이의 임대차계약 등에 따라 사적 자치에 의해 해결하도록 한 입법자의 판단이 잘못되었다고 보기 어렵다. 따라서 관리처분계획인가의 고시가 있으면 별도의 영업손실보상 없이 재건축사업구역 내 임차권자의 사용·수익을 중지시키는 '도시 및 주거환경정비법' 조항은 과잉금지원칙을 위반하여 임차권자의 재산권을 침해하지 아니한다(헌재 2020.4.23. 2018헌가17). **답** ×

358 공익사업을 위한 토지 등의 취득 및 보상에 관한 법률 제91조 제1항이 환매권의 발생기간을
□□□ '취득일로부터 10년 이내'로 제한한 것은 환매권의 구체적 행사를 위한 내용을 정한 것이라기보다는 환매권의 발생 여부 자체를 정하는 것이어서 사실상 원소유자의 환매권을 배제하는 결과를 초래할 수 있으므로, 침해의 최소성 및 법익의 균형성 등 기본권 제한입법의 한계를 준수하지 못하고 있어 헌법에 위반된다. ▮법무사 21   ○ ×

이 사건 법률조항은 '취득일로부터 10년 이내'로 환매권의 발생기간을 제한함으로써, 원래 토지수용 등의 원인이 되었던 공공필요성이 소멸하더라도 그 토지취득일로부터 10년이 지나기만 하면 원소유자에게 환매권 자체가 발생하지 않도록 정하고 있다. 이러한 환매권의 발생기간 제한은 환매권이 인정됨을 전제로 환매권의 구체적 행사를 위한 행사기간, 방법, 환매가격 등 환매권의 내용을 정한 것이라기보다는 환매권 발생 여부 자체를 정하는 것이어서 사실상 원소유자의 환매권을 배제하는 효과를 초래할 수 있으므로, 헌법 제37조 제2항에서 정한 기본권 제한 입법의 한계를 준수하고 있는지 살펴본다. …(중략)… 이 사건 법률조항은 헌법 제37조 제2항에 반하여 국민의 재산권을 침해하므로 헌법에 위반된다(헌재 2020.11.26. 2019헌바131). **답** ○

359 재산권에 대한 제약이 비례원칙에 합치하는 것이라면 그 제약은 재산권자가 수인하여야 하는
□□□ 사회적 제약의 범위 내에 있는 것이고, 반대로 재산권에 대한 제약이 비례원칙에 반하여 과잉된 것이라면 그 제약은 재산권자가 수인하여야 하는 사회적 제약의 한계를 넘는 것이다.
▮법무사 18   ○ ×

헌재 2005.9.29. 2002헌바84 **답** ○

360
□□□ 개발제한구역의 지정으로 말미암아 예외적으로 토지를 종래의 목적으로도 사용할 수 없거나 또는 법률상으로 허용된 토지이용의 방법이 없기 때문에 실질적으로 토지의 사용·수익권이 폐지된 경우에는 토지소유자가 수인해야 할 사회적 제약의 정도를 넘는 것이라고 보아야 한다. ▮법무사 18　　　　　　○ ×

···

헌재 1998.12.24. 89헌마214　　　　　　답 ○

361
□□□ 도시계획시설의 지정으로 말미암아 당해 토지의 이용가능성이 배제되거나 또는 토지소유자가 토지를 종래 허용된 용도대로도 사용할 수 없기 때문에 이로 말미암아 현저한 재산적 손실이 발생하는 경우에는, 원칙적으로 사회적 제약의 범위를 넘는 수용적 효과를 인정하여 국가나 지방자치단체는 이에 대한 보상을 해야 한다. ▮법무사 18　　　　　　○ ×

···

헌재 1999.10.21. 97헌바26　　　　　　답 ○

362
□□□ 토지소유자가 수인해야 할 사회적 제약의 정도를 넘는 경우에도 아무런 보상 없이 재산권의 과도한 제한을 감수해야 하는 의무를 부과하는 것은 위헌이다. 이러한 경우 입법자는 비례의 원칙을 충족시키고 이로써 법률의 위헌성을 제거하기 위하여 예외적으로 발생한 특별한 부담에 대하여 보상규정을 두어야 하는데, 여기에서 보상이란 헌법상 정당보상원칙에 따라 금전보상만을 의미한다. ▮법무사 18　　　　　　○ ×

···

입법자가 이 사건 법률조항을 통하여 국민의 재산권을 비례의 원칙에 부합하게 합헌적으로 제한하기 위해서는, 수인의 한계를 넘어 가혹한 부담이 발생하는 예외적인 경우에는 이를 완화하는 보상규정을 두어야 한다. 이러한 보상규정은 입법자가 헌법 제23조 제1항 및 제2항에 의하여 재산권의 내용을 구체적으로 형성하고 공공의 이익을 위하여 재산권을 제한하는 과정에서 이를 합헌적으로 규율하기 위하여 두어야 하는 규정이다. 재산권의 침해와 공익 간의 비례성을 다시 회복하기 위한 방법은 헌법상 반드시 금전보상만을 해야 하는 것은 아니다. 입법자는 지정의 해제 또는 토지매수청구권제도와 같이 금전보상에 갈음하거나 기타 손실을 완화할 수 있는 제도를 보완하는 등 여러 가지 다른 방법을 사용할 수 있다(헌재 1998.12.24. 89헌마214).　　　　　　답 ×

제3관　재산권 침해여부

363
□□□ 공무원연금법상 퇴직연금수급자가 지방의회의원으로 선출되어 받게 되는 보수가 기존의 연금에 미치지 못하는 경우에도 연금 전액의 지급을 정지하도록 한 규정은 그에 해당하는 지방의회의원의 재산권을 침해한다. ▮법무사 22　　　　　　○ ×

···

월정수당은 지방자치단체에 따라 편차가 크고 안정성이 낮음에도 불구하고 심판대상조항은 연금을 대체할 만한 적정한 소득이 있다고 할 수 없는 경우에도 일률적으로 연금전액의 지급을 정지하여 지급정지제도의 본질 및 취지와 어긋나는 결과를 초래한다. 심판대상조항과 같이 재취업소득액에 대한 고려 없이 퇴직연금 전액의 지급을 정지할 경우 재취업 유인을 제공하지 못하여 정책목적 달성에 실패할 가능성이 크다. 연금과 보수 중 일부를 감액하는 방식으로 선출직에 취임하여 보수를 받는 것이 생활보장에 더 유리하도록 하는 등 기본권을 덜 제한하면서 입법목적을 달성할 수 있는 다양한 방법이 있다. 따라서 선출직 공무원으로서 받게 되는 보수가 기존의 연금에 미치지 못하는 경우에도 연금 전액의 지급을 정지하도록 정한 구 공무원연금법 조항 중 지방의회의원에 관한 부분은 과잉금지원칙에 위배되어 재산권을 침해한다(헌재 2022.1.27. 2019헌바161). **답** ○

364
□□□
지역구국회의원선거 예비후보자가 정당의 공천심사에서 탈락하여 후보자등록을 하지 않은 경우를 지역구국회의원선거 예비후보자의 기탁금 반환 사유로 규정하지 않은 것은 예비후보자의 재산권을 침해한다. **법무사 22** ○ ×

··

예비후보자가 본선거에서 정당후보자로 등록하려 하였으나 자신의 의사와 관계없이 정당 공천관리위원회의 심사에서 탈락하여 본선거의 후보자로 등록하지 아니한 것은 후보자 등록을 하지 못할 정도에 이르는 객관적이고 예외적인 사유에 해당한다. 따라서 이러한 사정이 있는 예비후보자가 납부한 기탁금은 반환되어야 함에도 불구하고, 심판대상조항이 이에 관한 규정을 두지 아니한 것은 입법형성권의 범위를 벗어난 과도한 제한이라고 할 수 있다. 이러한 예비후보자에게 그가 납부한 기탁금을 반환한다고 하여 예비후보자의 성실성과 책임성을 담보하는 공익이 크게 훼손된다고 할 수 없으므로, 그 공익은 심판대상조항이 이러한 예비후보자에게 기탁금을 반환하지 아니하도록 함으로써 그가 입게 되는 기본권 침해의 불이익보다 크다고 단정할 수 없다. 그러므로 지역구국회의원 선거 예비후보자의 기탁금 반환 사유로 예비후보자가 당의 공천심사에서 탈락하고 후보자등록을 하지 않았을 경우를 규정하지 않은 공직선거법 조항은 과잉금지원칙에 반하여 청구인의 재산권을 침해한다(헌재 2018.1.25. 2016헌마541). **답** ○

365
□□□
유류분 반환청구는 피상속인이 생전에 한 유효한 증여라도 그 효력을 잃게 하는 것이므로, 민법 제1117조에서 '반환하여야 할 증여를 한 사실을 안 때로부터 1년'이라는 단기소멸시효를 정한 것은 재산권을 침해하지 않는다. **법무사 21** ○ ×

··

유류분 반환청구는 피상속인이 생전에 한 유효한 증여라도 그 효력을 잃게 하는 것이어서 권리관계의 조속한 안정과 거래안전을 도모할 필요가 있고 이 사건 법률조항이 1년의 단기소멸시효를 정한 것은 이러한 필요에 따른 것으로 그 목적의 정당성이 인정되며 유류분 권리자가 상속이 개시되었다는 사실과 증여가 있었다는 사실 및 그것이 반환하여야 할 것임을 안 때로부터 위 기간이 기산되므로 그 기산점이 불합리하게 책정되었다고 할 수 없는 점, 유류분 반환청구는 반드시 재판상 행사해야 하는 것이 아니고 그 목적물을 구체적으로 특정해야 하는 것도 아니어서 행사의 방법도 용이한 점 등에 비추어 보면 수단의 적정성, 피해의 최소성 및 법익의 균형성을 모두 갖추고 있으므로 위 법률조항은 유류분 권리자의 재산권을 침해하지 않는다(헌재 2010.12.28. 2009헌바20). **답** ○

366
□□□
상속회복청구권의 행사기간을 상속 개시일로부터 10년으로 제한하는 것은 재산권의 본질적 내용을 침해하는 것으로서 헌법에 위반된다. **법행 22** ○ ×

··

상속회복청구권에 대하여 상속 개시일부터 10년이라는 단기의 행사기간을 규정함으로 인하여, 위 기간이 경과된 후에는 진정한 상속인은 상속인으로서의 지위와 함께 상속에 의하여 승계한 개개의 권리의무도 총괄적으로 상실하여 참칭상속인을 상대로 재판상 그 권리를 주장할 수 없고, 오히려 그 반사적 효과로서 참칭상속인의 지위는 확정되어 참칭상속인이 상속개시의 시점으로부터 소급하여 상속인으로서의 지위를 취득하게 되므로, 이는 진정상속인의 권리를 심히 제한하여 오히려 참칭상속인을 보호하는 규정으로 기능하고 있는 것이라 할 것이어서, 기본권 제한의 한계를 넘어 헌법상 보장된 상속인의 재산권, 행복추구권, 재판청구권 등을 침해하고 평등원칙에 위배된다(헌재 2001.7.19. 99헌바9). **답** ○

367 상가건물 임차인의 계약갱신요구권 행사 기간을 10년으로 규정한 개정법률을 개정법률 시행 후 갱신되는 임대차에 대하여도 적용하도록 규정한 부칙의 경과규정이 소급입법금지원칙에 위배된다고 볼 수는 없지만, 개정법 시행 전 5년의 기간을 적용받고 있었던 임대차에 대하여는 적용하지 아니하거나 적용하더라도 일정한 유예기간을 두고 갱신되는 임대차의 범위를 한정하는 등 임대인의 신뢰이익이 침해되는 정도를 완화할 수 있었음에도 그러한 경과조치 없이 개정법 시행 후 최초로 체결되는 임대차뿐만 아니라 그 후 갱신되는 임대차에 대하여도 개정법 조항을 적용한 것은 신뢰보호원칙에 위배되어 임대인의 재산권을 침해한다. ▮법행 23

○ ✕

이 사건 부칙조항은 개정법조항을 개정법 시행 당시 존속 중인 임대차 전반이 아니라, 개정법 시행 후 갱신되는 임대차에 한하여 적용하도록 한정되어 있고, 임차인이 계약갱신요구권을 행사하더라도 임대인은 '상가건물 임대차보호법'에 따라 정당한 사유가 있거나 임차인에게 귀책사유가 있는 경우 갱신거절이 가능하며, 합의하여 임대인이 임차인에게 상당한 보상을 제공한 경우 등에도 마찬가지로 임대인이 임대차계약의 구속에서 벗어날 수 있는 길을 열어두고 있다. 따라서 이 사건 부칙조항이 임차인의 안정적인 영업을 지나치게 보호한 나머지 임대인에게만 일방적으로 가혹한 부담을 준다고 보기는 어렵다. 개정법조항은 상가건물 임차인의 계약갱신요구권 행사 기간을 연장함으로써 상가건물에 대한 임차인의 시설투자비, 권리금 등 비용을 회수할 수 있는 기간을 충실히 보장하기 위한 것인데, 개정법조항을 개정법 시행 후 새로이 체결되는 임대차에만 적용할 경우 임대인들이 새로운 임대차계약에 이를 미리 반영하여 임대료가 한꺼번에 급등할 수 있고 이는 결과적으로 개정법조항의 입법취지에도 반하는 것이다. 이에 이 사건 부칙조항은 이러한 부작용을 막고 개정법조항의 실효성을 확보하기 위해서 개정법조항 시행 이전에 체결되었더라도 개정법 시행 이후 갱신되는 임대차인 경우 개정법조항의 연장된 기간을 적용하도록 정한 것이므로, 이와 같은 공익은 긴급하고도 중대하다. 따라서 <u>이 사건 부칙조항은 신뢰보호원칙에 위배되어 임대인의 재산권을 침해한다고 볼 수 없다</u>(헌재 2021.10.28. 2019헌마106). **답** ✕

368 회원제 골프장용 부동산의 재산세에 대하여 1천분의 40의 중과세율을 규정한 법률조항이 과잉금지원칙에 반하여 회원제 골프장 운영자 등의 재산권을 침해한다고 볼 수 없다. ▮법행 23

○ ✕

회원제 골프장의 회원권 가격 및 비회원의 그린피 등을 고려할 때 골프장 이용행위에 사치성이 없다고 단정할 수는 없고, 골프가 아직은 많은 국민들이 경제적으로 부담 없이 이용하기에는 버거운 고급 스포츠인 점을 부인할 수 없다. 따라서 심판대상조항에 의한 회원제 골프장에 대한 재산세 중과가 사치·낭비풍조를 억제하고 국민계층 간의 위화감을 해소하여 건전한 사회기풍을 조성하고자 하는 목적의 정당성을 상실하였다고 볼 수 없고, 심판대상조항은 위와 같은 목적을 달성하기 위한 적합한 수단이 된다. …(중략)… 심판대상조항은 사치·낭비 풍조를 억제함으로써 바람직한 자원배분을 달성하고자 하는 유도적·형성적 정책조세조항으로서 그 중과세율이 입법자의 재량의 범위를 벗어나 회원제 골프장의 운영을 사실상 봉쇄하는 등 소유권의 침해를 야기한다고 보기 어려울 뿐만 아니라, 회원제 골프장을 운영하는 자 또는 골프장 운영을 희망하는 자로서도 자신의 선택에 따라 중과세라는 규제로부터 벗어날 수 있는 길이 열려 있다고 할 것이므로, 과잉금지원칙에 반하여 회원제 골프장 운영자 등의 재산권을 침해한다고 볼 수 없다(헌재 2020.3.26. 2016헌가17). **답** ○

369
□□□ 보세판매장 특허수수료는 행정관청이 보세판매장 특허를 부여해 줌으로써 특정인이 얻게 되는 독점적 권리에 대한 반대급부로서, 영업이익이 아닌 매출액을 기준으로 차등 요율을 적용하여 보세판매장 특허수수료를 정한 규칙 조항이 재산권을 침해한다고 볼 수 없다. ┃법행 23

○ ×

매출액을 기준으로 차등 요율을 적용하여 보세판매장 특허수수료를 정한 관세법 시행규칙 조항은 적정한 특허수수료 기준을 정함으로써 재정수요를 충족하고 국민경제의 발전에 이바지하기 위한 것이다. 특허수수료를 어떤 기준에 따라 부과할 것인지에 대하여 행정관청의 재량이 인정되고, 심판대상조항은 매출액을 기준으로 차등 요율을 적용함으로써 보세판매장 특허의 경제적 가치를 적절하게 반영하고 있다. 따라서 심판대상조항은 과잉금지원칙에 위반되어 재산권을 침해한다고 볼 수 없다(헌재 2018.4.26. 2017헌마530). **답** ○

제2절 직업의 자유

> **헌법 제15조**   모든 국민은 (직업선택)의 자유를 가진다.

제1관 직업의 자유의 의의 및 내용

370
□□□ 법인도 직업수행의 자유의 주체가 될 수 있다. ┃법행 21

○ ×

헌재 2010.6.24. 2007헌바101 **답** ○

371
□□□ 직업의 자유는 개인의 주관적 공권임과 동시에 사회적 시장경제질서라고 하는 객관적 법질서의 구성요소이다. ┃법무사 20

○ ×

직업의 선택 혹은 수행의 자유는 각자의 생활의 기본적 수요를 충족시키는 방편이 되고, 또한 개성신장의 바탕이 된다는 점에서 주관적 공권의 성격이 두드러진 것이기는 하나, 다른 한편으로는 국민 개개인이 선택한 직업의 수행에 의하여 국가의 사회질서와 경제질서가 형성된다는 점에서 사회적 시장경제질서라고 하는 객관적 법질서의 구성요소이기도 하다(헌재 2002.9.19. 2000헌바84). **답** ○

372
□□□ 직업의 자유에 의한 보호의 대상이 되는 직업은 '생활의 기본적 수요를 충족시키기 위한 계속적 소득활동'을 의미하며, '생활수단성'에 관해서는 단순한 여가활동이나 취미활동은 직업의 개념에 포함되지 않으나 겸업이나 부업은 삶의 수요를 충족하기에 적합하므로 직업에 해당한다. ┃법행 23, 법원직9급 20

○ ×

직업의 자유에 의한 보호의 대상이 되는 직업은 '생활의 기본적 수요를 충족시키기 위한 계속적 소득활동'을 의미하며 그 종류나 성질은 묻지 아니한다. 이러한 직업의 개념표지들은 개방적 성질을 지녀 엄격하게 해석할 필요는 없다. '계속성'에 관해서는 휴가기간 중에 하는 일, 수습직으로서의 활동 등도 이에 포함되고, '생활수단성'에 관해서는 단순한 여가활동이나 취미활동은 직업의 개념에 포함되지 않으나 겸업이나 부업은 삶의 수요를 충족하기에 적합하므로 직업에 해당한다고 본다(헌재 2018.7.26. 2017헌마452). 답 ○

373
□□□
직업의 자유에 의한 보호의 대상이 되는 '직업'은 '생활의 기본적 수요를 충족시키기 위한 계속적 소득활동'을 의미하며 그러한 내용의 활동인 한 그 종류나 성질을 묻지 아니하므로, 대학생이 방학기간을 이용하여 학비 등을 벌기 위하여 학원강사로서 일하는 행위도 직업의 자유의 보호영역에 속한다. ▎법무사 21　　○ ×

우리 헌법 제15조는 "모든 국민은 직업선택의 자유를 가진다"고 규정하여 직업의 자유를 국민의 기본권의 하나로 보장하고 있는바, 직업의 자유에 의한 보호의 대상이 되는 '직업'은 '생활의 기본적 수요를 충족시키기 위한 계속적 소득활동'을 의미하며 그러한 내용의 활동인 한 그 종류나 성질을 묻지 아니한다. …(중략)… 위에서 살펴본 '직업'의 개념에 비추어 보면 비록 학업 수행이 청구인과 같은 대학생의 본업이라 하더라도 방학기간을 이용하여 또는 휴학 중에 학비 등을 벌기 위해 학원강사로서 일하는 행위는 어느 정도 계속성을 띤 소득활동으로서 직업의 자유의 보호영역에 속한다고 봄이 상당하다(헌재 2003.9.25. 2002헌마519). 답 ○

374
□□□
게임이용자로부터 게임 결과물을 매수하여 다른 게임이용자에게 이윤을 붙여 되파는 게임 결과물의 환전업도 헌법 제15조가 보장하고 있는 직업에 해당한다. ▎법행 21, 법원직9급 20
○ ×

이 사건에서 문제되는 게임 결과물의 환전은 게임이용자로부터 게임 결과물을 매수하여 다른 게임이용자에게 이윤을 붙여 되파는 것으로, 이러한 행위를 영업으로 하는 것은 생활의 기본적 수요를 충족시키는 계속적인 소득활동이 될 수 있으므로, 게임 결과물의 환전업은 헌법 제15조가 보장하고 있는 직업에 해당한다(헌재 2010.2.25. 2009헌바38). 답 ○

375
□□□
직업의 자유에는 직업을 자유롭게 선택하는 '좁은 의미의 직업선택의 자유'와 그가 선택한 직업을 자기가 원하는 방식으로 자유롭게 수행할 수 있는 '직업수행의 자유'가 포함된다.
▎법행 23　　○ ×

헌법 제15조는 "모든 국민은 직업선택의 자유를 가진다"고 규정하고 있다. 여기서 규정하는 직업선택의 자유는 자신이 원하는 직업을 자유롭게 선택하는 좁은 의미의 '직업선택의 자유'와 그가 선택한 직업을 자기가 원하는 방식으로 자유롭게 수행할 수 있는 '직업수행의 자유'를 포함하는 "직업의 자유"를 뜻한다(헌재 2002.4.25. 2001헌마614). 답 ○

376 헌법 제15조에서 보장하는 직업의 자유에는 기업의 설립과 경영의 자유를 의미하는 기업의
□□□ 자유도 포함된다. ▎법무사 22 ○ ×

헌재 1998.10.29. 97헌마345 **탑** ○

377 ▸ 헌법 제15조의 직업의 자유 또는 헌법 제32조의 근로의 권리, 사회국가원리 등에 근거하여
□□□ 근로자에게 국가에 대한 직접적인 직장존속보장청구권이 인정된다. ▎법무사 20 ○ ×

▸ 헌법 제15조의 직업의 자유 또는 헌법 제32조의 근로의 권리, 사회국가원리 등으로부터
실업방지 및 부당한 해고로부터 근로자를 보호하여야 할 국가의 의무를 도출할 수는 없다.
▎법행 21 ○ ×

헌법 제15조의 직업의 자유 또는 헌법 제32조의 근로의 권리, 사회국가원리 등에 근거하여 실업방지 및 부당한
해고로부터 근로자를 보호하여야 할 국가의 의무를 도출할 수는 있을 것이나, 국가에 대한 직접적인 직장존속보장
청구권을 근로자에게 인정할 헌법상의 근거는 없다(헌재 2002.11.28. 2001헌바50). **탑** × / ×

378 직업선택의 자유에는 자신이 원하는 직업 내지 직종에 종사하는데 필요한 전문지식을 습득하
□□□ 기 위한 직업교육장을 임의로 선택할 수 있는 '직업교육장 선택의 자유'도 포함된다.
▎법행 21 ○ ×

헌재 2009.2.26. 2007헌마1262 **탑** ○

379 직업의 자유에는 해당 직업에 합당한 보수를 받을 권리도 포함되어 있다. ▎법무사 21, 법행 21
□□□ ○ ×

시행령이 제정되지 않아 법관, 검사와 같은 보수를 받지 못한다 하더라도, 직업의 자유에 '해당 직업에 합당한
보수를 받을 권리'까지 포함되어 있다고 보기 어려우므로 청구인들의 직업선택이나 직업수행의 자유가 침해되었다
고 할 수 없다(헌재 2004.2.26. 2001헌마718). **탑** ×

380 직장선택의 자유는 개인이 그 선택한 직업분야에서 구체적인 취업의 기회를 가지거나, 이미
□□□ 형성된 근로관계를 계속 유지하거나 포기하는 데에 있어 국가의 방해를 받지 않는 자유로운
선택·결정을 보호하는 것을 내용으로 하므로 한번 선택한 직장의 존속보호를 청구할 권리까
지 보장한다. ▎법행 21 ○ ×

헌법 제15조가 보장하는 직업선택의 자유에는 직장선택의 자유가 포함되며, 이러한 직장선택의 자유는 자신이
선택한 직업분야에서 구체적인 취업의 기회를 가지거나 이미 형성된 근로관계를 계속 유지하거나 포기함에 있어
국가의 방해를 받지 않는 자유로운 선택과 결정을 보호하는 것을 내용으로 한다. 그러나, 이 기본권은 원하는
직장을 제공하여 줄 것을 청구하거나 한번 선택한 직장의 존속보호를 청구할 권리를 보장하지 않으며, 또한 사용자
의 처분에 따른 직장 상실로부터 직접 보호하여 줄 것을 청구할 수도 없다(헌재 2011.7.28. 2009헌마408).
탑 ×

1 직업의 자유의 제한

381 법 규정이 직업의 자유를 직접 규율하고자 하는 것은 아니지만 간접적으로 직업의 행사를
□□□ 저해하거나 불가능하게 하는 경우에도 직업의 자유에 대한 제한이 인정될 수 있다.
　　　Ⅰ법무사 22, 법행 23　　　　　　　　　　　　　　　　　　　　　　　　　　　○ ×

이사건 시행령 조항은 차량소유자에게 타인에 관한 광고를 금지함으로써, 비영업용 차량을 광고매체로 활용하는
신종 광고대행업을 운영하려는 청구인들의 직업의 자유를 제한하는 효과를 부수적으로 가져온다. 법규정이 비록
직업의 자유를 직접 규율하고자 하는 것은 아니지만 간접적으로 직업의 행사를 저해하거나 또는 불가능하게
하는 경우에도, 직업의 자유에 대한 제한이 인정될 수 있다(헌재 2002.12.18. 2000헌마764).　　답 ○

382 직업수행의 자유에 대한 제한은 인격발현에 대한 침해의 효과가 일반적으로 직업선택의 자유
□□□ 에 대한 제한에 비하여 작기 때문에, 그에 대한 제한은 보다 폭넓게 허용된다.　Ⅰ법무사 21
　　　　　　　　　　　　　　　　　　　　　　　　　　　　　　　　　　　　　　　○ ×

헌재 2014.9.25. 2012헌마1029　　　　　　　　　　　　　　　　　　　　　　　　답 ○

383 직업의 자유에 대한 제한이라고 하더라도 그 제한사유가 직업의 자유의 내용을 이루는 직업수
□□□ 행의 자유와 직업선택의 자유 중 어느 쪽에 작용하느냐에 따라 그 제한에 대하여 요구되는
정당화의 수준이 달라진다.　Ⅰ법무사 20　　　　　　　　　　　　　　　　　　　○ ×

헌재 2003.9.25. 2002헌마519　　　　　　　　　　　　　　　　　　　　　　　　답 ○

384 직업의 자유에 대한 법적 규율이 직업수행에 대한 규율로부터 직업선택에 대한 규율로 가면
□□□ 갈수록 자유제약의 정도가 상대적으로 강해져 입법재량의 폭이 좁아지게 되고, 직업선택의
자유에 대한 제한이 문제되는 경우에 있어서도 일정한 주관적 사유를 직업의 개시 또는 계속수
행의 전제조건으로 삼아 직업선택의 자유를 제한하는 경우보다는 직업의 선택을 객관적 허가
조건에 걸리게 하는 방법으로 제한하는 경우에 침해의 심각성이 더 크므로 보다 엄밀한 정당화
가 요구된다.　Ⅰ법무사 20　　　　　　　　　　　　　　　　　　　　　　　　　　○ ×

헌재 2003.9.25. 2002헌마519　　　　　　　　　　　　　　　　　　　　　　　　답 ○

385 어린이통학버스를 운영함에 있어서 반드시 보호자를 동승하도록 하는 조항은 동승보호자의
□□□ 추가 고용에 따른 비용 지출을 유발할 뿐 학원의 영업방식을 직접 제한하는 것은 아니므로
그로 인해 직업수행의 자유는 제한되지 아니한다.　Ⅰ법무사 22, 법행 23　　　　　○ ×

이 사건 보호자동승조항은 어린이통학버스를 운영함에 있어서 반드시 보호자를 동승하도록 함으로써 학원 등의 영업방식에 제한을 가하고 있으므로 청구인들의 직업수행의 자유를 제한한다. 한편, 청구인들은 이 사건 보호자동승조항으로 인하여 재산권도 침해된다고 주장하나, 이 사건 보호자동승조항은 어린이통학버스 운영자로 하여금 어린이통학버스에 어린이나 영유아를 태울 때 보호자를 동승하도록 규정하고 있을 뿐 어린이통학버스 운영자의 재산권에 제한을 가하는 내용을 규정하고 있지 아니하다. … 따라서 이 사건의 쟁점은 이 사건 보호자동승조항이 청구인들의 직업수행의 자유를 침해하는지 여부이다. … 이 사건 보호자동승조항이 과잉금지원칙에 반하여 청구인들의 직업수행의 자유를 침해한다고 볼 수 없다(헌재 2020.4.23. 2017헌마479). 🔲 ×

386 외국인근로자의 사업장 변경 사유를 제한하는 규정은, 그로 인해 외국인근로자가 일단 형성된 □□□ 근로관계를 포기하고 직장을 이탈하는 데 있어 제한을 받게 되므로 직업선택의 자유 중 직장선택의 자유를 제한한다. **ㅣ법무사 22, 법행 23**　　　　　　　　　○ ×

외국인근로자의 사업장 변경 사유를 제한하는 외국인고용법 사유제한조항 및 이 사건 고시조항은 외국인근로자의 사업장 변경 사유를 제한하고 있는바, 이로 인하여 외국인근로자는 일단 형성된 근로관계를 포기하고 직장을 이탈하는 데 있어 제한을 받게 되므로 이는 직업선택의 자유 중 직장선택의 자유를 제한하고 있다(헌재 2021.12.23. 2020헌마395). 🔲 ○

387 성매매는 그것이 가지는 사회적 유해성과는 별개로 성판매자의 입장에서 생활의 기본적 수요 □□□ 를 충족하기 위한 소득활동에 해당하므로, 성매매 행위를 처벌하는 것은 성판매자의 직업선택의 자유도 제한하는 것이다. **ㅣ법원직9급 20**　　　　　　　　　○ ×

헌법 제15조에서 보장하는 '직업'이란 생활의 기본적 수요를 충족시키기 위하여 행하는 계속적인 소득활동을 의미하고, 성매매는 그것이 가지는 사회적 유해성과는 별개로 성판매자의 입장에서 생활의 기본적 수요를 충족하기 위한 소득활동에 해당함을 부인할 수 없다 할 것이므로, 심판대상조항은 성판매자의 직업선택의 자유도 제한하고 있다(헌재 2016.3.31. 2013헌가2). 🔲 ○

388 최저임금의 적용을 위하여 주(週) 단위로 정해진 비교대상 임금을 시간에 대한 임금으로 환산 □□□ 할 때, 1주 동안의 소정근로시간 수와 법정 주휴시간 수를 합산한 시간 수로 해당 임금을 나누도록 하는 규정은 근로자를 고용하여 재화나 용역을 제공하는 사용자의 활동을 제한한다는 측면에서 직업의 자유를 제한한다. **ㅣ법무사 22**　　　　　　　　　○ ×

이 사건 시행령조항은 최저임금의 적용을 위하여 주(週) 단위로 정해진 비교대상 임금을 시간에 대한 임금으로 환산할 때, 1주 동안의 소정근로시간 수와 법정 주휴시간 수를 합산한 시간 수로 해당 임금을 나누도록 하고 있다. 이에 따라, 사용자는 주 단위로 임금이 지급되는 근로자에게 시간급 최저임금액에 '소정근로시간 수와 법정 주휴시간 수를 합산한 시간 수'를 곱한 금액 이상을 지급하여야 한다. 따라서 이 사건 시행령조항은 임금의 수준에 관한 사용자와 근로자 간의 계약 내용을 제한한다는 측면에서는 헌법 제10조 행복추구권의 일반적 행동자유권에서 파생되는 사용자의 계약의 자유를 제한하고, 근로자를 고용하여 재화나 용역을 제공하는 사용자의 활동을 제한한다는 측면에서는 헌법 제15조의 직업의 자유를 제한한다(헌재 2020.6.25. 2019헌마15). 🔲 ○

389 최저임금의 적용을 위해 주(週) 단위로 정해진 근로자의 임금을 시간에 대한 임금으로 환산할
□□□ 때, 해당 임금을 1주 동안의 소정근로시간 수와 법정 주휴시간 수를 합산한 시간 수로 나누도록
한 규정은 임금의 수준에 관한 사용자의 계약의 자유를 침해하지 않는다. **| 법원직9급 22**

○ ×

....

최저임금 적용을 위한 임금의 시간급 환산 시 법정 주휴시간 수를 포함한 시간 수로 나누어야 하는지에 관하여
종전에 대법원 판례와 고용노동부의 해석이 서로 일치하지 아니하여 근로 현장에서 혼란이 초래되었다. 이 사건
시행령조항은 그와 같은 불일치와 혼란을 해소하기 위한 것으로서, 그 취지와 필요성을 인정할 수 있다. 비교대상
임금에는 주휴수당이 포함되어 있고, 주휴수당은 근로기준법에 따라 주휴시간에 대하여 당연히 지급해야 하는
임금이라는 점을 감안하면, 비교대상 임금을 시간급으로 환산할 때 소정근로시간 수 외에 법정 주휴시간 수까지
포함하여 나누도록 하는 것은 그 합리성을 수긍할 수 있다. 근로기준법이 근로자에게 유급주휴일을 보장하도록
하고 있다는 점을 고려할 때, 소정근로시간 수와 법정 주휴시간 수 모두에 대하여 시간급 최저임금액 이상을
지급하도록 하는 것이 그 자체로 사용자에게 지나치게 가혹하다고 보기는 어렵다. 따라서 이 사건 시행령 조항은
과잉금지 원칙에 위배되어 사용자의 계약의 자유 및 직업의 자유를 침해한다고 볼 수 없다(헌재 2020.6.25. 2019헌
마15). **답 ○**

390 경비업을 경영하고 있는 자에게 경비업과 그 밖의 업종을 겸영하지 못하도록 금지하고 있는
□□□ 경비업법 조항은 과잉금지원칙에 위배된다. **| 법행 22** ○ ×

....

이 사건 법률조항으로 달성하고자 하는 공익인 경비업체의 전문화, 경비원의 불법적인 노사분규 개입방지 등은
그 실현 여부가 분명하지 않은데 반하여, 이 법률조항으로 말미암아 경비업자인 청구인들이나 새로이 경비업에
진출하고자 하는 자들이 짊어져야 할 직업의 자유에 대한 기본권침해의 강도는 지나치게 크다고 할 수 있으므로,
이 사건 법률조항은 보호하려는 공익과 기본권침해 간의 현저한 불균형으로 법익의 균형성을 잃고 있다(헌재
2002.4.25. 2001헌마614). **답 ○**

391 성인대상 성범죄로 형을 선고받아 확정된 자로 하여금 그 형의 집행을 종료한 날로부터 10년
□□□ 동안 의료기관을 개설하거나 의료기관에 취업할 수 없도록 한 구 아동·청소년의 성보호에
관한 법률은 직업선택의 자유를 침해한다. **| 법무사 18·21** ○ ×

....

성인대상 성범죄로 형을 선고받아 확정된 자로 하여금 그 형의 집행을 종료한 날부터 10년 동안 의료기관을
개설하거나 의료기관에 취업할 수 없도록 한 이 사건 법률조항이 성범죄 전력만으로 그가 장래에 동일한 유형의
범죄를 다시 저지를 것을 당연시하고, 형의 집행이 종료된 때부터 10년이 경과하기 전에는 결코 재범의 위험성이
소멸하지 않는다고 보며, 각 행위의 죄질에 따른 상이한 제재의 필요성을 간과함으로써, 성범죄 전력자 중 재범의
위험성이 없는 자, 성범죄 전력이 있지만 10년의 기간 안에 재범의 위험성이 해소될 수 있는 자, 범행의 정도가
가볍고 재범의 위험성이 상대적으로 크지 않은 자에게까지 10년 동안 일률적인 취업제한을 부과하고 있는 것은
침해의 최소성원칙과 법익의 균형성 원칙에 위배된다. 따라서 이 사건 법률조항은 청구인들의 직업선택의 자유를
침해한다(헌재 2016.3.31. 2013헌마585). **답 ○**

392 유치원 주변 학교환경위생 정화구역에서 성 관련 청소년유해물건을 제작·생산·유통하는
□□□ 청소년유해업소를 예외 없이 금지하는 학교보건법은 직업의 자유를 침해한 것이다.

▮법무사 18   ○ ×

이 사건 법률조항들은 유치원 주변 및 아직 유아 단계인 청소년을 유해한 환경으로부터 보호하고 이들의 건전한
성장을 돕기 위한 것으로 그 입법목적이 정당하고, 이를 위해서 유치원 주변의 일정구역 안에서 해당 업소를
절대적으로 금지하는 것은 그러한 유해성으로부터 청소년을 격리하기 위하여 필요·적절한 방법이며, 그 범위가
유치원 부근 200미터 이내에서 금지되는 것에 불과하므로, 청구인들의 <u>직업의 자유를 침해하지 아니한다</u>(헌재
2013.6.27. 2011헌바8).   **답** ×

393 기존에 자유업종이었던 인터넷컴퓨터게임시설제공업에 대하여 등록제를 도입하면서 1년 이상
□□□ 의 유예기간을 둔 게임산업진흥에 관한 법률 조항은 신뢰보호원칙에 위배되지 않는다.

▮법행 21   ○ ×

종전부터 게임물이 사회적 문제를 야기하여 인터넷컴퓨터게임시설제공업을 포함한 게임산업 전반에 대한 제도의
재확립이 요청되고 있었다는 것을 청구인들로서는 충분히 예견할 수 있었고, 인터넷컴퓨터게임시설의 경우 사행성
게임프로그램을 설치함으로써 간단히 사행성 게임물기기로 변환될 수 있으므로 기존의 인터넷컴퓨터게임시설제
공업자에게만 특별히 등록에 대한 예외를 부여하는 것에 대하여 이의를 제기하는 공익상의 이유가 존재하며,
청구인들이 현재까지 등록을 하지 못하고 있는 것은 '게임산업진흥에 관한 법률'이 요구하는 시설기준의 불비
때문이 아니라 등록제를 도입하기 전부터 시행되고 있던 학교보건법 등 다른 법령상의 규제를 해소하지 못한
것에서 비롯된 것인 점 등을 고려할 때, 이 사건 법률조항을 시행함에 있어 청구인들에게 주어진 2007.4.20.부터
2008.5.17.까지 1년 이상의 유예기간은 법개정으로 인한 상황변화에 적절히 대처하기에 지나치게 짧은 것이라고
할 수 없다. 따라서 '게임산업진흥에 관한 법률'은 부칙의 경과규정을 통하여 종전부터 PC방 영업을 영위하여
온 청구인들을 비롯한 인터넷컴퓨터게임시설제공업자의 신뢰이익을 충분히 고려하고 있으므로, 이 사건 법률조항
이 신뢰보호의 원칙에 위배된다고 할 수 없다(헌재 2009.9.24. 2009헌바28).   **답** ○

394 자도소주구입명령제도에 대한 소주제조업자의 강한 신뢰보호이익이 인정되나, 이러한 신뢰보
□□□ 호도 '능력경쟁의 실현'이라는 보다 우월한 공익에 직면하여 종래의 법적 상태의 존속을 요구할
수는 없다. ▮법행 21   ○ ×

이 사건의 경우 국가가 장기간에 걸쳐 추진된 주정배정제도, 1도1사원칙에 의한 통폐합정책 및 자도소주구입명령제
도를 통하여 신뢰의 근거를 제공하고 국가가 의도하는 일정한 방향으로 소주제조업자의 의사결정을 유도하려고
계획하였으므로, 자도소주구입명령제도에 대한 소주제조업자의 강한 신뢰보호이익이 인정된다. 그러나 이러한
신뢰보호도 법률개정을 통한 "능력경쟁의 실현"이라는 보다 우월한 공익에 직면하여 종래의 법적 상태의 존속을
요구할 수는 없다 할 것이고 다만 개인의 신뢰는 적절한 경과규정을 통하여 고려되기를 요구할 수 있는데 지나지
않는다 할 것이다(헌재 1996.12.26. 96헌가18).   **답** ○

395 어떠한 직업분야에 관한 자격제도를 만들면서 그 자격요건을 어떻게 설정할 것인가에 관하여
□□□ 는 국가에게 폭넓은 입법재량권이 부여되어 있는 것이므로 다른 방법으로 직업선택의 자유를
제한하는 경우에 비하여 보다 유연하고 탄력적인 심사가 필요하다 할 것이다. ▌법무사 20

○ ×

....

과잉금지의 원칙을 적용함에 있어서도, 어떠한 직업 분야에 관한 자격제도를 만들면서 그 자격요건을 어떻게
설정할 것인가에 관하여는 국가에게 폭넓은 입법재량권이 부여되어 있는 것이므로 다른 방법으로 직업선택의
자유를 제한하는 경우에 비하여 보다 유연하고 탄력적인 심사가 필요하다 할 것이다(헌재 2003.9.25. 2002헌마
519). **탑** ○

396 자격제도를 시행함에 있어서 설정하는 자격요건에 대한 판단은 원칙적으로 입법자의 입법형성
□□□ 권의 영역에 있으므로, 그것이 입법재량의 범위를 일탈하여 현저히 불합리한 경우에 한하여
헌법에 위반된다고 할 수 있다. ▌법무사 21

○ ×
....

헌재 2008.11.27. 2007헌바51 **탑** ○

397 헌법재판소는 법무사보수기준제가 법무사라는 직업의 선택 그 자체를 제한하는 것이 아니라
□□□ 직업행사의 자유를 제한하는 제도에 해당한다고 보아 그것이 직업의 자유를 침해하는지 여부
를 심사하기 위한 기준으로 비례성원칙이 아닌 자의금지원칙을 적용하였다. ▌법무사 22

○ ×

....

'법무사보수기준제'는 법무사라는 직업의 선택을 금지하거나 직업에의 접근 자체를 봉쇄하는 규정이 아니고 법무
사라는 직업을 구체적으로 행사하는 방법을 제한하는 규정이다. 즉, 법무사법에 의하여 법무사라는 자격을 부여받
은 법무사가 자신이 수임한 업무에 대하여 회칙에 규정된 보수기준을 초과하여 위임인과 자유롭게 보수를 정할
수 없으므로 법무사보수기준제는 직업의 자유 중에서 '직업행사의 자유'를 제한하는 제도이다. 직업의 자유도
다른 기본권과 마찬가지로 공익상의 이유로 제한될 수 있다. 다만 직업의 자유에 대한 제한이라도 직업행사의
자유를 제한하는 것은 개성신장의 길을 처음부터 막는 직업의 선택 그 자체를 제한하는 것보다 기본권주체에
대한 침해의 진지성이 적다고 할 것이므로 그에 대한 제한은 보다 넓게 허용된다. 그러나 이 경우에도 <u>법무사에게</u>
<u>직업활동에 대한 과도한 제한을 부과함으로써 직업활동을 형해화할 정도로 희생을 강요하는 것은 비례원칙(헌법</u>
<u>제37조 제2항)에 반하여 허용되지 않는다. 따라서 이 사건 법률조항이 헌법 제37조 제2항에서 정한 한계인 비례의</u>
<u>원칙을 지킨 것인지 여부를 살펴본다</u>(헌재 2003.6.26. 2002헌바3). **탑** ×

398 출석주의를 완화하여 최초의 전자등기신청 전에 한 차례 사용자등록을 하도록 한 부동산등기
□□□ 규칙 조항은 무자격 등기 브로커에 의한 무차별적 등기를 가능하게 하여 법무사인 청구인들의
직업에 대한 신뢰가 훼손됨으로써 직업선택의 자유를 침해한다. ▌법무사 22 ○ ×

....

출석주의를 완화하여 최초의 전자등기신청 전에 한 차례 사용자등록을 하도록 한 부동산등기규칙 제68조 제1항과
사용자등록 지침조항에 의한 사실상의 효과로서 무자격 등기 브로커에 의한 등기가 만연하게 된다거나 그로
인해 <u>청구인들의 직업에 대한 신뢰가 훼손될 수 있다는 것은 막연한 가능성의 주장일 뿐이므로, 그로 인해 청구인들</u>
<u>의 직업선택의 자유가 침해될 가능성까지 인정할 수는 없다</u>(헌재 2021.12.23. 2018헌마49). **탑** ×

399
□□□ 법무사 아닌 자가 등기신청대행 등의 법무행위를 업으로 하는 것을 금지하고 이를 위반하는 경우 형사처벌하는 법무사법 조항은 법무사 자격이 없는 일반 국민의 직업선택의 자유를 과도하게 제한하여 헌법에 위반된다. ▮법무사 22　　　　　　　　　　　　○ ×

법무사 아닌 자가 등기신청대행 등의 법무행위를 업으로 하는 것을 금지하고 이를 위반하는 경우 형사처벌하는 법무사법 규정은 법무사 자격이 없는 <u>일반 국민의 직업선택의 자유를 과도하게 제한하는 것이 아니다</u>(헌재 2003.9.25. 2001헌마156). **답** ×

400
□□□ 고소고발장을 법무사만이 그 작성사무를 업으로 할 수 있는 법원과 검찰청의 업무에 관련된 서류로 규정한 것은 일반행정사의 직업선택의 자유 등의 기본권을 침해한다. ▮법무사 22　　　　　　　　　　　　　　　　　　　　　　　　　　○ ×

법무사법이 정하는 요건을 갖추어 법무사가 된 자의 경우에는 법원과 검찰청의 업무에 관련된 서류로 고소고발장의 작성업무에 종사할 만한 법률소양을 구비한 것으로 볼 수 있는 반면, 행정사법이 정하는 요건을 갖추어 일반행정사가 된 자의 경우에는 이러한 법률소양을 갖추었다는 보장을 할 수 없다. 따라서 고소고발장의 작성을 법무사에게만 허용하고 일반행정사에 대하여 이를 하지 못하게 한 것은, <u>국민의 법률생활의 편익과 사법제도의 건전한 발전이라는 공익의 실현에 필요·적정한 수단으로서 그 이유에 합리성이 있으므로, 일반행정사의 직업선택의 자유나 평등권 등을 침해하는 것이라고 볼 수 없다</u>(헌재 2000.7.20. 98헌마52). **답** ×

401
□□□ 헌법재판소는 일정한 경력을 가진 공무원이 법무사시험을 보지 않고도 법무사 자격을 취득할 수 있도록 하는 경력공무원에 대한 자격부여제도를 규정하고 있던 법무사법 조항에 대하여 경력공무원이 아닌 일반인들도 법무사시험을 보아 합격하면 법무사가 될 수 있는 길을 열어 놓고 있고, 경력공무원에 대한 자격부여제도가 합리성을 갖고 있어서 법무사시험제도를 유명무실하게 하는 요소를 찾기 어렵다고 보아 법무사라는 직업을 선택하는 자유를 침해하지 않는다고 결정한 적이 있다. ▮법무사 22　　　　　　　　　　　　　　　　　　　○ ×

일정 경력근무자에 대하여 법무사자격을 당연히 부여하는 내용의 법무사법 조항은 경력공무원에 해당하지 않는 청구인들과 같은 일반인들도 법무사시험을 보아 합격하면 법무사가 될 수 있게 길을 열어 놓고 있으며, 경력공무원에 대한 자격부여제도가 합리성을 갖고 있어서 법무사법의 어느 곳에도 법무사시험제도를 유명무실하게 하는 요소는 찾아볼 수 없다. 따라서 이 사건 법률조항은 청구인들이 법무사라는 직업을 선택하는 자유를 침해하지 않는다(헌재 2001.11.29. 2000헌마84). **답** ○

402
□□□ 변호사가 법률사건 수임에 관하여 알선의 대가로 금품을 제공하는 행위를 금지하고 처벌하는 것은 변호사의 직업수행의 자유를 제한하는 것이다. ▮법무사 19　　　　　　　　　　　　　　　　　　　　　　　　　○ ×

이 사건 법률조항은 변호사가 법률사건 수임에 관하여 알선의 대가로 금품을 제공하는 행위를 금지하고, 처벌하는 것을 그 내용으로 하는데, 청구인은 재산권의 침해를 주장한다. 그러나 이 사건 법률조항이 제한하는 것은 변호사의 직무에 해당하는 '법률사건의 수임'에 관하여 알선의 대가로서 금품을 제공하는 것이므로 가장 직접적으로 제한되는 기본권은 직업수행의 자유라고 할 것이다(헌재 2013.2.28. 2012헌바62). **답** ○

403 변호사시험에 응시하여 합격하여야만 변호사의 자격을 취득할 수 있으므로, 금고 이상의 형의 집행유예를 선고받고 그 유예기간이 지난 후 2년이 지나지 아니한 자의 변호사시험 응시자격을 제한하고 있는 응시 결격조항은 변호사 자격을 취득하고자 하는 청구인의 직업선택의 자유를 제한하는 것이다. ❚법무사 19   ○ ✕

변호사시험에 응시하여 합격하여야만 변호사의 자격을 취득할 수 있으므로, 금고 이상의 형의 집행유예를 선고받고 그 유예기간이 지난 후 2년이 지나지 아니한 자의 변호사시험 응시자격을 제한하고 있는 응시 결격조항은 변호사 자격을 취득하고자 하는 청구인의 직업선택의 자유를 제한한다(헌재 2013.9.26. 2012헌마365).

답 ○

404 금고 이상의 형의 집행유예를 선고받고 그 유예기간이 지난 후 2년이 지나지 아니한 자의 변호사시험 응시자격을 제한하는 법률조항이, 범죄행위의 종류를 한정하지 않고 집행유예기간이 지난 후에도 2년간 변호사시험 응시 자체를 제한하였다고 하더라도, 직업선택의 자유를 침해한다고 볼 수 없고, 변리사 등 자격시험에서 시험응시의 결격사유를 두지 않거나 결격기간 및 그 기준일시를 다르게 규정하고 있다고 할지라도 이를 평등권 침해로 보기도 어렵다. ❚법행 23   ○ ✕

금고 이상의 형의 집행유예를 선고받고 그 유예기간이 지난 후 2년이 지나지 아니한 사람에 대하여 변호사시험에 응시할 수 없도록 규정한 변호사시험법 응시 결격조항은 금고 이상의 형의 집행유예를 선고받아 변호사로서의 공정성과 신뢰성을 확보하기 어려운 자들을 변호사의 업무에서 배제시켜야 할 중요한 공익상의 필요성을 확보하고 유지하기 위한 것이므로, 범죄행위의 종류를 한정하지 않고 집행유예기간이 지난 후에도 2년간 변호사시험 응시 자체를 제한하였다고 하더라도, 입법재량의 범위를 벗어나 청구인의 직업선택의 자유를 침해한다고 볼 수 없다. 변리사, 공인중개사, 공인노무사와 변호사는 수행하는 업무, 사회적 지위 등에 있어서 본질적으로 서로 같지 아니하므로, 자격시험에서 시험응시의 결격사유를 두지 않거나 결격기간 및 그 기준일시를 다르게 규정하고 있다고 할지라도 이를 본질적으로 동일한 집단에 대한 차별취급이라고 볼 수는 없어 응시결격 조항은 청구인의 평등권을 침해하지 아니한다(헌재 2013.9.26. 2012헌마365).

답 ○

405 변호사들로 하여금 소속지방변호사회에 수임사건의 건수 및 수임액을 보고하도록 하는 것은 변호사의 직업수행의 자유를 제한하는 것이다. ❚법무사 19   ○ ✕

헌법 제15조에 의한 직업선택의 자유는 자신이 원하는 직업을 자유롭게 선택하는 좁은 의미의 직업선택의 자유와 그가 선택한 직업을 자기가 원하는 방식으로 자유롭게 수행할 수 있는 직업수행의 자유(영업의 자유)를 포함하는 직업의 자유를 뜻한다. …(중략)… 소속지방변호사회에 수임사건의 건수 및 수임액을 보고하도록 함으로써 변호사들의 사건 수임 관련 정보를 한층 더 투명하게 하는 것은 위와 같은 목적을 달성할 수 있는 수단이 될 수 있으므로, 방법의 적절성도 갖추었다고 할 것이다. …(중략)… 이 사건 법률조항은 청구인들로 하여금 영업과 관련된 일정한 자료를 1년에 한번 제출할 것을 요구할 뿐인바, 이는 영업의 자유가 예정하는 핵심적인 결정권을 간섭하지 않는다는 점에서 이 사건 법률조항으로 인한 기본권의 제한이 과도하다고 보기 어렵다(헌재 2009.10.29. 2007헌마667).

답 ○

406 변호사 자격을 취득하기 위해서는 변호사시험에 합격하여야 하는데, 법학전문대학원 졸업 후 5년 내에 5회만 변호사시험에 응시할 수 있도록 하는 응시기회제한조항은 변호사 자격을 취득하고자 하는 청구인의 직업선택의 자유를 제한하는 것이다. **▎법무사 19**　　○ ×

··

헌재 2016.9.29. 2016헌마47　　　　　　　　　　　　　　　　　　　　　　　　　　**탑** ○

407 변호사시험에 응시한 자의 시험성적을 응시자 본인에게도 공개하지 않는 것은 응시자의 직업 선택의 자유를 제한하는 것이다. **▎법무사 19**　　○ ×

··

심판대상조항은 변호사시험 합격자에 대하여 그 성적을 공개하지 않도록 규정하고 있을 뿐이고, 이러한 시험 성적의 비공개가 청구인들의 법조인으로서의 직역 선택이나 직업수행에 있어서 어떠한 제한을 두고 있는 것은 아니므로 심판대상조항이 <u>청구인들의 직업선택의 자유를 제한하고 있다고 볼 수 없다</u>(헌재 2015.6.25. 2011헌마 769).　　　　　　　　　　　　　　　　　　　　　　　　　　　　　　　**탑** ×

408 세무사 자격 보유 변호사로 하여금 세무사로서 세무사의 업무를 할 수 없도록 규정한 세무사법 은 세무사 자격 보유 변호사의 직업선택의 자유를 침해하지 않는다. **▎법행 23**　　○ ×

··

세무대리의 전문성을 확보하고 부실 세무대리를 방지함으로써 납세자의 권익을 보호하고 세무행정의 원활한 수행 및 납세의무의 적정한 이행을 도모하려는 심판대상조항의 입법목적은 일응 수긍할 수 있다. 그러나 세무사의 업무에는 세법 및 관련 법령에 대한 전문 지식과 법률에 대한 해석·적용능력이 필수적으로 요구되는 업무가 포함되어 있다. 세법 및 관련 법령에 대한 해석·적용에 있어서는 세무사나 공인회계사보다 변호사에게 오히려 전문성과 능력이 인정됨에도 불구하고, 심판대상조항은 세무사 자격 보유 변호사로 하여금 세무대리를 일체 할 수 없도록 전면적으로 금지하고 있으므로, 수단의 적합성을 인정할 수 없다. 세무사 자격 보유 변호사는 법률에 의해 세무사의 자격을 부여받은 이상 그 자격에 따른 업무를 수행할 자유를 회복한 것이고, 세무사의 업무 중 세법 및 관련 법령에 대한 해석·적용이 필요한 업무에 대한 전문성과 능력이 인정됨에도 불구하고, 심판대상조항 이 세무사 자격 보유 변호사에 대하여 세무사로서의 세무대리를 일체 할 수 없도록 전면 금지하는 것은 세무사 자격 부여의 의미를 상실시키는 것일 뿐만 아니라, 세무사 자격에 기한 직업선택의 자유를 지나치게 제한하는 것이다. 또한 소비자가 세무사, 공인회계사, 변호사 중 가장 적합한 자격사를 선택할 수 있도록 하는 것이 세무대리 의 전문성을 확보하고 납세자의 권익을 보호하고자 하는 입법목적에 보다 부합한다. 따라서 심판대상조항은 침해 의 최소성에도 반한다. 세무사로서 세무대리를 일체 할 수 없게 됨으로써 세무사 자격 보유 변호사가 받게 되는 불이익이 심판대상조항으로 달성하려는 공익보다 경미하다고 보기 어려우므로, 심판대상조항은 법익의 균형성도 갖추지 못하였다. 그렇다면, <u>심판대상조항은 과잉금지원칙을 위반하여 세무사 자격 보유 변호사의 직업선택의 자유를 침해하므로 헌법에 위반된다</u>(헌재 2018.4.26. 2015헌가19).　　　　　　　　　　**탑** ×

409 변호사의 자격이 있는 자에게 더 이상 세무사 자격을 부여하지 않는 구 세무사법의 시행일과 시행일 당시 종전 규정에 따라 세무사의 자격이 있던 변호사는 개정 규정에도 불구하고 세무사 자격이 있는 것으로 변호사의 세무사 자격에 관한 경과조치를 정하고 있는 세무사법 부칙은 시행일을 기준으로 이미 변호사 자격을 취득한 사람과 그렇지 않은 사람을 달리 취급하는 것에 합리적인 이유가 없으므로, 평등권을 침해한다. **▎법행 23**　　○ ×

변호사의 자격이 있는 자에게 더 이상 세무사 자격을 부여하지 않는 구 세무사법의 시행일과 시행일 당시 종전 규정에 따라 세무사의 자격이 있던 변호사는 개정 규정에도 불구하고 세무사 자격이 있는 것으로 변호사의 세무사 자격에 관한 경과조치를 정하고 있는 세무사법 부칙조항은 이 사건 법률조항의 시행일인 2018.1.1.을 기준으로 이미 변호사 자격을 취득한 사람과 그렇지 않은 사람을 달리 취급하고 있다. 위 두 집단은 사법연수원 입소 당시 또는 법학전문대학원 입학 당시 장차 변호사 자격을 취득하면 세무사 자격도 자동으로 부여받을 수 있으리라는 기대를 갖고 있었다는 점에 있어서는 동일하다고 할 수 있다. 그러나 전자는 2018.1.1. 당시 이미 변호사 자격을 취득함으로써 개정 전 세무사법에 따를 경우 세무사 자격을 자동으로 부여받을 수 있는 요건을 현실적으로 구비하고 있었던 반면, 후자는 2018.1.1. 당시 그와 같은 요건을 현실적으로 구비하고 있지 않은 채 장차 변호사 자격을 취득하면 세무사 자격까지 자동으로 부여받을 수 있으리라는 기대만을 갖고 있었던 것에 그친다. 후자의 경우 본인 및 주위 여건에 따라 사법연수원 과정이나 법학전문대학원 과정을 마치지 못할 가능성 내지 법학전문대학원 졸업 후 변호사시험에 합격하지 못할 가능성 역시 배제할 수는 없다는 점에서도 전자와는 분명한 차이가 있다. 이러한 점을 고려하면, 이 사건 부칙조항이 2018.1.1.을 기준으로 이미 변호사 자격을 취득한 사람과 그렇지 않은 사람을 달리 취급하는 것에는 합리적인 이유가 있으므로, 위 조항은 청구인들의 평등권을 침해하지 않는다(헌재 2021.7.15. 2018헌마279). **답** ×

410 변호사법의 위임을 받아 대한변호사협회에서 정한 '변호사 광고에 관한 규정' 중 '변호사 또는 □□□ 소비자로부터 대가를 받고 법률상담 또는 사건 등을 소개·알선·유인하기 위하여 변호사등을 광고·홍보·소개하는 행위'를 금지하고 있는 규정은 표현의 자유와 직업의 자유를 침해한다.

❚법행 23 ○ ×

대가수수 광고금지규정의 규율 대상은 이 사건 규정의 수범자인 변호사이고, 규제 대상이 되는 상대방의 행위는 '변호사 또는 소비자로부터 대가를 받고 법률상담 또는 사건 등을 소개·알선·유인하기 위하여 변호사등을 광고·홍보·소개하는 행위'이다. 위 규정이 규제하는 광고·홍보·소개행위의 목적으로 소개·알선·유인을 정하면서도 그 대상을 특정 변호사로 제한하고 있지 아니한 점과 광고·홍보·소개행위의 목적이 소비자를 설득하여 구매를 유도하는 데 있는 점을 고려하면, 대가수수 광고금지규정이 단순히 변호사법이 금지하는 소개·알선·유인 행위를 다시 한 번 규제하는 것에 불과하다고 보기 어렵다. 즉, 법률상담 또는 사건 등을 소개하거나 유인할 목적으로 불특정 다수의 변호사를 동시에 광고·홍보·소개하는 행위도 위 규정에 따라 금지되는 범위에 포함된다고 해석된다. 변호사광고에 대한 합리적 규제는 필요하지만, 광고표현이 지닌 기본권적 성질을 고려할 때 광고의 내용이나 방법적 측면에서 꼭 필요한 한계 외에는 폭넓게 광고를 허용하는 것이 바람직하다. 각종 매체를 통한 변호사 광고를 원칙적으로 허용하는 변호사법 제23조 제1항의 취지에 비추어 볼 때, 변호사등이 다양한 매체의 광고업자에게 광고비를 지급하고 광고하는 것은 허용된다고 할 것인데, 이러한 행위를 일률적으로 금지하는 위 규정은 수단의 적합성을 인정하기 어렵다. 대가수수 광고금지규정이 아니더라도 변호사법이나 다른 규정들에 의하여 입법목적을 달성할 수 있고, 공정한 수임질서를 해치거나 소비자에게 피해를 줄 수 있는 내용의 광고를 특정하여 제한하는 등 완화된 수단에 의해서도 입법목적을 같은 정도로 달성할 수 있다. 나아가, 위 규정으로 입법목적이 달성될 수 있을지 불분명한 반면, 변호사들이 광고업자에게 유상으로 광고를 의뢰하는 것이 사실상 금지되어 청구인들의 표현의 자유, 직업의 자유에 중대한 제한을 받게 되므로, 위 규정은 침해의 최소성 및 법익의 균형성도 갖추지 못하였다. 따라서 대가수수 광고금지규정은 과잉금지원칙에 위반되어 청구인들의 표현의 자유와 직업의 자유를 침해한다(헌재 2022.5.26. 2021헌마619). **답** ○

411 '일반의 법률사건에 관하여 화해사무를 취급한 자'를 형사처벌하도록 하는 구 변호사법은 변호사 아닌 자의 법률사무 취급을 포괄적으로 금지하여 일반 국민의 직업선택의 자유를 침해한다.
▮ 법행 23   ○ ✕

'일반의 법률사건에 관하여 화해사무를 취급한 자'를 형사처벌하도록 하는 구 변호사법 조항은 변호사제도를 보호·유지하려는 데 그 목적이 있어 실현하고자 하는 공익이 정당하고, 변호사제도의 목적을 달성하기 위해서는 비변호사의 법률사무취급의 금지는 불가피한 것으로 공익실현을 위한 기본권제한의 수단이 적정하며, 단지 금품 등 이익을 얻을 목적의 법률사무취급만을 금지하고 있는 점 등에 비추어 보면, 이 사건 법률조항이 일반국민의 직업선택의 자유를 침해한다고 볼 수 없다(헌재 2010.10.28. 2009헌바4).   답 ✕

412 금고 이상의 실형을 선고받고 그 집행이 종료된 날부터 3년이 경과되지 않은 경우 중개사무소 개설등록을 취소하도록 한 공인중개사법 조항은 직업선택의 자유를 침해한 것이다.
▮ 법원직9급 20   ○ ✕

금고 이상의 실형을 선고받고 그 집행이 종료된 날부터 3년이 경과되지 않은 경우 중개사무소 개설등록을 취소하도록 하는 공인중개사법 조항은 공인중개사가 부동산 거래시장에서 수행하는 업무의 공정성 및 그에 대한 국민적 신뢰를 확보하기 위한 것으로서 입법목적의 정당성을 인정할 수 있고, 개업공인중개사가 금고 이상의 실형을 선고받는 경우 중개사무소 개설등록을 필요적으로 취소하여 중개업에 종사할 수 없도록 배제하는 것은 위와 같은 입법목적을 달성하는 데 적절한 수단이 된다. …(중략)… 공인중개업은 국민의 재산권에 큰 영향을 미치므로 업무의 공정성과 신뢰를 확보할 필요성이 큰 반면, 심판대상조항으로 인하여 중개사무소 개설등록이 취소된다 하더라도 공인중개사 자격까지 취소되는 것이 아니어서 3년이 경과한 후에는 다시 중개사무소를 열 수 있다. 따라서 심판대상조항은 과잉금지원칙에 반하여 직업선택의 자유를 침해하지 아니한다(헌재 2019.2.28. 2016헌바467).   답 ✕

413 ▸ 약사 또는 한약사가 아니면 약국을 개설할 수 없다고 규정한 약사법은 법인을 구성하여 약국을 개설·운영하려고 하는 약사들 및 이들 약사들로 구성된 법인의 직업선택의 자유를 침해한 것이다. ▮ 법무사 18   ○ ✕

▸ "약사 또는 한약사가 아니면 약국을 개설할 수 없다."고 규정한 약사법 조항은 법인을 구성하여 약국을 개설·운영하려고 하는 약사들의 결사의 자유를 침해하지 않는다. ▮ 법행 22
                                                                                                           ○ ✕

"약사 또는 한약사가 아니면 약국을 개설할 수 없다"고 규정한 약사법 제16조 제1항은 자연인 약사만이 약국을 개설할 수 있도록 함으로써, 약사가 아닌 자연인 및 일반법인은 물론, 약사들로만 구성된 법인의 약국 설립 및 운영도 금지하고 있는바, … 법인의 설립은 그 자체가 간접적인 직업선택의 한 방법으로서 직업수행의 자유의 본질적 부분의 하나이므로, 정당한 이유 없이 본래 약국개설권이 있는 약사들만으로 구성된 법인에게도 약국개설을 금지하는 것은 입법목적을 달성하기 위하여 필요하고 적정한 방법이 아니고, 입법형성권의 범위를 넘어 과도한 제한을 가하는 것으로서, 법인을 구성하여 약국을 개설·운영하려고 하는 약사들 및 이들로 구성된 법인의 직업선택(직업수행)의 자유의 본질적 내용을 침해하는 것이고, 동시에 약사들이 약국경영을 위한 법인을 설립하고 운영하는 것에 관한 결사의 자유를 침해하는 것이다(헌재 2002.9.19. 2000헌바84).   답 ○ / ✕

414 의료기관 시설의 일부를 변경하여 약국을 개설하는 것을 금지하는 조항을 신설하면서 이에
□□□ 해당하는 기존 약국 영업을 개정법 시행일로부터 1년까지만 허용하고 유예기간 경과 후에는
약국을 폐쇄하도록 한 약사법 부칙 조항은 개정법 시행 이전부터 해당 약국을 운영해 온 기존
약국개설등록자의 신뢰이익을 침해하여 신뢰보호의 원칙에 위반된다. ▮법행 21   ○ ✕

의료기관과 약국간의 담합방지를 통해서 의약분업을 효율적으로 시행하여 국민보건을 향상함으로써 공공복리를
증진시켜야 할 사유는 기존 약국 개설자인 청구인들의 신뢰이익 제한을 정당화하며, 청구인들이 운영해온 약국영
업 기간이 1년 정도 밖에 되지 않아서 비교적 짧다는 점, 약국 개설에 투자한 비용도 많지 않다는 점, 의약분업제도의
실시이후 발생할 수 있는 문제점을 해소하기 위한 법률개정이 있을 수 있다는 것을 예측할 수 있었다는 점, 약사법
부칙 제2조 제1항에 의하여 청구인들에게 주어진 1년의 유예기간이 법개정으로 인한 상황변화에 대처하기에 짧지
않다는 점 등을 고려할 때, 청구인들이 가지는 신뢰이익과 그 침해는 크지 않은 반면에, 법 시행 이전에 이미
개설하여 운영중인 약국을 폐쇄해야 할 공적인 필요성이 매우 크고 입법목적의 달성을 통해서 얻게 되는 국민보건
의 향상이라는 공적 이익이 막중하므로, 이 사건 법률조항들이 청구인들의 기존 약국을 폐쇄토록 규정한 것은
비례의 원칙이나 신뢰보호의 원칙에 위반되지 않으므로 청구인들의 직업행사의 자유를 침해하지 않는다(헌재
2003.10.30. 2001헌마700).   🅣 ✕

415 보건복지부장관이 치과전문의자격시험제도를 실시할 수 있도록 시행규칙을 마련하지 아니한
□□□ 행정입법부작위는 전공의수련과정을 마친 청구인들의 직업의 자유를 침해한 것이다.
▮법무사 18   ○ ✕

청구인들은 치과대학을 졸업하고 국가시험에 합격하여 치과의사 면허를 받았을 뿐만 아니라, 전공의수련과정을
사실상 마쳤다. 그런데 현행 의료법과 위 규정에 의하면 치과전문의의 전문과목은 10개로 세분화되어 있고, 일반치
과의까지 포함하면 11가지의 치과의가 존재할 수 있는데도 이를 시행하기 위한 시행규칙의 미비로 청구인들은
일반치과의로서 존재할 수밖에 없는 실정이다. 따라서 이로 말미암아 청구인들은 직업으로서 치과전문의를 선택하
고 이를 수행할 자유(직업의 자유)를 침해당하고 있다(헌재 1998.7.16. 96헌마246).   🅣 ○

416 운전면허를 받은 사람이 자동차 등을 이용하여 살인 또는 강간 등의 범죄행위를 한 때 필요적으
□□□ 로 운전면허를 취소하도록 규정한 도로교통법은 직업의 자유를 침해한 것이다.
▮법무사 18, 법행 22   ○ ✕

운전면허를 받은 사람이 자동차등을 이용하여 살인 또는 강간 등 행정안전부령이 정하는 범죄행위를 한 때 운전면
허를 취소하도록 하는 구 도로교통법 제93조 제1항 제11호는 입법목적을 달성하기 위한 적정한 수단이다. 그러나
자동차등을 이용한 범죄를 근절하기 위하여 그에 대한 행정적 제재를 강화할 필요가 있다 하더라도 이를 임의적
운전면허 취소 또는 정지사유로 규정함으로써 불법의 정도에 상응하는 제재수단을 선택할 수 있도록 하여도
충분히 그 목적을 달성하는 것이 가능함에도, 심판대상조항은 이에 그치지 아니하고 필요적으로 운전면허를 취소
하도록 하여 구체적 사안의 개별성과 특수성을 고려할 수 있는 여지를 일체 배제하고 있다. 나아가 심판대상조항
중 '자동차등을 이용하여' 부분은 포섭될 수 있는 행위 태양이 지나치게 넓을 뿐만 아니라, 하위법령에서 규정될
대상범죄에 심판대상조항의 입법목적을 달성하기 위해 반드시 규제할 필요가 있는 범죄행위가 아닌 경우까지
포함될 우려가 있어 침해의 최소성원칙에 위배된다. 심판대상조항은 운전을 생업으로 하는 자에 대하여는 생계에
지장을 초래할 만큼 중대한 직업의 자유의 제약을 초래하고, 운전을 업으로 하지 않는 자에 대하여도 일상생활에
심대한 불편을 초래하여 일반적 행동의 자유를 제약하므로 법익의 균형성 원칙에도 위배된다. 따라서 심판대상조
항은 직업의 자유 및 일반적 행동의 자유를 침해한다(헌재 2015.5.28. 2013헌가6).   🅣 ○

제5장 │ 정치적 기본권

제1절 정치적 자유권

417
□□□
공무원이 선거에서 특정정당 또는 특정인을 지지하기 위하여 타인에게 정당에 가입하도록 권유 운동을 한 경우 형사처벌하는 조항은 공무원의 정치적 표현의 자유를 침해한다.
┃법무사 22
○ ×

공무원이 선거에서 특정정당 또는 특정인을 지지하기 위하여 타인에게 정당에 가입하도록 권유 운동을 한 경우 형사처벌하는 국가공무원법 정당가입권유금지조항은 선거에서 특정정당·특정인을 지지하기 위하여 정당가입을 권유하는 적극적·능동적 의사에 따른 행위만을 금지함으로써 공무원의 정치적 표현의 자유를 최소화하고 있고, 이러한 행위는 단순한 의견개진의 수준을 넘어 선거운동에 해당하므로 입법자는 헌법 제7조 제2항이 정한 공무원의 정치적 중립성 보장을 위해 이를 제한할 수 있다. 그러므로 정당가입권유금지조항은 과잉금지원칙에 반하여 <u>정치적 표현의 자유를 침해하지 아니한다</u>(헌재 2021.8.31. 2018헌바149). **답** ×

418
□□□
▸ 당원이 아닌 자에게도 투표권을 부여하는 당내경선에서 지방공기업법에 규정된 시설관리공단의 상근직원이 경선운동을 할 수 없도록 금지하는 조항은 정치적 표현의 자유를 침해한다.
┃법무사 22
○ ×

▸ 지방공단의 상근직원으로 하여금 정당원이 아닌 자에게도 투표권을 부여하는 당내경선에서 경선운동을 할 수 없도록 금지·처벌하는 것은 당내경선의 형평성과 공정성의 확보라는 공익을 위한 합리적인 제한에 해당하므로 정치적 표현의 자유를 침해하지 아니한다.
┃법행 21
○ ×

광주광역시 광산구 시설관리공단의 상근직원은 이 사건 공단의 경영에 관여하거나 실질적인 영향력을 미칠 수 있는 권한을 가지고 있지 아니하므로, 경선운동을 한다고 하여 그로 인한 부작용과 폐해가 크다고 보기 어렵다. 또한 공직선거법은 이미 이 사건 공단의 상근직원이 당내경선에 직·간접적으로 영향력을 행사하는 행위들을 금지·처벌하는 규정들을 마련하고 있다. 이 사건 공단의 상근직원이 그 지위를 이용하여 경선운동을 하는 행위를 금지·처벌하는 규정을 두는 것은 별론으로 하고, 이 사건 공단의 상근직원의 경선운동을 일률적으로 금지·처벌하는 것은 정치적 표현의 자유를 과도하게 제한하는 것이다. 정치적 표현의 자유의 중대한 제한에 비하여, 이 사건 공단의 상근직원이 당내경선에서 공무원에 준하는 영향력이 있다고 볼 수 없는 점 등을 고려하면 심판대상조항이 당내경선의 형평성과 공정성의 확보라는 공익에 기여하는 바가 크다고 보기 어렵다. 따라서 <u>이 사건 공단의 상근직원이 당원이 아닌 자에게도 투표권을 부여하는 당내경선에서 경선운동을 할 수 없도록 금지·처벌하는 공직선거법 조항은 과잉금지원칙에 반하여 정치적 표현의 자유를 침해한다</u>(헌재 2021.4.29. 2019헌가11). **답** ○ / ×

419
□□□ 오늘날 정치적 표현의 자유는 자유민주적 기본질서의 구성요소로서 다른 기본권에 비하여 우월한 효력을 가지므로, 공무원이라는 지위에 있다는 이유만으로 정치적 표현의 자유를 전면적으로 부정할 수는 없다. Ⅰ법무사 22   ○ ×

오늘날 정치적 표현의 자유는 자유민주적 기본질서의 구성요소로서 다른 기본권에 비하여 우월한 효력을 가지므로, 공무원이라는 지위에 있다는 이유만으로 정치적 표현의 자유를 전면적으로 부정할 수는 없다. 다만 정치적 표현의 자유의 중요성을 감안하더라도, 정치적 표현의 자유도 절대적인 것은 아니기 때문에, 헌법 제37조 제2항에서 도출되는 과잉금지원칙에 따라 제한될 수 있다(헌재 2018.7.26. 2016헌바139).   답 ○

420
□□□ 군무원이 연설, 문서 등의 방법으로 정치적 의견을 공표하는 경우 2년 이하의 금고에 처하도록 한 조항은 군무원의 정치적 표현의 자유를 침해하지 않는다. Ⅰ법무사 22   ○ ×

군무원이 연설, 문서 등의 방법으로 정치적 의견을 공표하는 경우 2년 이하의 금고에 처하도록 한 군형법 조항은 금지되는 정치 관여 행위를 최소화함으로써 군무원의 정치적 표현의 자유에 대한 제한을 축소하고 있는 반면, 심판대상조항이 달성하고자 하는 공익은 헌법 제5조 제2항에 명문화된 국민의 결단으로부터 유래하는 것이므로 매우 엄중하다. 따라서 심판대상조항으로 보호하고자 하는 공익이 군무원이 심판대상조항으로 인하여 받게 되는 불이익보다 더 크다고 할 것이므로, 심판대상조항은 법익의 균형성원칙에 위반되지도 않는다. 결국 심판대상조항은 과잉금지원칙에 반하여 군무원의 정치적 표현의 자유를 침해한다고 볼 수도 없다(헌재 2018.7.26. 2016헌바139).   답 ○

제2절 참정권

> **헌법 제13조** ② 모든 국민은 (소급입법)에 의하여 (참정권)의 제한을 받거나 (재산권)을 박탈당하지 아니한다.
>
> **헌법 제24조** 모든 국민은 (법률)이 정하는 바에 의하여 (선거권)을 가진다.

421
□□□ 우리 헌법은 소급입법에 의하여 참정권을 제한하는 것을 명시적으로 금지하고 있다.
Ⅰ법행 23   ○ ×

모든 국민은 소급입법에 의하여 참정권의 제한을 받거나 재산권을 박탈당하지 아니한다(헌법 제13조 제2항).   답 ○

422
□□□ 선거권 및 국민투표권은 대한민국 국적을 가진 자연인인 대한민국 국민에게만 인정되는 것이고, 그 권리의 성질상 법인이나 단체는 선거권 및 국민투표권 행사의 주체가 될 수 없다.
Ⅰ법행 23   ○ ×

헌재 2014.7.24. 2009헌마256 답 ○

423 헌법상 기본권인 참정권에 대한 외국인의 기본권주체성은 인정되지 아니한다. ┃법행 23
□□□ ○ ×

참정권에 대한 외국인의 기본권주체성은 인정되지 아니하고, 이 사건에서 청구인 설○혁등이 주장하는 거주·이전의 자유는 입국의 자유에 관한 것이므로 이에 대해서도 외국인의 기본권주체성은 인정되지 아니한다(헌재 2014.6.26. 2011헌마502). 답 ○

424 국민투표법은 헌법 제72조의 규정에 의한 외교·국방·통일 기타 국가안위에 관한 중요정책
□□□ 과 헌법 제130조의 규정에 의한 헌법개정안에 대한 국민투표에 관하여 필요한 사항을 규정하고
있다. ┃법행 22 ○ ×

이 법은 헌법 제72조의 규정에 의한 외교·국방·통일 기타 국가안위에 관한 중요정책과 헌법 제130조의 규정에 의한 헌법개정안에 대한 국민투표에 관하여 필요한 사항을 규정함을 목적으로 한다(국민투표법 제1조). 답 ○

425 19세 이상의 국민은 투표권이 있으나, 투표일 현재 공직선거법에 따라 선거권이 없는 자는
□□□ 투표권이 없다. ┃법행 22 ○ ×

19세 이상의 국민은 투표권이 있으나(국민투표법 제7조), 투표일 현재 공직선거법 제18조의 규정에 따라 선거권이 없는 자는 투표권이 없다(국민투표법 제9조). 답 ○

426 대통령이 국민투표일을 정하여 특정 안건을 국민투표에 붙이면 중앙선거관리위원회는 늦어도
□□□ 국민투표일 18일 전까지 국민투표일과 국민투표안을 동시에 공고하고 이를 게시한다.
┃법행 22 ○ ×

대통령은 늦어도 국민투표일전 18일까지 국민투표일과 국민투표안을 동시에 공고하여야 한다(국민투표법 제49조). 중앙선거관리위원회는 공고된 국민투표안을 투표권자에게 주지시키기 위하여 게시하여야 한다(국민투표법 제22조 제1항). 답 ×

427 천재·지변으로 국민투표를 실시할 수 없거나, 실시하지 못한 때에는 선거관리위원회의 결정
□□□ 으로 투표를 연기하거나 다시 투표일을 정하여야 한다. ┃법행 22 ○ ×

천재·지변으로 인하여 투표를 실시할 수 없거나, 실시하지 못한 때에는 대통령은 투표를 연기하거나 다시 투표일을 정하여야 한다. 이 경우에는 제49조의 규정에 의한 기간의 제한을 받지 아니한다(국민투표법 제98조). 답 ×

428 국민투표의 효력에 관하여 이의가 있는 투표인은 투표인 10만인 이상의 찬성을 얻어 대통령을 피고로 하여 투표일로부터 20일 이내에 대법원에 제소할 수 있다. ▮법행 22　　○ ×

⬚⬚⬚
....

국민투표의 효력에 관하여 이의가 있는 투표인은 투표인 10만인 이상의 찬성을 얻어 중앙선거관리위원회위원장을 <u>피고</u>로 하여 투표일로부터 20일 이내에 대법원에 제소할 수 있다(국민투표법 제92조).　🅐 ×

429 국민투표 무효판결이 있는 경우 해당 안건은 무효가 된다. ▮법행 22　　○ ×

⬚⬚⬚
....

제93조의 규정에 의하여 국민투표의 전부 또는 일부의 무효판결이 있을 때에는 <u>재투표를 실시하여야 한다</u>(국민투표법 제97조 제1항).　🅐 ×

430 ▸ 지방자치법에서 규정한 주민투표권이나 주민소환청구권은 그 성질상 선거권, 공무담임권, 국민투표권과는 다른 것이어서 이를 법률이 보장하는 참정권이라고 할 수 있을지언정 헌법이 보장하는 참정권이라 할 수는 없다. ▮법무사 19　　○ ×

⬚⬚⬚

▸ 지방자치법상 주민투표권은 법률이 보장하는 참정권이라고 할 수 있을지언정 헌법이 보장하는 참정권이라고 할 수는 없다. ▮법행 23　　○ ×
....

우리 헌법은 법률이 정하는 바에 따른 '선거권'과 '공무담임권' 및 국가안위에 관한 중요정책과 헌법개정에 대한 '국민투표권'만을 헌법상의 참정권으로 보장하고 있으므로, 지방자치법 제13조의2에서 규정한 주민투표권은 그 성질상 선거권, 공무담임권, 국민투표권과 전혀 다른 것이어서 이를 법률이 보장하는 참정권이라고 할 수 있을지언정 헌법이 보장하는 참정권이라고 할 수는 없다(헌재 2001.6.28. 2000헌마735).　🅐 ○ / ○

431 주민투표권은 법률상 권리에 불과하나, 당해 지방자치단체의 관할구역에 주민등록 되어 있는 자에 한해 주민투표권을 인정함으로써 결과적으로 주민등록을 할 수 없는 재외국민인 주민을 다르게 취급한 경우에는 헌법상 평등권 심사의 대상이 된다. ▮법원직9급 22　　○ ×

⬚⬚⬚
....

주민투표권은 헌법상의 열거되지 아니한 권리 등 그 명칭의 여하를 불문하고 헌법상의 기본권성이 부정된다는 것이 우리 재판소의 일관된 입장이라 할 것인데, 이 사건에서 그와 달리 보아야 할 아무런 근거를 발견할 수 없다. 그렇다면 이 사건 심판청구는 헌법재판소법 제68조 제1항의 헌법소원을 통해 그 침해 여부를 다툴 수 있는 기본권을 대상으로 하고 있는 것이 아니므로 그러한 한에서 이유 없다. 하지만 주민투표권이 헌법상 기본권이 아닌 법률상의 권리에 해당한다 하더라도 비교집단 상호 간에 차별이 존재할 경우에 헌법상의 평등권 심사까지 배제되는 것은 아니다(헌재 2007.6.28. 2004헌마643).　🅐 ○

432 지방자치법상 조례제정·개폐청구권은 법률상 인정되는 권리에 불과하므로 이러한 권리의 침해를 이유로 한 헌법소원 심판청구는 부적법하다. ▮법원직9급 22　　○ ×

⬚⬚⬚
....

주민투표권이나 조례제정·개폐청구권은 헌법상 기본권으로 보기 어려우므로, 주민투표권 조항 및 조례제정·개폐청구권 조항에 대한 청구는 이 조항들로 인한 청구인들의 기본권 침해 가능성이 인정되지 않아 부적법하다(헌재 2014.4.24. 2012헌마287).　🅐 ○

433 조례제정·개폐청구권은 주민들의 지역에 관한 의사결정 참여에 관한 권리 내지 주민발안권으로 헌법이 보장하는 참정권에 해당한다. ▎법행 23 ○ ✕

□□□

대표제 지방자치제도를 보완하기 위하여 주민발안, 주민투표, 주민소환 등의 제도가 도입될 수도 있고, 실제로 구 지방자치법은 주민에게 주민투표권(제13조의2)과 조례의 제정 및 개폐청구권(제13조의3) 및 감사청구권(제13조의4)을 부여함으로써 주민이 지방자치사무에 직접 참여할 수 있는 길을 열어 놓고 있다. 그렇지만 이러한 제도는 어디까지나 입법에 의하여 채택된 것일 뿐, 헌법이 이러한 제도의 도입을 보장하고 있는 것은 아니고, 조례제정·개폐청구권을 주민들의 지역에 관한 의사결정에 참여에 관한 권리 내지 주민발안권으로 이해하더라도 이러한 권리를 헌법이 보장하는 기본권인 참정권이라고 할 수는 없으며, 입법자에게는 지방자치제도의 본질적 내용을 침해하지 않는 한도에서 제도의 구체적인 내용과 형태의 형성권이 폭넓게 인정된다(헌재 2009.7.30. 2007헌바75).

답 ✕

제6장 ▎ 청구권적 기본권

제1절 청원권

> **헌법 제26조** ① 모든 국민은 법률이 정하는 바에 의하여 국가기관에 (문서로) 청원할 권리를 가진다.
> ② 국가는 청원에 대하여 (심사할 의무)를 진다.
>
> **헌법 제89조** 다음 사항은 국무회의의 심의를 거쳐야 한다.
> 15. 정부에 제출 또는 회부된 (정부의 정책)에 관계되는 청원의 심사

434 모든 국민은 법률이 정하는 바에 의하여 국가기관에 문서로 청원할 권리를 가진다.

□□□ ▎법무사 19 ○ ✕

헌법 제26조 제1항 답 ○

435 청원권은 국민적 관심사를 국가기관에 표명할 수 있는 수단으로서의 성격을 가진 기본권이다.

□□□ ▎법행 23 ○ ✕

청원권은 국민적 관심사를 국가기관에 표명할 수 있는 수단으로서의 성격을 가진 기본권으로 국민은 누구나 형식에 구애됨이 없이 그 관심사를 국가기관에 표명할 수 있다(헌재 2005.11.24. 2003헌바108). 답 ○

436 헌법상 보장된 청원권의 주체는 국민이고, 국민에는 법인도 포함된다. ▌법무사 18 ○ ×

□□□

청원권의 주체에 관하여 헌법 제26조에서는 '모든 국민은 법률이 정하는 바에 의하여 국가기관에 문서로 청원할 권리를 가진다'라고 규정되어 있으나, 청원법 제9조에서 법인인 경우에는 명칭 및 대표자의 성명을 기재하여 청원하도록 한 점 등을 고려하면 이때의 국민에는 법인도 포함된다고 볼 수 있다. 답 ○

437 법률·명령·조례·규칙 등의 제정·개정 또는 폐지도 청원할 수 있는 사항에 해당한다.

□□□ ▌법무사 18 ○ ×

청원법 제5조 제3호 답 ○

> **청원법 제5조(청원사항)** 국민은 다음 각 호의 어느 하나에 해당하는 사항에 대하여 청원기관에 청원할 수 있다.
> 1. 피해의 구제
> 2. 공무원의 위법·부당한 행위에 대한 시정이나 징계의 요구
> 3. **법률·명령·조례·규칙 등의 제정·개정 또는 폐지**
> 4. 공공의 제도 또는 시설의 운영
> 5. 그 밖에 국가기관 등의 권한에 속하는 사항

438 정부에 제출 또는 회부된 정부의 정책에 관계되는 청원의 심사는 국무회의의 심의를 거쳐야

□□□ 한다. ▌법원직9급 22 ○ ×

헌법 제89조 제15호 답 ○

439 지방의회에 청원을 할 때 지방의회 의원의 소개를 얻도록 한 조항은 청원권을 침해하지 않는다.

□□□ ▌법원직9급 22 ○ ×

지방의회에 청원을 할 때에 지방의회 의원의 소개를 얻도록 한 것은 의원이 미리 청원의 내용을 확인하고 이를 소개하도록 함으로써 청원의 남발을 규제하고 심사의 효율을 기하기 위한 것이고, 지방의회 의원 모두가 소개의원이 되기를 거절하였다면 그 청원내용에 찬성하는 의원이 없는 것이므로 지방의회에서 심사하더라도 인용가능성이 전혀 없어 심사의 실익이 없으며, 청원의 소개의원도 1인으로 족한 점을 감안하면 이러한 정도의 제한은 공공복리를 위한 필요·최소한의 것이라고 할 수 있다(헌재 1999.11.25. 97헌마54). 답 ○

440 국민이 여러 가지 이해관계 또는 국정에 관해서 자신의 의견이나 희망을 해당 기관에 직접

□□□ 진술하는 경우 청원권으로 보호되나, 본인을 대리하거나 중개하는 제3자를 통해 진술하는 경우 이는 청원권의 보호 대상이 아니다. ▌법행 23 ○ ×

청원권의 행사는 자신이 직접 하든 아니면 제3자인 중개인이나 대리인을 통해서 하든 청원권으로서 보호된다. 우리 헌법은 문서로 청원을 하도록 한 것 이외에 그 형식을 제한하고 있지 않으며, 청원권의 행사방법이나 그 절차를 구체화하고 있는 청원법도 제3자를 통해 하는 방식의 청원을 금지하고 있지 않다. 따라서 국민이 여러 가지 이해관계 또는 국정에 관해서 자신의 의견이나 희망을 해당 기관에 직접 진술하는 외에 그 본인을 대리하거나 중개하는 제3자를 통해 진술하더라도 이는 청원권으로서 보호될 것이다(헌재 2005.11.24. 2003헌바108).

 ✕

441 헌법은 제26조에서 "모든 국민은 법률이 정하는 바에 의하여 국가기관에 문서로 청원할 권리를 가진다. 국가는 청원에 대하여 심사할 의무를 진다"고 하여 청원권을 기본권으로 보장하고 있으므로, 모든 국민은 공권력과의 관계에서 일어나는 여러 가지 이해관계 또는 국정에 관해서 자신의 의견이나 희망을 해당 기관에 진술할 수 있으며, 청원을 수리한 국가기관은 청원에 대하여 심사하여야 할 의무를 지게 된다. ▎법행 23 ○ ✕

┄┄┄

헌재 2005.11.24. 2003헌바108

답 ○

442 ▶ 헌법상 보장된 청원권은 공권력과의 관계에서 일어나는 여러 가지 이해관계, 의견, 희망 등에 관하여 적법한 청원을 한 모든 국민에게 국가기관이 청원을 수리할 뿐만 아니라 이를 심사하여 청원자에게 적어도 그 처리결과를 통지할 것을 요구할 수 있는 권리를 말한다. ▎법무사 18 ○ ✕

▶ 청원사항의 처리결과에 심판서나 재결서에 준하여 이유를 명시할 것을 요구하는 것은 청원권의 보호범위에 포함되지 아니한다. ▎법행 23 ○ ✕

▶ 청원사항의 처리결과에 대하여 재결서에 준하는 이유를 명시할 의무는 있으나, 청원인이 청원한 내용대로의 결과를 통지할 의무는 없다. ▎법원직9급 22 ○ ✕

헌법상 보장된 청원권은 공권력과의 관계에서 일어나는 여러 가지 이해관계, 의견, 희망 등에 관하여 적법한 청원을 한 모든 당사자에게 국가기관이 청원을 수리할 뿐만 아니라 이를 심사하여 청원자에게 그 처리결과를 통지할 것을 요구할 수 있는 권리를 말하나, 청원사항의 처리결과에 심판서나 재결서에 준하여 이유를 명시할 것까지를 요구하는 것은 청원권의 보호범위에 포함되지 아니하므로 청원 소관관서는 청원법이 정하는 절차와 범위내에서 청원사항을 성실·공정·신속히 심사하고 청원인에게 그 청원을 어떻게 처리하였거나 처리하려고 하는지를 알 수 있는 정도로 결과통지함으로써 충분하고, 비록 그 처리내용이 청원인이 기대하는 바에 미치지 않는다고 하더라도 헌법소원의 대상이 되는 공권력의 행사 내지 불행사라고는 볼 수 없다(헌재 1997.7.16. 93헌마239).

답 ○ / ○ / ✕

443 국민이면 누구든지 널리 제기할 수 있는 민중적 청원제도는 재판청구권 기타 준사법적 구제청구와는 완전히 성질을 달리하는 것이기 때문에 청원권의 보호범위에는 청원사항의 처리결과에 심판서나 재결서에 준하여 이유를 명시할 것까지를 요구하는 것은 포함되지 아니한다. ▎법무사 18 ○ ✕

청원권의 보호범위에는 청원사항의 처리결과에 심판서나 재결서에 준하여 이유를 명시할 것까지를 요구하는 것은 포함되지 아니한다고 할 것이다. 왜냐하면 국민이면 누구든지 널리 제기할 수 있는 민중적 청원제도는 재판청구권 기타 준사법적 구제청구와는 완전히 성질을 달리하는 것이기 때문이다(헌재 1994.2.24. 93헌마213).

답 ○

444
□□□
청원권 행사를 위한 청원사항이나 청원방식, 청원절차 등에 관해서는 입법자가 그 내용을 자유롭게 형성할 재량권을 가지므로 공무원이 취급하는 사건 또는 사무에 관한 사항의 청탁에 관해 금품을 수수하는 등의 행위를 청원권의 내용으로서 보장할지 여부에 대해서도 입법자에게 폭넓은 재량권이 주어져 있다. **∎법행 23**

○ ×

청원권 행사를 위한 청원사항이나 청원방식, 청원절차 등에 관해서는 입법자가 그 내용을 자유롭게 형성할 재량권을 가지고 있으므로 공무원이 취급하는 사건 또는 사무에 관한 사항의 청탁에 관해 금품을 수수하는 등의 행위를 청원권의 내용으로서 보장할지 여부에 대해서도 입법자에게 폭넓은 재량권이 주어져 있다. 또한 금전적 대가를 받는 청탁 등 로비활동을 합법적으로 보장할 것인지 여부도 그 시대 국민의 법 감정이나 사회적 상황에 따라 입법자가 판단할 사항이므로 위 제도의 도입 여부나 시기에 대한 판단 역시 입법자의 재량이 폭넓게 인정되는 분야이다(헌재 2012.4.24. 2011헌바40).

답 ○

445
□□□
공무원이 취급하는 사건 또는 사무에 관하여 사건 해결의 청탁 등을 명목으로 금품을 수수하는 행위를 규제하는 조항은 일반적 행동자유권뿐만 아니라 청원권을 제한한다. **∎법원직9급 22**

○ ×

공무원이 취급하는 사건 또는 사무에 관하여 사건 해결의 청탁 등을 명목으로 금품을 수수하는 행위를 규제하는 구 변호사법 조항은 공무원의 직무에 속하는 사항에 관하여 금품을 대가로 다른 사람을 중개하거나 대신하여 그 이해관계나 의견 또는 희망을 해당 기관에 진술할 수 없게 하므로, 일반적 행동자유권 및 청원권을 제한한다(헌재 2012.4.24. 2011헌바40).

답 ○

446
□□□
청원소관관서는 청원법이 정하는 절차와 범위 내에서 청원사항을 성실·공정·신속히 심사하고 청원인에게 그 처리결과를 통지할 의무가 있고, 그 처리내용은 공권력의 행사 또는 불행사에 해당하므로 청원인은 그 처리내용이 기대하는 바에 미치지 못하는 경우라면 헌법소원심판을 제기하는 것이 허용된다. **∎법무사 18**

○ ×

헌법상 보장된 청원권은 공권력과의 관계에서 일어나는 여러 가지 이해관계, 의견, 희망 등에 관하여 적법한 청원을 한 모든 당사자에게 국가기관이 청원을 수리할 뿐만 아니라 이를 심사하여 청원자에게 그 처리결과를 통지할 것을 요구할 수 있는 권리를 말하나, 청원사항의 처리결과에 심판서나 재결서에 준하여 이유를 명시할 것까지를 요구하는 것은 청원권의 보호범위에 포함되지 아니하므로 청원 소관관서는 청원법이 정하는 절차와 범위 내에서 청원사항을 성실·공정·신속히 심사하고 청원인에게 그 청원을 어떻게 처리하였거나 처리하려고 하는지를 알 수 있는 정도로 결과통지함으로써 충분하고, 비록 그 처리내용이 청원인이 기대하는 바에 미치지 않는다고 하더라도 헌법소원의 대상이 되는 공권력의 행사 내지 불행사라고는 볼 수 없다(헌재 1997.7.16. 93헌마239).

답 ×

제2절 재판청구권

1 헌법과 법률이 정한 법관에 의한 재판을 받을 권리

헌법 제27조	① 모든 국민은 (헌법과 법률이 정한 법관)에 의하여 (법률에 의한 재판)을 받을 권리를 가진다.

447 모든 국민은 헌법과 법률이 정한 법관에 의하여 법률에 의한 재판을 받을 권리를 가진다.
☐☐☐ ┃법무사 20   ○ ✕

헌법 제27조 제1항   답 ○

448 재판청구권은 공권력이나 사인에 의해서 기본권이 침해당하거나 침해당할 위험에 처해 있을
☐☐☐ 경우 이에 대한 구제나 그 예방을 요청할 수 있는 권리라는 점에서 다른 기본권의 보장을
위한 기본권이라는 성격을 가진다. ┃법원직9급 21   ○ ✕

헌재 2009.4.30. 2007헌바121   답 ○

449 헌법 제27조 제1항이 규정하는 재판청구권을 보장하기 위해서는 입법자에 의한 재판청구권의
☐☐☐ 구체적 형성이 불가피하므로 입법자의 광범위한 입법재량이 인정된다. ┃법행 22   ○ ✕

헌재 2009.2.26. 2007헌바8   답 ○

450 법관에 의한 재판을 받을 권리를 보장한다고 함은 법관이 사실을 확정하고 법률을 해석·적용
☐☐☐ 하는 재판을 받을 권리를 보장한다는 뜻이고, 그와 같은 법관에 의한 사실확정과 법률의 해석적
용의 기회에 접근하기 어렵도록 제약이나 장벽을 쌓아서는 아니 된다. ┃법무사 17·22 ○ ✕

법관에 의한 재판을 받을 권리를 보장한다고 함은 법관이 사실을 확정하고 법률을 해석·적용하는 재판을 받을
권리를 보장한다는 뜻이고, 그와 같은 법관에 의한 사실확정과 법률의 해석적용의 기회에 접근하기 어렵도록
제약이나 장벽을 쌓아서는 아니 되며, 만일 그러한 보장이 제대로 이루어지지 아니한다면 헌법상 보장된 재판을
받을 권리의 본질적 내용을 침해하는 것으로서 우리 헌법상 허용되지 아니한다(헌재 2000.6.29. 99헌가9).
답 ○

451 재판청구권은 재판이라는 국가적 행위를 청구할 수 있는 적극적 측면과 헌법과 법률이 정한
☐☐☐ 법관이 아닌 자에 의한 재판이나 법률에 의하지 아니한 재판을 받지 아니하는 소극적 측면을
아울러 가지고 있다. ┃법무사 22   ○ ✕

헌재 2010.4.29. 2008헌마622   답 ○

452
□□□

헌법 제27조 제1항의 재판청구권은 법적 분쟁의 해결을 가능하게 하는 적어도 한번의 권리구제 절차가 개설될 것을 요청할 뿐 아니라 그를 넘어서 소송절차의 형성에 있어서 실효성 있는 권리보호를 제공하기 위하여 그에 필요한 절차적 요건을 갖출 것을 요청한다. **┃법원직9급 22**

○ ✕

헌법 제27조 제1항은 권리구제절차에 관한 구체적 형성을 완전히 입법자의 형성권에 맡기지는 않는다. 입법자가 단지 법원에 제소할 수 있는 형식적인 권리나 이론적인 가능성만을 제공할 뿐, 권리구제의 실효성이 보장되지 않는다면 권리구제절차의 개설은 사실상 무의미 할 수 있기 때문이다. 그러므로 재판청구권은 법적 분쟁의 해결을 가능하게 하는 적어도 한번의 권리구제절차가 개설될 것을 요청할 뿐 아니라 그를 넘어서 소송절차의 형성에 있어서 실효성 있는 권리보호를 제공하기 위하여 그에 필요한 절차적 요건을 갖출 것을 요청한다(헌재 2006.2.23. 2005헌가7·2005헌마1163). **답** ○

453
□□□

헌법 제27조 제1항의 '헌법과 법률이 정한 법관에 의하여 법률에 의한 재판을 받을 권리'는 사건의 경중을 가리지 않고 모든 사건에 대하여 대법원을 구성하는 법관에 의한 균등한 재판을 받을 권리를 의미한다. **┃법원직9급 21**

○ ✕

헌법과 법률이 정하는 법관에 의하여 법률에 의한 재판을 받을 권리가 사건의 경중을 가리지 않고 모든 사건에 대하여 대법원을 구성하는 법관에 의한 균등한 재판을 받을 권리를 의미하는 것이라고 할 수 없다. 또한 심급제도는 한정된 법발견자원의 합리적인 분배의 문제인 동시에 재판의 적정과 신속이라는 서로 상반되는 두 가지의 요청을 어떻게 조화시키느냐의 문제로 돌아가므로, 원칙적으로 입법자의 형성의 자유에 속하는 사항이다. 심리불속행조항은 비록 국민의 재판청구권을 제약하고 있기는 하지만 위 심급제도와 대법원의 기능에 비추어 볼 때 헌법이 요구하는 대법원의 최고법원성을 존중하면서 상고심재판을 받을 수 있는 객관적 기준을 정함에 있어 개별적 사건에서의 권리구제보다 법령해석의 통일을 더 우위에 둔 규정으로서 그 합리성이 있다고 할 것이므로 헌법에 위반되지 아니한다(헌재 2012.8.23. 2012헌마367). **답** ✕

454
□□□

우리 헌법은 상고심재판을 받을 권리를 명문화하고 있지는 않지만, 헌법 제27조의 재판을 받을 권리로부터 당연히 도출된다고 볼 수 있다. **┃법원직9급 20**

○ ✕

헌법 제27조 제1항에 규정된 "헌법과 법률이 정한 법관에 의하여 재판을 받을 권리"라 함은 헌법과 법률이 정한 자격과 절차에 의하여 임명되고, 물적 독립과 인적 독립이 보장된 법관에 의한 재판을 받을 권리를 의미하는 것일 뿐 사건의 경중을 가리지 아니하고 모든 사건에 대하여 대법원을 구성하는 법관에 의한 재판을 받을 권리를 의미한다고 볼 수는 없다. "법률에 의한 재판을 받을 권리"라 함은 법관에 의한 재판을 받되 법에 정한 대로의 재판, 즉 절차법이 정한 절차에 따라 실체법이 정한 내용대로 재판을 받을 권리를 보장하는 취지로서 자의와 전단에 의한 재판을 배제한다는 것이므로 여기에서 곧바로 상고심재판을 받을 권리가 생겨난다고 보기 어렵다(헌재 1995.10.26. 94헌바28). **답** ✕

455
□□□

헌법 제27조에서 규정한 재판을 받을 권리에 모든 사건에 대해 상소법원의 구성 법관에 의한, 상소심 절차에 의한 재판을 받을 권리까지도 당연히 포함된다고 단정할 수는 없다.
┃법무사 17

○ ✕

상소심에서 재판을 받을 권리를 헌법상 명문화한 규정이 없고 상소문제가 일반법률에 맡겨진 것이 우리 법제라면 헌법 제27조에서 규정한 재판을 받을 권리에 모든 사건에 대해 상소법원의 구성법관에 의한, 상소심 절차에 의한 재판을 받을 권리까지도 당연히 포함된다고 단정할 수 없을 것이고, 모든 사건에 대해 획일적으로 상소할 수 있게 하느냐 않느냐는 특단의 사정이 없는 한 입법정책의 문제이다(헌재 1993.11.25. 91헌바8).　**답** ○

456
☐☐☐
▶ 재판을 받을 권리는 법적 분쟁시 독립된 법원에 의하여 사실관계와 법률관계에 관하여 적어도 한 차례 포괄적인 심사를 받을 수 있는 권리로서 항소심재판을 받을 권리는 포함되나 상고심재판을 받을 권리는 포함되지 않는다. **ㅣ법행 22**　○ ×

▶ 민사소송의 항소인이 인지보정명령에서 정하여진 기간까지 인지보정을 하지 아니한 경우에 원심재판장이 항소장각하명령을 할 수 있도록 한 민사소송법 규정은 항소인의 재판받을 권리를 침해하지 아니한다. **ㅣ법행 22**　○ ×

• 재판받을 권리라는 것은, '법적 분쟁시 독립된 법원에 의하여 사실관계와 법률관계에 관하여 한 번 포괄적으로 심사를 받을 수 있도록 국민이 소송을 제기할 수 있는 권리'로서, 적어도 한 번의 재판을 받을 권리, 적어도 하나의 심급을 요구할 권리인 것이며, 그 구체적인 형성은 입법자의 광범위한 입법재량에 맡겨져 있는 것이다. 즉 헌법 제27조 제1항이 규정하는 재판받을 권리가 항소심재판을 받을 권리도 반드시 포함하는 것은 아니므로, 민사소송에서 항소인이 원심재판장이 정한 인지보정기간 이내에 인지를 보정하지 아니한 경우에 원심재판장으로 하여금 항소장각하명령을 하도록 할지 여부는 기본적으로 민사항소심의 구조와 성격, 민사사법절차의 특성, 인지제도와 원심재판장에 의한 항소장심사제도의 도입취지 등을 고려하여 입법자가 결정할 입법재량에 속하는 문제이며, 따라서 일정한 경우 법률로써 항소심 재판을 받을 기회를 제한하는 것은 가능하다(헌재 2012.7.26. 2009헌바297).
• 헌법이 대법원을 최고법원으로 규정하였다고 하여 대법원이 곧바로 모든 사건을 상고심으로서 관할하여야 한다는 결론이 당연히 도출되는 것은 아니며, "헌법과 법률이 정하는 법관에 의하여 법률에 의한 재판을 받을 권리"가 사건의 경중을 가리지 않고 모든 사건에 대하여 대법원을 구성하는 법관에 의한 균등한 재판을 받을 권리를 의미한다거나 또는 상고심재판을 받을 권리를 의미하는 것이라고 할 수는 없다(헌재 2007.7.26. 2006헌마551).
　답 × / ○

457
☐☐☐
심리불속행제도는 남상고 사건에 대한 신속한 처리를 통해 당사자의 재판을 받을 권리를 충실히 하기 위한 것이므로 위헌이라고 볼 수 없으나, 심리불속행 상고기각 판결 시 일체의 이유를 기재하지 않을 수 있도록 하는 것은, 판결의 적정성 여부, 상고인 주장에 대한 판단누락 등을 살펴볼 기회가 박탈되므로, 재판청구권을 침해한다. **ㅣ법행 21**　○ ×

심리불속행 재판의 판결이유를 생략할 수 있도록 규정한 이 사건 제5조 제1항은 심리불속행제도의 내용을 구성하는 절차적 규정으로서 헌법재판소는 이미 심리불속행제도에 대하여 여러 차례 합헌결정을 선고한 바 있다. 심리불속행 상고기각판결에 이유를 기재한다고 해도, 당사자의 상고이유가 법률상의 상고이유를 실질적으로 포함하고 있는지 여부만을 심리하는 심리불속행 재판의 성격 등에 비추어 현실적으로 특례법 제4조의 심리속행사유에 해당하지 않는다는 정도의 이유기재에 그칠 수밖에 없고, 나아가 그 이상의 이유기재를 하게 하더라도 이는 법령해석의 통일을 주된 임무로 하는 상고심에게 불필요한 부담만 가중시키는 것으로서 심리불속행제도의 입법취지에 반하는 결과를 초래할 수 있으므로, 이 사건 제5조 제1항은 재판청구권 등을 침해하여 위헌이라고 볼 수 없다(헌재 2007.7.26. 2006헌마551).
　답 ×

458 부대항소는 항소가 취하되거나 부적법하여 각하된 때에는 그 효력을 잃는다고 규정한 민사소송법 제404조가 환송 후 항소심에서 항소인이 임의로 항소를 취하하는 경우에까지 적용된다고 보는 것은 부대항소인의 재판받을 권리를 침해한다. ▮법행 22 ○ ×

민사소송법 제393조에 따라 환송 후 항소심에서 항소인이 임의로 항소를 취하하여 결과적으로 부대항소인인 청구인이 항소심 판단을 다시 받지 못하게 되었다고 하더라도 이는 부대항소의 종속성에서 도출되는 당연한 결과이므로 이것 때문에 항소심의 재판을 받을 청구인의 권리가 침해된 것으로 볼 수는 없다(헌재 2005.6.30. 2003헌바117). 답 ×

459 ▸ 재판에 대한 불복기간의 제한은 입법자가 상소심의 구조와 성격 등을 고려하여 결정할 입법재량의 문제이므로, 즉시항고 제기기간에 관하여 민사소송법은 1주로 규정하고 있음에도 형사소송법이 그 절반가량인 3일로 규정한 것은 상대적으로 신속한 확정이 필요한 형사재판의 특성을 반영한 것으로서 그 차별취급에 합리적 이유가 있다. ▮법무사 22 ○ ×

▸ 즉시항고의 제기기간을 3일로 제한한 형사소송법 조항은 재판청구권을 침해한다. ▮법행 23 ○ ×

즉시항고의 제기기간을 3일로 제한하고 있는 형사소송법 제405조는 민사소송, 민사집행, 행정소송, 형사보상절차 등의 즉시항고기간 1주나, 외국의 입법례와 비교하더라도 지나치게 짧다. 즉시항고 자체가 형사소송법상 명문의 규정이 있는 경우에만 허용되므로 기간 연장으로 인한 폐해가 크다고 볼 수도 없는 점 등을 고려하면, 심판대상조항은 즉시항고 제도를 단지 형식적이고 이론적인 권리로서만 기능하게 함으로써 헌법상 재판청구권을 공허하게 하므로 입법재량의 한계를 일탈하여 재판청구권을 침해하는 규정이다(헌재 2018.12.27. 2015헌바77). 답 × / ○

460 상고심의 본래 기능은 하급심의 법령위반을 사후에 심사하여 그 잘못을 바로 잡음으로써 법령의 해석·적용을 통일하는 데 있으므로 형사재판에 있어 양형부당을 이유로 하는 상고는 허용되지 않는다. ▮법행 22 ○ ×

상고심의 본래 기능은 하급심의 법령위반을 사후에 심사하여 그 잘못을 바로 잡음으로써 법령의 해석·적용을 통일하는 데 있다. 다만 상고심의 기능을 법률심으로만 한정하게 되면 경우에 따라서는 피고인에게 지나치게 가혹한 경우가 발생할 가능성을 배제하기 어려운바, 형사소송법 제383조는 상고심이 법률심으로서의 기능을 충실히 할 수 있도록 제1호, 제2호에서 법령위반에 관한 사유를 상고이유로 삼을 수 있도록 하면서도, 제4호를 두어 10년 이상의 중형이 선고된 경우에는 사실오인이나 양형부당을 이유로 하는 상고를 허용하고 있다.…(중략)… 헌법재판소는 형사소송법 제383조 제1호 및 제4호에 관한 2012헌마798 결정, 2016헌바272 결정 및 2010헌바90 등 결정에서, 이 조항들이 상고이유를 제한하고 있는 것은 상고심의 본질과 기능에 따라 적절하게 사법자원을 분배하고 불필요한 상고제기를 방지하여 소송경제를 도모하기 위한 것이므로 이것이 입법형성권의 한계를 현저히 벗어나 청구인들의 재판청구권을 침해한다고 보기 어렵다고 판단한 바 있다. 이 사건에서 위 선례들을 변경할 특별한 사정의 변경이나 필요성이 있다고 보기 어렵다(헌재 2020.3.26. 2018헌바202). 답 ×

461 형사재판에서 피고인이 판결주문에 대한 불복 없이 판결이유에 대한 불복만을 상고이유로 삼을 수 없도록 하는 것은 상고심의 법률심으로서의 기능을 충실히 하고 신속·원활한 재판을 구현하기 위한 것으로서 판결이유에 나타난 사실관계와 관련하여서는 사실심 절차에서 충분히 다툴 수 있으므로 판결이유를 상고이유로 삼을 수 없다 하여 이것이 형사피고인의 재판청구권을 침해하였다고 보기 어렵다. ┃법행 22 ○ ×

상소는 자기에게 불이익한 재판에 대하여 유리하게 취소변경을 구하기 위한 것이고, 재판이 상소인에게 불이익한지 여부는 원칙적으로 재판의 주문을 표준으로 판단하여야 하는바, 피고인이 판결주문에 대한 불복 없이 판결이유에 대한 불복만을 상고이유로 삼을 수 없도록 하는 것은 상고심의 법률심으로서의 기능을 충실히 하고 신속·원활한 재판을 구현하기 위한 것으로서 판결이유상 사실관계와 관련하여서는 사실심 절차에서 충분히 다툴 수 있으므로 판결이유를 상고이유로 삼을 수 없다 하여 이것이 형사피고인의 재판청구권을 침해하였다고 보기 어렵다(헌재 2020.3.26. 2018헌바202). **답** ○

462 법원이 직권으로 치료감호를 선고할 수 있는지 여부는 재판청구권의 적극적 측면은 물론 소극적 측면에도 해당하지 않는다. 따라서 '피고인 스스로 치료감호를 청구할 수 있는 권리'뿐만 아니라 '법원으로부터 직권으로 치료감호를 선고받을 수 있는 권리'는 헌법상 재판청구권의 보호범위에 포함된다고 보기 어렵다. ┃법무사 22 ○ ×

헌재 2021.1.28. 2019헌가24 **답** ○

463 ▶ 검사만 치료감호를 청구할 수 있고 법원은 검사에게 치료감호청구를 요구할 수 있다고만 규정한 치료감호 등에 관한 법률 조항은 피고인 스스로 치료감호를 청구할 수 있는 권리를 인정하고 있지 아니하지만, 재판청구권을 침해하거나 적법절차원칙을 위반한 것은 아니다. ┃법행 22 ○ ×

▶ 검사만 치료감호를 청구할 수 있고 법원은 검사에게 치료감호청구를 요구할 수 있다고 규정한 조항은 재판청구권을 침해한다. ┃법행 23 ○ ×

피고인 스스로 치료감호를 청구할 수 있는 권리나, 법원으로부터 직권으로 치료감호를 선고받을 수 있는 권리는 헌법상 재판청구권의 보호범위에 포함되지 않는다. 공익의 대표자로서 준사법기관적 성격을 가지고 있는 검사에게만 치료감호 청구권한을 부여한 것은, 본질적으로 자유박탈적이고 침익적 처분인 치료감호와 관련하여 재판의 적정성 및 합리성을 기하기 위한 것이므로 적법절차원칙에 반하지 않는다. 그렇다면 이 사건 법률조항들은 재판청구권을 침해하거나 적법절차원칙에 반한다고 보기 어렵다(헌재 2021.1.28. 2019헌가24). **답** ○ / ×

464 검사의 기소유예처분에 대하여 피의자가 불복하여 법원의 재판을 받을 수 있는 절차를 국가가 법률로 마련해야 할 헌법적 의무는 존재하지 않는다. ┃법무사 17 ○ ×

피의자가 범죄혐의를 다투고 있고, 공소제기에 충분한 범죄혐의가 없음에도 기소유예처분을 한 경우에는 예외적으로 불이익한 처분이 될 수 있으나, 이러한 예외적인 상황에 대응하여 기소유예처분에 관한 법원의 일반적인 재판절차를 마련할 것인지 여부는 입법자의 입법형성재량에 기초한 정책적 판단에 따라 결정할 문제로서 헌법해석상으로도 입법의무가 도출된다고 보기 어렵다(헌재 2013.9.26. 2012헌마562). **답** ○

465 수형자와 그가 제기한 민사소송의 소송대리인인 변호사의 접견을 일반 접견에 포함시켜 시간 □□□ 은 30분 이내로, 횟수는 월 4회로 제한하는 규정은 교정시설의 안전과 질서유지 및 소지금지물품의 반입을 예방하려는 공익이 수형자가 입게 되는 불이익보다 크므로 수형자의 재판청구권을 침해하지 아니한다. **┃법행 21**   ○ ×

변호사 접견 시 접견 시간의 최소한을 정하지 않으면 접견실 사정 등 현실적 문제로 실제 접견 시간이 줄어들 가능성이 있고, 변호사와의 접견 횟수와 가족 등과의 접견 횟수를 합산함으로 인하여 수형자가 필요한 시기에 변호사의 조력을 받지 못할 가능성도 높아진다. 접견의 최소시간을 보장하되 이를 보장하기 어려운 특별한 사정이 있는 경우에는 예외적으로 일정한 범위 내에서 이를 단축할 수 있도록 하고, 횟수 또한 별도로 정하면서 이를 적절히 제한한다면, 교정시설 내의 수용질서 및 규율의 유지를 도모하면서도 수형자의 재판청구권을 실효적으로 보장할 수 있을 것이다. 이와 같이 수형자와 소송대리인인 변호사의 접견을 일반 접견에 포함시켜 시간은 30분 이내로, 횟수는 월 4회로 제한한 구 '형의 집행 및 수용자의 처우에 관한 법률 시행령' 관련조항은 법률전문가인 변호사와의 소송상담의 특수성을 고려하지 않고 소송대리인인 변호사와의 접견을 그 성격이 전혀 다른 일반 접견에 포함시켜 접견 시간 및 횟수를 제한함으로써 청구인의 재판청구권을 침해한다(헌재 2015.11.26. 2012헌마 858). **답** ×

466 수형자인 청구인이 헌법소원 사건의 국선대리인인 변호사를 접견함에 있어서 그 접견내용을 □□□ 녹음, 기록한 교도소장의 행위는 교정시설의 규율과 질서유지를 위한 것으로서 정당성이 인정되므로 청구인의 재판을 받을 권리를 침해한다고 보기 어렵다. **┃법행 21**   ○ ×

수형자와 변호사와의 접견내용을 녹음, 녹화하게 되면 그로 인해 제3자인 교도소 측에 접견내용이 그대로 노출되므로 수형자와 변호사는 상담과정에서 상당히 위축될 수밖에 없고, 특히 소송의 상대방이 국가나 교도소 등의 구금시설로서 그 내용이 구금시설 등의 부당처우를 다투는 내용일 경우에 접견내용에 대한 녹음, 녹화는 실질적으로 당사자대등의 원칙에 따른 무기평등을 무력화시킬 수 있다. 변호사는 다른 전문직에 비하여도 더욱 엄격한 직무의 공공성 등이 강조되고 있는 지위에 있으므로, 소송사건의 변호사가 접견을 통하여 수형자와 모의하는 등으로 법령에 저촉되는 행위를 하거나 이에 가담하는 등의 행위를 할 우려는 거의 없다. 또한, 접견의 내용이 소송준비를 위한 상담내용일 수밖에 없는 변호사와의 접견에 있어서 수형자의 교화나 건전한 사회복귀를 위해 접견내용을 녹음, 녹화할 필요성을 생각하는 것도 어렵다. 이 사건에 있어서 청구인과 헌법소원 사건의 국선대리인인 변호사의 접견내용에 대해서는 접견의 목적이나 접견의 상대방 등을 고려할 때 녹음, 기록이 허용되어서는 아니 될 것임에도, 이를 녹음, 기록한 행위는 청구인의 재판을 받을 권리를 침해한다(헌재 2013.9.26. 2011헌마398). **답** ×

467 수용자가 변호사와 접견하는 경우 원칙적으로 접촉차단시설이 설치된 장소에서 하도록 한 □□□ 규정은 과잉금지원칙에 위배하여 수형자의 재판청구권을 지나치게 제한하고 있으므로, 헌법에 위반된다. **┃법행 21**   ○ ×

변호사와 접견하는 경우에도 수용자의 접견은 원칙적으로 접촉차단시설이 설치된 장소에서 하도록 규정하고 있는 형의 집행 및 수용자의 처우에 관한 법률 시행령 제58조 제4항에 따르면 수용자는 효율적인 재판준비를 하는 것이 곤란하게 되고, 특히 교정시설 내에서의 처우에 대하여 국가 등을 상대로 소송을 하는 경우에는 소송의 상대방에게 소송자료를 그대로 노출하게 되어 무기대등의 원칙이 훼손될 수 있다. 변호사 직무의 공공성, 윤리성 및 사회적 책임성은 변호사 접견권을 이용한 증거인멸, 도주 및 마약 등 금지물품 반입 시도 등의 우려를 최소화시킬 수 있으며, 변호사접견이라 하더라도 교정시설의 질서 등을 해할 우려가 있는 특별한 사정이 있는 경우에는 예외를 두도록 한다면 악용될 가능성도 방지할 수 있다. 따라서 이 사건 접견조항은 과잉금지원칙에 위배하여 청구인의 재판청구권을 지나치게 제한하고 있으므로, 헌법에 위반된다(헌재 2013.8.29. 2011헌마122). **답** ○

468 재심은 확정판결에 대한 특별한 불복방법이고 확정판결에 대한 법적 안정성의 요청은 미확정판결에 대한 그것보다 훨씬 크다고 할 것이므로, 재심을 청구할 권리가 헌법 제27조에서 규정한 재판을 받을 권리에 당연히 포함된다고 볼 수는 없다. ▮법원직9급 20　　　○ ✕

＿＿＿＿＿＿＿＿＿＿＿＿＿＿＿＿＿＿＿＿＿＿＿＿＿＿＿＿＿＿＿＿＿＿＿

재심은 확정판결에 대한 특별한 불복방법이고, 확정판결에 대한 법적 안정성의 요청은 미확정판결에 대한 그것보다 훨씬 크다고 할 것이므로 재심을 청구할 권리가 헌법 제27조에서 규정한 재판을 받을 권리에 당연히 포함된다고 할 수 없고, 심판대상법조항에 의한 재심청구의 혜택은 일정한 적법요건하에 헌법재판소법 제68조 제2항에 의한 헌법소원을 청구하여 인용된 자에게는 누구에게나 일반적으로 인정되는 것이고, 헌법소원청구의 기회가 규범적으로 균등하게 보장되어 있기 때문에, 심판대상법조항이 헌법재판소법 제68조 제2항에 의한 헌법소원을 청구하여 인용결정을 받지 않은 사람에게는 재심의 기회를 부여하지 않는다고 하여 청구인의 재판청구권이나 평등권, 재산권과 행복추구권을 침해하였다고는 볼 수 없다(헌재 2000.6.29. 99헌바66).　**답** ○

469 어떤 사유를 재심사유로 정하여 재심을 허용할 것인가는 입법자가 확정판결에 대한 법적 안정성, 재판의 신속·적정성, 법원의 업무부담 등을 고려하여 결정하여야 할 입법정책의 문제이다. ▮법무사 17　　　○ ✕

＿＿＿＿＿＿＿＿＿＿＿＿＿＿＿＿＿＿＿＿＿＿＿＿＿＿＿＿＿＿＿＿＿＿＿

재심청구권 역시 헌법 제27조에서 규정한 재판을 받을 권리에 당연히 포함된다고 할 수 없으며, 어떤 사유를 재심사유로 정하여 재심을 허용할 것인가는 입법자가 확정판결에 대한 법적 안정성, 재판의 신속·적정성, 법원의 업무부담 등을 고려하여 결정하여야 할 입법정책의 문제이다(헌재 2004.12.16. 2003헌바105).　**답** ○

470 재심기각결정이 있는 경우 동일한 이유로 하여서는 다시 재심을 청구하지 못하도록 규정한 형사소송법 관련 조항은 권리구제의 측면에서 불합리하므로 재판청구권을 침해한다. ▮법행 22　　　○ ✕

＿＿＿＿＿＿＿＿＿＿＿＿＿＿＿＿＿＿＿＿＿＿＿＿＿＿＿＿＿＿＿＿＿＿＿

동일한 이유로 다시 재심을 청구하는 것을 금지하는 형사소송법 제434조 제2항은 재심절차가 진행되어 그 청구 이유에 관한 실체적 판단이 한번 이루어진 경우, 확정된 결정의 법적 안정성을 유지하고 동일한 재심 이유에 대해 반복적으로 소송이 제기되는 것을 막아 사법자원의 낭비를 방지하기 위한 것이다. 심판대상조항에 따라 사실상 주장이 동일한 이상, 청구인이 법률상 주장을 달리하여 재심을 재차 청구하는 것이 불가능하나, 법률해석에 관한 이견이나 하급심 법원 간 법 해석의 통일성은 대법원으로 수렴되는 즉시항고절차를 통하여 해결할 수 있는 점 등을 고려할 때 심판대상조항은 청구인의 재판청구권을 침해하지 아니한다(헌재 2020.2.27. 2017헌바420).　**답** ✕

471 재정신청 기각 결정에 대하여 형사소송법의 재항고를 금지하는 것은 법원의 재판이 헌법소원의 대상에서 제외되어 있는 상황 등을 고려할 때 재정신청인의 재판청구권을 침해하는 것으로 볼 수 있다. ▮법행 21　　　○ ✕

＿＿＿＿＿＿＿＿＿＿＿＿＿＿＿＿＿＿＿＿＿＿＿＿＿＿＿＿＿＿＿＿＿＿＿

재정신청 기각결정에 대하여 형사소송법 제415조의 재항고를 금지하는 것은 대법원에 명령·규칙 또는 처분의 위헌·위법 심사권한을 부여하여 법령해석의 통일성을 기하고자 하는 헌법 제107조 제2항의 취지에 반할 뿐 아니라, 헌법재판소법에 의하여 법원의 재판이 헌법소원의 대상에서 제외되어 있는 상황에서 재정신청인의 재판청구권을 지나치게 제약하는 것이 된다. 그리고 법 제415조는 법 제402조와 달리 아무런 예외를 두지 않은 채 이른바 법령위반을 이유로 즉시항고할 수 있다고 규정하고 있고, …(중략)… 민사소송법은 재항고(제442조)뿐만 아니라 불복할 수 없는 결정이나 명령에 대하여 이른바 법령위반을 이유로 대법원에 특별항고를 할 수 있도록 하고 있다(제449조). …(중략)… 이러한 사정들을 고려할 때, 법 제262조 제4항의 "불복할 수 없다."는 부분은, 재정신청 기각결정에 대한 '불복'에 법 제415조의 '재항고'가 포함되는 것으로 해석하는 한, 재정신청인 청구인들의 재판청구권을 침해하고, 또 법 제415조의 재항고가 허용되는 고등법원의 여타 결정을 받은 사람에 비하여 합리적 이유 없이 재정신청인을 차별취급함으로써 청구인들의 평등권을 침해한다(헌재 2011.11.24. 2008헌마 578). **답** ○

472
☐☐☐ 의견제출 기한 내에 감경된 과태료를 자진납부한 경우 해당 질서위반행위에 대한 과태료 부과 및 징수절차는 종료한다고 규정한 조항은 재판청구권을 침해한다. ▎법행 23 ○ ×

....

행정청이 과태료를 부과하기 전에 미리 당사자에게 사전통지를 하면서 의견제출 기한을 부여하고, 그 기한 내에 과태료를 자진납부한 당사자에게 과태료 감경의 혜택을 부여하는 주된 목적은 과태료를 신속하고 효율적으로 징수하려는 것인 점, 당사자는 의견제출 기간 내에 과태료를 자진납부하여 과태료의 감경을 받을 것인지, 아니면 과태료의 부과 여부나 그 액수를 다투어 법원을 통한 과태료 재판을 받을 것인지를 선택할 수 있는 점 등을 고려하면, 의견제출 기한 내에 감경된 과태료를 자진 납부하는 경우 해당 질서위반행위에 대한 과태료 부과 및 징수절차가 종료되도록 함으로써 당사자가 질서위반행위규제법에 따라 의견을 제출하거나 이의를 제기할 수 없도록 하였다고 하더라도, 이것이 입법형성의 한계를 일탈하여 재판청구권을 침해하였다거나 당사자의 의견제출 권리를 충분히 보장하지 않음으로써 적법절차원칙을 위반하였다고 보기 어렵다(헌재 2019.12.27. 2017헌바413). **답** ×

473
☐☐☐ 디엔에이감식시료채취영장 발부 과정에서 채취대상자에게 자신의 의견을 밝히거나 영장 발부 후 불복할 수 있는 절차 등을 규정하고 있지 않고, 채취행위의 위법성 확인을 청구할 수 있도록 하는 구제절차도 마련하고 있지 아니한 법률 규정은 청구인의 재판청구권을 침해한다.

▎법행 21 ○ ×

....

이 사건 영장절차 조항은 채취대상자에게 디엔에이감식시료채취영장 발부 과정에서 자신의 의견을 진술할 수 있는 기회를 절차적으로 보장하고 있지 않을 뿐만 아니라, 발부 후 그 영장 발부에 대하여 불복할 수 있는 기회를 주거나 채취행위의 위법성 확인을 청구할 수 있도록 하는 구제절차마저 마련하고 있지 않다. 위와 같은 입법상의 불비가 있는 이 사건 영장절차 조항은 채취대상자인 청구인들의 재판청구권을 과도하게 제한하므로, 침해의 최소성 원칙에 위반된다 …(중략)… 따라서 이 사건 영장절차 조항은 과잉금지원칙을 위반하여 청구인들의 재판청구권을 침해한다(헌재 2018.8.30. 2016헌마344). **답** ○

474
☐☐☐ ▶ 특허무효심결에 대한 소는 심결의 등본을 송달받은 날부터 30일 이내에 제기하도록 한 조항은 재판청구권을 침해한다. ▎법행 23 ○ ×

▶ 특허법이 규정하고 있는 30일의 제소기간은 90일의 제소기간을 규정하고 있는 행정소송법에 비하여 지나치게 짧아 특허무효심결에 대하여 소송으로 다투고자 하는 당사자의 재판청구권 행사를 불가능하게 하거나 현저히 곤란하게 하여 헌법에 위반된다. ▎법원직9급 22

○ ×

특허권의 효력 여부에 대한 분쟁은 신속히 확정할 필요가 있는 점, 특허무효심판에 대한 심결은 특허법이 열거하고 있는 무효사유에 대해 특허법이 정한 방법과 절차에 따라 청구인과 특허권자가 다툰 후 심결의 이유를 기재한 서면에 의하여 이루어지는 것이므로, 당사자가 그 심결에 대하여 불복할 것인지를 결정하고 이를 준비하는 데 그리 많은 시간이 필요하지 않은 점, 특허법은 심판장으로 하여금 30일의 제소기간에 부가기간을 정할 수 있도록 하고 있고, 제소기간 도과에 대하여 추후보완이 허용되기도 하는 점 등을 종합하여 보면, 특허무효심결에 대한 소는 심결의 등본을 송달받은 날부터 30일 이내에 제기하도록 한 특허법 조항이 정하고 있는 <u>30일의 제소기간이 지나치게 짧아 특허무효심결에 대하여 소송으로 다투고자 하는 당사자의 재판청구권 행사를 불가능하게 하거나 현저히 곤란하게 한다고 할 수 없으므로, 재판청구권을 침해하지 아니한다</u>(헌재 2018.8.30. 2017헌바258).

답 × / ×

475 민사소송에서 소장·준비서면, 그 밖의 소송기록에 의하여 청구가 이유 없음이 명백한 때 □□□ 등 소송비용에 대한 담보제공이 필요하다고 판단되는 경우에 피고의 신청이 있으면 원고에게 소송비용에 대한 담보를 제공하도록 명하여야 한다고 규정한 민사소송법 규정은 피고의 소송비용상환청구권의 이행을 확보해 줌으로써 피고의 소송비용에 대한 부담을 덜고, 원고가 명백히 부당한 소송을 제기하거나 남소를 제기하는 것을 방지하여 사법자원의 효율적 활용과 합리적 분배에 기여하므로 과잉금지원칙에 반하여 원고의 재판청구권을 침해한다고 볼 수 없다.

| 법행 22   ○ ×

심판대상조항을 통하여 피고의 소송비용상환청구권의 이행을 확보해 줌으로써 소송 방어를 위해 응소할 수밖에 없는 피고의 소송비용에 대한 부담을 덜고, 동시에 원고가 명백히 부당한 소송을 제기하거나 남소를 제기하는 것을 방지하여 사법자원의 효율적 활용과 합리적 분배에 기여하도록 할 필요성은 크다. 심판대상조항으로 인하여 원고의 법원에의 접근이 어느 정도 제한된다고 하더라도, 그것이 심판대상조항을 통하여 달성하려는 공익보다 무겁다고 할 수 없으므로 심판대상조항은 법익의 균형성도 갖추었다(헌재 2019.4.11. 2018헌바431).   답 ○

476 권리남용으로 인한 패소의 경우에 소송비용 부담에 관한 별도의 예외 규정을 두지 않았다는 □□□ 점을 이유로 민사소송법 제98조가 재판청구권을 침해한다고 볼 수 없다. | 법행 21   ○ ×

민사소송법 제98조가 소송당사자의 실효적인 권리구제를 보장하고, 남소와 남상소를 방지하기 위해 원칙적으로 패소한 당사자에게 소송비용을 부담시키는 것은 합리적인 이유가 인정된다. 또한 민사소송법 제99조 내지 제101조는 소송비용의 패소자부담원칙에 일정한 예외를 인정하고, 민사소송법, 민사소송비용법, 대법원규칙 등에서 소송비용의 범위와 액수를 한정하며, 소송비용 확정결정에 대한 즉시항고제도나 소송구조제도를 두어 기본권 제한을 최소화하고 있으므로 재판청구권을 과도하게 제한한다고 볼 수 없다. 나아가 권리남용의 성격 및 소송비용부담의 예외규정이 존재하는 점을 고려하면 권리남용의 경우에 별도의 예외를 두지 않았다고 하더라도 민사소송법 제98조가 재판청구권을 침해하였다고 볼 수 없다(헌재 2013.5.30. 2012헌바335).   답 ○

477 민사 소액사건에서 소송기록에 의하여 청구가 이유 없음이 명백한 때 법원이 변론 없이 청구를 □□□ 기각할 수 있도록 한 법률 규정은 소액 사건이 소송비용 부담이 크지 않고, 소송절차에 편의적인 규정에 따라 소송절차를 남용할 가능성이 다른 민사사건에 비하여 크다는 점에서 합리적인 이유가 있다고 할 것이므로 평등원칙에 위배되지 않는다. | 법행 22   ○ ×

소액사건은 소송비용 부담이 크지 않고, 소송절차에 편의적인 규정에 따라 소송절차를 남용할 가능성이 다른 민사사건에 비하여 크다고 할 수 있으므로 청구가 이유 없음이 명백한 사건에 대해 구두변론을 거치지 않고 청구기각 판결을 선고할 수 있도록 한 심판대상조항은 합리적인 이유가 있다. 따라서 심판대상조항은 평등원칙에 위배되지 않는다(헌재 2021.6.24. 2019헌바133).　　　　　　　　　　　　　　답 ○

478
□□□ 형사소송에서 발생하는 제반 비용 중 어떤 범위의 것을 '소송비용'으로 할 것인지, 이를 누구의 부담으로 할 것인지 그리고 그 비용집행의 면제 사유 등은 형사소송의 구조, 절차 운영의 적정성, 국가 재정, 국민의 법 감정 등에 따라 정해지는 입법정책적 문제라고 할 수 있다.　　‖ 법행 22　　　　　　　　　　　　　○ ×

헌재 2021.2.25. 2019헌바64　　　　　　　　　　　　　　　　　　　　　답 ○

479
□□□ 형사재판에서 형의 선고와 함께 소송비용 부담의 재판을 받은 피고인이 '빈곤'을 이유로 해서만 집행면제를 신청할 수 있도록 한 형사소송법 규정은 '빈곤'이 경제적 사정으로 소송비용을 납부할 수 없는 경우를 지칭하는 것으로 해석될 수 있으므로 명확성의 원칙에는 위배되지 아니하나, 피고인의 방어 방법 제출이나 정식재판 청구 또는 상소 가능성을 과도하게 제한하므로 재판청구권을 침해한다.　　‖ 법행 22　　　　　　　　　　　　　　　　○ ×

'빈곤'은 경제적 사정으로 소송비용을 납부할 수 없는 경우를 지칭하는 것으로 해석될 수 있으므로 집행면제 신청 조항은 명확성원칙에 위배되지 않는다. 소송비용의 범위가 '형사소송비용 등에 관한 법률'에서 정한 증인·감정인·통역인 또는 번역인과 관련된 비용 등으로 제한되어 있고, 법원이 피고인에게 소송비용 부담을 명하는 재판을 할 때에 피고인의 방어권 남용 여부, 경제력 능력 등을 종합적으로 고려하여 소송비용 부담 여부 및 그 정도를 정하므로, 소송비용 부담의 재판이 확정된 이후에 빈곤 외에 다른 사유를 참작할 여지가 크지 않다. 따라서 집행면제 신청 조항은 피고인의 재판청구권을 침해하지 아니한다(헌재 2021.2.25. 2019헌바64).　　　答 ×

480
□□□ 형사재판에서 법원이 형의 선고를 하는 때에는 피고인에게 소송비용의 전부 또는 일부를 부담하게 하여야 한다고 규정한 형사소송법 조항은 피고인의 방어권 남용을 방지하는 측면이 있고, 법원은 피고인의 방어권 행사의 적정성, 경제적 능력 등을 종합적으로 고려하여 피고인에 대한 소송비용 부담 여부 및 그 정도를 재량으로 정함으로써 사법제도의 적절한 운영을 도모할 수 있다는 점에서 피고인의 재판청구권을 침해하지 아니한다.　　‖ 법행 22　　　　　○ ×

형의 선고를 하는 때에 피고인에게 소송비용의 부담을 명하는 근거가 되는 형사소송법 제186조 제1항은 형사재판 절차에서 피고인의 방어권 남용을 방지하는 측면이 있고, 법원은 피고인의 방어권 행사의 적정성, 경제적 능력 등을 종합적으로 고려하여 피고인에 대한 소송비용 부담 여부 및 그 정도를 재량으로 정함으로써 사법제도의 적절한 운영을 도모할 수 있다. 소송비용의 범위도 '형사소송비용 등에 관한 법률'에서 정한 증인·감정인·통역인 또는 번역인과 관련된 비용 등으로 제한되어 있고 피고인은 소송비용 부담 재판에 대해 불복할 수 있으며 빈곤을 이유로 추후 집행 면제를 신청할 수도 있다. 따라서 심판대상조항은 피고인의 재판청구권을 침해하지 아니한다(헌재 2021.2.25. 2018헌바224).　　答 ○

481 군인이 상관의 지시나 명령에 대하여 재판청구권을 행사하는 경우에 그것이 위법·위헌인 지시와 명령을 시정하려는 데 목적이 있을 뿐, 군 내부의 상명하복관계를 파괴하고 명령불복종 수단으로서 재판청구권의 외형만을 빌리거나 그밖에 다른 불순한 의도가 있지 않다면, 정당한 기본권의 행사이므로 군인의 복종의무를 위반하였다고 볼 수 없다. **ㅣ법원직9급 22**　　○ ×

．．．

대판[전합] 2018.3.22. 2012두26401　　**답** ○

482 특수임무수행자 등이 보상금 등의 지급결정에 동의한 때에는 특수임무수행 또는 이와 관련한 교육훈련으로 입은 피해 중 '정신적 손해'에 대하여 재판상 화해가 성립된 것으로 보는 조항은 재판청구권을 침해한다. **ㅣ법행 23**　　○ ×

．．．

특수임무수행자보상심의위원회는 위원 구성에 제3자성과 독립성이 보장되어 있고, 보상금등 지급 심의절차의 공정성과 신중성이 갖추어져 있다. 특수임무수행자는 보상금등 지급결정에 동의할 것인지 여부를 자유롭게 선택할 수 있으며, 보상금등을 지급받을 경우 향후 재판상 청구를 할 수 없음을 명확히 고지받고 있다. 보상금 중 기본공로금은 채용·입대경위, 교육훈련여건, 특수임무종결일 이후의 처리사항 등을 고려하여 위원회가 정한 금액으로 지급되는데, 위원회는 음성적 모집 여부, 기본권 미보장 여부, 인권유린, 종결 후 사후관리 미흡 등을 참작하여 구체적인 액수를 정하므로, 여기에는 특수임무교육훈련에 관한 정신적 손해 배상 또는 보상에 해당하는 금원이 포함된다. 특수임무수행자는 보상금등 산정과정에서 국가 행위의 불법성이나 구체적인 손해 항목 등을 주장·입증할 필요가 없고 특수임무수행자의 과실이 반영되지도 않으며, 국가배상청구에 상당한 시간과 비용이 소요되는 데 반해 보상금등 지급결정은 비교적 간이·신속한 점까지 고려하면, 특임자보상법령이 정한 보상금등을 지급받는 것이 국가배상을 받는 것에 비해 일률적으로 과소 보상된다고 할 수도 없다. 따라서 <u>특수임무수행자 등이 보상금 등의 지급결정에 동의한 때에는 특수임무수행 또는 이와 관련한 교육훈련으로 입은 피해에 대하여 재판상 화해가 성립된 것으로 보는 '특수임무수행자 보상에 관한 법률' 조항이 과잉금지원칙을 위반하여 국가배상청구권 또는 재판청구권을 침해한다고 보기 어렵다</u>(헌재 2021.9.30. 2019헌가28).　　**답** ×

483 법정소동죄 등을 규정한 형법 제138조에서의 '법원의 재판'에 헌법의 규정에 따라 헌법재판소 가 담당하게 된 '헌법재판'도 포함된다. **ㅣ법원직9급 22**　　○ ×

．．．

법원의 재판 또는 국회의 심의를 방해 또는 위협할 목적으로 법정이나 국회회의장 또는 그부근에서 모욕 또는 소동한 자를 처벌하는 형법 제138조(이하 '본조'라고 한다)의 규정은, 법원 혹은 국회라는 국가기관을 보호하기 위한 것이 아니라 법원의 재판기능 및 국회의 심의기능을 보호하기 위하여 마련된 것으로, 제정 당시 그 입법경위를 살펴보면 행정기관의 일상적인 행정업무와 차별화되는 위 각 기능의 중요성 및 신성성에도 불구하고 경찰력 등 자체적 권력집행수단을 갖추지 못한 국가기관의 한계에서 생길 수 있는 재판 및 입법기능에 대한 보호의 흠결을 보완하기 위한 것임을 알 수 있다. 이와 같은 본조의 보호법익 및 입법취지에 비추어 볼 때 헌법재판소의 헌법재판기능을 본조의 적용대상에서 제외하는 해석이 입법의 의도라고는 보기 어렵다. …(중략)… 이는 본조의 적용대상으로 규정한 법원의 '재판기능'에 '헌법재판기능'이 포함된다고 보는 것이 입법 취지나 문언의 통상적인 의미에 보다 충실한 해석임을 나타낸다. …(중략)… 헌법재판소법에서 심판정을 '법정'이라고 부르기도 하고, 다른 절차에 대해서는 자체적으로 규정하고 있으면서도 심판정에서의 심판 및 질서유지에 관해서는 법원조직법의 규정을 준용하는 것은(헌법재판소법 제35조) 법원의 법정에서의 재판작용 수행과 헌법재판소의 심판정에서의 헌법재판작용 수행 사이에는 본질적인 차이가 없음을 나타내는 것으로 볼 수 있다. 결국, 본조에서의 법원의 재판에 헌법재판소의 심판이 포함된다고 보는 해석론은 문언이 가지는 가능한 의미의 범위 안에서 그 입법 취지와 목적 등을 고려하여 문언의 논리적 의미를 분명히 밝히는 체계적 해석에 해당할 뿐, 피고인에게 불리한 확장해석이 나 유추해석이 아니라고 볼 수 있다(대판 2021.8.26. 2020도12017).　　**답** ○

헌법 제27조   ② 군인 또는 군무원이 아닌 국민은 대한민국의 영역안에서는 중대한 (군사상 기밀 · 초병 · 초소 · 유독음식물공급 · 포로 · 군용물)에 관한 죄 중 법률이 정한 경우와 (비상계엄)이 선포된 경우를 제외하고는 군사법원의 재판을 받지 아니한다.

484 군인 또는 군무원이 아닌 국민은 대한민국의 영역 안에서는 중대한 군사상 기밀 · 초병 · 초소 · 유독음식물공급 · 포로 · 군용물에 관한 죄 중 법률이 정한 경우와 비상계엄이 선포된 경우를 제외하고는 군사법원의 재판을 받지 아니한다. **|법무사 20**   ○ ×

헌법 제27조 제2항   답 ○

485 군사시설 중 전투용에 공하는 시설을 손괴한 일반 국민이 항상 군사법원에서 재판받도록 하는 구 군사법원법 조항이 헌법과 법률이 정한 법관에 의한 재판을 받을 권리를 침해한다고 볼 수 없다. **|법행 21**   ○ ×

구 군형법 제69조 중 '전투용에 공하는 시설'은 '군사목적에 직접 공용되는 시설'로 항상 '군사시설'에 해당한다. 군용물 · 군사시설에 관한 죄를 병렬적으로 규정하고 있었던 구 헌법 제26조 제2항에서 '군용물'은 명백히 '군사시설'을 포함하지 않는 개념으로 사용된 점, 군사시설에 관한 죄를 범한 민간인에 대한 군사법원의 재판권을 제외하는 것을 명백히 의도한 헌법 개정 경과 등을 종합하면, 군인 또는 군무원이 아닌 국민에 대한 군사법원의 예외적인 재판권을 정한 헌법 제27조 제2항에 규정된 군용물에는 군사시설이 포함되지 않는다. 그렇다면 '군사시설' 중 '전투용에 공하는 시설'을 손괴한 일반 국민이 항상 군사법원에서 재판받도록 하는 이 사건 법률조항은, 비상계엄이 선포된 경우를 제외하고는 '군사시설'에 관한 죄를 범한 군인 또는 군무원이 아닌 일반 국민은 군사법원의 재판을 받지 아니하도록 규정한 헌법 제27조 제2항에 위반되고, 국민이 헌법과 법률이 정한 법관에 의한 재판을 받을 권리를 침해한다(헌재 2013.11.28. 2012헌가10).   답 ×

486 현역병이 군대 입대 전에 범한 범죄에 대하여 군사법원의 재판권을 규정하고 있는 군사법원법 조항은 현역병의 재판청구권을 침해하여 위헌이다. **|법무사 17**   ○ ×

군대는 각종 훈련 및 작전 수행 등으로 인해 근무시간이 정해져 있지 않고 집단적 병영(兵營)생활 및 작전위수(衛戍)구역으로 인한 생활공간적인 제약 등, 군대의 특수성으로 인하여 일단 군인신분을 취득한 군인이 군대 외부의 일반법원에서 재판을 받는 것은 군대조직의 효율적인 운영을 저해하고, 현실적으로도 군인이 수감 중인 상태에서 일반법원의 재판을 받기 위해서는 상당한 비용 · 인력 및 시간이 소요되므로 이러한 군의 특수성 및 전문성을 고려할 때 군인신분 취득 전에 범한 죄에 대하여 군사법원에서 재판을 받도록 하는 것은 합리적인 이유가 있다. 또한, 형사재판에 있어 범죄사실의 확정과 책임은 행위 시를 기준으로 하지만, 재판권 유무는 원칙적으로 재판시점을 기준으로 해야 하며, 형사재판은 유죄 인정과 양형이 복합되어 있는데 양형은 일반적으로 재판받을 당시, 즉 선고시점의 피고인의 군인신분을 주요 고려 요소로 해 군의 특수성을 반영할 수 있어야 하므로, 이러한 양형은 군사법원에서 담당하도록 하는 것이 타당하다. 나아가 군사법원의 상고심은 대법원에서 관할하고 군사법원에 관한 내부규율을 정함에 있어서도 대법원이 종국적인 관여를 하고 있으므로 이 사건 법률조항이 군사법원의 재판권과 군인의 재판청구권을 형성함에 있어 그 재량의 헌법적 한계를 벗어났다고 볼 수 없다(헌재 2009.7.30. 2008헌바162).   답 ×

헌법 제27조 ③ (모든) 국민은 (신속한 재판)을 받을 권리를 가진다. (형사피고인)은 상당한 이유가 없는 한 지체 없이 (공개재판)을 받을 권리를 가진다.

헌법 제109조 재판의 (심리와 판결)은 공개한다. 다만, (심리)는 (국가의 안전보장) 또는 (안녕질서)를 방해하거나 (선량한 풍속)을 해할 염려가 있을 때에는 (법원의 결정)으로 공개하지 아니할 수 있다.

487
□□□ 헌법에 재판청구권의 내용으로 신속한 재판을 받을 권리가 명시적으로 규정되어 있지 않다.
┃법무사 20 ○ ×

모든 국민은 신속한 재판을 받을 권리를 가진다. 형사피고인은 상당한 이유가 없는 한 지체없이 공개재판을 받을 권리를 가진다(헌법 제27조 제3항). **답** ×

488
□□□ 우리 헌법은 공정하고 신속한 공개재판을 받을 권리를 보장하고 있다. ┃법원직9급 20 ○ ×

헌법은 제27조 제1항에서 "모든 국민은 헌법과 법률이 정한 법관에 의하여 법률에 의한 재판을 받을 권리를 가진다." 라고 규정하고 같은 조 제3항에서 "모든 국민은 신속한 재판을 받을 권리를 가진다. 형사피고인은 상당한 이유가 없는 한 지체없이 공개재판을 받을 권리를 가진다"라고 규정하여 공정하고 신속한 공개재판을 받을 권리를 보장하고 있는바, 이 재판청구권은 재판절차를 규율하는 법률과 재판에서 적용될 실체적 법률이 모두 합헌적이어야 한다는 의미에서의 법률에 의한 재판을 받을 권리뿐만 아니라, 비밀재판을 배제하고 일반 국민의 감시하에서 심리와 판결을 받음으로써 공정한 재판을 받을 수 있는 권리를 포함하고 있다(헌재 1996.12.26. 94헌바1). **답** ○

4 **공정한 재판을 받을 권리**

489
□□□ 공정한 재판을 받을 권리 속에는 당사자주의와 구두변론주의가 보장되어 당사자가 공소사실에 대한 답변과 입증 및 반증을 하는 등 공격·방어권이 충분히 보장되는 재판을 받을 권리가 포함되어 있다. ┃법원직9급 20 ○ ×

공정한 재판을 받을 권리 속에는 신속하고 공개된 법정의 법관의 면전에서 모든 증거자료가 조사·진술되고 이에 대하여 피고인이 공격·방어할 수 있는 기회가 보장되는 재판, 즉 원칙적으로 당사자주의와 구두변론주의가 보장되어 당사자가 공소사실에 대한 답변과 입증 및 반증하는 등 공격·방어권이 충분히 보장되는 재판을 받을 권리가 포함되어 있다(헌재 1996.12.26. 94헌바1). **답** ○

490
□□□ 헌법에 '공정한 재판'에 관한 명문의 규정은 없지만, 재판청구권이 국민에게 효율적인 권리보호를 제공하기 위해서는 법원에 의한 재판이 공정하여야 할 것임은 당연하므로 '공정한 재판을 받을 권리'는 헌법 제27조의 재판청구권에 의하여 함께 보장된다고 보아야 한다. ┃법무사 20·22
○ ×

헌법재판소도 헌법 제27조 제1항의 내용을 '공정한 재판을 받을 권리'로 해석하고 있다(헌재 2018.7.26. 2016헌바159). **답** ○

491 재판청구권에는 민사재판, 형사재판, 행정재판뿐만 아니라 헌법재판을 받을 권리도 포함되므로, 헌법상 보장되는 기본권인 '공정한 재판을 받을 권리'에는 '공정한 헌법재판을 받을 권리'도 포함된다. **ǀ법행 21, 법원직9급 21** ○ ×

헌법 제27조는 국민의 재판청구권을 보장하고 있는데, 여기에는 공정한 재판을 받을 권리가 포함되어 있다. 그런데 재판청구권에는 민사재판, 형사재판, 행정재판뿐만 아니라 헌법재판을 받을 권리도 포함되므로, 헌법상 보장되는 기본권인 '공정한 재판을 받을 권리'에는 '공정한 헌법재판을 받을 권리'도 포함된다(헌재 2016.11.24. 2015헌마902). **답** ○

492 ▶ 위험발생의 염려가 있는 압수물의 폐기에 관한 규정은 엄격히 해석할 필요가 있으므로 형법상 가중적 구성요건요소의 하나인 흉기나 위험한 물건이라도 보관 자체에 위험이 없는 압수물을 폐기하는 것은 공정한 재판을 받을 권리를 침해한다. **ǀ법행 21** ○ ×

▶ 보관 자체가 위험하다고 볼 수 없어 '위험발생의 염려가 있는 압수물'로 볼 수 없는 압수물이라도 기본적으로 그 소유자에게 처분의 자유가 있으므로, 피압수자의 소유권포기가 있으면 폐기가 허용된다. **ǀ법행 21** ○ ×

압수물은 검사의 이익을 위해서 뿐만 아니라 이에 대한 증거신청을 통하여 무죄를 입증하고자 하는 피고인의 이익을 위해서도 존재하므로 사건종결 시까지 이를 그대로 보존할 필요성이 있다. 따라서 사건종결 전 일반적 압수물의 폐기를 규정하고 있는 형사소송법 제130조 제2항은 엄격히 해석할 필요가 있으므로, <u>위 법률조항에서 말하는 '위험발생의 염려가 있는 압수물'이란 사람의 생명, 신체, 건강, 재산에 위해를 줄 수 있는 물건으로서 보관 자체가 대단히 위험하여 종국판결이 선고될 때까지 보관하기 매우 곤란한 압수물을 의미하는 것으로 보아야 하고, 이러한 사유에 해당하지 아니하는 압수물에 대하여는 설사 피압수자의 소유권포기가 있다 하더라도 폐기가 허용되지 아니한다</u>고 해석하여야 한다. 피청구인은 이 사건 압수물을 보관하는 것 자체가 위험하다고 볼 수 없을 뿐만 아니라 이를 보관하는 데 아무런 불편이 없는 물건임이 명백함에도 압수물에 대하여 소유권포기가 있다는 이유로 이를 사건종결 전에 폐기하였는바, 위와 같은 피청구인의 행위는 적법절차의 원칙을 위반하고, 청구인의 공정한 재판을 받을 권리를 침해한 것이다(헌재 2012.12.27. 2011헌마351). **답** ○ / ×

---

5 무죄추정의 원칙

헌법 제27조	④ (형사피고인)은 유죄의 판결이 (확정)될 때까지는 (무죄로 추정)된다.

493 형사피고인은 유죄의 판결이 선고될 때까지는 무죄로 추정된다. **ǀ법무사 19** ○ ×

형사피고인은 유죄의 판결이 <u>확정될 때까지는</u> 무죄로 추정된다(헌법 제27조 제4항). **답** ×

494
▫▫▫
▸ 법관으로 하여금 미결구금일수를 형기에 산입하되, 그 산입범위는 재량에 의하여 결정하도록 한 형법 조항은 헌법상 무죄추정의 원칙 및 적법절차의 원칙을 위배하여 신체의 자유를 침해한다. ▌법무사 20 ○ ✕

▸ 판결선고 전의 구금일수 중 일부를 형기에 산입하지 않을 수 있도록 한 규정은 무죄추정의 원칙에 위반된다. ▌법행 23 ○ ✕

헌법상 무죄추정의 원칙에 따라 유죄판결이 확정되기 전에 피의자 또는 피고인을 죄 있는 자에 준하여 취급함으로써 법률적·사실적 측면에서 유형·무형의 불이익을 주어서는 아니 되고, 특히 미결구금은 신체의 자유를 침해받는 피의자 또는 피고인의 입장에서 보면 실질적으로 자유형의 집행과 다를 바 없으므로, 인권보호 및 공평의 원칙상 형기에 전부 산입되어야 한다. 따라서 형법 제57조 제1항 중 "또는 일부 부분"은 헌법상 무죄추정의 원칙 및 적법절차의 원칙 등을 위배하여 합리성과 정당성 없이 신체의 자유를 침해한다(헌재 2009.6.25. 2007헌바25).

답 ○ / ○

495
▫▫▫
무죄추정의 원칙은 증거법에 국한된 원칙이 아니라 수사절차에서 공판절차에 이르기까지 형사절차의 전과정을 지배하는 지도원리로서 인신의 구속 자체를 제한하는 원리로 작용한다. ▌법행 23 ○ ✕

헌법이 신체의 자유를 철저히 보장하기 위하여 두고 있는 여러 규정 중의 하나인 헌법 제27조 제4항은 "형사피고인은 유죄의 판결이 확정될 때까지는 무죄로 추정된다."라고 하여 무죄추정의 원칙 내지 피고인의 무죄추정권을 규정하고 있는데 이러한 무죄추정권은, 공판절차에 선행하는 수사절차의 단계에 위치한, 피의자에 대하여도 당연히 인정된다. 무죄추정의 원칙은 증거법에 국한된 원칙이 아니라 수사절차에서 공판절차에 이르기까지 형사절차의 전과정을 지배하는 지도원리로서 인신의 구속 자체를 제한하는 원리로 작용한다(헌재 2003.11.27. 2002헌마193).

답 ○

496
▫▫▫
무죄추정의 원칙상 금지되는 '불이익'이란 '범죄사실의 인정 또는 유죄를 전제로 그에 대하여 법률적·사실적 측면에서 유형·무형의 차별취급을 가하는 유죄인정의 효과로서의 불이익'을 뜻하고, 이는 비단 형사절차 내에서의 불이익뿐만 아니라 기타 일반 법생활 영역에서의 기본권 제한과 같은 경우에도 적용된다. ▌법행 23 ○ ✕

헌재 2010.9.2. 2010헌마418

답 ○

497
▫▫▫
지방자치단체의 장이 공소제기된 후 구금상태에 있는 경우 부단체장이 그 권한을 대행하도록 하였더라도 무죄추정의 원칙에 반하지 아니한다. ▌법행 23 ○ ✕

지방자치단체의 장이 '공소제기된 후 구금상태에 있는 경우' 부단체장이 그 권한을 대행하도록 규정한 지방자치법 조항은 공소 제기된 자로서 구금되었다는 사실 자체에 사회적 비난의 의미를 부여한다거나 그 유죄의 개연성에 근거하여 직무를 정지시키는 것이 아니라, 구금의 효과, 즉 구속되어 있는 자치단체장의 물리적 부재상태로 말미암아 자치단체행정의 원활하고 계속적인 운영에 위험이 발생할 것이 명백하여 이를 미연에 방지하기 위하여 직무를 정지시키는 것이므로, '범죄사실의 인정 또는 유죄의 인정에서 비롯되는 불이익'이라거나 '유죄를 근거로 하는 사회윤리적 비난'이라고 볼 수 없다. 따라서 무죄추정의 원칙에 위반되지 않는다(헌재 2011.4.28. 2010헌마474).

답 ○

498 국민기초생활 보장법상의 수급권자가 구치소에 수감되어 형이 확정되지 않았음에도 기초생활
□□□ 보장급여의 지급대상에서 제외하는 것은 무죄추정의 원칙에 위반된다고 볼 수 없다.
┃법행 23　　　　　　　　　　　　　　　　　　　　　　　　　　　　　　○ ×

'국민기초생활 보장법'상의 수급권자가 구치소에 수감되어 형이 확정되지 않은 상황에서 개별가구에서 제외되는
것은 그 사람을 유죄로 취급하여 어떠한 불이익을 주기 위한 것이 아니라 '국민기초생활 보장법'의 보충급여의
원칙에 따라 다른 법령에 의하여 생계유지의 보호를 받게 되는 경우, 중복적인 보장을 피하기 위해 개별가구에서
제외시키는 것으로 이를 '유죄인정의 효과'로서의 불이익이라고 볼 수 없는바, 이 사건 조항이 무죄추정의 원칙에
위반된다고 볼 수 없다(헌재 2011.3.31. 2009헌마617).　　　　　　　　　　　　　　　　답 ○

6　형사피해자의 재판절차진술권

> **헌법 제27조**　　⑤ (형사피해자는) 법률이 정하는 바에 의하여 (당해) 사건의 재판절차에서 진술할 수 있다.

499 형사피해자는 법률이 정하는 바에 의하여 당해 사건의 재판절차에서 진술할 수 있다.
□□□ ┃법무사 20, 법원직9급 21　　　　　　　　　　　　　　　　　　　　　　　　○ ×

헌법 제27조 제5항　　　　　　　　　　　　　　　　　　　　　　　　　　　　답 ○

7　국민참여재판

500 헌법소원심판 청구가 허용되지 않는 법원의 재판에는 재판 자체뿐만 아니라 재판 심리와 절차
□□□ 에 관한 법원의 공권적 판단도 포함되므로, 국민참여재판 배제결정은 헌법소원심판의 대상이
될 수 없다. ┃법행 22　　　　　　　　　　　　　　　　　　　　　　　　　　　　○ ×

헌법재판소법 제68조 제1항 본문은 공권력의 행사 또는 불행사로 인하여 헌법상 보장된 기본권을 침해받은 자는
법원의 재판을 제외하고는 헌법재판소에 헌법소원심판을 청구할 수 있다고 규정하고 있으므로 원칙적으로 법원의
재판을 대상으로 하는 헌법소원심판청구는 허용되지 아니하고, 다만 헌법재판소가 위헌으로 결정한 법령을 적용함
으로써 국민의 기본권을 침해한 재판에 대하여만 헌법재판소법 제68조 제1항에 의한 헌법소원심판을 청구할
수 있다. 이러한 '법원의 재판'에는 재판 자체뿐만 아니라 재판 심리와 절차에 관한 법원의 공권적 판단도 포함된다.
살피건대 위 국민참여재판 배제결정은 헌법소원심판 청구가 허용되지 않는 '법원의 재판'에 해당하고, 헌법재판소
가 위헌으로 결정한 법령을 적용한 재판이 아니어서 헌법소원심판의 대상이 될 수 있는 예외적인 법원의 재판에
해당하지도 아니하므로, 이를 대상으로 한 이 사건 심판청구는 부적법하다(헌재 2021.5.25. 2021헌마500).
　　　　　　　　　　　　　　　　　　　　　　　　　　　　　　　　　　　　답 ○

501 국민참여재판으로 진행하는 것이 적절하지 아니하다고 인정되는 경우 법원이 국민참여재판
□□□ 배제 결정을 할 수 있도록 한 법률규정은 국민참여재판의 특성에 비추어 그 절차로 진행함이
부적당한 사건에 대하여 법원의 재량으로 국민참여재판을 하지 아니하기로 하는 결정을 할
수 있도록 한 것일 뿐, 피고인에 대한 범죄사실 인정이나 유죄판결을 전제로 하여 불이익을
과하는 것이 아니므로 무죄추정원칙에 위배된다고 볼 수 없다. ┃법행 22　　　　　　○ ×

국민참여재판으로 진행하는 것이 적절하지 아니하다고 인정되는 경우 법원이 국민참여재판 배제 결정을 할 수 있도록 한 구 '국민의 형사재판 참여에 관한 법률' 참여재판 배제조항은 국민참여재판의 특성에 비추어 그 절차로 진행함이 부적당한 사건에 대하여 법원의 재량으로 국민참여재판을 하지 아니하기로 하는 결정을 할 수 있도록 한 것일 뿐, 피고인에 대한 범죄사실 인정이나 유죄판결을 전제로 하여 불이익을 과하는 것이 아니므로 무죄추정원칙에 위배된다고 볼 수 없다(헌재 2014.1.28. 2012헌바298). **답** ○

502 형사소송절차에서 국민참여재판제도는 사법의 민주적 정당성과 신뢰를 높이기 위하여 배심원
□□□ 이 사실심 법관의 판단을 돕기 위한 권고적 효력을 가지는 의견을 제시하는 제한적 역할을 수행하게 되나, 헌법상 재판을 받을 권리의 보호범위에 배심재판을 받을 권리가 포함되는 것은 아니다. **| 법행 22** ○ ×

헌법 제27조 제1항의 재판을 받을 권리는 신분이 보장되고 독립된 법관에 의한 재판의 보장을 주된 내용으로 한다. 따라서 형사소송절차에서 국민참여재판제도는 사법의 민주적 정당성과 신뢰를 높이기 위하여 배심원이 사실심 법관의 판단을 돕기 위한 권고적 효력을 가지는 의견을 제시하는 제한적 역할을 수행하게 되고(재판참여법 제1조, 제46조 등 참조), 배심재판을 받을 권리를 헌법상 권리로 보장하고 있는 미국의 경우와 달리 우리 헌법상 재판을 받을 권리의 보호범위에는 배심재판을 받을 권리가 포함되지 아니한다(헌재 2014.1.28. 2012헌바298). **답** ○

503 국민의 형사재판 참여에 관한 법률이 국민참여재판의 일반적 배제사유로 '그 밖에 국민참여재
□□□ 판으로 진행하는 것이 적절하지 아니하다고 인정되는 경우'라고 규정한 것은 적법절차원칙에 위배되지 아니한다. **| 법행 21** ○ ×

국민참여재판을 받을 권리는 헌법상 기본권으로서 보호될 수는 없지만, 재판참여법에서 정하는 대상 사건에 해당하는 한 피고인은 원칙적으로 국민참여재판으로 재판을 받을 법률상 권리를 가진다고 할 것이고, 이러한 형사소송 절차상의 권리를 배제함에 있어서는 헌법에서 정한 적법절차원칙을 따라야 한다. …(중략)… 공소사실의 다양한 태양과 그로 인하여 쟁점이 지나치게 복잡하게 될 가능성, 예상되는 심리기간의 장단, 주요 증인의 소재 확보 여부와 사생활의 비밀 보호 등 공판절차에서 나타나는 여러 사정을 고려하여 보았을 때 참여재판 배제사유를 일일이 열거하는 것은 불가능하거나 현저히 곤란하다. 그러므로 국민참여재판으로 진행하는 것이 적절하지 아니하다고 인정되는 경우 법원이 국민참여재판 배제 결정을 할 수 있도록 한 구 '국민의 형사재판 참여에 관한 법률' 조항과 같이 포괄적, 일반적 배제사유를 두는 것은 불가피하고, 그 실질적 기준은 법원의 재판을 통하여 합리적으로 결정될 수 있다. 따라서 이 사건 참여재판 배제조항은 그 절차와 내용에 있어 합리성과 정당성을 갖추었다고 할 것이므로, 적법절차원칙에 위배되지 아니한다(헌재 2014.1.28. 2012헌바298). **답** ○

504 국민참여재판의 대상사건을 형사사건 중 합의부 관할사건으로 한정한 법률 규정이 단독판사
□□□ 관할사건으로 재판받는 피고인과 합의부 관할사건으로 재판받는 피고인을 다르게 취급하고 있는 것은 합리적인 이유가 있으므로 평등권을 침해하지 않는다. **| 법행 22** ○ ×

형사사건의 다수를 차지하는 단독판사 관할사건까지 국민참여재판의 대상사건으로 할 경우, 한정된 인적·물적자원만으로는 현실적으로 제도 운영에 어려움이 있는 점, 합의부 관할사건이 일반적으로 단독판사 관할사건보다 사회적 파급력이 큰 점 등에 비추어 보면, 이 사건 법률조항이 단독판사 관할사건으로 재판받는 피고인과 합의부 관할사건으로 재판받는 피고인을 다르게 취급하고 있는 것은 합리적인 이유가 있으므로 이 사건 법률조항은 평등권을 침해하지 않는다(헌재 2015.7.30. 2014헌바447). **답** ○

505 군의 특수성을 고려하여 군사법원법에 의한 군사재판을 국민참여재판 대상사건에서 제외한
□□□ 것이 입법재량을 일탈한 것이라고 볼 수 없다. ▎법행 22   ○ ×

여러 제반사정과 현재 시행되고 있는 국민참여재판 제도의 구체적 내용 등을 고려하여 실제 법원에서 충실하게
심리가능한 범위 안에서 국민참여재판 대상사건을 정한 것에는 합리적 이유가 인정된다. 더욱이 입법자는 헌법
제110조 제1항에 따라 법률로 군사법원을 설치함에 있어 군사재판의 특수성을 고려하여 그 조직·권한 및 재판관의
자격 등을 일반법원과 달리 정할 수 있으므로, 군의 특수성을 고려하여 군사법원법에 의한 군사재판을 국민참여재
판 대상사건에서 제외한 것이 입법재량을 일탈한 것이라고 볼 수 없다. 따라서 심판대상조항은 평등원칙에 위배되
지 아니한다(헌재 2021.6.24. 2020헌바499).   답 ○

506 국민참여재판 배심원의 자격을 만 20세 이상으로 정한 법률 규정은, 민법상 성년의 연령이
□□□ 19세인 점, 국민은 18세 내지 19세가 되면 선거권을 가지고, 병역의 의무, 근로의 의무 등을
부담한다는 점에 비추어 보면 만 20세 미만의 국민을 합리적 이유 없이 국민참여재판 배심원으
로 참여할 수 없도록 하여 평등권을 침해한다. ▎법행 22   ○ ×

배심원으로서의 권한을 수행하고 의무를 부담할 능력과 민법상 행위능력, 선거권 행사능력, 군 복무능력, 연소자
보호와 연계된 취업능력 등이 동일한 연령기준에 따라 판단될 수 없고, 각 법률들의 입법취지와 해당 영역에서
고려하여야 할 제반사정, 대립되는 관련 이익들을 교량하여 입법자가 각 영역마다 그에 상응하는 연령기준을
달리 정할 수 있다. 따라서 심판대상조항이 우리나라 국민참여재판제도의 취지와 배심원의 권한 및 의무 등 여러
사정을 종합적으로 고려하여 만 20세에 이르기까지 교육 및 경험을 쌓은 자로 하여금 배심원의 책무를 담당하도록
정한 것은 입법형성권의 한계 내의 것으로 자의적인 차별이라고 볼 수 없다(헌재 2021.5.27. 2019헌가19).
                                                                                          답 ×

제3절 국가배상청구권

> **헌법 제29조** ① 공무원의 (직무상 불법행위)로 손해를 받은 국민은 법률이 정하는 바에 의하여 국가 또는
> 공공단체에 (정당한 배상)을 청구할 수 있다. 이 경우 공무원 자신의 책임은 면제되지 아니한다.
> ② (군인·군무원·경찰공무원 기타 법률이 정하는 자)가 (전투·훈련등 직무집행)과 관련하여 받은 손해에
> 대하여는 (법률이 정하는 보상외)에 국가 또는 공공단체에 공무원의 직무상 불법행위로 인한 배상은 청구
> 할 수 없다.

507 헌법상 국가배상청구권에 관한 규정은 국가배상청구권을 청구권적 기본권으로 보장하며, 그
□□□ 요건에 해당하는 사유가 발생한 개별 국민에게는 금전청구권으로서의 재산권으로서도 보장
된다. ▎법원직9급 21   ○ ×

헌재 2015.4.30. 2013헌바395   답 ○

508
□□□
헌법 제29조 제1항 제1문은 '공무원의 직무상 불법행위'로 인한 국가 또는 공공단체의 책임을 규정하고 제2문은 '이 경우 공무원 자신의 책임은 면제되지 아니한다'고 규정하고 있으므로 헌법상 국가배상책임은 공무원의 책임을 일정 부분 전제하는 것으로 해석될 수 있다.

┃법원직9급 21 ○ ×

……

헌법 제29조 제1항 제1문은 '공무원의 직무상 불법행위'로 인한 국가 또는 공공단체의 책임을 규정하면서 제2문은 '이 경우 공무원 자신의 책임은 면제되지 아니한다'고 규정하여 헌법상 국가배상책임은 공무원의 책임을 일정 부분 전제하는 것으로 해석될 수 있고, 헌법 제29조 제1항에 법률유보 문구를 추가한 것은 국가재정을 고려하여 국가배상책임의 범위를 법률로 정하도록 한 것으로 해석된다(헌재 2015.4.30. 2013헌바395). **답** ○

509
□□□
국가배상법 제2조 소정의 '공무원'이라 함은 국가공무원법이나 지방공무원법에 의하여 공무원으로서의 신분을 가진 자에 국한하지 않고, 널리 공무를 위탁받아 실질적으로 공무에 종사하고 있는 일체의 자를 가리키는 것으로서, 공무의 위탁이 일시적이고 한정적인 사항에 관한 활동을 위한 것이어도 달리 볼 것은 아니다. ┃법행 21 ○ ×

……

대판 2001.1.5. 98다39060 **답** ○

510
□□□
국가배상청구권의 성립요건으로서 공무원의 고의 또는 과실을 규정한 국가배상법 조항은, 법률로 이미 형성된 국가배상청구권의 행사 및 존속을 '제한'하는 것이라기보다는 국가배상청구권의 내용을 '형성'하는 것이므로, 헌법상 국가배상제도의 정신에 부합하게 국가배상청구권을 형성하였는지의 관점에서 심사하여야 한다. ┃법원직9급 21 ○ ×

……

헌법상 국가배상청구권은 청구권적 기본권이고, 앞에서 본 바와 같이 그 요건인 '불법행위'는 법률에서 구체적으로 형성할 수 있는 개념이라 할 것이다. 따라서 이 사건 법률조항이 국가배상청구권의 성립요건으로서 공무원의 고의 또는 과실을 규정한 것은 법률로 이미 형성된 국가배상청구권의 행사 및 존속을 제한한다고 보기보다는 국가배상청구권의 내용을 형성하는 것이라고 할 것이므로, 헌법상 국가배상제도의 정신에 부합하게 국가배상청구권을 형성하였는지의 관점에서 심사하여야 한다(헌재 2015.4.30. 2013헌바395). **답** ○

511
□□□
국가배상청구권의 성립요건으로서 공무원의 고의 또는 과실을 규정한 국가배상법 조항은 헌법에서 규정한 국가배상청구권을 침해한다고 보기 어려우나, 인권침해가 극심하게 이루어진 긴급조치 발령과 그 집행과 같이 국가의 의도적·적극적 불법행위에 대하여는 국가배상청구의 요건을 완화하여 공무원의 고의 또는 과실에 대한 예외를 인정하여야 한다. ┃법원직9급 21

○ ×

……

청구인들이 심판대상조항의 위헌성을 주장하게 된 계기를 제공한 국가배상청구 사건은, 인권침해가 극심하게 이루어진 긴급조치 발령과 그 집행을 근거로 한 것이므로 다른 일반적인 법 집행 상황과는 다르다는 점에서 이러한 경우에는 국가배상청구 요건을 완화하여야 한다는 주장이 있을 수 있다. 긴급조치는 집행 당시에 그 위헌 여부를 유효하게 다툴 수 없었으며, 한참 시간이 흐른 뒤인 2010년대에 이르러서야 비로소 위헌으로 선언된 만큼, 다른 일반 법률에 대한 헌법재판소의 위헌결정과는 차이가 있다고 볼 수 있다. 그러나 위와 같은 경우라 하여 국가배상청구권 성립요건에 공무원의 고의 또는 과실에 대한 예외가 인정되어야 한다고 보기는 어렵다(헌재 2020.3.26. 2016헌바55). **답** ×

512 일반적인 공무원의 직무상 불법행위로 손해를 받은 국민의 손해배상청구에 관하여 그 국가배
□□□ 상청구권의 소멸시효 기산점을 피해자나 법정대리인이 그 손해 및 가해자를 안 날(주관적
기산점) 및 불법행위를 한 날(객관적 기산점)로 정하되, 그 시효기간을 주관적 기산점으로부터
3년, 객관적 기산점으로부터 5년으로 정한 것이 국가배상청구권을 침해한다고 볼 수 없다.
▮법행 23   ○ ×

국가배상법 제8조에 따라, 심판대상조항들은 국가배상청구권의 소멸시효 기산점을 피해자나 법정대리인이 그
손해 및 가해자를 안 날(주관적 기산점, 민법 제766조 제1항점) 및 불법행위를 한 날(객관적 기산점, 민법 제166조
제1항, 제766조 제2항)로 정하되, 그 시효기간을 주관적 기산점으로부터 3년(단기소멸시효기간, 민법 제766조
제1항) 및 객관적 기산점으로부터 5년(장기소멸시효기간, 국가재정법 제96조 제2항, 구 예산회계법 제96조 제2항)
으로 정하고 있다. 민법상 소멸시효제도의 일반적인 존재이유는 '법적 안정성의 보호, 채무자의 이중변제 방지,
채권자의 권리불행사에 대한 제재 및 채무자의 정당한 신뢰 보호'에 있다. 이와 같은 민법상 소멸시효제도의
존재 이유는 국가배상청구권의 경우에도 일반적으로 타당하고, 특히 국가의 채무관계를 조기에 확정하여 예산수립
의 불안정성을 제거하기 위해서는 국가채무에 대해 단기소멸시효를 정할 필요성도 있다. 그러므로 심판대상조항들
이 일반적인 공무원의 직무상 불법행위로 손해를 받은 국민의 국가배상청구권에 관한 소멸시효 기산점과 시효기간
을 정하고 있는 것은 합리적인 이유가 있다(헌재 2018.8.30. 2014헌바148).   답 ○

제4절　형사보상청구권

> **헌법 제28조**　(형사피의자) 또는 (형사피고인)으로서 (구금)되었던 자가 법률이 정하는 (불기소처분)을
> 받거나 (무죄판결)을 받은 때에는 법률이 정하는 바에 의하여 국가에 (정당한 보상)을 청구할 수 있다.

513 피의자와 피고인의 형사보상청구권은 건국헌법에서 처음 규정되었고, 범죄피해자구조청구권
□□□ 은 현행 헌법에서 처음으로 규정되었다. ▮법행 21   ○ ×

피고인의 형사보상청구권은 건국헌법에서부터 규정하였고, 피의자의 형사보상청구권을 현행헌법에서 신설하였
다. 그리고 범죄피해자구조청구권도 현행 헌법에서 처음으로 규정되었다.   답 ×

514 헌법상 형사보상청구권은 구금되었던 형사피고인뿐만 아니라 구금되었던 형사피의자에게도
□□□ 인정된다. ▮법무사 22   ○ ×

형사피의자 또는 형사피고인으로서 구금되었던 자가 법률이 정하는 불기소처분을 받거나 무죄판결을 받은 때에는
법률이 정하는 바에 의하여 국가에 정당한 보상을 청구할 수 있다(헌법 제28조).   답 ○

515
□□□
형사보상은 과실책임의 원리에 의하여 고의·과실로 인한 위법행위와 인과관계 있는 모든
손해를 배상하는 손해배상과는 달리, 형사사법절차에 내재하는 불가피한 위험에 대하여 형사
사법기관의 귀책사유를 따지지 않고 형사보상청구권자가 입은 손실을 보상하는 제도이다.
┃법무사 17   ○ ×

⋯⋯⋯

헌재 2010.10.28. 2008헌마514   답 ○

516
□□□
형사보상청구권은 국가의 공권력 작용에 의하여 신체의 자유를 침해받은 국민에 대해 금전적
인 보상을 청구할 권리를 인정하는 것이므로, 형사보상청구권이 제한됨으로 인하여 침해되는
국민의 기본권은 단순히 금전적인 권리에 불과한 것이라기보다는 실질적으로 국민의 신체의
자유와 밀접하게 관련된 중대한 기본권이다. ┃법원직9급 21   ○ ×

헌법 제28조의 형사보상청구권은 국가의 형사사법권이라는 공권력에 의해 인신구속이라는 중대한 법익의 침해가
발생한 국민에게 그 피해를 보상해주는 기본권이다. 이러한 형사보상청구권은 국가의 공권력 작용에 의하여 신체
의 자유를 침해받은 국민에 대해 금전적인 보상을 청구할 권리를 인정하는 것이므로 형사보상청구권이 제한됨으로
인하여 침해되는 국민의 기본권은 단순히 금전적인 권리에 불과한 것이라기보다는 실질적으로 국민의 신체의
자유와 밀접하게 관련된 중대한 기본권이라고 할 것이다(헌재 2010.7.29. 2008헌가4).   답 ○

517
□□□
국가의 형사사법행위가 고의·과실로 인한 것으로 인정되는 경우에는 국가배상청구 등 별개의
절차에 의하여 인과관계 있는 모든 손해를 배상받을 수 있다. ┃법무사 17   ○ ×

형사피고인 등으로서 적법하게 구금되었다가 후에 무죄판결 등을 받음으로써 발생하는 신체의 자유 제한에 대한
보상은 형사사법절차에 내재하는 불가피한 위험으로 인한 피해에 대한 보상으로서, 국가의 위법·부당한 행위를
전제로 하는 국가배상과는 그 취지 자체가 상이한 것이고, 따라서 그 보상 범위도 손해배상의 범위와 동일하여야
하는 것이 아니다. 국가의 형사사법행위가 고의·과실로 인한 것으로 인정되는 경우에는 국가배상청구 등 별개의
절차에 의하여 인과관계 있는 모든 손해를 배상받을 수 있으므로, 형사보상절차로써 인과관계 있는 모든 손해를
보상하지 않는다고 하여 반드시 부당하다고 할 수는 없을 것이다(헌재 2010.10.28. 2008헌마514).   답 ○

518
□□□
형사보상청구권에 관한 헌법 제28조에서 규정하는 '정당한 보상'은 헌법 제23조 제3항에서
재산권의 침해에 대하여 규정하는 '정당한 보상'과는 차이가 있다. ┃법무사 22   ○ ×

⋯⋯⋯

형사보상은 형사피고인 등의 신체의 자유를 제한한 것에 대하여 사후적으로 그 손해를 보상하는 것인바, 구금으로
인하여 침해되는 가치는 객관적으로 평가하기 어려운 것이므로, 그에 대한 보상을 어떻게 할 것인지는 국가의
경제적, 사회적, 정책적 사정들을 참작하여 입법재량으로 결정할 수 있는 사항이라 할 것이다. 이러한 점에서
헌법 제28조에서 규정하는 '정당한 보상'은 헌법 제23조 제3항에서 재산권의 침해에 대하여 규정하는 '정당한
보상'과는 차이가 있다 할 것이다(헌재 2010.10.28. 2008헌마514).   답 ○

519 입법자는 형사보상청구권의 구체적인 내용과 절차를 정함에 있어 광범위한 입법형성의 자유를
□□□ 가진다. 따라서 형사보상청구권의 구체적인 내용과 절차를 정한 법률의 위헌 심사에서는 그
심사기준으로 자의금지원칙이 적용된다. **|법무사 22**   ○ ×

형사보상청구권이라 하여도 '법률이 정하는 바에 의하여' 행사되므로(헌법 제28조) 그 내용은 법률에 의하여 정해
지는바, 이 과정에서 입법자에게 일정한 입법재량이 부여될 수 있고, 따라서 형사보상의 구체적 내용과 금액
및 절차에 관한 사항은 입법자가 정하여야 할 사항이라 할 것이다. 그러나 이러한 입법을 함에 있어서는 비록
완화된 의미일지언정 헌법 제37조 제2항의 비례의 원칙이 준수되어야 한다. 형사보상청구권은 국가가 형사사법절
차를 운영함에 있어 결과적으로 무고한 사람을 구금한 것으로 밝혀진 경우 구금당한 개인에게 인정되는 권리이고,
헌법 제28조는 이에 대하여 '정당한 보상'을 명문으로 보장하고 있으므로, 따라서 법률에 의하여 제한되는 경우에
도 이러한 본질적인 내용은 침해되어서는 아니 되기 때문이다(헌재 2010.10.28. 2008헌마514).   **답** ×

520 형사보상의 구체적 내용과 금액 및 절차에 관한 사항은 입법자가 정하여야 할 사항으로 형사보
□□□ 상금을 일정한 범위 내로 한정하고 있는 형사보상법 조항은 형사보상청구권을 침해한다고
볼 수 없다. **|법원직9급 21**   ○ ×

형사보상청구권은 헌법 제28조에 따라 '법률이 정하는 바에 의하여' 행사되므로 그 내용은 법률에 의해 정해지는바,
형사보상의 구체적 내용과 금액 및 절차에 관한 사항은 입법자가 정하여야 할 사항이다. 이 사건 보상금조항
및 이 사건 보상금 시행령 조항은 보상금을 일정한 범위 내로 한정하고 있는데, 형사보상은 형사사법절차에 내재하
는 불가피한 위험으로 인한 피해에 대한 보상으로서 국가의 위법·부당한 행위를 전제로 하는 국가배상과는
그 취지 자체가 상이하므로 형사보상절차로서 인과관계 있는 모든 손해를 보상하지 않는다고 하여 반드시 부당하
다고 할 수는 없으며, 보상금액의 구체화·개별화를 추구할 경우에는 개별적인 보상금액을 산정하는데 상당한
기간의 소요 및 절차의 지연을 초래하여 형사보상제도의 취지에 반하는 결과가 될 위험이 크고 나아가 그로
인하여 형사보상금의 액수에 지나친 차등이 발생하여 오히려 공평의 관념을 저해할 우려가 있는바, 이 사건 보상금
조항 및 이 사건 보상금시행령 조항은 청구인들의 형사보상청구권을 침해한다고 볼 수 없다(헌재 2010.10.28.
2008헌마514).   **답** ○

521 형사보상청구에 대하여 한 보상의 결정에 대하여는 불복을 신청할 수 없도록 하여 형사보상의
□□□ 결정을 단심재판으로 규정한 형사보상법 조항은 형사보상청구권 및 재판청구권을 침해한다고
볼 수 없다. **|법원직9급 21**   ○ ×

보상액의 산정에 기초되는 사실인정이나 보상액에 관한 판단에서 오류나 불합리성이 발견되는 경우에도 그 시정을
구하는 불복신청을 할 수 없도록 하는 것은 형사보상청구권 및 그 실현을 위한 기본권으로서의 재판청구권의
본질적 내용을 침해하는 것이라 할 것이고, 나아가 법적안정성만을 지나치게 강조함으로써 재판의 적정성과 정의
를 추구하는 사법제도의 본질에 부합하지 아니하는 것이다. 또한, 불복을 허용하더라도 즉시항고는 절차가 신속히
진행될 수 있고 사건수도 과다하지 아니한데다 그 재판내용도 비교적 단순하므로 불복을 허용한다고 하여 상급심
에 과도한 부담을 줄 가능성은 별로 없다고 할 것이어서, 형사보상의 청구에 대하여 한 보상의 결정에 대하여는
불복을 신청할 수 없도록 하여 형사보상의 결정을 단심재판으로 규정한 형사보상법 조항은 형사보상청구권 및
재판청구권을 침해한다(헌재 2010.10.28. 2008헌마514).   **답** ×

522 피고인으로서 구금되었다가 무죄판결을 받은 자뿐만 아니라, 피의자로 구금되었다가 검사로 부터 불기소처분(기소중지, 기소유예 제외)을 받은 자도 형사보상의 대상이 된다. **ㅣ법무사 17**

○ ×

형사보상 및 명예회복에 관한 법률 제2조 제1항·제2항, 제27조 제1항 **답 ○**

> **형사보상 및 명예회복에 관한 법률 제2조(보상요건)** ① 형사소송법에 따른 일반 절차 또는 재심 이나 비상상고 절차에서 무죄재판을 받아 확정된 사건의 피고인이 미결구금을 당하였을 때에는 이 법에 따라 국가에 대하여 그 구금에 대한 보상을 청구할 수 있다.
> ② 상소권회복에 의한 상소, 재심 또는 비상상고의 절차에서 무죄재판을 받아 확정된 사건의 피고 인이 원판결에 의하여 구금되거나 형 집행을 받았을 때에는 구금 또는 형의 집행에 대한 보상을 청구할 수 있다.
>
> **형사보상 및 명예회복에 관한 법률 제27조(피의자에 대한 보상)** ① 피의자로서 구금되었던 자 중 검사로부터 불기소처분을 받거나 사법경찰관으로부터 불송치결정을 받은 자는 국가에 대하 여 그 구금에 대한 보상(이하 "피의자보상"이라 한다)을 청구할 수 있다. 다만, 구금된 이후 불기 소처분 또는 불송치결정의 사유가 있는 경우와 해당 불기소처분 또는 불송치결정이 종국적인 것이 아니거나 형사소송법 제247조에 따른 것일 경우에는 그러하지 아니하다.

523 형사보상청구권은 일신전속적 권리이므로, 청구권자 본인이 사망한 경우에는 상속인은 청구 할 수 없다. **ㅣ법무사 17**

○ ×

제2조에 따라 보상을 청구할 수 있는 자가 그 청구를 하지 아니하고 사망하였을 때에는 <u>그 상속인이 이를 청구할 수 있다</u>(형사보상 및 명예회복에 관한 법률 제3조 제1항). **답 ×**

524 형사피고인으로서 구금되었던 자의 형사보상청구 사건은 무죄재판을 한 법원이 관할한다. **ㅣ법무사 22**

○ ×

보상청구는 무죄재판을 한 법원에 대하여 하여야 한다(형사보상 및 명예회복에 관한 법률 제7조). **답 ○**

525 형사피고인으로서 구금되었던 자의 형사보상청구는 무죄재판이 확정된 사실을 안 날부터 3년, 무죄재판이 확정된 때부터 5년 이내에 하여야 한다. **ㅣ법무사 17·22**

○ ×

보상청구는 무죄재판이 확정된 사실을 안 날부터 3년, 무죄재판이 확정된 때부터 5년 이내에 하여야 한다(형사보상 및 명예회복에 관한 법률 제8조). **답 ○**

526 형사보상청구를 무죄재판이 확정된 때로부터 1년 이내에 하도록 규정한 형사보상법 조항은
☐☐☐ 그 청구기간이 지나치게 단기간이어서 입법목적 달성에 필요한 정도를 넘어선 것이다.

┃법원직9급 21 ○ ╳

이 사건 법률조항은 형사보상청구권의 제척기간을 1년으로 규정하고 있으나, 형사보상청구권은 위에서 열거하는
어떠한 사유에도 해당하지 아니하고 달리 그 제척기간을 단기로 규정해야 할 합리적인 이유를 찾기 어렵다. 특히
형사보상청구권은 국가의 형사사법작용에 의해 신체의 자유라는 중대한 법익을 침해받은 국민을 구제하기 위하여
헌법상 보장된 국민의 기본권이므로 일반적인 사법상의 권리보다 더 확실하게 보호되어야 할 권리이다. 그럼에도
불구하고 아무런 합리적인 이유 없이 그 청구기간을 1년이라는 단기간으로 제한한 것은 입법 목적 달성에 필요한
정도를 넘어선 것이라고 할 것이다(헌재 2010.7.29. 2008헌가4). 圍 ○

527 형사보상청구는 무죄재판이 확정된 때로부터 1년 이내에 하도록 규정한 구 형사보상법 조항은
☐☐☐ 입법재량의 한계를 일탈하여 청구인의 형사보상청구권을 침해한 것이다. ┃법행 21 ○ ╳

권리의 행사가 용이하고 일상 빈번히 발생하는 것이거나 권리의 행사로 인하여 상대방의 지위가 불안정해지는
경우 또는 법률관계를 보다 신속히 확정하여 분쟁을 방지할 필요가 있는 경우에는 특별히 짧은 소멸시효나 제척기
간을 인정할 필요가 있으나, 형사보상의 청구는 무죄재판이 확정된 때로부터 1년 이내에 하도록 규정하고 있는
형사보상법 제7조는 위의 어떠한 사유에도 해당하지 아니하는 등 달리 합리적인 이유를 찾기 어렵고, 일반적인
사법상의 권리보다 더 확실하게 보호되어야 할 권리인 형사보상청구권의 보호를 저해하고 있다. 또한, 이 사건
법률조항은 형사소송법상 형사피고인이 재정하지 아니한 가운데 재판할 수 있는 예외적인 경우를 상정하고 있는
등 형사피고인은 당사자가 책임질 수 없는 사유에 의하여 무죄재판의 확정사실을 모를 수 있는 가능성이 있으므로,
형사피고인이 책임질 수 없는 사유에 의하여 제척기간을 도과할 가능성이 있는바, 이는 국가의 잘못된 형사사법작
용에 의하여 신체의 자유라는 중대한 법익을 침해받은 국민의 기본권을 사법상의 권리보다도 가볍게 보호하는
것으로서 부당하다(헌재 2010.7.29. 2008헌가4). 圍 ○

528 입법자가 형사비용보상청구권을 행사할 수 있는 청구기간을 정하면서 국가배상청구권이나
☐☐☐ 형사보상청구권보다 짧은 기간만 허용하였다고 하여 이러한 차별취급이 합리적 이유 없는
자의적 차별이라 단정할 수 없다. ┃법행 21 ○ ╳

형사소송법상 비용보상청구권은 입법자가 사회적 여건이 허락하는 범위 안에서 사법절차에서 피해를 입은 사람에
대한 구제범위를 확대해 나가는 과정에서 비로소 형성된 권리로서, 헌법적 차원에서 명시적으로 요건을 정해서
보장되어 온 형사보상청구권이나 국가배상청구권과는 기본적으로 권리의 성격이 다를 뿐만 아니라, 형사재판을
진행하는 과정에서 피고인의 판단과 선택에 따라 지출한 비용을 보상한다는 점에서, 인신구속이라는 피해를 당한
사람에게 구금기간 동안 발생한 재산적·정신적 손해에 대한 보상을 목적으로 한 형사보상청구권이나 국가의
귀책사유로 인한 손해를 회복할 수 있도록 하는 국가배상청구권과 분명한 차이가 있다. 따라서 입법자가 비용보상
청구권을 행사할 수 있는 청구기간을 정하면서 국가배상청구권이나 형사보상청구권보다 짧은 기간만 허용하였다
고 하여 이러한 차별취급이 합리적 이유 없는 자의적 차별이라 단정할 수 없다. 따라서 이 사건 법률조항은 평등원
칙에 위배된다고 보기 어렵다(헌재 2015.4.30. 2014헌바408). 圍 ○

529 형사비용보상청구권의 제척기간을 무죄판결이 확정된 날부터 6개월로 규정한 구 형사소송법
□□□ 조항이 과잉금지원칙에 위반되어 재판청구권 및 재산권을 침해하는 것으로 볼 수 없다.

Ⅰ법행 21   ○ ×

비용보상청구권의 제척기간을 무죄판결이 확정된 날부터 6개월로 규정한 구 형사소송법 조항이 비용보상청구에
관한 제척기간을 규정한 것은 비용보상에 관한 국가의 채무관계를 조속히 확정하여 국가재정을 합리적으로 운영하
기 위한 것으로 입법목적의 정당성 및 수단의 적합성이 인정된다. 비용보상청구권은 그 보상기준이 법령에 구체적
으로 정해져 있어 비용보상청구인은 특별한 증명책임이나 절차적 의무의 부담 없이 객관적 재판 진행상황에
관한 간단한 소명만으로 권리의 행사가 가능하므로 이 사건 법률조항에 규정된 제척기간이 현실적으로 비용보상청
구권 행사를 불가능하게 하거나 현저한 곤란을 초래할 정도로 지나치게 짧다고 단정할 수 없다. 이 사건 법률조항을
통해 달성하려고 하는 비용보상에 관한 국가 채무관계를 조기에 확정하여 국가재정을 합리적으로 운영한다는
공익이 청구인 등이 입게 되는 경제적 불이익에 비해 작다고 단정하기도 어려워 법익의 균형성도 갖추었다. 따라서
이 사건 법률조항은 과잉금지원칙에 위반되어 청구인의 재판청구권 및 재산권을 침해하지는 않는다(헌재
2015.4.30. 2014헌바408).   탭 ○

제5절   범죄피해자구조청구권

> **헌법 제30조**   (타인의 범죄행위)로 인하여 (생명 · 신체)에 대한 피해를 받은 국민은 법률이 정하는 바에
> 의하여 국가로부터 (구조)를 받을 수 있다.

530 범죄피해자구조청구권의 주체는 자연인과 법인이며, 외국인은 상호보증이 있는 경우에 한하
□□□ 여 주체가 될 수 있다. Ⅰ법원직9급 22   ○ ×

헌법 제30조에서 "타인의 범죄행위로 인하여 생명·신체에 대한 피해를 받은 국민"으로 한정하고 있기 때문에
범죄피해자구조청구권의 주체는 자연인만 인정되고, 단체나 법인은 주체가 될 수 없다. 그리고 범죄피해자 보호법
제23조에서 외국인의 경우 "해당 국가의 상호보증이 있는 경우에만" 범죄피해자 보호법이 적용된다고 규정하고
있다.   탭 ×

531 범죄피해자구조대상이 되는 범죄피해의 범위에는 형법 제20조 또는 제21조 제1항에 따라 처벌
□□□ 되지 아니하는 행위, 과실에 의한 행위는 제외한다. Ⅰ법원직9급 22   ○ ×

'구조대상 범죄피해'란 대한민국의 영역 안에서 또는 대한민국의 영역 밖에 있는 대한민국의 선박이나 항공기
안에서 행하여진 사람의 생명 또는 신체를 해치는 죄에 해당하는 행위(형법 제9조, 제10조 제1항, 제12조, 제22조
제1항에 따라 처벌되지 아니하는 행위를 포함하며, 같은 법 제20조 또는 제21조 제1항에 따라 처벌되지 아니하는
행위 및 과실에 의한 행위는 제외한다)로 인하여 사망하거나 장해 또는 중상해를 입은 것을 말한다(범죄피해자
보호법 제3조 제1항 제4호).   탭 ○

532 타인의 범죄행위로 피해를 당한 사람과 그 배우자, 직계친족뿐만 아니라 범죄피해 방지 및
□□□ 범죄피해자 구조 활동으로 피해를 당한 사람도 범죄피해자로 본다. ┃ 법원직9급 22 ○ ✕

....

범죄피해자 보호법 제3조 제1항 제1호, 제2항 답 ○

> **범죄피해자 보호법 제3조(정의)** ① 이 법에서 사용하는 용어의 뜻은 다음과 같다.
> 1. '범죄피해자'란 타인의 범죄행위로 피해를 당한 사람과 그 배우자(사실상의 혼인관계를 포함
>   한다), 직계친족 및 형제자매를 말한다.
> ② 제1항 제1호에 해당하는 사람 외에 범죄피해 방지 및 범죄피해자 구조 활동으로 피해를 당한
> 사람도 범죄피해자로 본다.

533 범죄피해자구조청구권의 대상이 되는 범죄피해의 범위에 해외에서 발생한 범죄피해를 포함하
□□□ 고 있지 아니한 것은 현저하게 불합리한 자의적인 차별로 볼 수 없어 평등원칙에 위배되지
아니한다. ┃ 법행 21, 법원직9급 22 ○ ✕

....

범죄피해자 구조청구권을 인정하는 이유는 크게 국가의 범죄방지책임 또는 범죄로부터 국민을 보호할 국가의
보호의무를 다하지 못하였다는 것과 그 범죄피해자들에 대한 최소한의 구제가 필요하다는데 있다. 그런데 국가의
주권이 미치지 못하고 국가의 경찰력 등을 행사할 수 없거나 행사하기 어려운 해외에서 발생한 범죄에 대하여는
국가에 그 방지책임이 있다고 보기 어렵고, 상호보증이 있는 외국에서 발생한 범죄피해에 대하여는 국민이 그
외국에서 피해구조를 받을 수 있으며, 국가의 재정에 기반을 두고 있는 구조금에 대한 청구권 행사대상을 우선적으
로 대한민국의 영역 안의 범죄피해에 한정하고, 향후 해외에서 발생한 범죄피해의 경우에도 구조를 하는 방향으로
운영하는 것은 입법형성의 재량의 범위 내라고 할 것이다. 따라서 범죄피해자구조청구권의 대상이 되는 범죄피해
에 해외에서 발생한 범죄피해의 경우를 포함하고 있지 아니한 것이 현저하게 불합리한 자의적인 차별이라고
볼 수 없어 평등원칙에 위배되지 아니한다(헌재 2011.12.29. 2009헌마354). 답 ○

제7장 ┃ 사회적 기본권

제1절 인간다운 생활권

> **헌법 제34조** ① 모든 국민은 (인간다운 생활을 할 권리)를 가진다.
> ② 국가는 사회보장·사회복지의 증진에 노력할 의무를 진다.
> ③ 국가는 (여자의 복지와 권익)의 향상을 위하여 노력하여야 한다.
> ④ 국가는 (노인과 청소년의 복지향상)을 위한 정책을 실시할 의무를 진다.
> ⑤ 신체장애자 및 질병·노령 기타의 사유로 생활능력이 없는 국민은 법률이 정하는 바에 의하여 국가의
> 보호를 받는다.
> ⑥ 국가는 재해를 예방하고 그 위험으로부터 국민을 보호하기 위하여 노력하여야 한다.

534 사회보장수급권은 사회적 기본권으로서 국가에게 적극적으로 급부를 요구할 수 있는 권리를 주된 내용으로 하며, 헌법 제34조 제1항, 제2항에 의하여 보장된다. ▮법원직9급 20 ○ ×

공무원연금 수급권과 같은 사회보장수급권은 '모든 국민은 인간다운 생활을 할 권리를 가지고, 국가는 사회보장·사회복지의 증진에 노력할 의무를 진다.'고 규정한 헌법 제34조 제1항 및 제2항으로부터 도출되는 사회적 기본권 중의 하나로서, 이는 국가에 대하여 적극적으로 급부를 요구하는 것이므로 헌법규정만으로는 이를 실현할 수 없어 법률에 의한 형성이 필요하고, 그 구체적인 내용 즉 수급요건, 수급권자의 범위 및 급여금액 등은 법률에 의하여 비로소 확정된다(헌재 2013.9.26. 2011헌바272). **답** ○

535 ▶ 모든 국민은 인간다운 생활을 할 권리를 가지며 국가는 생활능력 없는 국민을 보호할 의무가 있다는 헌법의 규정은 헌법재판에 있어서는 다른 국가기관, 즉 입법부나 행정부가 국민으로 하여금 인간다운 생활을 영위하도록 하기 위하여 객관적으로 필요한 최소한의 조치를 취할 의무를 다하였는지를 기준으로 국가기관의 행위의 합헌성을 심사하여야 한다는 통제규범으로 작용하는 것이다. ▮법원직9급 21 ○ ×

▶ 국가가 인간다운 생활을 보장하기 위한 헌법적 의무를 다하였는지의 여부가 사법적 심사의 대상이 된 경우에는, 국가가 최저생활보장에 관한 입법을 전혀 하지 아니하였다든지, 그 내용이 현저히 불합리하여 헌법상 용인될 수 있는 재량의 범위를 명백히 일탈한 경우에 한하여 헌법에 위반된다. ▮법원직9급 20 ○ ×

모든 국민은 인간다운 생활을 할 권리를 가지며 국가는 생활능력 없는 국민을 보호할 의무가 있다는 헌법의 규정은 입법부와 행정부에 대하여는 국민소득, 국가의 재정능력과 정책 등을 고려하여 가능한 범위안에서 최대한으로 모든 국민이 물질적인 최저생활을 넘어서 인간의 존엄성에 맞는 건강하고 문화적인 생활을 누릴 수 있도록 하여야 한다는 행위의 지침 즉 행위규범으로서 작용하지만, 헌법재판에 있어서는 다른 국가기관 즉 입법부나 행정부가 국민으로 하여금 인간다운 생활을 영위하도록 하기 위하여 객관적으로 필요한 최소한의 조치를 취할 의무를 다하였는지의 여부를 기준으로 국가기관의 행위의 합헌성을 심사하여야 한다는 통제규범으로 작용하는 것이다. 그러므로 국가가 인간다운 생활을 보장하기 위한 헌법적인 의무를 다하였는지의 여부가 사법적 심사의 대상이 된 경우에는, 국가가 생계보호에 관한 입법을 전혀 하지 아니하였다든가 그 내용이 현저히 불합리하여 헌법상 용인될 수 있는 재량의 범위를 명백히 일탈한 경우에 한하여 헌법에 위반된다고 할 수 있다(헌재 1997.5.29. 94헌마33). **답** ○ / ○

536 ▶ 인간다운 생활을 보장하기 위한 객관적인 내용의 최소한을 보장하고 있는지 여부는 심판대상 조항만을 가지고 판단하여서는 안 되고, 다른 법령에 의거하여 국가가 최저생활보장을 위하여 지급하는 각종 급여나 각종 부담의 감면 등도 함께 고려하여 판단하여야 한다. ▮법원직9급 20 ○ ×

▶ 보건복지부장관이 고시한 생계보호기준에 따른 생계보호의 수준이 일반 최저생계비에 못미친다면, 인간다운 생활을 보장하기 위하여 국가가 실현해야 할 객관적 내용의 최소한도의 보장에도 이르지 못한 것이므로 청구인들의 행복추구권과 인간다운 생활을 할 권리를 침해한 것이다. ▮법원직9급 20 ○ ×

국가가 행하는 생계보호의 수준이 그 재량의 범위를 명백히 일탈하였지의 여부, 즉 인간다운 생활을 보장하기 위한 객관적 내용의 최소한을 보장하고 있는지의 여부는 생활보호법에 의한 생계보호급여만을 가지고 판단하여서는 아니되고 그외의 법령에 의거하여 국가가 생계보호를 위하여 지급하는 각종 급여나 각종 부담의 감면등을 총괄한 수준을 가지고 판단하여야 하는바, 1994년도를 기준으로 생활보호대상자에 대한 생계보호급여와 그 밖의 각종 급여 및 각종 부담감면의 액수를 고려할 때, 이 사건 생계보호기준이 청구인들의 인간다운 생활을 보장하기 위하여 국가가 실현해야 할 객관적 내용의 최소한도의 보장에도 이르지 못하였다거나 헌법상 용인될 수 있는 재량의 범위를 명백히 일탈하였다고 보기 어렵고, 따라서 <u>비록 위와 같은 생계보호의 수준이 일반 최저생계비에 못미친다고 하더라도 그 사실만으로 곧 그것이 헌법에 위반된다거나 청구인들의 행복추구권이나 인간다운 생활을 할 권리를 침해한 것이라고는 볼 수 없다</u>(헌재 1997.5.29. 94헌마33). 답 ○ / ×

537 국가는 사회적 기본권에 의하여 제시된 국가의 의무와 과제를 언제나 국가의 현실적인 재정·경제 능력의 범위 내에서 다른 국가과제와의 조화와 우선순위결정을 통하여 이행할 수밖에 없다. ▮법원직9급 21 ○ ×
□□□

국가는 사회적 기본권에 의하여 제시된 국가의 의무와 과제를 언제나 국가의 현실적인 재정·경제 능력의 범위 내에서 다른 국가과제와의 조화와 우선순위결정을 통하여 이행할 수밖에 없다. 그러므로 사회적 기본권은 입법과정이나 정책결정과정에서 사회적 기본권에 규정된 국가목표의 무조건적인 최우선적 배려가 아니라 단지 적절한 고려를 요청하는 것이다. 이러한 의미에서 사회적 기본권은, 국가의 모든 의사결정과정에서 사회적 기본권이 담고 있는 국가목표를 고려하여야 할 국가의 의무를 의미한다(헌재 2002.12.18. 2002헌마52). 답 ○

538 국가는 노인과 청소년의 복지향상을 위한 정책을 실시할 의무를 진다. ▮법원직9급 21 ○ ×
□□□
헌법 제34조 제4항 답 ○

539 헌법은 국가의 재해예방 의무에 대해서 아무런 규정을 두고 있지 않다. ▮법원직9급 21 ○ ×
□□□
<u>국가는 재해를 예방하고 그 위험으로부터 국민을 보호하기 위하여 노력하여야 한다</u>(헌법 제34조 제6항). 답 ×

제2절 교육을 받을 권리

헌법 제31조 ① 모든 국민은 (능력에 따라 균등하게) 교육을 받을 권리를 가진다.
② 모든 국민은 그 보호하는 자녀에게 적어도 (초등교육과 법률이 정하는 교육)을 받게 할 의무를 진다.
③ 의무교육은 (무상)으로 한다.
④ 교육의 (자주성·전문성·정치적 중립성) 및 (대학의 자율성)은 법률이 정하는 바에 의하여 보장된다.
⑤ 국가는 (평생교육)을 진흥하여야 한다.
⑥ 학교교육 및 평생교육을 포함한 (교육제도와 그 운영), (교육재정) 및 (교원의 지위)에 관한 기본적인 사항은 (법률)로 정한다.

1 능력에 따라 균등하게 교육을 받을 권리

540
☐☐☐
헌법 제31조 제1항의 교육을 받을 권리는 국민이 능력에 따라 균등하게 교육받을 것을 공권력에 의하여 부당하게 침해받지 않을 권리와, 국민이 능력에 따라 균등하게 교육받을 수 있도록 국가가 적극적으로 배려하여 줄 것을 요구할 수 있는 권리로 구성된다. ▮법행 21　　○ ×

헌법 제31조 제1항의 교육을 받을 권리는, 국민이 능력에 따라 균등하게 교육받을 것을 공권력에 의하여 부당하게 침해받지 않을 권리와, 국민이 능력에 따라 균등하게 교육받을 수 있도록 국가가 적극적으로 배려하여 줄 것을 요구할 수 있는 권리로 구성되는바, 전자는 자유권적 기본권의 성격이, 후자는 사회권적 기본권의 성격이 강하다고 할 수 있다(헌재 2008.4.24. 2007헌마456).　　**답** ○

541
☐☐☐
헌법 제31조 제1항에 따라 보장되는 교육을 받을 권리는 국가로 하여금 국가의 재정능력이 허용하는 범위 내에서 모든 국민에게 취학의 기회가 골고루 주어지도록 그에 필요한 교육시설 및 제도를 마련할 의무를 부과할 뿐만 아니라 국민이 국가에 대하여 직접 특정한 교육제도나 교육과정을 요구할 수 있는 것까지도 포함한다. ▮법행 21　　○ ×

교육의 기회균등이란 국민 누구나가 교육에 대한 접근 기회, 즉 취학의 기회가 균등하게 보장되어야 함을 뜻하므로, 교육을 받을 권리는 국가로 하여금 능력이 있는 국민이 여러 가지 사회적·경제적 이유로 교육을 받지 못하는 일이 없도록 국가의 재정능력이 허용하는 범위 내에서 모든 국민에게 취학의 기회가 골고루 주어지게끔 그에 필요한 교육시설 및 제도를 마련할 의무를 부과한다. 그러나 교육을 받을 권리는 국민이 국가에 대하여 직접 특정한 교육제도나 교육과정 또는 학교시설을 요구할 수 있는 것을 뜻하지는 않는다고 할 것이다(헌재 2008.9.25. 2008헌마456).　　**답** ×

542
☐☐☐
▶ 헌법 제31조 제1항에서 보장되는 교육의 기회균등권은 정신적·육체적 능력 이외의 성별·종교·경제력·사회적 신분 등에 의하여 교육을 받을 기회를 차별하지 아니함과 동시에, 국가가 모든 국민에게 균등한 교육을 받게 하고 특히 경제적 약자가 실질적인 평등교육을 받을 수 있도록 적극적 정책을 실현해야 한다는 것을 의미한다. ▮법무사 19　　○ ×

▶ 헌법 제31조 제1항에서 보장되는 교육의 기회균등권은 국가가 모든 국민에게 균등한 교육을 받게 하고 특히 경제적 약자가 실질적인 평등교육을 받을 수 있도록 적극적 정책을 실현해야 한다는 것을 의미하므로 여기에서 국민이 직접 실질적 평등교육을 위한 교육비를 청구할 권리가 도출된다. ▮법행 22　　○ ×

헌법 제31조 제1항에서 보장되는 교육의 기회균등권은 '정신적·육체적 능력 이외의 성별·종교·경제력·사회적 신분 등에 의하여 교육을 받을 기회를 차별하지 않고, 즉 합리적 차별사유 없이 교육을 받을 권리를 제한하지 아니함과 동시에 국가가 모든 국민에게 균등한 교육을 받게 하고 특히 경제적 약자가 실질적인 평등교육을 받을 수 있도록 적극적 정책을 실현해야 한다는 것'을 의미하므로, 실질적인 평등교육을 실현해야 할 국가의 적극적인 의무가 인정되지만, 이러한 의무조항으로부터 국민이 직접 실질적 평등교육을 위한 교육비를 청구할 권리가 도출되는 것은 아니다(헌재 2003.11.27. 2003헌바39).　　**답** ○ / ×

543 헌법 제31조의 '능력에 따라 균등한 교육을 받을 권리'는 학교교육 밖에서의 사적인 교육영역에 까지 균등한 교육이 이루어지도록 개인이 별도로 교육을 시키거나 받는 행위를 국가가 금지하거나 제한할 수 있는 근거를 부여하는 수권규범이 아니다. **l 법무사 18** ○ ×

헌재 2000.4.27. 98헌가16 **답** ○

544 일부 지나친 고액과외교습을 방지하기 위하여 모든 학생으로 하여금 오로지 학원에서만 사적으로 배울 수 있도록 규율한다는 것은 어디에도 그 예를 찾아볼 수 없는 것일 뿐만 아니라 자기결정과 자기책임을 생활의 기본원칙으로 하는 헌법의 인간상이나 개성과 창의성, 다양성을 지향하는 문화국가원리에도 위반된다. **l 법무사 18** ○ ×

헌재 2000.4.27. 98헌가16 **답** ○

545 학교교과교습학원의 교습시간만을 05:00부터 22:00까지로 제한하는 조례는 학교교과교습학원 운영자들을 개인과외교습자들에 비해 불합리하게 차별하는 것이어서 평등원칙에 위반된다.
l 법무사 18 ○ ×

이 사건 조항이 학교, 교육방송 및 다른 사교육에 대하여는 교습시간을 제한하지 않으면서 학원 및 교습소의 교습시간만 제한하였다고 하여도 공교육의 주체인 학교 및 공영방송인 한국교육방송공사가 사교육 주체인 학원과 동일한 지위에 있다고 보기 어렵고, 다른 사교육인 개인과외교습이나 인터넷 통신 강좌에 의한 심야교습이 초래하게 될 사회적 영향력이나 문제점이 학원에 의한 심야교습보다 적으므로 <u>학원 및 교습소의 교습시간만 제한하였다고 하여 이를 두고 합리적 이유 없는 차별이라고 보기는 어려운바, 이 사건 조항이 학원운영자 등의 평등권을 침해하였다고 보기는 어렵다</u>(헌재 2009.10.29. 2008헌마635). **답** ×

546 교사의 교육을 할 권리는 헌법상 보장되는 기본권이라 보기 어렵다. **l 법행 21** ○ ×

교사의 교육을 할 권리는 헌법상 보장되는 기본권이라 보기 어려울 뿐만 아니라, 심판대상조항은 교육위원회의 설치·구성 및 운영에 관한 규율로서 교사의 어떠한 권리를 직접 침해할 수 없고 이와 간접적, 사실적인 관련성만을 지닐 뿐이므로, 심판대상조항은 교사인 청구인의 기본권 침해와 자기관련성 및 직접성이 없다(헌재 2009.3.26. 2007헌마359). **답** ○

547
□□□
▸ 의무교육제도는 교육의 자주성·전문성·정치적 중립성 등을 지도원리로 하여 국민의 교육을 받을 권리를 뒷받침하기 위한, 헌법상의 교육기본권에 부수되는 제도보장이다. ▌법무사 19

○ ×

▸ 헌법 제31조 제2항은 초등교육과 법률이 정하는 교육을 의무교육으로서 실시하도록 규정하였으므로 초등교육 이외에 어느 범위의 교육을 의무교육으로 할 것인가에 대한 결정은 입법자에게 위임되어 있다. 초등교육 이외의 의무교육은 구체적으로 법률에서 이에 관한 규정이 제정되어야 가능하고 초등교육 이외의 의무교육의 실시범위를 정하는 것은 입법자의 형성의 자유에 속한다. ▌법무사 19

○ ×

▸ 입법자가 중학교교육에 대한 의무교육을 단계적으로 실시하는 것으로 규정함에 따라 아직 중학교교육의 무상 실시라는 혜택을 받지 못하는 지역이 있더라도 이는 그 지역의 주민들에 대하여는 이러한 혜택이 현재로서는 구체적인 헌법상의 권리로서 보장되지 않고 있는 것이며, 그들의 헌법상 보장된 권리가 국가에 의하여 침해되었다고 볼 수는 없다. ▌법무사 19

○ ×

헌재 1991.2.11. 90헌가27 ▣ ○ / ○ / ○

548
□□□
헌법 제31조 제3항에 규정된 의무교육 무상원칙에 있어서 무상의 범위에는 수업료나 입학금의 면제, 학교와 교사 등 인적·물적 시설 및 그 시설을 유지하기 위한 인건비와 시설유지비 등의 부담제외가 포함되고, 그 외에도 의무교육을 받는 과정에 수반하는 비용으로서 의무교육의 실질적인 균등보장을 위해 필수불가결한 비용은 무상의 범위에 포함된다. ▌법행 22

○ ×

헌법 제31조 제3항에 규정된 의무교육의 무상원칙에 있어서 의무교육 무상의 범위는 원칙적으로 헌법상 교육의 기회균등을 실현하기 위해 필수불가결한 비용, 즉 모든 학생이 의무교육을 받음에 있어서 경제적인 차별 없이 수학하는 데 반드시 필요한 비용에 한한다. 따라서, 의무교육에 있어서 무상의 범위에는 의무교육이 실질적이고 균등하게 이루어지기 위한 본질적 항목으로, 수업료나 입학금의 면제, 학교와 교사 등 인적·물적 시설 및 그 시설을 유지하기 위한 인건비와 시설유지비 등의 부담제외가 포함되고, 그 외에도 의무교육을 받는 과정에 수반하는 비용으로서 의무교육의 실질적인 균등보장을 위해 필수불가결한 비용은 무상의 범위에 포함된다(헌재 2012.4.24. 2010헌바164). ▣ ○

549 급식활동이 의무교육에 있어서 필수불가결한 교육과정이며 이에 소요되는 경비가 의무교육의
□□□ 실질적인 균등보장을 위한 본질적이고 핵심적인 항목에 해당하므로, 이에 관한 모든 재원마련
도 전적으로 국가와 지방자치단체의 몫이 되어야 하므로 급식에 관한 경비를 전면무상으로
하지 않고 그 일부를 학부모의 부담으로 정하고 있는 법률조항들은 의무교육의 무상원칙에
위배된다. ▌법무사 19 ○ ×

....

이 사건 법률조항들이 비록 중학생의 학부모들에게 급식 관련 비용의 일부를 부담하도록 하고 있지만, 급식활동
자체가 의무교육에 필수불가결한 내용이라 보기 어렵고, 국가나 지방자치단체의 지원으로 부담을 경감하는 조항이
마련되어 있으며, 특히 저소득층 학생들을 위한 지원방안이 마련되어 있다는 점 등을 고려해 보면, 이 사건 법률조
항들이 입법형성권의 범위를 넘어 헌법상 의무교육의 무상원칙에 반하는 것으로 보기는 어렵다(헌재 2012.4.24.
2010헌바164). 답 ×

3 부모의 교육권

550 ▸ '부모의 자녀에 대한 교육권'은 비록 헌법에 명문으로 규정되어 있지는 아니하지만, 이는
□□□ 모든 인간이 국적과 관계없이 누리는 양도할 수 없는 불가침의 인권이다. ▌법무사 18
○ ×

▸ 부모의 자녀에 대한 교육권은 비록 헌법에 명문으로 규정되어 있지는 아니하지만, 혼인과
가족생활을 보장하는 헌법 제36조 제1항, 행복추구권을 보장하는 헌법 제10조 및 "국민의
자유와 권리는 헌법에 열거되지 아니한 이유로 경시되지 아니한다"고 규정하는 헌법 제37조
제1항에서 도출되는 기본권이다. ▌법행 22·23 ○ ×

▸ 부모의 교육권은 다른 교육의 주체와의 관계에서 원칙적인 우위를 가진다. ▌법행 22
○ ×

▸ 자녀의 교육은 헌법상 부모와 국가에게 공동으로 부과된 과제이지만, 학교교육의 범주 내에
서는 국가의 교육권한이 헌법적으로 독자적인 지위를 부여받음으로써 부모의 교육권과 함께
자녀의 교육을 담당하고, 학교 밖의 교육영역에서는 원칙적으로 부모의 교육권이 우위를
차지한다. ▌법무사 18 ○ ×

....

자녀의 양육과 교육은 일차적으로 부모의 천부적인 권리인 동시에 부모에게 부과된 의무이기도 하다. '부모의
자녀에 대한 교육권'은 비록 헌법에 명문으로 규정되어 있지는 아니하지만, 이는 모든 인간이 누리는 불가침의
인권으로서 혼인과 가족생활을 보장하는 헌법 제36조 제1항, 행복추구권을 보장하는 헌법 제10조 및 "국민의
자유와 권리는 헌법에 열거되지 아니한 이유로 경시되지 아니한다"고 규정하는 헌법 제37조 제1항에서 나오는
중요한 기본권이다. 부모는 자녀의 교육에 관하여 전반적인 계획을 세우고 자신의 인생관·사회관·교육관에
따라 자녀의 교육을 자유롭게 형성할 권리를 가지며, 부모의 교육권은 다른 교육의 주체와의 관계에서 원칙적인
우위를 가진다(헌재 2000.4.27. 98헌가16). 답 ○ / ○ / ○ / ○

551 부모는 미성년 자녀를 교육시킬 교육권을 가지지만, 자녀가 성년에 이르면 자녀 스스로 자신의 □□□ 기본권 침해를 다툴 수 있으므로 이와 별도로 부모에게 자녀교육권 침해를 다툴 수 있도록 허용할 필요가 없다. **|법행 21**   ○ ×

> 부모는 아직 성숙하지 못하고 인격을 닦고 있는 미성년 자녀를 교육시킬 교육권을 가지지만, 자녀가 성년에 이르면 자녀 스스로 자신의 기본권 침해를 다툴 수 있으므로 이와 별도로 부모에게 자녀교육권 침해를 다툴 수 있도록 허용할 필요가 없다(헌재 2018.2.22. 2017헌마691).   **답** ○

552 청소년은 국가의 교육권한과 부모의 교육권의 범주 내에서 자신의 교육에 관하여 스스로 결정 □□□ 할 권리, 즉 자유롭게 교육을 받을 권리를 가진다. **|법행 21**   ○ ×

> 헌법은 국가의 교육권한과 부모의 교육권의 범주내에서 아동 및 청소년에게도 자신의 교육에 관하여 스스로 결정할 권리, 즉 자유롭게 교육을 받을 권리를 부여한다. 이에 따라 학생들은 학교교육 외에 학원교습을 받을지 여부와 언제, 어떠한 방식으로 학원교습을 받을 것인지 등에 관하여 국가의 간섭을 받지 아니하고 자유롭게 결정할 권리를 가진다(헌재 2016.5.26. 2014헌마374).   **답** ○

제3절 근로의 권리

헌법 제32조 ① 모든 국민은 근로의 (권리)를 가진다. 국가는 (사회적·경제적 방법)으로 근로자의 (고용의 증진)과 (적정임금)의 보장에 노력하여야 하며, (법률)이 정하는 바에 의하여 (최저임금제)를 시행하여야 한다.
② 모든 국민은 근로의 (의무)를 진다. 국가는 근로의 의무의 (내용과 조건)을 (민주주의원칙)에 따라 (법률)로 정한다.
③ (근로조건의 기준)은 (인간의 존엄성)을 보장하도록 (법률)로 정한다.
④ (여자의 근로)는 특별한 보호를 받으며, (고용·임금 및 근로조건)에 있어서 부당한 차별을 받지 아니한다.
⑤ (연소자의 근로)는 특별한 보호를 받는다.
⑥ (국가유공자·상이군경 및 전몰군경의 유가족)은 법률이 정하는 바에 의하여 우선적으로 근로의 기회를 부여받는다.

553 1948년 제정된 우리 헌법에 이미 근로의 권리가 명시되어 있었다. **|법행 21**   ○ ×
□□□
> 1948년 헌법 제17조에 '모든 국민은 근로의 권리와 의무를 가진다.'고 규정되어 있었다.   **답** ○

554 근로란 소득을 대가로 이루어지는 정신적·육체적 활동을 의미한다. **|법무사 17**   ○ ×
□□□
> "근로자"란 직업의 종류와 관계없이 임금을 목적으로 사업이나 사업장에 근로를 제공하는 사람을 말하고, "근로"란 정신노동과 육체노동을 말한다(근로기준법 제2조 제1항 참고).   **답** ○

555
□□□
근로의 권리란 인간이 자신의 의사와 능력에 따라 근로관계를 형성하고, 타인의 방해를 받음이 없이 근로관계를 계속 유지하며, 근로의 기회를 얻지 못한 경우에는 국가에 대하여 근로의 기회를 제공하여 줄 것을 요구할 수 있는 권리를 말한다. ▎법무사 17　　　　　　　　　　○ ×

·····

근로의 권리란 인간이 자신의 의사와 능력에 따라 근로관계를 형성하고, 타인의 방해를 받음이 없이 근로관계를 계속 유지하며, 근로의 기회를 얻지 못한 경우에는 국가에 대하여 근로의 기회를 제공하여 줄 것을 요구할 수 있는 권리를 말하는바, 이러한 근로의 권리는 생활의 기본적인 수요를 충족시킬 수 있는 생활수단을 확보해 주고, 나아가 인격의 자유로운 발현과 인간의 존엄성을 보장해 주는 기본권이다(헌재 2015.5.28. 2013헌마619). 　　　　　🅰 ○

556
□□□
▸ 헌법상 근로의 권리는 '일할 자리에 관한 권리'만이 아니라 '일할 환경에 관한 권리'도 의미하는 것이다. ▎법무사 21　　　　　　　　　　○ ×

▸ 근로의 권리가 일할 환경에 관한 권리도 내포하고 있으므로 건강한 작업환경, 일에 대한 정당한 보수, 합리적인 근로조건의 보장 등을 요구할 수 있는 권리에 관하여 외국인 근로자의 기본권 주체성은 인정된다. ▎법행 22　　　　　　　　　　○ ×

▸ 근로의 권리는 국민의 권리이므로 외국인은 그 주체가 될 수 없는 것이 원칙이나, 근로의 권리 중 일할 환경에 관한 권리에 대해서는 외국인의 기본권 주체성을 인정할 수 있다. ▎법무사 17　　　　　　　　　　○ ×

▸ 근로의 권리의 내용 중 하나인 '일할 환경에 관한 권리'는 인간의 존엄성에 대한 침해를 방어하기 위한 권리로서 외국인에게도 인정된다. ▎법행 21　　　　　　　　　　○ ×

·····

근로의 권리가 "일할 자리에 관한 권리"만이 아니라 "일할 환경에 관한 권리"도 함께 내포하고 있는바, 후자는 인간의 존엄성에 대한 침해를 방어하기 위한 자유권적 기본권의 성격도 갖고 있어 건강한 작업환경, 일에 대한 정당한 보수, 합리적인 근로조건의 보장 등을 요구할 수 있는 권리 등을 포함한다고 할 것이므로 외국인 근로자라고 하여 이 부분에까지 기본권 주체성을 부인할 수는 없다. 즉 근로의 권리의 구체적인 내용에 따라, 국가에 대하여 고용증진을 위한 사회적·경제적 정책을 요구할 수 있는 권리는 사회권적 기본권으로서 국민에 대하여만 인정해야 하지만, 자본주의 경제질서하에서 근로자가 기본적 생활수단을 확보하고 인간의 존엄성을 보장받기 위하여 최소한의 근로조건을 요구할 수 있는 권리는 자유권적 기본권의 성격도 아울러 가지므로 이러한 경우 외국인 근로자에게도 그 기본권 주체성을 인정함이 타당하다(헌재 2007.8.30. 2004헌마670).　　🅰 ○ / ○ / ○ / ○

557
□□□
근로의 권리는 국가에 대하여 직접적인 직장존속보장청구권을 보장하는 것은 아니다.
▎법무사 17　　　　　　　　　　○ ×

·····

헌법 제15조의 직업의 자유 또는 헌법 제32조의 근로의 권리, 사회국가원리 등에 근거하여 실업방지 및 부당한 해고로부터 근로자를 보호하여야 할 국가의 의무를 도출할 수는 있을 것이나, 국가에 대한 직접적인 직장존속보장청구권을 근로자에게 인정할 헌법상의 근거는 없다(헌재 2002.11.28. 2001헌바50).　　🅰 ○

558
▸ 근로의 권리는 근로자 개인뿐 아니라 노동조합도 그 주체가 될 수 있다. ▎법무사 17 ○ ✕

▸ 근로의 권리는 개인인 근로자가 그 주체가 되는 것이고, 근로자의 모임인 노동조합은 그 주체가 될 수 없다. ▎법무사 21 ○ ✕

▸ 헌법 제32조 제1항이 규정한 근로의 권리는 개인인 근로자 외에 노동조합 또한 그 주체가 된다. ▎법원직9급 21 ○ ✕

▸ 헌법 제32조 제1항이 규정한 근로의 권리는 근로자를 개인의 차원에서 보호하기 위한 권리로서 개인인 근로자가 그 주체가 되는 것이고 노동조합은 그 주체가 될 수 없다. ▎법행 22 ○ ✕

헌법 제32조 제1항이 규정한 근로의 권리는 근로자를 개인의 차원에서 보호하기 위한 권리로서 개인인 근로자가 그 주체가 되는 것이고 노동조합은 그 주체가 될 수 없으므로, 이 사건 법률조항이 노동조합을 비과세 대상으로 규정하지 않았다 하여 헌법 제32조 제1항에 반한다고 볼 여지는 없다(헌재 2009.2.26. 2007헌바27).

답 ✕ / ○ / ✕ / ○

559 근로자가 퇴직급여를 청구할 수 있는 권리는 헌법 제32조 제1항의 근로의 권리의 본질적인 내용에 해당하므로, 모든 근로자는 헌법상 권리로서 퇴직급여 청구권을 갖는다. ▎법무사 21 ○ ✕

헌법 제32조 제1항이 규정하는 근로의 권리는 사회적 기본권으로서 국가에 대하여 직접 일자리를 청구하거나 일자리에 갈음하는 생계비의 지급청구권을 의미하는 것이 아니라 고용증진을 위한 사회적·경제적 정책을 요구할 수 있는 권리에 그치며, 근로의 권리로부터 국가에 대한 직접적인 직장존속청구권이 도출되는 것도 아니다. 나아가 근로자가 퇴직급여를 청구할 수 있는 권리도 헌법상 바로 도출되는 것이 아니라 퇴직급여법 등 관련 법률이 구체적으로 정하는 바에 따라 비로소 인정될 수 있는 것이므로 계속근로기간 1년 미만인 근로자가 퇴직급여를 청구할 수 있는 권리가 헌법 제32조 제1항에 의하여 보장된다고 보기는 어렵다(헌재 2011.7.28. 2009헌마408).

답 ✕

560 '계속근로기간 1년 미만인 근로자'를 퇴직급여 지급대상에서 제외하여 '계속근로기간이 1년 이상인 근로자'와 차별 취급하는 것은 합리적 이유 없는 차별로서 평등원칙에 위반된다. ▎법행 22 ○ ✕

이 사건 법률조항에서 '계속근로기간이 1년 미만인 근로자'를 퇴직급여 대상에서 제외하여 '계속근로기간이 1년 이상인 근로자'와 차별취급하는 것은, 퇴직급여가 1년 이상 장기간 근속한 근로자의 공로를 보상하고 업무의 효율성과 생산성의 증대 등을 위해 장기간 근무를 장려하기 위한 것으로 볼 수 있으며, 입법자가 퇴직급여법의 확대적용을 위한 지속적인 노력을 기울이는 과정에서 한편으로 사용자의 재정적 부담능력 등의 현실적인 측면을 고려하고, 다른 한편으로 퇴직급여제도 이외에 국민연금제도나 실업급여제도 등 퇴직 근로자의 생활을 보장하기 위한 다른 사회보장적 제도도 함께 고려하였다고 할 것이다. 따라서, 그 차별에 합리적 이유가 있으므로 청구인의 평등권이 침해되었다고 보기 어렵다(헌재 2011.7.28. 2009헌마408).

답 ✕

561 헌법재판소는 월급근로자로서 6개월이 되지 못한 사람을 해고예고제도의 적용대상에서 제외한 근로기준법 조항에 관하여 근무기간이 6개월 미만인 월급근로자는 근로계약의 성질상 근로관계의 계속에 대한 기대가능성이 적으므로 근로의 권리를 침해한다고 볼 수 없다고 판단하였다.
❚법행 21   ○ ✕

해고예고제도는 근로조건의 핵심적 부분인 해고와 관련된 사항일 뿐만 아니라, 근로자가 갑자기 직장을 잃어 생활이 곤란해지는 것을 막는 데 목적이 있으므로 근로자의 인간 존엄성을 보장하기 위한 최소한의 근로조건으로서 근로의 권리의 내용에 포함된다. 해고예고제도의 입법 취지와 근로기준법 제26조 단서에서 규정하고 있는 해고예고 적용배제사유를 종합하여 보면, 원칙적으로 해고예고 적용배제사유로 허용될 수 있는 경우는 근로계약의 성질상 근로관계 계속에 대한 근로자의 기대가능성이 적은 경우로 한정되어야 한다. "월급근로자로서 6월이 되지 못한 자"는 대체로 기간의 정함이 없는 근로계약을 한 자들로서 근로관계의 계속성에 대한 기대가 크다고 할 것이므로, 이들에 대한 해고 역시 예기치 못한 돌발적 해고에 해당한다. 따라서 6개월 미만 근무한 월급근로자 또한 전직을 위한 시간적 여유를 갖거나 실직으로 인한 경제적 곤란으로부터 보호받아야 할 필요성이 있다. 그럼에도 불구하고 합리적 이유 없이 "월급근로자로서 6개월이 되지 못한자"를 해고예고제도의 적용대상에서 제외한 이 사건 법률조항은 근무기간이 6개월 미만인 월급근로자의 근로의 권리를 침해하고, 평등원칙에도 위배된다(헌재 2015.12.23. 2014헌바3).   답 ✕

562 국가의 고용증진 의무와 최저임금제 시행은 헌법에서 명문으로 규정하고 있다. ❚법원직9급 21
○ ✕

모든 국민은 근로의 권리를 가진다. 국가는 사회적·경제적 방법으로 근로자의 고용의 증진과 적정임금의 보장에 노력하여야 하며, 법률이 정하는 바에 의하여 최저임금제를 시행하여야 한다(헌법 제32조 제1항).   답 ○

563 최저임금제는 법률이 정하는 바에 의하여 보장되는 것이므로, 근로자가 최저임금을 청구할 수 있는 권리가 헌법상 근로의 권리로서 바로 보장되는 것은 아니다. ❚법무사 21   ○ ✕

헌법 제32조 제항 후단은 "국가는 사회적·경제적 방법으로 근로자의 고용의 증진과 적정임금의 보장에 노력하여야 하며, 법률이 정하는 바에 의하여 최저임금제를 시행하여야 한다"라고 규정하고 있어서 근로자가 최저임금을 청구할 수 있는 권리도 헌법상 바로 도출되는 것이 아니라 최저임금법 등 관련 법률이 구체적으로 정하는 바에 따라 비로소 인정될 수 있다(헌재 2012.10.25. 2011헌마307).   답 ○

564 우리 헌법은 연소자의 근로는 특별한 보호를 받는다고 명문으로 규정하고 있다. ❚법무사 21
○ ✕

연소자의 근로는 특별한 보호를 받는다(헌법 제32조 제5항).   답 ○

헌법 제33조 ① 근로자는 근로조건의 향상을 위하여 자주적인 (단결권 · 단체교섭권 및 단체행동권)을 가진다.
② 공무원인 근로자는 (법률이 정하는 자에 한하여) 단결권 · 단체교섭권 및 단체행동권을 가진다.
③ 법률이 정하는 (주요방위산업체)에 종사하는 근로자의 (단체행동권)은 법률이 정하는 바에 의하여 이를 제한하거나 인정하지 아니할 수 있다.

565 근로자는 근로조건의 향상을 위하여 자주적인 단결권 · 단체교섭권 및 단체행동권을 가진다.
▮법원직9급 21 ○ ✕

헌법 제33조 제1항 답 ○

566 공무원인 근로자는 법률이 정하는 자에 한하여 단결권 · 단체교섭권 및 단체행동권을 가진다.
▮법원직9급 21 ○ ✕

헌법 제33조 제2항 답 ○

567 법률이 정하는 주요방위산업체에 종사하는 근로자의 단체행동권은 법률이 정하는 바에 의하여 이를 제한하거나 인정하지 아니할 수 있다. ▮법원직9급 21 ○ ✕

헌법 제33조 제3항 답 ○

568 헌법 제33조 제1항은 "근로자는 근로조건의 향상을 위하여 자주적인 단결권 · 단체교섭권 및 단체행동권을 가진다."고 규정하고 있다. 여기서 헌법상 보장된 근로자의 단결권은 단결하지 아니할 자유, 이른바 '소극적 단결권'을 포함한다. ▮법행 22 ○ ✕

헌법 제33조 제1항은 "근로자는 근로조건의 향상을 위하여 자주적인 단결권 · 단체교섭권 및 단체행동권을 가진다."고 규정하고 있다. 여기서 헌법상 보장된 근로자의 단결권은 단결할 자유만을 가리킬 뿐이고, 단결하지 아니할 자유 이른바 소극적 단결권은 이에 포함되지 않는다고 보는 것이 우리 재판소의 선례라고 할 것이다(헌재 2005.11.24. 2002헌바95). 답 ✕

569 ▸ 이른바 '유니언 샵(Union Shop)' 협정은 근로자의 소극적 단결권을 침해하므로 헌법상 용인
☐☐☐ 되기 어렵다. **| 법행 22**   ○ ✕

▸ 노동조합이 당해 사업장에 종사하는 근로자의 3분의 2 이상을 대표하고 있을 때에는 근로자
가 그 노동조합의 조합원이 될 것을 고용조건으로 하는 단체협약[이른바 유니언 샵(Union
Shop)]과 관련하여 근로자의 단결하지 아니할 자유와 노동조합의 적극적 단결권(조직강제
권)이 충돌하나, 근로자에게 보장되는 적극적 단결권이 단결하지 아니할 자유보다 특별한
의미를 가지고 있으므로 노동조합의 적극적 단결권은 근로자 개인의 단결하지 않을 자유보다
중시된다. **| 법원직9급 22**   ○ ✕

> 이 사건 법률조항은 노동조합의 조직유지·강화를 위하여 당해 사업장에 종사하는 근로자의 3분의 2 이상을
> 대표하는 노동조합(이하 '지배적 노동조합'이라 한다)의 경우 단체협약을 매개로 한 조직강제[이른바 유니언 샵
> (Union Shop) 협정의 체결]를 용인하고 있다. 이 경우 근로자의 단결하지 아니할 자유와 노동조합의 적극적
> 단결권(조직강제권)이 충돌하게 되나, 근로자에게 보장되는 적극적 단결권이 단결하지 아니할 자유보다 특별한
> 의미를 갖고 있고, 노동조합의 조직강제권도 이른바 자유권을 수정하는 의미의 생존권(사회권)적 성격을 함께
> 가지는 만큼 근로자 개인의 자유권에 비하여 보다 특별한 가치로 보장되는 점 등을 고려하면, 노동조합의 적극적
> 단결권은 근로자 개인의 단결하지 않을 자유보다 중시된다고 할 것이고, 또 노동조합에게 위와 같은 조직강제권을
> 부여한다고 하여 이를 근로자의 단결하지 아니할 자유의 본질적인 내용을 침해하는 것으로 단정할 수는 없다(헌재
> 2005.11.24. 2002헌바95).   **답** ✕ / ○

570 근로3권은 근로자의 단결권 등에 관한 부당한 침해를 배제할 수 있는 자유권이므로 국가가
☐☐☐ 근로3권이 실질적으로 기능할 수 있도록 하기 위하여 필요한 법적 제도와 법규범을 마련하여야
할 의무가 있다고 할 수는 없다. **| 법행 22**   ○ ✕

> 근로3권의 성격은 국가가 단지 근로자의 단결권을 존중하고 부당한 침해를 하지 아니함으로써 보장되는 자유권적
> 측면인 국가로부터의 자유뿐이 아니라, 근로자의 권리행사의 실질적 조건을 형성하고 유지해야 할 국가의 적극적
> 인 활동을 필요로 한다. 이는 곧, 입법자가 근로자단체의 조직, 단체교섭, 단체협약, 노동쟁의 등에 관한 노동조합관
> 련법의 제정을 통하여 노사간의 세력균형이 이루어지고 근로자의 근로3권이 실질적으로 기능할 수 있도록 하기
> 위하여 필요한 법적 제도와 법규범을 마련하여야 할 의무가 있다는 것을 의미한다(헌재 1998.2.27. 94헌바13).
> **답** ✕

571 '교원의 노동조합 설립 및 운영 등에 관한 법률'의 적용을 받는 교원의 범위를 초·중등학교에
☐☐☐ 재직 중인 교원으로 한정하고 있는 '교원의 노동조합 설립 및 운영 등에 관한 법률'(2010.3.17.
법률 제10132호로 개정된 것) 제2조는 전국교직원노동조합 및 해직 교원들의 단결권을 침해하
지 않는다. **| 법행 23**   ○ ✕

> '교원의 노동조합 설립 및 운영 등에 관한 법률'의 적용을 받는 교원의 범위를 초·중등학교에 재직 중인 교원으로
> 한정하고 있는 '교원의 노동조합 설립 및 운영 등에 관한 법률' 조항은 대내외적으로 교원노조의 자주성과 주체성을
> 확보하여 교원의 실질적 근로조건 향상에 기여한다는 데 그 입법목적이 있는 것으로 그 목적이 정당하고, 교원노조
> 의 조합원을 재직 중인 교원으로 한정하는 것은 이와 같은 목적을 달성하기 위한 적절한 수단이라 할 수 있다.

…(중략)…이 사건 법률조항 단서는 교원의 노동조합 활동이 임면권자에 의하여 부당하게 제한되는 것을 방지함으로써 교원의 노동조합 활동을 보호하기 위한 것이고, 해직 교원에게도 교원노조의 조합원 자격을 유지하도록 할 경우 개인적인 해고의 부당성을 다투는 데 교원노조의 활동을 이용할 우려가 있으므로, 해고된 사람의 교원노조 조합원 자격을 제한하는 데에는 합리적 이유가 인정된다. …(중략)… 이미 설립신고를 마친 교원노조의 법상 지위를 박탈할 것인지 여부는 이 사건 법외노조통보 조항의 해석 내지 법 집행의 운용에 달린 문제라 할 것이다. 따라서 이 사건 법률조항은 침해의 최소성에도 위반되지 않는다. …(중략)… 이 사건 법률조항으로 인하여 교원 노조 및 해직 교원의 단결권 자체가 박탈된다고 할 수는 없는 반면, 교원이 아닌 자가 교원노조의 조합원 자격을 가질 경우 교원노조의 자주성에 대한 침해는 중대할 것이어서 법익의 균형성도 갖추었으므로, 이 사건 법률조항은 청구인 전국교직원노동조합 및 해직 교원들의 단결권을 침해하지 아니한다(헌재 2015.5.28. 2013헌마671).

답 ○

572 고등교육법에서 규율하는 대학 교원들의 단결권을 인정하지 않는 교원의 노동조합 설립 및 □□□ 운영 등에 관한 법률 규정은 교육공무원 아닌 대학 교원들에게 헌법이 보장하고 있는 근로3권 의 핵심적이고 본질적인 권리인 단결권을 침해하는 것인 반면, 교육공무원인 대학 교원에 대하여는 그 직무수행의 특성을 고려한 합리적인 제한으로서 단결권을 침해한다고 볼 수 없다.

▮법행 21

○ ×

'교원의 노동조합 설립 및 운영 등에 관한 법률'의 적용대상을 초·중등교육법 제19조 제1항의 교원이라고 규정함으로써, 고등교육법에서 규율하는 대학 교원들의 단결권을 인정하지 않는 '교원의 노동조합 설립 및 운영 등에 관한 법률' 조항으로 인하여 교육공무원 아닌 대학 교원들이 향유하지 못하는 단결권은 헌법이 보장하고 있는 근로3권의 핵심적이고 본질적인 권리이다. 심판대상조항의 입법목적이 재직 중인 초·중등교원에 대하여 교원노조를 인정해 줌으로써 교원노조의 자주성과 주체성을 확보한다는 측면에서는 그 정당성을 인정할 수 있을 것이나, 교원노조를 설립하거나 가입하여 활동할 수 있는 자격을 초·중등교원으로 한정함으로써 교육공무원이 아닌 대학 교원에 대해서는 근로기본권의 핵심인 단결권조차 전면적으로 부정한 측면에 대해서는 그 입법목적의 정당성을 인정하기 어렵고, 수단의 적합성 역시 인정할 수 없다. 설령 일반 근로자 및 초·중등교원과 구별되는 대학 교원의 특수성을 인정하더라도, 대학 교원에게도 단결권을 인정하면서 다만 해당 노동조합이 행사할 수 있는 권리를 다른 노동조합과 달리 강한 제약 아래 두는 방법도 얼마든지 가능하므로, 단결권을 전면적으로 부정하는 것은 필요 최소한의 제한이라고 보기 어렵다. 또 최근 들어 대학 사회가 다층적으로 변화하면서 대학 교원의 사회·경제적 지위의 향상을 위한 요구가 높아지고 있는 상황에서 단결권을 행사하지 못한 채 개별적으로만 근로조건의 향상을 도모해야 하는 불이익은 중대한 것이므로, 심판대상조항은 과잉금지원칙에 위배된다. 다음으로 교육공무원인 대학 교원에 대하여 보더라도, 교육공무원의 직무수행의 특성과 헌법 제33조 제1항 및 제2항의 정신을 종합해 볼 때, 교육공무원에게 근로3권을 일체 허용하지 않고 전면적으로 부정하는 것은 합리성을 상실한 과도한 것으로서 입법형성권의 범위를 벗어나 헌법에 위반된다(헌재 2018.8.30. 2015헌가38).

답 ×

573 노동조합에는 헌법 제21조 제2항의 결사에 대한 허가제금지원칙이 적용되지 않는다.
□□□ ▮법원직9급 21

○ ×

근로자의 단결권이 근로자 단결체로서 사용자와의 관계에서 특별한 보호를 받아야 할 경우에는 헌법 제33조가 우선적으로 적용되지만, 그렇지 않은 통상의 결사 일반에 대한 문제일 경우에는 헌법 제21조 제2항이 적용되므로 노동조합에도 헌법 제21조 제2항의 결사에 대한 허가제금지원칙이 적용된다(헌재 2012.3.29. 2011헌바53).

답 ×

574 노동조합을 설립할 때 행정관청에 설립신고서를 제출하게 하고 그 요건을 충족하지 못하는 경우 설립신고서를 반려하도록 하고 있는 '노동조합 및 노동관계조정법'은 헌법 제21조 제2항 후단에서 금지하는 결사에 대한 허가제이다. ▮법행 21·23　　　　　○ ×

헌법 제21조 제2항 후단의 결사의 자유에 대한 '허가제'란 행정권이 주체가 되어 예방적 조치로 단체의 설립 여부를 사전에 심사하여 일반적인 단체 결성의 금지를 특정한 경우에 한하여 해제함으로써 단체를 설립할 수 있게 하는 제도, 즉 사전 허가를 받지 아니한 단체 결성을 금지하는 제도를 말한다. 그런데 이 사건 법률조항은 노동조합 설립에 있어 노동조합법상의 요건 충족 여부를 사전에 심사하도록 하는 구조를 취하고 있으나, 이 경우 노동조합법상 요구되는 요건만 충족되면 그 설립이 자유롭다는 점에서 일반적인 금지를 특정한 경우에 해제하는 허가와는 개념적으로 구분되고, 더욱이 행정관청의 설립신고서 수리 여부에 대한 결정은 재량 사항이 아니라 의무 사항으로 그 요건 충족이 확인되면 설립신고서를 수리하고 그 신고증을 교부하여야 한다는 점에서 단체의 설립 여부 자체를 사전에 심사하여 특정한 경우에 한해서만 그 설립을 허용하는 '허가'와는 다르다. 따라서 <u>이 사건 법률조항의 노동조합 설립신고서 반려제도가 헌법 제21조 제2항 후단에서 금지하는 결사에 대한 허가제라고 볼 수 없다</u>(헌재 2012.3.29. 2011헌바53).　　　　　답 ×

575 최저임금 산입을 위하여 임금지급 주기에 관한 취업규칙을 변경하는 경우 노동조합 또는 근로자 과반수의 동의를 받을 필요 없도록 규정한 최저임금법규정은 노동조합 및 근로자의 단체교섭권을 침해하지 않는다. ▮법행 23　　　　　○ ×

최저임금 산입을 위하여 임금지급 주기에 관한 취업규칙을 변경하는 경우 노동조합 또는 근로자 과반수의 동의를 받을 필요 없도록 규정한 최저임금법 특례조항은 사용자가 일방적으로 상여금 등의 지급주기를 변경할 수 있도록 함으로써 근로자가 근로자단체를 통해 사용자와 집단적으로 교섭하는 것을 제한하므로, 노동조합과 그 조합원의 단체교섭권을 제한한다. 이 사건 특례조항은 이 사건 산입조항 및 부칙조항의 실효성을 확보하고, 근로자에게 임금의 최저수준을 매월 보장함으로써 근로자의 생활안정을 꾀하고자 하는 조항이다. 이 사건 특례조항은 최저임금 산입을 위한 목적에서, 임금 총액의 변동 없이 상여금 등 및 복리후생비의 지급주기를 매월 지급하는 것으로 변경하는 경우에만 적용된다. 최저임금 산입범위 개편으로 인해 영향을 받는 근로자의 규모나 그 영향의 정도가 비교적 한정적인 점 등을 감안하면, 이 사건 특례조항에 따라 청구인들의 단체교섭권이 제한되는 정도 역시 크다고 보기 어렵다. 따라서 이 사건 특례조항은 과잉금지원칙에 위배되어 청구인들의 단체교섭권을 침해한다고 볼 수 없다(헌재 2021.12.23. 2018헌마629).　　　　　답 ○

576 청원경찰의 복무에 관하여 국가공무원법 제66조 제1항을 준용함으로써 노동운동을 금지하는 청원경찰법(2010.2.4. 법률 제10013호로 개정된 것)은 국가기관이나 지방자치단체 이외의 곳에서 근무하는 청원경찰의 근로3권을 침해한다. ▮법행 23　　　　　○ ×

청원경찰은 일반근로자일 뿐 공무원이 아니므로 원칙적으로 헌법 제33조 제1항에 따라 근로3권이 보장되어야 한다. 청원경찰은 제한된 구역의 경비를 목적으로 필요한 범위에서 경찰관의 직무를 수행할 뿐이며, 그 신분보장은 공무원에 비해 취약하다. 또한 국가기관이나 지방자치단체 이외의 곳에서 근무하는 청원경찰은 근로조건에 관하여 공무원뿐만 아니라 국가기관이나 지방자치단체에 근무하는 청원경찰에 비해서도 낮은 수준의 법적 보장을 받고 있으므로, 이들에 대해서는 근로3권이 허용되어야 할 필요성이 크다. 청원경찰에 대하여 직접행동을 수반하지 않는 단결권과 단체교섭권을 인정하더라도 시설의 안전 유지에 지장이 된다고 단정할 수 없다. 헌법은 주요방위산업체 근로자들의 경우에도 단체행동권만을 제한하고 있고, 경비업법은 무기를 휴대하고 국가중요시설의 경비 업무를 수행하는 특수경비원의 경우에도 쟁의행위를 금지할 뿐이다. 청원경찰은 특정 경비구역에서 근무하며 그 구역의 경비에 필요한 한정된 권한만을 행사하므로, 청원경찰의 업무가 가지는 공공성이나 사회적 파급력은 군인이나 경찰의 그것과는 비교하여 견주기 어렵다. 그럼에도 심판대상조항은 군인이나 경찰과 마찬가지로 모든 청원경찰의 근로3권을 획일적으로 제한하고 있다. 이상을 종합하여 보면, 심판대상조항이 모든 청원경찰의 근로3권을 전면적으로 제한하는 것은 과잉금지원칙을 위반하여 청구인들의 근로3권을 침해하는 것이다(헌재 2017.9.28. 2015헌마653). 탑 ○

577 사용자가 노동조합의 운영비를 원조하는 행위를 부당노동행위로 금지하는 '노동조합 및 노동
☐☐☐ 관계조정법'은 노동조합의 단체교섭권을 침해한다. | 법행 23 ○ ×

운영비원조금지조항은 사용자로부터 노동조합의 자주성을 확보하여 궁극적으로 근로3권의 실질적인 행사를 보장하기 위한 것으로서 그 입법목적이 정당하다. …(중략)… 헌법재판소는 2014.5.29. 2010헌마606 결정에서 전임자 급여 지급 금지 등에 관한 노동조합법 제24조 제2항, 제4항, 제5항이 단체교섭권 등을 침해하지 않는다고 판단하였다. 전임자급여 지원 행위와는 달리 운영비 원조 행위에 대해서는 노동조합법 제81조 제4호에서 사용자의 부당노동행위로서 금지하고 있을 뿐, 노동조합이 운영비 원조를 받는 것 자체를 금지하거나 제한하는 별도의 규정이 없고, 금지의 취지와 규정의 내용, 예외의 인정 범위 등이 다르므로, 노동조합의 단체교섭권을 침해하는지 여부를 판단하면서 운영비 원조 행위를 전임자급여 지원 행위와 동일하게 볼 수 없다. 이상의 내용을 종합하여 보면, 운영비원조금지조항이 단서에서 정한 두 가지 예외를 제외한 운영비 원조 행위를 일률적으로 부당노동행위로 간주하여 금지하는 것은 침해의 최소성에 반한다. 노동조합의 자주성을 저해하거나 저해할 위험이 현저하지 않은 운영비 원조 행위를 부당노동행위로 규제하는 것은 입법목적 달성에 기여하는 바가 전혀 없는 반면, 운영비원조금지조항으로 인하여 청구인은 사용자로부터 운영비를 원조받을 수 없을 뿐만 아니라 궁극적으로 노사자치의 원칙을 실현할 수 없게 되므로, 운영비원조금지조항은 법익의 균형성에도 반한다. 따라서 운영비원조금지조항은 과잉금지원칙을 위반하여 청구인의 단체교섭권을 침해하므로 헌법에 위반된다(헌재 2018.5.31. 2012헌바90). 탑 ○

제1편

제2편

제3편

제5절 환경권

> **헌법 제35조** ① 모든 국민은 (건강하고 쾌적한 환경에서 생활할 권리)를 가지며, (국가와 국민)은 환경보전을 위하여 노력하여야 한다.
> ② 환경권의 내용과 행사에 관하여는 법률로 정한다.
> ③ (국가)는 주택개발정책등을 통하여 모든 국민이 (쾌적한 주거생활)을 할 수 있도록 노력하여야 한다.

578 환경에는 자연환경뿐 아니라 생활환경까지도 포함된다. | 법무사 18 ○ ×
☐☐☐

'건강하고 쾌적한 환경에서 생활할 권리'를 보장하는 환경권의 보호대상이 되는 환경에는 자연환경뿐만 아니라 인공적 환경과 같은 생활환경도 포함된다(헌재 2008.7.31. 2006헌마711). 탑 ○

579 환경권은 건강하고 쾌적한 환경에 대한 침해배제를 청구할 수 있는 자유권적 측면과 쾌적한 환경에서 생활할 수 있도록 배려하는 보호·보장청구권의 측면을 모두 가지고 있다.

▎법무사 18 ○ ✕

··

환경권을 행사함에 있어 국민은 국가로부터 건강하고 쾌적한 환경을 향유할 수 있는 자유를 침해당하지 않을 권리를 행사할 수 있고, 일정한 경우 국가에 대하여 건강하고 쾌적한 환경에서 생활할 수 있도록 요구할 수 있는 권리가 인정되기도 하는바, 환경권은 그 자체 종합적 기본권으로서의 성격을 지닌다(헌재 2008.7.31. 2006헌마711). 답 ○

580 환경권을 행사함에 있어 국민은 국가로부터 건강하고 쾌적한 환경을 향유할 수 있는 자유를 침해당하지 않을 권리를 행사할 수 있고, 일정한 경우 국가에 대하여 건강하고 쾌적한 환경에서 생활할 수 있도록 요구할 수 있는 권리가 인정되기도 하는바, 환경권은 그 자체 종합적인 기본권으로서의 성격을 지닌다. ▎법원직9급 21 ○ ✕

··

헌재 2008.7.31. 2006헌마711 답 ○

581 국가가 사인인 제3자에 의한 국민의 환경권 침해에 대해서 적극적으로 기본권 보호조치를 취할 의무를 지는 경우 헌법재판소가 이를 심사할 때에는 과잉금지원칙을 심사기준으로 삼아야 한다. ▎법원직9급 21 ○ ✕

··

일정한 경우 국가는 사인인 제3자에 의한 국민의 환경권 침해에 대해서도 적극적으로 기본권 보호조치를 취할 의무를 지나, 헌법재판소가 이를 심사할 때에는 국가가 국민의 기본권적 법익 보호를 위하여 적어도 적절하고 효율적인 최소한의 보호조치를 취했는가 하는 이른바 "과소보호금지원칙"의 위반 여부를 기준으로 삼아야 한다(헌재 2008.7.31. 2006헌마711). 답 ✕

582 환경보전은 단순히 국가의 노력만으로 이루어지기는 어려우므로 헌법은 국민의 환경보전 노력 의무도 규정하고 있다. ▎법무사 18 ○ ✕

··

헌법 제35조 제1항 답 ○

583 환경권의 내용과 행사에 관하여는 법률로 정한다. ▎법원직9급 21 ○ ✕

··

헌법 제35조 제2항 답 ○

584 국가는 주택개발정책 등을 통하여 모든 국민이 쾌적한 주거생활을 할 수 있도록 노력하여야
□□□ 한다. ▮법원직9급 21 ○ ×

헌법 제35조 제3항 탭 ○

585 환경권은 명문의 법률규정이나 관계 법령의 규정 취지 및 조리에 비추어 권리의 주체, 대상,
□□□ 내용, 행사 방법 등이 구체적으로 정립될 수 있어야만 인정되는 것이므로, 사법상의 권리로서
의 환경권을 인정하는 명문의 규정이 없으면 환경권에 기하여 직접 방해배제청구권을 인정할
수는 없다. ▮법무사 18 ○ ×

대판 1999.7.27. 98다47528 탭 ○

586 환경영향평가 대상사업이라도 그 대상 지역 밖의 주민의 경우에는 그들이 누리는 환경상의
□□□ 이익은 공익으로서의 추상적 이익에 해당하므로 대상사업을 허용하는 허가나 승인처분 등의
취소를 구할 원고적격이 전혀 인정되지 않는다. ▮법무사 18 ○ ×

환경영향평가 대상지역 밖의 주민이라 할지라도 공유수면매립면허처분 등으로 인하여 그 처분 전과 비교하여
수인한도를 넘는 환경피해를 받거나 받을 우려가 있는 경우에는, 공유수면매립면허처분 등으로 인하여 환경상
이익에 대한 침해 또는 침해우려가 있다는 것을 입증함으로써 그 처분 등의 무효확인을 구할 원고적격을 인정받을
수 있다(대판[전합] 2006.3.16. 2006두330). 탭 ×

제 **3** 편 통치구조론

| 제1장 | 국 회

제1절 국회의 구성과 조직

> **헌법 제41조** ① 국회는 국민의 (보통·평등·직접·비밀선거)에 의하여 선출된 국회의원으로 구성한다.
> ② 국회의원의 수는 법률로 정하되, (200인 이상)으로 한다.
> ③ 국회의원의 (선거구와 비례대표제) 기타 선거에 관한 사항은 법률로 정한다.
>
> **헌법 제48조** 국회는 (의장 1인)과 (부의장 2인)을 선출한다.

1 국회의장과 부의장

001 국회의원의 수는 법률로 정하되, 200인 이상으로 한다. **‖법원직9급 21**　　○ ✕
☐☐☐
· ·
헌법 제41조 제2항　　**답** ○

002 국회의장과 부의장은 국회에서 기명투표로 선거하되, 재적의원 과반수의 득표로 당선된다.
☐☐☐　**‖법무사 18**　　○ ✕
· ·
의장과 부의장은 국회에서 <u>무기명투표</u>로 선거하고 재적의원 과반수의 득표로 당선된다(국회법 제15조 제1항).
답 ✕

003 국회의장은 위원회에 출석하여 발언·표결할 수 있다. **‖법무사 18**　　○ ✕
☐☐☐
· ·
의장은 위원회에 출석하여 발언할 수 있다. 다만, <u>표결에는 참가할 수 없다</u>(국회법 제11조).　　**답** ✕

2 국회의 위원회

004 상임위원회는 국회의 내부기관인 동시에 본회의의 심의 전에 회부된 안건을 심사하거나 그
☐☐☐ 소관에 속하는 의안을 입안하는 국회의 합의제기관으로, 회부된 안건을 심사하고 그 결과를
본회의에 보고하여 본회의의 판단자료를 제공한다. 이처럼 우리나라 국회의 법률안 심의는
본회의 중심주의를 채택하고 있다. ▮법무사 19　　　　　　　　　　　　○ ✕

⋯⋯

상임위원회(Standing Committee)를 포함한 위원회는 의원 가운데서 소수의 위원을 선임하여 구성되는 국회의
내부기관인 동시에 본회의의 심의 전에 회부된 안건을 심사하거나 그 소관에 속하는 의안을 입안하는 국회의
합의제기관이다. 위원회의 역할은 국회의 예비적 심사기관으로서 회부된 안건을 심사하고 그 결과를 본회의에
보고하여 본회의의 판단자료를 제공하는 데 있다. 우리나라 국회의 법률안 심의는 본회의 중심주의가 아닌 소관
상임위원회 중심으로 이루어진다. 소관 상임위원회에서 심사·의결된 내용을 본회의에서는 거의 그대로 통과시키
는 이른바 "위원회 중심주의"를 채택하고 있는 것이다(헌재 2003.10.30. 2002헌라1).　　　**답** ✕

005 ▸ 국회법 기타 국회규칙에 관한 사항은 국회운영위원회의 소관사항이다. ▮법무사 18　○ ✕
☐☐☐
▸ 법원·군사법원의 사법행정에 관한 사항, 감사원 소관에 속하는 사항, 법률안·국회규칙안
의 체계·형식과 자구의 심사에 관한 사항, 국회법과 국회규칙에 관한 사항, 국가인권위원회
의 소관에 속하는 사항은 국회 법제사법위원회의 소관사항이다. ▮법무사 20, 법원직9급 21

　　　　　　　　　　　　　　　　　　　　　　　　　　　　　　　　　　○ ✕

⋯⋯

국회법 기타 국회규칙에 관한 사항과 국가인권위원회의 소관에 속하는 사항은 국회운영위원회의 소관사항이다(국
회법 제37조 제1항 제1호 나목, 아목 참조).　　　　　　　　　　　　**답** ○ / ✕

006 각 상임위원회의 소관사항을 정한 국회법 규정에 의하면, 공정거래위원회 소관에 속하는 사항
☐☐☐ 은 행정안전위원회에서, 금융위원회 소관에 속하는 사항은 기획재정위원회에서 각 담당한다.
▮법행 22　　　　　　　　　　　　　　　　　　　　　　　　　　　　○ ✕

⋯⋯

정무위원회 소관사항이다(국회법 제37조 제1항 제3호 다목, 라목 참조).　　　　**답** ✕

> **국회법 제37조(상임위원회와 그 소관)** ① 상임위원회의 종류와 소관사항은 다음과 같다.
> 1. **국회운영위원회**
>   가. 국회 운영에 관한 사항
>   **나. 국회법과 국회규칙에 관한 사항**
>   다. 국회사무처 소관에 속하는 사항
>   라. 국회도서관 소관에 속하는 사항
>   마. 국회예산정책처 소관에 속하는 사항
>   바. 국회입법조사처 소관에 속하는 사항
>   사. 대통령비서실, 국가안보실, 대통령경호처 소관에 속하는 사항
>   **아. 국가인권위원회 소관에 속하는 사항**

2. 법제사법위원회
  가. 법무부 소관에 속하는 사항
  나. **법제처 소관에 속하는 사항**
  다. **감사원 소관에 속하는 사항**
  라. 고위공직자범죄수사처 소관에 속하는 사항
  마. **헌법재판소 사무에 관한 사항**
  바. 법원 · 군사법원의 사법행정에 관한 사항
  사. **탄핵소추에 관한 사항**
  아. 법률안 · 국회규칙안의 체계 · 형식과 자구의 심사에 관한 사항
3. **정무위원회**
  가. 국무조정실, 국무총리비서실 소관에 속하는 사항
  나. 국가보훈부 소관에 속하는 사항
  다. **공정거래위원회** 소관에 속하는 사항
  라. **금융위원회** 소관에 속하는 사항
  마. 국민권익위원회 소관에 속하는 사항

007 예산결산특별위원회는 국가의 예산 · 결산심사를 더욱 충실하게 하고 정부예산에 대한 연중 통제를 위한 상설위원회이다. ▮법무사 18 기출수정 ○ ×
☐☐☐

국회법상 특별위원회는 활동기한의 종료 시까지 존속하나(국회법 제44조 제3항), 예산결산특별위원회는 동 규정의 적용이 배제되므로(국회법 제45조 제5항), 상설특별위원회에 해당한다. **답** ○

> **국회법 제45조(예산결산특별위원회)** ① 예산안, 기금운용계획안 및 결산(세입세출결산과 기금결산을 말한다)을 심사하기 위하여 예산결산특별위원회를 둔다.
> ⑤ 예산결산특별위원회에 대해서는 제44조 제2항 및 제3항을 적용하지 아니한다.

008 전원위원회는 의원 전원이 구성원이 되어 의안을 심사하는 위원회로서, 그 구성원에서는 본회의와 일치하지만, 위원회의 기능을 수행할 뿐 본회의의 기능을 대체하는 것이 아니다.
☐☐☐ ▮법행 22 ○ ×

전원위원회는 위원회중심주의로 인하여 본회의에서의 심의가 형식화하는 것을 보완하기 위한 것으로, 주요 의안의 본회의 상정 전이나 상정 후에 재적의원 4분의 1 이상의 요구가 있을 경우에 의원 전원으로 구성되는 위원회를 말한다(국회법 제63조의2 제1항 참조). 그러나 국회의 최종 의사결정이 아니라는 점에서 본회의와 구별된다. **답** ○

009 두 개 이상의 위원회는 연석회의를 열어 공통의 사안을 표결할 수 있다. ▮법무사 18 ○ ×
☐☐☐

소관 위원회는 다른 위원회와 협의하여 연석회의를 열고 의견을 교환할 수 있다. 다만, 표결은 할 수 없다(국회법 제63조 제1항). **답** ×

010 ▸ 국회의원은 둘 이상의 상임위원회의 위원이 될 수 없다. ▎법무사 18, 법행 23 ○ ×

▸ 국회의원은 2 이상의 상임위원회의 위원이 될 수 있으며, 각 상임위원회의 위원장은 교섭단체 대표의원의 요청으로 국회본회의 의결을 거쳐 국회의장이 임명한다. ▎법무사 18 ○ ×

의원은 둘 이상의 상임위원이 될 수 있다(국회법 제39조 제1항). 상임위원장은 상임위원 중에서 임시의장 선거의 예에 준하여 본회의에서 선거한다(국회법 제41조 제2항). 답 × / ×

011 국무총리 또는 국무위원의 직을 겸한 의원은 상임위원을 사임해야 한다. ▎법무사 18 ○ ×

국무총리 또는 국무위원의 직을 겸한 의원은 상임위원을 사임할 수 있다(국회법 제39조 제4항). 답 ×

012 국회 전문위원은 각 교섭단체 대표위원의 제청으로 의장이 임명한다. ▎법행 23 ○ ×

전문위원은 사무총장의 제청으로 의장이 임명한다(국회법 제42조 제3항). 답 ×

013 ▸ 국회의원은 위원회에서 동일의제에 대하여 횟수 및 시간 등에 제한 없이 발언할 수 있다.
▎법무사 18 ○ ×

▸ 국회의원이 위원회에서 같은 의제에 대하여 발언할 경우, 첫 번째 발언시간은 15분의 범위에서 할 수 있고, 두 번째 이후부터는 위원장의 허가를 얻어서 할 수 있다. ▎법행 23 ○ ×

위원은 위원회에서 같은 의제(議題)에 대하여 횟수 및 시간 등에 제한 없이 발언할 수 있다. 다만, 위원장은 발언을 원하는 위원이 2명 이상일 경우에는 간사와 협의하여 15분의 범위에서 각 위원의 첫 번째 발언시간을 균등하게 정하여야 한다(국회법 제60조 제1항). 답 ○ / ×

014 ▸ 우리 헌법은 대법원장, 대법관, 헌법재판소장, 국무총리, 감사원장에 대하여는 그 임명 시 인사청문회를 실시하도록 규정하고 있으나, 국세청장, 검찰총장, 경찰청장 등에 대하여는 헌법이 아닌 국회법에 인사청문회의 실시근거를 두고 있다. ▎법무사 22 ○ ×

▸ 대법원장, 대법관, 헌법재판소장에 대한 인사청문회는 국회 법제사법위원회에서 실시하고, 국무총리, 감사원장에 대한 인사청문회는 국회 정무위원회에서 실시한다. ▎법무사 22

○ ×

우리 헌법에서는 인사청문회에 관한 규정을 두고 있지 않다. 국회법에서 인사청문회의 실시근거를 두고 있는데, 국회의 동의가 필요한 대법원장, 대법관, 헌법재판소장, 국무총리, 감사원장 등은 인사청문특별위원회의 인사청문을 거치도록 하고(국회법 제46조의3 제1항 제1호), 국세청장, 검찰총장, 경찰청장 등은 상임위원회의 인사청문을 거치도록 하고 있다(국회법 제65조의2 제2항 제1호). 답 × / ×

015 인사청문 요청은 임명권자 내지 지명권자가 하는 것이 원칙이므로, 대통령과 대법원장은 후보
□□□ 자에 대한 인사청문을 요청할 수 있으나, 임기가 개시되지 아니하여 법률적 지위가 부여되기
이전인 대통령당선인은 인사청문 요청을 할 수 없다. **|법무사 22** ○ ✕

....

대통령당선인도 인사청문 요청을 할 수 있다(국회법 제46조의3 제1항 단서, 제65조의2 제2항 제2호 참조).
답 ✕

> **국회법 제46조의3(인사청문특별위원회)** ① 국회는 다음 각 호의 임명동의안 또는 의장이 각 교
> 섭단체 대표의원과 협의하여 제출한 선출안 등을 심사하기 위하여 **인사청문특별위원회**를 둔다.
> 다만, 대통령직 인수에 관한 법률 제5조 제2항에 따라 **대통령당선인**이 국무총리 후보자에 대한
> 인사청문의 실시를 요청하는 경우에 의장은 각 교섭단체 대표의원과 협의하여 그 인사청문을
> 실시하기 위한 인사청문특별위원회를 둔다.
> 1. 헌법에 따라 그 **임명에 국회의 동의가 필요한 대법원장·헌법재판소장·국무총리·감사원
>   장 및 대법관**에 대한 임명동의안
> 2. 헌법에 따라 국회에서 선출하는 헌법재판소 재판관 및 중앙선거관리위원회 위원에 대한 선출안
>
> **국회법 제65조의2(인사청문회)** ② **상임위원회**는 다른 법률에 따라 다음 각 호의 어느 하나에
> 해당하는 공직후보자에 대한 인사청문 요청이 있는 경우 인사청문을 실시하기 위하여 각각 인사
> 청문회를 연다.
> 1. 대통령이 임명하는 헌법재판소 재판관, 중앙선거관리위원회 위원, 국무위원, 방송통신위원
>   회 위원장, 국가정보원장, 공정거래위원회 위원장, 금융위원회 위원장, 국가인권위원회 위원
>   장, 고위공직자범죄수사처장, **국세청장, 검찰총장, 경찰청장**, 합동참모의장, 한국은행 총재,
>   특별감찰관 또는 한국방송공사 사장의 후보자
> 2. **대통령당선인**이 대통령직 인수에 관한 법률 제5조 제1항에 따라 지명하는 국무위원 후보자
> 3. 대법원장이 지명하는 헌법재판소 재판관 또는 중앙선거관리위원회 위원의 후보자

016 국회에 선출권이나 동의권이 없는 공직후보자에 관한 국회 인사청문경과보고서는 임명권자의
□□□ 판단을 구속하지 아니하므로, 임명권자는 국회의 의견과 다르게 후보자를 임명하거나 임명하
지 않을 수 있다. **|법무사 22** ○ ✕

....

대통령은 그의 지휘·감독을 받는 행정부 구성원을 임명하고 해임할 권한(헌법 제78조)을 가지고 있으므로, 국가정
보원장의 임명행위는 헌법상 대통령의 고유권한으로서 법적으로 국회 인사청문회의 견해를 수용해야 할 의무를
지지는 않는다(헌재 2004.5.14. 2004헌나1). **답** ○

017 국회는 임명동의안 등이 제출된 날부터 20일 이내에 그 심사 또는 인사청문을 마쳐야 하고,
□□□ 부득이한 사유로 그 기간 이내에 국회가 인사청문경과보고서를 송부하지 못한 경우 임명권자
는 15일 이내의 범위에서 기간을 정하여 인사청문경과보고서 송부를 요청할 수 있다.
|법무사 22 ○ ✕

국회는 임명동의안등이 제출된 날부터 20일 이내에 그 심사 또는 인사청문을 마쳐야 한다(인사청문회법 제6조 제2항). 후보자에 대한 인사청문회를 마치지 못하여 국회가 인사청문경과보고서를 송부하지 못한 경우에 대통령·대통령당선인 또는 대법원장은 제2항에 따른 기간의 다음 날부터 10일 이내의 범위에서 기간을 정하여 인사청문경과보고서를 송부하여 줄 것을 국회에 요청할 수 있다(인사청문회법 제6조 제3항).   답 ×

제2절 국회의 운영과 의사절차

제1관 국회의 운영

> **헌법 제47조** ① 국회의 (정기회)는 법률이 정하는 바에 의하여 (매년 1회) 집회되며, 국회의 (임시회)는 (대통령)또는 (국회재적의원 4분의 1) 이상의 요구에 의하여 집회된다.
> ② (정기회)의 회기는 (100일)을, (임시회)의 회기는 (30일)을 초과할 수 없다.
> ③ 대통령이 임시회의 집회를 요구할 때에는 (기간)과 집회요구의 (이유)를 명시하여야 한다.

018
▸ 국회 본회의는 재적의원 4분의 1 이상의 출석으로 개의한다. ▎법무사 18   ○ ×

▸ 본회의 개의에 필요한 출석자의 수는 재적의원 5분의 1 이상이다. ▎법무사 19   ○ ×

▸ 국회의 본회의는 재적의원 4분의 1 이상의 출석으로 개의하고, 임시회는 대통령 또는 재적의원 5분의 1 이상의 요구에 의하여 집회된다. ▎법행 21   ○ ×

국회의 정기회는 법률이 정하는 바에 의하여 매년 1회 집회되며, 국회의 임시회는 대통령 또는 국회재적의원 4분의 1 이상의 요구에 의하여 집회된다(헌법 제47조 제1항). 본회의는 재적의원 5분의 1 이상의 출석으로 개의한다(국회법 제73조 제1항).   답 × / ○ / ×

019 국회의 정기회는 법률이 정하는 바에 의하여 매년 1회 집회되며, 임시회는 대통령 또는 국회재적의원 4분의 1 이상의 요구에 의하여 집회된다. 대통령이 임시회의 집회를 요구할 때에는 기간과 집회요구의 이유를 명시하여야 한다. ▎법무사 21   ○ ×

헌법 제47조 제1항·제3항   답 ○

020 국회의 임시회는 대통령 또는 국회재적의원 4분의 1 이상의 요구에 의하여 열리고, 그 회기는 30일을 초과할 수 없다. ▎법원직9급 21   ○ ×

헌법 제47조 제1항, 제2항   답 ○

021
□□□
국회는 휴회 중이라도 대통령의 요구가 있을 때, 의장이 긴급한 필요가 있다고 인정할 때 또는 재적의원 3분의 1 이상의 요구가 있을 때에는 국회의 회의를 재개한다. **∥법행 23**

○ ×

....

국회는 휴회 중이라도 대통령의 요구가 있을 때, 의장이 긴급한 필요가 있다고 인정할 때 또는 <u>재적의원 4분의 1 이상의 요구</u>가 있을 때에는 국회의 회의(이하 "본회의"라 한다)를 재개한다(국회법 제8조 제2항). **답** ×

022
□□□
국회의장은 국회의 연중 상시 운영을 위하여 각 교섭단체 대표의원과의 협의를 거쳐 매년 12월 31일까지 다음 연도의 국회 운영 기본일정(국정감사를 포함한다)을 정하여야 한다. 다만, 국회의원 총선거 후 처음 구성되는 국회의 해당 연도 국회 운영 기본일정은 6월 30일까지 정할 수 있다. **∥법행 23**

○ ×

....

의장은 국회의 연중 상시 운영을 위하여 각 교섭단체 대표의원과의 협의를 거쳐 매년 12월 31일까지 다음 연도의 국회 운영 기본일정(국정감사를 포함한다)을 정하여야 한다. 다만, 국회의원 총선거 후 처음 구성되는 국회의 해당 연도 국회 운영 기본일정은 6월 30일까지 <u>정하여야 한다</u>(국회법 제5조의2 제1항). **답** ×

제2관 **국회의 의사절차**

1 **의사공개의 원칙**

> **헌법 제50조** ① 국회의 회의는 공개한다. 다만, (출석의원 과반수의 찬성)이 있거나 (의장)이 (국가의 안전보장)을 위하여 필요하다고 인정할 때에는 공개하지 아니할 수 있다.
> ② 공개하지 아니한 회의내용의 공표에 관하여는 법률이 정하는 바에 의한다.

023
□□□
▸ 국회의 회의는 공개한다. 다만, 출석의원 과반수의 찬성이 있거나 의장이 국가의 안전보장을 위하여 필요하다고 인정할 때에는 공개하지 아니할 수 있다. **∥법무사 21, 법원직9급 22** ○ ×

▸ 국회의 회의는 공개한다. 다만, 재적의원 과반수의 찬성이 있거나 의장이 국가의 안전보장을 위하여 필요하다고 인정할 때에는 공개하지 아니할 수 있다. **∥법원직9급 20** ○ ×

....

국회의 회의는 공개한다. 다만, 출석의원 과반수의 찬성이 있거나 의장이 국가의 안전보장을 위하여 필요하다고 인정할 때에는 공개하지 아니할 수 있다(헌법 제50조). **답** ○ / ×

024
□□□
▸ 헌법 제50조 제1항 단서가 정하고 있는 회의의 비공개를 위한 절차나 사유는 그 문언이 매우 구체적이어서, 이에 대한 예외는 엄격하게 인정되어야 한다. **∥법행 23** ○ ×

▸ 헌법 제50조 제1항으로부터 일체의 공개를 불허하는 절대적인 비공개가 허용된다고 볼 수는 없는바, 특정한 내용의 국회의 회의나 특정 위원회의 회의를 일률적으로 비공개한다고 정하면서 공개의 여지를 차단하는 것은 헌법 제50조 제1항에 부합하지 아니한다. ┃법행 23

○ ×

▸ 헌법 제50조 제1항은 국회 스스로 회의의 공개 여부를 결정할 수 있는 자율권이 있음을 인정하면서 그 자율권 행사에 대한 한계를 설정하고 있는 조항이다. 따라서 헌법 제50조 제1항 단서는 국회 회의의 비공개를 위해서 모든 회의마다 반드시 출석의원 과반수의 찬성이나 국가의 안전보장을 위하여 필요성이 인정된다는 의장의 결정이라는 절차를 거칠 것을 요구하는 조항이라기보다는 회의에 참여한 구성원들이 실질적으로 비공개에 대한 합의에 이르렀다고 볼 수 있거나 국가의 안전보장을 위해 필요하다는 것이 인정되는 경우에는 의사공개원칙에 대한 예외를 허용하는 조항으로 해석된다. ┃법행 23

○ ×

헌법 제50조 제1항은 본문에서 국회의 회의를 공개한다는 원칙을 규정하면서, 단서에서 '출석의원 과반수의 찬성이 있거나 의장이 국가의 안전보장을 위하여 필요하다고 인정할 때'에는 이를 공개하지 아니할 수 있다는 예외를 두고 있다. 이러한 헌법 제50조 제1항의 구조에 비추어 볼 때, 헌법상 의사공개원칙은 모든 국회의 회의를 항상 공개하여야 하는 것은 아니나 이를 공개하지 아니할 경우에는 헌법에서 정하고 있는 일정한 요건을 갖추어야 함을 의미한다. 또한 헌법 제50조 제1항 단서가 정하고 있는 회의의 비공개를 위한 절차나 사유는 그 문언이 매우 구체적이어서, 이에 대한 예외는 엄격하게 인정되어야 한다. 이러한 점에 비추어 보면 헌법 제50조 제1항으로부터 일체의 공개를 불허하는 절대적인 비공개가 허용된다고 볼 수는 없는바, 특정한 내용의 국회의 회의나 특정 위원회의 회의를 일률적으로 비공개한다고 정하면서 공개의 여지를 차단하는 것은 헌법 제50조 제1항에 부합하지 아니한다(헌재 2022.1.27. 2018헌마1162). 답 ○ / ○ / ×

025 헌법 제50조 제1항의 의사공개의 원칙은 단순한 행정적 회의를 제외한 국회의 헌법적 기능과 □□□ 관련한 모든 회의가 원칙적으로 국민에게 공개되어야 함을 천명한 것으로 국회 본회의뿐만 아니라 위원회의 회의에도 적용된다. ┃법원직9급 22

○ ×

의사공개원칙은 방청 및 보도의 자유와 회의록의 공표를 그 내용으로 한다. 의사공개원칙의 헌법적 의미를 고려할 때, 헌법 제50조 제1항 본문은 단순한 행정적 회의를 제외하고 국회의 헌법적 기능과 관련된 모든 회의는 원칙적으로 국민에게 공개되어야 함을 천명한 것으로, 국회 본회의뿐만 아니라 위원회의 회의에도 적용된다. 따라서 본회의든 위원회의 회의든 국회의 회의는 원칙적으로 공개하여야 하며, 원하는 모든 국민은 원칙적으로 그 회의를 방청할 수 있다(헌재 2022.1.27. 2018헌마1162). 답 ○

026 방청불허행위의 대상이 되었던 회의가 이미 종료되었다면, 방청불허행위에 관한 주관적 권리 □□□ 보호이익은 소멸하였으므로, 방청불허행위에 대한 헌법소원 심판청구는 부적법하다.
┃법행 23

○ ×

이 사건 방청불허행위의 대상이 되었던 회의는 이미 종료되었으므로 방청불허행위에 관한 주관적 권리보호이익은 소멸하였고, 심판대상조항에 대한 심판청구의 적법성을 인정하여 본안 판단에 나아가는 이상 이 사건 방청불허행위에 대해서는 별도의 심판의 이익도 인정되지 아니하므로, 이 사건 방청불허행위에 대한 심판청구는 부적법하다(헌재 2022.1.27. 2018헌마1162). 답 ○

027 ▶ 정보위원회 회의는 공개하지 아니한다고 정하고 있는 국회법 제54조의2 제1항 본문은 의사
□□□ 공개원칙에 위배되어 알 권리를 침해한다. ┃법행 23 ○ ✕

▶ 국회 정보위원회 회의는 국가기밀에 관한 사항과 직·간접적으로 관련되어 있으므로 이를
공개하지 않도록 하고 있는 국회법 조항은 의사공개의 원칙에 반하지 않는다. ┃법원직9급 22

○ ✕

심판대상조항은 정보위원회의 회의 일체를 비공개 하도록 정함으로써 정보위원회 활동에 대한 국민의 감시와
견제를 사실상 불가능하게 하고 있다. 또한 헌법 제50조 제1항 단서에서 정하고 있는 비공개사유는 각 회의마다
충족되어야 하는 요건으로 입법과정에서 재적의원 과반수의 출석과 출석의원 과반수의 찬성으로 의결되었다는
사실만으로 헌법 제50조 제1항 단서의 '출석위원 과반수의 찬성'이라는 요건이 충족되었다고 볼 수도 없다. 따라서
심판대상조항은 헌법 제50조 제1항에 위배되는 것으로 과잉금지원칙 위배 여부에 대해서는 더 나아가 판단할
필요 없이 청구인들의 알 권리를 침해한다(헌재 2022.1.27. 2018헌마1162). **답** ○ / ✕

028 국정조사와 마찬가지로 국정감사도 공개가 원칙이나, 위원회의 의결이 있는 경우에는 달리
□□□ 정할 수 있다. ┃법원직9급 22 ○ ✕

감사 및 조사는 공개한다. 다만, 위원회의 의결로 달리 정할 수 있다(국정감사 및 조사에 관한 법률 제12조).
답 ○

---

2 **다수결의 원칙**

> **헌법 제49조**   국회는 헌법 또는 법률에 특별한 규정이 없는 한 (재적의원 과반수의 출석)과 (출석의원 과반
> 수의 찬성)으로 의결한다. 가부동수인 때에는 (부결)된 것으로 본다.

029 국무총리에 대한 해임건의발의 정족수와 탄핵소추발의 정족수는 같다. ┃법무사 20 ○ ✕
□□□

국무총리에 대한 해임건의는 국회재적의원 3분의 1 이상의 발의에 의하여(헌법 제63조 제2항), 탄핵소추는 국회재
적의원 3분의 1 이상의 발의가 있어야 한다(헌법 제65조 제2항). **답** ○

030 대통령에 대한 탄핵소추는 국회재적의원 과반수의 발의와 국회재적의원 3분의 2 이상의 찬성
□□□ 이 있어야 한다. ┃법행 21 ○ ✕

제1항의 탄핵소추는 국회재적의원 3분의 1 이상의 발의가 있어야 하며, 그 의결은 국회재적의원 과반수의 찬성이
있어야 한다. 다만, 대통령에 대한 탄핵소추는 국회재적의원 과반수의 발의와 국회재적의원 3분의 2 이상의 찬성이
있어야 한다(헌법 제65조 제2항). **답** ○

031 국회의원의 자격심사의 청구 정족수와 예산안에 대한 수정동의 정족수는 같다. ┃법무사 20

○ ✕

의원이 다른 의원의 자격에 대하여 이의가 있을 때에는 30명 이상의 연서로 의장에게 자격심사를 청구할 수 있고(국회법 제138조), 예산안에 대한 수정동의는 의원 50명 이상의 찬성이 있어야 한다(국회법 제95조 제1항).

답 ✕

032 국회 위원회의 의사정족수와 본회의의 의사정족수는 같다. ┃법무사 20　○ ✕

국회 위원회는 재적위원 5분의 1 이상의 출석으로 개회하고(국회법 제54조), 본회의는 재적의원 5분의 1 이상의 출석으로 개의한다(국회법 제73조 제1항).

답 ○

033 ▶ 국회의원 제명 정족수와 헌법개정안 의결 정족수는 같다. ┃법무사 20　○ ✕

▶ 국회의원의 제명의결은 국회재적의원 3분의 2이상의 찬성이 있어야 한다. ┃법행 21　○ ✕

국회의원을 제명하려면 국회재적의원 3분의 2 이상의 찬성이 있어야 하고(헌법 제64조 제3항), 헌법 개정안에 대한 국회의 의결은 재적의원 3분의 2 이상의 찬성을 얻어야 한다(헌법 제130조 제1항).

답 ○ / ○

034 국회는 의원의 자격을 심사하며, 의원을 징계할 수 있다. 의원을 제명하려면 국회재적의원 3분의 2 이상의 찬성이 있어야 하는데, 제명처분에 대하여는 법원에 제소할 수 없다.

┃법무사 19

○ ✕

헌법 제64조 제2항·제3항·제4항

답 ○

035 ▶ 국회의장 선출 정족수와 계엄해제 요구 정족수는 같다. ┃법무사 20　○ ✕

▶ 국회가 재적의원 과반수의 찬성으로 계엄의 해제를 요구한 때에는 대통령은 이를 해제하여야 한다. ┃법행 21

○ ✕

국회의장과 부의장은 국회에서 무기명투표로 선거하고 재적의원 과반수의 득표로 당선되며(국회법 제15조 제1항), 국회가 재적의원 과반수의 찬성으로 계엄의 해제를 요구한 때에는 대통령은 이를 해제하여야 한다(헌법 제77조 제5항).

답 ○ / ○

10인 이상	• 회의의 비공개발의(국회법 제75조 제1항) • 일반의안 발의(국회법 제79조 제1항)
20인 이상	• 교섭단체 성립(국회법 제33조) • 의사일정 변경발의(국회법 제77조) • 국무총리·국무위원·정부위원에 대한 출석요구 발의(국회법 제121조 제1항) • 징계요구(국회법 제156조 제3항)
30인 이상	• 위원회에서 폐기된 의안 본회의에 부의(국회법 제87조 제1항) • 일반의안 수정동의(국회법 제95조 제1항) • 자격심사청구(국회법 제138조)
50인 이상	예산안에 대한 수정동의(국회법 제95조 제1항 단서)
재적 1/5 이상	• 위원회 및 본회의 의사정족수(국회법 제54조, 제73조) • 기명·무기명·호명투표의 요구(국회법 제112조 제2항)
재적 1/4 이상	• 임시회 소집요구(헌법 제47조 제1항) • 휴회 중의 본회의 재개요구(국회법 제8조 제2항) • 의원의 석방요구 발의(국회법 제28조)
재적 1/3 이상	• 해임건의 발의(헌법 제63조 제2항) • 일반 탄핵소추 발의(헌법 제65조 제2항)
재적 과반수	• 의장·부의장 선출(국회법 제15조 제1항) • 해임건의(헌법 제63조 제2항) • 일반 탄핵소추 의결(헌법 제65조 제2항) • 대통령에 대한 탄핵소추 발의(헌법 제65조 제2항 단서) • 계엄해제 요구(헌법 제77조 제5항) • 헌법개정안 발의(헌법 제128조 제1항) • 국회에서 대통령 선출(헌법 제67조 제2항) • 의장·부의장결선투표(국회법 제15조 제3항) • 임시의장 선거(국회법 제17조) • 상임위원장 및 예산결산특별위원회 위원장 선거(국회법 제41조 제2항, 제45조 제4항)
재적 과반수, 출석 과반수	특별한 규정이 없는 일반적 결의(헌법 제49조)
재적 과반수, 출석 2/3 이상	법률안 재의결(헌법 제53조 제4항)
재적 2/3 이상	• 제명(헌법 제64조 제3항) • 자격심사 의결(국회법 제142조 제3항) • 대통령에 대한 탄핵소추 의결(헌법 제65조 제2항 단서) • 헌법개정안 의결(헌법 제130조 제1항)

> **헌법 제51조** 국회에 제출된 법률안 기타의 의안은 회기 중에 의결되지 못한 이유로 (폐기되지 아니한다). 다만, 국회의원의 (임기가 만료된 때)에는 그러하지 아니하다.

036 ▸ 국회에 제출된 법률안은 회기 중에 의결되지 못하면 폐기되는 것이 원칙이다. ▎법무사 22
□□□   ○ ×

▸ 우리 헌법은 국회에 제출된 의안이 회기 중에 의결되지 못한 경우에는 폐기된다는 회기불계
속의 원칙을 취하고 있다. ▎법무사 21   ○ ×

▸ 국회에 제출된 법률안은 원칙적으로 회기 중에 의결되지 못하였다는 이유로 폐기되지 아니한다.
▎법행 22   ○ ×

▸ 국회에 제출된 법률안 기타의 의안은 회기 중에 의결되지 못한 이유로 폐기되지 아니하는
것이 원칙이다. ▎법원직9급 20   ○ ×

국회에 제출된 법률안 기타의 의안은 회기 중에 의결되지 못한 이유로 폐기되지 아니한다. 다만, 국회의원의
임기가 만료된 때에는 그러하지 아니하다(헌법 제51조). 즉, 우리 헌법은 회기계속의 원칙을 채택하고 있다.

답 × / × / ○ / ○

제3절 국회의 권한

제1관 입법에 관한 권한

> **헌법 제40조** 입법권은 국회에 속한다.
>
> **헌법 제52조** (국회의원과 정부)는 법률안을 제출할 수 있다.
>
> **헌법 제53조** ① 국회에서 의결된 법률안은 정부에 이송되어 (15일 이내)에 대통령이 (공포)한다.
> ② 법률안에 이의가 있을 때에는 대통령은 (제1항의 기간 내)에 이의서를 붙여 국회로 환부하고, 그 재의를
> 요구할 수 있다. 국회의 (폐회 중)에도 또한 같다.
> ③ 대통령은 법률안의 (일부)에 대하여 또는 법률안을 (수정)하여 재의를 요구할 수 (없다).
> ④ 재의의 요구가 있을 때에는 국회는 재의에 붙이고, (재적의원과반수의 출석)과 (출석의원 3분의 2 이상)의
> 찬성으로 전과 같은 의결을 하면 그 법률안은 법률로서 (확정)된다.
> ⑤ 대통령이 제1항의 기간 내에 공포나 재의의 요구를 하지 아니한 때에도 그 법률안은 법률로서 (확정)된다.
> ⑥ (대통령)은 제4항과 제5항의 규정에 의하여 확정된 법률을 (지체 없이) (공포)하여야 한다. 제5항에 의하
> 여 법률이 확정된 후 또는 제4항에 의한 확정법률이 정부에 이송된 후 (5일 이내)에 대통령이 공포하지
> 아니할 때에는 (국회의장)이 이를 (공포)한다.
> ⑦ 법률은 특별한 규정이 없는 한 공포한 날로부터 (20일)을 경과함으로써 (효력)을 발생한다.

037 국회의원만이 법률안을 제출할 수 있다. ▮법무사 22 ○ ×

□□□ ┈┈

<u>국회의원과 정부</u>는 법률안을 제출할 수 있다(헌법 제52조). 답 ×

038 국회의원과 정부는 법률안을 제출할 수 있으나, 국회의원은 10명 이상의 찬성으로 의안을

□□□ 발의할 수 있다. ▮법행 22 ○ ×

국회의원과 정부는 법률안을 제출할 수 있다(헌법 제52조). 의원은 10명 이상의 찬성으로 의안을 발의할 수 있다(국회법 제79조 제1항). 답 ○

039 의안을 발의하는 의원은 그 안을 갖추고 이유를 붙여 발의의원과 찬성의원 전원의 성명을

□□□ 법률안 제명의 부제(副題)로 기재한 다음 연서하여 의장에게 제출하여야 한다. ▮법행 22

○ ×

┈┈

국회법 제79조 제2항, 제3항 답 ×

> **국회법 제79조(의안의 발의 또는 제출)** ② 의안을 발의하는 의원은 그 안을 갖추고 이유를 붙여
> 찬성자와 연서하여 이를 의장에게 제출하여야 한다.
> ③ 의원이 법률안을 발의할 때에는 발의의원과 찬성의원을 구분하되, **법률안 제명의 부제(副題)로**
> **발의의원의 성명을 기재한다.** 다만, 발의의원이 2명 이상인 경우에는 대표발의의원 1명을 명시
> (明示)하여야 한다.

040 국회의원이 예산상 또는 기금상의 조치를 수반하는 의안을 발의하는 경우에는 그 의안의 시행

□□□ 에 수반될 것으로 예상되는 비용에 관한 추계서 또는 추계요구서를 함께 제출하여야 하나,

정부가 예산상 또는 기금상의 조치를 수반하는 의안을 제출하는 경우에는 그러한 자료를 첨부

할 필요가 없다. ▮법행 22 ○ ×

┈┈

국회법 제79조의2 제1항, 제4항 답 ×

> **국회법 제79조의2(의안에 대한 비용추계 자료 등의 제출)** ① 의원이 예산상 또는 기금상의 조치
> 를 수반하는 의안을 발의하는 경우에는 그 의안의 시행에 수반될 것으로 예상되는 비용에 관한
> 국회예산정책처의 추계서 또는 국회예산정책처에 대한 추계요구서를 함께 제출하여야 한다.
> ④ **정부가 예산상 또는 기금상의 조치를 수반하는 의안을 제출하는 경우에는** 그 의안의 시행에 수반
> 될 것으로 예상되는 비용에 관한 **추계서와 이에 상응하는 재원조달방안에 관한 자료를 의안에**
> **첨부하여야 한다.**

041 국회의 위원회는 그 소관에 속하는 사항에 관하여 법률안과 그 밖의 의안을 직접 제출할 수 있다. ▮법행 22 ○ ×

┄┄

위원회는 그 소관에 속하는 사항에 관하여 법률안과 그 밖의 의안을 제출할 수 있다(국회법 제51조 제1항).

📖 ○

042 법률안 심의·표결권은 국회의원으로 구성된 국회에 부여된 것이지 국회의원 각자에게 보장된 것은 아니다. ▮법무사 22 ○ ×

┄┄

국회의원의 법률안 심의·표결권은 의회민주주의의 원리, 입법권을 국회에 귀속시키고 있는 헌법 제40조, 국민에 의하여 선출되는 국회의원으로 국회를 구성한다고 규정하고 있는 헌법 제41조 제1항 및 국회의결에 관하여 규정한 헌법 제49조로부터 당연히 도출되는 헌법상의 권한이다. 그리고 이러한 국회의원의 법률안 심의·표결권은 헌법기관으로서의 국회의원 각자에게 모두 보장되는 것 또한 의문의 여지가 없다(헌재 2009.10.29. 2009헌라8).

📖 ×

043 대통령은 국회에서 의결된 법률안에 이의가 있을 때에는 정부에 이송된 후 15일 이내에 이의서를 붙여 국회로 환부하여 그 재의를 요구할 수 있다. ▮법무사 21 ○ ×

┄┄

헌법 제53조 제2항

📖 ○

044 ▸ 대통령이 법률안에 대하여 재의를 요구한 경우 국회는 재의에 붙이고, 재적의원 3분의 2 이상의 출석과 출석의원 3분의 2 이상의 찬성으로 전과 같은 의결을 하면 그 법률안은 법률로서 확정된다. ▮법무사 21·22 ○ ×

▸ 대통령이 재의를 요구한 법률안의 재의결에는 국회재적의원 과반수의 출석과 출석의원 3분의 2 이상의 찬성이 필요하다. ▮법행 21 ○ ×

┄┄

재의의 요구가 있을 때에는 국회는 재의에 붙이고, 재적의원 과반수의 출석과 출석의원 3분의 2 이상의 찬성으로 전과 같은 의결을 하면 그 법률안은 법률로서 확정된다(헌법 제53조 제4항).

📖 × / ○

045 국회의장은 의안이 발의되거나 제출되었을 때에는 이를 인쇄하거나 전산망에 입력하는 방법으로 의원에게 배부하고 본회의에 보고하며, 소관 상임위원회에 회부하여 그 심사가 끝난 후 본회의에 부의하여야 한다. 다만, 폐회 또는 휴회 등으로 본회의에 보고할 수 없을 때에는 다음 회기에 보고하고 회부하여야 한다. ▮법행 22 ○ ×

┄┄

의장은 의안이 발의되거나 제출되었을 때에는 이를 인쇄하거나 전산망에 입력하는 방법으로 의원에게 배부하고 본회의에 보고하며, 소관 상임위원회에 회부하여 그 심사가 끝난 후 본회의에 부의한다. 다만, 폐회 또는 휴회 등으로 본회의에 보고할 수 없을 때에는 보고를 생략하고 회부할 수 있다(국회법 제81조 제1항).

📖 ×

046 국회의장은 특히 필요하다고 인정하는 안건에 대해서는 본회의의 의결을 거쳐 이를 특별위원
□□□ 회에 회부한다. 다만 긴급한 경우에는 직권으로 또는 상임위원회의 의결로 회부할 수 있다.
┃법행 22   ○ ×

....

의장은 특히 필요하다고 인정하는 안건에 대해서는 본회의의 의결을 거쳐 이를 특별위원회에 회부한다(국회법
제82조 제1항). 다만, <u>특별위원회 회부에는 긴급한 경우의 회부 결정에 관한 사항은 없다.</u>   답 ×

047 안건신속처리제도는 여야 간 쟁점안건이 심의대상도 되지 못하고 위원회에 장기간 계류되는
□□□ 상황을 최소화하기 위한 제도적 장치로서, 신속처리대상으로 지정된 안건에 대해서는 일정기
간이 경과하면 자동으로 다음 단계로 진행하도록 하여 입법의 효율성을 제고하고자 도입된
것이다. ┃법무사 19   ○ ×

....

헌재 2016.5.26. 2015헌라1   답 ○

048 국회법상 직권상정권한은 국회의 수장이 국회의 비상적인 헌법적 장애상태를 회복하기 위하여
□□□ 가지는 권한으로 국회의장의 의사정리권에 속하고, 비상적·예외적 의사절차에 해당한다.
┃법무사 19   ○ ×

....

국회법 제85조 제1항의 직권상정권한은 국회의 수장이 국회의 비상적인 헌법적 장애상태를 회복하기 위하여
가지는 권한으로 국회의장의 의사정리권에 속하고, 의안심사에 관하여 위원회중심주의를 채택하고 있는 우리
국회에서는 비상적·예외적 의사절차에 해당한다(헌재 2016.5.26. 2015헌라1).   답 ○

049 무제한 토론을 실시하는 중에 해당 회기가 종료되는 때에는 무제한 토론은 종결 선포된 것으로
□□□ 본다. 이 경우 해당 안건은 바로 다음 회기에서 지체 없이 표결하여야 한다. ┃법무사 19
                                                                           ○ ×

....

국회법 제106조의2 제8항   답 ○

050 정부는 부득이한 경우를 제외하고는 매년 1월 31일까지 해당 연도에 제출할 법률안에 관한
□□□ 계획을 국회에 통지하여야 하고, 그 계획을 변경하였을 때에는 지체 없이 주요 사항을 국회에
통지하여야 한다. ┃법행 22   ○ ×

....

국회법 제5조의3 제1항, 제2항   답 ×

> **국회법 제5조의3(법률안 제출계획의 통지)** ① 정부는 부득이한 경우를 제외하고는 매년 1월 31일
> 까지 해당 연도에 제출할 법률안에 관한 계획을 국회에 통지하여야 한다.
> ② 정부는 제1항에 따른 계획을 변경하였을 때에는 **분기별로** 주요 사항을 국회에 통지하여야 한다.

051 ▸ 위원장은 간사와 협의하여 회부된 법률안의 입법 취지와 주요 내용 등을 국회공보 또는 국회 인터넷 홈페이지 등에 게재하는 방법 등으로 입법예고하여야 한다. ▮법행 22 ○ ×

▸ 체계·자구 심사를 위하여 법제사법위원회에 회부된 법률안은 입법예고의 대상에서 제외된다.
▮법행 22 ○ ×

▸ 긴급히 입법을 하여야 하는 경우, 입법 내용의 성질 또는 그 밖의 사유로 입법예고가 필요 없거나 곤란하다고 판단되는 경우에는 위원장이 간사와 협의하여 입법예고를 하지 아니할 수 있다. ▮법행 22 ○ ×

국회법 제82조의2 제1항 답 ○ / ○ / ○

> **국회법 제82조의2(입법예고)** ① 위원장은 간사와 협의하여 회부된 법률안(체계·자구 심사를 위하여 법제사법위원회에 회부된 법률안은 제외한다)의 입법 취지와 주요 내용 등을 국회공보 또는 국회 인터넷 홈페이지 등에 게재하는 방법 등으로 입법예고하여야 한다. 다만, 다음 각 호의 어느 하나에 해당하는 경우에는 위원장이 간사와 협의하여 입법예고를 하지 아니할 수 있다.
> 1. 긴급히 입법을 하여야 하는 경우
> 2. 입법 내용의 성질 또는 그 밖의 사유로 입법예고가 필요 없거나 곤란하다고 판단되는 경우

052 위원장은 입법예고기간을 예고할 때 정하되, 일부개정법률안의 경우에는 10일 이상, 제정법률안 및 전부개정법률안의 경우에는 15일 이상으로 정하여야 하고, 특별한 사정이 있는 경우 간사와 협의하여 이를 단축할 수 있다. ▮법행 22 ○ ×

국회 입법예고에 관한 규칙 제4조 제1항 답 ○

1 조세입법권

> **헌법 제59조**　조세의 (종목과 세율)은 법률로 정한다.

053 조세법률주의는 헌법에서 명문으로 규정하고 있다. **▮법원직9급 21**　　○ ✕
□□□

헌법 제59조는 "조세의 종목과 세율은 법률로 정한다."고 규정함으로써 조세법률주의를 천명하고 있다(헌재
2013.11.28. 2012헌바22).　**답 ○**

054 헌법 제59조의 조세법률주의는 조세평등주의와 함께 조세법의 기본원칙으로 과세요건 법정주
□□□ 의와 과세요건 명확주의를 핵심내용으로 한다. **▮법원직9급 22**　　○ ✕

우리 헌법은 제38조에서 "모든 국민은 법률이 정하는 바에 의하여 납세의 의무를 진다."라고 규정하고 제59조에서
는 "조세의 종목과 세율은 법률로 정한다."라고 규정함으로써 조세법률주의의 원칙을 선언하고 있다. 이러한 조세
법률주의는 조세평등주의와 함께 조세법의 기본원칙으로서 과세요건을 법률로 규정하여 국민의 재산권을 보장하
고 과세요건을 명확하게 규정하여 국민생활의 법적 안정성과 예측가능성을 보장하기 위한 것으로, 과세요건 법정
주의와 과세요건 명확주의를 그 핵심내용으로 하고 있다. 여기서 과세요건 명확주의라 함은 과세요건을 법률로
정하였다고 하더라도 그 규정내용이 지나치게 추상적이고 불명확하면 과세관청의 자의적인 해석과 집행을 초래할
염려가 있으므로 그 규정내용이 명확하고 일의적이어야 한다는 원칙을 말한다(헌재 2022.3.31. 2019헌바107).
　답 ○

055 경제현실의 변화나 전문적 기술의 발달에 즉시 대응하여야 할 필요 등 부득이한 사정이 있는
□□□ 경우에는 법률로 규정하여야 할 사항에 관하여 행정입법에 위임하였더라도 조세법률주의 위반
으로 볼 수 없다. **▮법원직9급 22**　　○ ✕

사회현상의 복잡다기화와 국회의 전문적·기술적 능력의 한계 및 시간적 적응능력의 한계로 인하여 조세부과에
관련된 모든 법규를 예외없이 형식적 의미의 법률에 의하여 규정한다는 것은 사실상 불가능할 뿐만 아니라 실제에
적합하지도 아니하기 때문에, 경제현실의 변화나 전문적 기술의 발달에 즉시 대응하여야 할 필요 등 부득이한
사정이 있는 경우에는 법률로 규정하여야 할 사항에 관하여 국회 제정의 형식적 법률보다 더 탄력성이 있는
행정입법에 위임함이 허용된다고 할 것이다(헌재 2010.7.29. 2009헌바192).　**답 ○**

056 법 문언에 어느 정도의 모호함이 내포되어 있다 하더라도 법관의 보충적인 가치판단을 통해서
□□□ 그 의미내용을 확인할 수 있고, 그러한 보충적 해석이 해석자의 개인적인 취향에 따라 좌우될
가능성이 없다면 과세요건 명확주의에 반한다고 볼 수 없다. **▮법원직9급 22**　　○ ✕

모든 법규범 문언을 순수하게 기술적 개념만으로 구성하는 것은 입법기술적으로 불가능하므로, 설혹 법 문언에
어느 정도의 모호함이 내포되어 있다 하더라도 법 문언이 법관의 보충적인 가치판단을 통해서 그 의미내용을
확인할 수 있고, 그러한 보충적 해석이 해석자의 개인적인 취향에 따라 좌우될 가능성이 없다면 명확성의 원칙에
반한다고 할 수 없다(헌재 2022.3.31. 2019헌바107).　**답 ○**

057 조세법의 영역에서는 경과규정의 미비라는 명백한 입법의 공백을 방지하고 형평성의 왜곡을 시정하는 것은 원칙적으로 법률조항의 법문의 한계 안에서 법률을 해석·적용하여야 하는 법원이나 과세관청의 의무에 해당한다. ▮법원직9급 22 ○ ×

....

과세요건법정주의 및 과세요건명확주의를 포함하는 조세법률주의가 지배하는 조세법의 영역에서는 경과규정의 미비라는 명백한 입법의 공백을 방지하고 형평성의 왜곡을 시정하는 것은 원칙적으로 입법자의 권한이고 책임이지 법문의 한계 안에서 법률을 해석·적용하는 법원이나 과세관청의 몫은 아니다(헌재 2012.5.31. 2009헌바123).

답 ×

058 ▸ 어떤 공과금이 조세인지 아니면 부담금인지는 단순히 법률에서 그것을 무엇으로 성격 규정하고 있느냐를 기준으로 할 것이 아니라, 그 실질적인 내용을 결정적인 기준으로 삼아야 한다.
▮법무사 20 ○ ×

▸ 어떤 공과금이 조세인지 부담금인지는 법적안정성을 고려하여 법률에서 그 성격을 무엇으로 규정하고 있느냐를 기준으로 판단하여야 한다. ▮법행 22 ○ ×

....

어떤 공과금이 조세인지 아니면 부담금인지는 단순히 법률에서 그것을 무엇으로 성격 규정하고 있느냐를 기준으로 할 것이 아니라, 그 실질적인 내용을 결정적인 기준으로 삼아야 한다(헌재 2004.7.15. 2002헌바42).

답 ○ / ×

059 조세는 국가 등의 일반적 과제의 수행을 위한 것으로서 담세능력이 있는 일반국민에 대하여 부과되지만, 부담금은 특별한 과제의 수행을 위한 것으로서 당해 공익사업과 일정한 관련성이 있는 특정 부류의 사람들에 대해서만 부과된다. ▮법행 22 ○ ×

....

조세는 국가 등의 일반적 과제의 수행을 위한 것으로서 담세능력이 있는 일반국민에 대해 부과되지만, 부담금은 특별한 과제의 수행을 위한 것으로서 당해 공익사업과 일정한 관련성이 있는 특정 부류의 사람들에 대해서만 부과되는 점에서 양자는 차이가 있다(헌재 2004.7.15. 2002헌바42).

답 ○

060 부담금은 국민의 재산권을 제한하는 성격을 가지고 있으므로 부담금을 부과함에 있어서도 평등원칙이나 비례성원칙과 같은 기본권제한입법의 한계는 준수되어야 한다. ▮법무사 20

○ ×

....

부담금은 국민의 재산권을 제한하는 성격을 가지고 있으므로 부담금을 부과함에 있어서도 평등원칙이나 비례성원칙과 같은 기본권제한입법의 한계는 준수되어야 하며, 위와 같은 부담금의 헌법적 정당화요건은 기본권 제한의 한계를 심사함으로써 자연히 고려될 수 있다(헌재 2008.11.27. 2007헌마860).

답 ○

061 ▸ 부담금은 그 부과목적과 기능에 따라 (가) 순수하게 재정조달의 목적만 가지는 재정조달목적 부담금과 (나) 재정조달 목적뿐만 아니라 부담금의 부과 자체로써 국민의 행위를 특정한 방향으로 유도하거나 특정한 공법적 의무의 이행 또는 공공출연으로부터의 특별한 이익과 관련된 집단 간의 형평성 문제를 조정하여 특정한 사회·경제정책을 실현하기 위한 정책실현목적 부담금으로 구분될 수 있다. 전자의 경우에는 공적 과제가 부담금 수입의 지출 단계에서 비로소 실현되나, 후자의 경우에는 공적 과제의 전부 혹은 일부가 부담금의 부과 단계에서 이미 실현된다. ▎법무사 20 ○ ×

▸ 재정조달목적 부담금은 특정한 반대급부 없이 부과될 수 있다는 점에서 조세와 매우 유사하므로 헌법 제38조가 정한 조세법률주의, 헌법 제11조 제1항이 정한 법 앞의 평등원칙에서 파생되는 공과금 부담의 형평성, 헌법 제54조 제1항이 정한 국회의 예산심의·확정권에 의한 재정감독권과의 관계에서 오는 한계를 고려하여, 그 부과가 헌법적으로 정당화되기 위하여는 (가) 조세에 대한 관계에서 예외적으로만 인정되어야 하며 국가의 일반적 과제를 수행하는 데에 부담금 형식을 남용하여서는 아니 되고, (나) 부담금 납부의무자는 일반 국민에 비해 부담금을 통해 추구하고자 하는 공적 과제에 대하여 특별히 밀접한 관련성을 가져야 하며, (다) 부담금이 장기적으로 유지되는 경우 그 징수의 타당성이나 적정성이 입법자에 의해 지속적으로 심사되어야 한다. ▎법무사 20 ○ ×

헌재 2008.11.27. 2007헌마860 답 ○ / ○

062 특별부담금은 그 수입이 반드시 부담금의무자의 집단적 이익을 위하여 사용되어야 한다고는 볼 수 없으나, 부담금의무자의 집단적 이익을 위하여 사용되는 경우에는 정당성이 제고된다.
▎법행 22 ○ ×

조세유사적 성격을 지니고 있는 특별부담금의 부과가 과잉금지의 원칙과 관련하여 방법상 적정한 것으로 인정되기 위해서는, 이러한 부담금의 부과를 통하여 수행하고자 하는 특정한 경제적·사회적 과제에 대하여 특별히 객관적으로 밀접한 관련이 있는 특정집단에 국한하여 부과되어야 하고, 이와 같이 부과·징수된 부담금은 그 특정과제의 수행을 위하여 별도로 지출·관리되어야 하며 국가의 일반적 재정수입에 포함시켜 일반적 국가과제를 수행하는 데 사용하여서는 아니된다고 할 것이다. 부담금의 수입이 반드시 부담금의무자의 집단적 이익을 위하여 사용되어야 한다고는 볼 수 없으나, 부담금의무자의 집단적 이익을 위하여 사용되는 경우에는 부담금부과의 정당성이 제고된다고 할 것이다(헌재 1999.10.21. 97헌바84). 답 ○

063 재정충당 목적의 특별부담금은 반대급부 없는 강제적인 징수인 면에서 조세와 공통점을 가지면서도 헌법상 명시적인 특별통제장치가 결여되어 있으므로, 조세에 준하는 정도 내지 그 이상으로, 특별부담금에 대한 헌법적 통제의 필요성이 요청된다. ▎법행 22 ○ ×

재정충당목적의 특별부담금은 반대급부 없는 강제적인 징수인 면에서 조세와 공통점을 가지면서도 헌법상 명시적인 특별통제장치가 결여되어 있다. …(중략)… 조세수입이 대부분 일반회계로 귀속되어 국가 전체적인 관점에서 사업의 타당성이나 우선 순위를 엄격히 따져 사용되고 있는 데 비하여 재정충당목적의 특별부담금은 그 사용용도가 한정되어 있음을 기화로 그 재원에 여유가 있는 경우에는 국가재정 전체의 관점에서 볼 때에는 우선순위가 떨어지는 그러한 사업의 추진이나 운영에 방만하게 사용되어 재정운영의 효율성을 떨어뜨리는 문제점까지도 일으킨다. 따라서 조세에 준하는 정도로, 나아가 그 이상으로, 특별부담금에 대한 헌법적 통제의 필요성이 요청된다 (헌재 2003.12.18. 2002헌가2). **답** ○

064 수신료는 공영방송사업이라는 특정한 공익사업의 경비조달에 충당하기 위하여 수상기를 소지 □□□ 한 특정집단에 대하여 부과되는 특별부담금에 해당한다. ▌법행 22 ○ ×
....
수신료는 공영방송사업이라는 특정한 공익사업의 소요경비를 충당하기 위한 것으로서 일반 재정수입을 목적으로 하는 조세와 다르다. 또, 텔레비전방송을 수신하기 위하여 수상기를 소지한 자에게만 부과되어 공영방송의 시청가 능성이 있는 이해관계인에게만 부과된다는 점에서도 일반 국민 주민을 대상으로 하는 조세와 차이가 있다. 그리고 '공사의 텔레비전방송을 수신하는 자'가 아니라 '텔레비전방송을 수신하기 위하여 수상기를 소지한 자'가 부과대상 이므로 실제 방송시청 여부와 관계없이 부과된다는 점, 그 금액이 공사의 텔레비전방송의 수신정도와 관계없이 정액으로 정해져 있는 점 등을 감안할 때 이를 공사의 서비스에 대한 대가나 수익자부담금으로 보기도 어렵다. 따라서 수신료는 공영방송사업이라는 특정한 공익사업의 경비조달에 충당하기 위하여 수상기를 소지한 특정집단 에 대하여 부과되는 특별부담금에 해당한다고 할 것이다(헌재 1999.5.27. 98헌바70). **답** ○

065 부담금관리 기본법 제3조는 부담금은 별표에 규정된 법률에 따르지 아니하고는 설치할 수 □□□ 없다고 규정하고 있으므로 개별법률에 부담금 부과에 관한 근거규정이 존재하더라도 그 개별 법률의 근거규정이 부담금관리 기본법 별표에 포함되어 있지 않다면 그 개별법률의 근거규정 에 따른 부담금을 부과하는 것은 허용될 수 없다. ▌법무사 20 ○ ×
....
부담금관리 기본법의 제정 목적, 부담금관리 기본법 제3조의 조문 형식 및 개정 경과 등에 비추어 볼 때, 부담금관리 기본법은 법 제정 당시 시행되고 있던 부담금을 별표에 열거하여 정당화 근거를 마련하는 한편 시행 후 기본권 침해의 소지가 있는 부담금을 신설하는 경우 자의적인 부과를 견제하기 위하여 위 법률에 의하여 이를 규율하고자 한 것이나, 그러한 점만으로 <u>부담금부과에 관한 명확한 법률 규정이 존재하더라도 법률 규정과는 별도로 반드시 부담금관리 기본법 별표에 부담금이 포함되어야만 부담금 부과가 유효하게 된다고 해석할 수는 없다</u>(대판 2014.1.29. 2013다25927). **답** ×

066 개발부담금의 부과기준 중 종료시점지가를 부과 종료 시점 당시의 부과 대상 토지와 이용 □□□ 상황이 가장 비슷한 표준지의 공시지가를 기준으로 산정하도록 한 법률조항이 과잉금지원칙에 반하여 개발부담금 납부의무자의 재산권을 침해한다고 볼 수 없다. ▌법행 23 ○ ×
....
개발부담금의 부과 기준 중 종료시점지가를 부과 종료 시점 당시의 부과 대상 토지와 이용 상황이 가장 비슷한 표준지(이하 '종료시점지가비교표준지'라 한다)의 공시지가를 기준으로 산정하도록 한 구 '개발이익 환수에 관한 법률' 제10조 제1항이 종료시점지가비교표준지의 선정 기준으로 규정한 '부과 종료 시점 당시의 부과 대상 토지와 이용 상황이 가장 비슷한 표준지'란 개발사업이 완료된 상태의 대상 토지와 자연적·사회적 조건이 가장 유사한 인근의 표준지로서, 그 공시지가는 대상 토지의 객관적 가치 산정을 위한 적정한 기준이 된다. 또한, 이 사건 종료시점지가조항은 종료시점지가 산정 시 토지의 특성 차이를 계량화한 토지가격비준표를 사용하도록 하여 자의적 판단을 방지하고, 정상지가상승분의 합산을 통하여 지가변동을 반영하며, 일정한 경우 대상 토지의 처분 가격을 종료시점지가로 할 수 있도록 예외를 인정하고 있다. 나아가, 개발부담금 납부의무자가 받는 불이익이 개발부담금 제도의 실효성과 공정성 확보, 개발부담금의 효율적인 부과·징수라는 공익에 비하여 크다고 보기도 어렵다. 따라서 이 사건 종료시점지가조항이 과잉금지원칙에 반하여 개발부담금 납부의무자의 재산권을 침해한다 고 볼 수 없다(헌재 2021.12.23. 2018헌바435). **답** ○

067 전기요금은 전기판매사업자가 전기사용자와 체결한 전기공급계약에 따라 전기를 공급하고
□□□ 그에 대한 대가로 전기사용자에게 부과되는 것으로서, 조세 내지 부담금과는 구분된다.
┃법행 22 ○ ×

전기요금은 전기판매사업자가 전기사용자와 체결한 전기공급계약에 따라 전기를 공급하고 그에 대한 대가로
전기사용자에게 부과되는 것으로서, 조세 내지 부담금과는 구분된다. 즉 한국전력공사가 전기사용자에게 전기요
금을 부과하는 것이 국민의 재산권에 제한을 가하는 행정작용에 해당한다고 볼 수 없다(헌재 2021.4.29. 2017헌가
25). 답 ○

---

2 예산심의 · 확정권

헌법 제54조 ① 국회는 국가의 예산안을 (심의 · 확정)한다.
② 정부는 회계연도마다 예산안을 편성하여 회계연도 개시 (90일 전까지) 국회에 (제출)하고, 국회는 회계
연도 개시 (30일 전까지) 이를 (의결)하여야 한다.
③ 새로운 회계연도가 개시될 때까지 예산안이 의결되지 못한 때에는 정부는 국회에서 예산안이 의결될 때까
지 다음의 목적을 위한 경비는 (전년도 예산에 준하여) 집행할 수 있다.
1. 헌법이나 법률에 의하여 설치된 기관 또는 시설의 유지 · 운영
2. 법률상 지출의무의 이행
3. 이미 예산으로 승인된 사업의 계속

헌법 제55조 ① 한 회계연도를 넘어 계속하여 지출할 필요가 있을 때에는 정부는 (연한)을 정하여 (계속
비)로서 국회의 의결을 얻어야 한다.
② 예비비는 (총액)으로 국회의 의결을 얻어야 한다. 예비비의 지출은 (차기)국회의 (승인)을 얻어야 한다.

헌법 제56조 정부는 예산에 (변경)을 가할 필요가 있을 때에는 (추가경정예산안)을 편성하여 국회에 제
출할 수 있다.

헌법 제57조 국회는 정부의 동의없이 정부가 제출한 지출예산 각항의 금액을 (증가)하거나 (새 비목)을
설치할 수 없다.

헌법 제58조 (국채)를 모집하거나 (예산외)에 국가의 부담이 될 (계약)을 체결하려 할 때에는 정부는
(미리) 국회의 의결을 얻어야 한다.

---

068 정부는 회계연도마다 예산안을 편성하여 회계연도 개시 60일 전까지 국회에 제출하고, 국회는
□□□ 회계연도 개시 30일 전까지 이를 의결하여야 한다. ┃법무사 19 ○ ×

정부는 회계연도마다 예산안을 편성하여 회계연도 개시 90일 전까지 국회에 제출하고, 국회는 회계연도 개시
30일 전까지 이를 의결하여야 한다(헌법 제54조 제2항). 답 ×

069 새로운 회계연도가 개시될 때까지 예산안이 의결되지 못한 때에는 국회는 1개월 이내에 가예산을 의결하고 그 기간 내에 예산을 의결하여야 한다. **|법행 22** ○ ×

□□□

회계연도가 개시될 때까지 예산안이 의결되지 못한 경우 가예산은 일정기간동안의 예산을 입법부의 의결로 허용하는 제도이지만, 준예산은 일정 항목에 한해 전년도 예산에 준하여 집행할 수 있는 제도이다. 우리 헌정사상 '가예산제도'는 제헌헌법당시 도입되어 1954년 제2차 개정헌법까지 유지되었다가 1960년 제3차 개정헌법부터는 '준예산제도'가 도입되었다. 이후 준예산제도는 계속 유지되고 있다(헌법 제54조 제3항 참조). **답** ×

070 한 회계연도를 넘어 계속하여 지출할 필요가 있을 때에는 정부는 연한을 정하여 계속비로서 국회의 의결을 얻어야 한다. **|법무사 19** ○ ×

□□□

헌법 제55조 제1항 **답** ○

071 예비비는 총액으로 국회의 의결을 얻어야 하며, 예비비의 지출은 차기국회의 승인을 얻어야 한다. **|법행 22** ○ ×

□□□

헌법 제55조 제2항 **답** ○

072 정부는 예산에 변경을 가할 필요가 있을 때에는 수정예산안을 편성하여 국회에 제출할 수 있다. **|법무사 19** ○ ×

□□□

정부는 예산에 변경을 가할 필요가 있을 때에는 추가경정예산안을 편성하여 국회에 제출할 수 있다(헌법 제56조). **답** ×

073 이미 확정된 예산에 변경을 가할 필요가 있는 경우 추가경정예산안을 편성할 수 있는데, 국가재정법은 추가경정예산안의 편성이 가능한 경우를 제한하고 있다. **|법행 22** ○ ×

□□□

국가재정법 제89조 제1항 **답** ○

> **국가재정법 제89조(추가경정예산안의 편성)** ① 정부는 다음 각 호의 어느 하나에 해당하게 되어 이미 확정된 예산에 변경을 가할 필요가 있는 경우에는 추가경정예산안을 편성할 수 있다.
> 1. 전쟁이나 대규모 재해(「재난 및 안전관리 기본법」 제3조에서 정의한 자연재난과 사회재난의 발생에 따른 피해)가 발생한 경우
> 2. 경기침체, 대량실업, 남북관계의 변화, 경제협력과 같은 대내·외 여건에 중대한 변화가 발생하였거나 발생할 우려가 있는 경우
> 3. 법령에 따라 국가가 지급하여야 하는 지출이 발생하거나 증가하는 경우

074 국회는 정부의 동의 없이 정부가 제출한 지출예산 각항의 금액을 증가하거나 새 비목을 설치할
□□□ 수 있다. ▎법무사 19 ○ ×

··

국회는 정부의 동의 없이 정부가 제출한 지출예산 각항의 금액을 증가하거나 새 비목을 설치할 수 없다(헌법
제57조). **답** ×

075 ▸ 국회의 예산안 의결은 정부의 재정행위를 통하여 일반 국민을 구속하므로 헌법소원심판의
□□□ 대상이 된다. ▎법무사 19 ○ ×

▸ 국회가 의결한 예산 또는 국회의 예산안 의결은 헌법소원의 대상이 되는 공권력의 행사에
해당한다고 볼 수 없다. ▎법행 22 ○ ×

··

예산은 일종의 법규범이고 법률과 마찬가지로 국회의 의결을 거쳐 제정되지만 법률과 달리 국가기관만을 구속할
뿐 일반 국민을 구속하지 않는다. 국회가 의결한 예산 또는 국회의 예산안 의결은 헌법재판소법 제68조 제1항
소정의 '공권력의 행사'에 해당하지 않고 따라서 헌법소원의 대상이 되지 아니한다(헌재 2006.4.25. 2006헌마
409). **답** × / ○

076 기획재정부 장관은 각 중앙관서의 장이 제출한 예산요구서에 따라 예산안을 편성하여 국무회
□□□ 의의 심의를 거친 후 대통령의 승인을 얻어야 한다. ▎법행 22 ○ ×

··

국가재정법 제31조 제1항, 제32조 **답** ○

> **국가재정법 제31조(예산요구서의 제출)** ① 각 중앙관서의 장은 제29조의 규정에 따른 예산안편
> 성지침에 따라 그 소관에 속하는 다음 연도의 세입세출예산・계속비・명시이월비 및 국고채무
> 부담행위 요구서(이하 "예산요구서")를 작성하여 매년 5월 31일까지 기획재정부장관에게 제출하
> 여야 한다.
>
> **국가재정법 제32조(예산안의 편성)** 기획재정부장관은 제31조 제1항의 규정에 따른 예산요구서
> 에 따라 예산안을 편성하여 국무회의의 심의를 거친 후 대통령의 승인을 얻어야 한다.

077 국채를 모집하거나 예산 외에 국가의 부담이 될 계약을 체결하려 할 때에는 정부는 미리 국회의
□□□ 의결을 얻어야 한다. ▎법원직9급 20 ○ ×

··

헌법 제58조 **답** ○

제3관 **국정통제에 관한 권한**

1 **국회의 동의권**

> **헌법 제60조** ① 국회는 상호원조 또는 안전보장에 관한 조약, 중요한 국제조직에 관한 조약, 우호통상항 해조약, 주권의 제약에 관한 조약, 강화조약, 국가나 국민에게 중대한 재정적 부담을 지우는 조약 또는 입법사항에 관한 조약의 체결·비준에 대한 동의권을 가진다.
> ② 국회는 (선전포고), (국군의 외국에의 파견) 또는 (외국 군대의 대한민국 영역 안에서의 주류)에 대한 (동의권)을 가진다.

078 국회는 상호원조 또는 안전보장에 관한 조약, 중요한 국제조직에 관한 조약, 우호통상항해조
□□□ 약, 주권의 제약에 관한 조약, 강화조약, 국가나 국민에게 중대한 재정적 부담을 지우는 조약 또는 입법사항에 관한 조약의 체결·비준에 대한 동의권을 가진다. **▮법무사 20** ○ ×
....
헌법 제60조 제1항 **답** ○

079 국회는 선전포고, 국군의 외국에의 파견 또는 외국 군대의 대한민국 영역 안에서의 주류에
□□□ 대한 동의권을 가진다. **▮법무사 20** ○ ×
....
헌법 제60조 제2항 **답** ○

080 국회의원은 국회의 조약에 대한 체결·비준 동의권 침해를 주장하면서 대통령을 상대로 권한
□□□ 쟁의심판을 청구할 수 없다. **▮법무사 22** ○ ×
....
권한쟁의심판에서 국회의원이 국회의 권한침해를 주장하여 심판청구를 하는 이른바 '제3자 소송담당'을 허용하는 명문의 규정이 없고, 다른 법률의 준용을 통해서 이를 인정하기도 어려운 현행법 체계하에서, 국회의 의사가 다수결로 결정되었음에도 다수결의 결과에 반하는 소수의 국회의원에게 권한쟁의심판을 청구할 수 있게 하는 것은 다수결의 원리와 의회주의의 본질에 어긋날 뿐만 아니라, 국가기관이 기관 내부에서 민주적인 토론을 통해 기관의 의사를 결정하는 대신 모든 문제를 사법적 수단에 의해 해결하려는 방향으로 남용될 우려도 있다. 따라서 '제3자 소송담당'이 허용되지 않는 현행법하에서 국회의 구성원인 국회의원은 국회의 조약 체결·비준 동의권 침해를 주장하는 권한쟁의심판에서 청구인적격이 없다(헌재 2015.11.26. 2013헌라3). **답** ○

081 대통령이 일반사면을 명하려면 국회의 동의를 얻어야 한다. **▮법무사 20** ○ ×
....
헌법 제79조 제2항 **답** ○

082 대통령이 감사원장을 임명하는 경우 국회의 동의가 필요 없다. ▎법무사 20 ○ ×

감사원장은 <u>국회의 동의를 얻어</u> 대통령이 임명하고, 그 임기는 4년으로 하며, 1차에 한하여 중임할 수 있다(헌법 제98조 제2항). **답** ×

083 대법관은 대법원장의 제청으로 국회의 동의를 얻어 대통령이 임명한다. ▎법무사 20 ○ ×

·헌법 제104조 제2항 **답** ○

② 국정감사권 및 조사권

> **헌법 제61조** ① 국회는 국정을 (감사)하거나 (특정한) 국정사안에 대하여 (조사)할 수 있으며, 이에 필요한 (서류의 제출) 또는 (증인의 출석)과 (증언)이나 (의견의 진술)을 요구할 수 있다.
> ② 국정감사 및 조사에 관한 절차 기타 필요한 사항은 법률로 정한다.

084 위원회는 중요한 안건의 심사와 국정감사 및 국정조사에 필요한 경우 증인·감정인·참고인으로부터 증언·진술을 청취하고 증거를 채택하기 위하여 위원회 의결로 청문회를 열 수 있고, 법률안 심사를 위한 청문회는 재적위원 3분의 1 이상의 요구로 개회할 수 있다. ▎법행 23 ○ ×

위원회(소위원회를 포함한다. 이하 이 조에서 같다)는 중요한 안건의 심사와 국정감사 및 국정조사에 필요한 경우 증인·감정인·참고인으로부터 증언·진술을 청취하고 증거를 채택하기 위하여 위원회 의결로 청문회를 열 수 있다(국회법 제65조 제1항). 제1항에도 불구하고 법률안 심사를 위한 청문회는 재적위원 3분의 1 이상의 요구로 개회할 수 있다. 다만, 제정법률안과 전부개정법률안의 경우에는 제58조 제6항에 따른다(국회법 제65조 제2항). **답** ○

③ 국무총리·국무위원 등의 국회출석요구 및 질문권

> **헌법 제62조** ① (국무총리·국무위원 또는 정부위원)은 국회나 그 위원회에 출석하여 국정처리상황을 (보고)하거나 의견을 (진술)하고 질문에 (응답할 수 있다).
> ② 국회나 그 위원회의 요구가 있을 때에는 (국무총리·국무위원 또는 정부위원)은 (출석·답변하여야) 하며, 국무총리 또는 국무위원이 출석요구를 받은 때에는 국무위원 또는 정부위원으로 하여금 출석·답변하게 할 수 있다.
>
> **헌법 제81조** 대통령은 국회에 출석하여 (발언)하거나 (서한)으로 (의견을 표시)할 수 있다.

085 법원행정처장은 의장이나 위원장의 허가를 받아 본회의나 위원회에서 소관 사무에 관하여 발언할 수 있다. ▌법행 22   ○ ×

··

법원행정처장, 헌법재판소 사무처장, 중앙선거관리위원회 사무총장은 의장이나 위원장의 허가를 받아 본회의나 위원회에서 소관 사무에 관하여 발언할 수 있다(국회법 제120조 제2항).   답 ○

086 본회의나 위원회는 특정한 사안에 대하여 질문하기 위하여 대법원장, 헌법재판소장 또는 그 대리인의 출석을 요구할 수 있다. ▌법행 22   ○ ×

··

본회의나 위원회는 특정한 사안에 대하여 질문하기 위하여 대법원장, 헌법재판소장, 중앙선거관리위원회 위원장, 감사원장 또는 그 대리인의 출석을 요구할 수 있다. 이 경우 위원장은 의장에게 그 사실을 보고하여야 한다(국회법 제121조 제5항).   답 ○

<u>4</u>   **국무총리 · 국무위원의 해임건의권**

┌───┐
│ **헌법 제63조**   ① 국회는 국무총리 또는 국무위원의 (해임)을 대통령에게 (건의)할 수 있다.   │
│ ② 제1항의 해임건의는 (국회재적의원 3분의 1) 이상의 (발의)에 의하여 (국회재적의원 과반수의 찬성)이 있   │
│   어야 한다.   │
└───┘

087 ▸ 국회는 국무총리 또는 국무위원의 해임을 대통령에게 건의할 수 있다. ▌법원직9급 20
                                                                                                                          ○ ×

▸ 국회는 국회재적의원 과반수의 발의와 국회재적의원 3분의 2 이상의 찬성으로 국무위원의 해임을 대통령에게 건의할 수 있다. ▌법무사 22   ○ ×

▸ 국무총리에 대한 해임 건의는 국회재적의원 4분의 1 이상의 발의와 국회재적의원 과반수의 찬성이 있어야 한다. ▌법행 21   ○ ×

··

국회는 국무총리 또는 국무위원의 해임을 대통령에게 건의할 수 있으며(헌법 제63조 제1항), 국회재적의원 <u>3분의 1 이상의 발의</u>에 의하여 국회재적의원 <u>과반수의 찬성</u>이 있어야 한다(헌법 제63조 제2항).   답 ○ / × / ×

> **헌법 제65조**   ① (대통령 · 국무총리 · 국무위원 · 행정각부의 장 · 헌법재판소 재판관 · 법관 · 중앙선거관리위원
> 회 위원 · 감사원장 · 감사위원) 기타 법률이 정한 공무원이 그 (직무집행에 있어서 헌법이나 법률을 위배)한
> 때에는 국회는 탄핵의 소추를 의결할 수 있다.
> ② 제1항의 탄핵소추는 (국회재적의원) (3분의 1 이상의 발의)가 있어야 하며, 그 (의결)은 (국회재적의원
> 과반수의 찬성)이 있어야 한다. 다만, (대통령)에 대한 탄핵소추는 (국회재적의원 과반수의 발의)와 (국회
> 재적의원 3분의 2 이상의 찬성)이 있어야 한다.
> ③ 탄핵소추의 의결을 받은 자는 탄핵심판이 있을 때까지 그 권한행사가 (정지)된다.
> ④ 탄핵결정은 공직으로부터 (파면)함에 그친다. 그러나, 이에 의하여 (민사상이나 형사상)의 책임이 면제되
> 지는 아니한다.

088
□□□ 헌법에 명시된 탄핵소추의 대상은 대통령, 법관, 국무위원, 헌법재판소재판관, 검사이다.
❚법무사 22   ○ ✕

....

대통령 · 국무총리 · <u>국무위원</u> · 행정각부의 장 · <u>헌법재판소 재판관</u> · <u>법관</u> · 중앙선거관리위원회 위원 · 감사원
장 · 감사위원 기타 법률이 정한 공무원이 그 직무집행에 있어서 헌법이나 법률을 위배한 때에는 국회는 탄핵의
소추를 의결할 수 있다(헌법 제65조 제1항). 기타 법률이 정한 공무원으로는 <u>검찰청법</u>에서는 <u>검사</u>를, 경찰법에서는
경찰청장을, 방송통신위원회의 설치 및 운영에 관한 법률은 방송통신위원회위원장을 탄핵대상에 포함시키고 있다.

    답 ✕

089
□□□ 탄핵소추의 발의가 있고 법제사법위원회에 회부하기로 의결하지 아니한 때에는 본회의에 보고
된 때로부터 24시간 이후 72시간 이내에 탄핵소추의 여부를 무기명투표로 표결한다. 이 기간
내에 표결하지 아니한 때에는 그 탄핵소추안은 폐기된 것으로 본다. ❚법무사 18   ○ ✕

....

본회의가 제1항에 따라 탄핵소추안을 법제사법위원회에 회부하기로 의결하지 아니한 경우에는 본회의에 보고된
때부터 24시간 이후 72시간 이내에 탄핵소추 여부를 무기명투표로 표결한다. 이 기간 내에 표결하지 아니한
탄핵소추안은 폐기된 것으로 본다(국회법 제130조 제2항).

    답 ○

090
□□□ 국회가 탄핵소추사유에 대하여 별도의 조사를 하지 않았다거나 국정조사결과나 특별검사의
수사결과를 기다리지 않고 탄핵소추안을 의결하였다고 하여 그 의결이 헌법이나 법률을 위반
한 것이라고 볼 수 없다. ❚법무사 18   ○ ✕

....

국회의 의사절차에 헌법이나 법률을 명백히 위반한 흠이 있는 경우가 아니면 국회의사절차의 자율권은 권력분립의
원칙상 존중되어야 하고, 국회법 제130조 제1항은 탄핵소추의 발의가 있을 때 그 사유 등에 대한 조사 여부를
국회의 재량으로 규정하고 있으므로, 국회가 탄핵소추사유에 대하여 별도의 조사를 하지 않았다거나 국정조사결과
나 특별검사의 수사결과를 기다리지 않고 탄핵소추안을 의결하였다고 하여 그 의결이 헌법이나 법률을 위반한
것이라고 볼 수 없다(헌재 2017.3.10. 2016헌나1).

    답 ○

091 ▸ 탄핵소추절차는 국회와 대통령이라는 헌법기관 사이의 문제이고, 국회의 탄핵소추의결에 따라 사인으로서 대통령 개인의 기본권이 침해되는 것이 아니며 국가기관으로서 대통령의 권한행사가 정지될 뿐이어서, 국가기관이 국민에 대하여 공권력을 행사할 때 준수하여야 하는 법원칙으로 형성된 적법절차 원칙을 탄핵소추절차에 직접 적용할 수 없다. **▎법무사 18**

○ ×

▸ 국가기관이 국민에 대하여 공권력을 행사할 때 준수하여야 하는 법원칙으로 형성된 적법절차의 원칙을 국가기관에 대하여 헌법을 수호하고자 하는 탄핵소추절차에 직접 적용할 수 없다. **▎법행 23**

○ ×

헌재 2017.3.10. 2016헌나1

답 ○ / ○

092 탄핵소추안을 각 소추사유별로 나누어 발의할 것인지, 아니면 여러 소추사유를 포함하여 하나의 안으로 발의할 것인지는 소추안을 발의하는 의원들의 자유로운 의사에 달린 것이다. **▎법무사 18**

○ ×

탄핵소추안을 각 소추사유별로 나누어 발의할 것인지 아니면 여러 소추사유를 포함하여 하나의 안으로 발의할 것인지는 소추안을 발의하는 의원들의 자유로운 의사에 달린 것이다. 대통령이 헌법이나 법률을 위배한 사실이 여러 가지일 때 그중 한 가지 사실만으로도 충분히 파면결정을 받을 수 있다고 판단되면 그 한 가지 사유만으로 탄핵소추안을 발의할 수도 있고, 여러 가지 소추사유를 종합할 때 파면할 만하다고 판단되면 여러 가지 소추사유를 함께 묶어 하나의 탄핵소추안으로 발의할 수도 있다(헌재 2017.3.10. 2016헌나1). **답** ○

> **헌법 제64조**   ① 국회는 (법률에 저촉)되지 아니하는 범위 안에서 의사와 내부규율에 관한 (규칙)을 제정
> 할 수 있다.
> ② 국회는 의원의 (자격을 심사)하며, 의원을 (징계)할 수 있다.
> ③ 의원을 (제명)하려면 (국회재적의원 3분의 2 이상)의 찬성이 있어야 한다.
> ④ 제2항과 제3항의 처분에 대하여는 법원에 제소할 수 (없다).

093 국회의원을 제명하려면 국회재적의원 3분의 2 이상의 찬성이 있어야 한다. 이때 제명처분에
□□□ 대하여 이의가 있으면 법원에 제소할 수 있다. ▮법원직9급 21   ○ ✕

··

헌법 제64조 제3항, 제4항   답 ✕

제4절   국회의원의 지위·특권·의무

제1관   국회의원의 지위

094 국회의원에 대하여 피선거권이 없게 되는 사유에 해당하는 형을 선고한 법원은 그 판결선고와
□□□ 동시에 그 사실을 지체 없이 국회에 통지하여야 한다. ▮법행 22   ○ ✕

··

의원에 대하여 제2항의 피선거권이 없게 되는 사유에 해당하는 형을 선고한 법원은 그 판결이 확정되었을 때에
그 사실을 지체 없이 국회에 통지하여야 한다(국회법 제136조 제3항).   답 ✕

095 현행 공직선거법 규정에 의하면, 소속 정당이 헌법재판소의 위헌정당 해산결정에 따라 해산되
□□□ 더라도, 비례대표 지방의회의원이 반드시 그 지위를 상실한다고 볼 수 없다. ▮법행 23

○ ✕

··

헌법재판소의 위헌정당 해산결정에 따라 해산된 정당 소속 비례대표 지방의회의원 甲이 공직선거법 제192조
제4항에 따라 지방의회의원직을 상실하는지가 문제된 경우, 공직선거법 제192조 제4항은 소속 정당이 헌법재판소
의 정당해산결정에 따라 해산된 경우 비례대표 지방의회의원의 퇴직을 규정하는 조항이라고 할 수 없어 甲이
비례대표 지방의회의원의 지위를 상실하지 않았다고 본 원심판단은 정당하다(대판 2021.4.29. 2016두39825).

답 ○

096 현행 공직선거법 규정에 의하면, 비례대표국회의원이 공천받은 정당을 자진 탈당할 경우 국회
□□□ 의원직을 상실한다. ▮법행 23   ○ ✕

비례대표국회의원 또는 비례대표지방의회의원이 소속정당의 합당·해산 또는 제명외의 사유로 당적을 이탈·변경하거나 2 이상의 당적을 가지고 있는 때에는 「국회법」 제136조(退職) 또는 「지방자치법」 제90조(의원의 퇴직)의 규정에 불구하고 퇴직된다. 다만, 비례대표국회의원이 국회의장으로 당선되어 「국회법」 규정에 의하여 당적을 이탈한 경우에는 그러하지 아니하다(공직선거법 제192조 제4항). ○

097 비례대표국회의원에 궐원이 생긴 때에는 그 궐원된 의원이 그 선거 당시 소속한 정당의 비례대표국회의원후보자명부에 기재된 순위에 따라 의원직 승계가 인정되고, 비례대표국회의원당선인이 선거범죄로 인하여 당선이 무효로 된 경우에도 마찬가지로 의원직 승계가 인정되나, 의석을 승계할 후보자를 추천한 정당이 해산되거나 임기만료일 전 120일 이내에 궐원이 생긴 때에는 의원직 승계를 하지 아니한다. **┃법행 23** ○ ×

공직선거법 제200조 제2항, 제3항 ○

> **공직선거법 제200조(보궐선거)** ② 비례대표국회의원 및 비례대표지방의회의원에 궐원이 생긴 때에는 선거구선거관리위원회는 궐원통지를 받은 후 10일이내에 그 궐원된 의원이 그 선거 당시에 소속한 정당의 비례대표국회의원후보자명부 및 비례대표지방의회의원후보자명부에 기재된 순위에 따라 궐원된 국회의원 및 지방의회의원의 의석을 승계할 자를 결정하여야 한다.
> ③ 제2항에도 불구하고 의석을 승계할 후보자를 추천한 정당이 해산되거나 임기만료일 전 120일 이내에 궐원이 생긴 때에는 의석을 승계할 사람을 결정하지 아니한다.

098 비례대표국회의원 당선인이 선거범죄로 비례대표국회의원직을 상실하여 비례대표국회의원에 결원이 생긴 경우 소속 정당의 비례대표국회의원 후보자명부의 차순위자가 의원직을 승계하는 것을 인정하지 않는 법률 조항은, 위 차순위 후보자의 공무담임권을 침해한다고 볼 수 없다. **┃법행 21** ○ ×

심판대상조항은 비례대표국회의원 후보자명부상의 차순위 후보자의 승계까지 부인함으로써 선거를 통하여 표출된 선거권자들의 정치적 의사표명을 무시·왜곡하는 결과를 초래하고, 선거범죄에 관하여 귀책사유도 없는 정당이나 차순위 후보자에게 불이익을 주는 것은 필요 이상의 지나친 제재를 규정한 것이라고 보지 않을 수 없으므로, 과잉금지원칙에 위배하여 청구인들의 공무담임권을 침해한 것이다(헌재 2009.10.29. 2009헌마350). ×

099 국회의원이 사직하고자 하는 경우 회기 중에는 국회의 의결이 있어야 하고, 폐회 중에는 국회의장의 허가가 있어야 한다. **┃법행 21** ○ ×

국회는 의결로 의원의 사직을 허가할 수 있다. 다만, 폐회 중에는 의장이 허가할 수 있다(국회법 제135조 제1항). ○

1   불체포 특권

> **헌법 제44조**   ① 국회의원은 (현행범인인 경우를 제외)하고는 (회기 중) 국회의 동의없이 체포 또는 구금
> 되지 아니한다.
> ② 국회의원이 회기 전에 체포 또는 구금된 때에는 (현행범인이 아닌 한) 국회의 요구가 있으면 (회기 중
> 석방)된다.

100   ▸ 국회의원은 현행범인 경우를 제외하고는 회기 중 국회의 동의 없이 체포 또는 구금되지
□□□   아니하며, 회기 전에 체포 또는 구금된 때에는 현행범이 아닌 한 국회의 요구가 있으면
     회기 중 석방된다. ❚법무사 17   ○ ×

     ▸ 국회의원이 회기전에 체포 또는 구금된 때에는 현행범인이 아닌 한 국회의 요구가 있으면
     회기중 석방된다. ❚법원직9급 20   ○ ×

....

헌법 제44조 제1항·제2항   답 ○ / ○

101   ▸ 회기 중 국회의원 체포안에 대한 동의에는 국회의원 재적의원 과반수의 찬성이 필요하다.
□□□   ❚법무사 17   ○ ×

     ▸ 국회의원의 체포동의는 재적의원 과반수의 출석과 출석의원 과반수의 찬성으로 의결한다.
     ❚법행 21   ○ ×

....

국회의원 체포안에 대한 동의에 관하여 헌법 또는 법률에 특별한 규정이 없으므로, 일반의결정족수인 재적의원
과반수의 출석과 출석의원 과반수의 찬성으로 의결한다(헌법 제49조, 국회법 제109조 참고).   답 × / ○

102   국회의원이 체포 또는 구금된 국회의원의 석방 요구를 발의할 때에는 재적의원 1/4 이상의
□□□   연서로 그 이유를 첨부한 요구서를 의장에게 제출하여야 한다. ❚법원직9급 20   ○ ×

....

국회법 제28조   답 ○

103   헌법상 국회의원의 불체포특권은 불수사특권이나 불기소특권을 의미하는 것은 아니므로, 회
□□□   기 중에 유죄판결이 확정되면 그 형을 집행할 수 있다. ❚법무사 17   ○ ×

....

불체포특권은 국회의원의 처벌을 면제하는 것이 아니라, 단지 회기 중에 체포·구금되지 아니하는 특권일 뿐이다.
따라서 회기 중에 유죄판결이 확정되면 그 형을 집행할 수 있다(헌법 제44조 제1항 참조).   답 ○

104 국회의원에 대한 체포동의안이 72시간 이내에 표결되지 아니하는 경우에는 그 동의안은 자동으로 폐기된다. ▮법행 22   ○ ×
□□□

의장은 제1항에 따른 체포동의를 요청받은 후 처음 개의하는 본회의에 이를 보고하고, 본회의에 보고된 때부터 24시간 이후 72시간 이내에 표결한다. 다만, 체포동의안이 72시간 이내에 표결되지 아니하는 경우에는 <u>그 이후에 최초로 개의하는 본회의에 상정하여 표결한다</u>(국회법 제26조 제2항).   🔳 ×

105 의원을 체포하거나 구금하기 위하여 국회의 동의를 받으려고 할 때에는 관할법원의 판사는
□□□ 영장을 발부하기 전에 체포동의 요구서를 정부에 제출하여야 하며, 정부는 이를 수리(受理)한
후 지체 없이 그 사본을 첨부하여 국회에 체포동의를 요청하여야 한다. ▮법행 22   ○ ×

국회법 제26조 제1항   🔳 ○

2 면책특권

> **헌법 제45조** 국회의원은 (국회에서 직무상 행한 발언과 표결)에 관하여 (국회 외)에서 책임을 지지 아니한다.

106 국회의원은 국회에서 직무상 행한 발언과 표결에 관하여 국회 외에서 책임을 지지 아니하는데,
□□□ 그 취지는 국회의원이 국민의 대표자로서 국회 내에서 자유롭게 발언하고 표결할 수 있도록
보장함으로써 국회가 입법 및 국정통제 등 헌법에 의하여 부여된 권한을 적정하게 행사하고
그 기능을 원활하게 수행할 수 있도록 보장하는 데에 있다. ▮법무사 17   ○ ×

헌법 제45조는 "국회의원은 국회에서 직무상 행한 발언과 표결에 관하여 국회 외에서 책임을 지지 아니한다"고
규정하여 국회의원의 면책특권을 인정하고 있다. 그 취지는 국회의원이 국민의 대표자로서 국회 내에서 자유롭게
발언하고 표결할 수 있도록 보장함으로써 국회가 입법 및 국정통제 등 헌법에 의하여 부여된 권한을 적정하게
행사하고 그 기능을 원활하게 수행할 수 있도록 보장하는 데에 있다. 따라서 면책특권의 대상이 되는 행위는
국회의 직무수행에 필수적인 국회의원의 국회 내에서의 직무상 발언과 표결이라는 의사표현행위 자체에만 국한되
지 아니하고 이에 통상적으로 부수하여 행하여지는 행위까지 포함하며, 그와 같은 부수행위인지 여부는 구체적인
행위의 목적·장소·태양 등을 종합하여 개별적으로 판단하여야 한다(대판 2011.5.13. 2009도14442). 🔳 ○

107 면책특권의 대상이 되는 행위는 국회의 직무수행에 필수적인 국회의원의 국회 내에서의 직무
□□□ 상 발언과 표결이라는 의사표현행위 자체에만 국한되지 않고 이에 통상적으로 부수하여 행하
여지는 행위까지 포함된다. ▮법무사 17, 법원직9급 20   ○ ×

국회의원의 면책특권의 대상이 되는 행위는 직무상의 발언과 표결이라는 의사표현행위 자체에 국한되지 아니하고
이에 통상적으로 부수하여 행하여지는 행위까지 포함하고, 그와 같은 부수행위인지 여부는 결국 구체적인 행위의
목적, 장소, 태양 등을 종합하여 개별적으로 판단할 수밖에 없다(대판 1992.9.22. 91도3317).   🔳 ○

108 국회의원이 자신의 발언 내용이 허위라는 점을 인식하지 못하였다면 비록 발언 내용에 다소
□□□ 근거가 부족하거나 진위 여부를 확인하기 위한 조사를 제대로 하지 않았다고 하더라도, 그것이
직무 수행의 일환으로 이루어진 것인 이상 면책특권의 대상이 된다. ▍법행 21 　　○ ×

....

헌법 제45조에서 규정하는 국회의원의 면책특권은 국회의원이 국민의 대표자로서 국회 내에서 자유롭게 발언하고
표결할 수 있도록 보장함으로써 국회가 입법 및 국정통제 등 헌법에 의하여 부여된 권한을 적정하게 행사하고
그 기능을 원활하게 수행할 수 있도록 보장하는 데 그 취지가 있다. 이러한 면책특권의 목적 및 취지 등에 비추어
볼 때, 발언 내용 자체에 의하더라도 직무와는 아무런 관련이 없음이 분명하거나, 명백히 허위임을 알면서도
허위의 사실을 적시하여 타인의 명예를 훼손하는 경우 등까지 면책특권의 대상이 될 수는 없지만, 발언 내용이
허위라는 점을 인식하지 못하였다면 비록 발언 내용에 다소 근거가 부족하거나 진위 여부를 확인하기 위한 조사를
제대로 하지 않았다고 하더라도, 그것이 직무 수행의 일환으로 이루어진 것인 이상 이는 면책특권의 대상이 된다(대
판 2007.1.12. 2005다57752). 　　답 ○

109 국회의원의 면책특권이 적용되는 행위에 대하여 공소가 제기된 경우 형사소송법 제327조 제2
□□□ 호의 '공소제기의 절차가 법률의 규정에 위반하여 무효인 때'에 해당되므로 공소를 기각하여야
한다. ▍법행 21 　　○ ×

....

국회의원의 면책특권에 속하는 행위에 대하여는 공소를 제기할 수 없으며 이에 반하여 공소가 제기된 것은 결국
공소권이 없음에도 공소가 제기된 것이 되어 형사소송법 제327조 제2호의 "공소제기의 절차가 법률의 규정에
위반하여 무효인 때"에 해당되므로 공소를 기각하여야 한다(대판 1992.9.22. 91도3317). 　　답 ○

110 국회의원의 면책특권은 임기 중에만 인정되는 것이므로 임기 후에는 임기 중 행위에 관해
□□□ 민·형사상 책임을 부담한다. ▍법원식9급 20 　　○ ×

....

국회의원의 임기 중 국회에서 직무상 행한 발언과 표결에 대한 민·형사상 책임의 면책은 재임 중에 국한되는
것이 아니고 임기만료 이후에도 적용된다(헌법 제45조). 　　답 ×

제3관　**국회의원의 의무**

헌법 제43조　　국회의원은 (법률)이 정하는 직을 겸할 수 없다.

헌법 제46조　　① 국회의원은 (청렴의 의무)가 있다.
② 국회의원은 국가이익을 우선하여 양심에 따라 직무를 행한다.
③ 국회의원은 그 (지위를 남용)하여 국가·공공단체 또는 기업체와의 계약이나 그 처분에 의하여 재산상의
　　권리·이익 또는 직위를 취득하거나 타인을 위하여 그 취득을 알선할 수 없다.

---

111 국회의원은 일부 예외를 제외하고, 직무 외에 영리를 목적으로 하는 업무에 종사할 수 없고, 의원이 당선 전부터 위 예외 외의 영리업무에 종사하고 있는 경우에는 임기 개시 후 1년 이내에 그 영리업무를 휴업하거나 폐업하여야 한다. ▮법행 23 　　　　　　○ ×

국회법 제29조의2 제1항, 제2항 　　　　　　답 ×

> **국회법 제29조의2(영리업무 종사 금지)** ① 의원은 그 직무 외에 영리를 목적으로 하는 업무에 종사할 수 없다. 다만, 의원 본인 소유의 토지·건물 등의 재산을 활용한 임대업 등 영리업무를 하는 경우로서 의원 직무수행에 지장이 없는 경우에는 그러하지 아니하다.
> ② 의원이 당선 전부터 제1항 단서의 영리업무 외의 영리업무에 종사하고 있는 경우에는 **임기 개시 후 6개월 이내에** 그 영리업무를 휴업하거나 폐업하여야 한다.

제2장 ▮ 대통령과 행정부

제1절 대통령

제1관 대통령의 지위

1 대통령의 헌법상 지위

> **헌법 제66조** ① 대통령은 (국가의 원수)이며, 외국에 대하여 (국가를 대표)한다.
> ④ 행정권은 (대통령을 수반)으로 하는 정부에 속한다.

112 대통령은 국가의 원수이며, 외국에 대하여 국가를 대표한다. ▮법원직9급 21 　　　　　　○ ×

헌법 제66조 제1항 　　　　　　답 ○

113 대통령은 정부의 수반으로서 법령에 따라 모든 중앙행정기관의 장을 지휘·감독한다.
▮법행 21 　　　　　　○ ×

정부조직법 제11조 제1항 　　　　　　답 ○

114 대통령은 국무총리와 중앙행정기관의 장의 명령이나 처분이 위법 또는 부당하다고 인정하면
□□□ 이를 중지 또는 취소할 수 있다. **｜법행 21**　　　　　　　　　　　　　　　　　○ ×

··

정부조직법 제11조 제2항　　　　　　　　　　　　　　　　　　　　　　　　**답** ○

115 대통령은 소속 정당을 위하여 정당활동을 할 수 있는 사인으로서의 지위와 국민 모두에 대한
□□□ 봉사자로서 공익실현의 의무가 있는 헌법기관으로서의 지위를 동시에 갖는데 최소한 전자의
지위와 관련하여는 기본권 주체성을 갖는다고 할 수 있다. **｜법행 22**　　　　○ ×

··

대통령도 국민의 한사람으로서 제한적으로나마 기본권의 주체가 될 수 있는바, 대통령은 소속 정당을 위하여
정당활동을 할 수 있는 사인으로서의 지위와 국민 모두에 대한 봉사자로서 공익실현의 의무가 있는 헌법기관으로
서의 지위를 동시에 갖는데 최소한 전자의 지위와 관련하여는 기본권 주체성을 갖는다고 할 수 있다(헌재
2008.1.17. 2007헌마700).　　　　　　　　　　　　　　　　　　　　　　**답** ○

2　대통령 선거와 임기

헌법 제67조　① 대통령은 국민의 (보통 · 평등 · 직접 · 비밀)선거에 의하여 선출한다.
② 제1항의 선거에 있어서 (최고득표자가 2인 이상)인 때에는 (국회의 재적의원 과반수가 출석한 공개회의)에
서 (다수표)를 얻은 자를 당선자로 한다.
③ 대통령후보자가 (1인)일 때에는 그 득표수가 (선거권자 총수의 3분의 1 이상)이 아니면 대통령으로 당선될
수 없다.
④ 대통령으로 선거될 수 있는 자는 (국회의원의 피선거권)이 있고 선거일 현재 (40세)에 달하여야 한다.
⑤ 대통령의 선거에 관한 사항은 법률로 정한다.

헌법 제68조　① 대통령의 임기가 (만료)되는 때에는 (임기만료 70일 내지 40일 전)에 후임자를 선거한다.
② 대통령이 (궐위)된 때 또는 대통령 당선자가 (사망)하거나 판결 기타의 사유로 그 (자격을 상실)한 때에
는 (60일 이내)에 후임자를 선거한다.

헌법 제70조　대통령의 임기는 (5년)으로 하며, (중임할 수 없다).

헌법 제128조　② 대통령의 임기연장 또는 중임변경을 위한 헌법개정은 그 헌법개정 (제안 당시의 대통령)에
대하여는 효력이 없다.

116 대통령은 국민의 보통 · 평등 · 자유 · 비밀선거에 의하여 선출한다. **｜법무사 19**　　○ ×
□□□ ··
대통령은 국민의 보통 · 평등 · 직접 · 비밀선거에 의하여 선출한다(헌법 제67조 제1항).　　**답** ×

117 대통령으로 선거될 수 있는 자는 국회의원의 피선거권이 있고 선거일 현재 40세에 달하여야 한다. ▮ 법원직9급 21

○ ×

⋯⋯

헌법 제67조 제4항　　　　　　　　　　　　　　　　　　　　　　　　　　　　　　　　　답 ○

118 ▶ 대통령후보자가 1인일 때에는 그 득표수가 선거권자 총수의 과반수 이상이 아니면 대통령으로 당선될 수 없다. ▮ 법무사 19

○ ×

▶ 헌법은 대통령 당선에 필요한 득표율을 정하지 않고, 다만 대통령 후보자가 1인인 경우에 한하여 유효투표총수의 1/3 이상을 득표하여야 당선될 수 있다고 정하고 있다. ▮ 법행 21

○ ×

⋯⋯

대통령후보자가 1인일 때에는 그 득표수가 <u>선거권자 총수의 3분의 1 이상</u>이 아니면 대통령으로 당선될 수 없다(헌법 제67조 제3항).　　　　　　　　　　　　　　　　　　　　　　　　　답 × / ×

119 대통령 선거에 있어서 최고득표자가 2인 이상인 때에는 국회의 재적의원 3분의 2가 출석한 공개회의에서 다수표를 얻은 자를 당선자로 한다. ▮ 법무사 19

○ ×

⋯⋯

대통령 선거에 있어서 최고득표자가 2인 이상인 때에는 <u>국회의 재적의원 과반수가 출석한 공개회의에서 다수표를 얻은 자를 당선자로 한다(헌법 제67조 제2항).　　　　　　　　　　　　　　　　　　　답 ×

120 중앙선거관리위원회는 대통령선거 후보자가 유효투표총수의 100분의 15 이상을 득표한 경우에는 기탁금 전액을, 100분의 10 이상 100분의 15 미만을 득표한 경우에는 기탁금의 100분의 50에 해당하는 금액을 선거일 후 30일 이내에 기탁자에게 반환하여야 한다. ▮ 법행 22

○ ×

⋯⋯

공직선거법 제57조 제1항 제1호　　　　　　　　　　　　　　　　　　　　　　　　　답 ○

> **공직선거법 제57조(기탁금의 반환 등)**　① 관할선거구선거관리위원회는 다음 각 호의 구분에 따른 금액을 선거일 후 30일 이내에 기탁자에게 반환한다. 이 경우 반환하지 아니하는 기탁금은 국가 또는 지방자치단체에 귀속한다.
> 1. 대통령선거, 지역구국회의원선거, 지역구지방의회의원선거 및 지방자치단체의 장선거
>   가. 후보자가 당선되거나 사망한 경우와 유효투표총수의 100분의 15 이상(후보자가 「장애인복지법」 제32조에 따라 등록한 장애인이거나 선거일 현재 39세 이하인 경우에는 유효투표총수의 100분의 10 이상을 말한다)을 득표한 경우에는 기탁금 전액
>   나. 후보자가 유효투표총수의 100분의 10 이상 100분의 15 미만(후보자가 「장애인복지법」 제32조에 따라 등록한 장애인이거나 선거일 현재 39세 이하인 경우에는 유효투표총수의 100분의 5 이상 100분의 10 미만을 말한다)을 득표한 경우에는 기탁금의 100분의 50에 해당하는 금액

다. 예비후보자가 사망하거나, 당헌·당규에 따라 소속 정당에 후보자로 추천하여 줄 것을 신청하였으나 해당 정당의 추천을 받지 못하여 후보자로 등록하지 않은 경우에는 제60조의2 제2항에 따라 납부한 기탁금 전액

121 대통령선거에 있어서 당선의 효력에 이의가 있는 정당 또는 후보자는 선거일부터 30일 이내에 □□□ 중앙선거관리위원회위원장을 피고로 하여 대법원에 소를 제기할 수 있다. ▮법행 22 ○ ×

....

대통령선거 및 국회의원선거에 있어서 당선의 효력에 이의가 있는 정당(후보자를 추천한 정당에 한한다) 또는 후보자는 <u>당선인결정일부터 30일이내에</u> 제52조 제1항·제3항 또는 제192조 제1항부터 제3항까지의 사유에 해당함을 이유로 하는 때에는 <u>당선인을</u>, 제187조(대통령당선인의 결정·공고·통지)제1항·제2항, 제188조(지역구국회의원당선인의 결정·공고·통지)제1항 내지 제4항, 제189조(비례대표국회의원의석의 배분과 당선인의 결정·공고·통지) 또는 제194조(당선인의 재결정과 비례대표국회의원의석 및 비례대표지방의회의원의석의 재배분)제4항의 규정에 의한 결정의 위법을 이유로 하는 때에는 <u>대통령선거</u>에 있어서는 그 당선인을 결정한 <u>중앙선거관리위원회위원장 또는 국회의장</u>을, 국회의원선거에 있어서는 당해 선거구선거관리위원회위원장을 각각 피고로 하여 대법원에 소를 제기할 수 있다(공직선거법 제223조 제1항). ▮답 ×

122 대통령이 궐위된 때 또는 대통령 당선자가 사망하거나 판결 기타의 사유로 그 자격을 상실한 □□□ 때에는 60일 이내에 후임자를 선거한다. ▮법무사 19, 법행 22 ○ ×

....

헌법 제68조 제2항 ▮답 ○

123 ▸ 대통령의 임기가 만료되는 때에는 임기만료 60일 내지 40일 전에 후임자를 선거한다.
□□□ ▮법무사 19, 법행 22 ○ ×

▸ 대통령의 임기 만료시에는 임기 만료 80일 전에 후임자를 선거한다. ▮법원직9급 21 ○ ×

....

대통령의 임기가 만료되는 때에는 <u>임기만료 70일 내지 40일 전</u>에 후임자를 선거한다(헌법 제68조 제1항). ▮답 × / ×

124 전임대통령의 궐위로 인한 선거에 의한 대통령의 임기는 당선이 결정된 때부터 개시된다.
□□□ ▮법행 22 ○ ×

....

대통령의 임기는 전임대통령의 임기만료일의 다음 날 0시부터 개시된다. 다만, 전임자의 임기가 만료된 후에 실시하는 선거와 궐위로 인한 선거에 의한 대통령의 임기는 당선이 결정된 때부터 개시된다(공직선거법 제14조 제1항). ▮답 ○

> **헌법 제71조**　대통령이 (궐위)되거나 (사고)로 인하여 직무를 수행할 수 없을 때에는 (국무총리, 법률이 정한 국무위원의 순서)로 그 권한을 대행한다.

4 형사상 불소추특권

> **헌법 제84조**　대통령은 (내란 또는 외환의 죄)를 범한 경우를 (제외)하고는 (재직 중) (형사상의 소추)를 받지 아니한다.

125
□□□
헌법 제84조에 의하여 대통령은 내란 또는 외환의 죄를 범한 경우를 제외하고는 재직 중 형사상의 소추를 받지 않는다. 이는 국가소추권행사의 법률상 장애사유에 해당하므로, 대통령 재직 중에는 공소시효의 진행이 정지되나, 형법상 내란죄, 외환죄에 대하여는 공소시효가 진행된다.
┃법행 22
○ ✕

비록 헌법 제84조에는 "대통령은 내란 또는 외환의 죄를 범한 경우를 제외하고는 재직중 형사상의 소추를 받지 아니한다"고만 규정되어 있을 뿐 헌법이나 형사소송법 등의 법률에 대통령의 재직중 공소시효의 진행이 정지된다고 명백히 규정되어 있지는 않다고 하더라도, 위 헌법규정의 근본취지를 대통령의 재직중 형사상의 소추를 할 수 없는 범죄에 대한 공소시효의 진행은 정지되는 것으로 해석하는 것이 원칙일 것이다. 즉 위 헌법규정은 바로 공소시효진행의 소극적 사유가 되는 국가의 소추권행사의 법률상 장애사유에 해당하므로, 대통령의 재직중에는 공소시효의 진행이 당연히 정지되는 것으로 보아야 한다(헌재 1995.1.20. 94헌마246). 그런데 <u>헌정질서 파괴범죄의 공소시효 등에 관한 특례법 제3조에 의하면 헌정질서 파괴범죄(내란의 죄, 외환의 죄, 반란의 죄, 이적(利敵)의 죄)의 경우에도 공소시효규정이 적용되지 않는다.</u>
답 ✕

5 대통령의 의무

> **헌법 제66조**　② 대통령은 (국가의 독립)·(영토의 보전)·(국가의 계속성)과 (헌법을 수호)할 책무를 진다.
> ③ 대통령은 조국의 (평화적 통일)을 위한 성실한 의무를 진다.
>
> **헌법 제69조**　대통령은 취임에 즈음하여 다음의 선서를 한다.
> "나는 (헌법을 준수)하고 (국가를 보위)하며 조국의 (평화적 통일)과 국민의 (자유와 복리의 증진) 및 (민족문화의 창달)에 노력하여 대통령으로서의 (직책을 성실히 수행)할 것을 국민 앞에 엄숙히 선서합니다."
>
> **헌법 제83조**　대통령은 (국무총리·국무위원·행정각부의 장) 기타 법률이 정하는 공사의 직을 겸할 수 없다.

126 대통령은 국가의 독립·영토의 보전·국가의 계속성과 헌법을 수호할 책무를 진다.

□□□ ▎법원직9급 21 ○ ×

....

헌법 제66조 제2항 답 ○

127 대통령은 조국의 평화적 통일을 위한 성실한 의무를 진다. ▎법원직9급 21 ○ ×

□□□

....

헌법 제66조 제3항 답 ○

128 헌법 제69조가 정한 취임선서의무의 내용인 '대통령의 직책을 성실히 수행할 의무'의 이행

□□□ 여부는 사법적 심사의 대상이 되지 아니한다. ▎법원직9급 20 ○ ×

....

헌법 제69조는 대통령의 취임선서의무를 규정하면서, 대통령으로서 '직책을 성실히 수행할 의무'를 언급하고 있다. 비록 대통령의 '성실한 직책수행의무'는 헌법적 의무에 해당하나, '헌법을 수호해야 할 의무'와는 달리, 규범적으로 그 이행이 관철될 수 있는 성격의 의무가 아니므로, 원칙적으로 사법적 판단의 대상이 될 수 없다고 할 것이다(헌재 2004.5.14. 2004헌나1). 답 ○

제2관 대통령의 권한

1 대통령의 비상적 권한

(1) 긴급명령권, 긴급재정·경제처분 및 명령권

> **헌법 제76조** ① 대통령은 (내우·외환·천재·지변) 또는 (중대한 재정·경제상의 위기)에 있어서 (국가의 안전보장 또는 공공의 안녕질서)를 (유지)하기 위하여 (긴급한 조치)가 필요하고 (국회의 집회)를 기다릴 (여유가 없을 때)에 한하여 최소한으로 필요한 (재정·경제상의 처분)을 하거나 이에 관하여 (법률의 효력을 가지는 명령)을 발할 수 있다.
> ② 대통령은 (국가의 안위)에 관계되는 (중대한 교전상태)에 있어서 (국가를 보위)하기 위하여 (긴급한 조치)가 필요하고 (국회의 집회)가 (불가능한 때)에 한하여 (법률의 효력을 가지는 명령)을 발할 수 있다.
> ③ 대통령은 제1항과 제2항의 처분 또는 명령을 한 때에는 지체 없이 (국회에 보고)하여 그 (승인)을 얻어야 한다.
> ④ 제3항의 승인을 얻지 못한 때에는 그 처분 또는 명령은 (그때부터) (효력을 상실)한다. 이 경우 그 명령에 의하여 (개정 또는 폐지되었던 법률)은 그 명령이 (승인을 얻지 못한 때부터) 당연히 (효력을 회복)한다.
> ⑤ 대통령은 제3항과 제4항의 사유를 (지체 없이) (공포)하여야 한다.

(2) 계엄선포권

> **헌법 제77조**   ① 대통령은 (전시·사변 또는 이에 준하는 국가비상사태)에 있어서 (병력으로써) (군사상의 필요)에 응하거나 (공공의 안녕질서를 유지할 필요)가 있을 때에는 법률이 정하는 바에 의하여 계엄을 선포할 수 있다.
> ② 계엄은 (비상계엄)과 (경비계엄)으로 한다.
> ③ (비상계엄)이 선포된 때에는 법률이 정하는 바에 의하여 (영장제도, 언론·출판·집회·결사의 자유, 정부나 법원의 권한)에 관하여 특별한 조치를 할 수 있다.
> ④ 계엄을 선포한 때에는 대통령은 지체 없이 (국회에 통고)하여야 한다.
> ⑤ 국회가 (재적의원 과반수의 찬성)으로 계엄의 해제를 요구한 때에는 대통령은 이를 해제하여야 한다.

129
□□□
대통령은 전시·사변 또는 이에 준하는 국가비상사태에 있어서 병력으로써 군사상의 필요에 응하거나 공공의 안녕질서를 유지할 필요가 있을 때에는 법률이 정하는 바에 의하여 계엄을 선포할 수 있고 이때 대통령은 지체 없이 국회에 보고하여 그 승인을 얻어야 한다.

▌법무사 21   ○ ×

··

계엄을 선포한 때에는 대통령은 지체 없이 국회에 통과하여야 한다(헌법 제77조 제1항·제4항).   답 ×

130
□□□
대통령의 비상계엄의 선포나 확대 행위는 고도의 정치적·군사적 성격을 지니고 있는 행위이지만, 비상계엄의 선포나 확대가 국헌문란의 목적을 달성하기 위하여 행하여진 경우에는 법원은 그 자체가 범죄행위에 해당하는지의 여부에 관하여 심사할 수 있다. ▌법행 22   ○ ×

··

대통령의 비상계엄의 선포나 확대 행위는 고도의 정치적·군사적 성격을 지니고 있는 행위라 할 것이므로, 그것이 누구에게도 일견하여 헌법이나 법률에 위반되는 것으로서 명백하게 인정될 수 있는 등 특별한 사정이 있는 경우라면 몰라도, 그러하지 아니한 이상 그 계엄선포의 요건 구비 여부나 선포의 당·부당을 판단할 권한이 사법부에는 없다고 할 것이나, 비상계엄의 선포나 확대가 국헌문란의 목적을 달성하기 위하여 행하여진 경우에는 법원은 그 자체가 범죄행위에 해당하는지의 여부에 관하여 심사할 수 있다(대판[전합] 1997.4.17. 96도3376).   답 ○

(3) 국민투표부의권

> **헌법 제72조**   대통령은 필요하다고 인정할 때에는 (외교·국방·통일 기타 국가 안위에 관한 중요정책)을 국민투표에 붙일 수 있다.

131 헌법 제72조는 대통령에게 국민투표의 실시 여부, 시기, 구체적 부의사항, 설문내용 등을 □□□ 결정할 수 있는 임의적인 국민투표발의권을 독점적으로 부여하고 있다. ▮법행 22 ○ ✕

....

헌법 제72조는 대통령에게 국민투표의 실시 여부, 시기, 구체적 부의사항, 설문내용 등을 결정할 수 있는 임의적인 국민투표발의권을 독점적으로 부여함으로써, 대통령이 단순히 특정 정책에 대한 국민의 의사를 확인하는 것을 넘어서 자신의 정책에 대한 추가적인 정당성을 확보하거나 정치적 입지를 강화하는 등, 국민투표를 정치적 무기화하고 정치적으로 남용할 수 있는 위험성을 안고 있다. 이러한 점을 고려할 때, 대통령의 부의권을 부여하는 헌법 제72조는 가능하면 대통령에 의한 국민투표의 정치적 남용을 방지할 수 있도록 엄격하고 축소적으로 해석되어야 한다(헌재 2004.5.14. 2004헌나1). **답** ○

132 대통령이 자신에 대한 재신임을 국민투표의 형태로 묻고자 하는 것은 헌법 제72조에 의하여 □□□ 부여받은 국민투표부의권을 위헌적으로 행사하는 경우에 해당한다. ▮법행 21 ○ ✕

....

국민투표는 직접민주주의를 실현하기 위한 수단으로서 '사안에 대한 결정' 즉, 특정한 국가정책이나 법안을 그 대상으로 한다. 따라서 국민투표의 본질상 '대표자에 대한 신임'은 국민투표의 대상이 될 수 없으며, 우리 헌법에서 대표자의 선출과 그에 대한 신임은 단지 선거의 형태로써 이루어져야 한다. 대통령이 자신에 대한 재신임을 국민투표의 형태로 묻고자 하는 것은 헌법 제72조에 의하여 부여받은 국민투표부의권을 위헌적으로 행사하는 경우에 해당하는 것으로, 국민투표제도를 자신의 정치적 입지를 강화하기 위한 정치적 도구로 남용해서는 안 된다는 헌법적 의무를 위반한 것이다. 물론, 대통령이 위헌적인 재신임 국민투표를 단지 제안만 하였을 뿐 강행하지는 않았으나, 헌법상 허용되지 않는 재신임 국민투표를 국민들에게 제안한 것은 그 자체로서 헌법 제72조에 반하는 것으로 헌법을 실현하고 수호해야 할 대통령의 의무를 위반한 것이다(헌재 2004.5.14. 2004헌나1). **답** ○

---

2 헌법기관구성에 관한 권한

헌법 제98조 ② (감사)(원장)은 (국회의 동의)를 얻어 (대통령이 임명)하고, 그 임기는 (4년)으로 하며, (1차)에 한하여 (중임)할 수 있다.
③ (감사위원)은 (원장의 제청)으로 (대통령이 임명)하고, 그 임기는 (4년)으로 하며, (1차)에 한하여 (중임)할 수 있다.

헌법 제104조 ① (대법원장)은 (국회의 동의)를 얻어 (대통령이 임명)한다.
② (대법관)은 (대법원장의 제청)으로 (국회의 동의)를 얻어 (대통령이 임명)한다.

헌법 제111조 ② 헌법재판소는 (법관의 자격)을 가진 (9인)의 재판관으로 구성하며, 재판관은 (대통령이 임명)한다.
④ (헌법재판소의 장)은 (국회의 동의)를 얻어 재판관 중에서 (대통령이 임명)한다.

헌법 제114조 ② (중앙선거관리위원회)는 (대통령이 임명)하는 (3인), (국회에서 선출)하는 (3인)과 (대법원장이 지명)하는 (3인)의 위원으로 구성한다. (위원장)은 위원 중에서 (호선)한다.

133 대통령은 국회의 동의를 얻어 대법원장, 헌법재판소장, 감사원장을 임명한다. **l 법행 22**

☐☐☐ ○ ✕

헌법 제98조 제2항, 제104조 제1항, 제111조 제4항 **답** ○

134 국가인권위원회위원장, 대법원장, 헌법재판소장, 중앙선거관리위원회위원장은 모두 대통령

☐☐☐ 이 임명한다. **l 법행 21** ○ ✕

국가인권위원회위원장, 대법원장, 헌법재판소장은 대통령이 임명하나 <u>중앙선거관리위원회위원장은 위원중에서</u>
<u>호선한다</u>(국가인권위원회법 제5조 제5항, 헌법 제104조 제1항, 제111조 제4항, 제114조 제2항). **답** ✕

> **국가인권위원회법 제5조(위원회의 구성)** ⑤ 위원장은 위원 중에서 대통령이 임명한다. 이 경우
> 위원장은 국회의 인사청문을 거쳐야 한다.

---

3 집행에 관한 권한

> **헌법 제73조** 대통령은 조약을 (체결·비준)하고, 외교사절을 (신임·접수 또는 파견)하며, (선전포고)와
> (강화)를 한다.
>
> **헌법 제74조** ① 대통령은 헌법과 법률이 정하는 바에 의하여 (국군을 통수)한다.
> ② 국군의 (조직과 편성)은 법률로 정한다.
>
> **헌법 제78조** 대통령은 헌법과 법률이 정하는 바에 의하여 (공무원을 임면)한다.
>
> **헌법 제80조** 대통령은 법률이 정하는 바에 의하여 (훈장 기타의 영전)을 수여한다.

135 대통령은 헌법과 법률이 정하는 바에 의하여 국군을 통수한다. **l 법무사 21** ○ ✕

☐☐☐ 헌법 제74조 제1항 **답** ○

136 대통령은 법률이 정하는 바에 의하여 훈장 기타의 영전을 수여한다. **l 법무사 21** ○ ✕

☐☐☐ 헌법 제80조 **답** ○

4 입법에 관한 권한

(1) 법률안 제출권·거부권·공포권

> **헌법 제52조**　(국회의원과 정부)는 법률안을 제출할 수 있다.
>
> **헌법 제53조**　① 국회에서 의결된 법률안은 정부에 이송되어 (15일 이내)에 대통령이 (공포)한다.
> ② 법률안에 이의가 있을 때에는 대통령은 (제1항의 기간 내)에 이의서를 붙여 국회로 환부하고, 그 재의를
> 요구할 수 있다. 국회의 (폐회 중)에도 또한 같다.
> ③ 대통령은 법률안의 (일부)에 대하여 또는 법률안을 (수정)하여 재의를 요구할 수 (없다).
> ④ 재의의 요구가 있을 때에는 국회는 재의에 붙이고, (재적의원과반수의 출석)과 (출석의원 3분의 2 이상)의
> 찬성으로 전과 같은 의결을 하면 그 법률안은 법률로서 (확정)된다.
> ⑤ 대통령이 제1항의 기간 내에 공포나 재의의 요구를 하지 아니한 때에도 그 법률안은 법률로서 (확정)된다.
> ⑥ (대통령)은 제4항과 제5항의 규정에 의하여 확정된 법률을 (지체 없이 공포)하여야 한다. 제5항에 의하여
> 법률이 확정된 후 또는 제4항에 의한 확정법률이 정부에 이송된 후 (5일 이내)에 대통령이 공포하지 아니
> 할 때에는 (국회의장)이 이를 (공포)한다.
> ⑦ 법률은 특별한 규정이 없는 한 공포한 날로부터 (20일)을 경과함으로써 (효력)을 발생한다.

137　국회에서 의결된 법률안은 정부에 이송되어 15일 이내에 대통령이 공포한다. **▮법무사 17**
□□□　　　○ ×

⋯⋯

헌법 제53조 제1항　　　　　　　　　　　　　　　　　　　　　　　　　　　　　　　　　　　**답** ○

138　대통령은 법률안의 일부에 대하여 또는 법률안을 수정하여 재의를 요구할 수 없다.
□□□　**▮법무사 17**　　　　　　　　　　　　　　　　　　　　　　　　　　　　　　　　　　○ ×

⋯⋯

헌법 제53조 제3항　　　　　　　　　　　　　　　　　　　　　　　　　　　　　　　　　　　**답** ○

139　법률안이 정부에 이송된 지 15일 이내에 대통령이 공포나 재의를 요구하지 아니한 때에는
□□□　그 법률안은 법률로서 확정된다. **▮법무사 17**　　　　　　　　　　　　　　　　　　○ ×

⋯⋯

헌법 제53조 제5항　　　　　　　　　　　　　　　　　　　　　　　　　　　　　　　　　　　**답** ○

140　국회의 재의결에 의한 확정법률이 정부에 이송된 후 15일 이내에 대통령이 공포하지 아니할
□□□　때에는 국회의장이 이를 공포한다. **▮법무사 17**　　　　　　　　　　　　　　　　　○ ×

대통령은 제4항과 제5항의 규정에 의하여 확정된 법률을 지체 없이 공포하여야 한다. 제5항에 의하여 법률이
확정된 후 또는 제4항에 의한 확정법률이 정부에 이송된 후 <u>5일 이내</u>에 대통령이 공포하지 아니할 때에는 국회의장
이 이를 공포한다(헌법 제53조 제6항).　　　　　　　　　　　　　　　　　　　　　　　**답** ×

141 법률은 특별한 규정이 없는 한 공포한 날로부터 20일을 경과함으로써 효력이 발생한다.
□□□ | 법무사 17 ○ ×

헌법 제53조 제7항 **답** ○

---

(2) 행정입법권

> **헌법 제75조** 대통령은 (법률)에서 (구체적으로 범위)를 정하여 (위임받은 사항)과 (법률)을 (집행)하기 위하여 (필요한 사항)에 관하여 대통령령을 발할 수 있다.

142 ▸ 상위법령에서 세부적인 사항을 하위 행정입법에 위임하고 있더라도 하위 행정입법의 제정
□□□ 없이 상위법령의 규정만으로도 집행이 이루어질 수 있는 경우라면 하위 행정입법을 하여야
할 헌법적 작위의무는 인정되지 않는다. | 법행 21 ○ ×

▸ 하위 행정입법의 제정 없이 상위 법령의 규정만으로도 집행이 이루어질 수 있는 경우라
하더라도, 그러한 점을 이유로 하위 행정입법을 하여야 할 헌법적 작위의무가 부정되지
않는다. | 법원직9급 22 ○ ×

삼권분립의 원칙, 법치행정의 원칙을 당연한 전제로 하고 있는 우리 헌법 하에서 행정권의 행정입법 등 법집행의무
는 헌법적 의무라고 보아야 할 것이다. 그런데 이는 행정입법의 제정이 법률의 집행에 필수불가결한 경우로서
행정입법을 제정하지 아니하는 것이 곧 행정권에 의한 입법권 침해의 결과를 초래하는 경우를 말하는 것이므로,
만일 하위 행정입법의 제정 없이 상위 법령의 규정만으로도 집행이 이루어질 수 있는 경우라면 하위 행정입법을
하여야 할 헌법적 작위의무는 인정되지 아니한다(헌재 2005.12.22. 2004헌마66). **답** ○ / ×

143 처벌법규나 조세법규 등 국민의 기본권을 직접적으로 제한하거나 침해할 소지가 있는 법규에
□□□ 서는 일반적인 급부행정법규에서와는 달리, 그 위임의 요건과 범위가 보다 엄격하고 제한적으
로 규정되어야 한다. | 법원직9급 20 ○ ×

위임입법의 구체성·명확성의 요구정도는 그 규제대상의 종류와 성격에 따라 달라질 것이지만, 특히 처벌법규나
조세법규 등 국민의 기본권을 직접적으로 제한하거나 침해할 소지가 있는 법규에서는 일반적인 급부행정법규에서
와는 달리, 그 위임의 요건과 범위가 보다 엄격하고 제한적으로 규정되어야 한다(헌재 1994.7.29. 92헌바49).
답 ○

144 헌법 제75조, 제95조가 정하는 포괄적인 위임입법의 금지는, 문리해석상 정관에 위임한 경우
□□□ 까지 그 적용 대상으로 하고 있지 않으므로 법률이 정관에 자치법적 사항을 위임한 경우에는
원칙적으로 적용되지 않는다. | 법원직9급 20 ○ ×

헌법 제75조, 제95조가 정하는 포괄적인 위임입법의 금지는, 그 문리해석상 정관에 위임한 경우까지 그 적용
대상으로 하고 있지 않고, 또 권력분립의 원칙을 침해할 우려가 없다는 점 등을 볼 때, 법률이 정관에 자치법적
사항을 위임한 경우에는 원칙적으로 적용되지 않는다(헌재 2001.4.26. 2000헌마122). **답** ○

145 ▶ 헌법 제75조에 근거한 포괄위임금지원칙은 수권법률에서 위임하는 하위규범의 형식이 대통령령이 아니라 대법원규칙인 경우에는 준수하지 않아도 된다. | 법행 21 ○×

▶ 법률에 명시적인 위임규정이 없더라도 대법원규칙에는 법률에 저촉되지 않는 한 소송절차에 관한 행위나 권리를 제한하는 규정을 둘 수 있다. 따라서 수권법률에 대해서는 포괄위임금지원칙 위반 여부를 심사할 필요가 없다. | 법원직9급 20 ○×

대법원은 헌법 제108조에 근거하여 입법권의 위임을 받아 규칙을 제정할 수 있다 할 것이고, 헌법 제75조에 근거한 포괄위임금지원칙은 법률에 이미 하위법규에 규정될 내용 및 범위의 기본사항이 구체적으로 규정되어 있어서 누구라도 당해 법률로부터 하위법규에 규정될 내용의 대강을 예측할 수 있어야 함을 의미하므로, 위임입법이 대법원규칙인 경우에도 수권법률에서 이 원칙을 준수하여야 함은 마찬가지이다(헌재 2016.6.30. 2013헌바27).

답 ×/×

146 일정한 권리에 관하여 법률이 규정한 존속기간을 뜻하는 제척기간은 권리관계를 조속히 확정시키기 위하여 권리의 행사에 중대한 제한을 가하는 것이어서 모법인 법률에 의한 위임이 없는 한 시행령이 함부로 제척기간을 규정할 수는 없다. | 법행 21 ○×

대통령은 법률에서 구체적으로 범위를 정하여 위임받은 사항과 법률을 집행하기 위하여 필요한 사항에 관하여만 대통령령을 발할 수 있는 것이므로(헌법 제75조), 법률의 시행령은 모법인 법률에 의하여 위임받은 사항이나 법률이 규정한 범위내에서 법률을 현실적으로 집행하는데 필요한 세부적인 사항만을 규정할 수 있을 뿐, 법률에 의한 위임이 없는 한 법률이 규정한 개인의 권리·의무에 관한 내용을 변경·보충하거나 법률에 규정되지 아니한 새로운 내용을 규정할 수는 없다고 할 것인바, 일정한 권리에 관하여 법률이 규정한 존속기간을 뜻하는 제척기간은 권리관계를 조속히 확장시키기 위하여 권리의 행사에 중대한 제한을 가하는 것이므로, 모법인 법률에 의한 위임이 없는 한 시행령이 함부로 제척기간을 규정할 수는 없다고 할 것이다(대판 1990.9.28. 89누2493). **답** ○

147 법령의 위임이 없음에도 법령에 규정된 처분 요건에 해당하는 사항을 부령에서 변경하여 규정한 경우 그 부령의 규정은 행정청 내부의 사무처리 기준 등을 정한 것으로서 행정조직 내에서 적용되는 행정명령의 성격을 지닐 뿐 국민에 대한 대외적 구속력은 없다. | 법행 21 ○×

법령에서 행정처분의 요건 중 일부 사항을 부령으로 정할 것을 위임한 데 따라 시행규칙 등 부령에서 이를 정한 경우에 그 부령의 규정은 국민에 대해서도 구속력이 있는 법규명령에 해당한다고 할 것이지만, 법령의 위임이 없음에도 법령에 규정된 처분 요건에 해당하는 사항을 부령에서 변경하여 규정한 경우에는 그 부령의 규정은 행정청 내부의 사무처리 기준 등을 정한 것으로서 행정조직 내에서 적용되는 행정명령의 성격을 지닐 뿐 국민에 대한 대외적 구속력은 없다고 보아야 한다(대판 2013.9.12. 2011두10584). **답** ○

148 국군포로의 송환 및 대우 등에 관한 법률 조항이 등록포로 등의 예우의 신청, 기준, 방법 등에 필요한 사항을 대통령령으로 정한다고 규정하고 있어 대통령령을 제정할 의무가 있음에도, 그 의무가 상당기간 동안 불이행되고 있고 이를 정당화할 이유도 찾아보기 어려운 경우, 이러한 행정입법부작위는 헌법에 위반된다. | 법행 21 ○×

국군포로법 제15조의5 제2항은 같은 조 제1항에 따른 예우의 신청, 기준, 방법 등에 필요한 사항은 대통령령으로 정한다고 규정하고 있으므로, 피청구인은 등록포로, 등록하기 전에 사망한 귀환포로, 귀환하기 전에 사망한 국군포로(이하 '등록포로 등'이라 한다)에 대한 예우의 신청, 기준, 방법 등에 필요한 사항을 대통령령으로 제정할 의무가 있다. 국군포로법 제15조의5 제1항이 국방부장관으로 하여금 예우 여부를 재량으로 정할 수 있도록 하고 있으나, 이것은 예우 여부를 재량으로 한다는 의미이지, 대통령령 제정 여부를 재량으로 한다는 의미는 아니다. 이처럼 피청구인에게는 대통령령을 제정할 의무가 있음에도, 그 의무는 상당 기간 동안 불이행되고 있고, 이를 정당화할 이유도 찾아보기 어렵다. 그렇다면 이 사건 행정입법부작위는 등록포로 등의 가족인 청구인의 명예권을 침해하는 것으로서 헌법에 위반된다(헌재 2018.5.31. 2016헌마626). 답 ○

(3) 기타 입법에 관한 권한

> **헌법 제81조** 대통령은 국회에 출석하여 (발언)하거나 (서한)으로 (의견을 표시)할 수 있다.

149 대통령은 국회에 출석하여 발언하거나 서한으로 의견을 표시할 수 있다. ▮법무사 21 ○ ×
□□□
헌법 제81조 답 ○

5 사법에 관한 권한

> **헌법 제79조** ① 대통령은 법률이 정하는 바에 의하여 (사면·감형 또는 복권)을 명할 수 있다.
> ② (일반사면)을 명하려면 (국회의 동의)를 얻어야 한다.
> ③ 사면·감형 및 복권에 관한 사항은 법률로 정한다.

150 대통령은 법률이 정하는 바에 의하여 사면·감형 또는 복권을 명할 수 있다. ▮법무사 21
□□□ ○ ×
헌법 제79조 제1항 답 ○

151 일반사면은 헌법상 국무회의의 필수적 심의를 거친 후에 국회의 동의를 얻어 법률의 형식으로
□□□ 행한다. ▮법원직9급 22 ○ ×
일반사면, 죄 또는 형의 종류를 정하여 행하는 감형과 일반으로 행하는 복권은 대통령령으로 행한다. 이 경우 일반사면은 죄의 종류를 정하여 행한다(사면법 제8조 제1항). 답 ×

152 ▸ 일반사면과 특별사면에 대한 국회의 동의권은 헌법에서 명문으로 규정하고 있다.
　□□□　┃법원직9급 21　　　　　　　　　　　　　　　　　　　　　　　　　　　　　○ ✕

▸ 대통령이 특별사면을 명하려면 국회의 동의를 얻어야 한다. ┃법원직9급 20　　　○ ✕

··

일반사면을 명하려면 국회의 동의를 얻어야 한다(헌법 제79조 제2항). 그러나 특별사면은 국회의 동의를 요하지 않는다. 🅐 ✕ / ✕

153 일반사면의 대상은 죄를 범한 자이고 특별사면의 대상은 형을 선고받은 자이다. ┃법행 21
　□□□　　　　　　　　　　　　　　　　　　　　　　　　　　　　　　　　　　　○ ✕

··

사면법 제3조 제1호, 제2호 🅐 ○

> **사면법 제3조(사면 등의 대상)**　　사면, 감형 및 복권의 대상은 다음 각 호와 같다.
> 1. 일반사면 : 죄를 범한 자
> 2. 특별사면 및 감형: 형을 선고받은 자
> 3. 복권 : 형의 선고로 인하여 법령에 따른 자격이 상실되거나 정지된 자

154 선고된 형 전부를 사면할 것인지 또는 일부만을 사면할 것인지를 결정하는 것은 사면권자의
　□□□　전권사항에 속하는 것이다. ┃법원직9급 22　　　　　　　　　　　　　　　　○ ✕

··

선고된 형 전부를 사면할 것인지 또는 일부만을 사면할 것인지를 결정하는 것은 사면권자의 전권사항에 속하는 것이고, 징역형의 집행유예에 대한 사면이 병과된 벌금형에도 미치는 것으로 볼 것인지 여부는 사면권자의 의사인 사면의 내용에 대한 해석문제에 불과하다 할 것이다(헌재 2000.6.1. 97헌바74). 🅐 ○

155 공무원이 범죄행위로 형사처벌을 받았다가 형의 선고의 효력을 상실하게 하는 특별사면 및
　□□□　복권을 받은 경우 퇴직급여 및 퇴직수당의 일부를 감액하여 지급하더라도 당해 공무원의 재산
　　　　권과 인간다운 생활을 할 권리를 침해하였다고 볼 수 없다. ┃법행 21　　　　○ ✕

··

공무원이 범죄행위로 형사처벌을 받은 경우 국민의 신뢰가 손상되고 공직 전체에 대한 신뢰를 실추시켜 공공의 이익을 해하는 결과를 초래하는 것은 그 이후 특별사면 및 복권을 받아 형의 선고의 효력이 상실된 경우에도 마찬가지이다. 또한, 형의 선고의 효력을 상실하게 하는 특별사면 및 복권을 받았다 하더라도 그 대상인 형의 선고의 효력이나 그로 인한 자격상실 또는 정지의 효력이 장래를 향하여 소멸되는 것에 불과하고, 형사처벌에 이른 범죄사실 자체가 부인되는 것은 아니므로, 공무원 범죄에 대한 제재수단으로서의 실효성을 확보하기 위하여 특별사면 및 복권을 받았다 하더라도 퇴직급여 등을 계속 감액하는 것을 두고 현저히 불합리하다고 평가할 수 없다. 나아가 심판대상조항에 의하여 퇴직급여 등의 감액대상이 되는 경우에도 본인의 기여금 부분은 보장하고 있다. 따라서 심판대상조항은 그 합리적인 이유가 인정되는바, 재산권 및 인간다운 생활을 할 권리를 침해한다고 볼 수 없어 헌법에 위반되지 아니한다(헌재 2020.4.23. 2018헌바402). 🅐 ○

156 특별사면은 대통령이 형의 집행을 면제하거나 선고의 효력을 상실케 하는 시혜적 조치로서,
□□□ 형의 전부 또는 일부에 대하여 하거나, 중한 형 또는 가벼운 형에 대하여만 할 수도 있다.
┃법행 21 ○ ×

특별사면은 위에서 본 바와 같이 국가원수인 대통령이 형의 집행을 면제하거나 선고의 효력을 상실케 하는 시혜적
조치로서, 형의 전부 또는 일부에 대하여 하거나, 중한 형 또는 가벼운 형에 대하여만 할 수도 있는 것이다. 그러므로
중한 형에 대하여 사면을 하면서 그보다 가벼운 형에 대하여 사면을 하지 않는 것이 형평의 원칙에 반한다고
할 수도 없다(헌재 2000.6.1. 97헌바74). 답 ○

157 현역 군인에 대하여 징계처분의 효력을 상실시키는 특별사면이 있었다고 하더라도 징계처분의
□□□ 기초되는 비위사실이 현역복무부적합사유에 해당하는 경우에는 이를 이유로 전역심사위원회
의 심의를 거쳐 전역명령을 할 수 있다. ┃법행 21 ○ ×

구 군인사법 제37조, 군인사법 시행령 제49조에 의한 현역복무부적합자 전역제도란 대통령령으로 정하는 일정한
사유로 인하여 현역복무에 적합하지 아니한 자를 전역심사위원회 심의를 거쳐 현역에서 전역시키는 제도로서
징계제도와는 규정 취지와 사유, 위원회 구성 및 주체 등에서 차이가 있으므로, 현역 군인에 대하여 징계처분의
효력을 상실시키는 특별사면이 있었다고 하더라도 징계처분의 기초되는 비위사실이 현역복무부적합사유에 해당
하는 경우에는 이를 이유로 현역복무부적합조사위원회에 회부하거나 전역심사위원회의 심의를 거쳐 전역명령을
할 수 있다(대판 2012.1.12. 2011두18649). 답 ○

158 ▸ 특별사면으로 형 선고의 효력이 상실된 유죄의 확정판결은 재심청구의 대상이 될 수 없다.
□□□ ┃법행 21 ○ ×

▸ 유죄판결 확정 후 형선고의 효력을 상실케 하는 특별사면이 있으면 재심을 청구할 수 있다.
┃법원직9급 22 ○ ×

유죄판결 확정 후에 형 선고의 효력을 상실케 하는 특별사면이 있었다고 하더라도, 형 선고의 법률적 효과만
장래를 향하여 소멸될 뿐이고 확정된 유죄판결에서 이루어진 사실인정과 그에 따른 유죄 판단까지 없어지는
것은 아니므로, 유죄판결은 형 선고의 효력만 상실된 채로 여전히 존재하는 것으로 보아야 하고, 한편 형사소송법
제420조 각 호의 재심사유가 있는 피고인으로서는 재심을 통하여 특별사면에도 불구하고 여전히 남아 있는 불이
익, 즉 유죄의 선고는 물론 형 선고가 있었다는 기왕의 경력 자체 등을 제거할 필요가 있다. …(중략)… 만일
특별사면으로 형 선고의 효력이 상실된 유죄판결이 재심청구의 대상이 될 수 없다고 한다면, 이는 특별사면이
있었다는 사정만으로 재심청구권을 박탈하여 명예를 회복하고 형사보상을 받을 기회 등을 원천적으로 봉쇄하는
것과 다를 바 없어서 재심제도의 취지에 반하게 된다. 따라서 특별사면으로 형 선고의 효력이 상실된 유죄의
확정판결도 형사소송법 제420조의 '유죄의 확정판결'에 해당하여 재심청구의 대상이 될 수 있다(대판[전합]
2015.5.21. 2011도1932). 답 × / ○

6 대통령의 권한행사의 방법과 통제

> **헌법 제82조**   대통령의 국법상 행위는 (문서)로써 하며, 이 문서에는 (국무총리와 관계 국무위원)이 (부서)한다. 군사에 관한 것도 또한 같다.

159 대통령의 국법상 행위는 문서로써 하며, 이 문서에는 국무총리와 관계 국무위원이 부서한다. □□□ 군사에 관한 것도 같다. **┃법행 21**   ○ ×

....

헌법 제82조   **답** ○

제2절   행정부

제1관   국무총리

> **헌법 제86조**   ① 국무총리는 (국회의 동의)를 얻어 대통령이 임명한다.
> ② 국무총리는 대통령을 보좌하며, 행정에 관하여 대통령의 명을 받아 행정각부를 통할한다.
> ③ 군인은 현역을 면한 후가 아니면 국무총리로 임명될 수 없다.
>
> **헌법 제87조**   ① 국무위원은 (국무총리의 제청)으로 대통령이 임명한다.
> ③ 국무총리는 국무위원의 해임을 대통령에게 (건의)할 수 있다.

160 제2차 개정헌법에서는 국무총리제가 폐지되었다. **┃법무사 19**   ○ ×
□□□

우리 헌정사상 국무총리제가 유일하게 폐지된 것은 제2차 개정헌법에서이다.   **답** ○

161 국무총리는 헌법과 법률에 부여된 권한에 따라 독립하여 각 중앙 및 지방행정기관의 장을 □□□ 지휘·감독한다. **┃법행 21**   ○ ×

국무총리는 대통령의 명을 받아 각 중앙행정기관의 장을 지휘·감독한다(정부조직법 제18조 제1항). **답** ×

162 국무총리는 특별히 위임하는 사무를 수행하기 위하여 대통령의 재가를 받아 필요한 수의 부총 □□□ 리를 둘 수 있다. **┃법행 21**   ○ ×

국무총리가 특별히 위임하는 사무를 수행하기 위하여 부총리 2명을 둔다(정부조직법 제19조 제1항). **답** ×

163 헌법 제86조 제2항의 국무총리의 통할을 받는 행정각부에 모든 행정기관이 포함된다고 볼
□□□ 수 없다. **ㅣ법무사 19** ○ ×

....

헌재 1994.4.28. 89헌마221 **답** ○

164 우리 헌법이 대통령중심제의 정부형태를 취하면서도 국무총리제도를 두게 된 주된 이유는
□□□ 대통령의 강력한 권력을 견제하기 위함이다. **ㅣ법무사 19** ○ ×

....

우리 헌법이 대통령중심제의 정부형태를 취하면서도 국무총리제도를 두게 된 주된 이유가 부통령제를 두지 않았기
때문에 대통령 유고 시에 그 권한대행자가 필요하고 또 대통령제의 기능과 능률을 높이기 위하여 대통령을 보좌하
고 그 의견을 받들어 정부를 통할·조정하는 보좌기관이 필요하다는 데 있었던 점과 대통령에게 법적 제한 없이
국무총리해임권이 있는 점(헌법 제78조, 제86조 제1항 참조) 등을 고려하여 총체적으로 보면 내각책임제 밑에서의
행정권이 수상에게 귀속되는 것과는 달리 우리나라의 행정권은 헌법상 대통령에게 귀속되고, 국무총리는 단지
대통령의 첫째가는 보좌기관으로서 행정에 관하여 독자적인 권한을 가지지 못하고 대통령의 명을 받아 행정각부를
통할하는 기관으로서의 지위만을 가지며, 행정권 행사에 대한 최후의 결정권자는 대통령이라고 해석하는 것이
타당하다고 할 것이다. 이와 같은 헌법상의 대통령과 국무총리의 지위에 비추어 보면 국무총리의 통할을 받는
행정각부에 모든 행정기관이 포함된다고 볼 수 없다 할 것이다(헌재 1994.4.28. 89헌마221). **답** ×

165 ▸ 국무총리는 국무위원의 해임을 대통령에게 건의할 수 있다. **ㅣ법무사 19** ○ ×
□□□

▸ 국무총리는 대통령에게 국무위원의 임명을 제청하며, 국무위원의 해임을 건의할 수도 있다.
ㅣ법행 23 ○ ×

....

헌법 제87조 제1항, 제3항 **답** ○ / ○

166 국무총리 및 부총리가 모두 사고로 직무를 수행할 수 없는 경우 정부조직법에 규정된 행정각부
□□□ 의 순서에 따른 국무위원이 그 직무를 대행하고, 대통령은 위 순서에 관계없이 임의로 특정
국무위원을 지명하여 국무총리의 직무를 대행하게 할 수 없다. **ㅣ법행 21** ○ ×

국무총리가 사고로 직무를 수행할 수 없는 경우에는 기획재정부장관이 겸임하는 부총리, 교육부장관이 겸임하는
부총리의 순으로 직무를 대행하고, 국무총리와 부총리가 모두 사고로 직무를 수행할 수 없는 경우에는 대통령의
지명이 있으면 그 지명을 받은 국무위원이, 지명이 없는 경우에는 제26조 제1항에 규정된 순서에 따른 국무위원이
그 직무를 대행한다(정부조직법 제22조). **답** ×

1 국무위원

> **헌법 제87조**　① 국무위원은 (국무총리의 제청)으로 대통령이 임명한다.
> ② 국무위원은 국정에 관하여 대통령을 보좌하며, 국무회의의 구성원으로서 국정을 심의한다.
> ③ 국무총리는 국무위원의 해임을 대통령에게 (건의)할 수 있다.
> ④ 군인은 현역을 면한 후가 아니면 국무위원으로 임명될 수 없다.

167 군인은 현역을 면한 후가 아니면 국무총리 또는 국무위원으로 임명될 수 없다.　❙법무사 20
□□□　　　　　　　　　　　　　　　　　　　　　　　　　　　　　　　　○ ×

헌법 제86조 제3항, 제87조 제4항　　　　　　　　　　　　　　답 ○

2 국무회의

(1) 국무회의의 헌법상 지위와 구성

> **헌법 제88조**　① 국무회의는 정부의 권한에 속하는 중요한 정책을 심의한다.
> ② 국무회의는 (대통령·국무총리)와 (15인 이상 30인 이하)의 국무위원으로 구성한다.
> ③ (대통령)은 국무회의의 (의장)이 되고, (국무총리)는 (부의장)이 된다.

168 대통령은 국무회의의 의장이 되고, 국무총리는 부의장이 된다.　❙법원직9급 20　○ ×
□□□
헌법 제88조 제3항　　　　　　　　　　　　　　　　　　　　답 ○

169 국무회의는 대통령·국무총리와 15인 이상 30인 이하의 국무위원으로 구성한다.
□□□　❙법무사 20·22　　　　　　　　　　　　　　　　　　　　○ ×

헌법 제88조 제2항　　　　　　　　　　　　　　　　　　　　답 ○

170 대통령은 국무회의 의장으로서 회의를 소집하고 이를 주재한다.　❙법무사 20　○ ×
□□□
정부조직법 제12조 제1항　　　　　　　　　　　　　　　　　답 ○

171 국무총리는 국무회의의 부의장이 된다. ▮법무사 19   ○ ×

··

헌법 제88조 제3항   답 ○

172 ▸ 대통령의 직무상 해외 순방 중 국무총리가 주재한 국무회의에서 이루어진 정당해산심판청구
서 제출안에 대한 의결은 위법하지 아니하다. ▮법무사 22   ○ ×

▸ 대통령은 국무회의의 의장으로서 회의를 소집하고 이를 주재하지만, 대통령이 사고로 직무
를 수행할 수 없는 경우에는 국무총리가 그 직무를 대행할 수 있다. 다만, 대통령이 해외
순방 중인 경우를 '사고로 직무를 수행할 수 없는 경우'로 볼 수는 없으므로, 대통령의 직무상
해외 순방 중 국무총리가 국무회의를 주재할 수는 없다. ▮법행 23   ○ ×

··

대통령은 국무회의의 의장으로서 회의를 소집하고 이를 주재하지만 대통령이 사고로 직무를 수행할 수 없는
경우에는 국무총리가 그 직무를 대행할 수 있고, <u>대통령이 해외 순방 중인 경우는 '사고'에 해당되므로, 대통령의
직무상 해외 순방 중 국무총리가 주재한 국무회의에서 이루어진 정당해산심판청구서 제출안에 대한 의결은 위법하
지 아니하다</u>(헌재 2014.12.19. 2013헌다1).   답 ○ / ×

173 국무회의는 행정부 내 최고의 정책 심의기관이지만 의결기관은 아니다. ▮법무사 22   ○ ×

··

국무회의는 정부의 권한에 속하는 중요한 정책을 심의한다(헌법 제88조 제1항). 국무회의는 심의기관으로 자문기
관인 미국의 각료회의와 구별되며 의결기관인 의원내각제의 내각과도 구별된다. 심의기관이므로 그 심의결과에
대통령은 법적으로 구속되지 않는다.   답 ○

174 구체적으로 어떤 정책을 필수적으로 국무회의 심의를 거쳐야 하는 중요한 정책으로 보아야
하는지는 국무회의에 의안을 상정할 수 있는 권한자인 대통령이나 국무위원에게 일정 정도의
판단재량이 인정되는 것으로 보아야 하고, 그에 관한 대통령이나 국무위원의 일차적 판단이
명백히 비합리적이거나 자의적인 것이 아닌 한 존중되어야 한다. ▮법무사 22   ○ ×

··

헌재 2022.1.27. 2016헌마364   답 ○

(2) 국무회의의 심의 사항

> **헌법 제89조**　다음 사항은 국무회의의 심의를 거쳐야 한다.
> 1. 국정의 기본계획과 정부의 일반정책
> 2. 선전·강화 기타 중요한 대외정책
> 3. (헌법개정안)·(국민투표안)·조약안·법률안 및 (대통령령안)
> 4. (예산안·결산)·국유재산처분의 기본계획·국가의 부담이 될 계약 기타 재정에 관한 중요사항
> 5. 대통령의 긴급명령·긴급재정경제처분 및 명령 또는 (계엄과 그 해제)
> 6. 군사에 관한 중요사항
> 7. 국회의 (임시회) 집회의 요구
> 8. 영전수여
> 9. (사면·감형과 복권)
> 10. 행정각부 간의 권한의 획정
> 11. 정부안의 권한의 위임 또는 배정에 관한 기본계획
> 12. 국정처리상황의 평가·분석
> 13. 행정각부의 중요한 정책의 수립과 조정
> 14. (정당해산의 제소)
> 15. 정부에 제출 또는 회부된 정부의 정책에 관계되는 (청원의 심사)
> 16. (검찰총장)·합동참모의장·각군참모총장·국립대학교총장·대사 기타 법률이 정한 공무원과 국영기업체관리자의 임명
> 17. 기타 대통령·국무총리 또는 국무위원이 제출한 사항

175　헌법개정안, 국민투표안, 법률안, 대통령령안 모두 국무회의의 심의를 거쳐야 한다. ▎법행 23
□□□　　　　　　　　　　　　　　　　　　　　　　　　　　　　　　　　　　　　　　　○ ×

┈┈

헌법 제89조 제3호　　　　　　　　　　　　　　　　　　　　　　　　　　　　　　답 ○

176　▶ 정부에 제출 또는 회부된 정부의 정책에 관계되는 청원의 심사, 각군 참모총장, 국립대학교
□□□　　총장의 임명, 조약의 체결·비준 및 외교사절의 신임·접수, 사면·감형과 복권은 헌법상
　　　　국무회의의 심의를 거쳐야 하는 사항이다. ▎법무사 17 기출변형　　　　　　　○ ×

　　　▶ 정부에 제출 또는 회부된 정부의 정책에 관계되는 청원의 심사, 각군 참모총장, 국립대학교
　　　　총장의 임명, 조약의 체결·비준 및 외교사절의 신임·접수, 사면·감형과 복권, 군사에
　　　　관한 중요사항, 국회의 임시회 집회의 요구, 행정각부 간의 권한의 획정, 정당해산의 제소는
　　　　헌법상 국무회의의 심의를 거쳐야 하는 사항이다. ▎법무사 17　　　　　　　　○ ×

┈┈

조약의 체결·비준 및 외교사절의 신임·접수는 대통령이 헌법상 국무회의의 심의를 거치지 아니하고 행할 수
있는 사항이다(헌법 제73조 참조). 나머지 사항들은 헌법상 국무회의 심의를 거쳐야 하는 사항이다(헌법 제89조).
　　　　　　　　　　　　　　　　　　　　　　　　　　　　　　　　　　　　　답 × / ×

177 군사에 관한 중요사항, 국회의 임시회 집회의 요구, 행정각부 간의 권한의 획정, 정당해산의
□□□ 제소는 헌법상 국무회의의 심의를 거쳐야 하는 사항이다. Ⅰ법무사 17 기출변형 ○ ×

....

헌법 제89조 **답** ○

---

3 **행정각부**

> 헌법 제94조   행정각부의 장은 국무위원 중에서 (국무총리의 제청)으로 대통령이 임명한다.
>
> 헌법 제95조   국무총리 또는 행정각부의 장은 소관 사무에 관하여 (법률이나 대통령령의 위임) 또는 (직권)으로
> 총리령 또는 부령을 발할 수 있다.
>
> 헌법 제96조   행정각부의 설치·조직과 직무범위는 법률로 정한다.

178 ▸ 행정각부의 장과는 달리 국무위원으로 임명되기 위해서는 국무총리의 제청이 필수적인 것은
□□□ 아니다. Ⅰ법무사 20 ○ ×

▸ 행정각부의 장은 국무위원 중에서 국무총리의 제청으로 대통령이 임명한다. Ⅰ법행 23
○ ×

....

행정각부의 장은 국무위원 중에서 국무총리의 제청으로 대통령이 임명하고(헌법 제94조), 국무위원은 국무총리의
제청으로 대통령이 임명한다(헌법 제87조 제1항). **답** × / ○

179 ▸ 국무총리 또는 행정각부의 장은 소관사무에 관하여 법률이나 대통령령의 위임 또는 직권으로
□□□ 총리령 또는 부령을 발할 수 있다. Ⅰ법무사 20 ○ ×

▸ 국무총리는 소관사무에 관하여 법률이나 대통령령의 위임으로 총리령을 발할 수 있을 뿐만
아니라 직권으로 총리령을 발할 수도 있다. Ⅰ법원직9급 20 ○ ×

....

헌법 제95조 **답** ○ / ○

180 행정각부에 장관 1명과 차관 2명을 두되, 장관은 정무직으로 하고, 차관은 정무직 또는 일반직
□□□ 으로 한다. Ⅰ법행 21 ○ ×

....

행정각부에 장관 1명과 차관 1명을 두되, 장관은 국무위원으로 보하고, 차관은 정무직으로 한다. 다만, 기획재정부
·과학기술정보통신부·외교부·문화체육관광부·산업통상자원부·보건복지부·국토교통부에는 차관 2명을
둔다(정부조직법 제26조 제2항). **답** ×

181 "수사처의 범죄수사와 중복되는 다른 수사기관의 범죄수사에 대하여 처장이 수사의 진행 정도
□□□ 및 공정성 논란 등에 비추어 수사처에서 수사하는 것이 적절하다고 판단하여 이첩을 요청하는
경우 해당 수사기관은 이에 응하여야 한다."는 고위공직자범죄수사처 설치 및 운영에 관한
법률 제24조 제1항은 수사처장이 이첩 요청을 하면 다른 수사기관이 수사를 하고 있는 경우라
도 해당 수사기관은 그에 응하여야 할 의무를 부과하여, 수사권 및 공소권의 주체가 달라지므
로, 평등권, 신체의 자유 등 기본권이 침해될 가능성이 있고, 고위공직자범죄등을 범할 경우
수사처의 수사 또는 공소권 행사의 대상이 될 수 있다는 점은 현재 확실히 예측되므로, 위
조항에 대한 심판청구는 적법하다. ❘법행 23   ○ ×

공수처법 제24조 제1항은 고위공직자범죄수사처와 다른 수사기관 사이의 권한 배분에 관한 사항을 규정한 것으로
국회의원인 청구인들의 법적 지위에 영향을 미친다고 볼 수 없어 기본권침해가능성이 인정되지 않으므로, 위
조항에 대한 심판청구는 부적법하다(헌재 2021.1.28. 2020헌마264).   **답** ×

182 헌법 제66조 제4항은 "행정권은 대통령을 수반으로 하는 정부에 속한다."고 규정하고 있는데,
□□□ 여기서의 '정부'란 입법부와 사법부에 대응하는 넓은 개념으로서의 집행부를 일컫는다 할 것이
다. 그리고 헌법 제86조 제2항은 대통령의 명을 받은 국무총리가 행정각부를 통할하도록 규정
하고 있는데, 대통령과 행정부, 국무총리에 관한 헌법 규정의 해석상 국무총리의 통할을 받는
'행정각부'에 모든 행정기관이 포함된다고 볼 수 없다. ❘법행 23   ○ ×

헌법 제66조 제4항은 "행정권은 대통령을 수반으로 하는 정부에 속한다."고 규정하고 있는데, 여기서의 '정부'란
입법부와 사법부에 대응하는 넓은 개념으로서의 집행부를 일컫는다 할 것이다. 그리고 헌법 제86조 제2항은
대통령의 명을 받은 국무총리가 행정각부를 통할하도록 규정하고 있는데, 대통령과 행정부, 국무총리에 관한
헌법 규정의 해석상 국무총리의 통할을 받는 '행정각부'에 모든 행정기관이 포함된다고 볼 수 없다. 즉 정부의
구성단위로서 그 권한에 속하는 사항을 집행하는 중앙행정기관을 반드시 국무총리의 통할을 받는 '행정각부'의
형태로 설치하거나 '행정각부'에 속하는 기관으로 두어야 하는 것이 헌법상 강제되는 것은 아니므로, 법률로써
'행정각부'에 속하지 않는 독립된 형태의 행정기관을 설치하는 것이 헌법상 금지된다고 할 수 없다(헌재 2021.1.28.
2020헌마264).   **답** ○

183 수사처가 수행하는 수사와 공소제기 및 유지는 우리 헌법상 본질적으로 행정에 속하는 사무에
□□□ 해당하는 점, 수사처의 구성에 대통령의 실질적인 인사권이 인정되고, 수사처장은 소관 사무와
관련된 안건이 상정될 경우 국무회의에 출석하여 발언할 수 있으며 그 소관 사무에 관하여
독자적으로 의안을 제출할 권한이 있는 것이 아니라 법무부장관에게 의안의 제출을 건의할
수 있는 점 등을 종합하면, 수사처는 직제상 대통령 또는 국무총리 직속기관 내지 국무총리의
통할을 받는 행정각부에 속하지 않는다고 하더라도 대통령을 수반으로 하는 행정부에 소속되
고 그 관할권의 범위가 전국에 미치는 중앙행정기관으로 보는 것이 타당하다. ❘법행 23

○ ×

수사처가 수행하는 수사와 공소제기 및 유지는 우리 헌법상 본질적으로 행정에 속하는 사무에 해당하는 점, 수사처의 구성에 대통령의 실질적인 인사권이 인정되고, 수사처장은 소관 사무와 관련된 안건이 상정될 경우 국무회의에 출석하여 발언할 수 있으며 그 소관 사무에 관하여 독자적으로 의안을 제출할 권한이 있는 것이 아니라 법무부장관에게 의안의 제출을 건의할 수 있는 점 등을 종합하면, 수사처는 직제상 대통령 또는 국무총리 직속기관 내지 국무총리의 통할을 받는 행정각부에 속하지 않는다고 하더라도 대통령을 수반으로 하는 행정부에 소속되고 그 관할권의 범위가 전국에 미치는 중앙행정기관으로 보는 것이 타당하다(헌재 2021.1.28. 2020헌마264).

답 ○

184 법률에 근거하여 수사처라는 행정기관을 설치하는 것이 헌법상 금지되지 않는바, 검찰의 기소독점주의 및 기소편의주의를 견제할 별도의 수사기관을 설치할지 여부는 국민을 대표하는 국회가 검찰 기소독점주의의 적절성, 검찰권 행사의 통제 필요성, 별도의 수사기관 설치의 장단점, 고위공직자범죄 수사 등에 대한 국민적 관심과 요구 등 제반 사정을 고려하여 결정할 문제로서, 그 판단에는 본질적으로 국회의 폭넓은 재량이 인정된다. 또한 수사처의 설치로 말미암아 수사처와 기존의 다른 수사기관과의 관계가 문제된다 하더라도 동일하게 행정부 소속인 수사처와 다른 수사기관 사이의 권한 배분의 문제는 헌법상 권력분립원칙의 문제라고 볼 수 없다. **|법행 23** ○ ✕

법률에 근거하여 수사처라는 행정기관을 설치하는 것이 헌법상 금지되지 않는바, 검찰의 기소독점주의 및 기소편의주의를 견제할 별도의 수사기관을 설치할지 여부는 국민을 대표하는 국회가 검찰 기소독점주의의 적절성, 검찰권 행사의 통제 필요성, 별도의 수사기관 설치의 장단점, 고위공직자범죄 수사 등에 대한 국민적 관심과 요구 등 제반 사정을 고려하여 결정할 문제로서, 그 판단에는 본질적으로 국회의 폭넓은 재량이 인정된다. 또한 수사처의 설치로 말미암아 수사처와 기존의 다른 수사기관과의 관계가 문제된다 하더라도 동일하게 행정부 소속인 수사처와 다른 수사기관 사이의 권한 배분의 문제는 헌법상 권력분립원칙의 문제라고 볼 수 없다(헌재 2021.1.28. 2020헌마264).

답 ○

185 헌법에서 수사단계에서의 영장신청권자를 검사로 한정한 것은 다른 수사기관에 대한 수사지휘권을 확립시켜 인권유린의 폐해를 방지하고, 법률전문가인 검사를 거치도록 함으로써 기본권 침해가능성을 줄이고자 한 것이다. 헌법에 규정된 영장신청권자로서의 검사는 검찰권을 행사하는 국가기관인 검사로서 공익의 대표자이자 수사단계에서의 인권옹호기관으로서의 지위에서 그에 부합하는 직무를 수행하는 자를 의미하는 것이지, 검찰청법상 검사만을 지칭하는 것으로 보기 어렵다. **|법행 23** ○ ✕

헌법에서 수사단계에서의 영장신청권자를 검사로 한정한 것은 다른 수사기관에 대한 수사지휘권을 확립시켜 인권유린의 폐해를 방지하고, 법률전문가인 검사를 거치도록 함으로써 기본권 침해가능성을 줄이고자 한 것이다. 헌법에 규정된 영장신청권자로서의 검사는 검찰권을 행사하는 국가기관인 검사로서 공익의 대표자이자 수사단계에서의 인권옹호기관으로서의 지위에서 그에 부합하는 직무를 수행하는 자를 의미하는 것이지, 검찰청법상 검사만을 지칭하는 것으로 보기 어렵다(헌재 2021.1.28. 2020헌마264).

답 ○

헌법 제90조 ① 국정의 중요한 사항에 관한 대통령의 자문에 응하기 위하여 국가원로로 구성되는 국가원로자문회의를 (둘 수 있다).
② 국가원로자문회의의 의장은 (직전대통령)이 된다. 다만, 직전대통령이 없을 때에는 대통령이 지명한다.
③ 국가원로자문회의의 조직·직무범위 기타 필요한 사항은 법률로 정한다.

헌법 제91조 ① 국가안전보장에 관련되는 대외정책·군사정책과 국내정책의 수립에 관하여 국무회의의 심의에 앞서 대통령의 자문에 응하기 위하여 (국가안전보장회의)를 (둔다).
② 국가안전보장회의는 (대통령)이 주재한다.
③ 국가안전보장회의의 조직·직무범위 기타 필요한 사항은 법률로 정한다.

헌법 제92조 ① 평화통일정책의 수립에 관한 대통령의 자문에 응하기 위하여 민주평화통일자문회의를 (둘 수 있다).
② 민주평화통일자문회의의 조직·직무범위 기타 필요한 사항은 법률로 정한다.

헌법 제93조 ① 국민경제의 발전을 위한 중요정책의 수립에 관하여 대통령의 자문에 응하기 위하여 국민경제자문회의를 (둘 수 있다).
② 국민경제자문회의의 조직·직무범위 기타 필요한 사항은 법률로 정한다.

헌법 제127조 ① 국가는 과학기술의 혁신과 정보 및 인력의 개발을 통하여 국민경제의 발전에 노력하여야 한다.
③ 대통령은 제1항의 목적을 달성하기 위하여 필요한 자문기구를 (둘 수 있다).

186 국정의 중요한 사항에 관한 대통령의 자문에 응하기 위하여 국가원로로 구성되는 국가원로자
□□□ 문회의를 둘 수 있고, 국가원로자문회의의 의장은 직전대통령이 되는 것이 원칙이다.
❚ 법행 23   ○ ×

....

헌법 제90조 제1항, 제2항   답 ○

제4관　감사원

1　감사원의 구성

> **헌법 제98조**　① 감사원은 (원장을 포함)한 (5인 이상 11인 이하)의 감사위원으로 구성한다.
> ② 원장은 (국회의 동의)를 얻어 대통령이 임명하고, 그 임기는 (4년)으로 하며, (1차에 한하여 중임)할 수 있다.
> ③ 감사위원은 (원장의 제청)으로 대통령이 임명하고, 그 임기는 (4년)으로 하며, (1차에 한하여 중임)할 수 있다.
>
> **헌법 제100조**　감사원의 조직·직무범위·감사위원의 자격·감사대상공무원의 범위 기타 필요한 사항은 법률로 정한다.

187　감사원은 원장을 포함한 5인 이상 11인 이하의 감사위원으로 구성한다. ┃법무사 18　　○ ×
□□□
헌법 제98조 제1항　　　　　　　　　　　　　　　　　　　　　　　　　　　　　답 ○

188　▸ 감사원장은 국회의 동의를 얻어 대통령이 임명하고 감사위원은 감사원장의 제청으로 대통령
□□□　　이 임명하며, 감사원장과 감사위원의 임기는 4년으로 하되 1차에 한하여 중임할 수 있다.
　　　　┃법행 22　　　　　　　　　　　　　　　　　　　　　　　　　　　　　　○ ×
　　　▸ 감사원장과 감사위원은 국회의 동의를 얻어 대통령이 임명한다. ┃법무사 18　　○ ×

　　　▸ 감사위원은 원장의 제청으로 국회의 동의를 얻어 대통령이 임명한다. ┃법무사 22　　○ ×

감사원장의 임명에는 국회의 동의를 요하나, <u>감사위원의 임명에는 국회의 동의를 요하지 아니한다</u>(헌법 제98조
제2항·제3항 참조).　　　　　　　　　　　　　　　　　　　　　답 ○ / × / ×

2　감사원의 권한과 소속

> **헌법 제97조**　국가의 (세입·세출의 결산), (국가 및 법률이 정한 단체의 회계검사)와 행정기관 및 공무원의 (직무에 관한 감찰)을 하기 위하여 대통령 소속하에 감사원을 둔다.
>
> **헌법 제99조**　감사원은 세입·세출의 결산을 매년 검사하여 (대통령)과 (차년도국회)에 그 결과를 보고하여야 한다.

189 ‣ 감사원은 조직상 대통령에 소속하되, 직무에 관하여는 독립의 지위를 가진다. **│법무사 22**
□□□
○ ×

‣ 감사원은 대통령에 소속된 기관으로 국무총리의 통할을 받지 아니한다. **│법무사 18** ○ ×

....

감사원은 대통령에 소속하되, 직무에 관하여는 독립의 지위를 가진다(감사원법 제2조 제1항). **답** ○ / ○

190 감사원은 국가의 세입·세출의 결산, 국가 및 법률이 정한 단체의 회계검사와 행정기관 및
□□□ 공무원의 직무에 관한 감찰을 하기 위하여 대통령 소속하에 설치되는 헌법기관으로서, 그
직무의 성격상 고도의 독립성이 보장되어야 하는 독임제관청이다. **│법행 22** ○ ×

감사원은 국가의 세입세출의 결산, 국가 및 법률이 정한 단체의 회계검사와 행정기관 및 공무원의 직무에 관한
감찰을 하기 위하여 대통령 소속하에 설치되는 헌법기관으로서, 그 직무의 성격상 고도의 독립성과 정치적 중립성
이 보장되어야 한다(헌재 2008.5.29. 2005헌라3). 그러나 감사원은 독임제관청이 아니라 원장을 포함한 5인
이상 11인 이하의 감사위원으로 구성되는(헌법 제98조 제1항 참조) 합의제관청에 해당한다. **답** ×

191 지방자치단체의 자치사무에 관하여도 합법성 감사뿐만 아니라 합목적성 감사가 허용된다.
□□□ **│법무사 22**
○ ×

....

감사원법은 지방자치단체의 위임사무나 자치사무의 구별 없이 합법성 감사뿐만 아니라 합목적성 감사도 허용하고
있는 것으로 보이므로, 감사원의 지방자치단체에 대한 이 사건 감사는 법률상 권한 없이 이루어진 것은 아니다(헌재
2008.5.29. 2005헌라3). **답** ○

192 감사원에 의한 지방자치단체의 자치사무에 대한 감사를 합법성 감사에 한정하고 있지 아니한
□□□ 감사원법 조항은 지방자치단체의 지방자치권의 본질을 침해하지 않는다. **│법행 22** ○ ×

....

헌법이 감사원을 독립된 외부감사기관으로 정하고 있는 취지, 중앙정부와 지방자치단체는 서로 행정기능과 행정책
임을 분담하면서 중앙행정의 효율성과 지방행정의 자주성을 조화시켜 국민과 주민의 복리증진이라는 공동목표를
추구하는 협력관계에 있다는 점을 고려하면 지방자치단체의 자치사무에 대한 합목적성 감사의 근거가 되는 이
사건 관련규정은 그 목적의 정당성과 합리성을 인정할 수 있다. 또한 감사원법에서 지방자치단체의 자치권을
존중할 수 있는 장치를 마련해두고 있는 점, 국가재정지원에 상당부분 의존하고 있는 우리 지방재정의 현실,
독립성이나 전문성이 보장되지 않은 지방자치단체 자체감사의 한계 등으로 인한 외부감사의 필요성까지 감안하면,
이 사건 관련규정이 지방자치단체의 고유한 권한을 유명무실하게 할 정도로 지나친 제한을 함으로써 지방자치권의
본질적 내용을 침해하였다고는 볼 수 없다(헌재·2008.5.29. 2005헌라3). **답** ○

193 법률이 정하는 경우 국가기관이 아닌 경우에도 감사원의 회계검사를 받아야 한다. **｜법무사 18**

□□□ ○ ×

감사원은 다른 법률에 따라 감사원의 회계검사를 받도록 규정된 단체 등의 회계를 검사한다(감사원법 제22조 제1항 제4호). **답** ○

194 감사원장이 '공공기관 선진화 계획'에 따라 공공기관의 운영실태를 점검한 후 공공기관을 구체 □□□ 적으로 거명하지 않은 채 감사책임자에게 그 문제점을 설명하고 자율시정하도록 개선방향을 제시한 행위는, 행정지도로서의 한계를 넘어 규제적·구속적 성격을 가진다고 할 수 없으므로 헌법소원심판의 대상이 되는 공권력의 행사에 해당하지 않는다. **｜법행 22** ○ ×

감사원장이 2009. 4.경 60개 공공기관에 대하여 공공기관 선진화 계획의 이행실태, 노사관계 선진화 추진실태 등을 점검하고, 2009.6.30. 공공기관 감사책임자회의에서 자율시정하도록 개선방향을 제시한 행위 중, 점검행위 는 감사원 내부의 자료수집에 불과하고, 개선 제시는 이를 따르지 않을 경우의 불이익을 명시적으로 예정하고 있다고 보기 어려우므로 행정지도로서의 한계를 넘어 규제적·구속적 성격을 강하게 갖는다고 볼 수 없다. 따라서 이 사건 점검 및 개선 제시는 헌법소원의 대상이 되는 공권력의 행사라고 보기 어렵다(헌재 2011.12.29. 2009헌마 330). **답** ○

195 공익사항에 관한 감사원 감사청구에 대한 감사원장의 거부결정은 헌법재판소법 제68조 제1항 □□□ 의 공권력 행사에 해당하므로 헌법소원을 청구할 수 있다. **｜법행 22** ○ ×

국민의 신청에 대한 행정청의 거부행위가 헌법소원심판의 대상인 공권력의 행사가 되기 위해서는 국민이 행정청에 대하여 신청에 따른 행위를 해 줄 것을 요구할 수 있는 권리가 있어야 하는데, 헌법이나 법률 어디에도 감사원장에 대하여 공익사항에 관한 감사원 감사청구를 할 수 있는 권리를 규정하고 있지 않고, 달리 조리상 이러한 권리를 인정할 만한 사정도 보이지 않는다. 따라서 <u>이 사건 감사청구 거부결정은 헌법재판소법 제68조 제1항의 공권력 행사에 해당한다고 볼 수 없으므로, 이를 대상으로 한 이 사건 심판청구는 부적법하다</u>(헌재 2014.4.8. 2014헌마 256). **답** ×

196 ▶ 국회·법원 및 헌법재판소에 소속된 공무원에 대하여는 직무감찰을 할 수 없다. **｜법무사 22** □□□ ○ ×

▶ 감사원의 공무원 직무 감찰대상에 국회·법원 및 헌법재판소에 소속한 공무원은 포함되지 않는다. **｜법행 22** ○ ×

감사원이 직무감찰하는 공무원에는 <u>국회·법원 및 헌법재판소에 소속한 공무원은 제외한다</u>(감사원법 제24조 제3항 참조). **답** ○ / ○

> **감사원법 제24조(감찰 사항)**　① 감사원은 다음 각 호의 사항을 감찰한다.
> 1. 정부조직법 및 그 밖의 법률에 따라 설치된 행정기관의 사무와 그에 소속한 공무원의 직무
> 2. 지방자치단체의 사무와 그에 소속한 지방공무원의 직무
> 3. 제22조 제1항 제3호 및 제23조 제7호에 규정된 자의 사무와 그에 소속한 임원 및 감사원의 검사대상이 되는 회계사무와 직접 또는 간접으로 관련이 있는 직원의 직무
> 4. 법령에 따라 국가 또는 지방자치단체가 위탁하거나 대행하게 한 사무와 그 밖의 법령에 따라 공무원의 신분을 가지거나 공무원에 준하는 자의 직무
> ③ 제1항의 공무원에는 국회·법원 및 헌법재판소에 소속한 공무원은 제외한다.

197 감사원은 직무감찰결과 비위사실이 밝혀지더라도 해당 공무원에 대하여 직접 징계를 할 수는 없다. ▮법무사 22　　○ ✕

□□□

감사원은 직무감찰결과 비위사실이 밝혀지면 소속 장관 등에게 징계 요구, 시정·주의 등의 요구를 할 수는 있으나 해당 공무원에 대하여 직접 징계를 할 수 있는 권한은 없다(감사원법 제32조 제1항·제2항 참조).　**답** ○

> **감사원법 제32조(징계 요구 등)**　① 감사원은 「국가공무원법」과 그 밖의 법령에 규정된 징계 사유에 해당하거나 정당한 사유 없이 이 법에 따른 감사를 거부하거나 자료의 제출을 게을리한 공무원에 대하여 그 소속 장관 또는 임용권자에게 징계를 요구할 수 있다.
>
> **감사원법 제33조(시정 등의 요구)**　① 감사원은 감사 결과 위법 또는 부당하다고 인정되는 사실이 있을 때에는 소속 장관, 감독기관의 장 또는 해당 기관의 장에게 시정·주의 등을 요구할 수 있다.

198 감사원은 스스로 규칙을 제정할 수 있는 권한이 있다. ▮법무사 18　　○ ✕

□□□

감사원은 감사에 관한 절차, 감사원의 내부 규율과 감사사무 처리에 관한 규칙을 제정할 수 있다(감사원법 제52조).　**답** ○

199 국회의 규칙제정권, 대법원의 규칙제정권, 헌법재판소의 규칙제정권, 감사원의 규칙제정권, 중앙선거관리위원회의 규칙제정권의 규범적 근거는 동일하다. ▮법무사 19 기출변형　　○ ✕

□□□

국회(헌법 제64조 제1항), 대법원(헌법 제108조), 헌법재판소(헌법 제113조 제2항), 중앙선거관리위원회의 규칙제정권(헌법 제114조 제6항)은 헌법에 근거하나, 감사원의 규칙제정권은 헌법이 아닌 감사원법에 근거한다(감사원법 제52조). 이러한 이유로 감사원규칙을 법규명령으로 볼 수 있는지에 대하여 견해가 대립하고 있다.　**답** ✕

1 선거관리위원회의 구성

헌법 제114조　① (선거)와 (국민투표)의 공정한 관리 및 (정당)에 관한 사무를 처리하기 위하여 선거관리
위원회를 둔다.
② 중앙선거관리위원회는 (대통령)이 (임명)하는 (3인), (국회)에서 (선출)하는 (3인)과 (대법원장)이
(지명)하는 (3인)의 위원으로 구성한다. 위원장은 위원 중에서 (호선)한다.
③ 위원의 임기는 (6년)으로 한다.
④ 위원은 정당에 가입하거나 정치에 관여할 수 없다.
⑤ 위원은 (탄핵) 또는 (금고 이상의 형의 선고)에 의하지 아니하고는 파면되지 아니한다.
⑦ 각급 선거관리위원회의 조직·직무범위 기타 필요한 사항은 법률로 정한다.

---

200 선거와 국민투표의 공정한 관리 및 정당에 관한 사무를 처리하기 위하여 선거관리위원회를
□□□ 둔다. ▮법무사 21 ○ ×

....

헌법 제114조 제1항 **답** ○

201 ▸ 중앙선거관리위원회는 대통령이 임명하는 9인의 위원으로 구성하고, 위원장은 위원 중에서
□□□ 　호선한다. ▮법무사 21 ○ ×

　　　▸ 중앙선거관리위원회는 국무총리의 제청에 따라 대통령이 임명하는 3인, 국회에서 선출하는
　　　　3인, 대법원장이 지명하는 3인의 위원으로 구성한다. ▮법무사 18, 법행 22 ○ ×

　　　▸ 중앙선거관리위원회의 위원장은 중앙선거관리위원 중에서 대법원장이 지명한다. ▮법무사 18
○ ×

....

중앙선거관리위원회는 <u>대통령이 임명하는 3인</u>, 국회에서 선출하는 3인과 대법원장이 지명하는 3인의 위원으로
구성한다. 위원장은 <u>위원 중에서 호선한다</u>(헌법 제114조 제2항). **답** × / × / ×

202 중앙선거관리위원회의 위원장은 위원 중에서 호선하고, 각급 선거관리위원회의 위원장은 중
□□□ 앙선거관리위원회 위원장이 임명한다. ▮법행 22 ○ ×

....

각급선거관리위원회의 위원장은 <u>당해 선거관리위원회위원중에서 호선한다</u>(선거관리위원회법 제5조 제2항).
답 ×

203
□□□

▶ 중앙선거관리위원회 위원의 임기는 5년으로 한다. **|법무사 20**   ○ ×

▶ 중앙선거관리위원회 위원의 임기는 6년으로 한다. **|법무사 21**   ○ ×

중앙선거관리위원회 위원의 임기는 <u>6년</u>으로 한다(헌법 제114조 제3항).   **답** × / ○

204
□□□

각급선거관리위원회위원의 임기는 6년으로 한다. 다만, 구·시·군선거관리위원회 위원의 임기는 3년으로 하되, 한 차례만 연임할 수 있다. **|법행 22**   ○ ×

선거관리위원회법 제8조   **답** ○

205
□□□

헌법상 중앙선거관리위원회 위원은 정당에 가입하거나 정치에 관여할 수 없고, 다른 공직을 겸직할 수 없다. **|법무사 18**   ○ ×

중앙선거관리위원회 위원은 정당에 가입하거나 정치에 관여할 수 없으나(헌법 제114조 제4항), 공직겸직금지의무에 대하여는 헌법상 규정되어 있지 아니하다.   **답** ×

206
□□□

중앙선거관리위원회의 위원은 탄핵 또는 금고 이상의 형의 선고에 의하지 아니하고는 파면되지 아니한다. **|법무사 20, 법원직9급 22**   ○ ×

헌법 제114조 제5항   **답** ○

207
□□□

중앙선거관리위원회 위원은 현행범인이 아니면 체포·구속·소추되지 아니한다. **|법무사 18**   ○ ×

각급선거관리위원회의 위원은 선거인명부작성기준일 또는 국민투표안공고일로부터 개표종료 시까지 내란·외환·국교·폭발물·방화·마약·통화·유가증권·우표·인장·살인·폭행·체포·감금·절도·강도 및 국가보안법위반의 범죄에 해당하는 경우를 제외하고는 현행범인이 아니면 <u>체포 또는 구속되지 아니하며</u> 병역소집의 유예를 받는다(선거관리위원회법 제13조). 따라서 형사상 소추는 가능하다.   **답** ×

> **헌법 제114조** ⑥ 중앙선거관리위원회는 (*법령의 범위 안*)에서 (*선거관리 · 국민투표관리 또는 정당사무에 관한 규칙*)을 제정할 수 있으며, (*법률에 저촉되지 아니하는 범위 안*)에서 (*내부규율에 관한 규칙*)을 제정할 수 있다.
>
> **헌법 제115조** ① 각급 선거관리위원회는 선거인명부의 작성등 (*선거사무와 국민투표사무*)에 관하여 관계 행정기관에 (*필요한 지시를 할 수 있다*).
> ② 제1항의 지시를 받은 당해 행정기관은 이에 응하여야 한다.
>
> **헌법 제116조** ① (*선거운동*)은 각급 선거관리위원회의 관리하에 법률이 정하는 범위 안에서 하되, (*균등한 기회*)가 보장되어야 한다.
> ② 선거에 관한 경비는 (*법률이 정하는 경우를 제외*)하고는 정당 또는 후보자에게 부담시킬 수 없다.

208 중앙선거관리위원회는 법령의 범위 안에서 선거관리 · 국민투표관리 또는 정당사무에 관한 □□□ 규칙을 제정할 수 있고, 법률에 저촉되지 아니하는 범위 안에서 내부규율에 관한 규칙을 제정할 수 있다. **┃법무사 20** ○ ×

....

헌법 제114조 제6항 **답** ○

209 ▸ 각급 선거관리위원회는 선거인명부의 작성 등 선거사무와 국민투표사무에 관하여 관계 행정 □□□ 기관에 필요한 지시를 할 수 있다. **┃법무사 20 · 21, 법행 22** ○ ×

▸ 선거관리위원회가 선거인명부 작성 등 선거사무와 국민투표사무에 관하여 관계 행정기관에 지시하는 것은 비구속적인 행정행위에 해당하므로 행정기관이 이에 따라야 할 의무는 원칙적으로 인정되지 않는다. **┃법원직9급 22** ○ ×

....

각급 선거관리위원회는 선거인명부의 작성등 선거사무와 국민투표사무에 관하여 관계 행정기관에 필요한 지시를 할 수 있다(헌법 제115조 제1항). <u>제1항의 지시를 받은 당해 행정기관은 이에 응하여야 한다</u>(헌법 제115조 제2항). **답** ○ / ×

210 선거에 관한 경비는 법률이 정하는 경우를 제외하고는 정당 또는 후보자에게 부담시킬 수 □□□ 없다. **┃법무사 20 · 21** ○ ×

....

헌법 제116조 제2항 **답** ○

211 중앙선거관리위원회 위원장이 중앙선거관리위원회 전체회의의 심의를 거쳐 대통령의 위법사
실을 확인한 후 그 재발방지를 촉구하는 내용으로 대통령에게 선거중립의무 준수요청 조치를
한 것은 단순한 권고적 행위가 아니라 헌법소원의 대상이 되는 공권력 행사에 해당한다.
▎법원직9급 22   ○ ×

중앙선거관리위원회 위원장이 중앙선거관리위원회 전체회의의 심의를 거쳐 대통령의 위법사실을 확인한 후 그
재발방지를 촉구하는 내용의 이 사건 조치를 청구인인 대통령에 대하여 직접 발령한 것이 단순한 권고적·비권력
적 행위라든가 대통령인 청구인의 법적 지위에 불리한 효과를 주지 않았다고 보기는 어렵대(탄핵소추사유는 근본
적으로 청구인의 행위가 이 사건 법률조항에 위반되었다는 점이 되지만, 이 사건 조치에 의하여 청구인의 위법사실
이 유권적으로 확인됨으로써 탄핵발의의 계기가 부여된다). 청구인이 이 사건 조치를 따르지 않음으로써 형사적으
로 처벌될 가능성은 없다고 하더라도, 이 사건 조치가 그 자체로 청구인에게 그러한 위축효과를 줄 수 있음은
명백하다고 볼 것이고, 나아가 이 사건 조치에 대하여 법원에서 소송으로 구제받기는 어렵다는 점에서 헌법기관인
피청구인이 청구인의 위 발언내용이 위법이라고 판단한 이 사건 조치는 최종적·유권적인 판단으로서 기본권
제한의 효과를 발생시킬 가능성이 높다고 할 것이다(헌재2008.1.17. 2007헌마700).   답 ○

212 대통령선거 및 비례대표국회의원 선거의 선거구선거사무는 중앙선거관리위원회가 행하고,
지역구국회의원선거의 선거구선거사무는 그 선거구역을 관할하는 구·시·군선거관리위원
회가 행한다. ▎법행 22   ○ ×

공직선거법 제13조 제1항 제1호·제3호   답 ○

> **공직선거법 제13조(선거구선거관리)**   ① 선거구선거사무를 행할 선거관리위원회(이하 "선거구선
> 거관리위원회"라 한다)는 다음 각호와 같다.
> 1. 대통령선거 및 비례대표전국선거구국회의원(이하 "비례대표국회의원"이라 한다)선거의 선거
>   구선거사무는 중앙선거관리위원회
> 3. 지역선거구국회의원(이하 "지역구국회의원"이라 한다)선거, 지역선거구시·도의회의원선
>   거, 지역선거구자치구·시·군의회의원선거, 비례대표선거구자치구·시·군의회의원선거
>   및 자치구의 구청장·시장·군수선거의 선거구선거사무는 그 선거구역을 관할하는 구·시
>   ·군선거관리위원회[제29조(지방의회의원의 증원선거)제3항 또는 「선거관리위원회법」 제2
>   조(설치)제6항의 규정에 의하여 선거구선거사무를 행할 구·시·군선거관리위원회가 지정
>   된 경우에는 그 지정을 받은 구·시·군선거관리위원회를 말한다]

213 행정기관이 선거·국민투표 및 정당관계법령을 제정·개정 또는 폐지하고자 할 때에는 미리
당해 법령안을 중앙선거관리위원회에 송부하여 그 의견을 구하여야 한다. ▎법무사 18   ○ ×

행정기관이 선거(위탁선거를 포함한다)·국민투표 및 정당관계법령을 제정·개정 또는 폐지하고자 할 때에는
미리 당해 법령안을 중앙선거관리위원회에 송부하여 그 의견을 구하여야 한다(선거관리위원회법 제17조 제1항).
답 ○

제3장 법 원

제1절 사법권의 독립

> **헌법 제101조** ① 사법권은 법관으로 구성된 법원에 속한다.
> ③ 법관의 자격은 (법률)로 정한다.
>
> **헌법 제103조** 법관은 (헌법과 법률)에 의하여 그 양심에 따라 독립하여 심판한다.
>
> **헌법 제104조** ① 대법원장은 (국회의 동의)를 얻어 대통령이 임명한다.
> ② 대법관은 (대법원장의 제청)으로 (국회의 동의)를 얻어 대통령이 임명한다.
> ③ 대법원장과 대법관이 아닌 법관은 (대법관회의의 동의)를 얻어 (대법원장이) 임명한다.
>
> **헌법 제105조** ① 대법원장의 임기는 (6년)으로 하며, (중임할 수 없다).
> ② 대법관의 임기는 (6년)으로 하며, 법률이 정하는 바에 의하여 (연임할 수 있다).
> ③ 대법원장과 대법관이 아닌 법관의 임기는 (10년)으로 하며, 법률이 정하는 바에 의하여 (연임할 수 있다).
> ④ 법관의 (정년)은 (법률)로 정한다.
>
> **헌법 제106조** ① 법관은 (탄핵) 또는 (금고 이상의 형의 선고)에 의하지 아니하고는 (파면)되지 아니하며, (징계처분)에 의하지 아니하고는 (정직·감봉 기타 불리한 처분)을 받지 아니한다.
> ② 법관이 중대한 심신상의 장해로 직무를 수행할 수 없을 때에는 법률이 정하는 바에 의하여 퇴직하게 할 수 있다.

214 ▶ 대법원장과 대법관이 아닌 법관은 대법관회의의 동의를 얻어 대법원장이 임명한다.
□□□ **Ⅰ법무사 21** ○ ×

▶ 대법원장은 대법관의 임명제청권을 가지며, 대법관이 아닌 법관은 대법관회의의 동의를 얻어 대법원장이 임명한다. **Ⅰ법무사 19** ○ ×

대법관은 대법원장의 제청으로 국회의 동의를 얻어 대통령이 임명하며(헌법 제104조 제2항), 대법원장과 대법관이 아닌 법관은 대법관회의의 동의를 얻어 대법원장이 임명한다(헌법 제104조 제3항). **답** ○ / ○

215 대법원장의 임기는 6년으로 하며, 중임할 수 있다. **Ⅰ법무사 20** ○ ×
□□□
대법원장의 임기는 6년으로 하며, <u>중임할 수 없다</u>(헌법 제105조 제1항). **답** ×

216 대법관의 임기는 6년이고, 법률이 정하는 바에 의하여 연임할 수 있다. ▮법무사 21, 법행 22

○ ×

헌법 제105조 제2항

답 ○

217 대법원장과 대법관이 아닌 법관의 임기는 10년으로 하며, 법률이 정하는 바에 의하여 연임할 수 있다. ▮법원직9급 21

○ ×

헌법 제105조 제3항

답 ○

218 법관의 정년은 법률로 정한다. ▮법무사 20

○ ×

헌법 제105조 제4항

답 ○

219 대법원장이 궐위되거나 부득이한 사유로 직무를 수행할 수 없을 때에는 법원행정처장이 그 권한을 대행한다. ▮법무사 19

○ ×

대법원장이 궐위되거나 부득이한 사유로 직무를 수행할 수 없을 때에는 <u>선임대법관</u>이 그 권한을 대행한다(법원조직법 제13조 제3항).

답 ×

220 법관은 탄핵 또는 금고 이상의 형의 선고에 의하지 아니하고는 파면되지 아니하고, 징계처분에 의하지 아니하고는 정직·감봉 기타 불리한 처분을 받지 아니한다. ▮법무사 21

○ ×

헌법 제106조 제1항

답 ○

221 법관에 대한 징계처분 취소청구소송을 대법원의 단심재판에 의하도록 한 법관징계법 조항은 재판청구권을 침해한다. ▮법무사 21

○ ×

<u>구 법관징계법 제27조는 법관에 대한 대법원장의 징계처분 취소청구소송을 대법원에 의한 단심재판에 의하도록 규정하고 있는바</u>, 이는 독립적으로 사법권을 행사하는 법관이라는 지위의 특수성과 법관에 대한 징계절차의 특수성을 감안하여 재판의 신속을 도모하기 위한 것으로 <u>그 합리성</u>을 인정할 수 있고, 대법원이 법관에 대한 징계처분 취소청구소송을 단심으로 재판하는 경우에는 사실확정도 대법원의 권한에 속하여 <u>법관에 의한 사실확정의 기회가 박탈되었다고 볼 수 없으므로</u>, 헌법 제27조 제1항의 재판청구권을 침해하지 아니한다(헌재 2012.2.23. 2009헌바34).

답 ×

1 법원의 조직

> **헌법 제101조**   ② 법원은 최고법원인 대법원과 각급법원으로 조직된다.
>
> **헌법 제102조**   ① 대법원에 (부를 둘 수 있다).
> ② 대법원에 대법관을 둔다. 다만, 법률이 정하는 바에 의하여 (대법관이 아닌 법관을 둘 수 있다).
> ③ 대법원과 각급법원의 조직은 법률로 정한다.
>
> **헌법 제110조**   ① 군사재판을 관할하기 위하여 (특별법원)으로서 (군사법원)을 둘 수 있다.
> ② 군사법원의 (상고심)은 (대법원)에서 관할한다.
> ③ 군사법원의 조직·권한 및 (재판관의 자격)은 법률로 정한다.
> ④ (비상계엄하의 군사재판)은 (군인·군무원의 범죄)나 (군사에 관한 간첩죄)의 경우와 (초병·초소·유독음
> 식물공급)·(포로에 관한 죄) 중 법률이 정한 경우에 한하여 (단심)으로 할 수 있다. 다만, (사형)을 선고
> 한 경우에는 그러하지 아니하다.

222
□□□
▸ 대법관의 수는 대법원장을 제외하고 14명으로 한다. ▎법무사 17   ○ ×

▸ 대법관의 수는 대법원장을 포함하여 14명으로 한다. ▎법무사 19   ○ ×

대법관의 수는 대법원장을 <u>포함하여</u> 14명으로 한다(법원조직법 제4조 제2항).   **답** × / ○

223
□□□
헌법재판소는 법관의 자격을 가진 9인의 재판관으로 구성하고, 대법원은 대법원장을 포함하여
14인의 대법관으로 구성한다고 헌법에 규정되어 있다. ▎법무사 19   ○ ×

대법관의 수는 헌법이 아닌 <u>법원조직법에 규정</u>되어 있다(법원조직법 제4조 참조).   **답** ×

224
□□□
대법원에 대법관이 아닌 법관을 둘 수 있다. ▎법무사 19   ○ ×

대법원에 대법관을 둔다. 다만, 법률이 정하는 바에 의하여 대법관이 아닌 법관을 둘 수 있다(헌법 제102조 제2항).
    답 ○

225
□□□
대법원장은 대법원의 일반사무를 관장하며, 대법원의 직원과 각급 법원 및 그 소속 기관의
사법행정사무에 관하여 직원을 지휘·감독한다. ▎법무사 20   ○ ×

법원조직법 제13조 제2항   **답** ○

226 법관 외의 법원공무원은 대법원장이 임명하며, 그 수는 대법원규칙으로 정한다.
□□□ ▌법행 21·23, 법원직9급 22 ○ ✕

．．

법원조직법 제53조 🔳 ○

227 대법원장은 법원의 조직, 인사, 운영, 재판절차, 등기, 가족관계등록, 그 밖의 법원 업무에
□□□ 관련된 법률의 제정 또는 개정이 필요하다고 인정하는 경우에는 국회에 서면으로 그 의견을
제출할 수 있다. ▌법행 22 ○ ✕

．．

법원조직법 제9조 제3항 🔳 ○

228 판사의 임명 및 연임 동의를 위해서는 대법관회의에서 대법관 전원의 3분의 2 이상의 출석과
□□□ 출석인원 전원의 찬성으로 의결되어야 한다. ▌법무사 17 ○ ✕

．．

판사의 임명 및 연임에 대한 동의에 대한 사항은 대법관회의의 의결을 거치며(법원조직법 제17조 제1호), 대법관회
의는 대법관 전원의 3분의 2 이상의 출석과 <u>출석인원 과반수의 찬성</u>으로 의결한다(법원조직법 제16조 제2항).
🔳 ✕

229 임기가 끝난 판사는 인사위원회의 심의를 거치고 대법관회의의 동의를 받아 대법원장의 연임
□□□ 발령으로 연임한다. ▌법행 23 ○ ✕

．．

법원조직법 제45조의2 제1항 🔳 ○

230 ▶ 대법원과 각급 법원에 사법보좌관을 둘 수 있고, 지방법원 및 그 지원에 집행관을 둔다.
□□□ ▌법원직9급 22 ○ ✕

▶ 집행관은 소속 지방법원장의 추천으로 관할 고등법원장이 임면한다. ▌법원직9급 22 ○ ✕

▶ 지방법원 및 그 지원에 집행관을 두며, 집행관은 법률에서 정하는 바에 따라 소속 지방법원장
이 임면한다. ▌법행 23 ○ ✕

．．

대법원과 각급 법원에 사법보좌관을 둘 수 있다(법원조직법 제54조 제1항). 지방법원 및 그 지원에 집행관을
두며, 집행관은 법률에서 정하는 바에 따라 <u>소속 지방법원장이 임면(任免)</u>한다(법원조직법 제55조 제1항).
🔳 ○ / ✕ / ○

231 재판연구원은 소속 법원장의 명을 받아 사건의 심리 및 재판에 관한 조사·연구, 그 밖에
□□□ 필요한 업무를 수행하며, 변호사 자격이 있는 사람 중에서 각급 법원장이 임용한다.
▌법행 23 ○ ✕

재판연구원은 소속 법원장의 명을 받아 사건의 심리 및 재판에 관한 조사·연구, 그 밖에 필요한 업무를 수행한다(법원조직법 제53조의2 제2항). 재판연구원은 변호사 자격이 있는 사람 중에서 대법원장이 임용한다(법원조직법 제53조의2 제3항). 답 ×

232 법원행정처장은 사법행정사무를 총괄하며, 사법행정사무에 관하여 관계 공무원을 지휘·감독한다. ▮법원직9급 22 ○ ×
□□□

대법원장은 사법행정사무를 총괄하며, 사법행정사무에 관하여 관계 공무원을 지휘·감독한다(법원조직법 제9조 제1항). 답 ×

233 군사법원의 상고심은 대법원에서 관할한다. ▮법무사 21 ○ ×
□□□

헌법 제110조 제2항 답 ○

234 군사법원은 헌법에 규정된 법관자격을 가지고 있지 아니한 자가 재판을 담당하는 특별법원으로서, 우리 헌법이 명문으로 인정하는 유일한 특별법원이다. ▮법행 22 ○ ×
□□□

헌법 제110조 제1항에서 "특별법원으로서 군사법원을 둘 수 있다."는 의미는 군사법원을 일반법원과 조직·권한 및 재판관의 자격을 달리하여 특별법원으로 설치할 수 있다는 뜻으로 해석되므로, 법률로 군사법원을 설치함에 있어서 군사재판의 특수성을 고려하여 그 조직·권한 및 재판관의 자격을 일반법원과 달리 정하는 것이 헌법상 허용된다(헌재 2009.7.30. 2008헌바162). 답 ○

☐2☐ **법원의 운영**

> **헌법 제107조** ③ 재판의 전심절차로서 (행정심판)을 할 수 있다. 행정심판의 절차는 (법률)로 정하되, (사법절차)가 준용되어야 한다.
>
> **헌법 제109조** 재판의 심리와 판결은 공개한다. 다만, (심리)는 (국가의 안전보장 또는 안녕질서)를 방해하거나 (선량한 풍속)을 해할 염려가 있을 때에는 법원의 결정으로 공개하지 아니할 수 있다.

235 헌법이 대법원을 최고법원으로 규정하였다고 하여 곧바로 대법원이 모든 사건을 상고심으로서 관할하여야 한다는 결론이 당연히 도출되는 것은 아니다. ▮법무사 20 ○ ×
□□□

헌법이 대법원을 최고법원으로 규정하였다고 하여 대법원이 곧바로 모든 사건을 상고심으로서 관할하여야 한다는 결론이 당연히 도출되는 것은 아니며, '헌법과 법률이 정하는 법관에 의하여 법률에 의한 재판을 받을 권리'가 사건의 경중을 가리지 않고 모든 사건에 대하여 대법원을 구성하는 법관에 의한 균등한 재판을 받을 권리를 의미한다거나 또는 상고심재판을 받을 권리를 의미하는 것이라고 할 수는 없다(헌재 1997.10.30. 97헌바37). 답 ○

236 대법원의 심판권은 대법관 전원의 3분의 2 이상으로 구성되고 대법원장이 재판장이 되는 합의체에서 행사하는 것이 원칙이다. **┃법무사 19** ○ ×

대법원의 심판권은 대법관 전원의 3분의 2 이상의 합의체에서 행사하며, 대법원장이 재판장이 된다. 다만, 대법관 3명 이상으로 구성된 부(部)에서 먼저 사건을 심리(審理)하여 의견이 일치한 경우에 한정하여 다음의 경우(명령 또는 규칙이 헌법에 위반된다고 인정하는 경우, 명령 또는 규칙이 법률에 위반된다고 인정하는 경우, 종전에 대법원에서 판시(判示)한 헌법·법률·명령 또는 규칙의 해석 적용에 관한 의견을 변경할 필요가 있다고 인정하는 경우, 부에서 재판하는 것이 적당하지 아니하다고 인정하는 경우)를 제외하고 그 부에서 재판할 수 있다(법원조직법 제7조 제1항). **답** ○

237 단심제인 대통령선거 무효소송에 있어서 대법원이 해당 선거가 무효라고 판결하기 위해서는 관여 대법관의 3분의 2 이상의 찬성이 필요하다. **┃법무사 17** ○ ×

대법원의 심판권은 대법관 전원의 3분의 2 이상의 합의체에서 행사하며, 대법원장이 재판장이 된다(법원조직법 제7조 제1항). 합의심판은 헌법 및 법률에 다른 규정이 없으면 과반수로 결정한다(법원조직법 제66조 제1항). **답** ×

238 행정법원의 심판권은 판사 3명으로 구성된 합의부에서 행사한다. 다만, 단독판사가 심판할 것으로 행정법원 합의부가 결정한 사건의 심판권은 단독판사가 행사한다. **┃법무사 17** ○ ×

고등법원·특허법원 및 행정법원의 심판권은 판사 3명으로 구성된 합의부에서 행사한다. 다만, 행정법원의 경우 단독판사가 심판할 것으로 행정법원 합의부가 결정한 사건의 심판권은 단독판사가 행사한다(법원조직법 제7조 제3항). **답** ○

239 재판의 심리와 합의는 공개한다. 다만, 국가의 안전보장 또는 안녕질서를 방해하거나 선량한 풍속을 해할 염려가 있을 때에는 법원의 결정으로 공개하지 아니할 수 있다. **┃법행 22** ○ ×

재판의 심리와 판결은 공개한다. 다만, 심리는 국가의 안전보장 또는 안녕질서를 방해하거나 선량한 풍속을 해할 염려가 있을 때에는 법원의 결정으로 공개하지 아니할 수 있다(헌법 제109조). **답** ×

240 재판의 심리는 국가의 안전보장, 안녕질서 또는 선량한 풍속을 해칠 우려가 있는 경우에는 결정으로 공개하지 아니할 수 있는데, 이 경우 법정 안에 있는 사람은 예외 없이 모두 퇴정하여야 한다. **┃법행 21** ○ ×

재판의 심리와 판결은 공개한다. 다만, 심리는 국가의 안전보장, 안녕질서 또는 선량한 풍속을 해칠 우려가 있는 경우에는 결정으로 공개하지 아니할 수 있다(법원조직법 제57조 제1항). 제1항 단서의 결정을 한 경우에도 재판장은 적당하다고 인정되는 사람에 대해서는 법정 안에 있는 것을 허가할 수 있다(법원조직법 제57조 제3항). **답** ×

241
□□□
▸ 법원은 등기, 가족관계등록, 공탁, 집행관에 관한 사무를 관장하거나 감독한다. ▎법행 21

○ ×

▸ 변호사 및 법무사에 관한 사무는 법원이 관장하거나 감독한다. ▎법행 21　　○ ×

법원은 등기, 가족관계등록, 공탁, 집행관, <u>법무사</u>에 관한 사무를 관장하거나 감독한다(법원조직법 제2조 제3항).

🗒답 ○ / ×

242
□□□
법원장은 필요에 따라 법원 외의 장소에서 개정하게 할 수 있다. ▎법행 23　　○ ×

법원조직법 제56조 제2항

🗒답 ○

243
□□□
행정심판은 재판의 전심절차로서 그 절차는 법률로 정한다. ▎법행 22　　○ ×

재판의 전심절차로서 행정심판을 할 수 있다. 행정심판의 절차는 법률로 정하되, 사법절차가 준용되어야 한다(헌법 제107조 제3항).

🗒답 ○

244
□□□
행정심판절차와 사법절차는 구별되므로, 입법자가 행정심판을 필요적 전심절차로 규정하면서 그 절차에 사법절차를 준용하지 않더라도, 헌법에 위배된다고 볼 수 없다. ▎법행 22　○ ×

헌법 제107조 제3항은 "재판의 전심절차로서 행정심판을 할 수 있다. 행정심판의 절차는 법률로 정하되, 사법절차가 준용되어야 한다"고 규정하고 있으므로, 입법자가 행정심판을 전심절차가 아니라 종심절차로 규정함으로써 정식재판의 기회를 배제하거나, 어떤 행정심판을 필요적 전심절차로 규정하면서도 그 절차에 사법절차가 준용되지 않는다면 이는 헌법 제107조 제3항, 나아가 재판청구권을 보장하고 있는 헌법 제27조에도 위반된다(헌재 2000.6.1. 98헌바8).

🗒답 ×

245
□□□
행정심판에 사법절차가 준용되어야 한다는 의미는 심급제에 따른 불복할 권리까지 보장되어야 한다는 요구를 포함한다. ▎법행 22　　○ ×

헌법 제107조 제3항은 "재판의 전심절차로서 행정심판을 할 수 있다. 행정심판의 절차는 법률로 정하되, 사법절차가 준용되어야 한다."라고 규정하고 있으나, 이는 행정심판제도의 목적이 행정의 자율적 통제기능과 사법 보완적 기능을 통한 국민의 권리구제에 있으므로 행정심판의 심리절차에서도 관계인의 충분한 의견진술 및 자료제출과 당사자의 자유로운 변론 보장 등과 같은 대심구조적 사법절차가 준용되어야 한다는 취지일 뿐, <u>사법절차의 심급제에 따른 불복할 권리까지 준용되어야 한다는 취지는 아니다</u>(헌재 2014.6.26. 2013헌바122).

🗒답 ×

246
□□□
행정심판 청구를 인용하는 재결은 피청구인과 그 밖의 관계 행정청을 기속(羈束)한다고 규정한 행정심판법 제49조 제1항을 지방자치단체의 장에게까지 적용하는 것은 중앙행정기관이 지방행정기관을 과도하게 통제하는 상황을 야기하여 지방자치제도의 본질적 부분을 침해한다.
▎법행 22

○ ×

행정심판제도가 행정통제기능을 수행하기 위해서는 중앙정부와 지방정부를 포함하여 행정청 내부에 어느 정도 그 판단기준의 통일성이 갖추어져야 하고, 행정청이 가진 전문성을 활용하고 신속하게 문제를 해결하여 분쟁해결의 효과성과 효율성을 높이기 위해 사안에 따라 국가단위로 행정심판이 이루어지는 것이 더욱 바람직할 수 있다. 이 사건 법률조항은 다층적·다면적으로 설계된 현행 행정심판제도 속에서 각 행정심판기관의 인용재결의 기속력을 인정한 것으로서, 이로 인하여 중앙행정기관이 지방행정기관을 통제하는 상황이 발생한다고 하여 그 자체로 지방자치제도의 본질적 부분을 훼손하는 정도에 이른다고 보기 어렵다. 그러므로 이 사건 법률조항은 지방자치제도의 본질적 부분을 침해하지 아니한다(헌재 2014.6.26. 2013헌바122).　답 ✕

247 행정심판제도는 재판의 전심절차로서 인정되는 것이지만, 공정성과 객관성 등 사법절차의 □□□ 본질적인 요소가 배제되는 경우에는 국민들에게 무의미한 권리구제절차를 밟을 것을 강요하는 것이 되어 국민의 권리구제에 있어서 오히려 장애요인으로 작용할 수 있다. ▎법행 22　○ ✕

행정심판제도는 재판의 전심절차로서 인정되는 것이지만, 공정성과 객관성 등 사법절차의 본질적인 요소가 배제되는 경우에는 국민들에게 무의미한 권리구제절차를 밟을 것을 강요하는 것이 되어 국민의 권리구제에 있어서 오히려 장애요인으로 작용할 수 있으므로, 헌법 제107조 제3항은 사법절차에 준하는 객관성과 공정성을 갖춘 행정심판절차의 보장을 통하여 행정심판제도의 실효성을 어느 정도 확보하고자 하는 것이다(헌재 2002.10.31. 2001헌바40).　답 ○

248 교통관련 행정처분에 대하여 행정심판 전치주의를 규정한 도로교통법 제142조는 국민의 재판 □□□ 청구권에 대한 과도한 제한으로서 헌법에 위반된다. ▎법행 22　○ ✕

도로교통법에 의한 처분으로서 당해 처분에 대한 행정소송은 행정심판의 재결을 거치지 아니하면 이를 제기할 수 없다고 규정한 도로교통법 제101조의3에 의하여 달성하고자 하는 공익과 한편으로는 전심절차를 밟음으로써 야기되는 국민의 일반적인 수고나 시간의 소모 등을 비교하여 볼 때, 이 사건 법률조항에 의한 재판청구권의 제한은 정당한 공익의 실현을 위하여 필요한 정도의 제한에 해당하는 것으로 헌법 제37조 제2항의 비례의 원칙에 위반되어 국민의 재판청구권을 과도하게 침해하는 위헌적인 규정이라 할 수 없다(헌재 2002.10.31. 2001헌바40).　답 ✕

제3절　법원의 권한

1 위헌법률심판제청권, 명령·규칙심사권

> **헌법 제107조**　① (법률)이 헌법에 위반되는 여부가 (재판의 전제가) 된 경우에는 법원은 (헌법재판소에 제청)하여 그 심판에 의하여 재판한다.
> ② (명령·규칙 또는 처분)이 헌법이나 법률에 위반되는 여부가 (재판의 전제)가 된 경우에는 (대법원)은 이를 (최종적으로 심사)할 권한을 가진다.

249
☐☐☐
▸ 명령·규칙 또는 처분이 헌법이나 법률에 위반되는 여부가 재판의 전제가 된 경우에는 대법원은 이를 최종적으로 심사할 권한을 가진다. ▮법무사 20, 법원직9급 20　　○ ×

▸ 명령·규칙 또는 처분이 헌법이나 법률에 위반되는 여부가 재판의 전제가 된 경우 이를 심사할 권한은 대법원에 있으므로, 각급법원이 이를 심사할 수는 없다. ▮법행 22　　○ ×

··

명령·규칙 또는 처분이 헌법이나 법률에 위반되는 여부가 재판의 전제가 된 경우에는 대법원은 이를 최종적으로 심사할 권한을 가진다(헌법 제107조 제2항). 이는 대법원을 비롯한 각급 법원(군사법원 포함)도 명령·규칙을 심사할 수 있지만 최종적 심사권한은 대법원이 가진다는 의미이다. 　　답 ○ / ×

250
☐☐☐
대통령령이 헌법에 위반되는지 여부가 재판의 전제가 된 경우에는 법원은 헌법재판소에 제청하여 그 심판에 의하여 재판한다. ▮법무사 17　　○ ×

··

법률이 헌법에 위반되는 여부가 재판의 전제가 된 경우에는 법원은 헌법재판소에 제청하여 그 심판에 의하여 재판한다(헌법 제107조 제1항). 명령·규칙 또는 처분이 헌법이나 법률에 위반되는 여부가 재판의 전제가 된 경우에는 대법원은 이를 최종적으로 심사할 권한을 가진다(헌법 제107조 제2항). 　　답 ×

251
☐☐☐
명령·규칙심사의 대상이 되는 명령은 국민에 대하여 일반적 구속력을 가지는 법규명령을 의미한다. ▮법원직9급 20　　○ ×

··

명령 또는 규칙이 법률에 위반한 경우에는 대법관 전원의 2/3이상의 합의체에서 심판하도록 규정한 법원조직법 제7조 제1항 제2호에서 말하는 명령 또는 규칙이라 함은 국가와 국민에 대하여 일반적 구속력을 가지는 이른바 법규로서의 성질을 가지는 명령 또는 규칙을 의미한다(대판 1990.2.27. 88재누55). 　　답 ○

252
☐☐☐
대법관 3명 이상으로 구성된 부(部)는 사건을 심리하여 명령 또는 규칙이 헌법에 위반된다고 인정하는 경우에는 직접 재판할 수 없으나, 명령 또는 규칙이 단지 법률에 위반된다고 인정하는 경우에는 직접 재판할 수 있다. ▮법행 21　　○ ×

··

명령 또는 규칙이 법률에 위반된다고 인정하는 경우에도 직접 재판할 수 없다(법원조직법 제7조 제1항 제2호 참조). 　　답 ×

> **법원조직법 제7조 (심판권의 행사)**　① 대법원의 심판권은 대법관 전원의 3분의 2 이상의 합의체에서 행사하며, 대법원장이 재판장이 된다. 다만, 대법관 3명 이상으로 구성된 부(部)에서 먼저 사건을 심리(審理)하여 의견이 일치한 경우에 한정하여 **다음 각 호의 경우를 제외하고** 그 부에서 재판할 수 있다.
> 1. **명령 또는 규칙이 헌법에 위반된다고 인정하는 경우**
> 2. **명령 또는 규칙이 법률에 위반된다고 인정하는 경우**
> 3. 종전에 대법원에서 판시(判示)한 헌법·법률·명령 또는 규칙의 해석 적용에 관한 의견을 변경할 필요가 있다고 인정하는 경우
> 4. 부에서 재판하는 것이 적당하지 아니하다고 인정하는 경우

대법원의 규칙제정권

> 헌법 제108조   대법원은 (법률에 저촉되지 아니하는 범위 안)에서 소송에 관한 절차, 법원의 내부규율과 사무처리에 관한 규칙을 제정할 수 있다.

제4장 ┃ 헌법재판소

제1절 헌법재판소 일반론

제1관 헌법재판소의 구성과 조직

> 헌법 제111조   ② 헌법재판소는 (법관의 자격)을 가진 (9인)의 재판관으로 구성하며, 재판관은 (대통령이 임명)한다.
> ③ 제2항의 재판관 중 (3인)은 (국회에서 선출하는 자)를, (3인)은 (대법원장이 지명하는 자)를 임명한다.
> ④ (헌법재판소의 장)은 (국회의 동의)를 얻어 재판관 중에서 (대통령이 임명)한다.
>
> 헌법 제112조   ① 헌법재판소 재판관의 임기는 (6년)으로 하며, 법률이 정하는 바에 의하여 (연임할 수 있다).
> ② 헌법재판소 재판관은 정당에 가입하거나 정치에 관여할 수 없다.
> ③ 헌법재판소 재판관은 (탄핵) 또는 (금고 이상의 형의 선고)에 의하지 아니하고는 (파면)되지 아니한다.

253 헌법재판소는 법관의 자격을 가진 9인의 재판관으로 구성하고, 재판관은 대통령이 임명한다.
☐☐☐ ┃법무사 20 · 21   ○ ✕

헌법 제111조 제2항   답 ○

254 헌법재판소의 장은 국회의 동의를 얻어 재판관 중에서 대통령이 임명한다. ┃법원직9급 20
☐☐☐   ○ ✕

헌법 제111조 제4항   답 ○

255 ▸ 헌법재판소 재판관의 임기는 6년으로 하며, 법률이 정하는 바에 의하여 연임할 수 있다.
☐☐☐ ┃법무사 20 ○ ✕

▸ 헌법재판소 재판관의 임기는 6년으로 하고, 연임할 수 없다. ┃법원직9급 21 ○ ✕

헌법재판소 재판관의 임기는 6년으로 하며, 법률이 정하는 바에 의하여 <u>연임할 수 있다</u>(헌법 제112조 제1항).

답 ○ / ✕

256 헌법재판소 재판관의 정년은 70세로 한다. ┃법원직9급 21 ○ ✕
☐☐☐

헌법재판소법 제7조 제2항 **답** ○

257 헌법재판소 재판관은 정당에 가입하거나 정치에 관여할 수 없다. ┃법무사 20, 법원직9급 21
☐☐☐

○ ✕

헌법 제112조 제2항 **답** ○

258 헌법재판소 재판관은 탄핵 또는 금고 이상의 형의 선고에 의하지 아니하고는 파면되지 아니한다.
☐☐☐ ┃법무사 20 ○ ✕

헌법 제112조 제3항 **답** ○

259 헌법재판소 재판관은 탄핵결정이 되거나 금고 이상의 형을 선고받은 경우가 아니면 그 의사에
☐☐☐ 반하여 해임되지 아니한다. ┃법원직9급 21 ○ ✕

헌법재판소법 제8조 **답** ○

> **헌법재판소법 제8조(재판관의 신분 보장)** 　재판관은 다음 각 호의 어느 하나에 해당하는 경우가
> 아니면 그 의사에 반하여 해임되지 아니한다.
> 　1. 탄핵결정이 된 경우
> 　2. 금고 이상의 형을 선고받은 경우

> **헌법 제113조**　① 헌법재판소에서 (법률의 위헌결정), (탄핵의 결정), (정당해산의 결정) 또는 (헌법소원에 관한 인용결정)을 할 때에는 재판관 (6인 이상의 찬성)이 있어야 한다.
> ② 헌법재판소는 (법률에 저촉되지 아니하는 범위 안)에서 심판에 관한 절차, 내부규율과 사무처리에 관한 규칙을 제정할 수 있다.
> ③ 헌법재판소의 조직과 운영 기타 필요한 사항은 법률로 정한다.

1　재판부의 구성

260
☐☐☐
탄핵심판절차에서 재판관 3인으로 구성되는 지정재판부를 두어 사전심사를 담당하게 하는 것은 허용되지 않는다. **┃법무사 18**　　　　　○ ×

헌법재판소장은 헌법재판소에 재판관 3명으로 구성되는 지정재판부를 두어 헌법소원심판의 사전심사를 담당하게 할 수 있다(헌법재판소법 제72조 제1항). 즉, 지정재판부에 의한 사전심사는 헌법소원심판의 경우에만 인정된다.

답 ○

2　심판의 청구와 심판청구의 당사자

261
☐☐☐
▸ 사인(私人)은 변호사를 대리인으로 선임하지 아니하면 헌법소원심판청구를 하거나 심판수행을 하지 못하지만, 그가 변호사의 자격이 있는 경우에는 그러하지 아니하다.
┃법원직9급 21　　　　　○ ×

▸ 헌법소원심판절차에서 당사자인 사인(私人)은 자신이 변호사 자격이 있는 경우가 아닌 한, 변호사를 대리인으로 선임하여야 한다. **┃법무사 18**　　　　　○ ×

각종 심판절차에서 당사자인 사인(私人)은 변호사를 대리인으로 선임하지 아니하면 심판청구를 하거나 심판 수행을 하지 못한다. 다만, 그가 변호사의 자격이 있는 경우에는 그러하지 아니하다(헌법재판소법 제25조 제3항).

답 ○ / ○

262
☐☐☐
변호사가 선임되어 있는 경우에는 당사자 본인이 스스로의 주장과 자료를 헌법재판소에 제출하여 재판청구권을 행사하는 것은 허용되지 아니한다. **┃법원직9급 21**　　　　　○ ×

헌법소원심판의 경우에는 당사자가 변호사를 대리인으로 선임할 자력이 없는 때 또는 공익상 필요한 때에는 국가의 비용으로 변호사를 대리인으로 선임하여 주는 국선대리인제도가 마련되어 있고(헌법재판소법 제70조), 변호사가 선임되어 있는 경우에도 당사자 본인이 스스로의 주장과 자료를 헌법재판소에 제출하여 재판청구권을 행사하는 것이 봉쇄되어 있지 않는 점 등을 고려할 때, 이 사건 법률조항은 과잉금지원칙에 위배되지 아니한다(헌재 2010.3.25. 2008헌마439).

답 ×

263 헌법소원심판을 청구하려는 자가 변호사를 대리인으로 선임할 자력이 없는 경우에는 헌법재판
□□□ 소에 국선대리인을 선임해 줄 것을 신청할 수 있고, 헌법재판소가 공익상 필요가 있다고 인정할
때에는 자력이 충분한 청구인에게도 국선대리인을 선임해 줄 수 있다. **┃법원직9급 21** ○ ✕

헌법재판소법 제70조 제1항, 제2항 **답** ○

> **헌법재판소법 제70조(국선대리인)** ① 헌법소원심판을 청구하려는 자가 변호사를 대리인으로 선
> 임할 자력(資力)이 없는 경우에는 헌법재판소에 국선대리인을 선임하여 줄 것을 신청할 수 있다.
> 이 경우 제69조에 따른 청구기간은 국선대리인의 선임신청이 있는 날을 기준으로 정한다.
> ② 제1항에도 불구하고 헌법재판소가 공익상 필요하다고 인정할 때에는 국선대리인을 선임할 수
> 있다.

264 헌법소원심판을 청구하려는 자가 자력이 없는 경우라 하더라도 그 심판청구가 명백히 부적법
□□□ 하거나 이유 없는 경우에는 국선대리인을 선정하지 아니할 수 있다. **┃법원직9급 21** ○ ✕

헌법재판소는 제1항의 신청이 있는 경우 또는 제2항의 경우에는 헌법재판소규칙으로 정하는 바에 따라 변호사
중에서 국선대리인을 선정한다. 다만, 그 심판청구가 명백히 부적법하거나 이유 없는 경우 또는 권리의 남용이라고
인정되는 경우에는 국선대리인을 선정하지 아니할 수 있다(헌법재판소법 제70조 제3항). **답** ○

③ 심리 및 심판

265 ▸ 헌법재판소에서 법률의 위헌결정, 탄핵의 결정, 정당해산의 결정 또는 헌법소원에 관한 인용
□□□ 결정을 할 때에는 재판관 5인 이상의 찬성이 있어야 한다. **┃법무사 20** ○ ✕

▸ 정당해산심판에서는 재판관 6명 이상의 찬성으로 인용결정을 할 수 있다. **┃법무사 18**

○ ✕

▸ 헌법재판소가 정당해산의 결정을 할 때에는 종국심리에 관여한 재판관 과반수의 찬성으로
결정한다. **┃법원직9급 20** ○ ✕

▸ 헌법재판소에서 탄핵의 결정을 할 때에는 법률의 위헌결정과 마찬가지로 재판관 6인 이상의
찬성이 있어야 한다. **┃법원직9급 20** ○ ✕

헌법재판소에서 법률의 위헌결정, 탄핵의 결정, 정당해산의 결정 또는 헌법소원에 관한 인용결정을 할 때에는
재판관 6인 이상의 찬성이 있어야 한다(헌법 제113조 제1항). **답** ✕ / ○ / ✕ / ○

266 ▸ 권한쟁의심판에서는 관여 재판관 과반수의 찬성으로 결정할 수 있다. ▎법무사 18　○ ✕

☐☐☐
　　 ▸ 정당해산 결정과 달리 권한쟁의심판은 재판관 6인이 찬성하지 않은 경우에도 인용할 수
　　 있다. ▎법원직9급 22　○ ✕

....

재판부는 종국심리(終局審理)에 관여한 재판관 과반수의 찬성으로 사건에 관한 결정을 한다. 다만, 법률의 위헌결정, 탄핵의 결정, 정당해산의 결정 또는 헌법소원에 관한 인용결정(認容決定)을 하는 경우, 종전에 헌법재판소가 판시한 헌법 또는 법률의 해석 적용에 관한 의견을 변경하는 경우에는 재판관 6명 이상의 찬성이 있어야 한다(헌법재판소법 제23조 제2항). 　답 ○ / ○

4 　헌법재판과 가처분

267 　헌법재판소법에서 명문으로 가처분제도를 두고 있는 것은 정당해산심판과 권한쟁의심판이다.

☐☐☐　▎법행 21　○ ✕

....

헌법재판소법 제57조, 제65조 　답 ○

> **헌법재판소법 제57조(가처분)** 　헌법재판소는 정당해산심판의 청구를 받은 때에는 직권 또는 청구인의 신청에 의하여 종국결정의 선고 시까지 피청구인의 활동을 정지하는 결정을 할 수 있다.
>
> **헌법재판소법 제65조(가처분)** 　헌법재판소가 권한쟁의심판의 청구를 받았을 때에는 직권 또는 청구인의 신청에 의하여 종국결정의 선고 시까지 심판 대상이 된 피청구인의 처분의 효력을 정지하는 결정을 할 수 있다

268 　(헌법재판의) 가처분심판에는 재판관 7인 이상이 출석하여 종국심리에 관여한 재판관 과반수

☐☐☐　의 찬성으로 인용결정을 한다. ▎법행 21　○ ✕

....

헌법재판소법 제23조 제1항, 제2항 　답 ○

> **헌법재판소법 제23조(심판정족수)** 　① 재판부는 재판관 7명 이상의 출석으로 사건을 심리한다.
> ② 재판부는 종국심리(終局審理)에 관여한 재판관 과반수의 찬성으로 사건에 관한 결정을 한다. 다만, 다음 각 호의 어느 하나에 해당하는 경우에는 재판관 6명 이상의 찬성이 있어야 한다.
> 　1. 법률의 위헌결정, 탄핵의 결정, 정당해산의 결정 또는 헌법소원에 관한 인용결정(認容決定)을 하는 경우
> 　2. 종전에 헌법재판소가 판시한 헌법 또는 법률의 해석 적용에 관한 의견을 변경하는 경우

269 법령의 효력을 정지시키는 가처분은 일반적인 보전의 필요성이 인정될 경우 인용되고, 공공복리에 중대한 영향을 미칠 우려가 있는지 여부는 본안심판에서만 고려하여야 한다. ┃법행 21

○ ×

헌법재판소법 제40조 제1항에 따라 준용되는 행정소송법 제23조 제2항의 집행정지규정과 민사소송법 제714조의 가처분규정에 의하면, 법령의 위헌확인을 청구하는 헌법소원심판에서의 가처분은 위헌이라고 다투어지는 법령의 효력을 그대로 유지시킬 경우 회복하기 어려운 손해가 발생할 우려가 있어 가처분에 의하여 임시로 그 법령의 효력을 정지시키지 아니하면 안될 필요가 있을 때 허용되고, 다만 현재 시행되고 있는 법령의 효력을 정지시키는 것일 때에는 그 효력의 정지로 인하여 파급적으로 발생되는 효과가 클 수 있으므로 비록 일반적인 보전의 필요성이 인정된다고 하더라도 공공복리에 중대한 영향을 미칠 우려가 있을 때에는 인용되어서는 안될 것이다(헌재 2002.4.25. 2002헌사129). ┃답┃ ×

270 탄핵소추의결을 받은 자의 직무집행을 정지하기 위한 가처분은 인정될 여지가 없다.
┃법행 21

○ ×

탄핵소추의 의결을 받은 자는 탄핵심판이 있을 때까지 그 권한행사가 정지되므로(헌법 제65조 제3항), 별도로 탄핵소추의 의결을 받은 자의 직무집행을 정지하기 위한 가처분은 인정될 여지가 없다. ┃답┃ ○

271 입국불허가결정을 받은 외국인이 인천공항출입국관리사무소장을 상대로 난민인정심사불회부결정취소의 소를 제기한 후 그 소송수행을 위하여 변호인 접견신청을 하였으나 거부되자, 변호인접견 거부의 효력정지를 구하는 가처분 신청을 한 사건에서, 헌법재판소는 변호인 접견을 허가하여야 한다는 가처분 인용결정을 하였다. ┃법행 21

○ ×

입국불허결정을 받은 외국인이 인천공항출입국관리사무소장(이하 '피신청인'이라 한다)을 상대로 인신보호청구의 소 및 난민인정심사불회부결정취소의 소를 제기한 후 그 소송수행을 위하여 변호인접견신청을 하였으나 피신청인이 이를 거부한 사안에서, 신청인이 피신청인을 상대로 제기한 인신보호법상 수용임시해제청구의 소는 인용되었고, 인신보호청구의 소 역시 항고심에서 인용된 후 재항고심에 계속 중이며, 난민인정심사불회부결정취소의 소 역시 청구를 인용하는 제1심 판결이 선고되었으나, 두 사건 모두 상급심에서 청구가 기각될 가능성을 배제할 수 없다. 신청인이 위 소송 제기 후 5개월 이상 변호인을 접견하지 못하여 공정한 재판을 받을 권리가 심각한 제한을 받고 있는데, 이러한 상황에서 피신청인의 재항고가 인용될 경우 신청인은 변호인 접견을 하지 못한 채 불복의 기회마저 상실하게 되므로 회복하기 어려운 중대한 손해를 입을 수 있다. 위 인신보호청구의 소는 재항고에 대한 결정이 머지않아 날 것으로 보이므로 손해를 방지할 긴급한 필요 역시 인정되고, 이 사건 신청을 기각한 뒤 본안 청구가 인용 될 경우 발생하게 될 불이익이 크므로 이 사건 신청을 인용함이 상당하다(헌재 2014.6.5. 2014헌사592). ┃답┃ ○

272 이미 헌법재판소가 합헌결정을 한 법률조항에 대해 다시 헌법소원심판을 청구하는 것은 헌법
☐☐☐ 재판소 결정의 기속력에 반하므로 각하한다. **Ⅰ법무사 18**　　　　　　　　　　○ ✕

법률의 합헌결정에 대하여는 기속력이 인정되지 아니한다. 헌법재판소법은 <u>법률의 위헌결정, 권한쟁의심판의</u>
<u>결정 및 헌법소원의 인용결정에 대한 기속력만을 명시</u>하고 있다(헌법재판소법 제47조 제1항, 제67조 제1항, 제75조
제1항·제6항 참조).　　　　　　　　　　　　　　　　　　　　　　　　　　　　답 ✕

> **헌법재판소법 제47조(위헌결정의 효력)** ① 법률의 위헌결정은 법원과 그 밖의 국가기관 및 지방
> 자치단체를 기속(羈束)한다.
>
> **헌법재판소법 제67조(결정의 효력)** ① 헌법재판소의 권한쟁의심판의 결정은 모든 국가기관과
> 지방자치단체를 기속한다.
>
> **헌법재판소법 제75조(인용결정)** ① 헌법소원의 인용결정은 모든 국가기관과 지방자치단체를 기
> 속한다.
> ⑥ 제5항의 경우 및 제68조 제2항에 따른 헌법소원을 인용하는 경우에는 제45조 및 제47조를 준용
> 한다.

273 법률에 대한 헌법재판소의 위헌결정에는 단순위헌결정은 물론, 헌법불합치결정도 포함되고,
☐☐☐ 이들은 모두 당연히 기속력을 갖지만, 헌법불합치결정을 하면서 위헌 법률을 일정 기간 동안
계속 적용을 명하는 경우, 법원은 이러한 예외적인 경우에 위헌법률을 계속 적용하여 재판할
수 있다. **Ⅰ법행 23**　　　　　　　　　　　　　　　　　　　　　　　　　　　○ ✕

법률에 대한 헌법재판소의 위헌결정에는 단순위헌결정은 물론, 헌법불합치결정도 포함되고, 이들은 모두 당연히
기속력을 가진다. 다만 헌법재판소는 위헌결정을 통하여 위헌법률을 법질서에서 제거하는 것이 오히려 법적 공백
이나 혼란을 초래할 우려가 있는 경우, 헌법불합치결정을 하면서 위헌 법률을 일정 기간 동안 계속 적용을 명하는
경우가 있는데, 모든 국가기관은 이에 기속되고, 법원은 이러한 예외적인 경우에 위헌법률을 계속 적용하여 재판할
수 있다(헌재 2013.9.26. 2012헌마806).　　　　　　　　　　　　　　　　　　답 ○

제2절 위헌법률심판

제1관 위헌법률심판의 요건

> **헌법 제107조** ① 법률이 헌법에 위반되는 여부가 (재판의 전제)가 된 경우에는 (법원)은 (헌법재판소에
> 제청)하여 그 심판에 의하여 재판한다.
>
> **헌법 제111조** ① 헌법재판소는 다음 사항을 관장한다.
> 1. (법원의 제청)에 의한 (법률의 위헌 여부) 심판

1 위헌법률심판의 대상

274 ▸ 법률의 위헌 여부가 재판의 전제가 된 경우 법원은 헌법재판소에 제청하여 그 심판에 의하여
□□□ 재판을 하는데, 여기서 말하는 재판에는 본안에 관한 재판 외에 소송절차에 관한 재판도
포함된다. **|법무사 21** ○ ×

▸ 헌법재판소법 제41조 제1항의 재판이라 함은 판결·결정·명령 등 그 형식 여하와 본안에
관한 재판이거나 소송절차에 관한 재판이거나를 불문하며 심급을 종국적으로 종결시키는
종국재판뿐만 아니라 중간재판도 이에 포함된다. **|법무사 20** ○ ×

▸ 위헌법률심판절차에서 말하는 당해 법원의 '재판'이란 본안에 관한 재판이거나 소송절차에
관한 재판이거나를 불문하고, 종국재판 뿐만 아니라 중간재판도 이에 포함되나, 법원이 행하
는 구속기간갱신결정은 이러한 '재판'에 해당하지 않는다. **|법행 21** ○ ×

··

헌법재판소법 제41조 제1항은 "법률이 헌법에 위반되는 여부가 재판의 전제가 된 때에는 당해 사건을 담당하는
법원은 직권 또는 당사자의 신청에 의한 결정으로 헌법재판소에 위헌 여부의 심판을 제청한다"라고 규정하고
있으므로, 법률에 대한 위헌제청이 적법하기 위해서는 법원에 계속 중인 구체적인 사건에 적용할 법률이 헌법에
위반되는 여부가 재판의 전제로 되어야 한다. 여기서 '재판'이라 함은 판결·결정·명령 등 그 형식 여하와 본안에
관한 재판이거나 소송절차에 관한 재판이거나를 불문하며, 심급을 종국적으로 종결시키는 종국재판뿐만 아니라
중간재판도 이에 포함된다. ···(중략)··· 그러므로 이 사건 법률조항에 의하여 <u>법원이 행하는 구속기간갱신결정도</u>
당해 소송사건을 종국적으로 종결시키는 재판은 아니라고 하더라도, 그 자체가 소송절차에 관한 재판에 해당하는
<u>법원의 의사결정으로서 헌법 제107조 제1항과 헌법재판소법 제41조 제1항에 규정된 재판에 해당된다고 할 것이다</u>
(헌재 2001.6.28. 99헌가14). **답** ○ / ○ / ×

275 ▸ 위헌법률심판의 대상이 되는 '법률'에는 국회의 의결을 거친 형식적 의미의 법률뿐만 아니라
□□□ 조약 등 형식적 의미의 법률과 동일한 효력을 가지는 법규범들도 포함된다. **|법무사 21**
○ ×

▸ 조약도 헌법재판소의 위헌법률심판의 대상이 된다. **|법행 21** ○ ×

··

법원의 제청에 의한 위헌법률심판 또는 헌법재판소법 제68조 제2항에 의한 헌법소원심판의 대상이 되는 '법률'에
는 국회의 의결을 거친 이른바 형식적 의미의 법률은 물론이고 그 밖에 조약 등 '형식적 의미의 법률과 동일한
효력'을 갖는 규범들도 모두 포함된다(헌재 2013.3.21. 2010헌바70). **답** ○ / ○

276 위헌법률심판제도는 국회의 입법권을 통제하기 위한 것이므로, 국회가 제정한 형식적 의미의
□□□ 법률뿐만 아니라 법원 판결에 의하여 법률과 같이 재판규범으로 작용되어 온 관습법도 위헌법
률심판의 대상이 된다. **|법행 21** ○ ×

법원(法院)은 여러 차례 심판대상인 분묘기지권의 시효취득 및 분묘기지권의 존속기간에 관한 관습이 우리 사회에서 관습법으로 성립하여 존재하고 있음을 확인하고 재판규범으로 적용하여 왔는바, 이 사건 관습법은 형식적 의미의 법률은 아니지만 실질적으로는 법률과 같은 효력을 갖는다. 한편 헌법 제111조 제1항 제1호, 제5호 및 헌법재판소법 제41조 제1항, 제68조 제2항에 의하면 위헌심판의 대상을 '법률'이라고 규정하고 있는데, 여기서 '법률'이라고 함은 국회의 의결을 거친 이른바 형식적 의미의 법률뿐만 아니라 법률과 동일한 효력을 갖는 조약 등도 포함된다. 이처럼 법률과 동일한 효력을 갖는 조약 등을 위헌심판의 대상으로 삼음으로써 헌법을 최고규범으로 하는 법질서의 통일성과 법적 안정성을 확보할 수 있을 뿐만 아니라, 합헌적인 법률에 의한 재판을 가능하게 하여 궁극적으로는 국민의 기본권 보장에 기여할 수 있게 된다. 그렇다면 법률과 같은 효력을 가지는 이 사건 관습법도 당연히 헌법소원심판의 대상이 되고, 단지 형식적인 의미의 법률이 아니라는 이유로 그 예외가 될 수는 없다(헌재 2013.2.28. 2009헌바129). 답 ○

277 입헌적 법치주의국가의 기본원칙은 어떠한 국가행위나 국가작용도 헌법과 법률에 근거하여
□□□ 그 테두리 안에서 합헌적·합법적으로 행하여질 것을 요구하고, 이러한 합헌성과 합법성의 판단은 본질적으로 사법의 권능에 속하는 것이므로, 유신헌법 제53조 제4항에 근거하여 이루어진 긴급조치는 위헌법률심판의 대상이 된다. ▌법원직9급 20 ○ ×

헌법 제107조 제1항, 제111조 제1항 제1호의 규정에 의하면, 헌법재판소에 의한 위헌심사의 대상이 되는 '법률'이란 '국회의 의결을 거친 이른바 형식적 의미의 법률'을 의미하고, 위헌심사의 대상이 되는 규범이 형식적 의미의 법률이 아닌 때에는 그와 동일한 효력을 갖는 데에 국회의 승인이나 동의를 요하는 등 국회의 입법권 행사라고 평가할 수 있는 실질을 갖춘 것이어야 한다. 구 대한민국헌법(1980.10.27. 헌법 제9호로 전부 개정되기 전의 것, 이하 '유신헌법'이라 한다) 제53조 제3항은 대통령이 긴급조치를 한 때에는 지체 없이 국회에 통고하여야 한다고 규정하고 있을 뿐, 사전적으로는 물론이거니와 사후적으로도 긴급조치가 그 효력을 발생 또는 유지하는 데 국회의 동의 내지 승인 등을 얻도록 하는 규정을 두고 있지 아니하고, 실제로 국회에서 긴급조치를 승인하는 등의 조치가 취하여진 바도 없다. 따라서 유신헌법에 근거한 긴급조치는 국회의 입법권 행사라는 실질을 전혀 가지지 못한 것으로서, 헌법재판소의 위헌심판대상이 되는 '법률'에 해당한다고 할 수 없고, 긴급조치의 위헌 여부에 대한 심사권은 최종적으로 대법원에 속한다(대판[전합] 2010.12.16. 2010도5986). 답 ×

---

2 **재판의 전제성**

278 ▶ 재판의 전제성이라 함은 구체적인 사건이 법원에 계속 중이어야 하고, 위헌 여부가 문제되는
□□□ 법률이 당해 소송사건의 재판에 적용되는 것이어야 하며, 그 법률이 헌법에 위반되는지 여부에 따라 당해 소송사건을 담당하는 법원이 다른 내용의 재판을 하게 되는 경우를 말한다.
▌법무사 17 ○ ×

▶ 재판의 전제성과 관련하여 법원이 다른 내용의 재판을 하게 되는 경우라 함은 문제된 법률의 위헌 여부가 당해 사건의 재판의 결론이나 주문에 영향을 주는 것뿐만 아니라, 재판의 주문에 영향을 미치지 않아도 재판의 내용과 효력에 관한 법률적 의미가 달라지는 경우도 포함한다.
▌법무사 17 ○ ×

헌법재판소법 제41조 제1항은 "법률이 헌법에 위반되는 여부가 재판의 전제가 된 때에는 당해 사건을 담당하는 법원(군사법원을 포함한다)은 직권 또는 당사자의 신청에 의한 결정으로 헌법재판소에 위헌 여부의 심판을 제청한다"고 규정하고 있으므로 위헌법률심판제청이 적법하기 위하여는 문제된 법률의 위헌 여부가 재판의 전제가 되어야 한다는 재판의 전제성이 있어야 하는데, 그 재판의 전제성이라 함은, 첫째 구체적인 사건이 법원에 계속 중이어야 하고, 둘째 위헌 여부가 문제되는 법률이 당해 소송사건의 재판과 관련하여 적용되는 것이어야 하며, 셋째 그 법률이 헌법에 위반되는지의 여부에 따라 당해 사건을 담당한 법원이 다른 내용의 재판을 하게 되는 경우를 말한다. 법률의 위헌 여부에 따라 법원이 "다른 내용의" 재판을 하게 되는 경우라 함은 원칙적으로 제청법원이 심리 중인 당해 사건의 재판의 결론이나 주문에 어떠한 영향을 주는 것뿐만이 아니라, 문제된 법률의 위헌 여부가 비록 재판의 주문 자체에는 아무런 영향을 주지 않는다고 하더라도 재판의 결론을 이끌어내는 이유를 달리 하는데 관련되어 있거나 또는 재판의 내용과 효력에 관한 법률적 의미가 전혀 달라지는 경우에는 재판의 전제성이 있는 것으로 보아야 한다(헌재 1992.12.24. 92헌가8). **답** ○ / ○

279 당해 사건에는 구법조항이 적용되었는데 법원이 동일한 내용의 신법조항을 제청한 경우에 □□□ 신법조항의 위헌 여부는 당해 사건에 적용되지 않으므로 재판의 전제성이 없다. ▮ 법무사 17

○ ×

제청신청인이 당해 사건에서 반환을 구하는 부당이득금의 원인이 된 것은 중학교수업료 징수행위인데, 그 수업료 징수의 근거가 된 것은 교육기본법 제8조 제1항 단서가 아니라 제청신청인의 자녀가 중학교에 재학 중일 당시 시행되던 구 교육법 제8조의2이다. 따라서 위 교육기본법 조항은 당해 사건 재판에 적용될 법률이 아니며, 그 위헌 여부는 당해 사건의 재판과 아무런 관련이 없으므로 재판의 전제성 요건을 흠결한 것임이 분명하다(헌재 2001.4.26. 2000헌가4). 즉, 헌법재판소는 당해 사건에 적용된 구법 조항이 아닌 동일한 내용의 신법 조항에 대한 위헌여부심판의 제청은 부적법하다고 보았다. **답** ○

280 공소가 제기되지 아니한 사실에 적용되는 법률조항의 위헌 여부는 다른 특별한 사정이 없는 □□□ 한 당해 형사사건에서 재판의 전제가 될 수 있다. ▮ 법무사 17 ○ ×

어떤 법률규정이 위헌의 의심이 있다고 하더라도 그것이 당해 사건에 적용될 것이 아니라면 재판의 전제성요건은 충족되지 않으므로, 공소가 제기되지 아니한 법률조항의 위헌 여부는 당해 형사사건의 재판의 전제가 될 수 없다(헌재 2001.10.25. 2000헌바5). **답** ×

281 당해 사건에 관한 재판에서 승소판결을 받았다고 하더라도 그 판결이 확정되지 아니한 이상 □□□ 상소절차에서 그 주문이 달라질 수 있으므로, 당해 사건에 적용되는 법률 조항은 재판의 전제성이 인정된다. ▮ 법행 21 ○ ×

당해 사건 재판에서 청구인이 승소판결을 받아 그 판결이 확정된 경우 청구인은 재심을 청구할 법률상 이익이 없고, 심판대상조항에 대하여 위헌결정이 선고되더라도 당해 사건 재판의 결론이나 주문에 영향을 미칠 수 없으므로 그 심판청구는 재판의 전제성이 인정되지 아니하나, 당해 사건에 관한 재판에서 승소판결을 받았다고 하더라도 그 판결이 확정되지 아니한 이상 상소절차에서 그 주문이 달라질 수 있으므로, 파기환송 전 항소심에서 승소판결을 받았다는 사정만으로는 법률조항의 위헌 여부에 관한 재판의 전제성이 부정된다고 할 수 없다(헌재 2013.6.27. 2011헌바247). **답** ○

282 제청법원이 주위적 공소사실이 무죄로 선고될 가능성이 높다는 이유로 예비적 공소사실에
□□□ 관한 법률 조항이 적용될 가능성을 인정하여 위헌제청을 한 경우에는 재판의 전제성을 인정할
수 있다. ▮법행 21　　　　　　　　　　　　　　　　　　　　　　　　　　　○ ×

　　이 사건 조항에 대한 재판의 전제성이 인정되려면 우선 예비적 공소사실의 적용 법조인 이 사건 조항이 당해
사건에 적용되어야 하는바, 이에 대하여 제청법원은 주위적 공소사실이 무죄로 선고될 가능성이 높아 예비적
공소사실이 판단의 대상이 될 수 있기 때문에 이 사건 조항은 재판의 전제성이 있다고 본다(헌재 2007.7.26.
2006헌가4).　　　　　　　　　　　　　　　　　　　　　　　　　　　　　　　　　　　　답 ○

---

283 재심사유가 없음에도 법원의 재심개시결정이 확정되었다면 그 사건에 적용될 법률 조항은
□□□ 재판의 전제성을 가진다. ▮법행 21　　　　　　　　　　　　　　　　　　　　　○ ×

　　재심개시결정이 확정되면 법원으로서는 비록 재심사유가 없었다 하더라도 그 사건에 대해 다시 심판하여야 하며
이후 재심개시결정의 효력은 상소심에서도 이를 다툴 수 없다. 따라서 이 사건 법률조항의 위헌여부가 재판의
전제가 된 이상 법원의 위헌심판제청은 적법하다 할 것이다(헌재 2000.1.27. 98헌가9).　　　　답 ○

---

284 법원이 위헌법률심판제청을 한 경우 재판의 전제성 요건을 갖추었는지 여부에 대하여 되도록
□□□ 제청법원의 법률적 견해를 존중해야 하지만, 재판의 전제성에 관한 제청법원의 법률적 견해가
명백하게 유지될 수 없을 때에는 헌법재판소가 그 제청을 부적법하다고 하여 각하할 수 있다.
▮법무사 17　　　　　　　　　　　　　　　　　　　　　　　　　　　　　　　　○ ×

　　위헌 여부가 문제되는 법률 또는 법률조항이 재판의 전제성요건을 갖추고 있는지의 여부는 되도록 제청법원의
이에 관한 법률적 견해를 존중해야 하고, 다만 그 전제성에 관한 법률적 견해가 명백히 유지될 수 없을 때에만
헌법재판소가 그 제청을 부적법하다 하여 각하할 수 있다(헌재 1999.9.16. 98헌가6).　　　　　답 ○

---

③ 법원의 제청

285 ▸ 법률이 헌법에 위반되는지 여부가 재판의 전제가 된 경우에는 당해 사건을 담당하는 법원은
□□□ 　직권 또는 당사자의 신청에 의한 결정으로 헌법재판소에 위헌 여부 심판을 제청한다.
　　▮법원직9급 21　　　　　　　　　　　　　　　　　　　　　　　　　　　　○ ×

　▸ 군사법원도 위헌법률심판을 제청할 수 있다. ▮법무사 20, 법원직9급 21　　　○ ×

　　법률이 헌법에 위반되는지 여부가 재판의 전제가 된 경우에는 당해 사건을 담당하는 법원(군사법원을 포함한다)은
직권 또는 당사자의 신청에 의한 결정으로 헌법재판소에 위헌여부심판을 제청한다(헌법재판소법 제41조 제1항).
　　　　　　　　　　　　　　　　　　　　　　　　　　　　　　　　　　답 ○ / ○

286 ▸ 대법원 외의 법원은 대법원을 거칠 필요 없이 직접 헌법재판소에 헌법재판소법 제41조 제1항의 위헌심판 제청을 할 수 있다. ▎법무사 20 ○ ×

▸ 대법원 외의 법원이 위헌 여부 심판의 제청을 할 때에는 대법원을 거쳐야 한다.
▎법원직9급 21 ○ ×

▸ 법률이 헌법에 위반되는지 여부가 재판의 전제가 된 경우에는 군사법원도 직권 또는 당사자의 신청에 의한 결정으로 헌법재판소에 위헌 여부 심판을 제청할 수 있으나, 대법원을 거쳐야 한다. ▎법행 22 ○ ×

⋯⋯

대법원 외의 법원이 제1항의 제청을 할 때에는 <u>대법원을 거쳐야 한다</u>(헌법재판소법 제41조 제5항).
답 × / ○ / ○

287 ▸ 위헌 여부 심판의 제청에 관한 결정에 대하여는 항고할 수 없다. ▎법원직9급 21 ○ ×

▸ 법률의 위헌 여부 심판의 제청에 관한 법원의 기각 결정에 대하여는 항고할 수 없으나, 제청 결정에 대해서는 대법원에 즉시항고할 수 있다. ▎법행 22 ○ ×

⋯⋯

위헌 여부 심판의 <u>제청에 관한 결정에 대하여는 항고할 수 없다</u>(헌법재판소법 제41조 제4항). **답** ○ / ×

288 ▸ 법원이 헌법재판소에 법률의 위헌 여부의 심판을 제청한 때에는 당해 소송사건의 재판은 헌법재판소의 위헌 여부의 결정이 있을 때까지 정지되나, 다만 법원이 긴급하다고 인정하는 경우에는 종국재판 외의 소송절차를 진행할 수 있다. ▎법무사 20 ○ ×

▸ 법원이 법률의 위헌 여부 심판을 헌법재판소에 제청한 때에는 원칙적으로 당해 소송사건의 재판은 헌법재판소의 위헌 여부의 결정이 있을 때까지 정지되나, 법원이 긴급하다고 인정하는 경우 소송절차를 진행하여 종국재판까지 선고하였다고 하더라도 법률위반이라고 볼 수 없다. ▎법행 22 ○ ×

⋯⋯

법원이 법률의 위헌여부심판을 헌법재판소에 제청한 때에는 당해 소송사건의 재판은 헌법재판소의 위헌 여부의 결정이 있을 때까지 정지된다. 다만, 법원이 긴급하다고 인정하는 경우에는 <u>종국재판 외의 소송절차를 진행할 수 있다</u>(헌법재판소법 제42조 제1항). **답** ○ / ×

289
□□□
위헌법률심판 사건 역시 대립당사자 사이의 소송절차라는 점에 비추어 보면, 보조참가를 규정하고 있는 민사소송법 제71조는 위헌법률심판절차에도 준용되므로 보조참가가 허용된다.
┃법행 22   ○ ×

규범통제절차인 헌법재판소법 제41조 제1항에 의한 <u>위헌법률심판 사건에서 민사소송과 유사한 대립당사자 개념을 상정하기 어려운 점</u> 등에 비추어보면, <u>보조참가를 규정하고 있는 민사소송법 제71조는 위헌법률심판의 성질상 준용하기 어렵다</u>(헌재 2020.3.26. 2016헌가17).   답 ×

290
□□□
한정합헌, 한정위헌, 헌법불합치결정 등 변형결정은 헌법재판소법에 명문의 규정을 두고 있지 않다. ┃법행 22   ○ ×

헌법재판소는 제청된 법률 또는 법률 조항의 위헌 여부만을 결정한다(헌법재판소법 제45조 본문)고 하여 변형결정에 대하여는 헌법재판소법에 명문의 규정을 두고 있지 않다. 그러나 헌법재판소는 헌법재판소의 법률에 대한 위헌결정에는 단순위헌결정은 물론, 한정합헌, 한정위헌결정과 헌법불합치결정도 포함되고 이들은 모두 당연히 기속력을 가진다고 하여 변형결정을 인정하고 있다(헌재 1997.12.24. 96헌마172 참조).   답 ○

291
□□□
한정합헌결정과 한정위헌결정은 본질적으로는 같은 부분위헌결정에 해당한다. ┃법행 22
                                                                                          ○ ×

헌법재판소는 법률의 위헌여부가 심판의 대상이 되었을 경우, 재판의 전제가 된 사건과의 관계에서 법률의 문언, 의미, 목적 등을 살펴 한편으로 보면 합헌으로 다른 한편으로 보면 위헌으로 판단될 수 있는 등 다의적인 해석가능성이 있을 때 일반적인 해석작용이 용인되는 범위내에서 종국적으로 어느 쪽이 가장 헌법에 합치되는가를 가려, 한정축소적 해석을 통하여 합헌적인 일정한 범위내의 의미내용을 확정하여 이것이 그 법률의 본래적인 의미이며 그 의미 범위내에 있어서는 합헌이라고 결정할 수도 있고, 또 하나의 방법으로는 위와 같은 합헌적인 한정축소해석의 타당영역밖에 있는 경우에까지 법률의 적용범위를 넓히는 것은 위헌이라는 취지로 법률의 문언자체는 그대로 둔 채 위헌의 범위를 정하여 한정위헌의 결정을 선고할 수도 있다. 위 두 가지 방법은 서로 표리관계에 있는 것이어서 실제적으로는 차이가 있는 것이 아니다. 합헌적인 한정축소해석은 위헌적인 해석 가능성과 그에 따른 법적용을 소극적으로 배제한 것이고, 적용범위의 축소에 의한 한정적 위헌선언은 위헌적인 법적용 영역과 그에 상응하는 해석 가능성을 적극적으로 배제한다는 뜻에서 차이가 있을 뿐, 본질적으로는 다 같은 부분위헌결정이다(헌재 1997.12.24. 96헌마172).   답 ○

292
□□□
대법원이 특정 법률조항에 대하여 위헌적 부분의 적용을 배제하는 방향으로 합헌적 법률해석을 한 경우, 헌법재판소는 해당 법률조항에 대하여 단순합헌결정을 한 적도 있으나, 한정위헌결정을 한 적도 있다. ┃법행 22   ○ ×

1. 단순합헌결정을 한 경우 : 대법원은 이 사건 법률조항에 관하여, '지방자치단체의 장이 소속 공무원을 전출하는 것은 임명권자를 달리하는 지방자치단체로의 이동인 점에 비추어 반드시 당해 공무원 본인의 동의를 전제로 하는 것'이라고 해석하고 있는데(대판 2001.12.11. 99두1823), …(중략)… 결론적으로 이 사건 법률조항은, 지방자치단체의 장은 소속 지방공무원의 전출·전입에 서로 동의하였더라도 해당 지방공무원 본인의 동의를 얻어야만 그를 전출·전입할 수 있다는 것으로 해석하는 것이 타당하고, 따라서 이 사건 법률조항은 헌법에 위반되지 아니한다 할 것이다(헌재 2002.11.28. 98헌바101).

2. 한정위헌결정을 한 경우 : 대법원은 2002.5.31. 선고 2000두4514 퇴직급여환수처분취소 등 사건에서, …(중략)… 이 사건 법률조항도 같은 조 제1,2항과 마찬가지로 급여제한사유를 '재직 중의 사유'로 한정하는 것이라고 해석하였다.…(중략)…이 사건 법률조항의 퇴직급여의 제한사유는 재직 중의 사유로 한정하여 해석하여야 할 것이고, 그 범위를 넘어서서 퇴직 후의 사유에도 적용되는 것으로 보는 범위 내에서 헌법상의 재산권보장과 명확성의 원칙 및 평등의 원칙에 위반된다(헌재 2002.7.18. 2000헌바57). **답** ○

293
□□□
헌법불합치결정은 위헌적인 법률조항을 잠정적으로 적용하는 위헌적인 상태가 위헌결정으로 인한 규율 없는 합헌적인 상태보다 오히려 헌법적으로 바람직하다고 판단되는 경우, 법적 안정성 관점에서 법치국가적으로 용인하기 어려운 법적 공백과 그로 인한 혼란을 방지하기 위해 하는 것이므로, 헌법재판소는 헌법불합치결정을 하는 경우 항상 해당 법률조항의 잠정적 용을 아울러 명하고 있다. **법행 22** ○ ×

위헌적인 법률조항을 잠정적으로 적용하는 위헌적인 상태가 위헌결정으로 말미암아 발생하는 법이 없어 규율 없는 합헌적인 상태보다 오히려 헌법적으로 더욱 바람직하다고 판단되는 경우에는, 헌법재판소는 법적 안정성의 관점에서 법치국가적으로 용인하기 어려운 법적 공백과 그로 인한 혼란을 방지하기 위하여 입법자가 합헌적인 방향으로 법률을 개선할 때까지 일정 기간 동안 위헌적인 법규정을 존속케 하고 또한 잠정적으로 적용하게 할 필요가 있다(헌재 1999.10.21. 97헌바26). 그러나 헌법재판소가 헌법불합치결정을 하는 경우 항상 '잠정적용'을 명하는 것은 아니고 헌재 1994.7.29. 92헌바49, 헌재 1997.3.27. 95헌가14 에서는 주문 또는 결정이유에서 그 적용·시행을 중지시키되 그 형식적 존속만을 잠정적으로 유지시키는 결정을 한 바 있다. **답** ×

294
□□□
헌법재판소가 법률 전부에 대하여 헌법불합치결정을 한 경우도 있다. **법행 22** ○ ×

토초세법 중 일부는 헌법에 위반되고, 일부는 헌법에 합치되지 아니하여 개정입법을 촉구할 대상이지만, 위 각 위헌적 규정들 중 지가에 관한 제11조 제2항과 세율에 관한 제12조는 모두 토초세제도의 기본요소로서 그 중 한 조항이라도 위헌결정으로 인하여 그 효력을 상실한다면 토초세 전부를 시행할 수 없게 될 것이므로, 이 사건에서는 헌법재판소법 제45조 단서 규정에 따라 토초세법 전부에 대하여 위헌결정을 선고할 수밖에 없다. …(중략)… 이 사건에서 토초세법에 대한 단순 위헌무효결정을 선고하지 아니하고, 헌법재판소법 제47조 제2항 본문의 "효력상실"을 제한적으로 적용하는 변형결정으로서의 헌법불합치결정을 선고하는 것이다(헌재 1994.7.29. 92헌바49). **답** ○

> **헌법 제111조**   ① 헌법재판소는 다음 사항을 관장한다.
>   2. (탄핵의 심판)

295 탄핵심판에서는 국회 법제사법위원회의 위원장이 소추위원이 된다. ┃법원직9급 20   ○ ×

□□□

헌법재판소법 제49조 제1항   **답** ○

296 탄핵심판절차는 형사소송법이 준용되므로 당사자의 출석 없이는 변론을 진행할 수 없다.
┃법원직9급 20   ○ ×

□□□

헌법재판소법 제52조 제1항, 제2항   **답** ×

> **헌법재판소법 제52조(당사자의 불출석)**   ① 당사자가 변론기일에 출석하지 아니하면 다시 기일을 정하여야 한다.
> ② 다시 정한 기일에도 당사자가 출석하지 아니하면 그의 **출석 없이 심리할 수 있다.**

297 헌법재판은 9인의 재판관으로 구성된 재판부에 의하여 이루어지는 것이 원칙이므로, 헌법재판
관 1인이 결원이 된 경우 탄핵심판을 심리하고 결정하는 것은 헌법과 법률에 위배된다.
┃법행 23   ○ ×

□□□

헌법재판은 9인의 재판관으로 구성된 재판부에 의하여 이루어지는 것이 원칙이다. 그러나 현실적으로는 일부
재판관이 재판에 참여할 수 없는 경우가 발생할 수밖에 없다. 이에 헌법과 헌법재판소법은 재판관 중 결원이
발생한 경우에도 헌법재판소의 헌법 수호 기능이 중단되지 않도록 7명 이상의 재판관이 출석하면 사건을 심리하고
결정할 수 있음을 분명히 하고 있다. 그렇다면 헌법재판관 1인이 결원이 되어 8인의 재판관으로 재판부가 구성되더
라도 탄핵심판을 심리하고 결정하는 데 헌법과 법률상 아무런 문제가 없다(헌재 2017.3.10. 2016헌나1).
   답 ×

298 헌법 제65조는 대통령이 '그 직무집행에 있어서 헌법이나 법률을 위배한 때'를 탄핵사유로
규정하고 있다. 여기의 '법률'에는 형식적 의미의 법률과 이와 동등한 효력을 가지는 국제조약
및 일반적으로 승인된 국제법규 등이 포함된다. ┃법행 21   ○ ×

□□□

헌법 제65조에 규정된 탄핵사유를 구체적으로 살펴보면, '직무집행에 있어서'의 '직무'란, 법제상 소관 직무에
속하는 고유 업무 및 통념상 이와 관련된 업무를 말한다. 따라서 직무상의 행위란, 법령·조례 또는 행정관행·관례
에 의하여 그 지위의 성질상 필요로 하거나 수반되는 모든 행위나 활동을 의미한다. 헌법은 탄핵사유를 "헌법이나
법률에 위배한 때"로 규정하고 있는데, '헌법'에는 명문의 헌법규정뿐만 아니라 헌법재판소의 결정에 의하여 형성
되어 확립된 불문헌법도 포함된다. '법률'이란 단지 형식적 의미의 법률 및 그와 동등한 효력을 가지는 국제조약,
일반적으로 승인된 국제법규 등을 의미한다(헌재 2004.5.14. 2004헌나1).   **답** ○

299 헌법 제65조는 대통령이 '그 직무집행에 있어서 헌법이나 법률을 위배한 때'를 탄핵사유로 규정하고 있는데, 그중 '헌법'은 명문의 헌법규정을, '법률'은 형식적 의미의 법률을 지칭한다고 해석하는 것이 명확성 원칙에 부합한다. **| 법무사 18** ○ ×

··

헌법 제65조는 대통령이 '그 직무 집행에 있어서 헌법이나 법률을 위배한 때'를 탄핵사유로 규정하고 있다. 여기에서 '직무'란 법제상 소관 직무에 속하는 고유업무와 사회통념상 이와 관련된 업무를 말하고, 법령에 근거한 행위뿐만 아니라 대통령의 지위에서 국정 수행과 관련하여 행하는 모든 행위를 포괄하는 개념이다. 또 '헌법'에는 명문의 헌법규정뿐만 아니라 헌법재판소의 결정에 따라 형성되어 확립된 불문헌법도 포함되고, '법률'에는 형식적 의미의 법률과 이와 동등한 효력을 가지는 국제조약 및 일반적으로 승인된 국제법규 등이 포함된다(헌재 2017.3.10. 2016헌나1). **답** ×

300 헌법 제65조 제4항 전문과 헌법재판소법 제53조 제1항은 헌법재판소가 탄핵결정을 선고할 때 피청구인이 '해당 공직'에 있음을 전제로 하고 있다. 헌법 제65조 제1항과 헌법재판소법 제48조는 해당 공직의 범위를 한정적으로 나열하고 있는데, 이는 전직이 아닌 '현직'을 의미한다. **| 법행 23** ○ ×

··

헌법 제65조 제4항 전문과 헌법재판소법 제53조 제1항은 헌법재판소가 탄핵결정을 선고할 때 피청구인이 '해당 공직'에 있음을 전제로 하고 있다. 헌법 제65조 제1항과 헌법재판소법 제48조는 해당 공직의 범위를 한정적으로 나열하고 있는데, 이는 전직이 아닌 '현직'을 의미한다. 국회법 제134조 제2항은 '탄핵소추의결서 송달 이후 사직이나 해임을 통한 탄핵심판 면탈을 방지'하고 있는데, 이 역시 해당 공직 보유가 탄핵심판에 따른 파면결정의 선결조건임을 방증한다. "탄핵결정은 공직으로부터 파면함에 그친다."라고 규정한 헌법 제65조 제4항 전문은 1948년 제정헌법 제47조로부터 현재까지 같은 내용으로 유지되어 왔다(헌재 2021.10.28. 2021헌나1). **답** ○

301 법관 임기제는 사법의 독립성과 책임성의 조화를 위해 법관의 민주적 정당성을 소멸시키는 '일상적 수단'이다. 반면, 법치주의의 특별한 보장자로서 국회와 헌법재판소가 역할을 분담하는 탄핵제도는 고위공직자에게 부여된 민주적 정당성을 박탈함으로써 헌법을 수호하는 '비상적 수단'이다. **| 법행 23** ○ ×

··

모든 국가기관은 국민으로부터 직·간접적으로 민주적 정당성을 부여받아 구성되어야 하고, 이러한 민주적 정당성은 국가기관의 권한 행사의 원천이 된다. 국가기관에 임기를 두는 것은 민주주의원리를 구현하기 위해 민주적 정당성을 부여하는 데에 일정한 주기를 둠과 동시에 그 임기 동안 대의제에 따른 독자적 직무수행을 보장하는 기능을 한다. 헌법에서 법관에 대하여 임기를 둔 취지도 같다. 법관 임기제에 관한 현행 헌법은 1948년 제정헌법에서 유래하였다. 1948년 제헌 당시 국회속기록에 따르면, 헌법제정권자는 '법관은 임기 10년 동안 신분을 보장받음'과 동시에, '그 10년이 지나면 임기만료와 연임제도를 통해 사법의 책임을 달성함'으로써, 법관 임기제를 통해 "일종의 청신한 민주주의의 공기를 불어넣어보려고 한 것"임을 확인할 수 있다. 즉, 법관 임기제는 사법의 독립성과 책임성의 조화를 위해 법관의 민주적 정당성을 소멸시키는 '일상적 수단'이다. 반면, 법치주의의 특별한 보장자로서 국회와 헌법재판소가 역할을 분담하는 탄핵제도는 고위공직자에게 부여된 민주적 정당성을 박탈함으로써 헌법을 수호하는 '비상적 수단'이다(헌재 2021.10.28. 2021헌나1). **답** ○

302
□□□ 피청구인이 결정 선고 전에 해당 공직에서 파면되었을 때에는 헌법재판소는 심판청구를 기각하여야 한다. ▎법원직9급 20 ○ ✕

....

헌법재판소법 제53조 제2항 **답** ○

303
□□□ 헌법재판소법 제53조 제1항에서 정한 '해당 공직에서 파면하는 결정'을 '임기만료로 퇴직하여 해당 공직에 있지 않은 사람'에 대하여도 할 수 있도록 유추해석하거나, 헌법재판소법 제54조 제2항에서 정한 '탄핵결정으로 파면된 사람에 대한 공직 취임 제한'을 '임기만료로 퇴직한 사람에게 파면사유가 있었던 것으로 확인되는 경우'에까지 적용되도록 유추해석하는 것은, 그 문언해석의 한계를 넘어 공무담임권을 부당하게 박탈하는 것이다. ▎법행 23 ○ ✕

....

헌법재판소법 제54조 제2항이 파면결정의 효력으로 5년간 공직 취임 제한을 규정하고 있으므로, 임기만료 퇴직의 경우에도 공직 취임 제한의 효력을 미치기 위해 탄핵심판의 이익을 인정해야 한다고 주장한다. 탄핵결정에 의한 파면의 부수적 효력인 공직 취임 제한은 헌법이 아닌 법률에 규정되어 왔고, 그 내용에도 몇 차례 변화가 있었던 점을 종합하면, 이 효력은 헌법상 탄핵제도의 본질에서 당연히 도출되는 것이 아니다. 파면결정에 따른 공직 취임 제한은 공무담임권을 제한하므로 소급입법에 의한 참정권 제한을 금지하는 헌법 제13조 제2항의 적용영역에 있고, 그 제재의 내용은 형법상 자격정지의 형벌에 준하는 의미를 가지고 있으므로, 엄격히 해석·적용되어야 한다. 헌법재판소법 제53조 제1항에서 정한 '해당 공직에서 파면하는 결정'을 '임기만료로 퇴직하여 해당 공직에 있지 않은 사람'에 대하여도 할 수 있도록 유추해석하거나, 헌법재판소법 제54조 제2항에서 정한 '탄핵결정으로 파면된 사람에 대한 공직 취임 제한'을 '임기만료로 퇴직한 사람에게 파면사유가 있었던 것으로 확인되는 경우'에까지 적용되도록 유추해석하는 것은, 그 문언해석의 한계를 넘어 공무담임권을 부당하게 박탈하는 것이므로, 이 부분 청구인의 주장은 받아들이기 어렵다(헌재 2021.10.28. 2021헌나1). **답** ○

제4절 **정당해산심판**

헌법 제8조 ④ 정당의 (목적이나 활동)이 (민주적 기본질서에 위배)될 때에는 (정부)는 헌법재판소에 그 해산을 (제소)할 수 있고, 정당은 (헌법재판소의 심판)에 의하여 해산된다.

헌법 제89조 다음 사항은 (국무회의의 심의)를 거쳐야 한다.
14. 정당해산의 제소

헌법 제111조 ① 헌법재판소는 다음 사항을 관장한다.
3. (정당의 해산 심판)

304
□□□ ▸ 정당의 목적이나 활동이 민주적 기본절서에 위배될 때에는 정부는 헌법재판소에 그 해산을 제소할 수 있다. ▎법무사 21 ○ ✕

▸ 정당의 목적이나 활동이 민주적 기본질서에 위배될 때에는 국회는 헌법재판소에 그 해산을 제소할 수 있고, 정당은 헌법재판소의 심판에 의하여 해산된다. ▎법무사 19 ○ ✕

▶ 정당의 목적이나 활동이 민주적 기본질서에 위배될 때에는 정부는 헌법재판소에 그 해산을 제소할 수 있고, 정당은 헌법재판소의 심판에 의하여 해산된다. **❙법무사 18, 법원직9급 20**

○ ×

정당의 목적이나 활동이 민주적 기본질서에 위배될 때에는 <u>정부는</u> 헌법재판소에 그 해산을 제소할 수 있고, 정당은 헌법재판소의 심판에 의하여 해산된다(헌법 제8조 제4항). **답** ○ / × / ○

---

305 정당의 목적이나 활동이 민주적 기본질서에 위배될 때에는 정부는 국무회의의 심의를 거쳐 □□□ 헌법재판소에 정당해산심판을 청구할 수 있다. **❙법무사 20** ○ ×

헌법 제8조 제4항, 제89조 제14호 **답** ○

---

306 정당의 목적이나 활동 중 어느 하나라도 민주적 기본질서에 위배된다면 정당해산의 사유가 □□□ 될 수 있다. **❙법무사 22** ○ ×

정당의 목적이나 활동이 민주적 기본질서에 위배될 때에는 정부는 헌법재판소에 그 해산을 제소할 수 있고, 정당은 헌법재판소의 심판에 의하여 해산된다(헌법 제8조 제4항). 따라서 정당의 목적이나 활동 중 어느 하나라도 민주적 기본질서에 위배되면 정당해산의 사유가 될 수 있다. **답** ○

---

307 정당해산심판제도는 1960.6.15. 제3차 헌법 개정을 통해 우리 헌법에 도입되었다. **❙법무사 22**
□□□
○ ×

정당강제해산조항이 헌법에 처음으로 규정된 것은 제3차 개정헌법(1960년)에서였다. **답** ○

---

308 정당은 단순히 행정부의 통상적인 처분에 의해서는 해산될 수 없고, 오직 헌법재판소가 그 □□□ 정당의 위헌성을 확인하고 해산의 필요성을 인정한 경우에만 정당정치의 영역에서 배제된다.
❙법무사 21 ○ ×

모든 정당의 존립과 활동은 최대한 보장되며, 설령 어떤 정당이 민주적 기본질서를 부정하고 이를 적극적으로 공격하는 것으로 보인다 하더라도 국민의 정치적 의사형성에 참여하는 정당으로서 존재하는 한 헌법에 의해 최대한 두텁게 보호되므로, 단순히 행정부의 통상적인 처분에 의해서는 해산될 수 없고, 오직 헌법재판소가 그 정당의 위헌성을 확인하고 해산의 필요성을 인정한 경우에만 정당정치의 영역에서 배제된다(헌재 2014.12.19. 2013헌다1). **답** ○

309 헌법은 방어적 민주주의 관점에 기초하여 정당해산심판제도를 규정하고 있다. ▌법무사 21

☐☐☐ ○ ✕

....

정당해산심판제도의 본질은 그 목적이나 활동이 민주적 기본질서에 위배되는 정당을 국민의 정치적 의사 형성과정
에서 미리 배제함으로써 국민을 보호하고 헌법을 수호하기 위한 것이다. 어떠한 정당을 엄격한 요건 아래 위헌정당
으로 판단하여 해산을 명하는 것은 헌법을 수호한다는 방어적 민주주의 관점에서 비롯되는 것이고, 이러한 비상상
황에서는 국회의원의 국민대표성은 부득이 희생될 수밖에 없다(헌재 2014.12.19. 2013헌다1). **답** ○

310 정당해산 사유를 규정한 헌법 제8조 제4항의 "민주적 기본질서"는 최대한 엄격하고 협소한
☐☐☐ 의미로 이해하여야 한다. ▌법무사 22 ○ ✕

....

헌법 제8조 제4항의 민주적 기본질서 개념은 정당해산결정의 가능성과 긴밀히 결부되어 있다. 이 민주적 기본질서
의 외연이 확장될수록 정당해산결정의 가능성은 확대되고, 이와 동시에 정당활동의 자유는 축소될 것이다. 민주
사회에서 정당의 자유가 지니는 중대한 함의나 정당해산심판제도의 남용가능성 등을 감안한다면, 헌법 제8조
제4항의 민주적 기본질서는 최대한 엄격하고 협소한 의미로 이해해야 한다(헌재 2014.12.19. 2013헌다1).

답 ○

311 정당의 목적이나 활동이 헌법에 위반된 경우, 그 위반이 사소한 위반인 경우에도 그 정당을
☐☐☐ 해산하는 것이 헌법 정신에 부합한다. ▌법무사 21 ○ ✕

....

정당에 대한 해산결정은 민주주의 원리와 정당의 존립과 활동에 대한 중대한 제약이라는 점에서, 정당의 목적과
활동에 관련된 모든 사소한 위헌성까지도 문제 삼아 정당을 해산하는 것은 적절하지 않다(헌재 2014.12.19. 2013헌
다1). **답** ✕

312 정당 소속원이 민주적 기본질서에 위반된 행위를 하였다고 하더라도, 개인적 차원의 행위에
☐☐☐ 불과한 것이라면, 이러한 행위에 대해서까지 정당해산심판의 심판대상이 되는 활동으로 보기
는 어렵다. ▌법무사 21 ○ ✕

....

정당대표나 주요 관계자의 행위라 하더라도 개인적 차원의 행위에 불과한 것이라면 이러한 행위에 대해서까지
정당해산심판의 심판대상이 되는 활동으로 보기는 어렵다(헌재 2014.12.19. 2013헌다1). **답** ○

313 정당해산심판제도는 정치적 비판자들을 탄압하기 위한 용도로 남용되는 일이 생기지 않도록
☐☐☐ 엄격하고 제한적으로 운용되어야 한다. ▌법무사 21 ○ ✕

....

정당해산심판제도는 운영 여하에 따라 그 자체가 민주주의에 대한 해악이 될 수 있으므로 일종의 극약처방인
셈이다. 따라서 정치적 비판자들을 탄압하기 위한 용도로 남용되는 일이 생기지 않도록 정당해산심판제도는 매우
엄격하고 제한적으로 운용되어야 한다(헌재 2014.12.19. 2013헌다1). **답** ○

314 정당해산심판절차에 민사소송에 관한 법령을 준용하도록 한 헌법재판소법 제40조 제1항은 헌법상 재판을 받을 권리를 침해한다. ┃법무사 21 ○ ×

□□□

정당해산심판절차에 민사소송에 관한 법령을 준용할 수 있도록 규정한 헌법재판소법 제40조 제1항 전문 중 '정당해산심판의 절차'에 관한 부분(이하 '준용조항'이라 한다)은 헌법재판에서의 불충분한 절차진행규정을 보완하고, 원활한 심판절차진행을 도모하기 위한 조항으로, 그 절차보완적 기능에 비추어 볼 때, 소송절차 일반에 준용되는 절차법으로서의 민사소송에 관한 법령을 준용하도록 한 것이 현저히 불합리하다고 볼 수 없다. 또한 '헌법재판의 성질에 반하지 아니하는 한도'에서 민사소송에 관한 법령을 준용하도록 규정하여 정당해산심판의 고유한 성질에 반하지 않도록 적용범위를 한정하고 있는바, 여기서 '헌법재판의 성질에 반하지 않는' 경우란, 다른 절차법의 준용이 헌법재판의 고유한 성질을 훼손하지 않는 경우로 해석할 수 있고, 이는 헌법재판소가 당해 헌법재판이 갖는 고유의 성질·헌법재판과 일반재판의 목적 및 성격의 차이·준용절차와 대상의 성격 등을 종합적으로 고려하여 구체적·개별적으로 판단할 수 있다. 따라서 준용조항은 청구인의 공정한 재판을 받을 권리를 침해한다고 볼 수 없다(헌재 2014.2.27. 2014헌마7). 답 ×

315 헌법재판소는 정당해산심판의 청구를 받은 때에는 직권 또는 청구인의 신청에 의하여 종국결정의 선고 시까지 피청구인의 활동을 정지하는 결정을 할 수 있다. ┃법무사 20 ○ ×

□□□

헌법재판소법 제57조 답 ○

316 정당의 해산을 명하는 헌법재판소의 결정은 중앙선거관리위원회가 정당법에 따라 집행한다.

□□□ ┃법무사 20 ○ ×

헌법재판소법 제60조 답 ○

제5절 권한쟁의심판

헌법 제111조 ① 헌법재판소는 다음 사항을 관장한다.
4. (국가기관 상호 간), (국가기관과 지방자치단체 간) 및 (지방자치단체 상호 간)의 권한쟁의에 관한 심판

317 권한쟁의심판은 국가기관 상호 간, 국가기관과 지방자치단체 간 및 지방자치단체 상호 간의 권한에 관한 분쟁이 발생한 경우 이를 해결함으로써 국가기능의 원활한 수행을 도모하고 국가기관 및 지방자치단체 상호 간의 견제와 균형을 유지하기 위한 제도이다. ┃법행 22 ○ ×

□□□

헌법 제111조 제1항에 의한 권한쟁의심판은 공권력을 행사하는 국가기관이나 지방자치단체와 다른 국가기관 또는 지방자치단체 사이에 권한의 존부 또는 범위에 관하여 다툼이 있는 경우 독립된 국가기관인 헌법재판소가 이를 심판하여 그 권한과 의무의 한계를 명확히 함으로써 국가기능의 원활한 수행을 도모하고 권력 상호 간의 견제와 균형을 유지시켜 헌법질서를 보호하려는 데 그 제도의 목적이 있다(헌재 1995.2.23. 90헌라1). 답 ○

318
□□□ 권한쟁의심판을 청구할 수 있는 '국가기관'은 헌법재판소법 제62조 제1항 제1호에 규정된 국회, 정부, 법원 및 중앙선거관리위원회에 한정된다. ▌법행 22   ○ ×

> 헌법재판소법 제62조 제1항 제1호가 국가기관 상호 간의 권한쟁의심판을 "국회, 정부, 법원 및 중앙선거관리위원회 상호 간의 권한쟁의심판"이라고 규정하고 있더라도 이는 <u>한정적, 열거적인 조항이 아니라 예시적인 조항이라고</u> 해석하는 것이 헌법에 합치되므로 이들 기관 외에는 권한쟁의심판의 당사자가 될 수 없다고 단정할 수 없다(헌재 1997.7.16. 96헌라2). 답 ×

319
□□□ 국회의원과 국회의장 사이에 권한의 존부와 범위를 둘러싼 분쟁은 국가기관 상호 간의 분쟁이 아닌 국회 구성원 내부의 분쟁이므로 권한쟁의심판청구를 할 수 없다. ▌법원직9급 22   ○ ×

> 국회의장과 국회의원 간에 그들의 권한의 존부 또는 범위에 관하여 분쟁이 생길 수 있고, <u>이와 같은 분쟁은 단순히 국회의 구성원인 국회의원과 국회의장 간의 국가기관 내부문제가 아니라 헌법상 별개의 국가기관이 각자 그들의 권한의 존부 또는 범위를 둘러싼 분쟁이다.</u> 이 분쟁은 권한쟁의심판 이외에 이를 해결할 수 있는 다른 수단이 없으므로 국회의원과 국회의장은 헌법 제111조 제1항 제4호 소정의 권한쟁의심판의 당사자가 될 수 있다(헌재 2000.2.24. 99헌라1). 답 ×

320
□□□ ▶ 대통령이 국회의 동의를 요하는 조약을 그 동의 없이 체결한 경우 국회의원은 대통령을 상대로 조약에 대한 심의·의결권 침해를 이유로 권한쟁의심판을 제기할 수 있다.
▌법무사 17   ○ ×

▶ 대통령이 국회의 동의 절차를 거치지 아니한 채 입법사항에 관한 조약을 체결·비준한 경우, 국회의 조약에 대한 체결·비준 동의권이 침해되었을 뿐 국회의원 개인의 심의·표결권이 침해되었다고 볼 수 없다. ▌법행 21   ○ ×

> <u>국회의 동의권이 침해되었다고 하여 동시에 국회의원의 심의·표결권이 침해된다고 할 수 없고, 또 국회의원의 심의·표결권은 국회의 대내적인 관계에서 행사되고 침해될 수 있을 뿐 다른 국가기관과의 대외적인 관계에서는 침해될 수 없는 것이므로,</u> 국회의원들 상호 간 또는 국회의원과 국회의장 사이와 같이 국회 내부적으로만 직접적인 법적 연관성을 발생시킬 수 있을 뿐이고 대통령 등 국회 이외의 국가기관과 사이에서는 권한침해의 직접적인 법적 효과를 발생시키지 아니한다. 따라서 피청구인 대통령이 국회의 동의 없이 조약을 체결·비준하였다 하더라도 <u>국회의 체결·비준동의권이 침해될 수는 있어도 국회의원인 청구인들의 심의·표결권이 침해될 가능성은 없다고 할 것이므로, 청구인들의 이 부분 심판청구 역시 부적법하다</u>(헌재 2007.7.26. 2005헌라8). 답 × / ○

321
□□□ 교섭단체의 지위를 가진 정당은 권한쟁의심판의 당사자능력이 있다. ▌법행 22   ○ ×

> 정당은 국민의 자발적 조직으로, 그 법적 성격은 일반적으로 사적·정치적 결사 내지는 법인격 없는 사단으로서 공권력의 행사 주체로서 국가기관의 지위를 갖는다고 볼 수 없다. 정당이 국회 내에서 <u>교섭단체를 구성하고 있다고 하더라도, 헌법은 권한쟁의심판청구의 당사자로서 국회의원들의 모임인 교섭단체에 대해서 규정하고 있지 않고, 교섭단체의 권한 침해는 교섭단체에 속한 국회의원 개개인의 심의·표결권 등 권한 침해로 이어질 가능성이 높아 그 분쟁을 해결할 적당한 기관이나 방법이 없다고 할 수 없다. 따라서 정당은 헌법 제111조 제1항 제4호 및 헌법재판소법 제62조 제1항 제1호의 '국가기관'에 해당한다고 볼 수 없으므로, 권한쟁의심판의 당사자능력이 인정되지 아니한다</u>(헌재 2020.5.27. 2019헌라6). 답 ×

322
□□□
지방자치단체 내의 기관 상호 간의 권한쟁의도 헌법재판소의 관할에 속한다. | 법행 22

○ ×

헌법 제111조 제1항 제4호는 지방자치단체 상호 간의 권한쟁의에 관한 심판을 헌법재판소가 관장하도록 규정하고 있고, 헌법재판소법 제62조 제1항 제3호는 이를 구체화하여 헌법재판소가 관장하는 지방자치단체 상호 간의 권한쟁의심판을 ㄱ) 특별시·광역시·도 또는 특별자치도 상호 간의 권한쟁의심판, ㄴ) 시·군 또는 자치구 상호 간의 권한쟁의심판, ㄷ) 특별시·광역시·도 또는 특별자치도와 시·군 또는 자치구 간의 권한쟁의심판 등으로 규정하고 있다. 지방자치단체의 의결기관인 지방의회와 지방자치단체의 집행기관인 지방자치단체장 간의 내부적 분쟁은 지방자치단체 상호 간의 권한쟁의심판의 범위에 속하지 아니하고, 달리 국가기관 상호 간의 권한쟁의심판이나 국가기관과 지방자치단체 상호 간의 권한쟁의심판에 해당한다고 볼 수도 없다. 따라서 <u>지방자치단체의 의결기관과 지방자치단체의 집행기관 사이의 내부적 분쟁과 관련된 심판청구는 헌법재판소가 관장하는 권한쟁의심판에 속하지 아니하여 부적법하다</u>(헌재 2018.7.26. 2018헌라1). 답 ×

323
□□□
▶ 지방자치단체 의원들이 특정 의안에 대한 의장의 가결·선포 행위가 심의·표결권을 침해한다고 주장하는 사안은 권한쟁의심판의 대상에 속한다. | 법행 22

○ ×

▶ 지방자치단체 내의 지방의회 의원과 지방의회 의장 사이의 권한쟁의심판은 지방자치단체 상호 간의 권한쟁의로 볼 수 없으므로 부적법하다. | 법원직9급 22

○ ×

지방자치단체의 의결기관인 지방의회를 구성하는 <u>지방의회 의원과 그 지방의회의 대표자인 지방의회 의장 간의 권한쟁의심판은 헌법 및 헌법재판소법에 의하여 헌법재판소가 관장하는 지방자치단체 상호 간의 권한쟁의심판의 범위에 속한다고 볼 수 없으므로 부적법하다</u>(헌재 2010.4.29. 2009헌라11). 답 × / ○

324
□□□
헌법이나 법률에 의하여 부여받은 청구인의 권한이 현재 침해되지 않았더라도 앞으로 침해될 현저한 위험이 있는 경우에는 권한쟁의심판청구를 할 수 있다. | 법원직9급 22

○ ×

권한쟁의심판을 청구하려면 청구인과 피청구인 상호 간에 헌법 또는 법률에 의하여 부여받은 권한의 존부 또는 범위에 관하여 다툼이 있어야 하고, 피청구인의 처분 또는 부작위가 헌법 또는 법률에 의하여 부여받은 청구인의 권한을 침해하였거나 침해할 현저한 위험이 있는 경우이어야 한다(헌재 2004.9.23. 2000헌라2). 답 ○

325
□□□
권한쟁의심판은 청구인의 권한을 침해하였거나 침해할 현저한 위험성이 없어도 피청구인의 행위가 헌법과 법률을 위반하였을 가능성이 있다면 적법하다. | 법행 22

○ ×

헌법재판소법 제61조 제2항에 따라 권한쟁의심판을 청구하려면, 피청구인의 처분 또는 부작위로 인해 청구인의 <u>권한이 침해되었거나 현저한 침해의 위험성이 존재하여야</u> 한다. 여기서 '권한의 침해'란 피청구인의 처분 또는 부작위로 인한 청구인의 권한침해가 과거에 발생하였거나 현재까지 지속되는 경우를 의미하며, '<u>현저한 침해의 위험성</u>'이란 아직 침해라고는 할 수 없으나 침해될 개연성이 상당히 높은 상황을 의미한다. 권한쟁의심판청구의 적법요건 단계에서 요구되는 권한침해의 요건은, 청구인의 권한이 구체적으로 관련되어 이에 대한 침해가능성이 존재할 경우 충족되는 것으로 볼 수 있다. 권한의 침해가 실제로 존재하고 위헌 내지 위법한지의 여부는 본안의 결정에서 판단되어야 할 것이다(헌재 2006.5.25. 2005헌라4). 답 ×

헌법 제111조   ① 헌법재판소는 다음 사항을 관장한다.
  5. (법률이 정하는) 헌법소원에 관한 심판

제1관   권리구제형 헌법소원

헌법재판소법 제68조(청구 사유)   ① (공권력의 행사 또는 불행사)로 인하여 헌법상 보장된 (기본권을 침해 받은 자)는 (법원의 재판을 제외)하고는 헌법재판소에 헌법소원심판을 청구할 수 있다. 다만, 다른 법률에 구제절차가 있는 경우에는 (그 절차를 모두 거친 후)에 청구할 수 있다.

1 공권력의 행사 또는 불행사

326 법원행정처장의 민원인에 대한 법령 질의회신은 법규나 행정처분과 같은 법적 구속력을 갖는
☐☐☐ 것이라고는 보여지지 아니하므로 이에 대한 헌법소원심판청구는 부적법하다. ┃법원직9급 20

○ ×

헌재 1989.7.28. 89헌마1   답 ○

327 중앙선거관리위원회가 '선거권이 없는 학생을 대상으로 하더라도 선거가 임박한 시기에 교원
☐☐☐ 이 교육청의 계획 하에 모의투표를 실시하는 것은 행위양태에 따라 선거에 영향을 미치게 하기 위한 행위에 이르러 공직선거법에 위반될 수 있다.'고 결정한 것은 헌법소원의 대상이 되는 '공권력의 행사'에 해당하지 않는다. ┃법행 23   ○ ×

이 사건 결정·회신은 '교육청의 계획 하에 교원이 선거권이 없는 학생을 대상으로 하는 모의투표를 실시하는 것이 관련 법령상 허용되는지 여부'라는 법률적 문제에 관한 피청구인의 비권력적인 의견 제시에 불과하다. 피청구인인 중앙선거관리위원회의 위원·직원이 위와 같은 모의투표 실시 행위에 대하여 선거관리위원회법에 따라 중지·경고·시정명령 등의 조치를 하더라도, 이는 이 사건 결정·회신 위반이 아닌 공직선거법 등 법령 위반을 이유로 하는 것이고, 이 사건 결정·회신에서 피청구인이나 피청구인의 위원장이 모의투표 실시 행위에 대하여 위와 같은 조치를 취할 것임을 표명한 바도 없다. 따라서 이 사건 결정·회신은 그 자체만으로 청구인들의 법적 지위에 영향을 준다고 보기 어려운바, 헌법소원심판의 대상이 되는 공권력의 행사에 해당한다고 할 수 없다(헌재 2021.9.30. 2020헌마494).   답 ○

328 국립대학인 서울대학교의 "94학년도 대학입학고사주요요강"은 사실상의 준비행위 내지 사전
□□□ 안내로서 헌법재판소법 제68조 제1항 소정의 공권력의 행사에 해당되지 않는다. **ㅣ법원직9급 20**

○ ×

....

국립대학인 서울대학교의 "94학년도 대학입학고사주요요강"은 사실상의 준비행위 내지 사전안내로서 행정쟁송의
대상이 될 수 있는 행정처분이나 공권력의 행사는 될 수 없지만 그 내용이 국민의 기본권에 직접 영향을 끼치는
내용이고 앞으로 법령의 뒷받침에 의하여 그대로 실시될 것이 틀림없을 것으로 예상되어 그로 인하여 직접적으로
기본권 침해를 받게 되는 사람에게는 사실상의 규범작용으로 인한 위험성이 이미 현실적으로 발생하였다고 보아야
할 것이므로 이는 헌법소원의 대상이 되는 헌법재판소법 제68조 제1항 소정의 공권력의 행사에 해당된다고 할
것이며, 이 경우 헌법소원 외에 달리 구제방법이 없다(헌재 1992.10.1. 92헌마68). **답** ×

329 판사의 디엔에이감식시료채취영장 발부행위는 실질적으로 행정처분으로서의 성질을 가지고
□□□ 있으므로 행정소송 또는 헌법소원의 대상이 된다. **ㅣ법행 21** ○ ×

'법원의 재판'은 헌법재판소가 위헌으로 결정한 법령을 적용함으로써 국민의 기본권을 침해한 재판에 해당하지
않는 한 헌법소원심판의 대상이 될 수 없다. 여기서 '법원의 재판'이란 사건을 종국적으로 해결하기 위한 종국판결
외에 본안전 소송판결 및 중간판결이 모두 포함되고, 기타 소송절차의 파생적·부수적인 사항에 대한 공권적
판단도 포함된다. 그런데 이 사건 영장 발부는 검사의 청구에 따라 판사가 디엔에이감식시료채취의 필요성이
있다고 판단하여 이루어진 재판으로서, 헌법소원심판의 대상이 될 수 있는 예외적인 재판에 해당하지 아니함이
명백하다(헌재 2018.8.30. 2016헌마344). **답** ×

330 행정규칙은 원칙적으로 헌법소원의 대상이 될 수 없으나, 예외적으로 법령의 규정에 의하여
□□□ 행정관청에 법령의 구체적 내용을 보충할 권한을 부여한 경우나, 재량권행사의 준칙으로서
그 정한 바에 따라 되풀이 시행되어 행정관행이 형성됨으로써 평등의 원칙이나 신뢰보호의
원칙에 따라 행정기관이 그 상대방에 대한 관계에서 그 규칙에 따라야 할 자기구속을 당하게
되는 경우에는 헌법소원의 대상이 될 수도 있다. **ㅣ법무사 22** ○ ×

....

행정규칙은 일반적으로 행정조직 내부에서만 효력을 가지는 것이나, 행정규칙이 법령의 규정에 의하여 행정관청에
법령의 구체적 내용을 보충할 권한을 부여한 경우나 재량권행사의 준칙인 규칙이 그 정한 바에 따라 되풀이
시행되어 행정관행이 이룩되게 되면, 평등의 원칙이나 신뢰보호의 원칙에 따라 행정기관은 그 상대방에 대한
관계에서 그 규칙에 따라야 할 자기구속을 당하게 되는 경우에는 대외적인 구속력을 가지게 되는바, 이러한 경우에
는 헌법소원의 대상이 될 수도 있다(헌재 2001.5.31. 99헌마413). **답** ○

331 중앙선거관리위원회가 '비례○○당'의 명칭이 정당법에서 금지하는 유사명칭에 해당하여 정
□□□ 당의 명칭으로 사용할 수 없다고 결정·공표한 행위는 정당의 법적 지위에 영향을 미치므로
헌법소원의 대상이 되는 공권력의 행사에 해당한다. **ㅣ법무사 22** ○ ×

중앙선거관리위원회가 2020.1.13. '비례○○당'의 명칭은 정당법 제41조 제3항에 위반되어 정당의 명칭으로 사용할 수 없다고 결정·공표한 행위는 그 자체만으로 청구인의 법적 지위에 어떠한 영향을 미치지 않는다. 이 사건 창당준비위원회 또는 청구인이 피청구인에게 정당등록을 신청하고 이에 대하여 피청구인이 그 신청을 수리 또는 거부할 때 비로소 청구인의 법적 지위가 변동된다 할 것이다. 이처럼 정당등록 사무를 관장하는 피청구인이 그 사무에 관하여 정당법 제41조 제3항의 구체적인 해석·적용을 어떻게 할 것인지에 관하여 이루어진 내부적인 판단 및 그 공표행위에 불과한 이 사건 결정·공표는 청구인의 법적 지위에 어떠한 영향을 미친다고 보기 어려우므로, 헌법소원의 대상이 되는 '공권력의 행사'에 해당하지 않는다(헌재 2021.3.25. 2020헌마94).　　답 ×

332　대통령기록물 소관 기록관이 대통령기록물을 중앙기록물관리기관으로 이관하는 행위는 국가
□□□　기관 사이의 내부적·절차적 행위에 불과하므로 헌법소원의 대상이 되는 공권력의 행사에
　　　해당하지 아니한다. ▮법무사 22　　　　　　　　　　　　　　　　　　　　　　　　　○ ×

대통령기록물 소관 기록관이 대통령기록물을 중앙기록물관리기관으로 이관하는 행위는 '대통령기록물관리에 관한 법률'에 따른 대통령기록물 관리업무 수행 기관의 변경행위로서, 법률이 정하는 권한분장에 따라 업무수행을 하기 위한 국가기관 사이의 내부적·절차적 행위에 불과하므로 헌법소원심판의 대상이 되는 공권력의 행사에 해당한다고 볼 수 없다(헌재 2019.12.27. 2017헌마359).　　답 ○

333　경찰서장이 시장에게 활동보조인과 수급자의 인적사항, 휴대전화번호 등을 확인할 수 있는
□□□　자료를 요청한 것에 대하여 시장은 협조할 의무를 부담하지 않으므로 경찰서장의 위와 같은
　　　요청행위는 공권력 행사성이 인정되지 않는다. ▮법무사 22　　　　　　　　　　　　　○ ×

김포경찰서장이 2015.6.26. 김포시장에게 활동보조인과 수급자의 인적사항, 휴대전화번호 등을 확인할 수 있는 자료를 요청한 행위의 근거조항인 이 사건 사실조회조항은 수사기관에 공사단체 등에 대한 사실조회의 권한을 부여하고 있을 뿐이고, 김포시장은 김포경찰서장의 사실조회에 응하거나 협조하여야 할 의무를 부담하지 않는다. 따라서 이 사건 사실조회행위만으로는 청구인들의 법적 지위에 어떠한 영향을 미친다고 보기 어렵고, 김포시장의 자발적인 협조가 있어야만 비로소 청구인들의 개인정보자기결정권이 제한된다. 그러므로 이 사건 사실조회행위는 공권력 행사성이 인정되지 않는다(헌재 2018.8.30. 2016헌마483).　　답 ○

334　행정청이 우월적 지위에서 일방적으로 강제하는 '권력적 사실행위'는 헌법소원의 대상이 될
□□□　수 있다. ▮법무사 21　　　　　　　　　　　　　　　　　　　　　　　　　　　　　○ ×

행정청이 우월적 지위에서 일방적으로 강제하는 권력적 사실행위는 헌법소원의 대상이 되는 공권력의 행사에 해당한다는 것이 우리 재판소의 판례이다(헌재 2003.12.18. 2001헌마754).　　답 ○

335 비구속적 행정계획안이나 행정지침도 헌법소원심판의 대상이 되는 경우가 있다. ▮법행 22
□□□
○ ×

비구속적 행정계획안이나 행정지침이라도 국민의 기본권에 직접적으로 영향을 끼치고, 앞으로 법령의 뒷받침에 의하여 그대로 실시될 것이 틀림없을 것으로 예상될 수 있을 때에는, 공권력행위로서 예외적으로 헌법소원의 대상이 될 수 있다(헌재 2000.6.1. 99헌마538). **답** ○

336 ▶ 대통령의 법률안 제출행위는 국가기관 사이의 내부적 행위에 불과하므로 헌법소원심판의
□□□ 대상이 되는 공권력의 행사가 아니다. ▮법무사 21, 법원직9급 20
○ ×

▶ 대통령의 법률안 제출행위는 국가기관의 내부적 행위에 불과하고 국민에 대하여 직접적인 법률효과를 발생시키는 행위가 아니므로 헌법소원심판의 대상이 되지 않는다. ▮법행 22
○ ×

공권력의 행사에 대하여 헌법소원심판(憲法訴願審判)을 청구하기 위하여는, 공권력의 주체에 의한 공권력의 발동으로서 국민의 권리의무에 대하여 직접적인 법률효과를 발생시키는 행위가 있어야 한다. 그런데 대통령의 법률안 제출행위는 국가기관 간의 내부적 행위에 불과하고 국민에 대하여 직접적인 법률효과를 발생시키는 행위가 아니므로 헌법재판소법 제68조에서 말하는 공권력의 행사에 해당되지 않는다(헌재 1994.8.31. 92헌마174). **답** ○ / ○

337 명령·규칙 그 자체에 의하여 직접 기본권이 침해된 경우, 대법원이 이를 최종적으로 심사할
□□□ 권한을 가지므로 명령·규칙은 헌법소원의 대상이 될 수 없다. ▮법무사 21 ○ ×

헌법 제107조 제2항이 규정한 명령·규칙에 대한 대법원의 최종심사권이란 구체적인 소송사건에서 명령·규칙의 위헌 여부가 재판의 전제가 되었을 경우 법률의 경우와는 달리 헌법재판소에 제청할 것 없이 대법원이 최종적으로 심사할 수 있다는 의미이며, 명령·규칙 그 자체에 의하여 직접 기본권이 침해되었음을 이유로 하여 헌법소원심판을 청구하는 것은 위 헌법규정과는 아무런 상관이 없는 문제이다. 따라서 입법부·행정부·사법부에서 제정한 규칙이 별도의 집행행위를 기다리지 않고 직접 기본권을 침해하는 것일 때에는 모두 헌법소원심판의 대상이 될 수 있는 것이다(헌재 1990.10.15. 89헌마178). **답** ×

338 사법부에서 제정한 규칙이 별도의 집행행위를 기다리지 않고 직접 기본권을 침해하는 것일
□□□ 때에는 헌법소원심판의 대상이 될 수 있다. ▮법행 22 ○ ×

헌법재판소법 제68조 제1항이 규정하고 있는 헌법소원심판의 대상으로서의 "공권력"이란 입법·사법·행정 등 모든 공권력을 말하는 것이므로 입법부에서 제정한 법률, 행정부에서 제정한 시행령이나 시행규칙 및 사법부에서 제정한 규칙 등은 그것들이 별도의 집행행위를 기다리지 않고 직접 기본권을 침해하는 것일 때에는 모두 헌법소원심판의 대상이 될 수 있는 것이다(헌재 1990.10.15. 89헌마178). **답** ○

339 예산은 일반국민을 구속하지 않으므로 국회의 예산안 의결행위는 헌법소원의 대상이 되지 □□□ 않는다. ▮법무사 21   ○ ✕

....

예산은 일종의 법규범이고 법률과 마찬가지로 국회의 의결을 거쳐 제정되지만 법률과 달리 국가기관만을 구속할 뿐 일반국민을 구속하지 않는다. 국회가 의결한 예산 또는 국회의 예산안 의결은 헌법재판소법 제68조 제1항 소정의 '공권력의 행사'에 해당하지 않고 따라서 헌법소원의 대상이 되지 아니한다(헌재 2006.4.25. 2006헌마 409).   답 ○

340 헌법 해석상 특정인의 기본권을 보호하기 위한 국가의 입법의무가 발생하였음에도 불구하고 □□□ 입법자가 아무런 입법조치를 취하지 않고 있는 경우 그 입법부작위는 헌법소원의 대상이 될 수 있다. ▮법무사 21   ○ ✕

....

헌법재판소법 제68조 제1항에서 공권력의 불행사에 대한 헌법소원심판의 청구를 허용하고 있으며 위 규정의 공권력 중에는 입법권도 당연히 포함되므로 입법부작위에 대한 헌법소원이 허용되나, 헌법에서 기본권 보장을 위해 법령에 명시적으로 입법위임을 하였음에도 불구하고 입법자가 이를 이행하지 않고 있는 경우 또는 헌법 해석상 특정인의 기본권을 보호하기 위한 국가의 입법의무가 발생하였음이 명백함에도 불구하고 입법자가 전혀 아무런 입법조치를 취하지 않고 있는 경우에 한하여 그 입법부작위가 헌법소원의 대상이 된다(헌재 1994.12.29. 89헌마2).   답 ○

341 입법부작위는 입법자가 헌법상 입법의무가 있는 어떠한 사항에 관하여 전혀 입법을 하지 아니 □□□ 함으로써 입법행위의 흠결이 있는 이른바 진정입법부작위와 입법자가 어떤 사항에 관하여 입법을 하였으나 그 내용·범위·절차 등이 불완전·불충분 또는 불공정하여 입법행위에 결함 이 있는 부진정입법부작위로 구분된다. ▮법행 21   ○ ✕

....

입법부작위에는 입법자가 헌법상 입법의무 있는 어떠한 사항에 관하여 전혀 입법을 하지 아니함으로써 입법행위에 흠결이 있는 진정입법부작위와, 입법자가 어떤 사항에 관하여 입법은 하였으나 그 입법의 내용·범위·절차 등의 사항을 불완전·불충분 또는 불공정하게 규율함으로써 입법행위에 결함이 있는 부진정입법부작위로 나눌 수 있다. 전자의 입법부작위는 입법부작위로서 헌법소원의 대상이 될 수 있지만, 후자의 경우에는 그 불완전한 법규정 자체를 대상으로 하여 그것이 헌법위반이라는 적극적인 헌법소원을 청구할 수 있을 뿐 이를 입법부작위라 하여 헌법소원을 제기할 수 없다(헌재 2014.9.24. 2014헌마733).   답 ○

342 ▸ 진정입법부작위를 대상으로 하여 헌법소원을 제기하려면 헌법에서 기본권보장을 위하여
☐☐☐ 법령에 명시적인 입법위임을 하였음에도 불구하고 입법자가 상당한 기간 내에 이를 이행하지
아니하거나 또는 헌법의 해석상 특정인에게 구체적인 기본권이 생겨 이를 보장하기 위한
국가의 행위의무 내지 보호의무가 발생하였음이 명백함에도 불구하고 입법자가 아무런 조치
를 취하지 아니한 경우이어야 한다. ▎법행 21   ○ ✕

▸ 부진정입법부작위를 이유로 헌법소원을 제기하려면 결함이 있는 당해 입법규정 그 자체를
대상으로 하여 그것이 평등의 원칙에 위배된다는 등 헌법위반을 내세워 적극적인 헌법소원을
제기하여야 한다. ▎법행 21   ○ ✕

"진정입법부작위" 즉 본래의 의미에서의 입법부작위를 대상으로 하여 헌법소원을 제기하려면 헌법에서 기본권보
장을 위하여 법령에 명시적인 입법위임을 하였음에도 불구하고 입법자가 상당한 기간 내에 이를 이행하지 아니하
거나 또는 헌법의 해석상 특정인에게 구체적인 기본권이 생겨 이를 보장하기 위한 국가의 행위의무 내지 보호의무
가 발생하였음이 명백함에도 불구하고 입법자가 아무런 조치를 취하지 아니한 경우이어야 하고, "부진정입법부작
위"를 대상으로, 즉 입법의 내용·범위·절차 등의 결함을 이유로 헌법소원을 제기하려면 이 경우에는 결함이
있는 당해 입법규정 그 자체를 대상으로 하여 그것이 평등의 원칙에 위배된다는 등 헌법위반을 내세워 적극적인
헌법소원을 제기하여야 하며, 이 경우에는 헌법재판소법 소정의 제소기간(청구기간)을 준수하여야 한다(헌재
2007.2.22. 2005헌마548).   답 ○ / ○

343 공권력의 주체에게 헌법에서 유래하는 작위의무가 특별히 구체적으로 규정되어 있다는 것은,
☐☐☐ 헌법상 명문으로 공권력 주체의 작위의무가 규정되어 있는 경우, 헌법의 해석상 공권력 주체의
작위의무가 도출되는 경우, 공권력 주체의 작위의무가 법령에 구체적으로 규정되어 있는 경우
등을 포괄한다. ▎법원직9급 22   ○ ✕

헌재 2021.9.30. 2016헌마1034   답 ○

344 헌법에서 기본권보장을 위해 법령에 명시적으로 입법위임을 하였으나, 입법자의 입법 내용이
☐☐☐ 불완전, 불충분 또는 불공정하여 헌법 위반에 해당하는 경우에는 그 입법부작위 자체를 헌법소
원심판의 대상으로 삼아야 한다. ▎법행 22   ○ ✕

입법부작위에는, 입법자가 헌법상 입법의무가 있는 어떤 사항에 관하여 전혀 입법을 하지 아니함으로써 입법행위
의 흠결이 있는 경우와 입법자가 어떤 사항에 관하여 입법은 하였으나 그 입법의 내용·범위·절차 등이 당해
사항을 불완전, 불충분 또는 불공정하게 규율함으로써 입법행위에 결함이 있는 경우가 있는데, 일반적으로 전자를
진정입법부작위, 후자를 부진정입법부작위라고 부르고 있으며, 이는 행정입법부작위의 경우에도 마찬가지이다.
부진정입법부작위의 경우에는 그 불완전한 법규 자체를 대상으로 하여 그것이 헌법위반이라는 적극적인 헌법소원
을 하여야 하며, 단순히 입법부작위를 이유로 한 헌법소원심판을 청구하는 것은 부적법하다(헌재 2003.2.4. 2003
헌마29).   답 ✕

345
□□□ 피청구인의 작위의무 이행은 이행행위 그 자체만을 가리키는 것이지 이를 통해 청구인들이 원하는 결과까지 보장해 주는 이행을 의미하지는 않으므로, 피청구인에게 헌법에서 유래하는 작위의무가 있더라도 피청구인이 이를 이행하고 있는 상태라면 부작위에 대한 헌법소원심판청구는 부적법하다. **| 법원직9급 22** ○ ✕

....

피청구인에게 헌법에서 유래하는 작위의무가 있음을 인정할 수 있다 하더라도, 피청구인이 이를 이행하고 있는 상태라면, 부작위에 대한 헌법소원심판청구는 부적법하다. 피청구인의작위의무 이행은 이행행위 그 자체만을 가리키는 것이지 이를 통해 청구인들이 원하는 결과까지 보장해 주는 이행을 의미하는 것은 아니다(헌재 2019.12.27. 2012헌마939). **답** ○

346
□□□ 법원이 구속영장이 청구된 피의자의 사선변호인에게 구속 전 피의자심문(영장실질심사) 기일 이전에 피의사실의 요지를 미리 고지하도록 규정하지 아니한 입법부작위에 대한 헌법소원심판청구는 부적법하다. **| 법원직9급 20** ○ ✕

....

구속영장이 청구된 피의자의 사선변호인이 구속 전 피의자심문기일 이전에 미리 법원으로부터 피의사실의 요지를 고지 받을 절차적 권리는 입법자의 입법형성이 있어야 비로소 부여되는 것일 뿐이므로, 입법자가 이와 같은 권리를 보장하는 규정을 만들어야 할 입법의무가 헌법의 해석상 곧바로 도출된다고 보기도 어렵다. 결국 구속영장이 청구된 피의자의 사선변호인에 대하여 법원이 구속 전 피의자심문기일 이전에 미리 피의사실의 요지를 고지하도록 규정하여야 할 입법자의 입법의무를 인정할 수 없는 이상, 입법부작위에 대한 심판청구 부분은 부적법하다(헌재 2015.12.23. 2013헌마182). **답** ○

347
□□□ 행정권력의 부작위에 대한 헌법소원은 공권력의 주체에게 헌법에서 유래하는 작위의무가 특별히 구체적으로 규정되어 이에 의거하여 기본권의 주체가 행정행위 내지 공권력의 행사를 청구할 수 있음에도 공권력의 주체가 그 의무를 해태하는 경우에 한하여 허용된다. **| 법무사 22, 법원직9급 22** ○ ✕

....

헌재 2004.5.27. 2003헌마851 **답** ○

348
□□□ 행정명령의 제정 또는 개정의 지체가 위법하여 그에 대한 법적 통제가 가능하기 위해서는 행정청에게 시행명령을 제정(개정)할 법적 의무가 있어야 하고, 상당한 기간이 지났음에도 불구하고, 명령제정(개정)권이 행사되지 않아야 한다. **| 법행 21** ○ ✕

....

행정권력의 부작위에 대한 헌법소원은 공권력의 주체에게 헌법에서 유래하는 작위의무가 특별히 구체적으로 규정되어 이에 의거하여 기본권의 주체가 행정행위를 청구할 수 있음에도 공권력의 주체가 그 의무를 해태하는 경우에 허용되고, 특히 행정명령의 제정 또는 개정의 지체가 위법으로 되어 그에 대한 법적 통제가 가능하기 위하여는 첫째, 행정청에게 시행명령을 제정(개정)할 법적 의무가 있어야 하고 둘째, 상당한 기간이 지났음에도 불구하고 셋째, 명령제정(개정)권이 행사되지 않아야 한다(헌재 2004.2.26. 2001헌마718). **답** ○

349
☐☐☐
▸ 법원의 재판을 거쳐 확정된 행정처분(이하 '원행정처분'이라 한다)에 대한 헌법소원 심판청구는 헌법재판소법 제68조 제1항의 입법취지 등에 비추어 원칙적으로 허용되지 않지만, 원행정처분을 심판의 대상으로 삼았던 법원의 재판이 예외적으로 헌법소원심판의 대상이 되어 그 재판 자체가 취소되는 경우에는 예외적으로 원행정처분에 대하여도 헌법소원 심판청구가 허용된다. ▮법행 23 ○ ✕

▸ 원행정처분을 심판의 대상으로 삼았던 법원의 재판이 예외적으로 헌법소원심판의 대상이 되어 그 재판 자체까지 취소되는 경우에는 원행정처분에 대한 헌법소원이 허용된다.
▮법원직9급 21 ○ ✕

법원의 재판을 거쳐 확정된 행정처분(이하 '원행정처분'이라 한다)에 대한 헌법소원 심판청구는 헌법재판소법 제68조 제1항의 입법취지 등에 비추어 원칙적으로 허용되지 않지만, 원행정처분을 심판의 대상으로 삼았던 법원의 재판이 예외적으로 헌법소원심판의 대상이 되어 그 재판 자체가 취소되는 경우에는 예외적으로 원행정처분에 대하여도 헌법소원 심판청구가 허용된다(헌재 2022.7.21. 2013헌마242). 답 ○ / ○

350
☐☐☐
국회의장의 불법적인 의안처리행위로 국회의원의 심의·표결권이 침해되었다고 하더라도, 그 심의·표결권은 국회의원 개인에게 보장된 기본권이 아니므로 이러한 경우 국회의원은 헌법소원심판을 청구할 수 없다. ▮법행 22 ○ ✕

국회의원이 국회 내에서 행하는 질의권·토론권 및 표결권 등은 입법권 등 공권력을 행사하는 국가기관인 국회의 구성원의 지위에 있는 국회의원에게 부여된 권한이지 국회의원 개인에게 헌법이 보장하는 권리 즉 기본권으로 인정된 것이라고 할 수 없으므로, 설사 국회의장의 불법적인 의안처리행위로 헌법의 기본원리가 훼손되었다고 하더라도 그로 인하여 헌법상 보장된 구체적 기본권을 침해당한 바 없는 국회의원인 청구인들에게 헌법소원심판청구가 허용된다고 할 수 없다(헌재 1995.2.23. 90헌마125). 답 ○

351
☐☐☐
형사소송법이 2007.6.1. 법률 제8496호로 개정된 후에는 재정신청의 대상범죄에 대한 제한이 없어져, 고소인은 검사의 불기소처분에 대하여 불복하는 경우 고등법원에 재정신청을 제기하여야 하므로, 결국 고소인의 헌법소원심판 청구는 허용되지 않게 되었다. ▮법행 21 ○ ✕

현재는 형사피해자인 고소인은 검사의 불기소처분에 대하여 검찰청에의 항고를 거친 후 고등법원에 재정신청을 제기하는 방법으로 불복할 수 있고, 헌법소원을 제기할 수는 없다. 이는 재정신청의 대상범죄에 대한 제한이 없어져 보충성의 원칙상 헌법소원을 제기하기 전에 법원의 재정신청을 거쳐야 하고, 법원의 재정신청을 거친 후에는 재판에 대한 헌법소원이 원칙적으로 금지되기 때문이다. 답 ○

352 피해자의 고소가 아닌 수사기관의 인지 등에 의하여 수사가 개시된 피의사건에서 검사의 불기
☐☐☐ 소처분이 이루어진 경우, 피해자가 헌법소원을 제기하는 것은 허용되지 않는다. ❙법행 21

○ ×

피해자의 고소가 아닌 수사기관의 인지 등에 의해 수사가 개시된 피의사건에서 검사의 불기소처분이 이루어진
경우, 고소하지 아니한 피해자로 하여금 별도의 고소 및 이에 수반되는 권리구제절차를 거치게 하는 방법으로는
종래의 불기소처분 자체의 취소를 구할 수 없고 당해 수사처분 자체의 위법성도 치유될 수 없다는 점에서 이를
본래 의미의 사전 권리구제절차라고 볼 수 없고, 고소하지 아니한 피해자는 검사의 불기소처분을 다툴 수 있는
통상의 권리구제수단도 경유할 수 없으므로, 그 불기소처분의 취소를 구하는 헌법소원의 사전 권리구제절차라는
것은 형식적·실질적 측면에서 모두 존재하지 않을 뿐만 아니라, 별도의 고소 등은 그에 수반되는 비용과 권리구제
가능성 등 현실적인 측면에서 볼 때에도 불필요한 우회절차를 강요함으로써 피해자에게 지나치게 가혹할 수
있으므로, 고소하지 아니한 피해자는 예외적으로 불기소처분의 취소를 구하는 헌법소원심판을 곧바로 청구할
수 있다(헌재 2010.6.24. 2008헌마716). 답 ×

353 진정에 기하여 이루어진 내사사건의 종결처리는 수사기관의 내부적 사건처리방식에 지나지
☐☐☐ 아니하므로 진정인의 고소 또는 고발의 권리행사에 아무런 영향을 미치는 것이 아니어서 헌법
소원심판의 대상이 되는 공권력의 행사에 해당하지 않는다. ❙법행 21

○ ×

헌재 1991.12.2. 91헌마191 답 ○

354 수사기관이 청구인으로부터 고소장을 제출받고도 부적법하게 진정사건으로 접수하여 내사종
☐☐☐ 결처분을 하였더라도 이는 수사기관의 내부적 사건처리방식에 지나지 아니하므로 헌법소원의
대상인 공권력의 행사에 해당하지 않는다. ❙법행 21

○ ×

피청구인이 청구인으로부터 고소장을 제출받고도 부적법하게 진정사건으로 접수하여 내사종결처분을 하였으므로
내사종결처분은 수사기관의 내부적 사건처리방식에 지나지 않는다고 할 수 없고, 헌법소원의 대상인 공권력의
행사에 해당한다(헌재 2014.9.25. 2012헌마175). 답 ×

355 검사가 청구인(피의자)에 대해 '혐의없음' 결정을 하지 않고 '공소권없음' 결정을 한 경우, 이는
☐☐☐ 청구인의 헌법상 기본권을 침해하는 공권력의 행사에 해당한다. ❙법행 21

○ ×

'공소권없음' 결정이나 '혐의없음' 결정은 모두 피의자에 대하여 소추장애사유가 있어 기소할 수 없다는 내용의
처분이므로 두 결정은 기소할 수 없다는 점에서 동일한 처분이라고 할 수 있다. 한편 '공소권없음' 결정은 그
결정이 있다고 하여 청구인에게 범죄혐의가 있음이 확정되는 것이 결코 아니므로 피의사실이 인정됨에도, 즉
소추장애사유가 없어 기소할 수 있음에도 기소하지 않는다는 내용의 결정인 '기소유예' 결정과는 본질적으로
다르다. 설령 청구인의 주장대로 청구인에게는 이 사건 교통사고 발생에 아무런 과실이 없다고 하더라도, 청구인으
로서는 '공소권없음' 결정으로 인해 자신이 이 사건 교통사고 발생에 아무런 과실이 없다는 점이 밝혀지지 않은
불이익을 입었다고 할 수 있을 뿐인데, 이는 어디까지나 간접적 또는 사실상의 불이익에 불과한 것이므로 이를
가지고 기본권 침해 문제가 발생하였다고 할 수는 없다. 따라서 피청구인이 '혐의없음' 결정을 하지 않고 '공소권없
음' 결정을 한 것을 가리켜 청구인의 헌법상 기본권을 침해하는 공권력의 행사라고 할 수 없으므로 이 사건 심판청구
는 부적법하다(헌재 2019.7.9. 2019헌마663). 답 ×

356 개별적, 구체적 사건에서 법률조항의 단순한 포섭, 적용에 관한 문제를 다투는 것도 적법한 헌법소원 심판청구에 해당한다. ▮법무사 21 ○ ✕

□□□

재판소원을 금지하는 헌법재판소법 제68조 제1항의 취지에 비추어, 개별·구체적 사건에서 단순히 법률조항의 포섭이나 적용의 문제를 다투거나, 의미 있는 헌법문제에 대한 주장 없이 단지 재판결과를 다투는 헌법소원 심판청구는 여전히 허용되지 않는다(헌재 2012.12.27. 2011헌바117). 답 ✕

357 법원의 재판에 대하여는 원칙적으로 헌법소원심판을 청구할 수 없으며, 여기서 법원의 재판이라 함은 사건을 종국적으로 해결하기 위한 종국판결 외에 본안전 소송판결 및 중간판결이 모두 포함된다. ▮법원직9급 21 ○ ✕

□□□

'법원의 재판'은 헌법재판소가 위헌으로 결정한 법령을 적용함으로써 국민의 기본권을 침해한 재판에 해당하지 않는 한 헌법소원심판의 대상이 될 수 없다. 여기서 '법원의 재판'이란 사건을 종국적으로 해결하기 위한 종국판결 외에 본안전 소송판결 및 중간판결이 모두 포함되고, 기타 소송절차의 파생적·부수적인 사항에 대한 공권적 판단도 포함된다(헌재 2018.8.30. 2016헌마344). 답 ○

358 헌법재판소에 의하여 이미 위헌선언된 법령을 적용하여 국민의 기본권을 침해한 법원의 재판에 대하여는 예외적으로 헌법소원심판을 청구할 수 있다. ▮법원직9급 21 ○ ✕

□□□

헌법재판소법 제68조 제1항 본문에 의하면, 원칙적으로 법원의 재판을 대상으로 하는 헌법소원심판청구는 허용되지 아니하고, 다만 헌법재판소가 위헌으로 결정한 법령을 적용함으로써 국민의 기본권을 침해한 재판에 대하여만 헌법재판소법 제68조 제1항에 의한 헌법소원심판을 청구할 수 있다(헌재 2015.2.16. 2015헌마102). 답 ○

359 법원의 재판에는 재판절차에 관한 법원의 판단이 포함되나, 재판의 지연은 법원의 재판절차에 관한 것으로 볼 수 없으므로 헌법소원의 대상이 된다. ▮법원직9급 21 ○ ✕

□□□

원칙적으로 법원의 재판을 대상으로 하는 헌법소원심판청구는 허용되지 아니하고(헌법재판소법 제68조 제1항), 위 규정의 '법원의 재판'에는 재판 자체 뿐만 아니라 재판절차에 관한 법원의 판단도 포함되는 것으로 보아야 한다. 따라서 위 재심청구기각 결정은 법원의 재판 자체에 해당하고 위 재청구한 재심사건에서의 재판지연은 법원의 재판절차에 관한 것이므로 모두 헌법소원의 대상이 될 수 없다(헌재 2009.7.14. 2009헌마332). 답 ✕

360 한정위헌결정 이전에 확정된 청구인들에 대한 유죄판결은 한정위헌결정에 의하여 소급적으로 법률에 대한 위헌결정의 기속력에 반하는 재판이 되므로 헌법소원의 대상이 되는 공권력의 행사에 해당한다. ▮법행 23 ○ ✕

□□□

형벌 조항은 위헌결정으로 소급하여 그 효력을 상실하지만, 위헌결정이 있기 이전의 단계에서 그 법률을 판사가 적용하는 것은 제도적으로 정당성이 보장되므로 아직 헌법재판소에 의하여 위헌으로 선언된 바가 없는 법률이 적용된 재판을 그 뒤에 위헌결정이 선고되었다는 이유로 위법한 공권력의 행사라고 하여 헌법소원심판의 대상으로 삼을 수는 없다. 따라서 이 사건 한정위헌결정 이전에 확정된 청구인들에 대한 유죄판결은 법률에 대한 위헌결정의 기속력에 반하는 재판이라고 볼 수 없으므로 이에 대한 심판청구는 부적법하다(헌재 2022.6.30. 2014헌마760). 답 ✕

361
□□□
한정위헌결정의 기속력을 부인하여 청구인들의 재심청구를 기각한 법원의 재판은 '법률에 대한 위헌결정의 기속력에 반하는 재판'으로 이에 대한 헌법소원은 허용된다. ▌법행 23

○ ×

이 사건 한정위헌결정은 형벌 조항의 일부가 헌법에 위반되어 무효라는 내용의 일부위헌결정으로, 법원과 그 밖의 국가기관 및 지방자치단체에 대하여 기속력이 있다. 이 사건 한정위헌결정의 기속력을 부인하여 청구인들의 재심청구를 기각한 법원의 재판은 '법률에 대한 위헌결정의 기속력에 반하는 재판'으로 이에 대한 헌법소원은 허용되고 청구인들의 헌법상 보장된 재판청구권을 침해하였으므로 법 제75조 제3항에 따라 취소되어야 한다(헌재 2022.6.30. 2014헌마760).

답 ○

---

2 **기본권 침해의 자기관련성**

362
□□□
사법시험을 준비하여 왔던 사람들로서 법학전문대학원에 진학한 상태가 아닌 사람은 법학전문대학원의 학위과정 및 학생선발에 관한 규정으로 인한 기본권 침해와 직접적으로 관련이 없어 자기관련성이 인정되지 아니한다. ▌법행 21

○ ×

헌법재판소법 제68조 제1항에 의하면 헌법소원심판은 공권력의 행사 또는 불행사로 인하여 헌법상 보장된 기본권을 침해받은 자가 청구하여야 한다고 규정하고 있는 바, 여기에서 기본권을 침해받은 자라 함은 공권력의 행사 또는 불행사로 인하여 자기의 기본권이 현재 그리고 직접적으로 침해받은 자를 의미하며 단순히 간접적, 사실적 또는 경제적인 이해관계가 있을 뿐인 제3자는 이에 해당하지 않는다. 법학전문대학원법 제18조 제1항, 제23조 제1항은 법학전문대학원에 석사학위과정을 두며, 학칙으로 정하는 바에 따라 박사학위과정을 둘 수 있고, 입학자격이 있는 자 중에서 일반전형 또는 특별전형에 의하여 학생을 선발한다는 규정이다. 이들 조항은 법전원 설치 및 운영자들이 준수할 법전원의 학위과정, 학생선발에 관한 규정일 뿐이어서 사법시험을 준비하여 왔던 자들로, 사법시험이 폐지되면서부터는 대학교 학사 학위가 없거나 경제적 어려움 등으로 법학전문대학원에 진학하지 못한 청구인들이 주장하는 기본권 침해와 직접적인 관련이 없다. 따라서 청구인들은 위 조항들로 인한 기본권침해의 자기관련성이 인정되지 않으므로 위 조항들에 대한 심판청구는 부적법하다(헌재 2020.10.29. 2017헌마1128).

답 ○

363
□□□
서울시 재난지원금 신청에 있어 공무원에게 자신이 저소득자임을 증명하는 것이 인권침해라는 스스로의 판단에 따라 위 재난지원금을 신청하지 아니한 사람은 서울시 재난지원금의 신청기한이 5월 15일로 정한 것으로 인하여 법적 지위에 영향을 받았다고 볼 수 없으므로 자기관련성이 인정되지 아니한다. ▌법행 21

○ ×

청구인은 서울시재난지원금 신청기한을 5월 15일로 정한 것이 청구인의 기본권을 침해한다고 주장하면서 헌법소원심판을 청구하였으나, 청구인이 서울시재난지원금을 지급받지 못한 것은 서울시 공무원에게 저소득자임을 증명하는 것이 인권침해라 생각하고 스스로 신청을 하지 않았기 때문인바, 서울시재난지원금 신청기한을 5월 15일로 정한 것으로 인해 청구인이 법적 지위에 영향을 받았다고 볼 수 없으므로 기본권침해가능성 내지 기본권침해의 자기관련성이 인정되지 아니하여 이 사건 심판청구는 부적법하다(헌재 2020.9.1. 2020헌마1103).

답 ○

364 종교인소득 중 일부에 대하여 소득세를 비과세하고, 종교인소득과 관련하여 세무 공무원의 □□□ 질문·조사권의 범위를 제한하거나 질문·조사 전 수정신고를 안내하도록 규정한 소득세법 및 소득세법 시행령 조항에 관하여 일반 국민들은 자기관련성이 인정되지 아니한다.

┃법행 21 ○ ×

....

심판대상조항은 종교인의 경우 일반 국민에 비하여 비과세될 수 있는 기타소득의 범위를 넓게 설정하고, 소득의 종류로 근로소득과 기타소득을 선택할 수 있도록 하거나 그 밖에 세무조사 과정에서 세무공무원의 질문·조사권의 범위를 제한하는 등의 혜택을 주고 있다. 이러한 수혜적 법령에 대하여 일반 국민인 청구인들은 자신들도 종교인과 같이 동일한 혜택을 받아야 함에도 평등원칙에 반하여 수혜대상에서 제외되었다는 주장을 하고 있지 않고, 심판대상조항이 종교인에 대하여 부당한 혜택을 주고 있다고 주장할 뿐이다. 또한 종교인들에 대한 위와 같은 혜택이 제거되더라도, 이것이 일반 국민인 청구인들의 납세의무나 세무조사 과정에서 공무원의 질문·조사를 받을 의무의 내용에 영향을 미침으로써 위 청구인들의 법적 지위가 향상될 여지가 있다고 보기 어렵다. 따라서 일반 국민인 청구인들은 심판대상조항에 관한 자기관련성이 인정되지 않는다(헌재 2020.7.16. 2018헌마319). **답** ○

365 단체와 그 구성원은 서로 별개의 독립된 인격체로서 단체의 구성원의 기본권 침해를 주장하여 □□□ 단체가 헌법소원심판을 청구하는 것은 허용되지 아니하므로 학부모회 또는 학생회가 소속 학부모 또는 학생의 기본권 침해를 주장하는 것이라면 이는 그 자체로 기본권침해의 자기관련성 요건을 갖추지 못한 것이다. ┃법행 21 ○ ×

....

헌재 2019.11.28. 2018헌마1153 **답** ○

366 수혜적 법령의 경우에는 수혜범위에서 제외된 자가 자신이 평등원칙에 반하여 수혜대상에서 □□□ 제외되었다는 주장을 하거나, 비교집단에게 혜택을 부여하는 법령이 위헌이라고 선고되어 그러한 혜택이 제거된다면 비교집단과의 관계에서 청구인의 법적 지위가 상대적으로 향상된다고 볼 여지가 있는 때에 그 법령의 직접적인 적용을 받는 자가 아니라고 할지라도 자기관련성을 인정할 수 있다. ┃법행 21 ○ ×

....

헌재 2013.12.26. 2010헌마789 **답** ○

367 각급학교 학생에게 예비군 교육훈련의 일부를 보류하는 내용의 국방부장관 지침(재학생 방침 □□□ 보류)에 대하여 학생이 아닌 청구인이 학생에게 예비군 교육훈련 일부의 보류혜택을 부여하는 것이 부당하다고 주장할 뿐 자신도 학생과 동일한 보류혜택을 받아야 함에도 평등원칙에 반하여 그 수혜대상에서 제외되었다는 취지의 주장을 하고 있지 않다면, 기본권 침해의 자기관련성이 인정되지 아니한다. ┃법행 21 ○ ×

이 사건 재학생 방침보류는 예비군 교육훈련에 있어 각급학교 학생에 대한 수혜적 성격의 규정이라 할 수 있는데, 청구인은 학생에게 예비군 교육훈련 일부의 보류혜택을 부여하는 것이 부당하다고 주장할 뿐 자신도 학생과 동일한 보류혜택을 받아야 함에도 평등원칙에 반하여 그 수혜대상에서 제외되었다는 주장은 하지 않고, 나아가 예비군 교육훈련의 대상과 내용 등은 가변적 군사상황, 훈련시설의 수용능력 등을 종합적으로 고려하여 정책적이고 군사과학적인 차원에서 결정되어야 할 문제이므로 청구인에게는 이 사건 재학생 방침보류의 위헌 여부에 관한 헌법소원심판을 구할 자기관련성이 없다(헌재 2013.12.26. 2010헌마789). **답** ○

368
□□□
형사피해자가 아닌 단순 고발인은 불기소처분으로 말미암아 자기의 재판절차상 진술권 기타 기본권을 침해받았다고 볼 수 없으므로, 헌법소원의 요건인 자기관련성의 결여로 청구인적격이 없다. **I 법행 21** ○ ×

검사의 불기소처분에 대하여 기소처분을 구하는 취지에서 헌법소원을 제기할 수 있는 자는 원칙적으로 헌법상의 평등권 및 재판절차진술권의 주체인 형사피해자에 한하므로, 범죄피해자가 아닌 고발인에게는 개인적·주관적 권리나 재판절차에서의 진술권 등의 기본권이 허용될 수 없고, 이 경우 달리 특별한 사정이 없으면 자기관련성이 없다(헌재 2001.10.25. 2001헌마78). **답** ○

369
□□□
타인에 대한 특별사면권 행사에 관하여 일반국민은 기본권 침해의 자기관련성·직접성을 인정받기 어려우므로, 이에 대한 헌법소원심판청구는 부적법하다. **I 법원직9급 22** ○ ×

청구인들은 대통령의 특별사면에 관하여 일반국민의 지위에서 사실상의 또는 간접적인 이해관계를 가진다고 할 수는 있으나 대통령의 청구외인들에 대한 특별사면으로 인하여 청구인들 자신의 법적이익 또는 권리를 직접적으로 침해당한 피해자라고 볼 수 없으므로 이 사건 심판청구는 자기관련성, 직접성이 결여되어 부적법하다(헌재 1998.9.30. 97헌마404). **답** ○

3 기본권 침해의 직접성

370
□□□
법령이 헌법재판소법 제68조 제1항에 따른 헌법소원의 대상이 되려면 구체적인 집행행위 없이 기본권을 침해하여야 하나, 그 집행행위가 행정행위가 아닌 입법행위인 경우에는 당해 법령의 직접성이 인정되는 것이 원칙이다. **I 법원직9급 22** ○ ×

법령이 헌법재판소법 제68조 제1항에 따른 헌법소원의 대상이 되려면 구체적인 집행행위 없이 직접 기본권을 침해하여야 하고, 여기의 집행행위에는 입법행위도 포함되므로 법령이 그 규정의 구체화를 위하여 하위규범의 시행을 예정하고 있는 경우에는 당해 법령의 직접성은 원칙적으로 부인된다(헌재 2018.5.31. 2015헌마853). **답** ×

4 기본권 침해의 현재성

371 기본권 침해의 발생이 확실히 예측된다면 그 침해가 아직 발생하지 않았더라도 기본권 침해의
□□□ 현재성을 구비한 것으로 볼 수 있다. ▎법원직9급 22　　　　　　　　　　　　　　　　　　　○ ×

⋯⋯⋯

청구인이 현재 기본권을 침해당한 경우이어야 헌법소원을 제기할 수 있고, 다만 기본권침해가 장래에 발생하더라도 그 침해가 틀림없을 것으로 현재 확실히 예측된다면 기본권구제의 실효성을 위하여 침해의 현재성이 인정된다(헌재 2009.11.26. 2007헌마424). 　**답** ○

5 보충성의 원칙

372 행정입법부작위를 원인으로 하여 국가배상 등의 청구가 가능한 경우 원칙적으로 행정입법부작
□□□ 위에 대한 헌법소원청구는 부적법하다. ▎법행 21　　　　　　　　　　　　　　　　　　　　○ ×

⋯⋯⋯

<u>행정입법부작위를 원인으로 한 국가배상 등의 청구가 전혀 불가능한 것은 아니지만 이러한 사후적·보충적 권리구제수단은 헌법재판소법 제68조 제1항 단서 소정의 "다른 권리구제절차"에 해당하지 아니한다. 따라서 이 사건 헌법소원 심판청구는 다른 법률에 구제절차가 없는 경우에 해당하므로 보충성의 요건을 흠결하였다고 볼 수 없다</u>(헌재 2002.7.18. 2000헌마707). 　**답** ×

373 다른 법률이 정한 절차에 따라 침해된 기본권의 구제를 받기 위한 모든 수단을 다하지 아니한
□□□ 채 헌법소원을 제기하였더라도 종국결정 전에 권리구제절차를 거쳤다면 사전에 구제절차를
거치지 않은 하자가 치유될 수 있다. ▎법무사 19　　　　　　　　　　　　　　　　　　　　○ ×

⋯⋯⋯

헌법소원이 헌법재판소에 계속 중 청구인들이 다른 법률에 정한 구제절차를 모두 거친 경우 청구 당시에 존재하였던 적법요건 흠결의 하자는 치유된다(헌재 1995.4.20. 91헌마52). 　**답** ○

374 손해배상청구나 손실보상청구, 진정, 형의 집행 및 수용자의 처우에 관한 법률상 청원제도는
□□□ 헌법재판소법 제68조 제1항 단서의 '다른 법률에서 정한 구제절차'에 해당하지 아니한다.
▎법무사 19　　　　　　　　　　　　　　　　　　　　　　　　　　　　　　　　　　　　○ ×

⋯⋯⋯

헌법재판소법 제68조 제1항 단서에서 말하는 다른 법률에 의한 구제절차는 공권력의 행사 또는 불행사를 직접 대상으로 하여 그 효력을 다툴 수 있는 권리구제절차를 의미하는 것이지 사후적·보충적 구제수단인 손해배상청구나 손실보상청구를 의미하는 것이 아니며(헌재 1993.5.13. 92헌마297), 진정은 그 자체가 법률상 권리행사로서 인정되는 것이 아니라 이를 기초로 하여 피청구인의 직권발동을 촉구하는 의사표시에 불과하여 헌법재판소법 제68조 제1항 단서에 규정된 '다른 법률에서 정한 구제절차'에 해당하지 아니하며(헌재 2013.8.29. 2013헌마125), 기사삭제 행위에 대한 권리구제수단에 관하여 아무런 규정이 없으므로 그 삭제행위에 대해 어떠한 구제수단이 있을 것인가가 청구인으로서는 명확히 알 수 없다. 물론 이러한 행위에 대해 행형법상(제6조)의 청원의 대상이 될 수 있음은 명백해 보이나, 그러한 청원제도를 헌법소원에 앞서 필요한 사전권리구제절차라고는 보기 어렵다(헌재 1998.10.29. 98헌마4). 　**답** ○

375 금치처분을 받은 자에 대하여 금치기간 중에는 집필을 금지하고 있는 형의 집행 및 수용자의 처우에 관한 법률 시행령 조항에 대해서는 다른 구제절차 없이 바로 헌법소원심판을 청구할 수 있다. ▮법무사 19 ○ ×

명령·규칙에 의한 기본권 침해가 문제되는 경우에는 그 명령·규칙 자체의 효력을 다투는 행정소송의 길이 없으므로 곧바로 헌법소원을 청구할 수 있다. 따라서 이 부분 심판청구는 보충성 요건을 구비하고 있다(헌재 2005.2.24. 2003헌마289). 답 ○

376 행정관청의 고시는 일반적·추상적 성격을 가지므로 다른 구제절차를 거칠 것 없이 바로 헌법소원심판을 청구할 수 있다. ▮법무사 19 ○ ×

고시 또는 공고의 법적 성질은 일률적으로 판단될 것이 아니라 고시에 담겨진 내용에 따라 구체적인 경우마다 달리 결정된다고 보아야 한다. 즉, 고시가 일반·추상적 성격을 가질 때는 법규명령 또는 행정규칙에 해당하지만, 고시가 구체적인 규율의 성격을 갖는다면 행정처분에 해당한다(헌재 1998.4.30. 97헌마141). 답 ×

377 구속된 피의자가 검사조사실에서 수갑 및 포승을 시용(施用)한 상태로 피의자신문을 받도록 한 행위는 이미 종료된 권력적 사실행위로서 행정심판이나 행정소송의 대상으로 인정되기 어려워 헌법소원심판을 청구하는 외에 달리 효과적인 구제방법이 없으므로 보충성 원칙에 대한 예외에 해당한다. ▮법무사 19 ○ ×

헌재 2005.5.26. 2001헌마728 답 ○

〈사례문제〉

대한민국 국적의 성인 남자 A는 서울 시청 앞 광장(서울광장)을 가로질러 통행하려고 했으나, 경찰이 때마침 서울광장에서 이루어진 대규모 집회를 통제하기 위하여 경찰버스 수십대로 서울광장을 둘러싸는 차벽을 설치하여 통행을 하지 못하게 되자 자신의 기본권이 경찰에 의한 위 차벽으로 침해되었다고 주장하면서 헌법재판소법 제68조 제1항에 의한 헌법소원을 제기하였다(다만, 경찰의 차벽설치행위는 A의 헌법소원심판청구 전에 종료되었음). (다툼이 있는 경우 헌법재판소 결정에 의함)

(1) 경찰의 차벽설치로 인하여 청구인 A의 기본권 침해가능성이 인정된다. ▮법무사 17

○ ✕

청구인들이 서울광장을 사용하지 못하게 된 것은 서울특별시장의 위 불허처분에 의한 것이 아니라 피청구인의 이 사건 통행제지행위에 의한 것이라고 할 것이므로, 이 사건 통행제지행위의 기본권 침해가능성을 부인할 수 없다(헌재 2011.6.30. 2009헌마406). 📖 ○

(2) 경찰의 차벽설치행위는 이른바 '권력적 사실행위'에 해당하여 행정소송의 대상이 되나 이미 경찰의 차벽설치행위가 종료되고 서울광장 통행이 재개되어 행정소송을 제기해도 소의 이익이 부정될 가능성이 높아서 예외적으로 보충성의 원칙이 인정된다. ▮법무사 17

○ ✕

이 사건 통행제지행위는 직접 상대방의 신체 또는 재산에 실력을 가하여 행정상 필요한 상태를 실현하는 행정상의 즉시강제로서 권력적 사실행위에 해당하므로 행정쟁송의 대상이 된다. 그러나 청구인들의 통행이 제지된 다음날 피청구인이 서울광장을 둘러싸고 있던 경찰버스들을 철수시키고 통행제지행위를 중지함에 따라 청구인들이 행정쟁송을 제기하더라도 소의 이익이 부정될 가능성이 높아 그 절차에 의한 권리구제의 가능성이 거의 없다고 보여지는바, 이러한 경우에도 사전구제절차의 이행을 요구하는 것은 불필요한 우회절차를 강요하는 셈이 되는 것이므로, 청구인들이 행정쟁송 절차를 거치지 아니하고 바로 이 사건 심판청구를 제기하였다고 하더라도 이는 보충성의 예외로서 허용된다고 할 것이다(헌재 2011.6.30. 2009헌마406). 📖 ○

(3) 헌법소원은 주관적 권리구제뿐만 아니라 객관적 헌법질서의 보장기능도 겸하고 있으므로 비록 경찰의 차벽설치행위가 종료되었다고 하여도 이와 같은 행위가 다시 반복될 것이 예상되므로 권리보호의 이익이 인정된다. ▮법무사 17

○ ✕

헌법소원은 주관적 권리구제뿐만 아니라 객관적인 헌법질서 보장의 기능도 겸하고 있으므로, 가사 청구인의 주관적 권리구제에는 도움이 되지 아니한다고 하더라도 같은 유형의 침해행위가 앞으로도 반복될 위험이 있고, 헌법질서의 수호·유지를 위하여 그에 대한 헌법적 해명이 긴요한 사항에 대하여는 심판청구의 이익을 인정하여야 하는 것이다. 이 사건에 대한 피청구인의 답변 취지와 피청구인이 2009.6.4. 서울광장의 통행을 허용한 후인 2009.6.27.경에도 집회가 예상된다는 이유로 다시 서울광장을 경찰버스들로 둘러싸 통행을 제지한 바 있는 점 등을 종합하면, 앞으로도 같은 유형의 행위가 반복될 가능성이 있다고 할 수 있다. 따라서 앞서 본 바와 같은 이 사건 통행제지행위 당시 피청구인이 불법·폭력 집회를 막는다는 이유로 서울광장을 봉쇄하여 일반시민들의 통행을 제지하는 것이 헌법적으로 정당한지 여부는 헌법질서의 수호·유지를 위하여 헌법적 해명이 긴요한 사항에 해당하고, 따라서 이 사건 심판청구는 심판의 이익이 있다고 할 것이다(헌재 2011.6.30. 2009헌마406). 📖 ○

(4) 경찰의 차벽설치행위로 침해되는 A의 기본권은 헌법 제14조의 거주·이전의 자유이다.

▌법무사 17 ○ ✕

거주·이전의 자유는 거주지나 체류지라고 볼 만한 정도로 생활과 밀접한 연관을 갖는 장소를 선택하고 변경하는 행위를 보호하는 기본권인바, 이 사건에서 서울광장이 청구인들의 생활 형성의 중심지인 거주지나 체류지에 해당한다고 할 수 없고, 서울광장에 출입하고 통행하는 행위가 그 장소를 중심으로 생활을 형성해 나가는 행위에 속한다고 볼 수도 없으므로 청구인들의 거주·이전의 자유가 제한되었다고 할 수 없다. … 일반공중에게 개방된 장소인 서울광장을 개별적으로 통행하거나 서울광장에서 여가활동이나 문화활동을 하는 것은 일반적 행동자유권의 내용으로 보장됨에도 불구하고, 피청구인이 이 사건 통행제지행위에 의하여 청구인들의 이와 같은 행위를 할 수 없게 하였으므로 청구인들의 일반적 행동자유권의 침해 여부가 문제된다(헌재 2011.6.30. 2009헌마406).

답 ✕

(5) 경찰이 차벽을 설치하여 청구인 A의 서울광장 통행을 제지한 것은 과잉금지원칙에 위반되어 A의 기본권을 침해한 것이다. ▌법무사 17 ○ ✕

이 사건 통행제지행위는 서울광장에서 개최될 여지가 있는 일체의 집회를 금지하고 일반시민들의 통행조차 금지하는 전면적이고 광범위하며 극단적인 조치이므로 집회의 조건부 허용이나 개별적 집회의 금지나 해산으로는 방지할 수 없는 급박하고 명백하며 중대한 위험이 있는 경우에 한하여 비로소 취할 수 있는 거의 마지막 수단에 해당한다. … 가사 전면적이고 광범위한 집회방지조치를 취할 필요성이 있었다고 하더라도, … 시민들의 통행이나 여가·문화활동에 과도한 제한을 초래하지 않으면서도 목적을 상당 부분 달성할 수 있는 수단이나 방법을 고려하였어야 함에도 불구하고 모든 시민의 통행을 전면적으로 제지한 것은 침해의 최소성을 충족한다고 할 수 없다. 또한 대규모의 불법·폭력 집회나 시위를 막아 시민들의 생명·신체와 재산을 보호한다는 공익은 중요한 것이지만, 당시의 상황에 비추어 볼 때 이러한 공익의 존재 여부나 그 실현 효과는 다소 가상적이고 추상적인 것이라고 볼 여지도 있고, 비교적 덜 제한적인 수단에 의하여도 상당 부분 달성될 수 있었던 것으로 보여 일반 시민들이 입은 실질적이고 현존하는 불이익에 비하여 결코 크다고 단정하기 어려우므로 법익의 균형성 요건도 충족하였다고 할 수 없다. 따라서 이 사건 통행제지행위는 과잉금지원칙을 위반하여 청구인들의 일반적 행동자유권을 침해한 것이다(헌재 2011.6.30. 2009헌마406).

답 ○

6 청구기간

379
□□□
유예기간을 두고 있는 법령이 구체적이고 현실적으로 청구인들에게 적용된 것은 유예기간을 경과한 때부터이므로, 그 법령에 대한 헌법소원 청구기간은 그 법령의 시행일이 아니라 유예기간이 경과한 때부터 기산한다. ▌법행 21　　　　　　　　　　　　　　　　　　○ ×

유예기간을 경과하기 전까지 청구인들은 이 사건 보호자동승조항에 의한 보호자동승의무를 부담하지 않는다. 이 사건 보호자동승조항이 구체적이고 현실적으로 청구인들에게 적용된 것은 유예기간을 경과한 때부터라 할 것이므로, 이때부터 청구기간을 기산함이 상당하다. 종래 이와 견해를 달리하여, 법령의 시행 이후 일정한 유예기간을 둔 경우 이에 대한 헌법소원심판 청구기간의 기산점을 법령의 시행일이라고 판시한 우리 재판소 결정들은, 이 결정의 취지와 저촉되는 범위 안에서 변경한다(헌재 2020.4.23. 2017헌마479).　　　답 ○

380
□□□
헌법소원심판청구에 대한 청구취지변경이 이루어진 경우, 청구기간의 준수 여부는 변경 전의 청구서가 처음 제출된 시점을 기준으로 판단하여야 한다. ▌법행 21　　　　　　　　○ ×

헌법소원심판청구의 청구취지 추가 또는 변경이 이루어진 경우, 청구기간의 준수 여부는 헌법재판소법 제40조 제1항 및 민사소송법 제265조에 의하여 추가 또는 변경된 청구서가 제출된 시점을 기준으로 판단하여야 한다(헌재 2012.11.29. 2011헌마140).　　　답 ×

381
□□□
헌법소원심판을 청구하고자 하는 자가 변호사를 대리인으로 선임할 자력이 없어 헌법재판소에 국선대리인을 선임하여 줄 것을 신청하는 경우에는 국선대리인의 선임신청이 있는 날을 기준으로 청구기간을 정한다. ▌법행 21　　　　　　　　　　　　　　　　　　○ ×

헌법재판소법 제70조 제1항　　　답 ○

382
□□□
법률 조항에 의한 청구인들의 기본권침해 여부가 문제되는 상황이 장래에 발생할 것이 확실히 예측되어 기본권침해를 예방하기 위해 미리 헌법소원을 제기하는 것을 허용할 필요가 있는 경우, 청구기간의 준수여부는 문제되지 않는다. ▌법행 21　　　　　　　　　○ ×

청구인들은 이 사건 헌법소원을 제기할 당시에는 법무사시험이 아직 시행되지 않은 상황이었으나, 이 사건 법률조항에 의한 청구인들의 기본권침해 여부가 문제되는 상황이 장래에 발생할 것이 확실히 예측되고 때문에 기본권침해를 예방하기 위해서는 청구인들이 미리 헌법소원을 제기하는 것을 허용할 필요가 있으므로, 청구기간의 준수여부는 문제되지 않는다(헌재 2001.11.29. 2000헌마84).　　　답 ○

383 헌법소원을 청구할 수 있는 기간을 제한하는 헌법재판소법 제69조 제1항의 위헌확인을 구하
□□□ 는 사건에서, 바로 그 조항에 근거하여 청구기간이 지났음을 이유로 각하결정을 하는 것도
가능하다. **| 법행 21** ○ ×

....

이 사건 심판청구는 심판대상조항으로 인하여 기본권침해의 사유가 발생하였음을 알게 된 날부터 90일이 지났음
이 명백한 시점에 제기되었으므로 적법한 청구기간이 지난 후 제기된 것이다. 심판대상조항인 헌법소원심판을
청구할 수 있는 기간을 제한하는 헌법재판소법 제69조 제1항의 위헌확인을 구하는 헌법소원심판이 제기되었다는
이유만으로 그 조항의 효력이 자동적으로 정지된다거나 헌법재판소가 심판대상조항을 적용할 수 없게 되는 것은
아니므로, 청구기간을 제한하고 있는 심판대상조항의 위헌확인을 구하고 있다는 이유만으로, 명백하게 청구기간
이 지난 후에 제기된 헌법소원심판청구를 각하하지 않고 본안판단으로 나아가는 것은 허용될 수 없다(헌재
2013.2.28. 2011헌마666). **답** ○

제2관 **위헌심사형 헌법소원**

헌법재판소법 제68조(청구 사유) ② 제41조 제1항에 따른 (법률의 위헌 여부 심판의 제청신청이 기각된 때)에는
(그 신청을 한 당사자)는 헌법재판소에 헌법소원심판을 청구할 수 있다. 이 경우 그 당사자는 (당해 사건의
소송절차)에서 (동일한 사유)를 이유로 (다시) 위헌 여부 심판의 제청을 신청할 수 (없다).

---

384 ▸ 헌법재판소법 제41조 제1항에 따른 법률의 위헌여부심판의 제청신청이 기각된 때에 그 신청
□□□ 을 한 당사자는 헌법재판소에 헌법재판소법 제68조 제2항의 헌법소원심판을 청구할 수 있
다. **| 법무사 20** ○ ×

▸ 헌법재판소법 제68조 제2항의 헌법소원은 법률의 위헌여부심판의 제청신청을 하여 그 신청
이 기각된 때에 청구할 수 있다. **| 법무사 21** ○ ×

▸ 법률의 위헌 여부 심판의 제청신청이 기각된 때에는 그 신청을 한 당사자는 헌법재판소에
헌법소원심판을 청구할 수 있다. **| 법원직9급 20** ○ ×

▸ 헌법재판소법 제68조 제2항에 의한 헌법소원심판을 청구한 당사자는 당해 사건의 소송절차
에서 동일한 사유를 이유로 다시 위헌 여부 심판의 제청을 신청할 수 없다. **| 법원직9급 20**
○ ×

....

헌법재판소법 제41조 제1항에 따른 법률의 위헌여부심판의 제청신청이 기각된 때에는 그 신청을 한 당사자는
헌법재판소에 헌법소원심판을 청구할 수 있다. 이 경우 그 당사자는 당해 사건의 소송절차에서 동일한 사유를
이유로 다시 위헌여부심판의 제청을 신청할 수 없다(헌법재판소법 제68조 제2항). **답** ○ / ○ / ○ / ○

385
□□□
법률의 위헌 여부 심판의 제청신청이 기각된 때 그 신청을 한 당사자는 헌법재판소에 헌법소원 심판을 청구할 수 있으나, 당해 사건의 소송절차에서 동일한 사유를 이유로 다시 위헌 여부 심판의 제청을 신청할 수는 없으며, 이 경우 '당해 사건의 소송절차'는 당해 사건의 상소심 소송절차를 포함한다. **I 법행 22**　　　　　　　　　　　　　　　　　　　　　○ ×

헌법재판소법 제68조 제2항은 법률의 위헌여부심판의 제청신청이 기각된 때에는 그 신청을 한 당사자는 헌법재판소에 헌법소원심판을 청구할 수 있으나, 다만 이 경우 그 당사자는 당해 사건의 소송절차에서 동일한 사유를 이유로 다시 위헌여부심판의 제청을 신청할 수 없다고 규정하고 있는바, 이때 당해 사건의 소송절차란 당해 사건의 상소심 소송절차를 포함한다 할 것이다(헌재 2007.7.26. 2006헌바40).　　　**답** ○

386
□□□
헌법재판소법 제68조 제2항에 의한 헌법소원심판은 당사자가 위헌 여부 심판의 제청신청을 기각하는 결정을 통지받은 날부터 30일 이내에 청구하여야 한다. **I 법원직9급 20**　　　○ ×

헌법재판소법 제69조 제2항　　　　　　　　　　　　　　　　　　　　　　　　　　　**답** ○

387
□□□
헌법재판소법 제68조 제2항에 의한 헌법소원심판을 청구한 때에는 당해 소송사건의 재판은 헌법재판소의 위헌 여부의 결정이 있을 때까지 정지된다. **I 법원직9급 20**　　　　　○ ×

법원의 위헌법률심판의 제청이 있는 경우 당해 소송사건의 재판은 헌법재판소의 위헌 여부의 결정이 있을 때까지 정지되나(헌법재판소법 제42조 제1항 본문), 당사자의 위헌법률심판제청신청이 법원에 의해 기각되어 신청인이 헌법재판소법 제68조 제2항에 따라 위헌심사형 헌법소원을 제기한 경우에는 재판이 정지되지 않는다. **답** ×

작은 기회로부터 종종 위대한 업적이 시작된다.

- 데모스테네스 -

SD에듀 법무사 1차 헌법 핵지총 [핵심 기출지문 총정리]

초 판 발 행	2023년 08월 25일(인쇄 2023년 07월 13일)
발 행 인	박영일
책 임 편 집	이해욱
편 저	김주한 · 시대법학연구소
편 집 진 행	김성열 · 정호정 · 김민지
표 지 디 자 인	김도연
편 집 디 자 인	김민설 · 하한우
발 행 처	(주)시대고시기획
출 판 등 록	제10-1521호
주 소	서울시 마포구 큰우물로 75 [도화동 538 성지 B/D] 9F
전 화	1600-3600
팩 스	02-701-8823
홈 페 이 지	www.sdedu.co.kr
I S B N	979-11-383-5513-1 (13360)
정 가	20,000원